滿文《欽定滿洲祭神祭天典禮》譯註

葉高樹　譯註

本書係「乾隆皇帝與滿洲傳統的重建——以家庭薩滿祭祀儀式為例」計畫部分成果，研究期間獲科技部專題研究計畫（NSC103-2410-H-003-004-MY2）補助，謹申謝忱。並感謝東洋文庫提供資料，以及綿貫哲郎先生的協助。

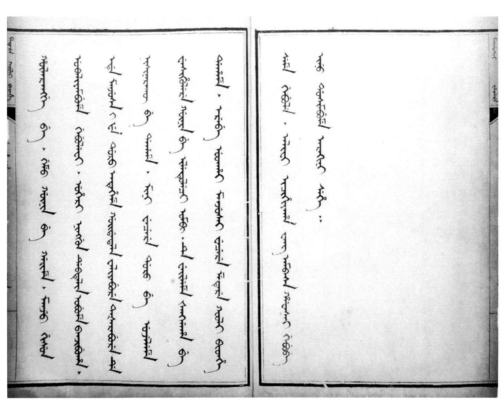

圖 1｜上諭

資料來源：《清文祭祀條例》，第1冊，頁4b-5a。

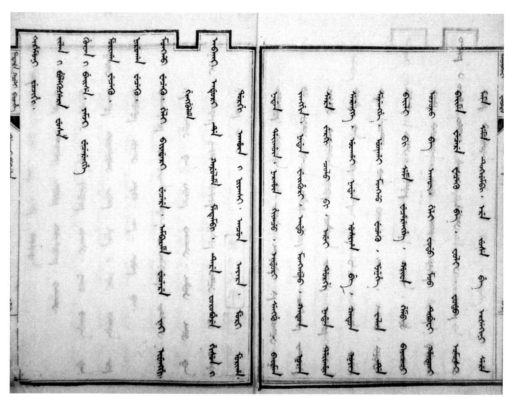

圖 2｜阿桂、于敏中〈跋語〉

是篇原為漢文，乾隆四十五年(1780)奉旨繙清，版心有「*duici debtelin*〔第四冊〕」字樣，當如漢譯本《欽定滿洲祭神祭天典禮》置於卷四之末。

資料來源：《欽定滿洲祭神祭天典例》，第1冊，頁1b-2a。

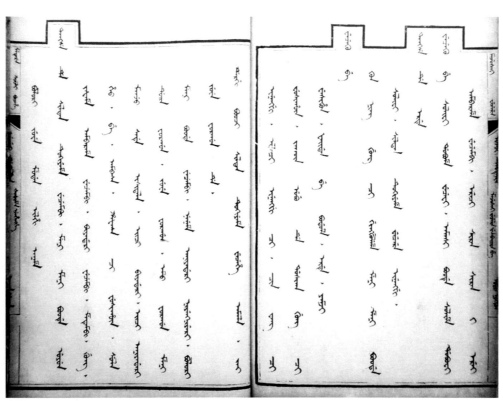

圖 3｜〈彙記滿洲故事〉

資料來源：《清文祭祀條例》，第1冊，頁25b-26a。

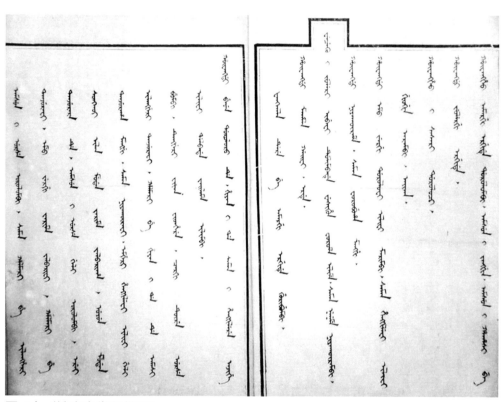

圖 4｜〈坤寧宮常祭儀注〉

資料來源：《清文祭祀條例》，第2冊，頁3b-4a。

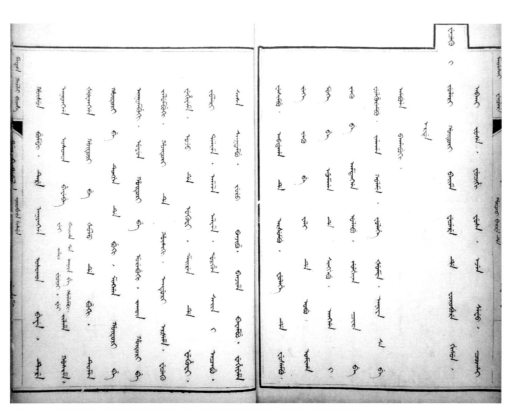

圖 5│〈樹柳枝求福司祝於戶外對柳枝舉揚神箭誦神歌禱辭〉

資料來源：《清文祭祀條例》，第4冊，頁11b-12a。

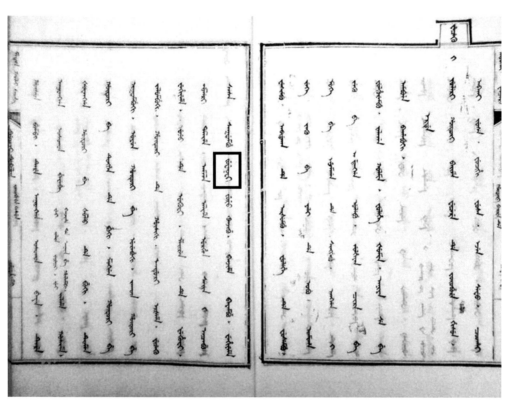

圖 6|〈樹柳枝求福司祝於戶外對柳枝舉揚神箭誦神歌禱辭〉
與「圖5」比較，多出「*juwenofi*（兩人）」一字。

資料來源：《欽定滿洲祭神祭天典例》，第4冊，頁11b-12a。

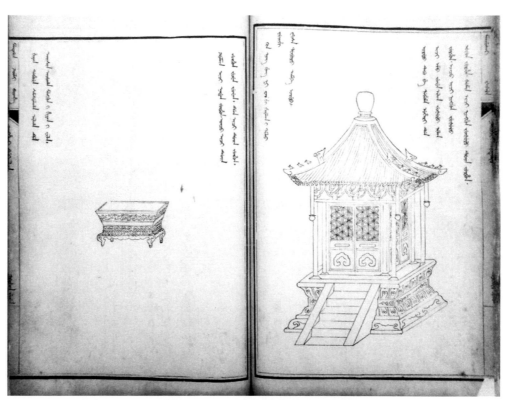

圖 7 | 左：點香鏤花鍍金銀香碟；右：坤寧宮西楹供佛菩薩大亭。

資料來源：《清文祭祀條例》，第6冊，頁32b-33a。

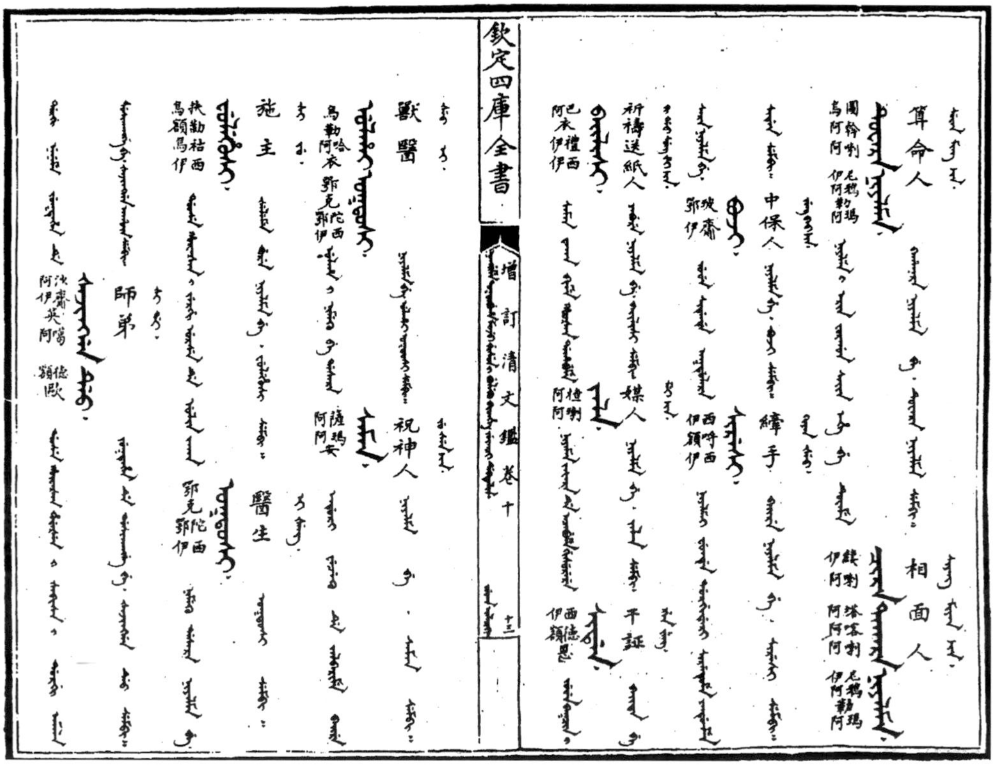

圖 8 ｜《增訂清文鑑》對「saman（祝神人）」一詞的解釋。

資料來源：《御製增訂清文鑑》，收入《景印文淵閣四庫全書》，第232冊。

目次
CONTENTS

015 ▌ 《欽定滿洲祭神祭天典禮》──編譯、版本及其史料價值／葉高樹

039 ▌ 凡例

《欽定滿洲祭神祭天典禮》譯註

043 ▌ 第一冊

上諭　044

職名　049

目錄　054

祭神祭天議　059

獻鮮背鐙祭議　063

彙記滿洲祭祀故事　067

坤寧宮元旦行禮儀注　091

堂子亭式殿元旦行禮儀注　092

堂子亭式殿祭祀儀注　094

堂子亭式殿祭祀祝辭　098

尚錫神亭祭祀儀注　099

尚錫神亭祭祀祝辭　101

恭請神位祭於堂子儀注　102

恭請神位入宮儀注　104

坤寧宮月祭儀注　106

坤寧宮月祭祝辭　129

祭神翌日祭天儀注　139

祭神翌日祭天贊辭　146

147 ▌ 第二冊

坤寧宮常祭儀注　148

坤寧宮常祭祝辭　167

四季獻神儀注　177

四季獻神祝辭　181

浴佛儀注　183

浴佛祝辭　191

193 **第三冊**

報祭儀注　194

報祭祝辭　213

堂子立杆大祭儀注　224

堂子立杆大祭祝辭　236

坤寧宮大祭儀注　238

坤寧宮大祭祝辭　260

大祭翌日祭天儀注　271

大祭翌日祭天贊辭　278

279 **第四冊**

求福儀注　280

求福祝辭　290

為嬰孩求福祝辭　295

獻雛雞背鐙祝辭　300

獻子鵝背鐙祝辭　301

獻魚背鐙祝辭　302

獻雉背鐙祝辭　303

獻鮮背鐙祝辭　304

堂子亭式殿祭馬神儀注　305

堂子亭式殿祭馬神祝辭　309

正日祭馬神儀注　310

正日祭馬神祝辭　327

次日祭馬神儀注　338

次日祭馬神祝辭　355

跋語　366

奏　372

375 **第五冊**

祭神祭天器用數目　376

431 **第六冊**

祭神祭天器用形式圖　432

474 **徵引書目**

《欽定滿洲祭神祭天典禮》
——編譯、版本及其史料價值

葉高樹

一、前言

　　乾隆三十八年（1773），乾隆皇帝（弘曆，*hung li*，1711-1799，1736-1795在位）敕編《四庫全書》，除收錄中國歷代典籍之外，並兼及清初以來官、私著述。見於《四庫全書》的清朝官書，其撰成之初，即不乏以滿、漢兩種文本或滿、漢合璧形式刊布；《欽定滿洲祭神祭天典禮》（以下簡稱《典禮》），則是唯一一部先以滿文編寫，專為纂入《四庫全書》而改譯漢文者。[1]

　　《典禮》一書，記宮廷薩滿祭祀儀式，[2]乾隆十二年（1747）先以國語、國書定著，四十二年（1777）復詔繙漢字。官方賦予是書各種意義，包括：一、隆重國家儀制，與《大清通禮》（乾隆二十四年，1759）並舉，兩者「相輔而行，用彰聖朝之令典」。[3]二、展現立國規模，和《大清通禮》、《皇朝禮器圖式》（乾隆三十一年，1766）、《御製增訂清文鑑》（乾隆三十八年，1773）、《欽定開國方略》（乾隆五十四年，1789）等同列，為國家「所以嚴萬世之法，守而弗替無疆，丕丕基者，粲然大備」之書。[4]三、宣揚滿洲傳統，《欽定開國方略》記騎射，《御製增訂清文鑑》載語言，《典禮》非但詳儀式，更呈顯「稟性篤敬，立念肫誠」的淳樸特

---

[1]　清・允祿等奉敕撰，阿桂、于敏中等譯漢，《欽定滿洲祭神祭天典禮》（收入《景印文淵閣四庫全書》，冊657，臺北：臺灣商務印書館，1983年），卷4末，〈跋語〉，頁1a。另有《欽定蒙古源流》一書，情形亦類似，但為私修轉譯，其性質不屬官書。是書成於十七世紀後期，作者薩岡（*sayang*，1604-?）以蒙文寫成。乾隆三十一年（1766），喀爾喀蒙古王公成袞扎布（*cenggunjab*，?-1771）將家藏抄本抄錄一份呈獻給乾隆皇帝，即下令將之譯為滿文；乾隆四十二年（1777），譯成漢文，再纂入《四庫全書》，並冠以「欽定」之名；惟薩剛的名字譯為滿文時，誤作「*sanang*」，因此漢譯本寫成「薩囊」。參見烏蘭，《《蒙古源流》研究》（瀋陽：遼寧民族出版社，2000年），頁10-17、頁44-48。

[2]　薩滿信仰的祭祀活動，包括祈祐禳災的野祭和擇時遇事的家祭，野祭始終維持著質樸的原始宗教信仰，家祭則在國家的規範下，既成為皇室祭典的一部分，也影響一般家庭祭禮的儀式。參見富育光、孟慧英，《滿族薩滿教研究》（北京：北京大學出版社，1991年），頁66-73、頁85-90。

[3]　清・永瑢、紀昀等撰，《欽定四庫全書總目》（收入《景印文淵閣四庫全書》，冊2，臺北：臺灣商務印書館，1983年），卷82，〈史部・政書類・欽定滿洲祭神祭天典禮〉，頁26b。

[4]　清・阿桂、于敏中等奉敕撰，《欽定滿洲源流考》（收入《景印文淵閣四庫全書》，冊499，臺北：臺灣商務印書館，1983年），卷16，〈國俗・序〉，頁3b-4a。

質，「較古人執豕酌匏之風，尤為謹凜」；[5]而騎射、清語、淳樸三者，係構成滿洲核心價值的「滿洲之道」，[6]其重要性可知。

宮廷薩滿祭祀有堂子（*tangse*）祭天和坤寧宮祭神之分，[7]其時程為：「每日，坤寧宮朝祭、夕祭；每月，祭天。每歲，春、秋二季，大祭；四季，獻神。每月，於堂子亭式殿、尚錫神亭內掛獻淨紙；春、秋二季，堂子立杆大祭」，[8]以及四月初八日佛誕祭祀前在堂子內浴佛。[9]其中，在堂子立杆大祭（*ambarame wecembi*）之前，[10]先於坤寧宮有一連二日的報祭（*uyun jafambi*）；大祭之後一日，則在堂子亭式殿（*ordo*）祭馬神（*morin i jalin wecembi*），[11]另於祭馬神室（*morin i jalin wecere boo*）祭馬神一連二日。[12]又坤寧宮月祭、大祭翌日，則祭天；在坤寧宮戶外廊下，尚有不定期舉行的求福（*hūturi baimbi*）儀式。[13]

祭祀時，向神祇乞求、禱祝的薩滿（*saman*，祝神人），宮廷例由女性擔任。[14]她們身繫閃緞裙（*alha hūsihan*）、腰鈴（*siša*），手執神刀（*halmari*）、手

---

[5] 參見清・阿桂、于敏中等奉敕撰，《欽定滿洲源流考》（收入《景印文淵閣四庫全書》，冊499），卷16，〈國俗・序〉，頁2a-4a。

[6] Mark C. Elliott, *The Manchu Way: The Eight Banners and Ethnic Identity in Late Imperial China* (Stanford, California: Stanford University Press, 2001), p.276.

[7] 據《欽定皇朝通典》曰：「國朝初建，堂子在盛京撫順門外，……（順治元年[1644]）九月，既定燕京，即建堂子於長安左門外，玉河橋東」；又曰：「（盛京）清寧宮正寢以祀神，至順治元年，定為坤寧宮，祭神之禮皆如清寧宮」。分見清・嵇璜等奉敕撰，《欽定皇朝通典》（收入《景印文淵閣四庫全書》，冊642，臺北：臺灣商務印書館，1983年），卷43，〈禮・吉・大內祀神〉，頁25a-26b；同書，卷43，〈禮・吉・大內祀神〉，頁32a-32b。

[8] 清・允祿等奉敕撰，阿桂、于敏中等譯漢，《欽定滿洲祭神祭天典禮》（收入《景印文淵閣四庫全書》，冊657），卷1，〈祭神祭天議〉，頁1a-1b。

[9] 清・允祿等奉敕撰，阿桂、于敏中等譯漢，《欽定滿洲祭神祭天典禮》（收入《景印文淵閣四庫全書》，冊657），卷2，〈浴佛儀注〉，頁21a。

[10] 「*ambarame wecembi*」，大祭，當指「*ambarame wecere wecen*」而言，即「*deribuhe mafa de.*（與始祖）*da mafa be adabufi*（將高祖配享了）*wecerengge be.*（跳神者）*ambarame wecere wecen sembi.*（稱禘）」。見清・傅恆等奉敕撰，《御製增訂清文鑑》（收入《景印文淵閣四庫全書》，冊232，臺北：臺灣商務印書館，1983年），卷6，〈禮部・祭祀類・禘〉，頁40b。

[11] 「*ordo*」，亭式殿，即「*ejen i booi gebu.*（主上的房屋名）*duin dere de uce fa sindarakū arahangge inu bi.*（也有四面做成無門、窗者）*yashangga uce arahangge inu bi.*（也有做成隔扇門者）*irgen i niyalma ere hergen be baitlaci ojorakū.*（民人則此字不可用）」。見清・傅恆等奉敕撰，《御製增訂清文鑑》（收入《景印文淵閣四庫全書》，冊232），卷20，〈居處部・宮殿類・亭式殿〉，頁2b。

[12] 祭馬神大內為二日，王、公以下之家則一日。見清・允祿等奉敕撰，阿桂、于敏中等譯漢，《欽定滿洲祭神祭天典禮》（收入《景印文淵閣四庫全書》，冊657），卷1，〈彙記滿洲祭祀故事〉，頁10b。

[13] 「*hūturi baimbi*」，求福，即「*buya juse de sorokū fuda monggolibume*（幼童頸上截著線索）*fodo wecere be.*（以求福柳枝跳神的）*hūturi baimbi sembi.*（稱求福）」見清・傅恆等奉敕撰，《御製增訂清文鑑》（收入《景印文淵閣四庫全書》，冊232），卷6，〈禮部・祭祀類・求福〉，頁43a。

[14] 「薩滿」一詞，《典禮》漢譯本皆作「司祝」，滿洲各姓祭神時，或用女薩滿，亦有用男薩滿，「自大內以下，閒散宗室、覺羅，以至伊爾根覺羅、錫林覺羅姓之滿洲人等，俱用女司祝以祭。從前內廷主位，及王等福晉，皆有為司祝者。今大內祭祀，仍揀擇覺羅大臣官員之命婦為司祝，以承祭祀」。清・允祿等奉敕撰，阿桂、于敏中等譯漢，《欽定滿洲祭神祭天典禮》（收入《景印文淵閣四庫全書》，冊657），卷1，〈彙記滿洲祭祀故事〉，頁9a。

鼓（*untun*）等祭器，按既定程序引導典禮進行，並適時念神歌（*jarimbi*）；[15]太監等則在旁或打著鼓（*tungken*）、扎板（*carki*），或彈著三弦（*tenggeri*）、琵琶（*fifan*）相和，《典禮》即系統地記錄相關內容。全書共六卷，首列奏議二篇、彙記故事一篇（卷一）；次為儀注十九篇、祝辭十九篇、贊辭二篇（卷一至卷四），計有四十篇；[16]再是器用數目一篇，分堂子、坤寧宮、祭馬神室三大類（卷五）；殿以器用形式圖一篇，共一百二十幅（卷六），是了解官方頒布的薩滿祭祀儀式的重要材料。

二、編譯經過

乾隆十二年，由和碩莊親王允祿（*yūn lu*，1695-1767）領銜總辦的滿文《典禮》告成，題名轉寫羅馬拼音作《*manjusai wecere metere kooli bithe*》，頒布後在書名前冠上「*hesei toktobuha*（欽定）」字樣，直譯當為「欽定滿洲們的跳神還願條例書」，[17]清人亦稱之「滿洲跳神還願典例」、[18]「祭祀條例」。[19]允祿係康熙皇

---

[15] 「*jarimbi*」，念神歌，即「*samasa weceku i juleri*（薩滿們在神主前）*mudan gaime jalbarire be.*（韻唱禱祝的）*jarimbi sembi.*（稱念神歌）」。見清‧傳恆等奉敕撰，《御製增訂清文鑑》（收入《景印文淵閣四庫全書》，冊232），卷6，〈禮部‧祭祀類‧念神歌〉，頁46a。

[16] 《四庫全書總目》曰：「次為儀注、祝詞、贊詞四十一篇」，有誤，應為四十篇。見清‧永瑢、紀昀等撰，《欽定四庫全書總目》（收入《景印文淵閣四庫全書》，冊2），卷82，〈史部‧政書類‧欽定滿洲祭神祭天典禮〉，頁26b。儀注、祝辭、贊辭的篇目，參見清‧允祿等奉敕撰，阿桂、于敏中等譯漢，《欽定滿洲祭神祭天典禮》（收入《景印文淵閣四庫全書》，冊657），卷首，〈目錄〉，頁1a-4a。又十九篇祝辭依場合不同，分別有一至十四則不等，共計一百零四則；再加上兩篇贊辭，共一百零六則。

[17] 關於滿文書名，見清‧允祿等奉敕撰，《*hesei toktobuha manjusai wecere metere kooli bithe*（清文祭祀條例）》（清刻本，東京：東洋文庫藏），冊1，頁5a。此書書名係據乾隆十二年（1747）七月初九日滿文上諭，其相應的漢文如何繕寫，查閱《上諭檔》、《起居注》均無記載；乾隆四十五年（1780），阿桂將該書卷一至卷四譯出進呈時，僅稱：「查《滿洲祭祀》一書，共六卷」，故漢文書名曰「祭神祭天典禮」，當在此之後。見清‧允祿等奉敕撰，阿桂、于敏中等譯漢，《欽定滿洲祭神祭天典禮》（收入《景印文淵閣四庫全書》，冊657），卷4末，〈奏〉，頁1a，乾隆四十五年七月初二日，奉旨，知道了。就最早的一部滿漢辭典《大清全書》（康熙二十二年，1683）對「*wecere*（*wecembi*）」、「*metere*（*metembi*）」的解釋，前者為「祭，跳神」，後者為「還願，跳神」。按《御製增訂清文鑑》（乾隆三十六年，1771）的定義，分別作：「*yaya mukdehun. juktehen. enduri weceku de juktere be.*（凡在壇、廟祀神祇的）*wecembi sembi.*（稱祭神）」；「*ulha wame abka wecere be.*（殺牲口祭天的）*metembi sembi.*（稱還願）」。分見清‧沈啟亮，《大清全書》（瀋陽：遼寧民族出版社，2008年），卷14，頁45b，「*wecembi*」條；同書，卷10，頁16a，「*metembi*」條。清‧傳恆等奉敕撰，《御製增訂清文鑑》（收入《景印文淵閣四庫全書》，冊232），卷6，〈禮部‧祭祀類‧祭神〉，頁40a；同書，卷6，〈禮部‧祭祀類‧還願〉，頁43b。

[18] 道光八年（1828），覺羅普年（1792-?）曾就滿文《典禮》摘要繕譯，編成《滿洲跳神還願典例》，其書名、內容被認為較漢譯本《典禮》忠於原文。參見劉厚生、陳思玲，〈《欽定滿洲祭神祭天典禮》評析〉，《清史研究》，1994:1（北京，1994.2），頁66。該書見清‧普年編，《滿洲跳神還願典例》（收入劉厚生編著，《清代宮廷薩滿祭祀研究》，長春：吉林文史出版社，1992年），頁369-397。

[19] 《清文總彙》部分詞條的解釋係參考《滿洲祭神祭天典禮》，但稱該書為《祭祀條例》。例如：「*orolo*，祭祀時令眾人拉長聲呼之。見《祭祀條例》」；「*orolombi*，祭祀或祭堂子打扎板等人口中拉

帝（玄燁，*hiowan yei*，1654-1722，1662-1722在位）第十六子，在雍正元年（1723）過繼給和碩莊親王博果鐸（1650-1723）為嗣，襲封親王爵位，「精於天文算法」，「貫徹樂義」，[20]修書經驗極為豐富，[21]更重要的是他對宮廷薩滿祭祀事務的熟悉。舊制，每歲春、秋二季，大內於堂子內立杆祭祀過二、三日，親王以下，入八分公（*jakūn ubu de dosika gung*）以上，各按班次，由坤寧宮內恭請朝祭、夕祭神位至於各家；屆立杆祭祀之日，恭請朝祭神位，在堂子內祭畢，仍請至家內，夕間大祭。康熙五十七年（1718），奉旨停止王等恭請神位；雍正元年（1723），雍正皇帝（胤禛，*in jen*，1678-1735，1723-1735在位）特命怡親王（允祥，*yūn siyang*，1686-1730）、莊親王恭請神位於其府內，各祭一次；[22]至乾隆年間，宗室王公曾自宮中請神回府者，只有允祿碩果僅存。又乾隆八年（1743），乾隆皇帝首次東巡，此行重要活動之一，即是按秋季坤寧宮大祭儀式在盛京清寧宮祭神；[23]允祿擔任「總理行營事務」一職，故應全程參與。[24]

《典禮》首篇〈祭神祭天議〉，略述編纂緣由，曰：

<hr>

長聲呼之。見《祭祀條例》」。分見清・祥亨主編，志寬、培寬編，《清文總彙》（據清光緒二十三年[1897]荊州駐防繙譯總學藏板，臺北：中國邊疆歷史語文學會），卷2，頁20a，「*orolo*」條；同書，卷2，頁20a，「*orolombi*」條。

[20] 清・清高宗敕撰，《欽定宗室王公功績表傳》（收入《景印文淵閣四庫全書》，冊454，臺北：臺灣商務印書館，1983年），卷5，〈親王・和碩承澤親王碩塞傳〉，頁34a。

[21] 乾隆十二年（1747）之前，允祿曾參與《數理精蘊》、《律呂正義》、《曆象考成》（以上三書合為《律曆淵源》，雍正二年，1724）、《御定子史精華》（雍正五年，1727）、《御定音韻闡微》（雍正六年，1728）、《御定駢字類編》（雍正六年）、《上諭八旗・上諭旗務議覆・諭行旗務奏議》（雍正九年，1731）、《上諭內閣》（雍正九年）、《聖祖仁皇帝御製文集》（雍正十年，1732）、《大清會典（雍正朝）》（雍正十年）、《日講春秋解義》（乾隆二年，1737）、《御選唐宋文醇》（乾隆三年，1738）、《欽定協紀辨方書》（乾隆六年，1741）、《新定九宮大成南北詞宮譜》（乾隆十一年，1746）；乾隆十二年以後，則有《欽定同文韻統》（乾隆十四年，1749）、《欽定西清古鑑》（乾隆十四年）、《欽定儀象考成》（乾隆十七年，1752）、《欽定周官義疏》（乾隆十九年，1754）、《皇朝禮器圖式》（乾隆二十四年，1759）等。

[22] 清・允祿等奉敕撰，阿桂、于敏中等譯漢，《欽定滿洲祭神祭天典禮》（收入《景印文淵閣四庫全書》，冊657），卷1，〈彙記滿洲祭祀故事〉，頁7b-9a。漢譯本的「夕間大祭」，滿文本僅言「*ambarame wecembi*（大祭）」。見清・允祿等奉敕撰，《hesei toktobuha manjusai wecere metere kooli bithe（清文祭祀條例）》，冊1，頁26a。為簡省篇幅，引用《典禮》時，凡滿、漢文義略同者，僅引用漢譯本，以下均是。又「入八分公」，即「天命間（1616-1626），立八和碩貝勒，共議國政，各置官屬，凡朝會燕饗，皆異其禮，錫賚必均及，是為八分。天聰（1627-1636）以後，宗室內有特恩封公，及親王餘子授封公者，皆不入八分。其有功降至貝子，準入八分。如有過降至公，仍不入八分」。見清・允祹等奉敕撰，《欽定大清會典（乾隆朝）》（收入《景印文淵閣四庫全書》，冊619，臺北：臺灣商務印書館，1983年），卷1，〈宗人府・宗室封爵〉，頁4a-4b。

[23] 是年九月二十八日、三十日報祭，十月初一日跳神、初二日還願。見遼寧省檔案館編，《黑圖檔・乾隆朝》（北京：線裝書局，2015年），冊13，頁139，〈乾隆八年京行檔・管理盛京內務佐領根柱為報准皇上巡幸盛京祭祀諸事呈總管內務府〉，乾隆八年八月二十二日。

[24] 例如：乾隆皇帝在清寧宮祭祀後，針對「滿洲舊例，漸至廢弛」事，向宗室王公發表談話，特別提到「此次除莊親王外，其餘王等皆不能手格一斃」。見清・慶桂等修，《清實錄・高宗純皇帝實錄（三）》（北京：中華書局，1986年），卷202，頁2b-3a，乾隆八年十月庚戌條。

一切禮儀，俱行之已久，燦然美備，無可置議。惟昔日司祝之人國語嫻熟，遇有喜慶之事，均能應時編纂禱祝。厥後司祝之清語，不及前人，復無典冊記載，惟口相授受，於字句、音韻之間，不無差異。即如祭天之贊辭、掛獻淨紙之禱辭，掌儀司俱載有冊檔，是以無稍差遲。所有司祝之祝禱辭章，若不及時擬定，載在冊檔，誠如聖諭，音韻、字句漸至訛舛。[25]

普通滿洲家庭跳神、還願，「並無書籍可考，惟賴祖薦於前，父隨於後，抑或父率子叩，子督孫行」，不免「雖有身承祭祀之名，而未默識祭祀之儀，以致任意簡褻」；[26]宮廷祭儀所以「無可置議」，全在備有各種「條例（kooli）」。[27]又祭祀進行中，須「令人贊頌，聲明祭祀緣由，併告白承祭者姓氏、年齒」，部分滿洲人等已因「清語生疏」，以致「多有家長點香默禱，誠敬叩頭而已」的情形。[28]雖然內務府掌儀司存有兩份贊辭、禱辭，實不足以應付所有祭祀，加以口傳記憶造成字、音出入的問題，乾隆皇帝為使祭祀回歸「以祝辭為重」的傳統，並解決從大內分出諸王「家各異辭」的現象，[29]故而特詔編輯。

允祿等承旨辦理，便著手蒐集資料。儀注部分，經查，自入關以來的薩滿祭儀，「仍遵昔日之制」，[30]自應以宮中現行「條例」為準。祝辭部分，其來源有三：一、「將內廷司祝之一切祭神、背鐙、禱祝、贊、祈等辭錄出」；二、「令五旗王、公等，將各家祭神辭章錄送」；三、「令從前司祝家內，將伊等舊存祝

---

[25] 清・允祿等奉敕撰，阿桂、于敏中等譯漢，《欽定滿洲祭神祭天典禮》（收入《景印文淵閣四庫全書》，冊657），卷1，〈祭神祭天議〉，頁1a。文中指出掌儀司收貯的贊辭、禱辭，應是抄錄自內閣恭藏「無圈點老檔」所記的「enduri de jiha lakiyara de hendure gisun.（在神前掛錢時說的話）」和「tangse de jiha lakiyara de hendure gisun.（在堂子掛錢時說的話）」。見馮明珠主編，《滿文原檔》（臺北：沉香亭企業社，2005年），冊10，頁294，崇德元年六月二十九日。

[26] 清・鄂爾泰修，《滿洲西林覺羅氏祭祀書》（據民國十七年[1928]嚴奉寬鈔本影印，收入北京圖書館編，《北京圖書館藏家譜叢書・民族卷》，冊44，北京：北京圖書館出版社，2003年），〈祭家祖宗神條規〉，頁9-10。

[27] 例如：乾隆八年（1743），盛京內務府為籌備皇帝東巡祭祀事宜，承辦官員佐領根柱（genju）等多次呈文總管內務府，便提及京城有「坤寧宮秋季大祭條例（kung ning gung ni bolori forgon i ambarame wecere kooli）」、「堂子跳神條例（tangse de wecere kooli）」。分見遼寧省檔案館編，《黑圖檔・乾隆朝》，冊13，頁139，〈乾隆八年京行檔・管理盛京內務佐領根柱為報准皇上巡幸盛京祭祀諸事宜事呈總管內務府〉，乾隆八年八月二十二日；同書，冊13，頁147，〈乾隆八年京行檔・管理盛京內務佐領根柱為請定准祭堂子各事項呈王大臣〉，乾隆八年八月二十五日。

[28] 清・鄂爾泰修，《滿洲西林覺羅氏祭祀書》（收入北京圖書館編，《北京圖書館藏家譜叢書・民族卷》，冊44），〈祭天還願條規〉，頁56。

[29] 清・允祿等奉敕撰，阿桂、于敏中等譯漢，《欽定滿洲祭神祭天典禮》（收入《景印文淵閣四庫全書》，冊657），卷首，〈上諭〉，頁1b，乾隆十二年七月初九日，奉上諭。

[30] 清・允祿等奉敕撰，阿桂、于敏中等譯漢，《欽定滿洲祭神祭天典禮》（收入《景印文淵閣四庫全書》，冊657），卷1，〈彙記滿洲祭祀故事〉，頁6a。

禱辭章，悉行錄呈」。[31]由於抄得的辭章「字句多有差謬」、「彼此互異」，承辦官員等即「公同敬謹覆核，定愒補闕，刪複去冗，又各就所見粘籤，恭呈欽定」；並連同祭馬神室內另祭的祝辭一併更正，逐條繕寫，恭呈御覽。[32]乾隆皇帝則「親加詳覈酌定，凡祝辭內字韻不符者，或詢之故老，或訪之土人，朕復加改正」，並指示「繪祭器形式」，以及將原以漢語讀念的音譯滿文詞彙，悉數改為意譯。[33]

　　書成之後，允祿等奏請：「自王以下，宗室、覺羅，以及奉祭覺羅神之滿洲人等，有情願抄錄者，俱准其抄錄」，[34]是屬於愛新覺羅（aisin gioro）家族，以及眾覺羅姓氏（gioroi hala）的祭儀。[35]究其所以，薩滿信仰有「各姓祭祀皆隨土俗，微有差異」的特色；即以所祀之神而言，「凡朝祭之神，皆係供祀佛、菩

---

31 清・允祿等奉敕撰，阿桂、于敏中等譯漢，《欽定滿洲祭神祭天典禮》（收入《景印文淵閣四庫全書》，冊657），卷1，〈祭神祭天議〉，頁1b-2a。漢譯本「祭神、背鐙、禱祝、贊、祈」，滿文本作「wecere（跳神）tuibure（背燈）jalbarire（禱祝）forobure（祝贊）hūturi baire（求福）」；「從前司祝家內」，則作「fe saman i da sai booci（從舊薩滿首領們的家裏）」，文義略有出入。見清・允祿等奉敕撰，《hesei toktobuha manjusai wecere metere kooli bithe（清文祭祀條例）》，冊1，頁16b-17a。其中，「tuibure（tuibumbi）」，背燈祭，即「yamji weceme wajifi.（晚上跳神完畢了）dengjan mukiyebufi（熄滅了燈）dasame emu jergi baire be.（復祈求一次）tuibumbi sembi.（稱背燈祭）」；「jalbarire（jalbarimbi）」，禱祝，即「enduri weceku de hūturi baime gisurere be.（向神祇求福說的）jalbarimbi sembi.（稱禱祝）」；「forobure（forobumbi）」，祝贊，即「wecere de（跳神時）saman niyakūrafi（薩滿跪了）sain gisun i baire be.（以吉祥話乞求）forobumbi sembi（稱祝贊）」。分見清・傅恆等奉敕撰，《御製增訂清文鑑》（收入《景印文淵閣四庫全書》，冊232），卷6，〈禮部・祭祀類・背燈祭〉，頁42b；同書，卷6，〈禮部・祭祀類・禱祝〉，頁45b；同書，卷6，〈禮部・祭祀類・祝贊〉，頁46a。

32 清・允祿等奉敕撰，阿桂、于敏中等譯漢，《欽定滿洲祭神祭天典禮》（收入《景印文淵閣四庫全書》，冊657），卷1，〈祭神祭天議〉，頁2a-2b。

33 清・允祿等奉敕撰，阿桂、于敏中等譯漢，《欽定滿洲祭神祭天典禮》（收入《景印文淵閣四庫全書》，冊657），卷首，〈上諭〉，頁1b，乾隆十二年七月初九日，奉上諭。關於將音譯滿文詞彙改為意譯，係因滿洲語文歷經百餘年的發展，已出現若干變化，其中有大量音譯漢語借詞，乾隆皇帝持續改以欽定的意譯滿文借詞取代之。參見佟永功，〈乾隆皇帝規範滿文〉，收入佟永功，《滿語文與滿文檔案研究》（瀋陽：遼寧民族出版社，2009年），頁43-44。

34 清・允祿等奉敕撰，阿桂、于敏中等譯漢，《欽定滿洲祭神祭天典禮》（收入《景印文淵閣四庫全書》，冊657），卷1，〈祭神祭天議〉，頁2b。漢譯本出現兩個「覺羅」，第一個「覺羅（gioro）」，指「ninggun mafa（顯祖，塔克世taksi，1543-1583）i juse omosi be.（六祖的子孫）gioro sembi.（稱覺羅）fulgiyan umiyesun umiyelembi.（腰繫紅帶子）」；相對於「覺羅」的「宗室（uksun）」，則為「taidzu hūwangdi（努爾哈齊nurgaci，1559-1626，1616-1626在位）i emu jalan ci fusihūn ningge be.（從太祖皇帝一筆下來的）uksun sembi.（稱宗室）haksan umiyesun umiyelembi.（腰繫黃帶子）」。第二個「覺羅」滿文本作「jai musei『gioroi halai』weceku be wecere manjusai dorgide（以及在祭祀我們的『覺羅姓』神主的滿洲們之內）」，乃指「姓氏」。分見清・傅恆等奉敕撰，《御製增訂清文鑑》（收入《景印文淵閣四庫全書》，冊232），卷3，〈君部・君類・覺羅〉，頁6b；同書，卷3，〈君部・君類・宗室〉，頁6b；清・允祿等奉敕撰，《hesei toktobuha manjusai wecere metere kooli bithe（清文祭祀條例）》，冊1，頁17b。

35 覺羅姓為滿洲著姓，包括伊爾根覺羅（irgen gioro）、舒舒覺羅（šušu gioro）、西林覺羅（silin gioro）、通顏覺羅（tunggiyan gioro）、阿顏覺羅（ayan gioro）、呼倫覺羅（hūlun gioro）、阿哈覺羅（aha gioro）、察喇覺羅（cara gioro）等。見清・鄂爾泰等奉敕纂，《jakūn gūsai manjusai mukūn hala be uheri ejehe bithe（八旗滿洲氏族通譜）》（清乾隆九年[1744]武英殿刻滿文本，臺北：國立故宮博物院藏），卷12〈gioro hala〉，頁1a。

薩、關帝。惟夕祭之神，則各姓微有不同」，「蓋以各盡敬誠，以溯本源。或受土地、山川、神靈顯佑，默相之恩，而報祭之也」，[36]是以其他姓氏滿洲人等不全然適用。

迨乾隆四十二年（1777），大學士阿桂（agūi，1717-1797）、于敏中（1714-1779）奉旨，將滿文《典禮》譯漢，至乾隆四十五年（1780）告蕆。據阿桂奏稱：

> 臣等業將卷一至卷四敬謹譯出進呈，荷蒙睿鑒。其卷五係器用造作之法，卷六係器用形式圖，久經譯出，今復加詳細校對、繪圖，恭呈御覽。……統俟欽定發下時，交館編入《四庫全書》，以垂永久。並繕寫二分，一分送懋勤殿陳設，一分交尚書房收貯。[37]

可知繙譯工作分兩階段完成，繕就的漢譯本亦收貯於內廷。

阿桂、于敏中皆通曉滿、漢文，[38]二人在繙漢過程中最感困難的部分，首推神祇名號。就坤寧宮祭祀的對象而言，朝祭者，為釋迦牟尼佛、觀世音菩薩、關聖帝君；夕祭者，為穆里罕神（murigan weceku）、畫像神（nirugan weceku）、蒙古神（monggo weceku）；[39]月祭、大祭翌日，則是向天神（abkai enduri）還願，殆無疑義。惟夕祭祝辭中，有阿琿年錫（ahūn i niyansi）、安春阿雅喇（ancun ayara）、穆哩穆哩哈（muri muriha）、納丹岱琿（nadan daihūn）、納爾琿軒初（narhūn hiyancu）、恩都哩僧固（enduri senggu）、拜滿章京（baiman janggin）、

---

36 清・允祿等奉敕撰，阿桂、于敏中等譯漢，《欽定滿洲祭神祭天典禮》（收入《景印文淵閣四庫全書》，冊657），卷1，〈彙記滿洲祭祀故事〉，頁6a-6b。漢譯本「默相之恩，而報報之也」之意，為「eici dorgideri aisilaha be bifi（或者有暗中幫助了）karulame wecerengge.（報答而祭者）」。見清・允祿等奉敕撰，《hesei toktobuha manjusai wecere metere kooli bithe（清文祭祀條例）》，冊1，頁24a-24b。

37 清・允祿等奉敕撰，阿桂、于敏中等譯漢，《欽定滿洲祭神祭天典禮》（收入《景印文淵閣四庫全書》，冊657），卷4末，〈奏一〉，頁1a-2a，乾隆四十五年七月初二日，奉旨，知道了。

38 阿桂係乾隆戊午科（1738）文舉人，曾於乾隆八年（1743）、十六年（1751）兩度擔任軍機處辦理清字滿洲軍機章京。見清・梁章鉅編撰、朱智續撰，《樞垣紀略》（北京：中華書局，1997年），卷16，〈題名・滿洲軍機章京〉，頁168。于敏中乃乾隆丁巳恩科（1737）一甲一名進士，授清書修撰，在翰林院學習滿文。分見清・慶桂等修，《清實錄・高宗純皇帝實錄（一）》，卷44，頁5a，乾隆二年六月己未條；清・慶桂等修，《清實錄・高宗純皇帝實錄（二）》，卷91，頁8a，乾隆四年四月戊戌條。

39 「murigan weceku」，穆哩罕神，即「滿洲家北牆所供之神，避燈祭祀時，在慢子架子上從右首搭栓供者」；「nirugan weceku」，畫像神，即「滿洲家北牆所供，避燈祭時，移掛於慢子架子中間所供之神」；「monggo weceku」，直譯為「蒙古神」，即「滿洲家北牆所供之神，避燈祭祀時，在帳子、架子左首所設青杌子也」。分見清・祥亨主編，志寬、培寬編，《清文總彙》，卷9，頁21b，「murigan weceku」條；同書，卷3，頁17b，「nirugan weceku」條；同書，卷9，頁13b，「monggo weceku」條。又「monggo weceku」一詞，《滿漢大辭典》作「青杌子」。見安雙成主編，《滿漢大辭典》（瀋陽：遼寧民族出版社，1993年），頁766，「monggo weceku」條

納丹威瑚哩（*nadan weihuri*）、恩都蒙鄂樂（*endu monggolo*）、喀屯諾延（*katun noyan*）諸號，只能確定「納丹岱琿，即七星之祀；其喀屯諾延，即蒙古神」，「以先世有德而祀，其餘則均無可考」；又出現在堂子亭式殿祝辭的紐歡台吉（*niohon taiji*）、武篤本貝子（*uduben beise*），「亦不得其緣起」。其次，則是祝辭有類似「發語詞」、「語氣詞」之類者，包括背燈祭誦神歌禱辭中的卓爾歡鍾依（*jorgon junggi*）、珠嚕朱克特亨（*juru juktehen*）、哲伊呀呼（*je. irehu*）、哲納爾琿（*je. narhūn*）、哲古伊雙寬（*je. gu i šongkon*）、斐孫（*fisun*）、安哲（*anje*），以及薩滿行禮、獻酒時，在旁眾人拉長聲齊呼的鄂囉羅（*orolo*）諸字，「皆但有音聲，莫能訓解」。[40]

　　他們採取「闕疑傳信」的對策，也得到乾隆皇帝首肯，[41]作法略為：一、不能詳溯緣起的部分，援引鄭玄（127-200）注《禮記・文王世子》不能指出「先師」為誰之例，曰：「知古人於相傳祀典，無從溯其本源者，皆不妄引其人以實之，致涉誣罔。故今亦闕所不知，不敢附會其辭，以昭敬慎」。二、無法尋繹文義的部分，則仿漢代樂府、《宋書・樂志》將有聲而無義者取其對音之法，曰：「歷代相傳，均闕疑而不敢改，今亦恭錄原文，不敢強為竄易，以存其本真」。[42]惟當年乾隆皇帝在滿文本書成〈上諭〉中強調對原字、原韻的講求，如今竟只能「闕疑傳信」，則所謂「詢之故老」、「訪之土人」的查對工作似有不足之處。

　　對於上述問題，清人多依循阿桂等的說法，[43]研究薩滿信仰的學者則嘗試透過田野調查，探討宮廷祭祀與民間信仰的關係。他們認為，將諸姓「薩滿神諭」與《典禮》對照，便可看出皇室、部落所祀之神多有互見，既能破解若干不可解的神名，且說明宮中供奉之神非愛新覺羅家族所獨有。例如：「紐歡台吉」在「神諭」中又稱「紐歡阿布卡」，可釋為蒼天神，即天穹，天神之意；「武篤本

---

[40] 清・允祿等奉敕撰，阿桂、于敏中等譯漢，《欽定滿洲祭神祭天典禮》（收入《景印文淵閣四庫全書》，冊657），卷4末，〈跋語〉，頁1b-2a。

[41] 清・允祿等奉敕撰，阿桂、于敏中等譯漢，《欽定滿洲祭神祭天典禮》（收入《景印文淵閣四庫全書》，冊657），卷4末，〈奏一〉，頁1a，乾隆四十五年七月初二日，奉旨，知道了。

[42] 清・允祿等奉敕撰，阿桂、于敏中等譯漢，《欽定滿洲祭神祭天典禮》（收入《景印文淵閣四庫全書》，冊657），卷4末，〈跋語〉，頁2b-3a。

[43] 例如：歷任江南河道總督的內務府旗人麟慶（*linking*, 1971-1846）曰：「又相傳祝詞所稱丹琿琿即七星，鄂謨錫瑪瑪即保嬰，尚錫即田祖。紐歡台吉、武篤本貝子，皆有功德者，餘無可考。……文獻無徵，世遠年湮，國語惟憑口授，不能盡詳始末」；曾任雲貴總督的漢族官僚吳振棫（1792-1870）亦言：「按《滿洲祭神祭天典禮》，尚錫之神即田苗神，其圓殿祝辭所稱紐歡台吉、武篤本貝子，皆不得其緣起」。分見清・麟慶，《鴻雪因緣圖記・第三集》（北京：北京古籍出版社，1984年），〈五福祭神〉，無頁碼；清・吳振棫，《養吉齋叢錄》（收入《近代中國史料叢刊》，第22輯，冊220，臺北：文海出版社，1968年），卷7，頁1a。

貝子」在「神諭」中或作「烏朱貝子」，當指最早、最先的遠祖。[44]所論以實證為基礎，似頗為合理。值得注意的是，《滿文原檔》崇德元年（1636）六月記有：「tangse de jiha lakiyara de hendure gisun.（在堂子掛錢時說的話）niohon taiji.（紐歡台吉）udu bai beise.（武篤本貝子）……」，[45]可能是現存最早見諸於文字的跳神祝辭。《典禮》的「紐歡台吉」寫法與之相同，應是沿用舊說，未必與「紐歡阿布卡」有關；至於「紐歡阿布卡（niohon abka）」，《御製增訂清文鑑》解釋為「蒼天」，係「abkai boco be jorime gisurembihede（指天的顏色而言）」，[46]與抽象的「天」無關。又「武篤本貝子」一詞，《滿文原檔》與《典禮》不同，「udu bai」的字面意思是「幾個地方的」，「uduben」則不可解，但不能遽以判讀為「烏朱（uju，第一、首）」。

三、版本比較

乾隆十二年，《manjusai wecere metere kooli bithe》書成，交由武英殿印製。據〈頒發武英殿通行書籍目錄清冊〉載：「《祭祀條例》清字，榜紙書，一部六本，銀一兩一分四釐六毫一絲五忽」，[47]約與乾隆年間京城餉米一石（折銀一兩）的價值相當。[48]此書僅宗室、覺羅，以及祀奉覺羅姓神的滿洲人適用，即便開放抄錄，大概流傳不廣。[49]一九三〇年代，朝鮮人金九經（1899-1950）以盛京故宮藏滿文本《典禮》與漢譯本互校，並輯錄散見官書、筆記而與滿洲祭禮有關的文獻，編成《重訂滿洲祭神祭天典禮》，其〈凡例〉言：「原書滿文者只有殿版，漢譯者則有四庫本、內閣寫本及坊刻小本，皆互有錯落」，[50]可見版本亦有限。

本文使用的滿文本《典禮》，係東京東洋文庫藏本。據*Catalogue of the Manchu-Mongol Section of the Toyo Bunko*所載，東洋文庫藏有三部，編號分

---

[44] 參見郭淑雲，〈《滿洲祭神祭天典禮》論析〉，《社會科學輯刊》，1992:5（瀋陽，1992.5），頁81-82。

[45] 馮明珠主編，《滿文原檔》，冊10，頁294，崇德元年六月二十九日。

[46] 見清・傅恆等奉敕撰，《御製增訂清文鑑》（收入《景印文淵閣四庫全書》，冊232），卷1，〈天部・天文類・蒼天〉，頁2b。

[47] 翁連溪編，《清內府刻書檔案史料彙編・下編》（揚州：廣陵書社，2007年），〈頒發武英殿通行書籍目錄清冊・祭祀條例清字〉，頁741。

[48] 清・于敏中等纂修，《欽定戶部則例・乾隆朝》（收入《清代各部院則例（七）》，香港：蝠池書院出版公司，2004年），卷101，〈兵餉・京城八旗歲支餉米圖〉，頁3b。

[49] 參見姜小莉，〈《欽定滿洲祭神祭天典禮》對滿族薩滿教規範作用的考辨〉，《世界宗教文化》，2016:2（北京，2016.4），頁96-97。

[50] 朝鮮・金九經編輯，《重訂滿洲祭神祭天典禮》（收入劉厚生編著，《清代宮廷薩滿祭祀研究》，長春：吉林文史出版社，1992年），〈凡例〉，頁225。

別為「432.清文祭祀條例」、「433.欽定滿洲祭神祭天典例」、「434.欽定滿洲祭神祭天典例」，皆為一函六冊。「432.」註記滿文轉寫羅馬拼音「hesei toktobuha manjusai wecere metere kooli bithe」，以及「乾隆十二年七月九日」、「允祿等人編」，即滿文本《典禮》；「433.」附記「與前項相同」，「434.」則附記「前兩項的修訂版」。[51]「清文祭祀條例」或「欽定滿洲祭神祭天典例」，為函匣上標示的漢文名稱，匣內各冊封面均無標題，外觀與常見的線裝書無異。[52]由於「432.」、「433.」內容完全相同，為使行文時可與「434.」的漢文書名作區別，故選擇「432.清文祭祀條例」（以下簡稱《條例》）與「434.欽定滿洲祭神祭天典例」（以下簡稱《典例》）略作比較。

《條例》和《典例》明顯不同之處，在於《典例》的第一冊多出八頁，內容為阿桂、于敏中撰就的〈跋語〉和阿桂為進書所上奏摺的滿文譯文，此即原奏所稱：「謹擬跋語一條，附於漢本卷四之後，……乾隆四十五年七月初二日。奉旨：知道了。跋語即行繕出清文，欽此」。[53]其中，〈跋語〉為全文，共六頁；〈奏〉應有三頁，僅存二頁，[54]可知是乾隆四十五年以後的刊本。值得注意的是，這八頁的版心都有「duici debtelin（第四冊）」字樣，則其原貌當一如漢譯本置於第四冊之末。其次，查對兩種版本「版心頁」標示的滿文頁碼，《條例》首尾完整，《典例》則有缺頁、錯置，可能是重新裝訂而造成的散逸和錯亂，其詳細情形如下：

---

[51] Nicholas Poppe, Leon Hurvitz, Hidehiro Okada, *Catalogue of the Manchu-Mongol Section of the Toyo Bunko* (Tokyo: Toyo Bunko, 1964), pp.266-267.

[52] 《北京地區滿文圖書總目·圖版》，有武英殿本書影，以黃綾為封面，裝幀精美。參見北京市民族古籍出版規劃小組辦公室滿文編輯部編，《北京地區滿文圖書總目》（瀋陽：遼寧民族出版社，2008年），「圖版·《欽定滿洲祭神祭天典禮》清乾隆十二年武英殿刻本」，頁零伍。武英殿本封面有滿文，轉寫羅馬拼音為：「hesei toktobuha manjusai wecere metere kooli bithe」，「圖版」顯示的內容轉寫羅馬拼音作：「hesei toktobuha manjusai wecere metere kooli bithe. (欽定滿洲祭神祭天典禮) dergi hese (上諭) abkai wehiyehe i juwan juweci aniya nadan biyai ice uyun de. (乾隆十二年七月初九日) dorgi yamun ci sarkiyame tucibuhe. (內閣抄出) abkai wehiyehe i juwan juweci aniya nadan biyai ice uyun de. (乾隆十二年七月初九日)」，與東洋文庫藏本內容完全相同。

[53] 清·允祿等奉敕撰，阿桂、于敏中等譯漢，《欽定滿洲祭神祭天典禮》（收入《景印文淵閣四庫全書》，冊657），卷4末，〈奏一〉，頁2a-2b，乾隆四十五年七月初二日，奉旨，知道了。

[54] 〈跋語〉、〈奏〉的內容滿、漢文一致，滿文〈奏〉行文至「uttu ofi. (因此) gingguleme tucibun emu fiyelen banjibufi. (恭敬作了跋一篇) nikan bithei duici debtelin i amala arafi. (充作漢書的第四卷的後面) suwayan afahari (黃簽)」，即是頁尾，漢文原文為「所有敬擬跋語一條，附於漢本卷四之後，〔粘貼〕黃簽〔進呈〕」，其後尚有「統俟欽定發下時，……跋語即行繕出清文，欽此。」等語。分見清·允祿等奉敕撰，《hesei toktobuha manjusai wecere metere kooli bithe（欽定滿洲祭神祭天典例）》，冊1，頁2b；清·允祿等奉敕撰，阿桂、于敏中等譯漢，《欽定滿洲祭神祭天典禮》（收入《景印文淵閣四庫全書》，冊657），卷4末，〈奏一〉，頁2a-2b，乾隆四十五年七月初二日，奉旨，知道了。

表　滿文《欽定滿洲祭神祭天典例》各冊缺頁、錯置情形

冊別　頁數	第一冊	第二冊	第三冊	第四冊	第五冊	第六冊
總頁數	卷首：9 正文：91	45	85	81	49	62
缺頁	卷首：9 正文：23、27、47、90	41	77	3、14、26、66、69、76	16、35、46	58、59、60、61、62
錯置		頁6錯置於本冊首頁	頁18、頁20錯置；頁38、頁39錯置			頁21錯置於頁16之後；頁27錯置於頁20之後；頁17錯置於頁26之後；頁50錯置於頁40之後

說　　明：第一冊「卷首」部分，正確位置應在第四冊「卷末」。

資料來源：清・允祿等奉敕撰，《hesei toktobuha manjusai wecere metere kooli（欽定滿洲祭神祭天典例）》，清刻本，東京：東洋文庫藏。

　　再逐一比對各冊正文內容，兩種版本都是每頁九行，各頁從起始到結尾均同，僅第四冊〈*hūturi bairc de forobure gisun.*（求福祝辭）〉有「*juwenofi*（兩人）」一個字的出入。《條例》作「*sasa sakdambu.*（使齊老）*juru banjibu.*（使成對）」，《典例》則作「*sasa sakdambu.*（使齊老）*juwenofi juru banjibu.*（使兩人成對）」，有無「*juwenofi*」並不影響文義，漢譯本則作「偕老而成雙分」。[55]

　　就漢譯本的版本而言，繙譯的目的是為收入《四庫全書》，故只有《四庫全書》本，而無其他官方抄本或刻本。[56]《四庫全書》本的內容，理論上應完

---

[55] 「*sasa sakdambu.*（使齊老）*juru banjibu.*（使成對）」在滿文《條例》中共出現三次，分見清・允祿等奉敕撰，《*hesei toktobuha manjusai wecere metere kooli bithe*（清文祭祀條例）》，冊4，〈*hūturi baire de forobure gisun.*（求福祝辭）*fodo moo tebufi hūturi baime wecere de saman ucei tule fodo mooi ishun debse debsime jarime jalbarire gisun.*（樹柳枝求福司祝於戶外對柳枝舉揚神箭誦神歌禱辭）〉，頁11b；同書，冊4，〈*hūturi baire de forobure gisun.*（求福祝辭）*erde weceku i juleri hūturi baime wecere de forobure gisun.*（朝祭神前求福祝辭）〉，頁13a；同書，冊4，〈*hūturi baire de forobure gisun.*（求福祝辭）*yamji weceku i juleri hūturi baime wecere de forobure gisun.*（夕祭神前求福祝辭）〉，頁14b。「*sasa sakdambu.*（使齊老）*juwenofi juru banjibu.*（使兩人成對）」在滿文《典例》中亦應出現三次，然因缺第14頁，故只有兩次，見清・允祿等奉敕撰，《*hesei toktobuha manjusai wecere metere kooli bithe*（欽定滿洲祭神祭天典例）》，冊4，頁11b、頁13a。又漢文譯文見清・清・允祿等奉敕撰，阿桂、于敏中等譯漢，《欽定滿洲祭神祭天典禮》（收入《景印文淵閣四庫全書》，冊657），卷4，頁7b、頁8a、頁9a。

[56] 官書中另有《欽定八旗通志》，收錄《欽定滿洲祭神祭天典禮》卷1至卷5大部分的內容，但將編排方式不同。略為：《典禮》卷1自〈祭神祭天議〉至〈恭請神位入宮儀注〉等十一篇，編入《欽定八旗通志》卷89；〈坤寧宮月祭儀注〉至〈祭神翌日祭天贊辭〉等四篇，編入《欽定八旗通志》卷90。《典

全一致，然比對《文淵閣本》和《文津閣本》，仍發現略有出入。例如：卷首〈職名〉，武英殿監造永忠，《文淵閣本》作「管理三旗銀兩莊頭處『郎中』兼佐領加一級紀錄四次」，《文津閣本》卻作「管理三旗銀兩莊頭處『員外郎』兼佐領加一級紀錄四次」。查對《條例》，「ilan gūsai menggun afabure toksoi da sabe kadalara bai『aisilakū hafan』bime.（管理三旗銀兩莊頭處『員外郎』兼）nirui janggin.（佐領）emu jergi nonggiha.（加一級）duin jergi ejehe.（紀錄四次）amban yungjung.（臣永忠）」，[57]「aisilakū hafan」即「員外郎」，滿文「郎中」則寫作「icihiyara hafan」，可知《文津閣本》如實呈現滿文的原狀。

《國立故宮博物院善本舊籍總目》載有：「《欽定滿洲祭神祭天典禮》清乾隆十二年內閣寫進呈稿本六冊」（以下簡稱《稿本》），[58]全係漢文。是書第一冊卷首，恭錄乾隆十二年七月初九日乾隆皇帝為滿文《典禮》書成頒發的上諭；第四冊末，有阿桂、于敏中撰寫的〈跋語〉，但無《四庫全書》本所附乾隆四十五年七月初二日阿桂進書〈奏〉，以及同年七月二十三日阿桂為奉旨率同繕書房官員繕出〈跋語〉，進呈御覽，伏候欽定的奏摺。[59]因此，《稿本》當為乾隆四十二年阿桂等人奉敕譯漢所形成的「初譯本」，國立故宮博物院在著錄時，逕將乾隆十二年頒布上諭的時間，誤記為《稿本》進呈的時間。前述武英殿監造永忠的職銜，《稿本》作「管理三旗銀兩莊頭處『員外郎』兼佐領加一級紀錄四次」，[60]《文津閣本》即與之相同。

又金九經提及的「內閣寫本」，當是《稿本》重抄後的定本；至於「坊刻小本」，目前所見，只有收入民國《遼海叢書》的《滿洲祭神祭天典禮》刻本（以

禮》卷2〈坤寧宮常祭儀注〉、〈坤寧宮常祭祝辭〉等兩篇未收，而將〈四季獻神儀注〉等四篇和《典禮》卷3自〈堂子立杆大祭儀注〉至〈大祭翌日祭天贊辭〉等六篇編入《欽定八旗通志》卷91。《典禮》卷4共十四篇，〈求福儀注〉、〈求福祝詞〉、〈正日祭馬神儀注〉、〈次日祭馬神儀注〉等四篇未收，其餘編入《欽定八旗通志》卷92。《典禮》卷5，則全部編入《欽定八旗通志》卷93。參見清‧鐵保等奉敕撰，《欽定八旗通志》（收入《景印文淵閣四庫全書》，冊665，臺北：臺灣商務印書館，1983年），卷89-93，〈滿洲祭神祭天典禮〉。

[57] 分見清‧允祿等奉敕撰，阿桂、于敏中等譯漢，《欽定滿洲祭神祭天典禮》（收入《景印文淵閣四庫全書》，冊657），卷首，〈職名〉，頁2a；清‧允祿等奉敕撰，阿桂、于敏中等譯漢，《欽定滿洲祭神祭天典禮》（收入《景印文津閣四庫全書》，冊657，北京：商務印書館，2006年），卷首，〈職名〉，頁2a；清‧允祿等奉敕撰，《hesei toktobuha manjusai wecere metere kooli bithe（清文祭祀條例）》，冊1，頁9b。

[58] 國立故宮博物院編，《國立故宮博物院善本舊籍總目》（臺北：國立故宮博物院，1983年），〈史部‧政書類〉，頁580。

[59] 清‧允祿等奉敕撰，阿桂、于敏中等譯漢，《欽定滿洲祭神祭天典禮》（收入《景印文淵閣四庫全書》，冊657），卷4末，〈奏二〉，頁1a-1b，乾隆四十五年七月二十三日，奉旨，知道了。

[60] 清‧允祿等奉敕撰，阿桂、于敏中等譯漢，《欽定滿洲祭神祭天典禮》（清乾隆十二[四十五]年[1747（1780）]內閣寫進呈稿本，臺北：國立故宮博物院藏），冊1，卷首，頁4b。

下簡稱《刻本》）。《刻本》的編排，首列〈上諭〉，次為〈奏摺〉三件（阿桂進書奏摺、阿桂等〈跋語〉、阿桂繕出跋語奏摺），再次是職名，之後的順序與抄本同。在〈奏摺〉頁末，有「欽定滿洲祭神祭天典禮卷四」字樣，[61]當是刻完後再抽出重排。《刻本》卷六〈祭神祭天器用形式圖〉，只有圖像而無圖說，與金九經所言「坊刻本有圖無釋」同，[62]或為同一版本。至於永忠的職銜，《刻本》亦作「管理三旗銀兩莊頭處『員外郎』兼佐領加一級紀錄四次」。[63]

比較滿、漢兩種文本，又可發現二者不盡相同，茲略舉如下：

一、有滿文而無漢文，例如：

（一）《條例・kun ning gung de（在坤寧宮）biyadari（每月）wecere dorolon i ejehen.（跳神的儀注）》：「hūwangdi mahala gaifi（皇帝摘了冠）erde weceku i juleri ibefi（清晨神主之前就位了）dulimbade wesihun forome ilime.（在中央向上站立著）」。《文淵閣本・坤寧宮月祭儀注》：「皇帝進於朝祭神位前，正中向上立」。[64]

《文淵閣本》無「hūwangdi mahala gaifi（皇帝摘了冠）」一句。

（二）《條例・坤寧宮月祭儀注》：「sirame（接著）ulgiyan be uce ci dosimbufi（使豬從房門進入了）nenehe mudan i songkoi（照前次的樣）gingneme.（獻著）carkidame.（打著扎板）tenggeri. fifan fitheme.（彈著三絃、琵琶）orolome.（眾呼著鄂囉羅）jungšun suitafi.（灌了酒水）emgeri hengkilefi（叩頭了一次）ilifi（站立了）bederembi.（退回）tenggeri fifan. carki nakafi（三絃、琵琶、扎板停止了）geren ilifi（眾人站立了）bederembi.（退回）」。《文淵閣本・坤寧宮月祭儀注》：「舁第二豬，入門、獻酒、灌酒，如前儀」。[65]

坤寧宮祭祀用二豬，〈儀注〉在此段之前，已詳述處理第一隻豬的流

---

[61] 清・允祿等奉敕撰，阿桂、于敏中等譯漢，《滿洲祭神祭天典禮》（收入金毓黻主編，《遼海叢書》，冊5，瀋陽：遼瀋書社，1985年），卷首，〈奏摺〉，頁4b。

[62] 朝鮮・金九經編輯，《重訂滿洲祭神祭天禮》，〈凡例〉，頁225。

[63] 清・允祿等奉敕撰，阿桂、于敏中等譯漢，《滿洲祭神祭天典禮》（收入金毓黻主編，《遼海叢書》，冊5），卷首，〈職名〉，頁2a。

[64] 分見清・允祿等奉敕撰，《hesei toktobuha manjusai wecere metere kooli bithe（清文祭祀條例）》，冊1，頁57a；清・允祿等奉敕撰，阿桂、于敏中等譯漢，《欽定滿洲祭神祭天典禮》（收入《景印文淵閣四庫全書》，冊657），卷1，〈坤寧宮月祭儀注〉，頁26a。

[65] 分見清・允祿等奉敕撰，《hesei toktobuha manjusai wecere metere kooli bithe（清文祭祀條例）》，冊1，頁60a-61b；清・允祿等奉敕撰，阿桂、于敏中等譯漢，《欽定滿洲祭神祭天典禮》（收入《景印文淵閣四庫全書》，冊657），卷1，〈坤寧宮月祭儀注〉，頁28a。

程，《條例》仍扼要敘述第二隻豬的，《文淵閣本》則以「如前儀」帶過。

二、有漢文而無滿文，例如：

（一）《文淵閣本・彙記滿洲祭祀故事》：「……僅在神板上供獻香碟者。凡祭祀，行禮時，主祭之人皆免冠，以致誠敬。至於供饌之禮，……」；

《條例・manjusai wecere fe baita be（將滿洲們的跳神舊事）šošome ejehengge.（匯總記錄者）》：「……sendehen de hiyan i fila doborongge inu bi.（也有在供神板上供香碟者）efen doborongge.（供餑餑者）……」。[66]

《條例》無「凡祭祀，行禮時，主祭之人皆免冠，以致誠敬」一句。

（二）《文淵閣本・坤寧宮元旦行禮儀注》：「如遇皇帝率王、貝勒、貝子等，於坤寧宮朝祭、夕祭神位前行禮」；《條例・kun ning gung de（在坤寧宮）aniyai inenggi（元旦）doroloro dorolon i ejehen.（行禮的儀注）》：「hūwangdi aika wang. beile. beise. sebe gaifi.（若是皇帝帶領了王、貝勒、貝子等）kun ning gung de erde. yamji weceku de doroloci.（則在坤寧宮清晨、晚上神主前行禮）」。[67]

《條例》無「位（soorin）」字。

三、滿、漢文義有出入，例如：

（一）《條例・wecere metere de（跳神、還願時）dobome faidaha tetun agūrai durun i nirugan.（供獻所陳列器皿的形式圖）》：「wecere deyen i dolo（祭殿內）faidaha suwayan cece hūbalaha hiyabulakū.（所陳列的糊了黃紗的糠燈架子）」；《文淵閣本・祭神祭天供獻陳設器皿形式圖》：「饗殿內陳設黃紗畫鐙」。[68]

「wecere deyen（祭殿）」，《文淵閣本》皆譯作「饗殿」。「hiyabulakū」，

---

[66] 分見清・允祿等奉敕撰，阿桂、于敏中等譯漢，《欽定滿洲祭神祭天典禮》（收入《景印文淵閣四庫全書》，冊657），卷1，〈彙記滿洲祭祀故事〉，頁13a；清・允祿等奉敕撰，《hesei toktobuha manjusai wecere metere kooli bithe（清文祭祀條例）》，冊1，頁33b。又「sendehen」，供神板，即「weceku doboho undehen be.（供獻神祇的木板）sendehen sembi.（稱供神板）」。見清・傅恆等奉敕撰，《御製增訂清文鑑》（收入《景印文淵閣四庫全書》，冊232），卷6，〈禮部・祭祀器用類・供神板〉，頁51b。

[67] 分見清・允祿等奉敕撰，阿桂、于敏中等譯漢，《欽定滿洲祭神祭天典禮》（收入《景印文淵閣四庫全書》，冊657），卷1，〈坤寧宮元旦行禮儀注〉，頁14b；清・允祿等奉敕撰，《hesei toktobuha manjusai wecere metere kooli bithe（清文祭祀條例）》，冊1，頁41b。

[68] 分見清・允祿等奉敕撰，《hesei toktobuha manjusai wecere metere kooli bithe（清文祭祀條例）》，冊6，頁9a；清・允祿等奉敕撰，阿桂、于敏中等譯漢，《欽定滿洲祭神祭天典禮》（收入《景印文淵閣四庫全書》，冊657），卷6，〈祭神祭天供獻陳設器皿形式圖〉，頁9a。

即「*ilan gargangga fasilan moo be ilibume arafi.*（將三枝的叉木做成立起
著）*dergide sangga tūfi*（在上面打了洞）*hiyabun sisirengge be.*（插糠燈者）
hiyabulakū sembi.（稱糠燈架子）」，[69]滿文強調的是「架子」，漢文則在
「燈」，惟《稿本》作「祭殿內設黃紗糠燈架子」，[70]則與滿文一致。

（二）《條例・祭神祭天供獻陳設器皿形式圖》：「*amba teišun i nere.*（大黃
銅鍋撐）*nere den ici emu jušuru nadan jurhun sunja fuwen.*（鍋撐高一尺七寸
五分）」；《文淵閣本・祭神祭天供獻陳設器皿形式圖》：「大紅銅
海，銅海高一尺七寸五分」。[71]

「*teišun*」為「黃銅」；「*nere*」，即「*mucen sujara bethe noho selei weren*（支
著鍋腳全鐵的桶箍）*jai na be fetefi*（以及掘了地）*mucen tebure sangga be.*（放
鍋的窟窿）*gemu nere sembi.*（都稱鍋撐）」。[72]至於「銅海」的「海」，
指「*cara*」而言，即「*aisin menggun i jergi jaka be*（將金、銀等物）*bethe
sindame*（有腳）*fengse i adali*（像瓦盆一樣）*okcin akū*（無蓋）*tūme arahangge
be.*（打製者）*cara sembi.*（稱酒海）」，[73]不應與「鍋撐（*nere*）」混為一
談。另《稿本》則作「大銅竈腔，銅海高一尺七寸五分」。[74]

誠如前輩學者所言，「是書有滿文、漢文二本，是則讀是書者，非兼通滿
文，不能博其義蘊，又可知已」；[75]尤其「欲研究是書，舍滿文原本，莫能得精確
之認識矣」。[76]因此，將不同的文字、不同的版本進行比較，實有其意義和必要。

---

[69] 清・傅恆等奉敕撰，《御製增訂清文鑑》（收入《景印文淵閣四庫全書》，冊232），卷23，〈烟火
部・烟火類・糠燈架子〉，頁7b。又「*hiyabun*」，糠燈，即「*hiyalhūwa de ara imenggi masan be latubufi*（以
麻秸做油渣點燃了）*dengjan i adali daburengge be.*（燈一樣的點者）*hiyabun sembi.*（稱糠燈）」。見同書，
卷23，〈烟火部・烟火類・糠燈〉，頁7b。

[70] 清・允祿等奉敕撰，阿桂、于敏中等譯漢，《欽定滿洲祭神祭天典禮》（清乾隆十二年[1747]內閣寫進
呈稿本），冊6，〈祭祀還願供列器物圖〉，頁9a。

[71] 分見清・允祿等奉敕撰，《*hesei toktobuha manjusai wecere metere kooli bithe*（清文祭祀條例）》，冊6，頁
56b；清・允祿等奉敕撰，阿桂、于敏中等譯漢，《欽定滿洲祭神祭天典禮》（收入《景印文淵閣四庫
全書》，冊657），卷6，〈祭神祭天供獻陳設器皿形式圖〉，頁56b。

[72] 清・傅恆等奉敕撰，《御製增訂清文鑑》（收入《景印文淵閣四庫全書》，冊233），卷25，〈器皿
部・器用類・鍋撐〉，頁20a-20b。

[73] 清・傅恆等奉敕撰，《御製增訂清文鑑》（收入《景印文淵閣四庫全書》，冊232），卷25，〈器皿
部・器用類・酒海〉，頁17b。「*cara*」之意雖為「酒海」，惟「*sile unggire*（發送肉湯的）*teišun i cara
emke.*（黃銅海一件）」，亦指容器而言。見清・允祿等奉敕撰，《*hesei toktobuha manjusai wecere metere
kooli bithe*（清文祭祀條例）》，冊5，頁13a。

[74] 清・允祿等奉敕撰，阿桂、于敏中等譯漢，《欽定滿洲祭神祭天典禮》（清乾隆十二年[1747]內閣寫進
呈稿本），冊6，〈祭祀還願供列器物圖〉，頁56a。

[75] 朝鮮・金九經編，《重訂滿洲祭神祭天典禮》，〈金毓黻・序文〉，頁223。

[76] 朝鮮・金九經，《滿漢合璧滿洲祭神祭天典禮》（排印本，出版項不詳），〈金九經・小引〉，頁1。

四、史料價值

金毓黻（1887-1962）為《重訂滿洲祭神祭天典禮》作〈序〉，曰：

> 金源禮制紀載之僅存者，惟《大金禮集》一書耳，而所載者悉為正隆（1156-1161）、大定（1161-1189）以後所定之典禮，多依仿漢制，故俗百無存一，《金史・禮志》率本是書。清室由東北入主中原所定《通禮》，亦多緣漢制，惟祭天於堂子、祭神於坤寧宮，猶能保存故俗。今欲因滿洲之禮制以上考金源之故俗，則捨是書其又何求？[77]

認為《典禮》不僅保存滿洲傳統，且是探究金朝（1115-1234）禮制的線索，其重要性已明。關於是書的史料價值，試進一步析論如下。

漢譯本《典禮》將乾隆十二年滿文本書成〈上諭〉中「*meni gioroi hala wecerengge oci.*（若是我們的覺羅姓跳神者）」一句，譯作「若我愛新覺羅姓之祭神」，[78]對此學者早有討論，認為舉此造成專記皇室薩滿祭祀的誤解，甚至衍生出將愛新覺羅家族的祭儀作為滿洲諸姓氏共同規範的看法，以致忽略此書係總結整個覺羅氏薩滿信仰的意義。[79]惟兩種文本都經乾隆皇帝親自核定，對於滿、漢文文義的出入，不致無所知悉，而結果如此，或有彰顯其權威性的用意。從《典禮》的內容來看，各項儀注的規範，都是根據宮中現行「條例」；考訂祝辭的依據，率出自內廷新、舊薩滿或五旗王公之家；協助典禮的人員，如司俎官（*amsun i janggin*）、[80]

---

[77] 朝鮮・金九經編，《重訂滿洲祭神祭天典禮》，〈金毓黻・序文〉，頁224。

[78] 分見清・允祿等奉敕撰，《*hesei toktobuha manjusai wecere metere kooli bithe*（清文祭祀條例）》，冊1，頁2a；清・允祿等奉敕撰，阿桂、于敏中等譯漢，《欽定滿洲祭神祭天典禮》（收入《景印文淵閣四庫全書》，冊657），卷首，〈上諭〉，頁1a-1b，乾隆十二年七月初九日，奉上諭。

[79] 參見劉厚生、陳思玲，〈《欽定滿洲祭神祭天典禮》評析〉，頁66-67。姜小莉支持劉厚生、陳思玲的觀點，並就主張《典禮》具有規範作用的主要研究成果逐一檢討。參見姜小莉，〈《欽定滿洲祭神祭天典禮》對滿族薩滿教規範作用的考辨〉，頁94-95。

[80] 「*amsun i janggin*」，司俎官，即「*wecere amsun i jaka be*（將跳神的祭品）*gingguleme dagilara hafan be.*（敬謹備辦的官員）*amsun i janggin sembi.*（稱司俎官）」。見清・傅恆等奉敕撰，《御製增訂清文鑑》（收入《景印文淵閣四庫全書》，冊232），卷4，〈設官部・臣宰類・司俎官〉，頁19b。司俎官，為內務府掌儀司屬官，順治十七年（1660），初置四人；乾隆二十四年（1759）奏准，改司俎官為司俎官。又定祭神殿設司俎官五人正六品，司俎執事十八人，宰牲十人，掌籍三人，服役二十人。分見清・托津等奉敕撰，《欽定大清會典事例（嘉慶朝）》（收入《近代中國史料叢刊・三編》，第70輯，冊700，臺北：文海出版社，1991年），卷885，〈內務府・官制・掌儀司〉，頁7b-8a；清・允裪等奉敕撰，《欽定大清會典則例（乾隆朝）》（收入《景印文淵閣四庫全書》，冊625，臺北：臺灣商務印書館，1983年），卷161，〈內務府掌儀司・大內祭神〉，頁47b。

司香長（hiyan i da）、[81]司香婦人（hiyan i hehesi）、太監等，均隸屬於宮廷；祭祀舉行的場所，無論是堂子、坤寧宮或祭馬神室，皆為大內空間；祭器型制的講究，更非常人所能負擔，[82]自然可以理解為皇室專有，尤其是堂子祭典。

堂子原為女真部落祭祀的場所，崇德元年（1636）皇太極（hong taiji，1592-1643，1627-1643在位）諭定祭堂子、神位典禮，並禁止民間私設，曰：

> 祭天祭神，倘不齋戒，不限次數率行往祭，實屬不宜。嗣後，每月固山貝子（gūsai beise，宗室封爵第四等）以上各家，各出一人，齋戒一日，於次早初一日，遣彼詣堂子神位前，供獻餅酒，懸掛紙錢。春、秋舉杆致祭時，固山貝子、固山福晉（fujin，夫人）以上者往祭，祭前亦須齋戒。除此外，其妄率行祭祀之舉，永行禁止。[83]

至康熙五十七年，更停止宗室王公自堂子請神回府，[84]堂子祭典遂為皇帝獨佔。因此，將《典禮》視為是宮廷專用的「祭祀書」，亦無不可。然而，也不能忽略允祿等奏請「有情願抄錄者，俱准其抄錄」之議，以及《典禮・坤寧宮月祭儀注》結尾處有「凡諸王、貝勒、貝子、公等，以及宗室、覺羅，並伊爾根覺羅、錫林覺羅姓之滿洲等，俱如此儀祭之」等語的意義。[85]例如：道光八年（1828），覺羅普年（1792-?）據滿文本繙譯摘編成《滿洲跳神還願典例》，收錄〈坤寧宮每月跳神儀注〉、〈跳神第二日還願儀注〉、〈祈福儀注〉等三篇儀注。[86]此當為

81　「hiyan i da」，司香長，又稱司香婦長，內務府掌儀司祭神殿額設司香婦長六人、司香婦二十四人。清・允祹等奉敕撰，《欽定大清會典則例（乾隆朝）》（收入《景印文淵閣四庫全書》，冊625），卷161，〈內務府掌儀司・大內祭神〉，頁48a。

82　以還願神杆（somo）為例，滿洲人等「但尋潔淨之木以為神杆」，宮廷必選用珍貴的楠木。分見清・允祿等奉敕撰，阿桂、于敏中等譯漢，《欽定滿洲祭神祭天典禮》（收入《景印文淵閣四庫全書》，冊657），卷1，〈彙記滿洲祭祀故事〉，頁12b；同書，卷5，〈祭神祭天供獻器用數目〉，頁9a。

83　中國第一歷史檔案館、中國社會科學院歷史研究所譯註，《滿文老檔》（北京：中華書局，1990年），頁1514，〈奉命制定祭堂子神位典禮〉，崇德元年六月十八日。

84　清・允祿等奉敕撰，阿桂、于敏中等譯漢，《欽定滿洲祭神祭天典禮》（收入《景印文淵閣四庫全書》，冊657），卷1，〈彙記滿洲祭祀故事〉，頁8b。

85　清・允祿等奉敕撰，阿桂、于敏中等譯漢，《欽定滿洲祭神祭天典禮》（收入《景印文淵閣四庫全書》，冊657），卷1，〈坤寧宮月祭儀注〉，頁36b。漢譯本「並伊爾根覺羅、錫林覺羅姓之滿洲等」一句，滿文原文為：「gioroi halai manjusa（覺羅姓的滿洲們）」。見清・允祿等奉敕撰，《hesei toktobuha manjusai wecere metere kooli bithe（清文祭祀條例）》，冊1，頁75a

86　這三篇儀注，漢譯本《典禮》分別作〈坤寧宮月祭儀注〉、〈祭神翌日祭天儀注〉、〈求福儀注〉。參見清・普年編，《滿洲跳神還願典例》，頁374-390。又遼寧省圖書館藏有《hesei toktobuha manjusai wecere metere kooli bithe（欽定祭祀條例）》二卷，嘉慶二十二年（1817）覺羅為光抄本，由於未能得見，茲抄錄該書「解題」以供參考，曰：「是書上冊為滿文，下冊為漢文。覺羅為光在序中云：其母在大內從事祭祀之事，

普遍適用者。

值得注意的是，〈彙記滿洲祭祀故事〉的性質，與其說是總結覺羅氏薩滿信仰，[87]不若視之為允祿等人整理的「調查報告」。是篇先敘滿洲國（*manju gurun*）敬天與神、佛，自盛京創基以來未敢改易的傳統。其次，以宮廷祭儀為中心，從「大同小異」的觀點，[88]呈現大內、宗室王公，以及滿洲人等的情形。例如：自大內以下至覺羅姓滿洲人等皆用女薩滿，挑選的範圍則視各家的身分、等級而有不同，若不能得人，即以本家家長代替。[89]再次，分析生活環境變化對祭祀內容的影響，說明因地制宜的必要性。例如：祭祀用的各種「餑（*efen*，餑餑）」，本以「穄米（*fisihe*，小黃米）」為原料，惟「江南各省駐防滿洲人等，因其地不產穄米，即以江米（*yeye handu*，黏粳米）代之。在京之滿洲人等，或無莊頭者，其釀酒、灑餑、打餑，即以所領俸米內江米代穄米用」。[90]復次，記述祭祀規範。例如：為祭祀而釀酒、做餑者，其器皿必專用，是以大內特立「神廚（*amsun i boo*）」，王府及勳舊滿洲人家均各專設一分，「單姓寒門，並無另室之家，於祭期之前，整理祭品後，洗滌鍋、缸，封閉，以備祭祀之用」。[91]最後，則提示諱忌之事。例如：「滿洲人等，如本家遇有孝服者，必請出神位，暫安於潔淨之室」等。[92]文中多次出現「覺羅姓之滿洲人等（*gioroi halai manjusai*）」、「滿洲人等（*manjusa*）」，兩者指涉對象顯然有所區別，不盡然僅限於宗室、覺羅或覺羅姓。

逝世後，為光遵母遺命，從《欽定祭祀條例》中摘錄欽定祭祀條例上論一道、祭堂子、早神、晚神、還童〔願〕、求福應念之祝語，彙為滿洲祭祀舊事一篇為上冊。又將祭堂子、跳早神、跳晚神、還童〔願〕、求福之儀注敬譯漢語，並繪圖五幅，輯為下冊，恭備祭祀考核。見盧秀麗等編，《遼寧省圖書館滿文古籍圖書綜錄》（瀋陽：遼寧民族出版社，2002年），〈史部·欽定祭祀條例二卷〉，頁271。

[87] 參見劉厚生、陳思玲，〈《欽定滿洲神祭天禮》評析〉，頁67-68。

[88] 所謂「大同小異」，是指「雖各姓祭祀皆隨土俗，微有差異，大端亦不甚相遠」。見清·允祿等奉敕撰，阿桂、于敏中等譯漢，《欽定滿洲祭神祭天典禮》（收入《景印文淵閣四庫全書》，冊657），卷1，〈彙記滿洲祭祀故事〉，頁6a。

[89] 參見清·允祿等奉敕撰，阿桂、于敏中等譯漢，《欽定滿洲祭神祭天典禮》（收入《景印文淵閣四庫全書》，冊657），卷1，〈彙記滿洲祭祀故事〉，頁9a-10a。關於薩滿的挑選範圍，例如：同為皇子，仍居宮中者，用覺羅大臣、官員的妻子；居住紫禁城內者，從上三旗管領下的覺羅或異姓大臣、官員、閒散滿洲人等妻室內選擇；已分府者，俱於各該屬旗包衣佐領、管領下的覺羅或異姓大臣、官員、閒散滿洲人等妻室內選擇。

[90] 清·允祿等奉敕撰，阿桂、于敏中等譯漢，《欽定滿洲祭神祭天典禮》（收入《景印文淵閣四庫全書》，冊657），卷1，〈彙記滿洲祭祀故事〉，頁13b。

[91] 清·允祿等奉敕撰，阿桂、于敏中等譯漢，《欽定滿洲祭神祭天典禮》（收入《景印文淵閣四庫全書》，冊657），卷1，〈彙記滿洲祭祀故事〉，頁14b。

[92] 清·允祿等奉敕撰，阿桂、于敏中等譯漢，《欽定滿洲祭神祭天典禮》（收入《景印文淵閣四庫全書》，冊657），卷1，〈彙記滿洲祭祀故事〉，頁16a。

《典禮》代表官方對傳統祭祀的整理和規範，與滿洲社會流傳的祭祀文本相對照，可進一步了解其意義。茲以漢文《滿洲西林覺羅氏祭祀書》為例，是書據抄錄者嚴奉寬所言：「此鄂文端公族祭祀家規」，即雍、乾之交大學士鄂爾泰（ortai，1677-1745）家族的祭祀書。[93]書中收錄〈條規〉七種，多見於《典禮》，[94]但無祝辭；各〈條規〉的編排方式則有別於《典禮》，均包括儀注、祭祀器用數目、注意事項等。在儀注、器用數目方面，係屬「皆隨土俗，微有差異」的部分，西林覺羅家族的規矩自然和宮廷有所區別；在注意事項方面，與〈彙記滿洲祭祀故事〉互有異同。以祭祀期間的禁忌為例，《典禮》曰：

> 又已釀酒，則不入有服之家。倘遇不得已之事必須往者，已汙其目，則不即入祭室。必俟新更月建後，始入焉。或易其衣冠、沐浴，過三日後，亦可入。……若族中孝服，則在大門外釋去孝衣，始入院內。如無另室之家，則淨面、洗目，焚草，越火而過之，始入。[95]

《滿洲西林覺羅氏祭祀書》曰：

> 凡祭祀，自作酒日始，不往弔，不探病，不觀死物。或出門，途遇送殯等事，俱為不祥，宜急藏避。家人在外常行，難避不祥等事，但令用鹽水洗目。尚堪更以見其無眾寡、無小大、無敢慢之意也。[96]

《典禮》另有「凡滿洲豢養牲畜人家，不令豬入祭室院內，倘有走入者，即省其

93　清‧鄂爾泰修，《滿洲西林覺羅氏祭祀書》（收入北京圖書館編，《北京圖書館藏家譜叢書‧民族卷》，冊44），〈目錄‧識語〉，頁2。此書著錄的作者為鄂爾泰，〈序〉略言纂輯經過，曰：「自念〔廿〕五歲成家入仕後，即奉祀家祖神，歲時祭享，不敢有違，但期間條規莫能深悉，俱係逐條請示先慈，……歸即口授拙荊，凡遇祭享，敬謹遵循，……（今）愚年逾六旬，已歷四十餘寒暑矣。昨孟夏四月，拙荊忽染症溘逝，……恐日久嗣不能記憶，……故閒中追憶記註其趨拜、跪叩之禮，及供獻粢牲、進爵奉酒之儀，俱逐一纂成條款，……」。見同書，〈序〉，頁5-6。鄂爾泰卒於乾隆十年（1745），則成書時間略早於滿文《典禮》。

94　七種〈條規〉包括：〈祭家祖宗神條規〉、〈背燈祭祀條規〉、〈祭天還願條規〉、〈祭星條規〉、〈祭馬神條規〉、〈祭老柳枝福祿媽媽神條規〉、〈祭新柳枝福祿媽媽神條規〉，除〈祭星條規〉為《典禮》所無之外，其餘皆可在《典禮》中找到類似的儀式。

95　清‧允祿等奉敕撰，阿桂、于敏中等譯漢，《欽定滿洲祭神祭天典禮》（收入《景印文淵閣四庫全書》，冊657），卷1，〈彙記滿洲祭祀故事〉，頁16a-16b。

96　清‧鄂爾泰修，《滿洲西林覺羅氏祭祀書》（收入北京圖書館編，《北京圖書館藏家譜叢書‧民族卷》，冊44），〈祭家祖宗神條規〉，頁23。

豬以祭之。省（*silgimbi*）者，避宰割之辭」；「若族中孝服，則在大門外釋去孝衣。始入院內」等禁忌。[97]《滿洲西林覺羅氏祭祀書》亦有類似的說法：「馬、驢、牛、騾、豬、羊等畜，亦不許入戶。倘有畜類入戶，則割去其耳，以除不祥」；「一切孝服，及繫白帶、穿白鞋者，一概不許進門」。[98]又滿文本《典禮》指出，「*dergi booci fusihūn.*（從皇上家以下）*sula uksun. gioro.*（閒散宗室、覺羅）*jai gioroi hala manju sade isitala.*（以及至於覺羅姓滿洲們）*gemu ulgiyan i wecembi.*（都是用豬跳神）」，漢譯本特別列出「伊爾根覺羅、錫林覺羅姓之滿洲人等」；[99]然《滿洲西林覺羅氏祭祀書》曰：「凡祭祀天神俱係用豬，惟我西林覺羅氏豬、羊俱可用，此事歷來已久，不能稽考。但用羊務擇口齒小而肥，澤純白無雜毛者吉」，[100]兩者顯有不同。其中相同者，說明《典禮》係有所本；相異者，則反映官方嘗試規範的用意，但並非強制執行。[101]

關於在祭祀活動中占有重要地位的祝辭，論者指出，經由《典禮》的整理，出現藻飾化、講究語法、用詞準確等特徵。[102]就用詞準確而言，試以《滿文原檔》收錄的「*enduri de jiha lakiyara de hendure gisun.*（在神前掛錢時說的話）」，與滿文本、漢譯本《典禮》近似者做比較。《滿文原檔》曰：

abkai juse.（上天之子）*šang žin enduri.*（尚錫神）*fe biya be wajiha.*（舊月結束了）*ice biya be aliha seme.*（新月接著了）*tere aniya oshon [osohon] beyei jalin.*（為某年生小的本人的）*amsun be dagilafi*（備辦了祭物）*jiha lakiyanjiha.*（來掛了錢）*tere aniya oshon [osohon] beye be*（將某年生小的本人）*ele[elhe] taifin i eršeki.*（請以平安照看）*urgun sain i wehiyeki.*（請以喜善扶佑）[103]

滿文本《典禮》的〈*biyadari ice de.*（每月初一日）*šangsi enduri ordo de wecere de*（在

97 清・允祿等奉敕撰，阿桂、于敏中等譯漢，《欽定滿洲祭神祭天典禮》（收入《景印文淵閣四庫全書》，冊657），卷1，〈彙記滿洲祭祀故事〉，頁15b-16b。

98 清・鄂爾泰修，《滿洲西林覺羅氏祭祀書》（收入北京圖書館編，《北京圖書館藏家譜叢書・民族卷》，冊44），〈祭家祖宗神條規〉，頁32-33。

99 分見清・允祿等奉敕撰，《*hesei toktobuha manjusai wecere metere kooli bithe*（清文祭祀條例）》，冊1，頁29b；清・允祿等奉敕撰，阿桂、于敏中等譯漢，《欽定滿洲祭神祭天典禮》（收入《景印文淵閣四庫全書》，冊657），卷1，〈彙記滿洲祭祀故事〉，頁10a-10b。

100 清・鄂爾泰修，《滿洲西林覺羅氏祭祀書》（收入北京圖書館編，《北京圖書館藏家譜叢書・民族卷》，冊44），〈祭天還願條規〉，頁70。

101 參見姜小莉，〈《欽定滿洲祭神祭天典禮》對滿族薩滿教規範作用的考辨〉，頁95-97。

102 參見宋和平、孟慧英，《薩滿文本研究》（臺北：五南圖書公司，1997年），頁97-107。

103 馮明珠主編，《滿文原檔》，冊10，頁294，崇德元年六月二十九日。

尚錫神亭跳神時）*booi da forobure gisun.*（管領的祝辭）〉曰：

abkai juse（上天之子）*šangsi enduri.*（尚錫神）*fe biya wajiha.*（舊月結束了）
ice biya be aliha seme.（新月接著了）*tere aniyangga osokon[osohon] beye i*（某屬
相年小的本人的）*wei jalin wececi.*（為誰跳神）*wei banjiha da aniya be hūlambi.*（則呼誰的本生
年）*jalin amsun dagilafi.*（因為備辦了祭物）*hoošan lakiyanjiha.*（來掛了紙）*tere*
aniyangga osokon[osohon] beyebe（將某屬相年小的本人）*wei jalin wececi.*（為誰跳神）*wei*
banjiha da aniya be hūlambi.（則呼誰的本生年）*elhe taifin i eršeki.*（請以平安照看）*urgun sain i*
wehiyeki.（請以喜善扶佑）[104]

兩則滿文的內容、形式極為接近，《典禮》以「*aniyangga*」取代「*aniya*」，並增
加「*wei jalin wececi. wei banjiha da aniya be hūlambi.*」，使文義更為明確。

　　在講究語法方面，祭祀的場合中，薩滿「無不斟酌事體，編為吉祥之語，以
禱祝之」，[105]而多以淺白的滿文韻文呈現，並能配合曲調、鼓點誦唱。[106]滿文本
《典禮》的祝辭係經整理而成，是以語法固定。以坤寧宮月祭清晨在豬耳灌酒水
後的〈*erde yali doboro de*（清晨供肉時）*forobure gisun.*（祝辭）〉為例，曰：

abkai juse.（上天之子）*coohai janggin.*（軍隊章京）*guwan i beise.*（關貝
子）……*uju de ukufi.*（在頭上群集了）*meiren de fehufi.*（在肩上採榮了）*juleri*
talime.（前面庇護著）*amala alime.*（後面承受著）*urgun sain i acabu.*（以喜善
相合）*uju i funiyehe šarambu.*（使頭髮變白）*angga i weihe sorombu.*（使口齒變
黃）*aniya ambula.*（年大）*se labdu.*（歲多）*jalgan golmin.*（命長）*fulehe šumin.*
（根深）*enduri eršeme.*（神明照看著）*weceku wehiyeme.*（神主扶佑著）*aniya se*

---

[104] 清‧允祿等奉敕撰，《*hesei toktobuha manjusai wecere metere kooli bithe*（清文祭祀條例）》，冊1，頁48a。
又「*aniyangga*」，屬相年，即「*singgeri aniya banjiha niyalma be*（以子年出生的人）*singgeri aniyangga.*（屬
鼠）*ihan aniya banjiha niyalma be.*（以丑年出生的人）*ihan aniyangga sembi.*（稱屬牛）」。見清‧傅恆等奉敕
撰，《御製增訂清文鑑》（收入《景印文淵閣四庫全書》，冊232），卷2，〈時令部‧時令類‧屬相
年〉，頁12a。漢譯本作：「上天之子，尚錫之神，月已更矣，建始維新。某年生小子，為某人祭，則呼
某人本生年。敬備粢盛分，潔楮並陳。惠我某年生小子，為某人祭，則呼某人本生年。既以嘉祥分，畀以康
寧。」見清‧允祿等奉敕撰，阿桂、于敏中等譯漢，《欽定滿洲祭神祭天典禮》（收入《景印文淵閣
四庫全書》，冊657），卷1，〈每月初一日祭尚錫神亭管領祝辭〉，頁21a-21b。

[105] 清‧允祿等奉敕撰，阿桂、于敏中等譯漢，《欽定滿洲祭神祭天典禮》（收入《景印文淵閣四庫全
書》，冊657），卷首，〈上諭〉，頁1b，乾隆十二年七月初九日，奉上諭。

[106] 參見趙志忠，《滿族薩滿神歌研究》（北京：民族出版社，2010年），頁199-219。

be ambula bahabuki.（請使年歲得大）[107]

自「*uju de ukufi*」以至「*weceku wehiyeme*」，不僅兩兩押韻，且押韻兩句的語法、字數皆相同，此亦為藻飾化的現象。

　　然而，相較於滿文祝辭的藻飾化，漢譯本更為明顯。阿桂等人將祝辭繙漢時，常在句尾加入「兮」字，雖使之呈現詩歌的體裁，但文字過度潤飾的結果，以至文義艱澀難懂，遂喪失原有的質樸面貌。以漢譯本〈正日為所乘馬祭祀堂子亭式殿祝辭〉為例，曰：

> 上天之子，紐歡台吉，武篤本貝子。……撫脊以起兮，引鬐以興兮。嘶風以奮兮，噓霧以行兮。食草以壯兮，齧艾以騰兮。溝穴其弗蹈兮，盜賊其無攖兮。神其貺我，神其佑我。[108]

從漢文來看，實不易掌握其原意。滿文本則曰：

> *abkai juse.*（上天之子）*niohon taiji.*（紐歡台吉）*uduben beise.*（武篤本貝子）……
> *mulu jafafi mukdembu.*（抓了背脊使騰起）*delun jafafi dekdembu.*（抓了脖鬃使飛起）*edun ukiyeme eibibu[aibibu].*（喝著風使腫脹）*talman usihiyeme tarhūmbu.*（啜著霧使肥壯）*orho jeme aitubu.*（吃著草使復原）*suiha saime sakdambu.*（咬著艾使變老）*ulan sangga de ume tuhenebure.*（不要墮入溝洞）*hūlha holo de ume ucarabure.*（不要遇到盜賊）*enduri eršeki.*（請神明照看）*weceku wehiyeki.*（請神主扶佑）[109]

---

[107] 清・允祿等奉敕撰，《*hesei toktobuha manjusai wecere metere kooli bithe*（清文祭祀條例）》，冊1，頁77a-77b。漢譯本作：「上天之子，三軍之帥，關聖帝君。……豐於首，而仔於肩；衛於後，而護於前，畀以嘉祥兮。齒其兒，而髮其黃兮；年其增，而歲其長兮；根其固，而身其康兮。神兮貺我，神兮佑我，永我年而壽我兮。」見清・允祿等奉敕撰，阿桂、于敏中等譯漢，《欽定滿洲祭神祭天典禮》（收入《景印文淵閣四庫全書》，冊657），卷1，〈（坤寧宮月祭）朝祭供肉祝辭〉，頁37b。

[108] 清・允祿等奉敕撰，阿桂、于敏中等譯漢，《欽定滿洲祭神祭天典禮》（收入《景印文淵閣四庫全書》，冊657），卷4，〈正日為所乘馬祭祀堂子亭式殿祝辭〉，頁16b。查對《欽定叶韻彙輯》一書，「興」、「騰」同屬「十蒸韻」，「行」、「攖」同屬「八庚韻」，則祝辭譯漢亦有叶韻。分見清・梁詩正、蔣溥等奉敕撰，《欽定叶韻彙輯》（收入《景印文淵閣四庫全書》，冊240，臺北：臺灣商務印書館，1983），卷13，〈十蒸〉，頁6b、頁7a；同書，卷13，〈八庚〉，頁1b、頁3b。

[109] 清・允祿等奉敕撰，《*hesei toktobuha manjusai wecere metere kooli bithe*（清文祭祀條例）》，冊4，頁29a-29b。

必須藉由解讀滿文，始能充分了解。事實上，薩滿誦念祝辭，率以滿語進行，繙譯祝辭之舉，殊屬多餘。道光年間，覺羅普年在摘譯《典禮》時，唯一收錄的〈還願贊辭（*metere de hūlara gisun.*）〉，保留滿文原文而未繙漢；[110]降及民國初年，在末代皇帝溥儀（*pu i*，1906-1967，1909-1911在位）居住的紫禁城內，宮廷薩滿仍是「口裡不住地用滿文喃喃唱歌」，[111]可知其梗概。

此外，漢譯本《典禮》的若干詞彙，未必可以從漢文的字義去理解。例如：書中頻繁出現「點香（*hiyan dabumbi*）」、「司香（*hiyan i da*）」的「香（*hiyan*）」字，滿文看似音譯自漢文，《御製增訂清文鑑》曰：「*enduri weceku i juleri*（神祇前）*dabure wa sain orho moo be.*（點燃香味的草木）*hiyan sembi.*（稱香）」，[112]與漢人祭拜時使用的炷香不同。在卷四〈祭神祭天供獻器用數目〉有幾種裝「七里香（*ancu hiyan*）」的容器，此處的「七里香」乃指「*cikten abdaha. niyanci hiyan i adali*（莖、葉像安春香一樣）*bime abdaha jiramin amba.*（而葉厚、大）*šanyan alin de banjumbi.*（生長在長白山）」，[113]是「*hiyan*」的原料，並非南方常見的常綠灌木植物。《聽雨叢談》曰：「惟八旗祭祀，不用炷香，專有一種薰草，產於塞外，俗呼為達子香，質如二月新蒿，臭味清妙而不濃郁」，[114]即是指「七里香」而言。因此，欲解讀《典禮》中的祝辭或專有名詞，必須利用滿文本始能準確。

五、結論

　　乾隆皇帝敕撰《欽定滿洲祭神祭天典禮》一書，先於乾隆十二年由允祿等人以滿文編定刊行，再經阿桂、于敏中於乾隆四十五年譯成漢文，並收入《四庫全

---

[110] 參見清・普年編，《滿洲跳神還願典例》，頁387。

[111] 參見溥佳，〈記清宮的慶典、祭祀和敬神〉，收入中國人民政治協商會議全國委員會文史資料研究委員會編，《晚清宮廷生活見聞》（北京：文史資料出版社，1982年），頁122。另《滿洲西林覺羅氏祭祀書》言：「祭時，令人贊頌，聲明祭祀緣由，並告白承祭者姓氏、年齒。近因清語生疏，不能贊頌，而聘請來者，又無竭誠潔淨之人，是以多有家長點香默禱，誠敬叩頭而已」。見清・鄂爾泰修，《滿洲西林覺羅氏祭祀書》（收入北京圖書館編，《北京圖書館藏家譜叢書・民族卷》，冊44），〈祭天還願條規〉，頁56。

[112] 清・傅恆等奉敕撰，《御製增訂清文鑑》（收入《景印文淵閣四庫全書》，冊232），卷6，〈禮部・祭祀器用類・香〉，頁51b。

[113] 清・傅恆等奉敕撰，《御製增訂清文鑑》（收入《景印文淵閣四庫全書》，冊233），卷29，〈草部・草類・七里香〉，頁5a。又「*niyanci hiyan*」，安春香，即「*alin hada de banjimbi.*（生於山崖）*abdaha fodoho moo i abdaha adali.*（葉像柳葉一樣）*bime ajige.*（而小）*wa sain.*（味好）*wecere de dabumbi.*（跳神時點燃）」。見同書，，卷29，〈草部・草類・安春香〉，頁5a。

[114] 清・福格，《聽雨叢談》（北京：中華書局，1984年），卷6，〈滿洲祀先不用炷香〉，頁138。

書》。官方賦予此書隆重國家典禮、展現立國規模、宣揚滿洲傳統等多重意義，是研究清朝宮廷薩滿祭祀儀式的重要資料。

　　《典禮》共分六卷，係允祿等人根據大內現行「條例」，以及經由蒐集、比對而確定的掌故和祝辭組成，具有整理、公開資料的意義。阿桂、于敏中奉旨譯漢時，先將器用數目、器用形式圖繪出，再進行儀注、祝辭的繙譯。惟祝辭中有若干神祇名號、禱祝用語已無法詳究，便採取音譯的方式，以「闕疑傳信」。雖然研究者嘗試以字音比較的方法進行解讀，但是成果仍屬有限，也未必令人信服。

　　就版本而言，《典禮》的滿文本有二：一是乾隆十二年刻本，一則是乾隆四十五年以後的刻本。在漢譯本方面，就個人所見，則有《四庫全書》本、國立故宮博物院藏「內閣寫進呈稿本」，以及收入《遼海叢書》的坊刻本。比對滿、漢文本的差異，約為有滿文而無漢文、有漢文而無滿文，以及滿、漢文義有出入等幾種情形，均屬從事滿、漢文本比較時所常見，並不影響對全書內容的認知。

　　《典禮》的性質，呈現皇室薩滿祭祀的儀制，也有覺羅姓或異姓滿洲人等適用的部分；尤其〈彙記滿洲祭祀故事〉一篇，更是薩滿信仰的傳統與現況的總整理，可以和民間流傳的「祭祀書」互相參照。然而，應以滿語誦念的祝辭，因整理而失去原有特色，譯成漢文更屬無謂，反致減損其史料價值。

凡例

一、正文滿文轉寫羅馬拼音，係以日本東洋文庫藏《清文祭祀條例（hesei toktobuha manjusai wecere metere kooli bithe）》（No.432）為底本，再參照《欽定滿洲祭神祭天典例（hesei toktobuha manjusai wecere metere kooli bithe）》（No.434），並逐句譯出漢文。

二、正文各段「標楷體」漢字，據《景印文淵閣四庫全書》本《欽定滿洲祭神祭天典禮》，以為對照。

三、正文【　　】內的數字，為滿文本原書頁碼。

四、第六冊「祭神祭天器用形式圖」，據《景印文淵閣四庫全書》本《欽定滿洲祭神祭天典禮》卷六各圖重新繪製。

五、註釋各條滿文詞彙的定義，以傅恆等奉敕撰《御製增訂清文鑑》（乾隆三十八年，1773）為主，並參考其他幾種字書，包括：沈啟亮《大清全書》（康熙二十二年，1683）、馬齊等編《han i araha manju gisun i buleku bithe（御製清文鑑）》（康熙四十七年，1708）、李延基編《清文彙書》（乾隆16年，1751）、祥亨主編《清文總彙》（光緒二十三年，1897）、安雙成主編《滿漢大辭典》（1993）、胡增益主編《新滿漢大詞典》（1994）、劉厚生主編《漢滿詞典》（2005）、河內良弘編著《滿洲語辭典》（2014）。

＊　本書滿文羅馬拼音和漢文，由國立臺灣師範大學歷史學系博士班杜祐寧同學，以及碩士班趙冠中、管珮文同學打字輸入；第六冊各圖，則由碩士班吳佩樺同學重新繪製，在此一併致謝。

《欽定滿洲祭神祭天典禮》 譯註

第一冊

hesei toktobuha manjusai wecere metere kooli bithe[1]（欽定滿洲祭神祭天典禮）
欽定滿洲祭神祭天典禮

dergi hese（上諭）abkai wehiyehe i juwan juweci aniya nadan biyai ice uyun de.（乾隆十二年七月初九日）dorgi yamun ci sarkiyame tucibuhe.（從內閣抄出了）
上諭，乾隆十二年七月初九日，內閣抄出。

abkai wehiyehe i juwan juweci aniya nadan biyai ice uyun de.（乾隆十二年七月初九日）
【1a】hese wasimbuhangge.（奉上諭）
乾隆十二年七月初九日，奉上諭。

musei manjusa（咱們的滿洲們）daci banitai ginggun unenggi.（向來本性誠敬）gūnin hing seme ofi.（因為意向誠心）abka. fucihi. enduri be gingguleme jukteme.（敬祀著天、佛、神）wecere metere dorolon be umesi ujelembihebi.（應十分重視跳神、還願的典禮）
我滿洲稟性篤敬，立念胋誠，恭祀天、佛與神，厥禮均重。

hala halai[2] manjusa.（各樣的滿洲們）meni meni ba na i doro be dahame.（隨著各自地方的規矩）
惟姓氏各殊，禮皆隨俗。

wecere（跳神的）metere（還願的）tuiburengge[3].（背燈祭者）heni tani【1b】majige encu ba bicibe.（雖略有些許不同之處）amba muru giyalabuhangge hon goro akū.（大

---

[1] 「hesei toktobuha manjusai wecere metere kooli bithe」，「欽定滿洲祭神祭天典禮」，清人亦稱此書為《祭祀條例》。其中，「wecere（wecembi）」，《大清全書》（康熙二十二年，1683）曰：「祭，跳神」；《han i araha manju gisun i buleku bithe（御製清文鑑）》（康熙四十七年，1708）曰：「weceku dobofi.（供了神祇）juktere be.（祀神的）wecembi sembi.（稱『wecembi』）jai munggan de doboro.（以及在陵寢供獻的）miyoo de juktere be.（在廟宇祀神的）gemu wecembi sembi.（都稱『wecembi』）」；《御製增訂清文鑑（han i araha nonggime toktobuha manju gisun i buleku bithe）》（乾隆三十六年，1771）曰：「yaya mukdehun. juktehen. enduri weceku de juktere be.（凡在壇、廟祀神祇的）wecembi sembi.（稱祭神）」。「metere（metembi）」，《大清全書》曰：「還願，跳神」；《御製清文鑑》曰：「ulha wame abka de wecere be.（殺牲口祭天的）metembi sembi.（稱『metembi』）geli julesi bumbi sembi.（又稱『julesi bumbi』）」，《御製增訂清文鑑》曰：「ulha wame abka wecere be.（殺牲口祭天的）metembi sembi.（稱還願）」。因此，所謂「祭神祭天」或「祭祀」，其原意乃指「跳神、還願」。分見清・沈啟亮，《大清全書》（瀋陽：遼寧民族出版社，2008年），卷14，頁45b，「wecembi」條；同書，卷10，頁16a，「metembi」條。清・馬齊等著，《han i araha manju gisun i buleku bithe（御製清文鑑）》（收入阿爾泰語研究所編纂，《阿爾泰語資料集》，第3輯，大邱：曉星女子大學出版部，1978年），卷3，〈dorolon yangse i šošohon（禮儀部）・wecere metere hacin（祭祀類）〉，頁85d，「wecembi」條；同書，卷3，〈dorolon yangse i šošohon（禮儀部）・wecere metere hacin（祭祀類）〉，頁86a，「metembi」條。清・傅恆等奉敕撰，《御製增訂清文鑑》（收入《景印文淵閣四庫全書》，冊232，臺北：臺灣商務印書館，1983年），卷6，〈禮部・祭祀類・祭神〉，頁40a；同書，卷6，〈禮部・祭祀類・還願〉，頁43b。

[2] 「hala」，即「姓氏」；「hala halai」，係舊清語，意與「hala hacin i」同，即「各樣的」、「各種的」。見河內良弘編著，《滿洲語辭典》（京都：松香堂書店，2014年），頁521，「hala halai」條。

[3] 「tuiburengge（tuibumbi）」，背燈祭，即「yamji weceme wajifi.（晚上跳神完畢了）dengjan mukiyebufi.（熄滅了燈）dasame emu jergi baire be.（復祈求一次）tuibumbi sembi.（稱背燈祭）」。見清・傅恆等奉敕撰，《御製增訂清文鑑》（收入《景印文淵閣四庫全書》，冊232），卷6，〈禮部・祭祀類・背燈祭〉，頁42b。

概距離者不甚遠）ishunde gemu adališambi.（彼此都彷彿）

凡祭神、祭天、背鐙諸祭，雖微有不同，而大端不甚相遠。

meni gioroi hala[4] wecerengge oci.（若是我們的覺羅姓跳神者）dergi booci fusihūn.（從皇上家以下）wang gung ni boode isitala.（至於王、公之家）yooni forobure[5] gisun be oyonggo obumbi.（全以祝辭為重要的）

若我愛新覺羅姓之祭神，則自大內，以至王、公之家，皆以祝辭為重。

nenehe fon i samasa[6]（從前時候的薩滿們）gemu bade banjiha niyalma.（都在地方上生長的人）ajigen ci manjurame taciha turgunde.（自幼學習了說滿洲話的緣故）

但昔時司祝之人，俱生於本處，幼習國語，

yaya wecere.（凡跳神的）metere.（還願的）【2a】tuibure.（背燈祭的）ulin gidara[7].（敬神的）uyun jafara[8].（報祭的）hūturi baire[9].（求福的）suwayan bure[10].（麵豬還

4　「gioroi hala」，覺羅姓，漢譯本作「愛新覺羅姓」，滿文轉寫羅馬拼音當為「aisin gioroi hala」。

5　「forobure（forobumbi）」，祝贊，即「wecere de（跳神時）saman niyakūrafi（薩滿跪了）sain gisun i baire be.（以吉祥話乞求）forobumbi sembi.（稱祝贊）」。見清・傅恆等奉敕撰，《御製增訂清文鑑》（收入《景印文淵閣四庫全書》，冊232），卷6，〈禮部・祭祀類・祝贊〉，頁46a。「forobure gisun」，祝贊的話，繙譯時依漢文本譯作「祝辭」。

6　「samasa（saman的複數）」，祝神人，即「enduri weceku de jalbarime baire niyalma be.（向神祇乞求、禱祝的人）saman sembi.（稱祝神人）」。見清・傅恆等奉敕撰，《御製增訂清文鑑》（收入《景印文淵閣四庫全書》，冊232），卷10，〈人部・人類・祝神人〉，頁13a。「saman」，漢譯本譯作「司祝」，繙譯時按音譯為「薩滿」。若為宮廷薩滿，漢文另稱「贊祀女官」，設贊祀女官長二人，贊祀女官十人，均於上三旗覺羅命婦內選取。見清・允祹等奉敕撰，《欽定大清會典則例（乾隆朝）》（收入《景印文淵閣四庫全書》，冊625，臺北：臺灣商務印書館，1983年），卷161，〈內務府・掌儀司・大內祭神〉，頁47b-48a。

7　「ulin gidara（ulin gidambi）」，敬神，即「ulin suje morin ihan be weceku i juleri gamafi.（將財、帛、馬、牛拿去神主前）hengkilefi（叩拜了）hūda arafi.（變價了跳神者）ulin gidambi sembi.（稱敬神）」。見清・傅恆等奉敕撰，《御製增訂清文鑑》（收入《景印文淵閣四庫全書》，冊232），卷6，〈禮部・祭祀類・敬神〉，頁42b。另《清文總彙》則曰：「獻神」。見清・祥亨主編，志寬、培寬編，《清文總彙》（據清光緒二十三年[1897]荊州駐防繙譯總學藏板，臺北：中國邊疆歷史語文學會），卷2，頁32a，「ulin gidambi」條。

8　「uyun jafara（uyun jafambi）」，大祭前報祭，即「ambarame wecere onggolo.（大祭前）neneme emu siran i juwe inenggi wecere be.（先一連兩日跳神的）uyun jafambi sembi.（稱大祭前報祭）」。見清・傅恆等奉敕撰，《御製增訂清文鑑》（收入《景印文淵閣四庫全書》，冊232），卷6，〈禮部・祭祀類・大祭前報祭〉，頁43a。

9　「hūturi baime（hūturi baimbi）」，求福，即「buya juse de sorokū fuda monggolibume（幼童頸上戴著綠索）fodo wecere be.（以求福柳枝跳神的）hūturi baimbi sembi.（稱求福）」。見清・傅恆等奉敕撰，《御製增訂清文鑑》（收入《景印文淵閣四庫全書》，冊232），卷6，〈禮部・祭祀類・求福〉，頁43a。

10　「suwayan bure（suwayan bumbi）」，麵豬還願，「efen i metere be.（以餑餑還願的）suwayan bumbi sembi.（稱麵豬還願）」，即「供麵食餑餑祭祀還願」。分見清・傅恆等奉敕撰，《御製增訂清文鑑》（收入《景印文淵閣四庫全書》，冊232），卷6，〈禮部・祭祀類・麵豬還願〉，頁43b；清・祥亨主編，志寬、培寬編，《清文總彙》，卷6，頁23a，「suwayan bumbi」條。

願的）gasan dulebure[11].（去祟的）usin wecere[12].（祭田苗神的）morin i jalin wecere[13]
jergi wecen de.（祭馬神等的祭祀時）

凡祭神、祭天、背鐙、獻神、報祭、求福，及以麨豬祭天、去祟、祭田苗神、祭馬神，

yooni acara be tuwame baita de teisulebume.（全斟酌事情相稱）sain gisun banjibume
forobume jalbarimbihe[14].（編吉祥話禱祝來著）

無不斟酌事體，編為吉祥之語，以禱祝之。

amala samasa manju gisun gemu ulandume tacihangge ofi.（因為後來的薩滿們滿洲話都
是傳習者）ulan ulan i hūlahai（只是相傳朗讀）

厥後司祝者，國語俱由學而能，互相授受，

forobure jalbarire【2b】gisun i da hergen. da mudan de（於祝贊、禱祝的話的原字、原
音）ulhiyen i acanahakūbi.（已漸不符合）

於贊祝之原字、原音，漸致淆舛。

te bicibe（如今）dorgici delheme tucibuhe wang sai boode（在從大內分出的王等之
家）jalan jalan i ulanduhai（儘管代代相傳）ishunde acanarakū.（彼此不符合）meni
meni encu oho sere anggala.（非但各自變成不一樣的）

不惟大內分出之王等，累世相傳，家各異辭，

uthai dolo wecere metere jergi wecen de（即在大內跳神、還願等祭祀）forobure
jalbarire gisun i dorgi de.（在祝贊、禱祝的話裏）inu fe gisun. fe mudan de majige【3a】
acanarakūngge bi.（也有與舊語、舊音略不符合者）

即大內之祭神、祭天諸祭贊祝之語，亦有與原字、原韻不相脗合者。

---

[11] 「gasan dulebure（gasan dulebumbi）」，去祟，即「yamji farhūn de（晚上昏暗時）booi šun dosire ergi
fiyasha i tule（房屋的日沒入邊〔指『西邊』〕的山牆外）ajige mihan i metere be.（以小豬還願的）gasan
dulebumbi sembi.（稱去祟）」。見清・傅恆等奉敕撰，《御製增訂清文鑑》（收入《景印文淵閣四庫全
書》，冊232），卷6，〈禮部・祭祀類・去祟〉，頁43b-44a。

[12] 「usin wecere（usin wecembi）」，祭田苗神，「jeku mutuha erinde（在穀物生長的季節）umiyahanara
hiyaribure de usin de genefi（在田裏生蟲、遭旱時去了）justan hoošan be kiru i adali（以紙條做像小旗一樣）
narhūn moo de hafirafi.（夾在細的木頭上）efen lala arafi（做了餑餑、黃米飯）usin de gamafi wecembi.（拿去
田裏跳神）erebe usin wecere sembi.（將此稱祭田苗神）」。見清・傅恆等奉敕撰，《御製增訂清文鑑》
（收入《景印文淵閣四庫全書》，冊232），卷6，〈禮部・祭祀類・田苗神〉，頁44a。

[13] 「morin i jalin wecere（morin i jalin wecembi）」，祭馬神，即「niyengniyeri bolori siltan tukiyeme wecehe amala.
（春、秋舉杆跳神後）encu geli morin i jalin wecembi.（另又為馬跳神）」。見清・傅恆等奉敕撰，《御製
增訂清文鑑》（收入《景印文淵閣四庫全書》，冊232），卷6，〈禮部・祭祀類・祭馬神〉，頁44a。

[14] 「jalbarimbihe（jalbarimbi）」，禱祝，即「enduri weceku de hūturi baime gisurere be.（向神祇求福說的）
jalbarimbi sembi.（稱禱祝）」。見清・傅恆等奉敕撰，《御製增訂清文鑑》（收入《景印文淵閣四庫全
書》，冊232），卷6，〈禮部・祭祀類・禱祝〉，頁45b。

te aika amcame tuwancihiyame dasafi（如果現在及時更正了）bithede tutabume ejerakū
oci.（若是不記錄在書上使留下）ulame genehei.（只是去傳）

若不及今改正，垂之於書，

goidaha manggi.（久了之後）ele melebure tašarabure de isinara be akū obume muterakū.
（難免更至遺漏、出錯）

恐日久訛漏滋甚。

tuttu ofi.（所以）cohome wang ambasa[15] be tucibufi.（特意委派了王、大臣們）
gingguleme narhūšame baicabufi.（敬謹詳查了）

爰命王、大臣等，敬謹詳考，

hacin meyen be faksalame arabume.（將項目、章節使分別書寫）wecere tetun i durun be
nirubufi.（使畫了祭器的形式）【3b】

分別編纂，並繪祭器形式，

siran siran i tuwabufi. wesimbubufi（陸續呈覽）mini beye tuwancihiyame dasame kimcime
toktobuha.（朕親自更正核定了）

陸續呈覽，朕親加詳覈酌定。

forobure gisun i dorgi hergen mudan acanarakūngge be.（將祝辭內字、音不符合者）eici
amcabuha sakdasa.（或者使追問了老人們）eici ba i urese de aname fonjifi.（或者依次
問了土人們）bi kimcime dasame toktobuha.（朕斟酌改定了）

凡祝辭內，字韻不符者，或詢之故老，或訪之土人，朕復加改正。

jai baitalara jaka hacin i dorgi.（至於用品種類之內）nan mu moo jergi daci manju gisun akū.（楠
木等原無滿洲話）nikan gisun be dahame【4a】hūlarangge be.（跟著漢語念者）

至若器用內，楠木等項原無國語者，不得不以漢語讀念。

gemu gūnin be gaime.（都取意思）manju gisun ubaliyambume gebulefi.（繙譯滿洲話命
名了）uheri ninggun debtelin obume banjibuha.（總共編為六卷）

今悉取其意，譯為國語，共纂成六卷。

ede（因此）manjusa i fe doro（滿洲們的舊俗）enteheme goidatala waliyabure tašarabure
de isinarakū be dahame.（因為永久不至於遺失、造成錯誤）

庶滿洲享祀遺風，永遠遵行弗墜，

15　「ambasa（amban）」，大臣，「tušan de faššame yabume（供職勤奮）ejen be uilerengge be.（侍奉主子者）
　　amban sembi.（稱大臣）」。見清・傅恆等奉敕撰，《御製增訂清文鑑》（收入《景印文淵閣四庫全
　　書》，冊232），卷4，〈設官部・臣宰類・大臣〉，頁2b。

mini wecere doro be ujeleme wesihulere gūnin be（朕尊崇祭禮的心意）iletuleci ombi.
（則得顯露）
而朕尊崇祀典之意，亦因之克展矣。

te weileme šanggaha be dahame.（因為現在告成了）erebe uthai manjusai wecere metere
kooli bithe【4b】seme gebule.（即將此命名曰《滿洲祭神祭天典禮》）
書既告竣，名之曰《滿洲祭神祭天典禮》，

alifi icihiyaha wang ambasa hafasai[16] gebube（將承辦王、大臣們、官員們的名字）inu
dosimbume arakini（也令寫進去）sehe.（欽此）【5a】【5b】空白
所有承辦王、大臣、官員等職名，亦著敘入，欽此。

---

16 「hafasa（hafan）」，官，即「jingse umiyesun bisirengge be.（有頂戴者）hafan sembi.（稱官）」。又「jingse」，
頂子，即「aisin be dushume aligan arafi.（以黃金做成浮雕座）hafan i jergi be tuwame.（按照官員的品級）
fulgiyan lamun erimbu wehe šuru nomin cusile duna aisin i muhaliyan kiyamanafi.（鑲嵌了紅、藍寶石、珊瑚、青
金石、水晶、硨磲、黃金的圓珠）mahala boro i turha de hadarangge be.（釘在冠、帽的帽月〔以大紅片金
糊袼褙做的圓錢〕上者）jingse sembi.（稱頂子）」；「umiyesun」，腰帶，即「tonggo subeliyen i jofoho
umiyelere uše be（用絲絨接合繫腰的帶子）umiyesun sembi.（稱腰帶）」。分見清・傅恆等奉敕撰，《御
製增訂清文鑑》（收入《景印文淵閣四庫全書》，冊232），卷4，〈設官部・臣宰類・官〉，頁8a；
同書，卷24，〈衣飾部・冠帽類・頂子〉，頁7a；同書，卷24，〈衣飾部・巾帶類・腰帶〉，頁22a。

hese be dahame.（遵旨）hesei toktobuha manjusai wecere metere kooli bithe be（將《欽定滿洲祭神祭天典禮》）uheri icihiyaha. alifi weilehe. tuwame araha. tuwame niruha. sarkiyame araha.（總辦、承修、監造、監繪、謄錄）geren wang. ambasa. hafasai gebu jergi.（眾王、大臣們、官員們的名字等）

遵旨，總辦、承修、監造、監繪、謄錄《欽定滿洲祭神祭天典禮》之諸王、大臣、官員等職名。

hese be dahame uheri icihiyahangge.（遵旨總辦者）

遵旨總辦：

dorgi baita be uheri kadalara yamun i baita be kadalame icihiyara.（管理內務府事）gulu suwayan i manju gūsai gūsa be kadalara amban i baita be kadalame icihiyara.（兼管正黃旗滿洲都統事）ilan jergi ejehe.（紀錄三次）【6a】hošoi tob cin wang.（和碩莊親王）amban yūn lu.（臣允祿）

管理內務府事兼管正黃旗滿洲都統紀錄三次和碩莊親王，臣允祿。

uksun be kadalara yamun i baita be icihiyara（辦理宗人府事務）ninggun jergi ejehe.（紀錄六次）hošoi dorolon cin wang.（和碩履親王）amban yūn too.（臣允祹）

辦理宗人府事務紀錄六次和碩履親王，臣允祹。

dorgi baita be uheri kadalare yamun i baita be kadalame icihiyara.（管理內務府事）kubuhe suwayan i manju gūsai gūsa be kadalara amban i baita be kadalame icihiyara.（兼管鑲黃旗滿洲都統事）ilan jergi ejehe.（紀錄三次）hošoi hūwaliyaka cin wang.（和碩和親王）amban hūng jeo.（臣弘畫）

管理內務府事兼管鑲黃旗滿洲都統紀錄三次和碩和親王，臣弘畫。

ambarame giyangnara hafan.（經筵講官）taiboo.（太保）aliha bithei da.（大學士）hebei amban.（議政大臣）hiya kadalara dorgi amban.（領侍衛內大臣）hafan i jurgan. boigon i【6b】jurgan. tulergi golo be dasara jurgan i baita be kamcifi kadalara.（兼管吏部、戶部、理藩院事）booi amban.（總管內務府大臣）ilan namun i baita be kadalame icihiyara.（管理三庫事務）tondo baturu gung.（忠勇公）ilan jergi nonggiha.（加三級）coohai gungge de ilan jergi nonggiha.（軍功加三級）amban fuheng.（臣傅恒）

經筵講官太保大學士議政大臣領侍衛內大臣兼管吏部戶部理藩院事總管內務府大臣管理三庫事務忠勇公加三級軍功加三級，臣傅恒。

taidz taifu.（太子太傅）aliha bithei da.（大學士）hebei amban.（議政大臣）hiya kadalara dorgi amban.（領侍衛內大臣）beidere jurgan i aliha amban i baita be kamcifi kadalara.（兼管刑部尚書事）booi amban.（總管內務府大臣）amban laiboo.（臣來保）

太子太傅大學士議政大臣領侍衛內大臣兼管刑部尚書事總管內務府大臣，臣來保。

taidz šooboo.（太子少保）dorgi amban.（內大臣）dorolon i jurgan i【7a】aliha amban.（禮部尚書）boigon i jurgan i ilan namun i baita be kadalame icihiyara.（管理戶部三庫事）booi amban.（總管內務府大臣）amban haiwang.（臣海望）

太子少保內大臣禮部尚書管理戶部三庫事總管內務府大臣，臣海望。

hebei amban.（議政大臣）weilere jurgan i aliha amban.（工部尚書）dorgi belhere yamun i aliha hafan i baita be kamcifi kadalara（兼管奉宸院卿事）booi amban.（總管內務府大臣）amban samhe.（臣三和）

議政大臣工部尚書兼管奉宸院卿事總管內務府大臣，臣三和。

dergi butha hacin be belhere bai baita be kadalame icihiyara.（管理上虞備用處事）manju tuwai agūrai kūwaran i baita be kamcifi kadalara.（兼管滿洲火器營事務）【7b】gocika hiya de yabure.（御前侍衛）gūsa be kadalara amban i jergi nisihai.（都統銜）jebele galai gabsihiyan i galai amban gajarci da.（右翼前鋒統領嚮導總管）emu jergi nonggiha.（加一級）coohai gungge de emu jergi ejehe.（軍功紀錄一次）an i ilan jergi ejehe.（尋常紀錄三次）amban adai.（臣阿岱）

管理上虞備用處事兼管滿洲火器營事務御前侍衛都統銜右翼前鋒統領嚮導總管加一級軍功紀錄一次尋常紀錄三次，臣阿岱。

alifi weilehe hafan.（承修官）
承修：

ambula asarara sy i ninggun namun i baita be uheri kadalara icihiyara hafan.（總管廣儲司六庫事務郎中）juwan duin jergi ejehe.（紀錄十四次）amban guwanju.（臣官著）

總管廣儲司六庫事務郎中紀錄十四次，臣官著。

icihiyara hafan nadan jergi ejehe.（郎中紀錄七次）amban sele.（臣色勒）【8a】

郎中紀錄七次，臣色勒。

dorolon be kadalara sy i icihiyara hafan bime. nirui janggin.（掌儀司郎中兼佐領）jakūn jergi ejehe.（紀錄八次）amban cara.（臣察喇）

掌儀司郎中兼佐領紀錄八次，臣察喇。

aisilakū hafan.（員外郎）juwan jergi ejehe.（紀錄十次）amban mingšan.（臣明善）
員外郎紀錄十次，臣明善。

amsun i janggin.（司胙官）amban lioši.（臣六十）
司俎官，臣六十。

tuwame araha hafan.（監造官）
監造：

ambula asarara sy i ninggun namun i baita be uheri kadalara icihiyara hafan bime. nirui janggin.
（總管廣儲司六庫事務郎中兼佐領）juwe jergi nonggiha.（加二級）tofohon jergi
ejehe.（紀錄十五次）amban boošan.（臣寶善）
總管廣儲司六庫事務郎中兼佐領加二級紀錄十五次，臣寶善。

booi da.（管領）amban šengguwamboo.（臣陞官保）【8b】
管領，臣陞官保。

tuwame niruha hafan.（監繪官）
監繪：

weilere arara sy i aisilakū hafan.（營造司員外郎）ilan jergi ejehe.（紀錄三次）
amban booge.（臣保格）
營造司員外郎紀錄三次，臣保格。

sarkiyame araha hafan.（謄錄官）
謄錄：

dorolon be kadalara sy i dalaha bithesi.（掌儀司首領筆帖式）emu jergi nonggiha.
（加一級）amban yungtai.（臣永泰）
掌儀司首領筆帖式加一級，臣永泰。

dalaha bithesi.（首領筆帖式）amban i ting biyoo.（臣宜廷彪）
首領筆帖式，臣宜廷彪。

u ing diyan i tuwame weilehe hafan.（武英殿監造官）
武英殿監造：

ilan gūsai menggun afabure toksoi da sabe kadalara bai【9a】icihiyara hafan bime. nirui

janggin.（管理三旗銀兩莊頭處郎中兼佐領）ninggun jergi nonggiha.（加六級）
juwan nadan jergi ejehe.（紀錄十七次）amban yungboo.（臣永保）
管理三旗銀兩莊頭處郎中兼佐領加六級紀錄十七次，臣永保。

ilan gūsai menggun afabure toksoi da sabe kadalara bai aisilakū hafan[1] bime. nirui janggin.
（管理三旗銀兩莊頭處員外郎兼佐領）emu jergi nonggiha.（加一級）duin jergi
ejehe.（紀錄四次）amban yungjung.（臣永忠）
管理三旗銀兩莊頭處郎中兼佐領加一級紀錄四次，臣永忠。

ambula asarara sy i aisilakū hafan.（廣儲司員外郎）amban yungtai.（臣永泰）
廣儲司員外郎，臣永泰。

ambula asarara sy i ulin i da.（廣儲司司庫）emu jergi nonggiha.（加一級） sunja
jergi ejehe.（紀錄五次）amban sangge.（臣桑格）
監造加一級[2]，臣桑格。

tuwara emu jergi nonggiha.（監造加一級）amban liboo.（臣李保）【9b】
監造加一級，臣李保。

tuwara juwe jergi nonggiha.（監造加二級）amban yoo wen bin.（臣姚文斌）
監造加二級，臣姚文斌。

namun i da.（庫掌）amban hūsitai.（臣虎什泰）
庫掌，臣虎什泰。

---

1   「aisilakū hafan」，為「員外郎」，文淵閣本作「郎中」，惟滿文「郎中」轉寫羅馬拼音作「icihiyara hafan」；另內閣進呈稿本、文津閣本，則均作「員外郎」。分見清・允祿等奉敕撰，阿桂等奉敕譯，《欽定滿洲祭神祭天典禮》（收入《景印文淵閣四庫全書》，冊657，臺北：臺灣商務印書館，1983年），卷首，〈職名〉，頁2b；清・允祿等奉敕撰，阿桂等奉敕譯，《欽定滿洲祭神祭天典禮》（清乾隆十二年內閣寫進呈稿本，冊1，臺北：國立故宮博物院藏），卷首，頁4b；清・允祿等奉敕撰，阿桂等奉敕譯，《欽定滿洲祭神祭天典禮》（收入《景印文津閣四庫全書》，冊657，北京：商務印書館，2006年），卷首，〈職名〉，頁2b。又「清乾隆十二年內閣寫進呈稿本」全係漢文，且卷四之末只有阿桂、于敏中的〈跋語〉，而無乾隆四十五年（1780）七月初二日阿桂進呈譯漢書成敬候交館編入《四庫全書》的奏摺。因此，「內閣寫進呈稿本」當為乾隆四十二年（1777）阿桂等人奉敕譯的漢文初譯本，國立故宮博物院整理舊籍時，逕將乾隆十二年（1747）頒布敕修滿文《欽定滿洲祭神祭天典禮》上諭的時間，誤記為稿本進呈的時間。見國立故宮博物院編，《國立故宮博物院善本舊籍總目》（臺北：國立故宮博物院，1983年），〈史部・政書類〉，頁580。
2   滿文譯漢為「廣儲司庫加一級紀錄五次」，文淵閣本卻作「監造加一級」，查對內閣進呈稿本、文津閣本，均作「廣儲司庫加一級紀錄五次」，與滿文本同，可知文淵閣本有誤。分見清・允祿等奉敕撰，阿桂等奉敕譯，《欽定滿洲祭神祭天典禮》（收入《景印文淵閣四庫全書》，冊657），卷首，〈職名〉，頁2b；《欽定滿洲祭神祭天典禮》（乾隆十二年內閣寫進呈稿本，冊1），卷首，4b；《欽定滿洲祭神祭天典禮》（收入《景印文津閣四庫全書》，冊657），卷首，〈職名〉，頁2b。

namun i da.（庫掌）amban g'ao yung žin.（臣高永仁）【10a】

庫掌，臣高永仁。

hesei toktobuha manjusai wecere metere kooli bithe.（欽定滿洲祭神祭天典禮）fiyelen i ton
（目錄）

欽定滿洲祭神祭天典禮目錄

ujui debtelin.（首卷）
卷一

wecere metere jalin gisurehengge.（為跳神、還願議者）
祭神祭天議

ice niyarhūn jaka dobome（供著新鮮物品）tuibure jalin gisurehengge.（為背燈祭議者）
獻鮮背鐙祭議

manjusai wecere fe baita be šošome ejehengge.（匯總記錄滿洲跳神舊事者）
彙記滿洲祭祀故事

kun ning gung[1] de（在坤寧宮）aniyai inenggi（元旦）doroloro dorolon i ejehen[2].（行禮
的儀注）
坤寧宮元旦行禮儀注

tangse[3] i ordo[4] de（在堂子亭式殿）aniyai inenggi（元旦）doroloro dorolon i ejehen.
（行禮的儀注）
堂子亭式殿元旦行禮儀注

tangse i ordo de（在堂子亭式殿）wecere dorolon i ejehen.（跳神的儀注）
堂子亭式殿祭祀儀注

---

[1] 「kun ning gung」，坤寧宮，《欽定皇朝通典》曰：「大內祭神之禮，肇自盛京，既恭建堂子以祀天，
又於清寧宮正寢恭設神位以祀神。至順治元年（1644），定為坤寧宮，祭神之禮，皆如清寧宮」。見
清・嵇璜等奉敕撰，《欽定皇朝通典》（收入《景印文淵閣四庫全書》，冊642，臺北：臺灣商務印書
館，1983年），卷43，〈禮・大內祀神〉，頁32a-32b。

[2] 「dorolon i ejehen」，儀注，即「yaya dorolon de（凡行禮時）yabuci acara kooli durun be.（合乎所為的體
制）dorolon i ejehen sembi.（稱儀注）」。見清・傅恆等奉敕撰，《御製增訂清文鑑》（收入《景印文淵
閣四庫全書》，冊232），卷6，〈禮部・禮儀類・儀注〉，頁3b。

[3] 「tangse」，堂子，《欽定皇朝通典》曰：「堂子之祭，為我聖朝敬事天神之令典。凡遇大事，及每
歲元旦、春秋二季，有祈有報。又凡大出征，必告凱旋，則列纛而拜，皆親詣行禮。……國朝初建，
堂子在盛京撫順門外，太祖高皇帝建國之初，有謁拜堂子之禮。……（順治元年[1644]）九月，既定燕
京，即建堂子於長安左門外，玉河橋東」。見清・嵇璜等奉敕撰，《欽定皇朝通典》（收入《景印文
淵閣四庫全書》，冊642），卷43，〈禮・吉・大內祀神〉，頁24b-26b。

[4] 「ordo」，亭式殿，《大清全書》曰：「亭子，宮中之圓殿」；《御製增訂清文鑑》曰：「ejen i booi
gebu.（主上的房屋名）duin dere de uce fa sindarakū arahangge inu bi.（也有做成四面無門、窗者）yashangga
uce arahangge inu bi.（也有做成隔扇門者）irgen i niyalma ere hergen be baitlaci ojorakū.（民人則此字不可
用）」。分見清・沈啟亮，《大清全書》，卷2，頁48b，「ordo」條；清・傅恆等奉敕撰，《御製增訂
清文鑑》（收入《景印文淵閣四庫全書》，冊232），卷20，〈居處部・宮殿類・亭式殿〉，頁2b。

tangse i ordo de（在堂子亭式殿）wecere de forobure gisun.（跳神時祝辭）【11a】
堂子亭式殿祭祀祝辭

šangsi enduri[5] ordo de（在尚錫神亭）wecere dorolon i ejehen.（跳神的儀注）
尚錫神亭祭祀儀注

šangsi enduri ordo de（在尚錫神亭）wecere de forobure gisun.（跳神時祝辭）
尚錫神亭祭祀祝辭

weceku[6] be solifi（請了神主）tangse de doboro dorolon i ejehen.（供在堂子的儀注）
恭請神位祭於堂子儀注

weceku be solifi（請了神主）gurung de dosimbure dorolon i ejehen.（進宮的儀注）
恭請神位入宮儀注

kun ning gung de（在坤寧宮）biyadari（每月）wecere dorolon i ejehen.（跳神的儀注）
坤寧宮月祭儀注

kun ning gung de（在坤寧宮）biyadari（每月）wecere de forobure gisun.（跳神時祝辭）
坤寧宮月祭祝辭

wecehe jai inenggi（跳神次日）metere dorolon i ejehen.（還願的儀注）
祭神翌日祭天儀注

wecehe jai inenggi（跳神次日）metere de hūlara[7] gisun.（還願時贊辭）
祭神翌日祭天贊辭

      jai debtelin.（次卷）【11b】
      卷二

kun ning gung de（在坤寧宮）an i inenggi（平日）wecere dorolon i ejehen.（跳神的儀注）
坤寧宮常祭儀注

5　「šangsi enduri」，尚錫神，即「堂子內，東南亭子內所祭之神」。見清‧祥亨主編，志寬、培寬編，
　　《清文總彙》，卷6，頁35b，「šangsi enduri」條。
6　「weceku」，神祇，即「boode wecere juktere enduri be.（在家裏跳神祭祀的神）weceku sembi.（稱神
　　祇）」。見清‧傅恆等奉敕撰，《御製增訂清文鑑》（收入《景印文淵閣四庫全書》，冊232），卷
　　19，〈僧道部‧神類‧神祇〉，頁12a。另《大清全書》曰：「神主，祭器」；《清文總彙》則曰：
　　「神主，家內祭祀之神」。分見清‧沈啟亮，《大清全書》，卷14，頁45b，「weceku」條；清‧祥亨
　　主編，志寬、培寬編，《清文總彙》，卷12，頁63a，「weceku」條。
7　「hūlara（hūlambi）」，贊禮，即「hūlara hafasa（贊禮官們）den jilgan i jorime dorolobume be.（高聲指示
　　行禮）hūlambi sembi.（稱贊禮）」。見清‧傅恆等奉敕撰，《御製增訂清文鑑》（收入《景印文淵閣四
　　庫全書》，冊232），卷6，〈禮部‧禮儀類‧贊禮〉，頁5a。

kun ning gung de（在坤寧宮）an i inenggi（平日）wecere de forobure gisun.（跳神時
祝辭）
坤寧宮常祭祝辭

duin forgon i ulin（四季以財貨）hengkilere dorolon i ejehen.（叩拜的儀注）
四季獻神儀注

duin forgon i ulin（四季以財貨）hengkilere de forobure gisun.（叩拜時祝辭）
四季獻神祝辭

fucihi oboro dorolon i ejehen.（洗佛的儀注）
浴佛儀注

fucihi oboro de forobure gisun.（洗佛時祝辭）
浴佛祝辭

　　　　　ilaci debtelin.（第三卷）
　　　　卷三

uyun jafame（報祭）wecere dorolon i ejehen.（跳神的儀注）
報祭儀注

uyun jafame（報祭）wecere de forobure gisun.（跳神時祝辭）【12a】
報祭祝辭

tangse de（在堂子）siltan[8] tukiyeme ambarame wecere[9] dorolon i ejehen.（舉杆大祭的
儀注）
堂子立杆大祭儀注

tangse de（在堂子）siltan tukiyeme ambarame wecere de forobure gisun.（舉杆大祭時祝辭）

8　「siltan moo」，堂子內插著供的神樹，又曰「siltan」。見清・祥亨主編，志寬、培寬編，《清文總
彙》，卷6，頁11b，「siltan moo」條。又「siltan」，桅木，即「juktehen i juleri ilibuha debsibuku lakiyara
den moo.（廟前所立掛纛旗幡的高木）jahūdai i kotoli lakiyara den moo i jergi moo be.（掛船帆的高木等木頭）
gemu siltan sembi.（都稱桅木）」。見清・傅恆等奉敕撰，《御製增訂清文鑑》（收入《景印文淵閣四
庫全書》，冊233），卷29，〈樹木部・樹木類・桅木〉，頁42a-42b。

9　「ambarame wecere（ambarame wecembi）」，大祭。清朝以圜丘、方澤、祈穀、雩祀、太廟、社稷為
大祀；日、月、前代帝王、先師孔子、先農、先蠶、天神、地祇、太歲為中祀；先醫等廟、賢良、昭
忠等祠為群祀。《欽定滿洲祭神祭天典禮》的「ambarame wecere」，係在堂子舉行，當指「ambarame
wecere wecen（禘）」而言，即「deribuhe mafa de.（與始祖）da mafa be adabufi（將高祖配享了）
wecerengge be.（跳神者）amburame wecere wecen sembi.（稱禘）」。分見清・允祹等奉敕撰，《欽定大
清會典（乾隆朝）》（收入《景印文淵閣四庫全書》，冊619，臺北：臺灣商務印書館，1983年），卷
36，〈禮部・祠祭清吏司・吉禮・祭統〉，頁1a-2b；清・傅恆等奉敕撰，《御製增訂清文鑑》（收入
《景印文淵閣四庫全書》，冊232），卷6，〈禮部・祭祀類・禘〉，頁40b。

堂子立杆大祭祝辭

kun ning gung de（在坤寧宮）ambarame wecere dorolon i ejehen.（大祭的儀注）
坤寧宮大祭儀注

kun ning gung de（在坤寧宮）ambarame wecere de forobure gisun.（大祭時祝辭）
坤寧宮大祭祝辭

ambarama wecehe jai inenggi（大祭次日）metere dorolon i ejehen.（還願的儀注）
大祭翌日祭天儀注

ambarama wecehe jai inenggi（大祭次日）metere de hūlara gisun.（還願時贊辭）
大祭翌日祭天贊辭

       duici debtelin.（第四卷）【12b】
       卷四

hūturi baire dorolon i ejehen.（求福的儀注）
求福儀注

hūturi baire de forobure gisun.（求福時祝辭）
求福祝辭

huhuri jusei jalin（為嬰兒）hūturi baire de forobure gisun.（求福時祝辭）
為嬰孩求福祝辭

šorho dobome（供著雛雞）tuibure de forobure gisun.（背燈祭時祝辭）
獻雛雞背鐙祝辭

šoron niongniyaha dobome（供著雛鵝）tuibure de forobure gisun.（背燈祭時祝辭）
獻子鵝背鐙祝辭

nimaha dobome（供著魚）tuibure de forobure gisun.（背燈祭時祝辭）
獻魚背鐙祝辭

ulhūma dobome（供著雉）tuibure de forobure gisun.（背燈祭時祝辭）
獻雉背鐙祝辭

yaya ice jaka dobome（凡供著新鮮物品）tuibure de forobure gisun.（背燈祭時祝辭）
獻鮮背鐙祝辭

tangse i ordo de（在堂子亭式殿）morin i jalin wecere dorolon i ejehen.（祭馬神的儀

注）【13a】
堂子亭式殿祭馬神儀注

tangse i ordo de（在堂子亭式殿）morin i jalin wecere de forobure gisun.（祭馬神時祝辭）
堂子亭式殿祭馬神祝辭

tuktan[10] inenggi（起初日）morin i jalin wecere dorolon i ejehen.（祭馬神的儀注）
正日祭馬神儀注

tuktan inenggi（起初日）morin i jalin wecere de forobure gisun.（祭馬神時祝辭）
正日祭馬神祝辭

jai inenggi（次日）morin i jalin wecere dorolon i ejehen.（祭馬神的儀注）
次日祭馬神儀注

jai inenggi（次日）morin i jalin wecere de forobure gisun.（祭馬神時祝辭）
次日祭馬神祝辭

      sunjaci debtelin.（第五卷）
      卷五

wecere metere de（跳神、還願時）doboro baitalara jaka hacin i ton.（供的用品種類數目）
祭神祭天器用數目

      ningguci debtelin.（第六卷）【13b】
      卷六

wecere metere de（跳神、還願時）doboro baitalara jaka hacin i durun i nirugan.（供的用品種類形式圖）【14a】
祭神祭天器用形式圖

---

10 「tuktan」，起初，即「yaya uju sucungga be.（凡首、元者）tuktan sembi.（稱起初）」。見清·傅恆等奉敕撰，《御製增訂清文鑑》（收入《景印文淵閣四庫全書》，冊232），卷2，〈時令部·時令類·起初〉，頁6b。「tuktan inenggi」，可譯為「起初日」或「第一日」，漢譯本譯作「正日」。

hesei toktobuha manjusai wecere metere kooli bithe.（欽定滿洲祭神祭天典禮）ujui debtelin.（首卷）

欽定滿洲祭神祭天典禮卷一

      wecere metere jalin gisurehengge.（為跳神、還願議者）
      祭神祭天議

inenggidari.（每日）kun ning gung de（在坤寧宮）erde. yamji wecere.（清晨、晚上跳神的）biyadari metere.（每月還願的）
每日，坤寧宮朝祭、夕祭；每月，祭天；

aniyadari niyengniyeri bolori juwe forgon de.（每年在春、秋二季）ambarame wecere.（大祭的）duin forgon de（在四季）ulin hengkilere.（叩拜財貨的）
每歲春、秋二季，大祭；四季，獻神；

biyadari（每月）tangse i ordo. šangsi enduri ordo de（在堂子亭式殿、尚錫神亭）hoošan lakiyara.（掛紙的）
每月，於堂子亭式殿、尚錫神亭內，掛獻淨紙；

niyengniyeri bolori【15a】juwe forgon de.（在春、秋二季）tangse de（在堂子）siltan tukiyeme ambarame wecere（舉杆大祭的）
春、秋二季，堂子立杆大祭，

eiten wecen i dorolon.（一切祭祀的禮儀）gemu da yabuhai jihengge.（原本都是自有者）
一切禮儀，俱行之已久，

umesi fujurungga yangsangga saikan.（十分莊重華麗）heni gisurere ba akū ci tulgiyen.（毫毋庸議之外）
燦然美備，無可置議。

damu nenehe samasa daci gemu manju gisun de mangga ofi.（只因以前的薩滿們向來都善於滿洲話）nergin de teisulebuhe urgun i baita de（臨時遇見了喜事時）acabume sain gisun banjibume forobume jalbarimbihe.（合著編吉祥話祝禱來著）
惟昔日司祝之人國語嫻熟，遇有喜慶之事，均能應時編纂禱祝。

amala samasai manju gisun（後來的薩滿們的滿洲話）nenehe sakda samasa de isirakū.（不及以前的老薩滿們）damu ulandume tacihangge.（只是流傳而學習者）
厥後司祝之清語，不及前人，

geli【15b】umai dangse bithe ilibuhakū ofi（又因並無建立檔案、書籍）hūlahai jihe.（只

是來讀了）hergen mudan uthai majige jurcenjehe babi.（字、音即略有相牴觸之處）
復無典冊記載，惟口相授受，於字句、音韻之間，不無差異。

tebici.（現在）metere de hūlara gisun.（還願時贊辭）hoošan lakiyara de. jalbarire gisun.
（掛紙時禱辭）
即如祭天之贊辭、掛獻淨紙之禱辭，

dorolon be kadalara syde[1] gemu dangse bifi.（在掌儀司都有檔案）tuttu majige waliyabuha
ba akū.（所以略無遺失之處）
掌儀司俱載有冊檔，是以無稍差遲。

damu saman i hūlara babe（惟將此薩滿的贊禮）aika te uthai toktobufi（如果立即擬定
了）dangsede ejeburakū oci.（若是不記在檔案中）
所有司祝之祝禱辭章，若不及時擬定，載在冊檔，

yargiyan i enduringge ejen i tacibume hese wasimbuha songkoi（確實會照聖主降旨教誨
的樣）mudan gisun cun cun i ele tašarara de isinambi.（聲音、語言更漸至出錯）【16a】
誠如聖諭，音韻、字句漸至訛舛。

uttu ofi.（因此）ne dorgi saman i eiten wecere. tuibure jalbarire. forobure. hūturi baire jergi gisun
be（現在將大內薩滿的一切跳神的、背燈祭禱祝的、祝贊的、求福等的言詞）
今謹將內廷司祝之一切祭神、背鐙禱祝、贊、祈等辭，

arame tucibufi（使寫出了）kimcime tuwaci.（若檢閱）gisun hergen kejine tašaraha babi.
（言語、文字有許多出錯之處）
錄出詳閱，不惟字句多有差謬，

uthai dashūwan. jebele juwe galai[2] dorgi samasa meni meni hūlarangge（即左、右兩翼的大
內薩滿們各自的贊禮者）inu ishunde jurcenjehe babi.（也有彼此相牴觸之處）

1　「dorolon be kadalara sy（dorolon be kadalara fiyenten）」，掌儀司，即「booi eiten dorolon kooli be（將內府
的一切典禮條例）wesimbure. angga isire booha tubihe be belhere jergi baita be（將上奏、先嚐餚饌、預備果實
等事）alifi icihiyara ba be.（承辦之處）dorolon be kadalara fiyenten sembi.（稱掌儀司）」。滿文本將「司」
以音譯寫作「sy」，《御製增訂清文鑑》則作「fiyenten」，即「geren jurgan yamun i harangga hafasai tefi
（駐了眾部院衙門屬員的）meimeni dendehe siden i baita be（將各自所分派的公事）alifi icihiyara ba be.（承
辦之處）fiyenten sembi.（稱司）」。分見清・傅恆等奉敕撰，《御製增訂清文鑑》（收入《景印文淵閣
四庫全書》，冊232），卷20，〈居處部・部院類・掌儀司〉，頁50b-51a；同書，卷20，〈居處部・部
院類・司〉，頁12a。
2　「dashūwan. jebele juwe gala」，左、右兩翼，「dashūwan gala」，左翼，即「kubuhe suwayan. gulu šanyan.
kubuhe šanyan. gulu lamun i duin gūsa be.（鑲黃、正白、鑲白、正藍的四旗）dashūwan gala sembi.（稱左
翼）」；「jebele gala」，右翼，即「gulu suwayan. gulu fulgiyan. kubuhe fulgiyan. kubuhe lamun i duin gūsa
be.（正黃、正紅、鑲紅、鑲藍的四旗）jebele gala sembi.（稱右翼）」。見清・傅恆等奉敕撰，《御製
增訂清文鑑》（收入《景印文淵閣四庫全書》，冊232），卷3，〈設官部・旗分佐領類・左翼〉，頁
27b-28a；同書，卷3，〈設官部・旗分佐領類・右翼〉，頁28a。

即左、右兩翼承充內廷司祝之贊辭，亦彼此互異。

uttu ofi.（因此）amban be sunja gūsai[3] wang. gung sai booi wecere gisun be（臣等將五旗的王、公們家跳神的言詞）arame gajifi.（寫了拿來）
是以臣等令五旗王、公等，將各家祭神辭章錄送。

jai fe saman i da sai booci（再從舊薩滿首領們的家裏）neneme ceni【16b】forobure. jalbarire gisun be（將他們從前的祝禱之辭）gemu sarkiyame gajifi.（都抄寫拿來了）emu bade acabufi.（合為一處）
並令從前司祝家內，將伊等舊存祝禱辭章，悉行錄呈，彙寫一帙。

amban be uhei gingguleme kimcime tuwame.（臣等共同敬謹檢閱）tašaraha be dasame.（將出錯的改正）ekiyehun be nonggime.（將短缺的補充）jursulehe be meiteme.（將重複的刪減）
臣等公同敬謹覆核，訂悮補闕，刪複去冗。

dasataci acara babe amban meni muterei teile（臣等盡可能將此整合）meni meni afahari[4] dahabufi（附上了各自的簽子）dele tuwabume wesimbuhe.（恭呈御覽）dergici toktobureo.（祈為欽定）
又各就所見粘簽，恭呈御覽，伏候欽定。

geli gingguleme baicaci.（又若恭查）kun ning gung de（在坤寧宮）inenggidari wecembi.（每日跳神）morin i jalin【17a】wecere de.（祭馬神時）
再恭查，坤寧宮每日祭神，至祭馬神之時，

geli encu morin i jalin wecere boode wecere be dahame（又因為另在祭馬神的房屋裏跳神）forobure. jalbarire gisun i dorgi（祝禱之辭內）halaci acara babe（則應當將此更換）inu dasame halaki sembi.（也請令更改）
復於祭馬神室內另祭，所有祝禱之辭，亦應更正。

uttu ofi.（因此）amban be gingguleme meyeleme arafi（臣等敬謹一段、一段寫了）dele tuwabume wesimbuhe.（恭呈御覽）
臣等逐條繕寫，恭呈御覽，

---

[3]　「sunja gūsa」，五旗，指鑲白、正紅、鑲紅、正藍、鑲藍等五旗，相對於皇帝親領鑲黃、正黃、正白的「上三旗（dergi ilan gūsa）」，「五旗」又稱「下五旗」。見清・鐵保等奉敕撰，《欽定八旗通志》（收入《景印文淵閣四庫全書》，冊664，臺北：臺灣商務印書館，1983年），卷1，〈旗分志〉，頁1b。

[4]　「afahari」，簽子，即「yaya hoošan be justan obume girifi（凡將紙切成細長）hergen arafi（寫了字）bithede hafirara latubure de baitalarangge be.（夾著、黏貼在書物中使用者）afahari sembi.（稱簽子）」。見清・傅恆等奉敕撰，《御製增訂清文鑑》（收入《景印文淵閣四庫全書》，冊232），卷5，〈政部・事務類・簽子〉，頁17a。

enduringge ejen jorime tacibuha manggi.（聖主訓示了之後）gulhun yohi šanggabume arafi（使全部寫成了）enteheme dahame yabuki.（請永遠奉行）

如蒙皇上訓示，謹遵繕成全部，永遠奉行。

wang saci fusihūn.（從王等以下）uksun[5] gioro[6].（宗室、覺羅）jai musei gioroi halai weceku be wecere manjusai dorgide（以及在祭祀我們的覺羅姓神主的滿洲們之內）

請自王以下，宗室、覺羅，以及奉祭覺羅神之滿洲人等，

cihanggai sarkiyaki serengge【17b】bici.（若有情願請抄寫者）sarkiyabufi.（使抄寫了）

有情願抄錄者，俱准其抄錄。

geren inu enduringge ejen i kesi de bahafi（眾人也得到了聖主之恩）manju i fe doro be buruburakū.（使滿洲舊俗不湮沒）enteheme dahame yabumbi seme（永遠奉行等因）gisurefi wesimbuhebi.（已議奏了）【18a】【18b】空白

庶為臣僕者，仰沐皇仁，滿洲舊俗不致湮沒，而永遠奉行矣。謹此議奏。

---

[5] 「uksun」，宗室，即「taidzu hūwangdi（努爾哈齊 nurgaci，1559-1626，1616-1626在位）i emu jalan ci fusihūn ningge be.（從太祖皇帝一輩下來的）uksun sembi.（稱宗室）haksan umiyesun umiyelembi.（腰繫金黃色帶子）」。見清・傅恆等奉敕撰，《御製增訂清文鑑》（收入《景印文淵閣四庫全書》，冊232），卷3，〈君部・君類・宗室〉，頁6b。

[6] 「gioro」，覺羅，即「ninggun mafa（顯祖，塔克世 taksi，1543-1583）i juse omosi be.（六祖的子孫）gioro sembi.（稱覺羅）fulgiyan umiyesun umiyelembi.（腰繫紅帶子）」。見清・傅恆等奉敕撰，《御製增訂清文鑑》（收入《景印文淵閣四庫全書》，冊232），卷3，〈君部・君類・覺羅〉，頁6b。

hese toktobuha manjusa wecere metere kooli bithe.（欽定滿洲祭神祭天典禮）

欽定滿洲祭神祭天典禮

> yaya ice baha niyarhūn jaka be dobome（凡供著新獲得的新鮮物品）tuibure
> jalin gisurehengge.（為背燈祭議者）
> 獻鮮背鐙祭議

musei manjusai kooli de.（在我們的滿洲們的條例裏）yaya wecere. metere（凡跳神、還願）

我滿洲之禮，凡祭神、祭天，

šusu[1] be gemu gulhun muyahūn ningge baitalambi.（「犧牲」都用完整的）majige eden dadun ningge be（將稍許殘缺的）uthai baitalarakū.（即不用）

犧牲俱用整齊全備者，稍有殘缺，即斥而不用。

tuttu（所以）wecere šusu be heni majige funceburakū.（跳神的「犧牲」絲毫不剩）yooni weceku de dobombi.（全部供獻給神主）

是以祭祀之犧牲，供獻神位，不稍留剩。

silhi. fathai wahan[2] be inu gaifi（將膽、蹄甲也取了）【19a】fila de tebufi.（裝在碟子裏）encu dere de sindambi.（放在另外的桌上）

即膽與蹄甲，亦取置碟內，陳於旁案。

daci bade bihe fonde.（起初在原處的時候）aba hoigan[hoihan] hanci ofi.（因為狩獵圍場近）

初我滿洲，在本處圍場既近，

baha gurgu（獲得野獸）sain ice be amcame（趁著好的、新鮮的）tuibure de dobombihe.（背燈祭時供獻來著）

所獲之獸，可乘其鮮好，背鐙以祭。

amala ging hecen de isinjifi.（後來來到了京城）aba hoigan[hoihan] goro ofi.（因為狩獵

---

[1] 「šusu」，原意為「廩給」，即「tulergi alban de tucibuhe hafan cooha de（官兵外出公務時）acabume bure jaka hacin be.（供給的物件）šusu sembi.（稱廩給）」。見清・傅恆等奉敕撰，《御製增訂清文鑑》（收入《景印文淵閣四庫全書》，冊232），卷4，〈設官部・臣宰類・廩給〉，頁43a。漢譯本作「犧牲」，《清文總彙》則曰：「凡跳神所用的豬、酒、果等物」。見清・祥亨主編，志寬、培寬編，《清文總彙》，卷6，頁44b，「šusu」條。

[2] 「fatha」，蹄，即「yaya gurgu ulha i bethe be.（凡野獸、牲口的腿）fatha sembi.（稱蹄）」；「wahan」，蹄，即「yaya ulha gurgu i uman i oilo（凡牲口、野獸的蹄心表面）banjiha giranggi adalingga be.（所長的類似骨頭者）wahan sembi.（稱蹄）」，當指「趾甲」的「甲」而言。分見清・傅恆等奉敕撰，《御製增訂清文鑑》（收入《景印文淵閣四庫全書》，冊233），卷31，〈獸部・走獸肢體類・蹄〉，頁31a；同書，卷31，〈獸部・馬匹肢體類・蹄〉，頁50a。

（圍場遠）

迫入京師，圍場既遠，

eici baha gurgu inenggi giyalaha.（或者所獲得的野獸隔了一日）eici feye labdu.（或者多傷）eici duha do be gaiha（或者取了內臟）

或所獲之獸已越晝夜，或係多傷，或已取去腑臟，

yongkiyan akū seme（不完全等因）dobohakū bihe.（沒有供獻來著）

因其不全，不敢祭獻。

te amban be dergi hese be gingguleme dahafi（現在臣等謹遵上諭）uhei kimcime gisurehengge.（共同詳議者）【19b】

今臣等欽遵上諭，公同詳議，

mukden i jergi abai bade（在盛京等狩獵處）ejen i baha gurgu i jergi jaka be（將皇上所獲得的野獸等物）

如盛京等處畋獵，皇上親射之獸，

ging hecen de benjifi（送來了京城）dobome banjinarakū be dahame.（因為不成供獻）an i nenehe songkoi（仍照從前的樣）doborakū ci tulgiyen.（不供獻之外）

既難送京祭獻，請仍照從前不獻外，

te dergi boode eiten ice baha niyarhūn tubihe. sogi be（現在將在皇上家一切新獲得新鮮的果子、蔬菜）weceku de sukjime doboro.（供獻給神主享用）

現在大內凡新得鮮果、鮮蔬，既恭獻神位，

jai fe kooli de（至於在舊的條例裏）šorho nimaha i jergi jaka be（以雛雞、魚等物）tuibure de doboho babi.（有在背燈祭時供獻之處）

而舊例曾以雛雞、鮮魚等物，背鐙以祭，

ne wang sa. manjusai boode（現今在王等、滿洲們的家裏）šorho.【20a】nimaha i jergi jaka be tuiburengge kemuni bi.（仍有以雛雞、魚等物背燈祭者）

王等以及各滿洲等，亦仍有以雛雞、鮮魚之類，背鐙以祭者。

uttu be dahame.（既然如此）ereci julesi（從此以後）sirga kūwaran[3] i jergi hanci abade.（在南苑等附近狩獵）ejen baha buhū gio[4] i jergi gurgu i dorgi.（皇上所獲得的鹿、麅

---

[3] 「sirga kūwaran」，海子、圍，指南苑。分見清·祥亨主編，志寬、培寬編，《清文總彙》，卷6，頁8a，「sirga kūwaran」條；安雙成主編，《滿漢大辭典》（瀋陽：遼寧民族出版社，1993年），頁516，「sirga kūwaran」條。

[4] 「gio」，麅，即「sirga de adali.（像麞一樣）boco fulahūkan.（顏色銀紅）」；至於麞（sirga），則微帶白色

等野獸之內）

請嗣後南苑等處附近畋獵，皇上親射麅、鹿等獸內，

emu feye.（一傷口）bethe uncehen duha do gulhun muyahūn ningge be.（將腿、尾、內臟完整的）

傷止一處，尾、蹄、內臟齊全者，

hesei tuibure de dobo sere be tuwame.（視旨背燈祭時供獻所云）gingguleme benjifi（敬謹送來了）amsun[5] i urse de afabufi（交給了眾司胙）gingguleme dasatafi（敬謹整理了）doboki.（請供獻）

如有旨令背鐙以祭，則所司恭賚交司俎人等，敬謹修整祭獻，

feye labdu heni eden ekiyehun ningge be（將傷多、些許殘缺的）baitalarakū obuki.（請為不用）

若傷多殘缺不全者，仍請勿用。

jai ice baha niyarhūn jaka be（至於新獲得的新鮮物品）amban be【20b】erin de teisulebume.（臣等合著時令）

至時新鮮物，臣等按其時令，

aniyadari（每年）niyengniyeri forgon de（在春季）šorho juwete tuibume doboki.（背燈祭請供雛雞各二）juwari forgon de（在夏季）šoron niongniyaha emte tuibume doboki.（背燈祭請供雛鵝各一）

請每歲春季以雛雞各二，夏季以子鵝各一，

bolori forgon de（在秋季）nimaha emte tuibume doboki.（背燈祭請供魚各一）tuweri forgon de（在冬季）ulhūma juwete tuibume doboki.（背燈祭請供雉各二）

秋季以魚各一，冬季以雉各二，背鐙以祭。

ere doboro šorho niongniyaha be（將這供的雛雞、鵝）acabufi bodoro syde[6] afabufi（交給了會計司）jangturi[7] i ci gaifi（從莊頭取了）afabuki.（交給罷）

（šahūkan），麅、麞皆為鹿科動物。分見清・傅恆等奉敕撰，《御製增訂清文鑑》（收入《景印文淵閣四庫全書》，冊233），卷31，〈獸部・獸類・麅〉，頁13a；同書，卷31，〈獸部・獸類・麞〉，頁12b。

[5] 「amsun」，《大清全書》曰：「祭品」；《清文總彙》曰：「酒食乃獻神者」。分見清・沈啟亮，《大清全書》，卷1，頁33b，「amsun」條；清・祥亨主編，志寬、培寬編，《清文總彙》，卷1，頁37a，「amsun」條。

[6] 「acabufi bodoro sy（acabufi bodoro fiyenten）」，會計司，即「booi toksoi usin yafan.boigon anggala. albn takūran i jergi baita be（將內府的莊屯田園、戶口、公差等事）alifi icihiyara ba be.（承辦之處）acabufi bodoro fiyenten sembi.（稱會計司）」。見清・傅恆等奉敕撰，《御製增訂清文鑑》（收入《景印文淵閣四庫全書》，冊232），卷20，〈居處部・部院類・掌儀司〉，頁50b。

[7] 「jangturi」，莊頭，為內務府及八旗王公等府所屬莊田的承種人和管理者，即「tokso i da be.（莊園的

其應獻之雛雞、子鵝，交會計司，令莊頭擇肥美者交納。

nimaha ulhūma be（將魚、雉）buthašara be kadalara syde[8] afabufi（交給了都虞司）asu i niyalma[9] buthašara urse[10] ci gaifi（從網人、行漁獵的眾人取了）afabuki.（交給罷）
魚、雉交都虞司，令網戶、獵戶擇鮮整者交納。

šorho niongniyaha be urunakū tarhūn sain.（雛雞、鵝一定肥美的）nimaha ulhūma be urunakū bolgo yongkiyan【21a】ningge be sonjome（魚、雉一定揀選潔淨、完整的）gemu weihun ningge be（都將活的）dorolon be kadalara sy i hafasa tuwame.（掌儀司的官員們驗看）
擇肥美者，擇鮮整者，均以生者，由掌儀司官員詳視，

amsun i janggin[11] de afabufi（交給了司胙官）gingguleme dasatafi（敬謹整理了）weceku de tuibume doboki seme（請在神主背燈祭供獻等因）gisurefi yabubuhabi.（已議施行了）【21b】
交司俎官敬謹修整，於神位前背鐙以祭等因，議准施行。

頭）jangturi sembi.（稱莊頭）」。見清・傅恆等奉敕撰，《御製增訂清文鑑》（收入《景印文淵閣四庫全書》，冊232），卷10，〈人部・人類・莊頭〉，頁10a。

8　「buthašara be kadalara syde（buthašara be kadalara fiyenten）」，都虞司，即「booi ilan gūsai coohai urse be（將內府三旗的兵眾）urebume tacibure. silime baicara buthašara gurure jergi baita be（將訓練、考選、採獵等事）alifi icihiyara ba be.（承辦之處）buthašara be kadalara fiyenten sembi.（稱都虞司）」。見清・傅恆等奉敕撰，《御製增訂清文鑑》（收入《景印文淵閣四庫全書》，冊232），卷20，〈居處部・部院類・都虞司〉，頁51a。

9　「asu i niyalma」，網人。「網戶」為「asuci」，即「asu maktame nimaha butara niyalma be.（撒網捕魚的人）asuci sembi.（稱網戶）」。見清・傅恆等奉敕撰，《御製增訂清文鑑》（收入《景印文淵閣四庫全書》，冊232），卷10，〈人部・人類・網戶〉，頁8b。

10　「buthašara urse」，行漁獵的眾人，即「buthai niyalma」，打牲人，即「gurgu gasha nimaha i jergi jaka buteme yaburengge be（從事捕捉獸、鳥、魚等物者）buthai niyalma sembi.（稱打牲人）」。又《清文總彙》曰：「捕禽獸、捕魚等物的人，即獵戶、漁戶也」。分見清・傅恆等奉敕撰，《御製增訂清文鑑》（收入《景印文淵閣四庫全書》，冊232），卷10，〈人部・人類・打牲人〉，頁11a；清・祥亨主編，志寬、培寬纂，《清文總彙》，卷5，頁15b，「buthai niyalma」條。

11　「amsun i janggin」，司胙官，即「wecere amsun i jaka be（將跳神的祭品）gingguleme dagilara hafan be.（敬謹備辦的官員）amsun i janggin sembi.（稱司胙官）」。見清・傅恆等奉敕撰，《御製增訂清文鑑》（收入《景印文淵閣四庫全書》，冊232），卷4，〈設官部・臣宰類・司胙官〉，頁19b。司胙官，為內務府掌儀司屬官，順治十七年（1660），初置四人；乾隆二十四年（1759）奏准，改司胙官為司俎官。又定祭神殿設司俎官五人正六品，司俎執事十八人，宰牲十人，掌籍三人，服役二十人。分見清・托津等奉敕撰，《欽定大清會典事例（嘉慶朝）》（收入《近代中國史料叢刊・三編》，第70輯，冊700，臺北：文海出版社，1991年），卷885，〈內務府・官制・掌儀司〉，頁7b-8a；清・允裪等奉敕撰，《欽定大清會典則例（乾隆朝）》（收入《景印文淵閣四庫全書》，冊625），卷161，〈內務府掌儀司・大內祭神〉，頁47b。

hesei toktobuba manjusai wecere metere kooli bithe.（欽定滿洲祭神祭天典禮）
欽定滿洲祭神祭天典禮

      manjusai wecere fe baita be šošome ejehengge.（匯總記錄滿洲跳神舊事者）
      彙記滿洲祭祀故事

musei manju gurun（咱們的滿洲國）daci abka. fucihi. enduri de hing seme gingguleme.
（向來誠心敬天、佛、神）
我滿洲國，自昔敬天與佛與神，出於至誠，

tuttu（所以）fukjin mukden de.（開創盛京時）uthai tangse ilibufi.（即設立了堂子）
abka be wecehe.（祭了天）
故創基盛京，即恭建堂子以祀天。

tehe【22a】gurung ni cin i deyen de（在寢宮正殿裏）weceku ilibufi.（設立了神主）
fucihi. fusa. enduri. geren weceku be wecehe.（祭祀了佛、菩薩、神、眾神主）
又於寢宮正殿，恭設神位以祀佛、菩薩、神及諸祀位嗣。

udu amala mukdehun¹. juktehen ilibufi.（雖然後來設立了壇、廟）abka.【22b】fucihi.
enduri be meni meni juktecibe.（雖各自祀天、佛、神）
雖建立壇廟，分祀天、佛暨神，

fe doro be halahakū（不改舊俗）an i wecere dorolon be sasari yabubuha.（仍一齊施行了
祭禮）
而舊俗未敢或改，與祭祀之禮並行。

sirame jalan jalan i nenehe enduringge ejete.（承襲歷代先聖主們）dulimbai gurun be
toktobufi.（平定了中國）ging hecen de jifi.（來了京師）
至我列聖，定鼎中原，

an i da jokson i wecehei jihengge（照常以當初只管來跳神者）ambula aniya goidaha.
（甚年久）
祭祀仍遵昔日之制，由來久矣。

manju halangga urse（滿洲姓氏的眾人）inu gemu wecere baita be（也都將跳神的事）
umesi oyonggo obuhabi.（已做為十分要緊的）
而滿洲各姓，亦均以祭神為至重。

---

1 「mukdehun」，壇，即「abka na šun biya. boihoju jekuju be wecere（祭祀天、地、日、月、社稷的）umesi
  bolgo wesihun ba be.（十分潔淨的勝地）mukdehun sembi.（稱壇）」。見清・傅恆等奉敕撰，《御製增訂
  清文鑑》（收入《景印文淵閣四庫全書》，冊232），卷20，〈居處部・壇廟類・壇〉，頁6a。

udu meni meni ba na.（雖然各自的地方）meni meni halai wecerengge.（各自的姓氏跳神者）majige majige encu bicibe.（雖有稍微差異）amba muru【23a】 giyalabuhangge hon goro akū.（大概距離者不甚遠）

雖各姓祭祀皆隨土俗，微有差異，大端亦不甚相遠。

dergi boo. wang. beile. beise[2]. gung sa.（皇上家、王、貝勒、貝子、公等）tangse de （在堂子裏）julesi forome wecembi.（向著南跳神）

若大內，及王、貝勒、貝子、公等，均於堂子內，向南祭祀。

manjusa oci.（若是滿洲們）meni meni wecere（各自跳神的）booi hūwa de（在家院裏）inu julesi forome wecembi.（也向著南跳神）

至若滿洲人等，均於各家院內，向南以祭。

meterengge.（還願者）gemu somo[3] ilibufi wecembi.（都立了還願神杆跳神）ere gemu abka be wecerengge.（這都是祭天者）

又有建立神杆以祭者，此皆祭天也。

erde wecere[4] weceku.（清晨跳神的神主）gemu fucihi.【23b】 fusa. guwan mafa enduri be joktembi[juktembi].（都是祭祀佛、菩薩、關老爺神）

凡朝祭之神，皆係恭祀佛、菩薩、關帝。

damu yamji weceku（只是晚上神主）meni meni hala majige adali akū.（各自的姓氏稍微不同）

惟夕祭之神，則各姓微有不同，

juktehe da sekiyen be baici.（若尋找祭祀本源）aniya goidaha bime.（年久而且）fe sakdasa geli gelhun akū asuru leolerakū ofi.（因為舊老人們又不大敢議論）tuttu getuken yongkiyan i bahafi sarkū.（所以不得完全明白知道）ainci meni meni da fulehe be gingguleme.（想是尊重著各自的根本）

原其祭祀所由，蓋以各盡誠敬，以溯本源。

---

[2] 「beise」，貝子，為「gūsai beise（固山貝子）」的簡稱，係清朝宗室封爵的第四等，位次親王（hošo i cing wang）、郡王（doro i giyūn wang）、貝勒（beile）。

[3] 「somo」，還願神杆，即「metere de（還願時）ilibuha moo be.（所立的木杆）somo sembi.（稱還願神杆）」。見清‧傅恆等奉敕撰，《御製增訂清文鑑》（收入《景印文淵閣四庫全書》，冊232），卷6，〈禮部‧祭祀器用類‧還願神杆〉，頁51b。

[4] 「erde wecere（erde wecembi）」，為清晨跳神，另有晚上跳神，滿文轉寫羅馬拼音作「yamji wecembi」。《欽定大清會典則例（乾隆朝）》曰：「順治初年定，大內每日祭神二次，晨以寅、卯時，晚以未、申時，均用豕二。月、朔皆用時果九盤，餘日皆餻九盤」。見清‧允祹等奉敕撰，《欽定大清會典則例（乾隆朝）》（收入《景印文淵閣四庫全書》，冊625，臺北：臺灣商務印書館，1983年），卷161，〈內務府‧掌儀司‧大內祭神〉，頁47a。

jai ba na. alin. birai enduri.（至若土地、山、河的神）eici iletuleme karmataha.（或者顯靈保佑了）eici dorgideri aisilaha be【24a】bifi（或者有暗中幫助了）karulame wecerengge.（報答而祭者）

或受土地、山、川神靈顯佑，默相之恩，而報祭之也。

dergi boode（在皇上家）aniyadari niyengniyeri bolori juwe mudan（每年春、秋兩次）tangse de（在堂子裏）siltan tukiyeme wecefi.（舉杆跳神了）

大內每歲春、秋二季，於堂子內立杆祭祀。

gurung ni dolo uyun jafame ambarame wecembi.（宮內報祭、大祭）targara inenggi.（齋戒之日）ergengge jaka warakū inenggi ci tulgiyen.（不殺生之日以外）

復於宮內報祭，除齋戒，並禁止屠宰日期外，

inenggidari wecembi.（每日跳神）biyadari ice juwe de emu mudan metembi.（每月初二日還願一次）duin erinde ulin hengkilembi.（四季叩拜財物）

每日祭神，每月初二日祭天一次，四季則有獻神之祭。

boo delhehe agese.（分家的皇子們）jai gurung ni dolo tehe agese.（以及居住宮內的皇子們）【24b】hese be dahame.（奉旨）kun ning gung de wececi.（若在坤寧宮跳神）

分府之皇子，與宮內居住之皇子，如奉旨，在坤寧宮祭神，

biyadari ejen i jalin wecehe metehe amala.（每月為皇上跳神、還願了以後）ilhi aname siran siran i emte inenggi wecefi.（挨次陸續跳神各一日）emte inenggi metembi.（還願各一日）

每月於皇上祭神、祭天後，各按次序祭神一日，祭天一日。

boo delhere unde（尚未分家）nan hiyūn diyan. hiyan an gung ni jergi bade.（在南勳殿、咸安宮等處）tebuhe agese.（使居住的皇子們）biyadari meni meni tehe bade wecembi. metembi.（每月在各自的居住處跳神、還願）

其未分府，在紫禁城內居住之皇子，每月各於所居之處祭神、祭天。

wang. beile. beise. gung sa.（王、貝勒、貝子、公等）aniyadari niyengniyeri【25a】bolori juwe mudan（每年春、秋兩次）

王、貝勒、貝子、公等，每歲春、秋二季，

ilhi aname tangse de siltan tukiyeme wecembi.（挨次在堂子裏舉杆跳神）meni meni boode uyun jafame ambarame wecembi.（在各自的家裏報祭、大祭）

挨次在堂子內立杆祭祀，並各於本家報祭。

biyadari wecembi. metembi.（每月跳神、還願）gung. heo. be. ambasa. hafasa ci fusihūn.
（從公、侯、伯、大臣們、官員們以下）sula[5] manju sade isitala.（至閒散滿洲們）
每月祭神、祭天，公、侯、伯、大臣、官員以下，至閒散滿洲，

eici biyadari.（或者每月）eici aniyadari duin forgon. juwe forgon. emu forgon（或者每年
四季、二季、一季）meni meni boode wecembi.（在各自的家裏跳神）
或每月，或每歲，或四季、二季，一季，於本家內祭神。

neneme aniyadari niyengniyeri. bolori juwe forgon de.（先是每年在春、秋二季）dergi
booci siltan tukiyeme wecehe amala.（從皇上家舉杆跳神以後）jai【25b】inenggi. ilaci
inenggi ci.（自次日、第三日）
先是每歲春、秋二季，大內立杆祭神，過二、三日後，

cin wang ci fusihūn（從親王以下）jakūn ubu de dosika gung[6] ci wesihun.（自入八分公
以上）faidan be bodome.（按照排班）
親王以下，入八分公以上，各按班次，

erde. yamji weceku be（將清晨、晚上神主）kun ning gung ci（從坤寧宮）gingguleme
meni meni boode solifi.（恭請到各自的家）
由坤寧宮內，恭請朝祭、夕祭神位，至於各家。

siltan tukiyeme wecere inenggi.（舉杆跳神之日）tangse de（在堂子裏）erde weceku be
solifi（請了清晨神主）dobome wecefi.（供著跳神了）
屆立杆祭祀之日，恭請朝祭神位，在堂子內祭畢，

amasi boode solime dobofi（請回家裏供了）ambarame wecembi.（大祭）
仍請至家內，夕間大祭。

ereci（由此）siran siran i erei【26a】songkoi（陸續照此的樣）weceku be solime
wecembi.（請神主跳神）
於是挨次恭請神位，祭祀俱照此。

---

5 「sula」，閒散，即「baita de afahakū niyalma be.（沒有擔任事務的人）sula sembi.（稱閒散）」。見清・
    傅恆等奉敕撰，《御製增訂清文鑑》（收入《景印文淵閣四庫全書》，冊232），卷10，〈人部・人
    類・閒散〉，頁16b。
6 「jakūn ubu de dosika gung」，入八分公，即「天命間（1616-1626），立八和碩貝勒，共議國政，各置官
    屬，凡朝會燕饗，皆異其禮，錫賚必均及，是為八分。天聰（1627-1636）以後，宗室內有特恩封公，
    及親王餘子授封公者，皆不入八分。其有功加至貝子，準入八分。如有過降至公，仍不入八分」。見
    清・允祹等奉敕撰，《欽定大清會典（乾隆朝）》（收入《景印文淵閣四庫全書》，冊619），卷1，
    〈宗人府・宗室封爵〉，頁4a-4b。

biyai dubede（月終）dorgi amsun i janggin. amsun i urse.（大內司胙官、眾司胙）lala wecehe booci（從最後一個跳神的家）weceku be gurung de amasi solime dosimbumbihe.（請回神主進宮來著）

至於月終，大內司俎官、司俎等，恭請神位進宮。

ere sidende（在這之間）kun ning gung de（在坤寧宮）inenggidari wecere de.（每日跳神時）

是時，坤寧宮每日祭祀，

erde（清晨）fucihi i teku nisihai aisin i ordo. mengse[7] de.（在佛的底座連金亭、幔子前）yamji（晚上）golbon[8] mengse. teku de wecembi.（在架子、幔子、底座前跳神）

朝則於供佛金亭、幔帳之前，夕則於架、幔、神位前祭祀。

elhe taifin i susai nadaci aniya de.（在康熙五十七年）【26b】šengdzu gosin hūwangdi hese wasimbufi.（聖祖仁皇帝降旨）wang sai weceku solire be nakabuha.（停止了王等請神主）

康熙五十七年(1719)，奉聖祖仁皇帝(1654-1722，1662-1722在位)諭旨，停止王等恭請神位。

hūwaliyasun tob i sucungga aniya de（在雍正元年）šidzung temgetulehe hūwangdi. cohotoi hese wasimbufi（世宗憲皇帝特地降旨）tob cin wang[9]. urgun cin wang[10] ni boode（在莊親王、怡親王的家裏）emte mudan weceku be solibufi wecehebihe.（使請了神主跳神各一次來著）

雍正元年(1723)，世宗憲皇帝(1678-1735，1723-1735在位)特命莊親王、怡親王恭請神位，於其府內各祭一次。

ememu manju halangga（有些滿洲姓氏的）boode wecere de（在家裏跳神時）hehe saman wecembi.（女薩滿跳神）ememu haha【27a】saman inu wecembi.（也有些男薩滿跳神）

凡滿洲各姓祭神，或用女司祝，亦有用男司祝者。

dergi booci fusihūn.（從皇上家以下）sula uksun. gioro.（閒散宗室、覺羅）

自大內以下，閒散宗室、覺羅，

---

7 「mengse」，幔子，即「wecere de（跳神時）golbon de lakiyara suje be.（架子上掛的緞子）mengse sembi.（稱幔子）」。見清・傅恆等奉敕撰，《御製增訂清文鑑》（收入《景印文淵閣四庫全書》，冊232），卷6，〈禮部・祭祀器用類・幔子〉，頁51b。

8 「golbon」，衣架，即「etuku adu i jergi jaka be lakiyarangge be.（掛衣服等物者）golbon sembi.（稱衣架）」；又「tehe」，架子，即「moo be daibihan sindame arafi（將木頭做成放著邊框）aika jaka sindame baitalarangge be.（放一應物品用者）tehe sembi.（稱架子）」。分見清・傅恆等奉敕撰，《御製增訂清文鑑》（收入《景印文淵閣四庫全書》，冊233），卷25，〈器皿部・器用類・衣架〉，頁8a；同書，卷25，〈器皿部・器用類・架子〉，頁34b。漢譯本將「golbon」、「tehe」都譯為「架」，但兩者指的物件不同。

9 「tob cin wang」，莊親王，允祿（yūn lu，1695-1767），康熙皇帝第十六子。

10 「urgun cin wang」，怡親王，允祥（yūn siyang，1686-1730），康熙皇帝第十三子。

jai gioroi halai manjusai boode isitala.（以及直到覺羅姓的滿洲們的家裏）gemu hehe
saman wecembi.（都是女薩滿跳神）

以至伊爾根覺羅、錫林覺羅姓之滿洲人等，俱用女司祝以祭。

daci nenehe ejete.（起初先主們）jai wang sa fujisa[11].（以及王等福晉們）gemu saman
tukiyehengge bihe.（都有舉用為薩滿者）

從前內廷主位，及王等福晉，皆有為司祝者。

tetele dergi boode（迄今在皇上家）kemuni gioroi ambasa. hafasai sargata i dorgi（仍在
覺羅大臣們、官員們的妻子們之內）saman tukiyehe urse be sonjofi（將舉薩滿的眾
人揀選了）wecebumbi.（使跳神）

今大內祭祀，仍揀擇覺羅大臣、官員之命婦為司祝，以承祭祀。

gurung ni dolo tehe agese.（居住宮內的皇子們）【27b】hese kun ning gung de wecebure
de（諭旨在坤寧宮使跳神時）an i gioroi saman wecere ci tulgiyen.（仍以覺羅的薩滿
跳神之外）

凡宮內居住皇子，有旨令在坤寧宮祭神，仍用覺羅司祝祭祀外，

nan hiyūn diyan. hiyan an gung ni jergi bade tehe agesei jalin wecere de.（為居住在南薰殿、
咸安宮等處的皇子們跳神時）

若紫禁城內居住之皇子祭神，

dergi ilan gūsai.（上三旗的）booi niru[12]. hontohoi[13] gioroi hala.（包衣佐領、管領的覺羅姓）

則於上三旗包衣佐領、管領下之覺羅，

eici gūwa halai ambasa. hafasa. sula manjusai sargata i dorgi（或者異姓大臣們、官員們、
閒散滿洲們的妻子們之內）saman tukiyehe urse be sonjofi（將舉用薩滿的眾人揀選
了）wecebumbi.（使跳神）

或異姓大臣、官員、閒散滿洲人等妻室內，選擇為司祝，令其承祭。

---

[11] 「fujisa（fujin）」，福晉，「福晉，王、貝勒之妻曰fujin」。見清・祥亨主編，志寬、培寬編，《清文
總彙》，卷12，頁47a，「fujin」。

[12] 「booi niru」，內府佐領（包衣佐領），即「dorgi booi niru be.（內務府佐領）booi niru sembi.（稱內府
佐領）wang beile sede inu meimeni daci delhebuhe booi niru bi.（在王、貝勒等也有各自原有分定的包衣佐
領）」。見清・傅恆等奉敕撰，《御製增訂清文鑑》（收入《景印文淵閣四庫全書》，冊232），卷3，
〈設官部・旗分佐領類・內府佐領〉，頁31a。又「佐領」，以三百男子組成者，為旗分的基本單位。

[13] 「hontohoi（hontoho）」，管領，即「booi da i kadalahangge be.（管領管轄者）hontoho sembi.（稱管領）」；
「booi da」，管領，即「booi hontoho be kadalara hafan be.（管轄內府管領的官）booi da sembi.（稱管領）」。
分見清・傅恆等奉敕撰，《御製增訂清文鑑》（收入《景印文淵閣四庫全書》，冊232），卷3，〈設官
部・旗分佐領類・內府佐領〉，頁31a；同書，卷4，〈設官部・臣宰類・管領〉，頁19a。又「hontoho」
為八旗包衣的基層編制單位，「booi da」則為該單位的長官之一，每「hontoho」額設「booi da」一人。

boo【28a】delhehe agese.（分家的皇子們）jai wang. beile. beise. gung sa.（以及王、貝勒、貝子、公等）

其已分府之皇子，及王、貝勒、貝子、公等，

meni meni harangga gūsa.（各自的屬下旗分）booi niru. hontohoi gioroi hala（包衣佐領、管領的覺羅姓）

俱於各該屬旗包衣佐領、管領下之覺羅，

eici gūwa halai ambasa. hafasa. sula manjusai sargata i dorgi.（或者異姓大臣們、官員們、閒散滿洲們的妻子們之內）saman tukiyehe urse be sonjofi（將舉用薩滿的眾人揀選了）wecebumbi.（使跳神）

或異姓大臣、官員、閒散滿洲人等妻室內，選擇為司祝，令其承祭。

aika harangga dorgide saman akū oci.（若是在屬下之內沒有薩滿）

如屬下並無為司祝之人，

eici meni meni harangga booi niru. hontohoi manju hehesi be（或者將各自的屬下包衣佐領、管領的滿洲婦人們）saman tukiyefi（舉用了薩滿）wecebumbi.（使跳神）

或於各屬下包衣佐領、管領下之滿洲婦人內選擇，令其為司祝以祭，

eici gūwa saman be baifi（或者尋找了別的薩滿）wecebumbi.（使跳神）

或另請司祝以祭。

gung. heo. be. ambasa. hafasa ci【28b】fusihūn.（從公、侯、伯、大臣們、官員們以下）sula manju de isitala.（以至於閒散滿洲）

自公、侯、伯、大臣、官員以下，以至閒散滿洲，

hehesi saman wecerengge. gemu meni meni mukūn i dorgici saman tukiyehengge bici.（若有女薩滿跳神者，都從各自的族內舉用薩滿者）geren booci teisu teisu solifi（從眾人的家各自請了）wecebumbi.（使跳神）

用女司祝祭祀者，俱於本族中選擇，以承祭祀。

aika unenggi saman baharakū oci.（若是真的得不到薩滿）meni meni boode（在各自的家裏）saman i wecere adali（像薩滿跳神一樣）

如實不能得人，即於家內仿照司祝祭神之例，

amsun dagilafi.（準備了祭物）<u>hiyan</u>[14] dabufi.（點了香）nure <u>gingnefi</u>[15].（獻了酒）tesu booi ejen hengkilefi.（本家主人叩頭了）šusu be <u>silgifi</u>[16].（「省」了「犧牲」）yali be dobofi（供了肉）hengkileme wecembi.（叩頭著跳神）

整理祭物、焚香、獻酒，本家家長叩頭、省牲、供肉，叩頭以祭。

hahasi saman i wecere boode（在男薩滿們跳神的家）meni meni booci haha saman be baifi（從各自的家尋找了男薩滿）【29a】wecebumbi.（使跳神）

其用男司祝祭祀之家，各由本家請男司祝以祭。

dergi booci fusihūn.（從皇上家以下）sula uksun. gioro.（閒散宗室、覺羅）

自大內以下，閒散宗室、覺羅，

jai gioroi hala manju sade isitala.（以及至於覺羅姓滿洲們）gemu ulgiyan i wecembi.（都是用豬跳神）

以至伊爾根覺羅、錫林覺羅姓之滿洲人等，祭祀均用豬。

dergi boode（在皇上家）inenggidari erde. yamji（每日清晨、晚上）gemu juwete ulgiyan baitalambi.（都用豬各二）metere de emu ulgiyan baitalambi.（還願時用豬一）

大內每日朝、夕，各用豬二，祭天用豬一。

wang saci fusihūn.（從王等以下）jakūn ubu de dosika gung saci wesihun（自入八分公等以上）siltan tukiyeme ambarame wecere inenggi.（舉杆大祭之日）erde yamji gemu juwete ulgiyan baitalara ci【29b】tulgiyen.（清晨、晚上都用豬各二之外）

王以下，入八分公以上，立杆大祭日，朝、夕各用豬二。

sula uksun. gioro sade isitala.（至於閒散宗室、覺羅們）an i inenggi wecere. uyun jafame wecere de.（平日跳神、報祭跳神時）

至閒散宗室、覺羅等，常祭並報祭之日，

erde yamji gemu emte ulgiyan baitalambi.（清晨、晚上都用豬各一）metere de emu ulgiyan baitalambi.（還願時用豬一）

---

[14] 「hiyan」，香，即「enduri weceku i juleri（神衹前）dabure wa sain orho moo be.（點燃香味的草木）hiyan sembi.（稱香）」。見清・傅恆等奉敕撰，《御製增訂清文鑑》（收入《景印文淵閣四庫全書》，冊232），卷6，〈禮部・祭祀器用類・香〉，頁51b。

[15] 「gingnefi（gingnembi）」，獻酒，即「wecere de（跳神時）nurei hūntahan be fan de sindafi（將酒杯放在木方盤上）wesihun tukiyeme jafara be.（高舉進獻的）gingnembi sembi.（稱獻酒）」。見清・傅恆等奉敕撰，《御製增訂清文鑑》（收入《景印文淵閣四庫全書》，冊232），卷6，〈禮部・祭祀類・獻酒〉，頁45b。

[16] 「silgire（silgimbi）」，漢譯本作「省」，乃避諱宰牲語，即「wecere ulha be wara be jailabume.（避諱殺祭祀用牲畜）sigimbi sembi.（稱『silgimbi』）」。見清・傅恆等奉敕撰，《御製增訂清文鑑》（收入《景印文淵閣四庫全書》，冊232），卷6，〈禮部・祭祀類・避諱宰牲語〉，頁46b。又「silgimbi」，通「wambi（殺）」。見河內良弘編著，《滿洲語辭典》，頁946，「silgimbi」條。

朝、夕各用豬一，祭天用豬一。

dergi booci（從皇上家）niyengniyeri. bolori siltan tukiyeme wecehe amala.（春、秋舉杆跳神以後）
大內春、秋立杆祭神後，

morin i jalin juwe inenggi wecere de.（祭馬神二日時）juwete ulgiyan baitalambi.（用豬各二）
祭馬神二日，各用豬二。

wang. gung sa.（王、公等）morin i jalin emu inenggi wecere de.（祭馬神一日時）emte ulgiyan baitalambi.（用豬各一）
王、公等，祭馬神一日，各用豬一；

hūturi baire de.（求福時）juwe mujuhu nimaha【30a】baitalambi.（用鯉魚二）
求福祭祀，用鯉魚二。

gūwa halangga manjusa.（其他姓氏的滿洲們）damu hūturi baire（只是求福的）damu meterennge inu bi.（也有只是還願者）
其餘各姓滿洲內，有惟求福者，亦有惟祭天者。

wecere. metere de（跳神、還願時）emu ulgiyan teile.（止有一豬）eici emu honin teile.（或者止有一羊）eici ulgiyan. honin emte（或者豬、羊各一）
祭神、祭天止用豬一，或用羊一，或用豬、羊各一，

eici ududu ulgiyan. honin.（或者豬、羊數口）eici mihan. niongniyaha. nimaha be baitalarangge adali akū.（或者用仔豬、鵝、魚者有差）
或用豬數口、羊數牽，或用小豬、鵝、魚不等。

šusu i šan de jungšun[17] suitara.（在「犧牲」的耳朵灌酒水的）bujure.（煮熟的）doboro wecerengge.（供獻跳神者）amba muru adali.（大概相同）
至於灌酒、熟胙供獻，則大略相同。

dergi boode.（在皇上家）ejete tuktan mudan baha gurgu gasha ocibe.（或者主子們初次獲得的獸、鳥）【30b】eici ice baha šoron. nimaha i jergi jaka be（或者將新獲得的雛雉、魚等物）tuibure de dobombihe.（背燈祭時供獻來著）
大內則主位或以初次所獲禽獸，或以新得鵝、魚之類背鐙以祭。

---

[17] 「jungšun」，灌豬耳的酒水，即「wecere ulgiyan i šan de（在跳神的豬的耳內）suitara nure muke i jergi jaka be.（灌酒、水等物）gemu jungšun sembi.（都稱灌豬耳的酒水）」。見清‧傅恆等奉敕撰，《御製增訂清文鑑》（收入《景印文淵閣四庫全書》，冊232），卷6，〈禮部‧祭祀類‧灌豬耳的酒水〉，頁45a。

ememu wang sa. manjusai boode（在有些王等、滿洲們的家裏）niongniyaha. coko.
nimaha. ice bargiyaha jeku i jergi jaka be tuibure de doborongge inu bi.（也有以鵝、雞、
魚、新收成的米穀等物在背燈祭時供者）

其王等，以及滿洲家，亦有以鵞、雞與魚，並新獲米穀等物，背鐙以祭者。

wecere.（跳神的）metere（還願的）<u>fodo</u>[18] wecere.（樹柳枝祭的）hūturi baire.（求
福的）morin i jalin wecere ci tulgiyen.（祭馬神的之外）

除祭神、祭天、樹柳枝祭、求福，以及祭馬神外，

manjusa geli juse mama tucire de.（滿洲們又在孩子們出痘時）ulgiyan <u>efen</u>[19] i metere be
（以豬餑餑還願）<u>jailabume balhambi</u>[20] sembi.（稱痘後還願）

滿洲人等又有因子女出痘，因避以豬饌祭天者，謂之痘祭。

efen i metere be（以餑餑還願）suwayan bumbi sembi.（稱麵豬還願）

以饌祭天者，謂之饌祭。

yamji farhūn de.（晚上昏暗時）【31a】booi šun tuhere ergi <u>fiyasha</u>[21] i tule.（房屋的日落邊
的山牆外）ajige mihan i metere be（以小仔豬還願）gasan dulebumbi sembi.（稱去祟）

昏夜於室西山牆外，以小豬祭天者，謂之去祟。

jeku mutuha erinde（在穀物成長時期）umiyahalara[umiyahanara]. hiyaribure de（生
蟲、遭旱時）

田苗正長，因生蟲或遇旱，

usin de genefi（去了田裏）justan hoošan be kiru i adali（將紙條像旗子一樣）narhūn
moo de hafirafi.（夾在細木上）

前往田間，懸掛紙條如旗，以細木夾之，

---

18 「fodo」，求福柳枝，即「hūturi baime wecere de（求福跳神時）ilibuha burga be.（所立的柳條）fodo
sembi.（稱求福柳枝）」。見清・傅恆等奉敕撰，《御製增訂清文鑑》（收入《景印文淵閣四庫全
書》，冊232），卷6，〈禮部・祭祀器用類・求福柳枝〉，頁52a。

19 「efen」，餑餑，漢譯本皆作「饌」，即「yaya ufa be suifi.（凡和之麵粉）galai aracibe durun de gidacibe
（用手壓做成型）teliyeme bolame carume bujume hacingga weilefi jeterengge be.（做成蒸、烙、炸、煮各式各
樣的吃者）gemu efen sembi.（都稱餑餑）」。清・傅恆等奉敕撰，《御製增訂清文鑑》（收入《景印文
淵閣四庫全書》，冊233），卷27，〈食物部・餑餑類・餑餑〉，頁38a。

20 「balhambi」，痘後還願，即「mama tucire de（出痘時）ulgiyan efen i metere be jailabume.（使躲避而以豬
餑餑還願）balhambi sembi.（稱痘後還願）」。見清・傅恆等奉敕撰，《御製增訂清文鑑》（收入《景
印文淵閣四庫全書》，冊232），卷6，〈禮部・祭祀類・痘後還願〉，頁43b。又《清文總彙》曰：
「balhambi，出痘子以豬餑餑還願欲躲避，與『jailabume balhambi』同」。見清・祥亨主編，志寬、培
寬編，《清文總彙》，卷4，頁42a，「balhambi」條。

21 「fiyasha」，山牆，即「boo i juwe ergi ujan ci.（從房屋兩邊）mulu de isitala sahaha fu be.（直到房樑上所砌
的牆壁）fiyasha sembi.（稱山牆）」。見清・傅恆等奉敕撰，《御製增訂清文鑑》（收入《景印文淵閣
四庫全書》，冊232），卷21，〈居處部・室家類・山牆〉，頁13b。

efen lala²² arafi.（做了餑餑、黃米飯）usin de gamafi wecere be（拿去了田裏跳神的）
usin wecembi sembi.（稱祭田苗神）
蒸餑與飯捧至田間以祭，謂之祭田苗神。

jai bolori jeku bargiyame wajiha manggi.（至於秋天糧食收完畢了之後）efen arafi（做了餑
餑）je falan de gamafi wecere be（拿去了打穀場跳神的）falan sombi sembi.（稱祭場院）
至於秋收後，蒸餑捧至場院以祭者，謂之祭場院。

geli dobori nadan usiha juktere be（又夜晚祀七星）【31b】jugembi sembi.（稱夜祭七星）
復有夜祭七星者，謂之襀祭。

jai manjusa toksorome teme goidafi（再滿洲們下屯去住久了）weceki seci.（若要跳神）
再滿洲人等久居屯莊，有欲祭神者，

tehe boode（在住的房屋裏）ice etuku be futa ulifi（以繩穿過了新衣）mengse i adali
obume.（使成為像幔子一樣）
於臥室內以繩貫於新衣，飾如神幔，

an i wecere adali（仍像跳神一樣）nure. efen. ulgiyan dobome wecembi.（供著酒、餑
餑、豬跳神）
照平日祭神之禮，以酒、餑與豬祭之。

tuttu（所以）šengdzu gosin hūwangdi.（聖祖仁皇帝）cang cun yuwan. že ho i bade
goidame giyarime teme ofi.（因為在暢春園、熱河之處巡駐久）
是以聖祖仁皇帝暢春園、熱河駐蹕日久，

cang cun yuwan.【32a】že ho i bade mengse lakiyafi.（在暢春園、熱河之處掛了幔子）
ordo. teku faidafi wecehe bihe.（擺設了亭、底座跳神來著）
即在暢春園、熱河張掛神幔，設佛亭、神位以祭。

enduringge ejen.（聖主）mafari yabun be songkolome.（遵照著祖宗德行）
今聖主法祖懿行，

abkai wehiyehe i jakūci aniya mukden de（乾隆八年在盛京）inu mengse lakiyafi.（也掛
了幔子）ordo. teku faidafi wecehe.（擺設了亭、底座跳神了）
於乾隆八年(1743)駐蹕盛京時，亦曾懸掛神幔，設佛亭、神位以祭焉。

---

²² 「lala」，黃米飯，即「feshen de teliyehe fisihe i jergi bele be.（以蒸籠蒸熟的小黃米等米）lala sembi.（稱黃
米飯）fisihe bele be mucen de fabume bujuhangge be.（將小黃米在鍋裏使乾著煮者）inu lala sembi.（也稱黃
米飯）」。見清・傅恆等奉敕撰，《御製增訂清文鑑》（收入《景印文淵閣四庫全書》，冊233），卷
27，〈食物部・飯肉類・黃米飯〉，頁3b。

meterengge.（還願者）manjusa babade gemu metembi.（滿洲們到處都還願）
至於祭天之禮，滿洲人等於所至之地，皆可舉行。

damu bolgo moo baifi（只是找了乾淨的木頭）somo weilefi（做了還願神杆）eici
hiyase[23] sindara.（或者放神杆斗的）eici furgi[24] hūwaitafi.（或者綁了草把）ulgiyan
udafi soca bele[25] some meterengge bi.（有買了豬，撒還願米還願者）
但尋潔淨之木以為神杆，或置祭斗，或縛草把，購豬、灑米以祭。

wang.【32b】beile. beise. gung sa.（王、貝勒、貝子、公等）uksun gioro.（宗室、
覺羅）manju halangga ambasa. hafasa.（滿洲姓氏的大臣們、官員們）sula manju de
isitala.（至於閒散滿洲）
自王、貝勒、貝子、貝子，以至宗室、覺羅，滿洲各姓大臣、官員、閒散滿洲，

yaya meni meni boode（凡在各自的家裏）urgun baita bici.（若有喜事）teisu teisu ulin
gidambi.（各自敬神）
凡遇喜慶之事，各以財物獻神，

jalbarici acara baita bici（若有應禱祝的事）inu ulin gidambi.（也敬神）hūturi baimbi.
（求福）
如有應禱祝之事，亦以財物獻神、求福。

ambasa. hafasa. manjusai boode（在大臣們、官員們、滿洲們的家裏）sargan jui bure
onggolo.（嫁女兒之前）
再大臣、官員、滿洲人等聘女先期，

hojihon i booci ulin be gajifi.（從女婿的家取來了財物）weceku de ulin gidafi（敬神於
神主了）wecembi. metembi.（跳神、還願）
取婿家財物，獻於神位，以之獻神、祭天。

jai ememu manjusai dorgi（再有些滿洲們之內）【33a】weceku gocima dere faidarakū.
（神主不擺設抽屜桌）sendehen[26] de hiyan i fila doborongge inu bi.（也有在供神板上

---

[23] 「hiyase」，神杆斗，即「somo i dubede etubume sindafi.（在還願神杆末尾處放了使穿著）oyo gaiha amsun be tebufi.
sindarangge be.（放裝了祭肉敬天供物者）hiyase sembi.（稱神杆斗）」。見清·傅恆等奉敕撰，《御製增訂
清文鑑》（收入《景印文淵閣四庫全書》，冊232），卷6，〈禮部·祭祀器用類·神杆斗〉，頁51b。

[24] 「furgi」，草把，即「metere somo i dubede（在還願神杆末尾處）orho emu sefere hūwaitahangge be.（綁草
一束者）furgi sembi.（稱草把）」。見清·傅恆等奉敕撰，《御製增訂清文鑑》（收入《景印文淵閣四
庫全書》，冊232），卷6，〈禮部·祭祀器用類·草把〉，頁51b-52a。

[25] 「soca bele」，還願撒的米，即「metere de some maktara bele be.（還願時拋撒的米）soca bele sembi.（稱
還願撒的米）」。見清·傅恆等奉敕撰，《御製增訂清文鑑》（收入《景印文淵閣四庫全書》，冊
232），卷6，〈禮部·祭祀類·還願撒的米〉，頁45a。

[26] 「sendehen」，供神板，即「weceku doboho undehen be.（供獻神祇的木板）sendehen sembi.（稱供神

供香碟者）

而滿洲內，亦有神位前不設抽屜桌，僅在神板上供獻香碟者。

凡祭祀行禮時，主祭之人皆免冠，以致誠敬。[27]

efen doborongge.（供餑餑者）dergi boode（在皇上家）aniyadari niyengniyeri. bolori juwe forgon de（每年在春、秋二季）siltan tukiyeme ambarame wecere de.（舉杆大祭時）
至於供饈之禮，大內每歲春、秋二季立杆大祭，

tūme efen[28] weilefi.（做了打糕）mudan[29] carufi dobombi.（炸了搓條餑餑供獻）
則以打饈、搓條餑餑供獻。

aniya biyade（在正月）caise[30] carufi dobombi.（炸了饊子供獻）
正月，以饊子供獻。

sunja biyade（在五月）nunggele[31] mooi abdaha efen dobombi.（供獻椵木葉餑餑）
五月，以椵葉餑餑供獻。

ninggun biyade（在六月）malanggū[32] abdaha efen dobombi.（供獻芝麻葉餑餑）
六月，以蘇葉餑餑供獻。

板）」。見清‧傅恆等奉敕撰，《御製增訂清文鑑》（收入《景印文淵閣四庫全書》，冊232），卷6，〈禮部‧祭祀器用類‧供神板〉，頁51b。

27 「凡祭祀行禮時，主祭之人皆免冠，以致誠敬」一段，無滿文。漢文見清‧允祿等奉敕撰，阿桂等奉敕譯，《欽定滿洲祭神祭天典禮》（收入《景印文淵閣四庫全書》，冊657），卷1，〈彙記滿洲祭祀故事〉，頁13a。

28 「tūme efen」，打糕，即「fisihe i jergi yeye bele be（將小黃米等糯米）lala teliyefi（蒸了黃米飯）tūku i tūme lalanji obufi weilehengge be.（用木槌使打爛了而做者）tūme efen sembi.（稱打糕）」。見清‧傅恆等奉敕撰，《御製增訂清文鑑》（收入《景印文淵閣四庫全書》，冊233），卷27，〈食物部‧餑餑類‧打糕〉，頁40a。

29 「mudan」，搓條餑餑，即「mere ufa i teile（只有蕎麥粉）eici fisihe je ufa be suwaliyafi dedubufi（或者將小黃米、小米粉混合使發酵了）golmikan siberefi（撚成略長）mudalime arafi（做成彎彎曲曲）caruhangge be.（烹炸者）mudan sembi.（稱搓條餑餑）」。見清‧傅恆等奉敕撰，《御製增訂清文鑑》（收入《景印文淵閣四庫全書》，冊233），卷27，〈食物部‧餑餑類‧搓條餑餑〉，頁46a。

30 「caise」，饊子，即「水和麥麵拉成細條，合併數條撐個過兒，暈油炸之餑餑」。見清‧祥亨主編，志寬、培寬編，《清文總彙》，卷9，頁27a，「caise」條。又《御製增訂清文鑑》有「šanyan caise（白饊子）」、「fulgiyan caise（紅饊子）」之分。「šanyan caise」，即「maise ufa de dabsun muke ucufi suifi（麥粉拌上鹽、水和了麵）narhūn obume tatame（拉成細長）halgime murime weilefi（做成盤捲）ulgiyan nimenggi de carumbi.（用豬油烹炸）」；「fulgiyan caise」，即「maise ufa de hibsu ucume suifi（麥粉拌上蜂蜜和了麵）šanyan caise i songko weilefi（做成同白饊子的樣）ulgiyan nimenggi de carumbi.（用豬油烹炸）」。分見清‧傅恆等奉敕撰，《御製增訂清文鑑》（收入《景印文淵閣四庫全書》，冊233），卷27，〈食物部‧餑餑類‧白饊子〉，頁44b；同書，卷27，〈食物部‧餑餑類‧紅饊子〉，頁44b。

31 「nunggele」，椵樹，即「notho sahaliyan（樹皮黑）abdah amba（葉大）moo i yali narhūn uhuken.（木質細軟）ilha arame foloro colire bade baitalambi.（用在做花雕刻處）」。見清‧傅恆等奉敕撰，《御製增訂清文鑑》（收入《景印文淵閣四庫全書》，冊233），卷29，〈樹木部‧樹木類‧椵樹〉，頁30b-31a。

32 「malanggū」，芝麻，即「jeku i gebu.（穀物名）bele ajige bime. dube šolonggo（穀粒小而端尖）nimenggi gaimbi.（取油）」。見清‧傅恆等奉敕撰，《御製增訂清文鑑》（收入《景印文淵閣四庫全書》，冊233），卷28，〈雜糧部‧米穀類‧芝麻〉，頁39a。

nadan biyade（在七月）ice ira[33] bele be teliyefi（蒸了新黍米）miyegu efen[34] weilefi dobombi.（做了淋漿糕供獻）

七月，以新黍蒸淋漿餻供獻。

jakūn biyade（在八月）【33b】ice fisihe[35] be lala teliyefi.（以新的小黃米蒸了黃米飯）tūku i tūfi.（用木槌搥打了）giyose[36] arafi.（做成餃子）carufi dobombi.（炸了供獻）

八月，以新稷蒸飯，用木榔頭打熟，作為餃子，煠油供獻。

gūwa biyade（在別的月）gemu feshen efen[37] dobombi.（都供獻撒糕）

餘月，俱以灑餻供獻。

miyegu efen mudan ci tulgiyen.（淋漿糕、搓條餑餑之外）yooni fisihe baitalambi.（俱用小黃米）wang sai boode（在王等家裏）inu erei songkoi dobombi.（也照此的樣供獻）

除淋漿餻搓條餑餑外，俱用稷米，王府亦如之。

gūwa halangga manjusai boode（在其他姓氏的滿洲們的家裏）erei songkoi doborongge inu bi.（也有照此的樣供者）sesi[38] doborongge inu bi.（也有供豆麵剪子股者）

至各姓滿洲人家有同此供獻者，或有供獻豆麵餑餑者，

jai fisihe be（至於將小黃米）lala teliyefi doborongge inu bi.（也有蒸了黃米飯供者）

---

33 「ira」，黍子，又稱大黃米，即「jeku i gebu.（穀物名）bele fisihe ci ambakan.（比米、小黃米略大）yaya jeku ci neneme urembi.（比各種穀物先成熟）buda arafi（做成飯）jetere de sar sembi.（吃時散落）」。分見清・傅恆等奉敕撰，《御製增訂清文鑑》（收入《景印文淵閣四庫全書》，冊233），卷28，〈雜糧部・米穀類・黍子〉，頁36b；清・沈啟亮，《大清全書》，卷2，頁32a，「ira」條。

34 「miyegu efen」，淋漿糕，即「teliyehe ira bele be ufafi（將蒸熟的黍米磨粉了）muke sindame kūthūme hūwaliyambufi（放水攪拌調合了）boso fulhū de tebufi（裝在口袋）wadan sektehe feshen gida de（蒸籠上舖了布單）sirime tucibufi（使壓擠出了）teliyehengge be.（蒸者）miyegu efen sembi.（稱淋漿糕）」。見清・傅恆等奉敕撰，《御製增訂清文鑑》（收入《景印文淵閣四庫全書》，冊233），卷27，〈食物部・餑餑類・淋漿糕〉，頁40b。

35 「fisihe」，小黃米，即「jeku i gebu.（穀物名）je i duwali（小米的同類）wekji fulgiyan.（米皮紅）umesi yeye.（很黏）」。見清・傅恆等奉敕撰，《御製增訂清文鑑》（收入《景印文淵閣四庫全書》，冊233），卷28，〈雜糧部・米穀類・小黃米〉，頁36b。

36 「giyose」，餃子，《清文匯書》曰：「餑餑名，小黃米打黏，放小豆餡，做的略長油扎者，即giyose efen也」。清・李延基編，《清文彙書》（收入故宮博物院編，《故宮珍本叢刊》，冊719，海口：海南出版社，2001年），卷11，頁7b，「giyose」條。

37 「feshen efen」，撒糕，即「yaya yeye ufa be（凡將黏麵粉）hida de jergi jergi seshefi.（在蒸籠層層撒了）oilo sisa sidafi（表面放了小豆）teliyehengge be.（蒸者）feshen efen sembi.（稱撒糕）」。見清・傅恆等奉敕撰，《御製增訂清文鑑》（收入《景印文淵閣四庫全書》，冊233），卷27，〈食物部・餑餑類・撒糕〉，頁40b。

38 「sesi」，豆麵剪子股，即「fisihe bele be teliyefi（蒸了小黃米）tūku i tūme sedu. suwaliyafi（用木槌打豆麵子混合了）hasaha i mudan i gese murime arafi（做成如剪子一樣的彎條）caruhangge be.（炸者）sesi efen sembi.（稱豆麵剪子股）」。又「sedu」，豆麵子，即「sesi de suwaliyara turi ufa be.（混合豆麵剪子股的豆粉）sedu sembi.（稱豆麵子）」。分見清・傅恆等奉敕撰，《御製增訂清文鑑》（收入《景印文淵閣四庫全書》，冊233），卷27，〈食物部・餑餑類・豆麵剪子股〉，頁46b；同書，卷27，〈食物部・餑餑類・豆麵子〉，頁46b。

ice bargiyaha maise be buda bojofi doborongge inu bi.（也有將新收成的麥煮了飯供者）
或以稷米蒸飯供獻者，或以新麥煮飯供獻者，

geli ememu【34a】boode（又在有些家裏）ice baha mere³⁹ ufa be suifi.（將新穫的蕎麥磨成粉）bireku mooi nekeliyen obume birefi（以擀麵杖擀成薄的）bujufi（煮了）
復有以新穫菽磨麵，作餅甚薄，

erebe mere jempin⁴⁰ seme（將此說是蕎麥煎餅）weceku de sukjimbi.（給神主享用）
謂之煎餅，以供獻於神位者。

jai julergi goloi jergi bade（至若在南方省分等處）seremšeme tebunehe manjusa.（駐防的滿洲們）fisihe baharakū ba ofi.（因為地方找不到小黃米）yeye handu⁴¹ be funde baitalambi.（以江米替用）
至若江南各省駐防滿洲人等，因其地不產稷米，即以江米代之。

ging hecen de tehe manjusa.（住在京城的滿洲們）ememu jangturi akū urse.（有些沒有莊頭人眾）
在京之滿洲人等，或無莊頭者，

fisihe i oronde（缺小黃米）nure tebure. feshen efen teliyere. tūme efen arara de.（釀酒的、蒸撒糕的、做打糕時）uthai fulun de baha【34b】yeye handu bele be baitalarangge inu bi.（也有即以俸祿裏所得的江米用者）
其釀酒、灑餻、打餻，即以所領俸米內江米代稷米用之。

nure teburengge.（釀酒者）dergi boode（在皇上家）niyengniyeri. bolori juwe forgon de.（在春、秋二季）siltan tukiyeme ambarame wecere de.（舉杆大祭時）
其釀酒之法，大內春、秋二季，立杆大祭，

---

39 「mere」，蕎麥，即「jeku i gebu.（穀物名）notho sahaliyan.（外殼黑）ilan jofohonggo（三角形）ufafi（磨成粉）efen hangse arafi jembi.（做成餑餑麵吃）」。見清・傅恆等奉敕撰，《御製增訂清文鑑》（收入《景印文淵閣四庫全書》，冊233），卷28，〈雜糧部・米穀類・蕎麥〉，頁38a。

40 「jempin」，煎餅，即「sacu ufa be nekeliyen talafi（將蕎麥麵煎成薄的）yali sogi uhufi（包了肉、菜）jeterengge be.（吃者）jempin sembi.（稱煎餅）geli narhūn furufi（又細切了肉絲）sile de sindafi inu jembi.（也放在肉湯裏吃）」。見清・傅恆等奉敕撰，《御製增訂清文鑑》（收入《景印文淵閣四庫全書》，冊233），卷27，〈食物部・餑餑類・煎餅〉，頁45b。

41 「yeye handu」，江米，即「handu de adali（像粳米一樣）bime lala teliyeci efen araci（而且蒸飯、做餑餑）yeye ofi gebulehebi.（則因為黏而定名）」。見清・傅恆等奉敕撰，《御製增訂清文鑑》（收入《景印文淵閣四庫全書》，冊233），卷28，〈雜糧部・米穀類・江米〉，頁35b。又《清文總彙》曰：「糯米稻子，做黏餑餑等物者」。見清・祥亨主編，志寬、培寬編，《清文總彙》，卷10，頁42a，「yeye handu」條。至於「handu」，粳米，即「jeku i gebu.（穀物名）bele amba.（穀粒大）boco šaniyan fulgiyan fulahūkan fulahūn ningge gemu bi.（顏色白、紅、銀紅、水紅的都有）」。見清・傅恆等奉敕撰，《御製增訂清文鑑》（收入《景印文淵閣四庫全書》，冊233），卷28，〈雜糧部・米穀類・粳米〉，頁35a。

dehi inenggi onggolo（四十日之前）anggara sindafi.（放了缸）fisihe lala teliyefi（蒸了小黃米飯）huhu i suyen sekiyefi.（濾出了酒麴水）<u>gocima[gocime] nure</u>[42] tebumbi.（釀跳神供的家做黃酒）

則於四十日前設缸，蒸稷米飯，和麴釀之，謂之清酒。

biyadari an i wecere de（每月常祭時）ilan inenggi onggolo（三日之前）inu halhūn lala teliyefi.（也蒸了熱黃米飯）huhu i suyen sekiyefi.（濾出了酒麴水）jancuhūn nure tebufi wecembi.（釀了甜酒跳神）wang sa boode（在王等家裏）inu【35a】erei songkoi tebumbi.（也照此的樣釀）

每月常祭，則三日前亦蒸稷米飯，和麴釀之，謂之醴酒，王府亦如之。

manjusa eici fisihe. eici yeye handu bele be（滿洲們或者以小黃米，或者江米）nure tebumbi.（釀酒）

若滿洲人等釀酒，或以稷米，或以江米。

ememu manjusai boode（在有些滿洲們的家裏）je[43] bele. eici fisihe bele. eici <u>senggete</u>[44] be（以小米，或者小黃米，或者蒼耳子）<u>arki</u>[45] burafi wecerengge inu bi.（也有釀了燒酒跳神者）

又有滿洲人家，或以粟米，或以稷米，或以蒼耳燒酒以祭者。

jai manjusa（至於滿洲們）yaya wecere de（凡跳神時）doboro nure. efen be（供的酒、餑餑）

凡滿洲人等，祭祀所用之酒與餻，

daci udahangge be baitalarakū.（向來不用買者）gemu boode tebumbi. arambi.（都在家裏釀造）

皆自釀造，並不沽之於市。

---

[42] 「gocime nure」，跳神供的家做黃酒。見清・祥亨主編，志寬、培寬編，《清文總彙》，卷4，頁7b，「gocime nure」條。又「nure」，黃酒，即「arki i duwali（燒酒的同類）fisihe ira i jergi bele be lala bujufi（將小黃米、黍子之類的米煮成黃米飯）huhu suwaliyame tebuhengge be.（混合著酒麴釀酒者）nure sembi.（稱黃酒）nure i hacin umesi ambula.（黃酒的種類甚多）」。見清・傅恆等奉敕撰，《御製增訂清文鑑》（收入《景印文淵閣四庫全書》，冊233），卷27，〈食物部・茶酒類・黃酒〉，頁34a。

[43] 「je」，小米，即「jeku i gebu.（穀物名）fisihe de adali bime majige ajige.（像小黃米一樣而略小）boco suwayan（色黃）erei orho be jofi（將此草刈了）morin de ulebumbi.（給馬吃）」。見清・傅恆等奉敕撰，《御製增訂清文鑑》（收入《景印文淵閣四庫全書》，冊233），卷28，〈雜糧部・米穀類・小黃米〉，頁36b。

[44] 「senggete」，蒼耳子，即「abdaha muheliyen（葉圓）use soro faha i adali（種子像棗核一樣）bime bula bi.（而有莿）」。見清・傅恆等奉敕撰，《御製增訂清文鑑》（收入《景印文淵閣四庫全書》，冊233），卷29，〈草部・草類・蒼耳子〉，頁14b。

[45] 「arki」，燒酒，即「nure i duwali.（黃酒的同類）huhu jeku ci burame gaihangge be.（從酒麴、穀物釀取了者）arki sembi.（稱燒酒）amtan hatan.（味道濃烈）boco šanyan.（色白）」。見清・傅恆等奉敕撰，《御製增訂清文鑑》（收入《景印文淵閣四庫全書》，冊233），卷27，〈食物部・茶酒類・燒酒〉，頁34a。

dergi boode（在皇上家）cohome amsun i boo[46] ilibufi.（特意立了神廚）
是以大內特立神廚，

biyadari wecere de（每月跳神時）baitalara jancuhūn nure tebure.（釀用的甜酒）【35b】
每月祭祀釀醴酒，

huhu fangšara.（燻酒麴的）ufa moselara.（磨麵粉的）bele teliyere.（蒸米的）sisa[47]
bujure.（煮小豆的）turi[48] tasgara.（炒大豆的）
製麴、磨麵、蒸米、煮豆、炒菽、

mudan. caise siberere.（搿搓條餑餑、饊子的）carure malanggū nimenggi gaire de.（炸
芝麻取油時）gemu amsun i boode icihiyambi.（都在神廚辦理）
作搓條餑餑、饊子、蘇油，俱於神廚造作。

46　「amsun i boo」，神廚，《御製增訂清文鑑》作「amsun dagilara boo」，即「wecere ulha doboro yali i
　　jergi jaka hacin be dagilara ba be.（預備跳神的牲口、供的肉等物件之處）amsun dagilara boo sembi.（稱神
　　廚）」。見清・傅恆等奉敕撰，《御製增訂清文鑑》（收入《景印文淵閣四庫全書》，冊232），卷
　　20，〈居處部・壇廟類・神廚〉，頁7a。
47　「sisa」，小豆，即「turi i duwali.（大豆的同類）turi ci majige ajige.（比大豆略小）fulgiyan šanyen juwe
　　hacin bi.（有紅、白兩種）lala teliyere efen i do sindara.（放蒸黃米飯、餑餑餡的）dubise efen de latubure.（黏
　　豆擦糕的）ufafi（磨了粉）dere. gala oboro jergi bade baitalambi.（洗臉、手等處用）」。見清・傅恆等奉
　　敕撰，《御製增訂清文鑑》（收入《景印文淵閣四庫全書》，冊233），卷28，〈雜糧部・米穀類・小
　　豆〉，頁38b。
48　「turi」，豆、大豆，即「suwayan ningge be misun. turi miyehu arara. ufafi（黃的磨了粉做醬、豆腐的）efen
　　de seshere jergi bade baitlambi.（撒在餑餑等應用）sahaliyan ningge ulha de ulebumbi.（黑的給牲口吃）」。
　　見清・傅恆等奉敕撰，《御製增訂清文鑑》（收入《景印文淵閣四庫全書》，冊233），卷28，〈雜糧
　　部・米穀類・豆〉，頁38b。

eiten heliyen⁴⁹. moselakū⁵⁰ hujureku⁵¹. feshen. mucen. anggara. oton⁵². yalhū⁵³. to⁵⁴. polori⁵⁵. hunio. damjan. siseku⁵⁶. fiyoo⁵⁷ ci（從一切碓、磨、拐磨子、蒸籠、鍋、缸、整木槽盆、有把槽盆、柳斗、大篺籬、水桶、扁擔、篩籮、簸箕）

其碓、磨、蒸籠、鍋、缸、木槽、柳斗、簸籮、桶、擔、篩籮、簸箕之類，

acame gemu cohome emu ubu bi.（都該當專門有一分）enteke jaka be gūwa bade baitalarakū.（這樣的物品不用在別處）

皆專設一分，以上器皿，他處不准使用。

49　「heliyen」，碓，即「golmikan moo de wehe（在石頭上的略長木頭）hongko nišombufi [nišumbufi]（安上了石碓嘴）moo be fehume（踩著木頭）ogo de tebuhe jeku i jergi jaka be（在碓窩裝了穀類等物）niohurengge be.（搗碓者）heliyen sembi.（稱碓）」。又「hongko」，石碓嘴，即「heliyen i congkišakū be.（碓的杵）hongko sembi.（稱石碓嘴）」；「ogo」，碓窩，即「heliyen i jeku tebure sangga（碓的裝穀物的窟窿）noho wehe be.（全是石頭）ogo sembi.（稱碓窩）」。以上分見清‧傅恆等奉敕撰，《御製增訂清文鑑》（收入《景印文淵閣四庫全書》，冊232），卷21，〈產業部‧農器類‧碓〉，頁46b-47a；同書，卷21，〈產業部‧農器類‧石碓嘴〉，頁47a；同書，卷21，〈產業部‧農器類‧碓窩〉，頁47a。

50　「moselakū」，磨，即「halfiyan wehe be muheliyen obume arafi（將扁石做成圓形）fejile wehe alikū sindafi.（下面放了石盤）dulimbade selei niyaman sindafi.（在中央放了鐵的軸心）šurdebume bele jeku i jergi jaka be nemere ufarangge be.（使旋轉碾磨米、穀等物者）moselakū sembi.（稱磨）」。見清‧傅恆等奉敕撰，《御製增訂清文鑑》（收入《景印文淵閣四庫全書》，冊232），卷21，〈產業部‧農器類‧磨〉，頁45b。

51　「hujureku」，拐磨子，即「muheliyen wehe be justan justan i narhūn yohoron sacifi.（將圓石鑿成一條條細溝）dulimbade selei niyaman sindafi（在中央放了鐵的軸心）šurdebume turi i jergi jaka be meijeburengge be.（使旋轉弄碎豆等物者）hujureku sembi.（稱拐磨子）」。見清‧傅恆等奉敕撰，《御製增訂清文鑑》（收入《景印文淵閣四庫全書》，冊232），卷21，〈產業部‧農器類‧拐磨〉，頁45a-45b。又《清文總彙》曰：「hujureku，小磨子，乃磨芝麻等物用者；磨豆腐的磨子」。見清‧祥亨主編，志寬、培寬編，《清文總彙》，卷12，頁9a，「hujureku」條。

52　「oton」，整木槽盆，即「gulhun moo be（將整個木頭）yalhū ci asikan. jafakū bethe akū muheliyeken korime weilehengge be.（挖做成比有把槽盆略小，沒有把手、腳，略圓者）oton sembi.（稱整木槽盆）」。見清‧傅恆等奉敕撰，《御製增訂清文鑑》（收入《景印文淵閣四庫全書》，冊233），卷25，〈器皿部‧器用類‧整木槽盆〉，頁26b。

53　「yalhū」，有把槽盆，即「gulhun moo be（將整個木頭）oton ci ambakan bime duin jafakū sulabume weilehengge be.（做成比整個木槽盆略大，而保留四個把手者）yalhū sembi.（稱有把槽盆）undehen be acabume fan i adali weilefi（合著木板做成像大木方盤一樣）duin bethe jafakū sindahangge be.（放了四個腳、把手者）inu yalhū sembi.（也稱有把槽盆）」。見清‧傅恆等奉敕撰，《御製增訂清文鑑》（收入《景印文淵閣四庫全書》，冊233），卷25，〈器皿部‧器用類‧有把槽盆〉，頁26a-26b。

54　「to」，柳斗，即「burha[burga] i jodome araha sunja moro hiyase（柳條織作成五升）jeku baktarangge be.（容納穀物者）to sembi.（稱柳斗）」。見清‧傅恆等奉敕撰，《御製增訂清文鑑》（收入《景印文淵閣四庫全書》，冊232），卷22，〈產業部‧衡量類‧柳斗〉，頁17b。

55　「polori」，大篺籬，即「nionioro ci amba ningge be.（比小篺籬大的）polori sembi.（稱大篺籬）」。所謂「nionioro」，小篺籬，即「burga be hiyadame muheliyeken arafi（以柳條編製成略圓）aika jaka tuburengge be.（裝一應物件者）nionioro sembi.（稱小篺籬）」。分見清‧傅恆等奉敕撰，《御製增訂清文鑑》（收入《景印文淵閣四庫全書》，冊233），卷25，〈器皿部‧器用類‧大篺籬〉，頁32a；同書，卷25，〈器皿部‧器用類‧小篺籬〉，頁32b。

56　「siseku」，篩籮，即「nekeliyen undehen be muheliyen weren obufi（以薄的木板做成圓圈）jodon i jergi jaka be fere de hadafi（用葛布等物釘在底上）ufa siserengge be.（篩麵粉者）siseku sembi.（稱篩籮）」。見清‧傅恆等奉敕撰，《御製增訂清文鑑》（收入《景印文淵閣四庫全書》，冊232），卷21，〈產業部‧農器類‧篩籮〉，頁47b。

57　「fiyoo」，簸箕，即「burga i jodoho（以柳條編織）amargi muheliyen（後面圓的）julergi teksin（前面齊的）bele suksurengge be.（簸米者）fiyoo sembi.（稱簸箕）」。見清‧傅恆等奉敕撰，《御製增訂清文鑑》（收入《景印文淵閣四庫全書》，冊232），卷21，〈產業部‧農器類‧簸箕〉，頁47b。

wang sai boo.（王等的家）fe fujuri manjusai boode（在勳舊滿洲們的家裏）inu gemu cohome emu ubu bi.（也都專門有一分）【36a】

王府及勳舊滿洲人家，均各專設一分。

an i banjire encu boo komso manjusa oci.（若是普通度日、少別的房屋的滿洲們）wecere onggolo inenggi（跳神以前之日）amsun jafaha manggi.（整理了祭物之後）

若單姓寒門，並無另室之家，於祭期之前，整理祭品後，

booi mucen anggara be geterembume hašafi（將家的鍋、缸清除、洗刷了）wecere de baitalambi.（跳神時用）

洗滌鍋、缸，封閉，以備祭祀之用。

tuttu ofi.（因此）fe sakdasa（舊老人們）eici adaki boo.（或者鄰家）eici niyaman hūncihin.（或者親戚）

是以舊俗當此時，或比鄰，或戚眷，

ceni boode amsun jafaha.（在他們的家裏整理了祭物）mucen ejelehebi.（鍋已佔住了）seme teisu teisu buda booha dagilafi.（然各自備辦了飯餚）amsun jafaha niyalma i boode benembi.（送往整理祭物人的家裏）

以整理祭品之家，已封閉鍋、竈，各備飯餕送往。

wecere metere inenggi（跳神、還願之日）buda benjihe ele urse be solifi（請所有送飯來的眾人）amsun i yali[58] ulebumbi.（給吃祭神肉）

至祭神、祭天之期，凡送飯之人，俱邀請共食祭肉。

jai【36b】neneme bade bihe fonde wecere de.（再從前在本處跳神時）baitalara sain bolgo hoošan baharakū ofi.（因為得不到用的好淨紙）

再從前在本處祭祀時，不得上好淨紙，

meni meni boode（在各自的家裏）eici hiyaban[59].（或者夏布）eici olo[60] be（或者以線麻）

---

58 「amsun i yali」，祭神肉，即「wecere metere de（跳神、還願時）waha ulha i ba ba i yali be faidame gaifi（將所殺牲畜的各處的肉取了陳列著）furufi（切細了）sile acabufi doborongge be.（混合了肉汁供獻者）amsun i yali sembi.（稱祭神肉）」。見清・傳恆等奉敕撰，《御製增訂清文鑑》（收入《景印文淵閣四庫全書》，冊232），卷6，〈禮部・祭祀類・祭神肉〉，頁44b。

59 「hiyaban」，夏布，即「hūnta sirge i jodohongge be.（以麻、絲織成者）hiyaban sembi.（稱夏布）」。見清・傳恆等奉敕撰，《御製增訂清文鑑》（收入《景印文淵閣四庫全書》，冊232），卷23，〈布帛部・布帛類・夏布〉，頁29a。

60 「olo」，線麻，即「niowanggiyan de sonjome gaifi.（選取了綠的）gulhun teliyefi（整個蒸了）muke de gidafi amala（壓在水裏以後）ilehengge be.（剝取麻皮者）olo sembi.（稱線麻）」。見清・傳恆等奉敕撰，《御製增訂清文鑑》（收入《景印文淵閣四庫全書》，冊232），卷23，〈布帛部・絨棉類・線麻〉，頁34b-35a。

是以各家或以夏布，或以蔴苧，

lalanji meijebume forifi.（捶打了使爛碎）muke de ebeniyefi（在水裏浸泡了）
搗至熟爛，入水浸泡，

fahala[61] ara kūthūfi.（攪拌了濃稠的米糠水）hida de hergeme[62]（在簾子上抄紙）
hoošan arambihe.（造紙來著）
拌以糠秕，掛於簾幔，以造紙焉。

manjusai daci yabuhai jihe targara hacin.（滿洲們向來只是遵行忌諱的項目）weceku be
urunakū cin i amba boode dobombi.（必定將神主供在正面的大房）
至於滿洲人等，自昔遵行祭祀諱忌規條，凡神位必供於正室。

wecere de（跳神時）tuibure yali be（將背燈祭的肉）kooli de tucibumbi.（例給拿出）
背鐙祭祀之肉，例得出門，

erde wecehe yali be（將清晨所跳神的肉）sukū giranggi ci tulgiyen.（皮、骨之外）
【37a】heni majige tuciburakū.（絲毫不拿出）
其朝祭之肉，除皮、骨外，一概不准出戶。

yali jetere de.（吃肉時）fejergi urse be ejete takūracibe.（主子們雖差遣下人們）
凡食祭肉，雖奴僕經家長使役，

angga de niyanggūha yali be（以口嚼了肉）niyanggūme dukai bokson ci dabaci ojorakū.
（不可嚼著從門檻跨越）
亦不得口含嚼咀，以踰戶閾，

urunakū yali be nunggefi（必定將肉嚥下了）teni wecere booi duka be tucici ombi.（才得
從跳神房屋的門出去）
必下咽，方准出祭室之門。

ememu boode wecere yali be（有些將在家裏跳神的肉）tuciburengge inu bi.（也有拿
出去者）
亦有人家祭肉，俱准出門者；

---

[61] 「fahala」，泔水底子，即「bele suraha tumikan muke be.（略濃稠的淘米水）fahala sembi.（稱泔水底
子）」。見清‧傅恆等奉敕撰，《御製增訂清文鑑》（收入《景印文淵閣四庫全書》，冊233），卷
32，〈牲畜部‧牲畜器用類‧泔水底子〉，頁27b。

[62] 「hergeme（hergembi）」與「herembi」同，抄紙，即「hūnta šaniya i jergi jaka be（將線麻、麻絮等物）
forime meijebufi（使捶打碎了）muke de ebeniyefi.（在水裏浸泡了）narhūn orho i hida de hoošan birere be.（在
細的草簾上搋紙）herembi sembi.（稱抄紙）」。見清‧傅恆等奉敕撰，《御製增訂清文鑑》（收入《景
印文淵閣四庫全書》，冊232），卷23，〈布帛部‧紡織類‧抄紙〉，頁49a。

ememu boode tuibure yali be（有些將在家裏背燈祭的肉）gemu tuciburakūngge inu bi.（也有都不拿出者）

又有人家即背鐙祭肉，亦不准出門者。

wecere de（跳神時）ulgiyan baitalara halangga manjusa.（用豬的姓氏的滿洲們）yaya waliyara de（凡上墳時）ulgiyan be fuhali baitalarakū.（全不用豬）【37b】

其祭祀用豬之滿洲人家，如遇墓祭喪祭，皆不用豬。

tuttu（所以）šidzu eldembuhe hūwangdi.（世祖章皇帝）cohotoi hese wasimbufi.（特別降旨）

是以世祖章皇帝（1638-1661，1644-1661在位）特命，

munggan wecere de（在陵墓跳神）doboro eshun ihan. honin. ulgiyan i dorgi.（所供生的牛、羊、豬之內）

於陵寢祭獻所用之生牛、羊、豬內，

ulgiyan be halafi（將豬更換了）emu ihan juwe honin obuhabi.（已使變為一牛、二羊）

將豬易以牛一、羊二。

an i ujima ujire manjusai boode.（通常在養牲畜的滿洲們的家裏）ulgiyan be wecere booi hūwa de dosimburakū.（不使豬進入跳神房屋的院內）

凡滿洲豢養牲畜人家，不令豬入祭室院內，

aika turibufi dosici.（若是脫逃了進入）uthai tere ulgiyan be silgifi wecembi.（即「省」了那豬跳神）

倘有走入者，即省其豬以祭之。

silgimbi serengge.（所說「省」者）ulgiyan【38a】wara be jailabume henduhe gisun.（避開殺豬的說詞）ulgiyan bucehe be tekdeke[63] sembi.（將豬死稱「氣息」）

省者，避宰割之辭。豬死，則謂之氣息。

wecere ulgiyan.（跳神的豬）jai gūwa wecere tuibure jaka be（以及將別的跳神、背燈祭的物品）gemu šusu sembi.（都稱「犧牲」）

凡祭祀、背鐙所用之豬，皆謂之犧牲。

---

[63] 「tekdeke」，漢譯本譯為「氣息」，乃避諱牲死語，即「wecere ulgiyan be waha manggi.（殺了跳神的豬之後）bucehe sere gisun be jailabume.（避開死了的話）tekdeke sembi.（稱『氣息』）」。見清・傅恆等奉敕撰，《御製增訂清文鑑》（收入《景印文淵閣四庫全書》，冊232），卷6，〈禮部・祭祀類・避諱牲死語〉，頁46b。

wecere de（跳神時）lakiyaha hoošan jiha[64] be deijire be（將焚燒所掛的紙錢）tekdebumbi sembi.（稱焚化紙錢）

祭祀時，焚掛獻之紙錢，曰化之。

ulgiyan i uju fatha be fucihiyalafi[65].（將豬的頭、蹄燎毛了）funiyehe be sidume gaire be（將毛鏟去的）šo serakū.（不稱刮）waša[66] sembi.（稱「燀」）

燒燎豬之頭、蹄，削去其毛，則不曰刮之，而曰燀之。

boode amsun jafaha. nure tebuci.（若在家裏整理了祭物、釀酒）sinagan i bade generakū.（則不去喪事之處）

若已整理祭品，又已釀酒，則不入有服之家。

umainaci ojorakū baita de teisulebufi genefi（如遇不得已的事去了）yasa nantuhūraci.（若弄髒眼睛）wecere【38b】boode uthai dosirakū.（即不進入跳神的房屋）

倘遇不得已之事必須往者，已汙其目，則不即入祭室。

ice biya halaha manggi.（更換新月之後）teni dosimbi.（才進入）

必俟新更月建後，始入焉。

eici mahala[67] etuku be gemu halafi.（或者冠、衣都更換了）ebišefi（沐浴了）ilan ineggi duleke manggi dosimbi.（過了三日而後進入）

或易其衣冠、沐浴，過三日後，亦可入。

manjusa meni meni booi sinagan oci.（若是滿洲們各自家的喪事）weceku be solime tucibufi（將神主請出了）encu bolgon bade taka asarambi.（另暫時存放在潔淨處）

滿洲人等如本家遇有孝服者，必請出神位，暫安於潔淨之室。

64　「hoošan jiha」，紙錢，即「hoošan be jiha i adali sacifi（將紙切了像錢一樣）waliyara sindara de deijirengge be.（上墳、安葬時焚燒者）hoošan jiha sembi.（稱紙錢）jai giran tucibure de（以及在出殯時）hobo i juleri maktara muheliyen hoošan be.（棺材前拋撒的圓紙）inu hoošan jiha sembi.（也稱紙錢）」。見清・傅恆等奉敕撰，《御製增訂清文鑑》（收入《景印文淵閣四庫全書》，冊232），卷6，〈禮部・喪服類・紙錢〉，頁59b-60a。又《聽雨叢談》曰：「京師祀神，用黃紙鑿成錢象，以代焚帛。祭墓則用白紙鑿成大錢，徑圓三、四寸，以代冥器。若祠廟則否」。見清・福格，《聽雨叢談》（北京：中華書局，1984年），卷6，〈紙錢〉，頁142。

65　「fucihiyalafi（fucihiyalambi）」，燎毛，即「funiyehe bisire sukū be（將有毛的皮）tayaha tuwa de（在活火上）funiyehe be wajibure be.（使毛結束）fucihiyalambi sembi.（稱燎毛）」。見清・傅恆等奉敕撰，《御製增訂清文鑑》（收入《景印文淵閣四庫全書》，冊233），卷28，〈食物部・燒炒類・燎毛〉，頁12a。

66　「waša」，漢譯本譯為「燀」，《大清全書》則曰：「令人摁癢，摁」。見沈啟亮，《大清全書》，卷14，頁39b，「waša」條。

67　「mahala」，冠，即「uju de eture jaka i gebu.（頭上戴的物品名）seke i jergi furdehe be arafi（以貂皮等毛皮做了）tuweri etumbi.（冬天戴）」。見清・傅恆等奉敕撰，《御製增訂清文鑑》（收入《景印文淵閣四庫全書》，冊233），卷24，〈衣飾部・冠帽類・冠〉，頁4b。

mukūn i sinagan oci.（若是宗族的喪事）meni meni amba duka ci sinahi sufi.（從各自的大門脫了孝衣）teni hūwa de dosimbi.（才進入院裏）

若族中孝服，則在大門外釋去孝衣，始入院內。

encu boo komso niyalma oci.（若是少別的房屋的人）dere yasa be obofi.（洗了臉、眼）orho de tuwa dabufi.（在草上點了火）【39a】tuwa ci dabali fekufi（從火跳了越過）teni dosimbi.（才進入）

如無另室之家，則淨面、洗目，焚草，越火而過之，始入。

weceku i sendehen be fulgiyan wadan.（神主的供神板以紅綢布單）eici fulgiyan jafu. fulgiyan hoošan dasimbi.（或者紅毯、紅紙遮蓋）

供神位之板，或以紅綢方幅，或以紅毯，或以紅紙掩蔽之。

wecere booi hūwa de（在跳神房屋的院裏）šusiha be dosimburakū.（不使鞭子進入）

祭神之室及院，不准持鞭以入。

wecere boode（在跳神房屋裏）suje. ulin be iletu sindarakū.（不公開放置緞子、財物）

祭室之內，不准露置財帛，

balai yasai muke tuheburakū.（不妄落眼淚）sorson[68] hadahakū niyalma be dosimburakū.（不使不釘帽纓的人進入）

不准妄行垂淚，不綴纓緯者，不准其入。

niyalma be tantarakū.（不責打人）gūnin mujilen efujere baita be jondorakū.（不提起破壞心情的事）

不責處人，不語傷心事，

soroki ehe gisun be gisurerakū.（不說忌諱、惡語）urui urgun sain baita be jondome gisurembi.（只管提起說喜悅、吉祥的事）【39b】

不言忌諱、惡語，務擇嘉祥、吉慶事言之。

šengdzu gosin hūwangdi（聖祖仁皇帝）kemuni fe sakdasai yabuha targara kooli cira kai seme hese wasimbumbihe.（常降旨說是嚴行舊老人們禁忌的規矩也）

聖祖仁皇帝屢降諭旨，於故老所謂諱忌之事，訓戒嚴切。

---

68 「sorson」，帽纓，即「boro mahala de（在涼帽、冠上）hadara fulgiyan subeliyen. fulgiyan sika be（釘的紅絨、紅鬃）gemu sorson sembi.（都稱帽纓）」。又「boro」，涼帽，即「deresu musiren i jergi jaka be jodome arafi.（以玉草、藤等物織做了）juwari uju de eturengge be.（夏天戴在頭上者）boro sembi.（稱涼帽）」。分見清．傅恆等奉敕撰，《御製增訂清文鑑》（收入《景印文淵閣四庫全書》，冊233），卷24，〈衣飾部．冠帽類．帽纓〉，頁5b；同書，卷24，〈衣飾部．冠帽類．涼帽〉，頁5a。

tuttu（所以）šengdzu gosin hūwangdi i booi tacihiyan [i] ten i gisun[69] de arahangge.（在
《聖祖仁皇帝庭訓格言》寫者）
仰惟《聖祖仁皇帝家訓》所載，

fe manjusa sororo targara baita.（舊滿洲們忌諱、禁忌的事）gemu julgei forgon i bithei
dorgi kooli de adali.（都與古時書中的規矩一樣）
故舊滿洲人等諱忌一事，皆與古昔載籍相符。

te bicibe.（如今）emu sororo targara jergi baita de.（在同一忌諱、禁忌等事）sakdasa
bisire niyalma oci.（若是有老者們的人）juse omosi sakdasai jalin sorombi. targambi.（子
孫為老者們忌諱、禁忌）
今夫同一諱忌之事，家有尊長者，子孫則為尊長諱忌之。

juse omosi geren sakdasa oci.（若是子孫眾多的老者們）【40a】inu juse omosi i jalin
sorombi. targambi.（也為子孫忌諱、禁忌）
若子孫眾多之家，尊長亦為子孫諱忌之。

ere gemu ishunde ginggulere. jilara gūnin kai.（這都是彼此尊敬、慈愛的心意也）erebe
suwe safi（你們將此知道了）urunakū dahame yabuci acambi seme（則應該必定遵行
云）hese wasimbuhabi.（已有旨了）【40b】
此皆恤下、敬上之意，爾等當知而奉行之也。

---

[69] 《聖祖仁皇帝庭訓格言（šengdzu gosin hūwangdi i booi tacihiyan i ten i gisun）》，雍正八年（1730）成書，
係雍正皇帝追述康熙皇帝之語，親錄成二百四十六則，皆《實錄》、《聖訓》未及載者。見清‧清聖
祖御製，清世宗纂，《聖祖仁皇帝庭訓格言》（收入《景印文淵閣四庫全書》，冊717，臺北：臺灣商
務印書館，1983年），卷首，〈庭訓格言‧提要〉，頁1a-1b。《欽定滿洲祭神祭天典禮》中：「故舊
滿洲人等諱忌一事，……爾等當知而奉行之也」一段，即出自《庭訓格言》，雖然漢文、滿文稍有出
入，文義則相同。茲抄錄《庭訓格言》該段漢文原文，另據滿文本，將相對應的滿文轉寫為羅馬拼音
並譯漢如下：「舊滿洲忌諱之事（fe manjusa sororo targara baita.舊滿洲們忌諱、禁忌的事），皆如古典
（gemu julgei forgon i bithei dorgi kooli de adali.都與古時書中的規矩一樣）。即如遇一忌諱之事（te bicibe
emu sororo targara jergi baita de.如今在同一忌諱、禁忌等事），有年高者（sakdasa bisire niyalma oci.若是
有老者們的人），則子弟為年高者忌諱（juse deote sakdasai jalin sorombi targambi.子弟為老者們忌諱、禁
忌）；子孫眾多（juse omosi geren sakdasa oci.若是子孫眾多的老者們），年高者亦為子孫忌諱（inu juse
omosi i jalin sorombi. targambi.也為子孫忌諱、禁忌），是彼此愛敬之意（ere gemu ishunde ginggulere jilara
gnin kai.這都是彼此尊敬、慈愛的心意也）。汝等知此（erebe suwe safi你們將此知道了），必遵而行之
（urunakū dahame yabuci acambi.則應該必定遵行）」。分見清‧清聖祖御製，清世宗纂，《聖祖仁皇帝
庭訓格言》，頁52b；清‧清聖祖御製，清世宗纂，《šengdzu gosin hūwangdi i booi tacihiyan i ten i gisun》
（清雍正八年武英殿刊滿文本，臺北：國立故宮博物院藏），冊2，頁13a-13b。

hesei toktobuha manjusai wecere metere kooli bithe.（欽定滿洲祭神祭天典禮）

欽定滿洲祭神祭天典禮

    kun ning gung de（在坤寧宮）aniyai inenggi（元旦）doroloro dorolon i ejehen.（行禮的儀注）

    坤寧宮元旦行禮儀注

aniyai biyai ice inenggi ilaci ging ni erinde.（在正月初一日第三更之時）hiyan i da[1].（司香長）kun ning gung ni erde. yamji（坤寧宮的清晨、晚上）weceku i soorin i juleri（神主之位前）gemu hiyan dabumbi.（都點香）

正月初一日三更，司香於坤寧宮朝祭、夕祭神位前，俱點香。

hūwangdi.（皇帝）hūwangheo（皇后）doroloro de.（行禮時）hiyan i da jafu sektembi.（司香長鋪毯）【41a】

皇帝、皇后行禮，司香鋪毯。

hūwangdi aika wang. beile. beise. sebe gaifi.（若是皇帝帶領了王、貝勒、貝子等）kun ning gung de erde. yamji weceku de doroloci.（則在坤寧宮清晨、晚上神主前行禮）

如遇皇帝率王、貝勒、貝子等，於坤寧宮朝祭、夕祭神位前行禮，

hiyan i da an i hiyan dabume.（司香長照常點著香）hūwangdi i doroloro jafu sektembi.（鋪皇帝行禮的毯）【41b】

司香照常點香，鋪皇帝行禮之毯。

---

[1] 「hiyan i da」，司香長，又稱司香婦長，內務府掌儀司祭神殿額設司香婦長六人、司香婦二十四人。清‧允祹等奉敕撰，《欽定大清會典則例（乾隆朝）》（收入《景印文淵閣四庫全書》，冊625），卷161，〈內務府掌儀司‧大內祭神〉，頁48a。

hesei toktobuha manjusai wecere metere kooli bithe.（欽定滿洲祭神祭天典禮）
欽定滿洲祭神祭天典禮

tangse i ordo de（在堂子亭式殿）aniyai inenggi（元旦）doroloro dorolon i ejehen.（行禮的儀注）
堂子亭式殿元旦行禮儀注

aniyadari aniya biyai ice de.（每年正月初一日）hūwangdi tangse de genefi（皇帝去了堂子）doroloro de.（行禮時）
每歲正月初一日，皇帝恭詣堂子行禮，

faksi jurgan[1] i aliha hafan.（武備院卿）doroloro sektefun be celehe jugūn[2] i dulimbade sektembi.（在甬路中央鋪行禮的坐褥）
武備院卿於甬路中間鋪拜褥。

hūwangdi isiname.（皇帝到達）ordo i juleri wesihun forome ilimbi.（亭式殿前向上站立）doro jorire yamun[3] i hūlara hafan[4] hūlame.（鴻臚寺贊禮郎贊禮）【42a】
皇帝至，亭式殿前向上立，鴻臚寺鳴贊贊行禮，

hūwangdi ilan jergi niyakūrafi.（皇帝叩頭了三次）uyun jergi dorolofi.（行禮了九次）amasi gurung de wesimbi.（而後回宮）
皇帝三跪、九叩行禮畢，還宮。

doigonde（預先）booi amban[5] emke tucibufi.（使內務府總管一員出去了）
預派內務府總管一員，

---

[1] 「faksi jurgan」，武備院，即「uksin saca. beri niru. enggemu hadala. maikan cacari i jergi jaka be weilere arara baita be（將盔甲、弓箭、鞍轡、帳棚等物品製作的事）alifi icihiyara ba be.（承辦之處）faksi jurgan sembi.（稱武備院）」。見清・傅恆等奉敕撰，《御製增訂清文鑑》（收入《景印文淵閣四庫全書》，冊232），卷20，〈居處部・部院類・武備院〉，頁52b。

[2] 「celehe jugūn」，甬路，即「gurung hūwa i dorgi dulumbai jugūn be.（宮殿院內中央的道路）celehe jugūn sembi.（稱甬路）」。見清・傅恆等奉敕撰，《御製增訂清文鑑》（收入《景印文淵閣四庫全書》，冊232），卷20，〈居處部・宮殿類・甬路〉，頁4a。

[3] 「doro jorire yamun」，鴻臚寺，即「dele deyen de wesire. bithe coohai bonggo sonjosi sei gebu hūlara ambasa hafasai kesi de hengkilere.（皇上昇殿、文武狀元們唱名、大臣官員們謝恩的）wecere de（祭祀時）dahalame doroloro wang gung ambasa hafasa elcin sebe faidara jorire jergi baita be（將跟隨行禮的王、公、大臣們、官員們、使臣們指示排班等事）kadalame icihiyara yamun be.（管理的衙門）doro jorire yamun sembi.（稱鴻臚寺）」。見清・傅恆等奉敕撰，《御製增訂清文鑑》（收入《景印文淵閣四庫全書》，冊232），卷20，〈居處部・部院類・鴻臚寺〉，頁46b-47a。

[4] 「hūlara hafan」，贊禮郎，即「yaya doroloro bade jorime hūlara hafan be（凡在行禮處指示贊禮的官員）hūlara hafan sembi.（稱贊禮郎）」。見清・傅恆等奉敕撰，《御製增訂清文鑑》（收入《景印文淵閣四庫全書》，冊232），卷4，〈設官部・臣宰類・贊禮郎〉，頁15a。

[5] 「booi amban」，內務府總管，即「dorgi booi baita be uheri kadalarangge be.（總管內務府事務者）booi amban sembi.（內務府總管）」；又「內務府」，「dorgi baita be huheri kadalara yamun」，即「dorgi booi fiyenten. yamun calu namun geren ba i eiten baita be（將內府的司、衙門、倉庫眾處一切事務）uheri kadalame

tangse i ordo i dolo den derei fejile ilibuha wantaha mooi tura de.（在堂子亭式殿內高桌下所立的杉木柱上）bolgo hoošan jiha orin nadan afaha lakiyambi.（掛淨紙錢二十七張）

於堂子亭式殿內，高案下所立杉木柱上，掛淨紙錢二十七張。

sirame（接著）geren wang sai hiyasa⁶.（眾王的護衛們）siran siran i bolgo hoošan jiha orin nadata afaha lakiyambi.（陸續掛淨紙錢各二十七張）

自是諸王護衛等，挨次各掛淨紙錢二十七張，

amsun i janggin hiyan dabumbi.（司胙官點香）【42b】

司俎官點香。

---

icihiyara yamun be.（總管辦理的衙門）dorgi baita be huheri kadalara yamun sembi.（稱內務府）muketen de inu ere gebungge yamun bi.（在盛京也有此名的衙門）」。分見清‧傅恆等奉敕撰，《御製增訂清文鑑》（收入《景印文淵閣四庫全書》，冊232），卷3，〈設官部‧臣宰類‧內務府總管〉，頁5a；同書，卷20，〈居處部‧部院類‧內務府〉，頁50a。

6　「hiya」，侍衛，即「tojin funggala hadafi hanci dahalarangge be.（釘孔雀尾翎的近隨者）hiya sembi.（稱侍衛）」。原文「hiyasa」之前有「wang sai（王等的）」，係指諸王的侍衛，則稱「wang ni dukai hiya（護衛）」，即「wang. beile. beise be dahalara tojin funggala. lamun funggala be.（跟隨王、貝勒、貝子的孔雀翎、藍翎）inu gemu hiya sembi.（也都稱侍衛）」。分見清‧傅恆等奉敕撰，《御製增訂清文鑑》（收入《景印文淵閣四庫全書》，冊232），卷4，〈設官部‧臣宰類‧侍衛〉，頁16b；同書，卷4，〈設官部‧臣宰類‧護衛〉，頁18b。

hesei toktobuha manjusai wecere metere kooli bithe.（欽定滿洲祭神祭天典禮）
欽定滿洲祭神祭天典禮

> tangse i ordo de（在堂子亭式殿）wecere dorolon i ejehe.（跳神的儀注）
> 堂子亭式殿祭祀儀注

aniya biyai ice ilan.（正月初三）biyadari ice de.（每月初一日）tangse i ordo de（在堂子亭式殿）wecere de.（跳神時）
正月初三日、每月初一日，於堂子亭式殿祭祀。

tere inenggi（那天）amsun i janggin emke.（司胙官一員）amsun i niyalma emke.（司胙之人一員）
是日，司俎官一員、司俎一人，

ordo i dolo den derei fejile ilibuha wantaha mooi tura de.（在亭式殿內高桌下所立的杉木柱上）orin nadan afaha hoošan jiha lakiyambi.（掛二十七張紙錢）
於亭式殿內高案下所立杉木柱上，掛紙錢二十七張。

erin i efen emu alikū. jancuhūn nure emu hūntahan be（將應時的餑餑一盤、甜酒一杯）den dere de dobombi.（供在高桌上）【43a】
案上供時食一盤，醴酒一琖。

na de sindaha ajige dere de（在地上所放的小桌上）emu moro de nure tebumbi.（在一碗裝酒）emu moro be untuhun sindambi.（將一碗空的放）
又於所設小桌上供椀二，一盛酒，一空設。

hiyan i da hiyan dabumbi.（司香長點香）
司香點香。

tenggeri[1] fifan[2] fithere juwe taigiyan（彈三絃、琵琶的二太監）ordo i tule celehe jugūn i ninggude（在亭式殿外甬路上）wargi ergide dergi baru forome.（在西邊向著東）
奏三絃、琵琶之內監二人，於亭式殿外甬路上，西面向東；

---

1 「tenggeri」，三絃，即「sukū i buliha weren de（在鞔了皮的鼓腔上）moo i fesin sindafi.（放了木頭的把子）ilan murikū de sirge tabufi.（在三個軸子上上了絃）emu berhe i sujafi fitherengge be.（以一個絃扛拄了彈者）tenggeri sembi.（稱三絃）」。又「berhe」，絃馬，即「šetuhen yatuhan i jergi kumun i agūra i sirge be sujara moo be.（將瑟、箏等樂器的絃支著的木頭）berhe sembi.（稱絃馬）erebe guribume sirge acabumbi.（將此挪移著和絃）」。分見清‧傅恆等奉敕撰，《御製增訂清文鑑》（收入《景印文淵閣四庫全書》，冊232），卷7，〈樂部‧樂器類‧三絃〉，頁20a；同書，卷7，〈樂部‧樂器類‧絃馬〉，頁22a。
2 「fifan」，琵琶，即「fithere ergi（彈奏的邊）onco bime muheliyeken.（寬而略圓）dube ergi（末端邊）sibsihūn bime hiyotohon.（上寬下窄而腰向裏彎曲的）duin murikū de sirge tabufi fitherengge be.（在四個軸子上上了絃彈者）fifan sembi.（稱琵琶）」。見清‧傅恆等奉敕撰，《御製增訂清文鑑》（收入《景印文淵閣四庫全書》，冊232），卷7，〈樂部‧樂器類‧三絃〉，頁19b。

094 滿文《欽定滿洲祭神祭天典禮》譯註

<u>carki</u>[3] tūre.（打扎板的）falanggū forire（鼓掌的）tangse tuwakiyara niyalma（看守堂子的人）dergi ergide wargi baru forome tecefi.（在東邊向著西同坐了）

鳴拍板、拊掌之看守堂子人，東面向西，俱坐。

saman ibefi（薩滿就位了）niyakūrambi.（跪）hiyan i da. hūntahan taili be saman de alibumbi.（司香長呈遞杯子、托碟給薩滿）

司祝進，跪，司香舉臺、瑷授司祝，

samam hūtahan【43b】taili be alime gaifi.（薩滿接取了杯子、托碟）ninggun mudan nure gingnembi.（獻酒六次）

司祝接受臺、瑷，獻酒六次。

emu amsun i janggin（一司胙官）ordo i tule terkin i fejile dergi ergide ilimbi.（在亭式殿外臺階下東邊站立）

司俎官一員，於亭式殿外階下東首立。

carki tū seme hūlara be tuwame.（按照贊禮說著打扎板）tenggeri. fifan fitheme.（彈著三絃、琵琶）carki tūme（打著扎板）falanggū forimbi.（鼓掌）

贊鳴拍板，即奏三絃、琵琶，鳴拍板，拊掌。

saman gingnere dari.（薩滿每獻）gingnehe nure be（將所獻的酒）untuhun moro de doolafi（倒了在空碗裏）

司俎每一獻，將所獻之酒注於空椀內。

dasame jancuhūn nure tebuhe moro ci（復從裝了甜酒的碗）ice nure waidame.（舀著新的酒）juwe hūntahan de tebufi（斟在二杯裏）gingnembi.（獻）

復自盛醴酒椀內把新酒，注於二瑷中，獻之。

nure gingnere dari.（每獻酒）amsun i janggin <u>orolo</u>[4] seme【44a】hūlara be tuwame.（司胙官按照贊禮說著鄂囉羅）tangse tuwakiyara niyalma <u>orolombi</u>[5].（看守堂子的人眾呼鄂囉羅）

每一獻，司俎官贊歌鄂囉羅，看守堂子人歌鄂囉羅。

---

[3] 「carki」，扎板，即「moo be.（以木頭）dergi be isheliyen fejergi be oncokon.（上窄下寬）šusihe i adali arafi.（做成像牌子一樣）eici ilan. eici sunja be uše ulifi.（以帶子或者三、或者五穿了）tungken untun de acabume türengge be.（和著鼓、女手鼓打者）carki sembi.（稱扎板）」。見清・傅恆等奉敕撰，《御製增訂清文鑑》（收入《景印文淵閣四庫全書》，冊232），卷6，〈禮部・祭祀器用類・扎板〉，頁53b。

[4] 「orolo」，即「祭祀時令眾人拉長聲呼之」。見清・祥亨主編，志寬、培寬編，《清文總彙》，卷2，頁20a，「orolo」條。

[5] 「orolombi」，即「祭祀或祭堂子打扎板等人口中拉長聲呼之」。見清・祥亨主編，志寬、培寬編，《清文總彙》，卷2，頁20a，「orolombi」。

ninggun mudan gingnehe manggi.（獻了六次之後）hūntahan taili be（將杯子、托碟）
hiyan i da de amasi bufi.（給在後面的司香長）

六次獻畢，以臺、瑗授於司香。

saman emgeri hengkilefi.（薩滿叩頭了一次）ilifi（站立了）giogin arambi.（合掌）

司祝一叩頭，興，合掌致敬。

amsun i janggin carki ili seme hūlara be tuwame.（司胙官按照贊禮說著停止扎板）
tenggeri. fifan. carki taka ilimbi.（三絃、琵琶、扎板暫時停止）

司俎官贊停拍板，其三絃、琵琶、拍板暫止。

hiyan i da halmari[6] be saman de alibumbi.（司香長呈遞神刀給薩滿）saman halmari be
alime gaifi（薩滿接取了神刀）ibeme.（上前著）

司香舉神刀授司祝，司祝接受神刀，進。

amsun i janggin carki tū seme hūlara be tuwame.（司胙官按照贊禮說著打扎板）tenggeri.
fifan【44b】fitheme.（彈著三絃、琵琶）carki tūme.（打著扎板）falanggū forimbi.（鼓掌）

司俎官贊鳴拍板，即奏三絃、琵琶，鳴拍板，拊掌。

saman emgeri hengkilefi（薩滿叩頭了一次）ilime.（站立著）amsun i janggin orolo
seme hūlara be tuwame（司胙官按照贊禮說著鄂囉羅）orolombi.（眾呼鄂囉羅）

司祝一叩頭，興，司俎官贊歌鄂囉羅，眾歌鄂囉羅。

saman halmari be ilanggeri tanjurafi[7].（薩滿以神刀禱告了三次）emu jergi jarime[8]
jalbarifi.（念著神歌禱祝了一次）

司祝擎神刀禱祝三次，誦神歌祝禱一次。

halmari be tanjurara de（以神刀禱告時）orolombi.（眾呼鄂囉羅）

擎神刀禱祝時，則歌鄂囉羅。

6　「halmari」，神刀，即「sele be dabtame nekeliyen obufi（以鐵折打成薄的）loho i adali arafi.（做成像腰刀
　　一樣）muheren ulifi（穿了環）wecere de jafarangge be.（跳神時拿者）halmari sembi.（稱神刀）」。見清・
　　傅恆等奉敕撰，《御製增訂清文鑑》（收入《景印文淵閣四庫全書》，冊232），卷6，〈禮部・祭祀
　　器用類・神刀〉，頁53a。

7　「tanjurafi（tanjurambi）」，禱告，即「enduri weceku de hūturi baime forobure be.（向神祇求福祝贊）
　　tanjurambi sembi.（稱禱告）」。見清・傅恆等奉敕撰，《御製增訂清文鑑》（收入《景印文淵閣四庫全
　　書》，冊232），卷6，〈禮部・祭祀類・禱告〉，頁45b-46a。

8　「jarime（jarimbi）」，念神歌，即「samasa weceku i juleri（薩滿們在神主前）mudan gaime jalbarire be.（韻
　　唱禱祝的）jarimbi sembi.（稱念神歌）」。見清・傅恆等奉敕撰，《御製增訂清文鑑》（收入《景印文
　　淵閣四庫全書》，冊232），卷6，〈禮部・祭祀類・念神歌〉，頁46a。

erei songkoi（照此的樣）ilan mudan jarime jalbariha.（念著神歌禱祝了三次）uyun mudan tanjuraha manggi.（禱告了九次之後）

誦神歌祝禱三次，如前儀，如是九次畢。

saman emgeri hengkilefi（薩滿叩頭了一次）ilifi.（站立了）geli ilanggeri tanjurafi.（又禱告了三次）halmari be hiyan i da de amasi bumbi.（將神刀給在後面的司香長）

司祝一叩頭，興，復禱祝三次，以神刀授於司香。

amsun i janggin carki ili seme hūlara be tuwame.（司胙官按照贊禮說著停止扎板）tenggeri. fifan fithere.【45a】carki tūre be ilimbi.（將彈的三絃、琵琶、打的扎板停止）

司俎官贊停拍板，其三絃、琵琶、拍板皆止。

saman niyakūrafi（薩滿跪了）forobufi（祝贊了）emgeri hengkilefi（叩頭了一次）ilifi（站立了）giogin arafi（合掌了）bederembi.（退回）

司祝跪，祝，一叩頭，興，合掌致敬，退。

doboho efen nure be（將所供的餑餑、酒）tangse tuwakiyara urse de bumbi.（給看守堂子的眾人）【45b】

所供酒食分給看守堂子之人。

hesei toktobuha manjusai wecere metere kooli bithe.（欽定滿洲祭神祭天典禮）
欽定滿洲祭神祭天典禮

> aniya biyai ice ilan.（正月初三）biyadari ice inenggi.（每月初一日）tangse i
> ordo de（在堂子亭式殿）wecere de forobure gisun.（跳神時的祝辭）
> 正月初三日、每月初一日，堂子亭式殿祭祀祝辭

abkai juse.（上天之子）niohon taiji.（紐歡台吉）uduben beise.（武篤本貝子）
上天之子，紐歡台吉，武篤本貝子。

tere aniyangga[1] osokon[osohon] beye.（某屬相年小的本人）tere aniyangga osokon[osohon]
beyei（某屬相年小的本人的）wei jalin wececi.（為誰跳神）wei banjiha da aniya be hūlambi.（則呼誰的
本生年）
某年生小子，某年生小子。為某人祭，則呼某人本生年。

julefun[2] gingnembi.（為替獻）uju de ukufi.（在頭上群集了）meiren de fehufi[3].（在肩上
採榮了）juleri dalime（前面庇護著）amala alime.（後面承受著）urgun sain i acabu.（以
喜善相合）
今敬祝者，豐於首，而仔於肩；衛於後，而護於前，昇以嘉祥分。

uju i funiyehe šarambu.（使頭髮變白）angga i weihe sorombu.（使口齒變黃）aniya ambula.
（年大）se labdu.（歲多）【46a】jalgan golmin.（命長）fulehe šumin.（根深）
齒其兒，而髮其黃分；年其增，而歲其長分；根其固，而身其康分。

enduri eršeme.（神明照看著）weceku wehiyeme（神主扶佑著）aniya se be ambula
bahabuki.（請使年歲得大）【46b】
神分眠我，神分佑我，永我年而壽我分。

---

1. 「aniyangga」，屬相年，即「singgeri aniya banjiha niyalma be（以子年出生的人）singgeri aniyangga.（屬鼠）ihan aniya banjiha niyalma be.（以丑年出生的人）ihan aniyangga sembi.（稱屬牛）」見清·傅恆等奉敕撰，《御製增訂清文鑑》（收入《景印文淵閣四庫全書》，冊232），卷2，〈時令部·時令類·屬相年〉，頁12a。

2. 「julefun」，為替，即「uthai terei jalin sere gisun.（即『為其』說的話）jalbarire de baitalambi.（禱祝時用）」。見清·傅恆等奉敕撰，《御製增訂清文鑑》（收入《景印文淵閣四庫全書》，冊232），卷12，〈人部·分給類·為替〉，頁1a。

3. 「fehufi（fehumbi）」，採榮，即「gasha coko i jergi jaka i amila emile acara be.（鳥、雞等物雄、雌相合）fehumbi sembi.（稱採榮）」。見清·傅恆等奉敕撰，《御製增訂清文鑑》（收入《景印文淵閣四庫全書》，冊233），卷31，〈牲畜部·牲畜孳生類·採榮〉，頁35a。

hesei toktobuha manjusai wecere metere kooli bithe.（欽定滿洲祭神祭天典禮）
欽定滿洲祭神祭天典禮

> šangsi enduri ordo de（在尚錫神亭）wecere dorolon i ejehen.（跳神的儀注）
> 尚錫神亭祭祀儀注

biyadari ice de.（每月初一日）tangse i dolo dergi julergi hošo de（在堂子內東南隅）
bisire šangsi enduri ordo de wecere de.（所有在尚錫神亭內跳神時）
每月初一日，於堂子內東南隅，尚錫神亭祭祀。

erin i efen emu alikū. jancuhūn nure emu hūntahan be（將應時的餑餑一盤、甜酒一杯）
den dere de dobombi.（供在高桌上）
獻時食一盤、醴酒一琖，於高案上。

amsun i niyalma hiyan dabumbi.（司胙之人點香）amsun i manju bolgo hoošan be（司胙
滿洲將淨紙）derei fejile ilibuha wantaha mooi tura de lakiyambi.（掛在桌下所立的杉木
柱上）
司俎點香，司俎滿洲掛淨紙於高案下所立杉木柱上。

sirame（接著）【47a】geren wang sai hiyasa.（眾王的護衛們）siran siran i bolgo hoošan
lakiyambi.（陸續掛淨紙）
自是，諸王護衛等，挨次掛淨紙。

manju halangga booi da emke.（滿洲姓氏的管領一員）targara erihe[1] be monggolifi（戴
了齋戒的數珠）mahala gaifi（摘了冠）kurume umiyesun sufi（脫了褂、腰帶）dosifi
（進入了）
滿洲管領一名，掛齋戒數珠，免冠、脫褂、解帶，入。

niyakūrafi（跪了）forobume（祝贊著）hengkilembi.（叩頭）
跪，祝，叩頭。

hengkilehe（叩頭了）manggi tucimbi.（而後出去）
叩頭畢，出。

---

[1]　「erihe」，數珠，即「bodisu ocibe.（或者菩提子）jai šuru boisile i jergi jaka ocibe.（再或者珊瑚、琥珀等物）
muheliyen obume（做為圓形的）emu tanggū jakūn muhaliyan šurufi（鏇做了一百八個珠子）gūran de ulifi.（穿了
繫子）yangselame miyamifi（修飾了）monggoirengge be.（戴者）erihe sembi.（稱數珠）」。又「gūran」，荷
包繫子，即「fadu i jergi jaka de（在荷包等物上）uliha narhūn šentu be.（所穿的細條子）gūran sembi.（稱荷包
繫子）」。分見清・傅恆等奉敕撰，《御製增訂清文鑑》（收入《景印文淵閣四庫全書》，冊233），卷
24，〈衣飾部・冠帽類・數珠〉，頁7b；同書，卷24，〈衣飾部・巾帶類・荷包繫子〉，頁23b。

amsun i niyalma dosifi.（司俎之人進入了）doboho nure be（將所供的酒）derei juleri na de sindaha amba moro de tebumbi.（裝在桌前地上所放的大碗裏）

司俎入，以供獻之酒，注於桌前地上所設大椀內。

doboho efen be tucibufi（拿出了所供的餑餑）booi da de bumbi.（給管領）【47b】

撤所供時食，分給管領。

hesei toktobuha manjusai wecere metere kooli bithe. （欽定滿洲祭神祭天典禮）

欽定滿洲祭神祭天典禮

> biyadari ice de. （每月初一日）šangsi enduri ordo de wecere de （在尚錫神亭跳神時）booi da forobure gisun. （管領的祝辭）
>
> 每月初一日，祭尚錫神亭管領祝辭

abkai juse （上天之子）šangsi enduri. （尚錫神）fe biya wajiha. （舊月結束了）ice biya be aliha seme. （新月接著了）

上天之子，尚錫之神，月已更矣，建始維新。

tere aniyangga osokon[osohon] beye i （某屬相年小的本人的）wei jalin wececi. （為誰跳神）wei banjiha da aniya be hūlambi. （則呼誰的本生年）

某年生小子，為某人祭，則呼某人本生年。

jalin amsun dagilafi. （因為備辦了祭物）hoošan lakiyanjiha. （來掛了紙）

敬備粢盛兮，潔楮並陳。

tere aniyangga osokon[osohon] beyebe （將某屬相年小的本人）wei jalin wececi. （為誰跳神）wei banjiha da aniya be hūlambi. （則呼誰的本生年）

惠我某年生小子，為某人祭，則呼某人本生年。

elhe taifin i eršeki. （請以安平照看）urgun sain i wehiyeki. （請以喜善扶佑）【48a】

【48b】空白

貺以嘉祥兮，畀以康寧。

hesei toktobuha manjusai wecere metere kooli bithe.（欽定滿洲祭神祭天典禮）
欽定滿洲祭神祭天典禮

> weceku be solifi（請了神主）tangse de doboro dorolon i ejehen.（供在堂子的
> 儀注）
> 恭請神位供於堂子儀注

aniyadari jorgon biyai orin ninggun de（每年十二月二十六日）weceku be solifi（請了
神主）tangse de doboro de.（供在堂子時）
每歲十二月二十六日，恭請神位，供於堂子。

tere inenggi（那天）erin oho manggi（時間到了之後）haksan sujei etuku etuhe juwan
ninggun taigiyan.（穿了金黃色緞的衣服的十六太監）
是日，屆時，衣金黃緞衣內監十六人，

weceku i suwayan sujei oyo hašahan[1] i juwe kiyoo be tukiyeme（擡著神主的黃緞頂蓋、幃
子的二轎子）nei dzo men.【49a】gin guwang dzo men. ging ho men be yabume.（走內左
門、近光左門、景和門）kun ning gung ni ucei tule belhembi.（預備於坤寧宮的門外）
擡二黃緞神輿，進內左門、近光左門、景和門，預備於坤寧宮門外。

suwayan sujei etuku etuhe amsun i manju juwe niyalma.（穿了黃緞的衣服的司胙滿洲二
人）erde weceku. yamji weceku be solime tucibufi（請出了清晨神主、晚上神主）meni
meni kiyoo de dobombi.（供在各自的轎子）
衣黃緞衣司俎滿洲二人，恭請朝祭神位、夕祭神位，各安奉輿。

haksan sujei etuku etuhe juwan ninggun taigiyan（穿了金黃色緞的衣服的十六太監）juwe
kiyoo be tukiyefi.（擡了二轎子）gurung. deyen i cin duka be yabume.（走宮殿的正門）
內衣金黃緞衣內監十六人，擡二輿，由宮殿正門出。

juleri yarure【49b】mukšan[2] duin juru.（前御杖四對）honin weihei ayan toktokū juwe juru.
（羊角燈籠二對）inu gemu haksan sujei etuku etuhe taigiyasa jafambi.（也都是穿了金
黃色緞的衣服的太監們拿）
前引仗四對、羊角鐙二對，亦用衣金黃緞衣內監執之。

---

1 「hašahan」，幃子，即「suje jafu i jergi jaka i arafi（以緞、氈等物做了）sejen kiyoo be buheliyeme dasirengge
be.（幪遮車、轎者）hašahan sembi.（稱幃子）」。見清・傅恆等奉敕撰，《御製增訂清文鑑》（收入
《景印文淵閣四庫全書》，冊233），卷26，〈車轎部・車轎類・幃子〉，頁72a。

2 「yarure mukšan」，御杖，又作「gocikangga mukšan」，即「durun horonggo cecikengge mukšan de adalikan.
（樣式和吾仗略同）dobtolokū foholon.（短套）」。所謂「horonggo cecikengge mukšan（吾仗）」，即
「mukšan be cinuhūn i šugilefi.（將棍塗上硃砂）juwe ujan de aisin bulgiyaha dobtolokū hadahabi.（在兩頭鍍金
蘸套）」。分見清・傅恆等奉敕撰，《御製增訂清文鑑》，卷6，〈禮部・鹵簿器用類・御杖〉，頁
24b；同書，卷6，〈禮部・鹵簿器用類・吾仗〉，頁24b。

amsun i janggin juwe.（司胙官二）amsun i niyalma juwe.（司胙之人二）amsun i manju juwe niyalma.（司胙滿洲二人）gurung ni dorgici juleri yarume.（從宮內前引著）

司俎官二員、司俎二人、司俎滿洲二人，由宮內前引。

kiyan cing men dukai tulergi ci（從乾清門門外）hiya sunja juru juleri yarumbi.（侍衛五對前引）

至乾清門外，侍衛十員前導，

dorolon be kadalara sy i hafan emke dahalame.（掌儀司的官員一員跟隨著）dergi enteheme elhe obure duka be tucifi.（出了東長安門）【50a】

掌儀司官一員扈，出東長安門。

tangse de isinaha manggi.（到達了堂子之後）wecere deyen i dolo.（祭殿內）erde weceku be dergi ergide.（以清晨神主在東邊）yamji weceku be wargi ergide（以晚上神主在西邊）kiyoo nisihai doboho manggi.（連轎子供了之後）

至堂子，於饗殿內並輿奉安，朝祭神位於東，夕祭神位於西。

kiyoo i juleri amba fangkala dere emte sindafi.（轎前放了大矮桌各一）derei ninggude hiyan i fila emte dobombi.（在桌上供香碟各一）

輿前各設大低桌一，桌上各供香碟一。

tangse tuwakiyara niyalma（看守堂子的人）inenggidari erde. yamji juwe mudan hiyan dabumbi.（每日清晨、晚上點香二次）【50b】

看守堂子人員，每日朝、夕點香二次。

hesei toktobuha manjusai wecere metere kooli bithe.（欽定滿洲祭神祭天典禮）
欽定滿洲祭神祭天典禮

> weceku be solifi（請了神主）gurung de dosimbure dorolon i ejehen.（進宮的
> 儀注）
> 恭請神位入宮儀注

aniyadari aniya biyai ice juwe de.（每年正月初二日）tangse ci weceku be solifi（從堂子
請了神主）gurung de dosimbure de.（進宮時）
每歲正月初二日，自堂子恭請神位入宮。

tere ineggi（那天）erin oho manggi.（時間到了之後）haksan sujei etuku etuhe juwan
ninggun taigiyan.（穿了金黃衣色緞的衣服的十六太監）
是日，屆時，衣金黃緞衣內監十六人，

wecere deyen de dosifi.（進了祭殿）【51a】weceku i suwayan sujei oyo hašahan i juwe kiyoo
be tukiyefi.（擡了神主的黃緞頂蓋、幃子的二輦子）
入饗殿內，恭昇二黃緞神輿。

juleri yarure mukšan duin juru.（前御杖四對）honin weihei ayan toktokū juwe juru.（羊
角燈籠二對）gemu haksan sujei etuku etuhe taigiyasa jafambi.（都是穿了金黃色緞的
衣服的太監們拿）
前引仗四對、羊角鐙二對，都用衣金黃緞衣內監執之。

hiya sunja juru juleri yarumbi.（侍衛五對前引）dorolon be kadalara sy i hafan emke amala
dahalame yabumbi.（掌儀司的官員一員在後隨行）
侍衛十員前導，掌儀司官一員在後扈行。

an i dergi enteheme elhe obure duka be dosifi.（仍進了東長安門）gurung. deyen i cin i
duka be yabume.（走宮殿的正門）kiyan cing men duka de isinafi.（到達了乾清門）
仍入東長安門，由宮殿正門，至乾清門止。

amsun i janggin【51b】juwe. amsun i niyalma juwe. amsun i manju juwe niyalma teile juleri
yarume.（只有司胙官二、司胙之人二、司胙滿洲二人前引著）
司俎官二員、司俎二人、司俎滿洲二人前導。

kiyan cing men duka be dosifi.（進了乾清門）kun ning gung ni ucei tule isinaha manggi.
（到達了坤寧宮的房門外之後）
進乾清門，至坤寧宮門外，

suwayan sujei etuku etuhe juwe amsun i manju（穿了黃緞的衣服的二司胙滿洲） kiyoo
ci weceku be solime tucibufi.（從轎子請出了神主）

衣黃緞衣司俎滿洲二人，由興內恭請神位。

kun ning gung ni dolo solime dosimbufi.（請進了坤寧宮內）meni meni da soorin de
dobombi.（供在各自的原位）【52a】【52b】空白

至坤寧宮，各安奉於原位。

hesei toktobuha manjusai wecere metere kooli bithe.（欽定滿洲祭神祭天典禮）
欽定滿洲祭神祭天典禮

> kun ning gung de（在坤寧宮）biyadari（每月）wecere dorolon i ejehen.（跳神的儀注）
> 坤寧宮月祭儀注

aniya biyai ice ilan.（正月初三）biyadari ice inenggi.（每月初一日）kun ning gung de.（在坤寧宮）erde weceku de wecere de.（清晨給神主跳神時）
正月初三日、每月初一日，坤寧宮祭朝祭神。

neneme suwayan suje de fulgiyan giltasikū[1] kubuhe mengse be（先將鑲了紅片金的黃緞幔子）suwayan bocoi kubun i tonggo siberehe futa de ulifi.（用黃色的棉線搓成的繩穿了）
預將鑲紅片金黃緞神幔，用黃棉線繩穿繫其上。

wargi fiyasha de（在西山牆上）hadaha muduri uju foloho aisin i hoošan[2] latubuha cinuhūn[3] simenggilehe ilan jofohonggo tehe de.（在所釘的刻了龍頭、貼了飛金、上了銀硃漆的三角架上）juwe【53a】ujan be hūwaitame lakiyambi.（兩頭綁著懸掛）
懸掛西山牆所釘之雕龍頭、鬏金、紅漆三角架。

bolgo hoošan juwe afaha be（以淨紙二張）duite jergi bukdafi.（各折了四次）duin jiha faitafi.（裁切了四錢）mengse i juwe ujan de tuhebume lakiyambi.（垂著懸掛在幔子的兩頭）
以淨紙二張，各四折，鏤錢四，掛於神幔兩端。

aisin i fucihi doboho aisin i hoošan latubuha ajige ordo be（將供了金佛、貼了飛金的小亭）teku nisihai（連底座）julergi ergide sindafi.（在南邊放了）ordo i uce be neimbi.（開亭門）
舁供佛之鬏金小亭連座，奉安於南首，啟亭門。

sirame（接著）mengse de（在幔子上）fusa i nirugan be lakiyame.（掛著菩薩像）jai sirame（再接著）guwan mafa enduri i nirugan be lakiyame.（掛著關老爺神像）gemu amba【53b】nagan[nahan] i ninggude（都在大炕上）dergi baru forome dobombi.（向著東供奉）

---

[1] 「giltasikū」，片金，即「suje i na de（在緞的底）sese be canggi ilha arame jodohongge be.（純以金線做花織者）giltasikū sembi.（稱片金）」。見清‧傅恆等奉敕撰，《御製增訂清文鑑》（收入《景印文淵閣四庫全書》，冊232），卷23，〈布帛部‧布帛類‧片金〉，頁17a。

[2] 「aisin i hoošan」，飛金，即「aisin be umesi nekeliyen hoošan i adali dabtafi（將黃金折打了像紙一樣很薄）nirure latubure de baitalambi.（用於繪畫黏貼的）」。見清‧傅恆等奉敕撰，《御製增訂清文鑑》（收入《景印文淵閣四庫全書》，冊232），卷22，〈產業部‧貨財類‧飛金〉，頁70b。

[3] 「cinuhūn」，銀硃，即「boco fulgiyan（色紅）bithei hergen arara nirure simenggilere jergi bade baitalambi.（用於寫字、畫畫、上油等處）」。見清‧傅恆等奉敕撰，《御製增訂清文鑑》（收入《景印文淵閣四庫全書》，冊232），卷22，〈產業部‧貨財類‧銀硃〉，頁71a。

次於神幔上懸菩薩像，又次懸關帝神像，均於大炕上，東向供奉。

nagan[nahan] de（在炕上）cinuhūn simenggilehe amba fangkala dere juwe sindafi.（放了上了銀硃漆的大矮桌二）
炕上設紅漆大低桌二，

dere de（在桌上）hiyan i fila ilan.（香碟三）jancuhūn nure ilan hūntahan.（甜酒三杯）erin i tubihe uyun fila.（應時果子九碟）
桌上供香碟三，醴酒三琖，時果九碟。

feshen efen be duin durbejen obume（將撒糕做為四角形）juwan fen[4] obufi.（做成十塊）uyun alikū be derei ninggude dobombi.（以九盤供在桌上）emu alikū be derei fejile amargi ergide dobombi.（以一盤供在桌下北邊）
方切灑餻分為十盤，以九盤供於桌上，一供桌下北首。

nadan biyade（在七月）miyegu efen doboro de.（供淋漿糕時）inu erei songko.（也同此樣）
七月供淋漿餻，亦如之。

kuk'an i fejile（炕沿下）jancuhūn nure emu malu[5] dobombi.（供甜酒一瓶）malu i juleri suwayan ilahangga【54a】fulegiyan jafu sektefi.（酒瓶前鋪了黃花紅氈）
炕沿下供醴酒一罇，罇前鋪黃花紅氈。

nure gingnere golmin fanggala dere be sindafi.（放了獻酒的長矮桌）derei ninggude juwe suwayan yeherei amba moro sindafi.（在桌上放了二黃磁大碗）
設獻酒長低桌，上列黃磁大椀二，

emu moro de jancuhūn nure tebume.（一碗裝著甜酒）emu moro be untuhun sindambi.（一碗空的放）
一盛醴酒，一空設。

amsun i taigiyasa（司胙太監們）doigonde dulimbai giyalan i mucen i teisu na de（預先在對著中央房間的鍋的地上）simenggilehe jiramin solho hoošan juwe afaha sektefi.（鋪了上了油的厚高麗紙二張）

---

[4]　「fen」，糕塊，即「feshen efen be duin durbejen obume（將撒糕做為四角形）faitaha farsi be.（排列成塊）fen sembi.（稱糕塊）」。見清・傅恆等奉敕撰，《御製增訂清文鑑》（收入《景印文淵閣四庫全書》，冊233），卷27，〈食物部・餑餑類・糕塊〉，頁49a。

[5]　「malu」，酒瓶，即「monggocon ci majige ambakan ningge be.（比長頸瓶略大的）malu sembi.（稱酒瓶）」。見清・傅恆等奉敕撰，《御製增訂清文鑑》（收入《景印文淵閣四庫全書》，冊233），卷25，〈器皿部・器用類・酒瓶〉，頁24b。

司俎太監等，預於中間屋內鍋前地上，設油厚高麗紙二張。

toholon buriha[6] cinuhūn simenggilehe juwe amba dere be dosimbufi.（使鞔了錫、上了銀硃漆的二大桌進入了）wargi baru forome（向著西）juwe jergi obume（做為二列）meni meni simenggilehe【54b】solho hoošan de sindambi.（各自放在上了油的高麗紙上）
進包錫紅漆大桌二，西向分為二行，各置於油高麗紙上。

erin ome（屆時）hiyan i da hiyan dabumbi.（司香長點香）amsun i taigiyasa（司胙太監們）amsun i urse.（眾司胙）juwe ulgiyan be dosimbufi.（使二豬進入了）
屆時，司香點香，司俎太監、司俎等，進豬二，

kun ning gung ni ucei tule.（坤寧宮的房門外）uju be gemu ucei ici（將頭都在房門的右邊）amargi baru forobume（向著北）sindaha manggi.（放了之後）
於坤寧宮門外之右，首皆北向。

tenggeri. fifan fithere juwe amsun i taigiyan.（彈三絃、琵琶的二司胙太監）amsun i janggin.（司胙官）amsun i niyalma jakūn.（司胙之人八）da taigiyan juwe niyalma（首領太監二人）ibefi.（就位了）
奏三絃、琵琶之司俎太監二，司俎官、司俎八、首領太監二，以次進。

tenggeri fifan juleri.（三絃、琵琶在前）sirame（接著）juwan niyalma juwe jergi faidafi.（十人排成兩列）
三絃、琵琶在前，次十人，分二層排列，

gemu【55a】wesihun forome（都向著上）moselame tecefi.（盤著腿同坐了）tenggeri fifan fitheme.（彈著三絃、琵琶）carki tūmbi.（打扎板）
均向上盤膝坐，奏三絃、琵琶，鳴拍板。

erei amala（其後）amsun i manjusa（司胙滿洲們）emu bethe bukdame niyakūrafi（彎曲著一腿跪了）falanggū forimbi.（鼓掌）
其後，司俎滿洲等，屈一膝跪，拊掌。

saman nure gingnere derei juleri ibefi（薩滿在獻酒的桌前就位了）niyakūrambi.（跪）
司祝進於獻酒桌前，跪。

hiyan i da hūntahan taili be tukiyefi（司香長捧了杯子、托碟）saman de alibumbi（呈遞給

6 「buriha（burimbi）」，鞔，即「yaya jakai oilo buheliyeme tukulere be.（凡物品的表面幪蓋著面兒的）burimbi sembi.（稱鞔）jai tungken i weren de sukū teleme hadara be.（以及鼓腔上撐開著皮釘的）inu burimbi sembi.（也稱鞔）」。見清・傅恆等奉敕撰，《御製增訂清文鑑》（收入《景印文淵閣四庫全書》，冊233），卷26，〈營造部・膠粘類・鞔〉，頁27a。

薩滿）saman alime gaifi.（薩滿接取了）nure be ninggun mudan gingnembi.（獻酒六次）
司香舉臺、琖授司祝，司祝接受，獻酒六次。

gingnere dari.（每獻）gingnehe nure be（將所獻的酒）untuhun moro de doolafi.（倒
在空碗裏）
每一獻，將所獻之酒注於空椀內，

dasame jancuhūn nure tebuhe moro ci（復從裝了甜酒的碗）ice nure waidame（舀著新
的酒）juwe hūntahan de tebufi（斟在二杯裏）gingnembi.（獻）【55b】
復自盛醴酒椀內，把新酒注於二琖中以獻。

gingnere dari.（每獻）amsun i urse orolombi.（眾司俎眾呼鄂囉羅）
每一獻，司俎等歌鄂囉囉。

ninggun mudan gingnehe manggi.（獻了六次之後）saman hūntahan taili be（薩滿將杯
子、托碟）hiyan da de amasi bufi.（給在後面的司香長）
六次獻畢，司祝以臺、琖授於司香，

emgeri hengkilefi（叩頭了一次）ilifi（站立了）giogin arambi.（合掌）tenggeri. fifan.
carki taka ilimbi.（三絃、琵琶、扎板暫時停止）
一叩頭，興，合掌致敬，三絃、琵琶、拍板暫止。

hiyan i da hiyan i hehesi（司香長、司香婦人們）nure tebuhe juwe moro. nure gingnere
dere be bederebufi.（撤回了裝了酒的二碗、獻酒的桌）saman i hengkilere ajige
fangkala dere sindambi.（放薩滿叩頭的小矮桌）
司香及司香婦人撤盛酒之二椀，並獻酒之桌，設司祝叩頭小低桌。

hiyan i da halmari be saman de alibumbi.（司香長呈遞神刀給薩滿）saman halmari jafafi
（薩滿拿了神刀）ibeme.（上前著）
司香舉神刀授司祝，司祝執神刀，進。

amsun i urse geli tenggeri【56a】fifan fitheme.（眾司俎又彈著三絃、琵琶）carki tūmbi.
（打扎板）falanggū forimbi.（鼓掌）
司俎等復奏三絃、琵琶，鳴拍板，拊掌。

saman emgeri hengkilefi（薩滿叩頭了一次）ilime.（站立著）amsun i urse orolombi.
（眾司俎眾呼鄂囉羅）
司祝一叩頭，興，司俎等歌鄂囉羅。

saman halmari be ilanggeri tanjurafi（薩滿以神刀禱告了三次）emu jergi jarime jalbarifi.

（念著神歌禱祝了一次）

司祝擎神刀禱祝三次、誦神歌一次。

halmari be tanjurara de.（以神刀禱告時）amsun i urse geli orolombi.（眾司俎又眾呼鄂囉羅）

擎神刀禱祝時，司俎等復歌鄂囉羅。

erei songkoi（照此的樣）ilan mudan jarime jalbariha.（念著神歌禱祝了三次）uyun mudan tanjuraha manggi.（禱告了九次之後）

誦神歌三次，如前儀，如是九次畢。

saman niyakūrafi（薩滿跪了）emgeri hengkilefi（叩頭了一次）ilifi（站立了）geli ilanggeri tanjurafi.（又禱告了三次）halmari be hiyan i da de amasi bumbi.（將神刀給在後面的司香長）

司祝跪，一叩頭，興，又禱祝三次，以神刀授於司香。

tenggeri. fifan fithere.（彈三絃、琵琶的）carki tūre urse（打扎板的眾人）ilifi（站立了）【56b】dalbade jailame ilimbi.（躲避著站在旁邊）

奏三絃、琵琶、鳴拍板人等起立，避於旁。

hūwangdi beye doroloro de.（皇帝親自行禮時）hiyan i da saman i hengkilere ajige fangkala dere be（司香長將薩滿叩頭的小矮桌）amargi ergide guribumbi.（移到北邊）

皇帝親詣行禮，司香移司祝叩頭小低桌於北首。

hūwangdi mahala gaifi（皇帝摘了冠）erde weceku i juleri ibefi（清晨神主之前就位了）dulimbade wesihun forome ilime.（在中央向上站立著）

皇帝進於朝祭神位前，正中向上立。

saman neneme niyakūrambi.（薩滿先跪）hūwangdi niyakūrame.（皇帝跪著）

司祝先跪，皇帝跪。

saman forobuha manggi.（薩滿祝贊了之後）hūwangdi emu jergi dorolofi（皇帝行禮了一次）ilifi（站立了）marimbi.（退回）

司祝祝畢，皇帝行禮，興，退。

saman hengkilefi（薩滿叩頭了）【57a】ilifi（站立了）giogin arambi.（合掌）

司祝叩頭，興，合掌致敬。

aika hūwangheo i sasari doroloci.（若是皇后一齊行禮）hūwangdi julergi ergide.（皇帝在南邊）hūwangheo amargi ergide（皇后在北邊）dorolombi.（行禮）

如同皇后行禮，皇帝在南、皇后在北行禮。

amsun i janggin. amsun i hahasi be gemu tule tucibufi.（使司胙官、司胙男子們都出去外面）amsun i hehesi. taigiyasa teile bimbi.（只有司胙婦人們、太監們在）

司俎官、司俎等俱出外，惟留司俎婦人、太監等在內。

hūwangdi. hūwangheo dorolorakū inenggi（皇帝、皇后不行禮之日）saman hengkilembi.（薩滿叩頭）

如遇皇帝、皇后不行禮之日，司祝叩頭。

hengkilehe manggi.（叩頭了之後）hiyan i da【57b】fucihi. fusa de doboho juwe hūntahan nure be bederebufi.（司香長撤回了給佛、菩薩所供的二杯酒）fucihi i ajige ordo i uce be dasifi.（掩閉了佛的小亭門）

畢，司香撤佛、菩薩前供酒二琖，闔供佛小亭門。

fusa i irugan be hetefi.（捲起了菩薩像）suwayan bocoi simenggilehe mooi sihan de tebufi.（裝在上了黃色漆的木筒）

撤菩薩像，恭貯於黃漆木筒。

amsun i taigiyasa.（司胙太監們）fucuhi i ajige ordo i sasa gingguleme tukiyefi.（一齊恭敬擡了佛的小亭）

司俎太監等，恭舁供佛小亭，

doboho juwe hiyan i fila be suwaliyame（連同著所供的二香碟）uce ci solime tucibufi.（從房門請出了）kun ning gung ni wargi giyalan i dorgi（坤寧宮西面房間內）【58a】amba ordo i dolo dobofi.（大亭中供了）

並所供二香碟，移奉於坤寧宮西楹大亭。

hiyan i fila be juleri dobombi.（將香碟供前面）ajige ordo i teku be amasi guribufi.（將小亭的底座移到了後面）mengse be julergi baru majige tatafi.（拉了幔子略向南）

香碟供於前，小亭座移置於後，復移神幔稍南位。

guwan mafa enduri i nirugan be（將關老爺神像）dulimbade guribume dobofi（移到中央供了）doboho nure hiyan i fila be（將所供的酒、香碟）gemu dulimbade gurifi dobombi.（都移到了中央供奉）

關帝神像於正中，所供之酒並香碟，皆移正中。

nurei malu be bolgo wadan dasimbi.（酒瓶以潔淨的蓋布遮蓋）

酒罇以淨袱羃之。

tenggeri.fifan fithere.（彈三絃、琵琶的）carki tūre urse（打扎板的眾人）ibefi（就位了）da bade tecembi.（同坐在原處）

奏三絃、琵琶、鳴拍板人等進，坐於原處。

hiyan i hehesi（司香婦人們）【58b】jafu be ilan jergi bukdame hetefi.（將氈捲起了折三次）kuk'an i hanci sektembi.（鋪在炕沿附近）

司香婦人斂氈，三折之，鋪於近炕沿處。

hiyan i da saman de hūntahan taili alibumbi.（司香長呈遞杯子、托碟給薩滿）

司香舉臺、琖授於司祝。

amsun i taigiyasa.（司胙太監們）emu ulgiyan be tukiyeme.（擡著一豬）uce ci dosimbufi（從房門進去了）kuk'an i fejile（炕沿下）uju be wargi baru forobume sindambi.（將頭向著西放）

司俎太監等，昇一豬，入門，置炕沿下，首西向。

amsun i manju emu niyalma（司胙滿洲一人）emu bethe bukdame niyakūrafi（彎曲著一腿跪了）ulgiyan be gidambi.（壓倒豬）

司俎滿洲一人，屈一膝跪，按其豬。

amsun i janggin. amsun i niyalma. da taigiyan. taigiyasa（司胙官、司胙之人、首領太監、太監們）tenggeri fifan fitheme.（彈著三絃、琵琶）carki tūme.（打著扎板）falanggū forime.（擊著掌）【59a】

司俎官及司俎、首領太監、內監等，奏三絃、琵琶，鳴拍板，拊掌。

saman kuk'an i fejile ilan jergi bukdaha fulgiyan jafu de（薩滿在炕沿下折了三次的紅氈上）wargi julergi baru ešeme niyakūrafi（斜著向西南跪了）hūntahan taili be tukiyefi（舉了杯子、托碟）

司祝跪於炕沿下三折紅氈上，斜向西南，舉臺、琖。

emu mudan gingnere de.（獻一次時）amsun i urse an i orolombi.（眾司胙照常眾呼鄂囉羅）

獻酒一次，司俎等照前歌鄂囉羅。

gingnefi（獻了）saman jalbarifi.（薩滿禱祝了）juwe hūntahan nure be emu hūntahan de tebufi.（將二杯酒裝在一杯裏）

獻畢，司祝致禱，以二琖酒合注一琖中，

amsun i manju ulgiyan i šan be tatame.（司胙滿洲拉著豬耳）saman ulgiyan i šan de jungšun suitafi.（薩滿灌了酒水在豬耳裏）

司俎滿洲執豬耳，司祝灌酒於豬耳內。

hūntahan taili be（將杯子、托碟）hiyan i da de amasi【59b】bufi.（給在後面的司香長）emgeri hengkilembi.（叩頭一次）tenggeri. fifan. carki taka ilimbi.（三絃、琵琶、扎板暫時停止）

以臺、琖授司香，一叩頭，三絃、琵琶、拍板暫止。

amsun i manju ulgiyan i uncehen be jafame.（司俎滿洲拿著豬尾）uju be dergi baru šurdeme sindaha manggi.（將頭轉向東放了之後）

司俎滿洲執豬尾，移轉豬首向東。

amsun i taigiyasa ibefi.（司俎太監們上前了）ulgiyan be tukiyefi.（擡了豬）toholon buriha amba dere de taka undu sindambi.（暫時直的放在鞔了錫的大桌上）

司俎太監等進前，舁豬，暫順放於包錫大桌上。

hiyan i da hūntahan taili be saman de alibumbi.（司香長呈遞杯子、托碟給薩滿）saman hūntahan taili be alime gaifi.（薩滿接取了杯子、托碟）

司香舉臺、琖授司祝，司祝接受臺、琖。

sirame（接著）ulgiyan be uce ci dosimbufi（使豬從房門進入了）nenehe mudan i songkoi（照前次的樣）gingneme.（獻著）carkidame.（打著扎板）【60a】tenggeri. fifan fitheme.（彈著三絃、琵琶）orolome.（眾呼著鄂囉羅）jungšun suitafi.（灌了酒水）emgeri hengkilefi（叩頭了一次）ilifi（站立了）bederembi.（退回）tenggeri fifan.carki nakafi（三絃、琵琶、扎板停止了）geren ilifi（眾人站立了）bederembi.（退回）

舁第二豬，入門、獻酒、灌酒，如前儀。

toholon buriha amba dere de（在鞔了錫的大桌上）juwe ulgiyan i uju be gemu wargi baru forobume（將二豬的頭都向著西）hetu sindafi（橫放了）silgimbi.（「省」）

以包錫大桌上，二豬俱令首西向橫放，省之。

dere tome juwe amsun i hehesi（每桌二司俎婦人）menggun dokomiha⁷ oton be tukiyefi（擡了銀裏整木槽盆）senggi alime gaimbi.（接取血）

每桌前，令司俎婦人二，舉銀裏木槽盆接血。

hiyan i hehesi jafu be bargiyambi.（司香婦人們收起氈）cinuhūn simenggilehe golmin den dere be ibebufi.（使上了銀硃漆的長高桌上前了）wargi nagan[nahan] i【60b】juleri

---

⁷ 「dokomiha（dokomimbi）」，吊裏子，即「etuku adu de doko sindara be.（在衣服放衣裏的）dokomimbi sembi.（稱吊裏子）」。見清・傳恆等奉敕撰，《御製增訂清文鑑》（收入《景印文淵閣四庫全書》，冊233），卷24，〈衣飾部・剪縫類・吊裏子〉，頁67b。

sindambi.（放在西炕前）

司香婦人撤去甑，進紅漆長高桌，設於西炕前。

ulgiyan i senggi aliha oton be ibebufi（使接了豬血的整木槽盆上前了）den dere de
dobombi.（供在高桌上）

以接血木槽盆，列高桌上。

doboho efen. nure tubihe be bederebumbi.（撤回所供的餑餑、酒、果子）

撤去所供餑、酒與果。

ulgiyan tekdeke manggi.（豬「氣息」之後）amsun i urse ulgiyan be derei ici（眾司胙將
豬順桌）uju be julergi baru forobume undu sindafi.（將頭向著南直放了）

豬氣息後，司俎等轉豬首順桌，向南直放。

sukū fuyefi.（剝了皮）farsilame meileme delhebufi.（割開了卸骨成塊）amba mucen de
bujumbi.（在大鍋裏煮）

去其皮，按節解開，煮於大鍋內。

uju. fatha uncehen be fuyerakū.（頭、蹄、尾不剝皮）funiyehe be fucihiyalafi.（燎了毛）
wašafi（「燖」了）šolofi（燒炙了）inu amba mucen de bujumbi.（也在大鍋裏煮）

其頭、蹄及尾俱不去皮，惟燎毛，燖淨，亦煮於大鍋內。

duha do be【61a】toholon dokomiha oton de tebufi.（將內臟裝在錫裏整木槽盆）tucibufi
（拿出了）encu boode bolgo obume. dasafi（在別的房屋裏整理了使潔淨）

以內臟置於錫裏木槽盆，舁出，另室內整理潔淨。

dosimbuha manggi.（收進了之後）senggi oton be（將〔裝〕血整木槽盆）na de
sindafi.（放在地上）

舁進，以盛血木槽盆就地安置。

amsun i manju emu niyalma ibefi.（司胙滿洲一人就位了）den derei juleri（高桌前面）
emu bethe bukdame niyakūrafi.（彎曲著一腿跪了）

司俎滿洲一人進，於高桌前，屈一膝跪，

duha de senggi tebufi.（在腸裏灌了血）inu mucen de sindafi bujumbi.（也放在鍋裏煮）

灌血於腸，亦煮鍋內。

amsun i taigiyasa（司胙太監們）sukū be sukū tebure oton de sindafi.（將皮放在裝皮
的整木槽盆裏）toholon buriha juwe amba dere. simenggilehe jiramin solho hoošan be
tucibumbi.（將鞔了錫的二大桌、上了油的厚高麗紙拿出去）

司俎太監等，置皮於盛皮木槽盆內，撤去包錫大桌二，及油厚高麗紙。

silhi. fathai【61b】wahan be（將膽、蹄甲）cinuhūn simenggilehe ajige mooi fila de tebufi.（裝在上了銀硃漆的小木碟裏）nagan[nahan] de sindaha amba fangkala derei amargi ergi ujan de sindambi.（放在炕上所放的大矮桌北邊端上）
仍以膽與蹄甲貯紅漆小木碟內，置於炕上所設之大低桌北首邊上。

yali urehe manggi.（肉熟了之後）amsun i yali emu moro gūwaššafi.（祭神肉切成小塊一碗）
俟肉熟時，細切胙肉一椀，

sabka emu juru sindafi.（放了筯一雙）amba fangkala derei dulimbade dobombi.（供在大矮桌的中央）
設筯一雙，供於大低桌正中。

juwe ulgiyan i yali be（將二豬的肉）juwe menggun dokomiha oton de（在二銀裏整木槽盆裏）ulgiyan i fihe. suksaha be duin hošo de.（豬的前腿、後腿在四角）
以二豬之肉，分置二銀裏木槽盆內，前、後腿分設四角，

tunggen be julergi.（以胸骨在前）uca be amala.（以尾骨在後）ebci be juwe【62a】dalbade（以肋骨在兩旁）acabume faidafi.（合併排列了）oilo ulgiyan i uju sindafi（上面放了豬頭）
胸膛向前，尾椿向後，肋列兩旁，合湊畢，置豬首於上。

kangsiri de delihun be nimenggi nisihai gulhun sindame.（將脾臟連油脂整個放在鼻樑上）weceku i baru forome（向著神主）golmin den dere de dobombi.（供在長高桌上）
復以臁貼連油，整置於鼻柱上，供於神位前長高桌。

hiyan i da hiyan dabumbi.（司香長點香）hiyan i hehesi suwayan alhangga[ilhangga] fulgiyan jafu sektefi.（司香婦人們鋪了黃花紅氈）
司香點香，司香婦人鋪黃花紅氈。

emu hiyan i da emu moro jancuhūn nure tukiyeme.（一司香長捧著一碗甜酒）emu hiyan i da emu untuhun moro tukiyeme.（一司香長捧著一空碗）sasa ibefi（一齊就位了）iliha manggi.（站立了之後）
一司香舉醴酒椀，一司香舉空椀，齊進，拱立。

hiyan i【62b】da hūntahan taili be saman de alibumbi.（司香長呈遞杯子、托碟給薩滿）saman ibefi（薩滿就位了）niyakūrafi（跪了）ilan mudan nure gingnembi.（獻酒三次）
又一司香舉臺、瑑授司祝，司祝進，跪，獻酒三次。

ere gingnere de.（此獻時）nure gingnere.（酒獻的）halara.（換的）tebure.（斟的）
是獻也，凡獻酒，換琖、注酒，

jai amsun i taigiyasa tenggeri. fifan fitheme.（以及司胙太監們彈著三絃、琵琶）amsun i
urse carki tūme.（眾司胙打著扎板）
及司俎太監等奏三絃、琵琶，司俎等鳴拍板，

amsun i manuju falanggū forime.（司俎滿洲擊著掌）ilan mudan orolorongge.（三次眾
呼鄂囉羅者）gemu nenehe songko.（都同先前的樣）
司俎滿洲拊掌，歌鄂囉羅三次，俱如前儀。

ilan mudan gingnehe manggi（獻了三次之後）hūntahan taili be（將杯子、托碟）hiyan
i da de amasi bufi.（給在後面的司香長）emgeri hengkilefi.（叩頭了一次）ilifi（站立
了）giogin arambi.（合掌）【63a】
三獻畢，以臺、琖授於司香，叩頭，興，合掌致敬。

hūwangdi. hūwangheo beye doroloci.（若皇帝、皇后親自行禮）nenehe songkoi
dorolombi.（照先前的樣行禮）
皇帝、皇后親詣行禮，如前儀。

yali de hengkilehe manggi.（給肉叩頭了之後）wecehe yali be bederebufi.（撤回了所跳
神的肉）uce ci tuciburakū（不從房門出去）
神肉前叩頭畢，撤下祭肉，不令出戶，

alikūlafi（裝滿盤子了）golmin derei juleri jergi jergi faidame sindambi.（長桌前按次陳設）
盛於盤內，於長桌前，按次陳列。

eici hūwangdi. hūwangheo be gaifi.（或者皇帝帶領了皇后）yali angga isire.（先嚐肉
的）eici wang. ambasa be gaifi.（或者帶領了王、大臣們）yali angga isire（先嚐肉的）
babe hese be tuwambi.（將此遵旨）【63b】
或皇帝率皇后受胙，或率王、大臣等食肉之處，請旨遵行。

hūwangdi yali angga isirakū inenggi.（皇帝不先嚐肉之日）idui ambasa hiyasa be
dosimbufi（使值班大臣們、侍衛們進入了）ulebumbi.（給吃）
如遇皇帝不受胙之日，令值班大臣、侍衛等進內，食之。

ulebuhe manggi.（給吃了之後）amsun i taigiyasa sukū. giranggi be tucibufi.（司胙太監們
拿了出皮、骨）sukū. nimenggi be budai boode benebumbi.（將皮、油脂使送給飯房）
食畢，司俎太監等撤出皮、骨，皮、油送交膳房。

giranggi. silhi. fathai wahan be（將骨、膽、蹄甲）amsun i janggin gaifi.（司胙官取了）
bolgo bade gamafi.（拿去潔淨處）deijifi（焚燒了）bira de maktambi.（拋於河）
其骨、膽、蹄甲，司俎官送潔淨處，化而投之於河。

mengse be hetefi.（捲起了幔子）lakiyaha hoošan jiha be asarafi.（將所掛的紙錢收貯了）
biyai dubede（月終時）solho hoošan i fulhū[8] de iktambume tebufi.（裝貯在高麗紙囊裏）
隨將神幔收捲，其所掛紙錢存，俟月終，貯高麗紙囊內。

<u>fe inenggi</u>[9]（除夕）【64a】tangse de gamafi.（拿去堂子）tangse de lakiyaha hoošan. siltan
mooi sasari tekdebumbi.（與堂子裏所掛的紙、神杆一齊焚化）
除夕，送赴堂子，與堂子內所掛淨紙及神杆，同化之。

guwan mafa enduri i nirugan be inu hetefi.（也將關老爺神像捲起了）cinuhūn simenggilehe
mooi sihan de tebufi.（裝在上了銀硃漆的木筒）
所有關帝神像，恭貯於紅漆木筒。

fucihi i ajige ordo. fusa i sihan. juwe hiyan i fila be（將佛的小亭、菩薩的筒、二香碟）
wargi giyalan ci solime dosimbufi.（請進了西面房間）
其供佛小亭、恭貯菩薩像木筒，及二香碟，仍移奉西楹，

fucihi i ajige ordo be（將佛的小亭）an i ordo i teku de dobombi.（仍供在亭的底座上）【64b】
以小亭安奉於亭座上。

fusa. guwan mafa enduri nirugan be sihan nisihai（將菩薩、關老爺神像連筒）wargi fiyasha
de nikebume sindaha（在西山牆靠著放了）cinuhūn simenggilehe hacingga bocoi ilha niruha
gocima derei ninggude dobombi.（供在上了銀硃漆、畫了各種顏色花的抽屜桌上）
菩薩像、關帝神像二筒，安奉於西山牆，繪花紅漆抽屜桌上。

ilan hiyan i fila be（將三香碟）gocima derei ninggu i dergi ergi gencehen de dobombi.（供
在抽屜桌上的東邊邊緣）
供香碟三，於桌之東邊。

yamji.（晚上）weceku de wecere de.（給神主跳神時）neneme <u>yacin</u>[10] bocoi simenggilehe

---

8. 「fulhū」，《大清全書》作「囊」或「口袋」；《御製增訂清文鑑》則作「口袋」，即「bosoi jergi jaka
i araha（以布等物做了）bele teburengge be.（裝米者）fulhū sembi.（稱口袋）」。分見清‧沈啟亮，《大
清全書》，卷14，頁36b，「fulhū」條；清‧傅恆等奉敕撰，《御製增訂清文鑑》（收入《景印文淵閣
四庫全書》，冊233），卷25，〈器皿部‧器用類‧口袋〉，頁29a。

9. 「fe inenggi」，除夕，《大清全書》譯作「舊日」；《御製增訂清文鑑》則寫作「fe yamji」。分見清‧
沈啟亮，《大清全書》，卷14，頁1a，「fe inenggi」條；清‧傅恆等奉敕撰，《御製增訂清文鑑》（收
入《景印文淵閣四庫全書》，冊232），卷2，〈時令部‧時令類‧除夕〉，頁19b。

10. 「yacin」，青，即「sahaliyan boco be.（黑色）yacin sembi.（稱青）」。見清‧傅恆等奉敕撰，《御製增訂

golbon de（先在上了黑色漆的架子上）yacin suje de fulgiyan giltasikū kubuhe mengse
【65a】hūwaitambi（綁鑲了紅片金的青緞幔子）

其夕祭神儀，預將鑲紅片金青緞神幔，繫於黑漆架上。

golbon i mulu i wargi ergide（在架樑的西邊）amba ajige honggon[11] nadan be suwayan ilgin
ulifi.（用黃皮穿了大、小神鈴七）šajilan cikten i dube de hūwaitafi lakiyambi.（綁了懸掛
在樺木桿梢上）

用黃色皮條穿大、小鈴七枚，繫樺木桿梢，懸於架梁之西。

murigan weceku[12] be ici ergide.（以穆哩罕神在右邊）siran siran i golbon de damjalame[13]
hūwaitame.（陸續穿過綁在架子上）

恭請穆哩罕神，自西按序安奉架上。

nirugan weceku[14] be mengse i dulimbade lakiyame.（將畫像神懸掛在幔子的中央）
monggo weceku[15] doboro nikeku sindame weilehe yacin bocoi simenggilehe teku be（將供
蒙古神所做的放著靠背、上了黑色漆的底座）hashū ergide sindame.（放在左邊）

畫像神安奉於神幔正中，設蒙古神座於左，

gemu amargi nagan[nahan] i ninggude（都在北炕上）julergi baru forome dobombi.（向
著南供奉）【65b】

皆於北炕南向。

nagan[nahan] de（在炕上）cinuhūn simenggilehe amba fangkala dere juwe sindafi.（放了
上了銀硃漆的大矮桌二）hiyan i fila sunja.（香碟五）jancuhūn nure sunja hūntahan.

清文鑑》（收入《景印文淵閣四庫全書》，冊232），卷23，〈布帛類‧采色‧青〉，頁42a。「yacin」
一詞，在形容器物時，漢譯本譯成「黑」；在形容紡織品時，則譯作「青」，繙譯時依漢譯本。

[11]「honggon」，神鈴，即「teisun g'an be muheliyen bime dorgi untuhun.（以黃銅、鋼圜而中空）jaka sulabume
arafi.（保留空隙製作了）dolo muhaliyan sindafi（內部放了珠子）acinggiyame guwemburengge be.（搖動使發
聲者）honggon sembi.（稱神鈴）samasa baitalambi.（薩滿們用）」。見清‧傅恆等奉敕撰，《御製增訂
清文鑑》（收入《景印文淵閣四庫全書》，冊232），卷6，〈禮部‧祭祀器用類‧神鈴〉，頁53a。

[12]「murigan weceku」，穆哩罕神，即「滿洲家北牆所供之神，避燈祭祀時，在幔子架子上從右首搭栓供
者」。見清‧祥亨主編，志寬、培寬編，《清文總彙》，卷9，頁21b，「murigan weceku」條。

[13]「damjalame」，箭穿透橫担，即「gurgu goifi（野獸中箭了）agūra i juwe ujan sabure be.（看見器械兩端
的）damjalame goiha sembi.（稱中了箭穿透橫担）」。見清‧傅恆等奉敕撰，《御製增訂清文鑑》（收
入《景印文淵閣四庫全書》，冊232），卷9，〈武功部‧畋獵類‧箭穿透橫担〉，頁12b。文中用
「damjalame」，係指「穿透（過）」之意，不同於「ulimbi（凡有孔之物用線繩穿之）」的「穿」。另
見清‧祥亨主編，志寬、培寬編，《清文總彙》，卷2，頁32a，「ulimbi」條。

[14]「nirugan weceku」，畫像神，即「滿洲家北牆所供，避燈祭時，移掛於幔子架子中間所供之神」。見
清‧祥亨主編，志寬、培寬編，《清文總彙》，卷3，頁17b，「nirugan weceku」條。

[15]「monggo weceku」，直譯為「蒙古神」；《滿漢大辭典》作「青杌子」，《清文總彙》則曰：「滿
洲家北牆所供之神，避燈祭祀時，在帳子、架子左首所設青杌子也」。分見安雙成主編，《滿漢大辭
典》，頁766，「monggo weceku」條；清‧祥亨主編，志寬、培寬編，《清文總彙》，卷9，頁13b，
「monggo weceku」條。

（甜酒五杯）erin i tubihe uyun fila.（應時果子九碟）

炕上設紅漆大低桌二，香碟五，醴酒五琖，時果九碟。

feshen efen be kemuni juwan fen[16] obufi.（以撒糕仍做成十塊）uyun alikū be derei ninggude dobombi.（將九盤供在桌上）emu alikū be derei fejile wargi ergide dobombi.（將一盤供在桌下西邊）

以灑餷如前分為十盤，其九盤供於桌上，一供桌下西邊。

kuk'an i fejile（炕沿下）jancuhūn nure emu malu dobombi.（供甜酒一瓶）

炕沿下，供醴酒一罇。

ulgiyan dosimbure onggolo.（進豬之前）fucihi.【66a】fusa. juwe hiyan i fila be solime tucibufi.（將佛、菩薩、二香碟請出了）wargi giyalan i amba ordo de dobombi.（供在西面房間的大亭）

未進豬之前，恭請佛、菩薩像，並二香碟，供於西楹大亭。

doigonde（預先）amsun i taigiyasa（司俎太監們）simenggilehe hoošan sektere.（鋪上了油的紙的）dere sindarangge.（放桌子者）erde wecehe songko.（同清晨跳神的樣）

預令司俎太監等，鋪油紙、設桌，俱如朝祭儀。

erin ome.（屆時）ulgiyan be dosimbufi.（使豬進去了）an i bade sindambi.（放在平常之處）

屆時，進豬，置於常放之處。

hiyan i da hiyan dabumbi.（司香長點香）hiyan i hehesi saman i samdara[17] de tere yacin bocoi simenggilehe mulan[18] be（司香婦人們將薩滿跳神時坐的上了黑色漆的杌子）weceku i juleri sindambi.（放在神主前面）

司香點香，司香婦人以司祝祝禱時所坐黑漆杌，置神位前。

---

16 「fen」，糕塊，即「feshen efen be duin durbejen obume faitaha farsi be.（將撒糕做為四角形所切的塊）fen sembi.（稱糕塊）」。見清·傅恆等奉敕撰，《御製增訂清文鑑》（收入《景印文淵閣四庫全書》，冊233），卷27，〈食物部·餑餑類·糕塊〉，頁49a。

17 「samdara（samdambi）」，跳神，即「samasa yekse etufi（薩滿們著了神帽）siša hūwaitafi（綁了腰鈴）midaljame imcin forime yabure be.（搖擺著打著手鼓走的）samdambi sembi.（稱跳神）」。又「yekse」，神帽，即「dabtaha selei abdaha be.（以所折打的鐵葉片）buhū uihe adali.（像鹿角一樣）gargan tucibume hasalafi.（剪出了枝椏）uju de acabume weilehe（合著頭做了）selei abdahai muheliyen weren de šurdeme hadafi.（在周圍釘了鐵葉片的圓箍）hacingga sujei golmin girdan hūwaitafi.（綁了各種緞的長飄帶）samasa wecere fudešere de（薩滿們跳神、送祟時）uju de eturengge be.（頭上戴者）yekse sembi.（稱神帽）」。分見清·傅恆等奉敕撰，《御製增訂清文鑑》（收入《景印文淵閣四庫全書》，冊232），卷6，〈禮部·祭祀·跳神〉，頁46a；同書，卷6，〈禮部·祭祀器用·神帽〉，頁53b-54a。

18 「mulan」，杌子，即「muheliyen durbejengge bandan be.（圓的、四方形的板凳）mulan sembi.（稱杌子）」。見清·傅恆等奉敕撰，《御製增訂清文鑑》（收入《景印文淵閣四庫全書》，冊233），卷25，〈器皿部·器用類·杌子〉，頁11a。

amsun i taigiyan（司俎太監）tungken be tehe nisihai（將鼓連架）mulan i teisu sindambi.（放杌子的對面）
司俎太監以鼓連架，近杌安置。

saman【66b】alha[19] hūsihan[20] hūwaitafi.（薩滿綁了閃緞裙）siša[21] umiyelefi.（束了腰鈴）untun[22]. gisun jafafi.（拿了手鼓、鼓槌）weceku i juleri ibeme.（神主之前上前著）
司祝繫閃緞裙、束腰鈴、執手鼓，進於神位前。

amsun i juwe taigiyan ibefi.（司俎二太監就位了）wargi baru forome ilifi.（向著西站立了）emu taigiyan tungken tūme.（一太監打著鼓）emu taigiyan carki tūmbi.（一太監打扎板）
司俎太監二人進，西向立，一太監擊鼓，一太監鳴拍板。

saman neneme weceku i baru forome（薩滿先向著神主）mulan de tefi.（在杌子上坐了）untušeme jarime solire de.（打著手鼓、念著神歌召請時）
司祝先向神位，坐於杌上，擊手鼓、誦請神歌祈請，

tungken tūre taigiyan（打鼓的太監）emu galai untun de acabume（一手和著手鼓）tungken emtenggeri tūmbi.（打鼓一次）
擊鼓太監一手擊鼓一點，以和手鼓。

---

19 「alha」，閃緞，即「ilha na be（將花底）juwe bocoi subeliyen i faksalame jodohongge be.（以兩色的絲分開織者）alha sembi.（稱閃緞）」。見清・傅恆等奉敕撰，《御製增訂清文鑑》（收入《景印文淵閣四庫全書》，冊232），卷23，〈布帛部・布帛類・閃緞〉，頁16b-17a。

20 「hūsihan」，女裙，即「suje boso be（以緞布）kubcin deisun sindame šufan jafame arafi（做成放著皺褶鑲邊裙褲腰）hehesi hūwaitarangge be.（女人們繫者）hūsihan sembi.（稱女裙）」。另有「dusihi」，男裙，即「sukū boso i jergi jaka be（以皮革等物）juwe farsi obume deisun sindame arafi（做成兩片、放著裙褲腰）hahasi hūwaitarangge be.（男人們繫者）dusihi sembi.（稱男裙）」。又「deisun」，裙褲腰，即「hūsihan fakūri i dele hetu defe（裙、褲上橫幅）surdame[šūrdeme] hadaha niyecen be.（周圍釘了補丁）deisun sembi.（稱裙褲腰）hehesi dorgi etuku hūwaitara uše be.（女人們內衣著的帶子）inu deisun sembi.（也稱裙褲腰）」。分見清・傅恆等奉敕撰，《御製增訂清文鑑》（收入《景印文淵閣四庫全書》，冊233），卷24，〈衣飾部・衣服類・女裙〉，頁14a；同書，卷24，〈衣飾部・衣服類・男裙〉，頁14a；同書，卷24，〈衣飾部・衣服類・裙褲腰〉，頁18b。

21 「siša」，腰鈴，即「samasa wecere fudešere de（薩滿跳神、送祟時）du de hūwaitafi（綁在腰上）lasihime guwembure selei narhūn sihan be.（搖動著使發聲的鐵的細管）siša sembi.（稱腰鈴）」。見清・傅恆等奉敕撰，《御製增訂清文鑑》（收入《景印文淵閣四庫全書》，冊232），卷6，〈禮部・祭祀器用類・腰鈴〉，頁54a。

22 「untun」，《大清全書》曰：「手鼓，巫人所用之鼓」；《清文總彙》曰：「手鼓，婦人家裏跳神手執之太平鼓」。分見沈啟亮，《大清全書》，卷3，頁17a，「untun」條；清・祥亨主編，志寬、培寬編，《清文總彙》，卷2，頁42b，「untun」。據《御製增訂清文鑑》，手鼓因用途而有女手鼓、男手鼓之分，女手鼓作「untun」，即「isheliyen weren i emu ergi de sukū burifi.（窄的鼓腔的一邊鞔了皮革）emu gala de jafafi.（一手拿了）emu gala forirengge be.（一手打者）untun sembi.（稱女手鼓）boode wecere de baitalambi.（在家跳神時用）」。男手鼓作「imcin」，即「untun be inu imcin sembi.（女手鼓也稱imcin）fudešere saman baitalambi.（送祟的薩滿用）」；《清文總彙》則曰：「治病巫人用的鼓，太平鼓，與untun同」。分見清・傅恆等奉敕撰，《御製增訂清文鑑》（收入《景印文淵閣四庫全書》，冊232），卷6，〈禮部・祭祀器用類・女手鼓〉，頁53a-53b；同書，卷6，〈禮部・祭祀器用類・男手鼓〉，頁53b；清・祥亨主編，志寬、培寬編，《清文總彙》，卷2，頁16a，「imcin」條。

saman ilifi（薩滿站立了）sucungga mudan amasi sosorome（初次向後倒退著）
midaljame samdara de.（搖擺著跳神時）
司祝拱立，初次向後盤旋，蹲步祝禱，

tungken tūre taigiyan（打鼓的太監）juwe galai untun de acabume（兩手和著手鼓）
【67a】tungken ilanggeri tūmbi.（打鼓三次）
擊鼓太監雙手擊鼓三點，以和手鼓。

saman julesi ibeme（薩滿向前上前著）midaljame samdara de.（搖擺著跳神時）
司祝復盤旋，蹲步前進祝禱，

tungken tūre taigiyan（打鼓的太監）juwe galai untun de acabume（兩手和著手鼓）
tungken sunjanggeri tūmbi.（打鼓五次）
擊鼓太監雙手擊鼓五點，以和手鼓。

saman ilifi（薩滿站立了）sucungga mudan jarime jalbarire de.（初次念著神歌禱祝時）
tungken sunjanggeri tūmbi.（打鼓五次）carki ilanggeri acabume tūmbi.（扎板和著打三次）
司祝拱立，初次誦請神歌，擊鼓五點，拍板三鳴以和之。

jai mudan amasi sosorome.（再次向後倒退著）julesi ibeme（向前上前著）midaljame
samdara de.（搖擺著跳神時）tungken teile nadanggeri tūmbi.（只有打鼓七次）
二次向後，向前盤旋，蹲步祝禱，惟擊鼓七點。

saman ilifi（薩滿站立了）jarime jalbarire de.（念著神歌禱祝時）tungken an i
sunjanggeri. carki ilanggeri tūmbi.（仍打鼓五次、扎板三次）
司祝拱立，誦神歌以禱，仍擊鼓五點、拍板三鳴。

ilaci mudan samdara de.（第三次跳神時）inu【67b】tungken teile juwan emtenggeri tūmbi.
（也只有打鼓十一次）
三次祝禱，亦惟擊鼓十一點。

saman ilifi（薩滿站立了）ilaci mudan jarime jalbarire de.（第三次念著神歌禱祝時）
tungken duinggeri tūme.（打著鼓四次）
司祝拱立，三次誦神歌以禱，擊鼓四點。

wajima de（末尾時）juwe gisun be emtenggeri hiyahambi.（將兩鼓槌交叉一次）carki
an i ilanggeri acabume tūmbi.（扎板仍和著打三次）
末以雙槌交擊一次，拍板仍三鳴，以和之。

ilaci mudan jarime jalbarime wajiha manggi.（第三次念著神歌禱祝完畢了之後）saman samdara de.（薩滿跳神時）tungken teile duinggeri（只有鼓四次）ilan mudan tūfi（打了三遍）nakafi（停止了）bederembi.（退回）

三次誦神歌禱畢，司祝祝禱時，惟擊鼓四點，三鼓而止，退。

saman untun. gisun be（薩滿將手鼓、鼓槌）hiyan i hehesi de amasi bufi.（給在後面的司香婦人們）hūsihan siša be sumbi.（脫裙、腰鈴）

司祝以手鼓授司香婦人，釋閃緞裙、腰鈴。

hiyan i hehesi suwayan ilhangga【68a】fulgiyan jafu be sektembi.（司香婦人們鋪黃花紅氈）

司香婦人鋪黃花紅氈。

hūwangdi beye dororo de.（皇帝親自行禮時）hiyan i hehesi saman i hengkilere ajige fangkala dere be（司香婦人們將薩滿叩頭的小矮桌）wargi ergide sindambi.（放在西邊）

皇帝親詣行禮，司香婦人移置司祝叩頭小低桌於西首。

hūwangdi mahala gaifi.（皇帝摘了冠）yamji weceku i juleri ibefi（晚上神主之前就位了）dulimbade wesihun forome ilime.（在中央向上站立著）

皇帝進於夕祭神位前，正中向上立。

saman neneme niyakūrafi（薩滿先跪了）forobuha manggi.（祝贊了之後）hūwangdi erde doroloho songkoi（皇帝照清晨所行禮的樣）dorolombi.（行禮）

司祝先跪，祝畢，皇帝行禮如朝祭儀。

hūwangheo i sasari doroloci.（若皇后一齊行禮）【68b】hūwangdi dergi ergide.（皇帝在東邊）hūwangheo wargi ergide（皇后在西邊）dorolombi.（行禮）

如同皇后行禮，皇帝在東、皇后在西行禮。

hūwangdi. hūwangheo dorolorakū inenggi.（皇帝、皇后不行禮之日）saman hengkilembi.（薩滿叩頭）

如遇皇帝、皇后不行禮之日，司祝叩頭。

hengkilehe manggi.（叩頭了之後）nurei malu be bolgo wadan dasimbi.（酒瓶以潔淨的蓋布遮蓋）

畢，酒罇以淨袱冪之。

hiyan i hehesi jafu be ilan jergi bukdame hetefi（司香婦人們將氈捲起了折三次）kuk'an i hanci sektembi.（鋪在炕沿附近）

司香婦人斂氈三折之，鋪於近炕沿處，

jancuhūn nure emu moro. hūntahan emke be（將甜酒一碗、杯子一個）kuk'an de

sindambi.（放在炕沿上）
置醴酒一椀、空琖一，於炕沿上。

amsun i taigiyasa ulgiyan be tukiyeme.（司胙太監們擡著豬）uce ci【69a】dosimbufi（從房門進入了）kuk'an i fejile（炕沿下）uju be amargi baru forobume sindambi.（將頭向著北放）
司俎太監等舁豬，入門，置炕沿下，首北向。

amsun i manju emu niyalma（司胙滿洲一人）emu bethe bukdame niyakūrafi（彎曲著一腿跪了）ulgiyan be gidambi.（壓倒豬）
司俎滿洲一人，屈一膝跪，按其豬。

saman kuk'an i fejile ilan jergi bukdaha fulgiyan jafu de（薩滿在炕沿下折了三次的紅氈上）dergi amargi baru ešeme niyakūrafi.（斜著向東北跪了）
司祝跪於炕沿下三折紅氈上，斜向東北。

nurei moro ci（從酒碗）hūntahan de nure tebufi.（斟了酒在杯裏）tukiyeme jalbarifi.（捧著禱祝了）
從盛酒椀內，把酒注於琖中，舉捧禱祝。

amsun i manju ulgiyan i šan be tatame.（司胙滿洲拉著豬耳）saman ulgiyan i šan de jungšun suitafi.（薩滿灌了酒水在豬耳裏）
司俎滿洲執豬耳，司祝灌酒於豬耳內。

hūntahan be kuk'an de【69b】sindafi（將杯子放在炕沿）emgeri hengkilembi.（叩頭一次）
以琖置炕沿，一叩頭。

amsun i manju ulgiyan i uncehen be jafafi.（司胙滿洲拿了豬尾）uju be julergi baru šurdeme sindaha manggi.（將頭轉向南放了之後）
司俎滿洲執豬尾，移轉豬首向南，

amsun i taigiyasa ibefi.（司胙太監們上前了）ulgiyan be tukiyefi.（擡了豬）toholon buriha amba dere de taka undu sindambi.（暫時直的放在鞔了錫的大桌上）
司俎太監等進前，舁豬，暫順放於包錫大桌上。

saman niyakūrahai（薩滿只管跪）nurei moro ci（從酒碗）hūntahan de nure tebumbi.（斟酒在杯裏）
司祝跪，從酒椀內把酒注於琖中。

sirame（接著）ulgiyan be uce ci dosimbufi.（使豬從房門進入了）nenehe mudan i songkoi（照前次的樣）gingnefi（獻了）jalbarifi（禱祝了）jungšun suitafi.（灌了酒水）emgeri hengkilefi（叩頭了一次）ilifi（站立了）bederembi.（退回）

異第二豬入門，仍如前儀，獻酒、禱祝、灌酒畢，一叩頭，興，退。

ulgiyan be toholon buriha amba dere de（將豬在鞔了錫的大桌上）【70a】juwe ulgiyan be gemu wargi baru forobume sindafi（將二豬都向著西放了）silgimbi.（「省」）

置豬於包錫大桌上，二豬俱令首西向，省之。

dere tome juwe amsun i hehesi（每桌二司胙婦人）menggun dokomiha oton be tukiyefi（擡了銀裏整木槽盆）senggi alime gaimbi.（接取血）

每桌前，令司俎婦人二，舉銀裏木槽盆接血。

hiyan i hehesi jafu be bargiyambi.（司香婦人們將氈收起）cinuhūn simenggilehe golmin den dere be ibebufi（使上了銀硃漆的長高桌上前了）amargi nagan[nahan] i julergi sindambi.（放在北炕的前面）

司香婦人撤去氈，進紅漆長高桌，設於北炕前。

menggun dokomiha senggi oton be（將〔接〕血銀裏整木槽盆）golmin den dere de dobofi.（供在長高桌上）

以接血木槽盆列長高桌上。

amba fangkala derei wargi ujan de（在大矮桌的西端）beibun efen[23] emu alikū funcebufi.（神板上供的餑餑留了一盤）

撤去大低桌上所供之餑，惟留一盤，

gūwa doboho【70b】efen. nure. tubihe be bederebumbi.（使其他所供的餑餑、酒、果子撤回）

其餘餑、酒與果，亦俱撤去。

ulgiyan tekdeke manggi.（豬「氣息」之後）amsun i urse ulgiyan be derei ici（眾司胙將豬順桌）uju be julergi baru forobume undu sindafi（將頭向著南直的放了）

豬氣息後，司俎等轉豬首順桌，向南直放。

sukū fuyere.（剝皮的）meileme delhebure.（割開卸骨的）duha do de senggi tebure.（內臟灌血的）bujure.（煮的）toholon buriha amba dere. simenggilehe hoošan be

---

[23] 「beibun i efen」，神板上供的餑餑，即「wecere de（跳神時）yali dobome.（供著肉）efen bederebure de（撤回餑餑時）emu alikū funcebufi.（留了一盤）weceku i sendehen de dobohongge be.（在神主的供神板上供奉者）beibun i efen sembi.（稱神板上供的餑餑）」。見清．傅恆等奉敕撰，《御製增訂清文鑑》（收入《景印文淵閣四庫全書》，冊233），卷27，〈食物部．餑餑類．神板上供的餑餑〉，頁40a-40b。

tuciburengge.（將鞔了錫的大桌、上了油的紙拿出者）gemu erde wecehe songko.（都同清晨跳神的樣）

其去皮、節解、灌血腸、煮肉，以及撤出包錫大桌、油紙等件，俱如朝祭儀。

damu silhi. fathai wahan be jun de maktafi（只將膽、蹄甲丟棄在竈裏）deijimbi.（焚燒）

惟膽與蹄甲，於竈內化之。

yali urehe manggi.（肉熟了之後）amsun i yali sunja moro gūwaššafi.（祭神肉切成小塊五碗）

俟肉熟時，細切胙肉五椀，

moro tome emu【71a】juru sabka sindafi.（每碗放了筯一雙）nagan[nahan] i juwe amba fangkala dere de dobombi.（供在炕上的二大矮桌上）

每椀設筯一雙，供於炕上二大低桌之上。

juwe ulgiyan be juwe menggun dokomiha mooi oton de（將二豬在二銀裏整木槽盆）erde doboho songkoi（照清晨所供的樣）faidame tebufi.（擺設著裝了）

以二豬之肉，分置二銀裏木槽盆內，如朝祭儀。

weceku i baru forome golmin den dere de doboho manggi.（供在向著神主的長高桌上之後）hiyan i da hiyan dabumbi.（司香長點香）hiyan i hehesi suwayan ilhangga fulgiyan jafu sektembi.（司香婦人們鋪黃花紅氈）

供於神位前長高桌，司香點香，司香婦人鋪黃花紅氈。

saman ibefi（薩滿就位了）niyakūrafi.（跪了）forobume（祝贊著）hengkilefi（叩頭了）giogin araha manggi.（合掌了之後）

司祝進，跪，祝，叩頭，合掌致敬。

hiyan i hehesi jafu be bargiyafi.（司香婦人們收了氈）saman tere【71b】mulan be（將薩滿坐的杌子）an i yamji wecere de sindaha bade sindafi.（仍放在晚上跳神時所放之處）

司香婦人收氈，以司祝所坐之杌，置夕祭常放處。

juleri ajige dere sindafi.（前面放了小桌）ajige siša be derei ninggude sindambi.（將小腰鈴放在桌上）

又設小桌，小腰鈴列於桌上。

honggon be derei dergi ergi dalbade nikebume sindafi.（將神鈴放在桌的東邊旁邊靠著）hiyan i fila i tuwa. dengjan be tucibufi.（拿出了香碟的火、燈）

神鈴置於桌之東，撤出香碟內火並鐙。

jun i tuwa be dasifi.（遮蓋了竈的火）tuibure yacin suri i dalikū be sarame（打開背燈祭的青綢遮掩物）daliha manggi.（遮蔽了之後）

掩竈內火，展背鐙青綢幕，蔽之。

geren tucifi（眾人出去了）uce be dasimbi.（掩閉房門）

眾俱退出，闔戶。

tungken tūre taigiyan（打鼓的太監）tengken be dalikū i hanci majige ibebumbi.（將鼓略推進遮掩物附近）saman mulan de tefi.（薩滿在杌子上坐了）

擊鼓太監以鼓移幕前近處，司祝坐於杌上。

sucungga mudan jarime【72a】jalbarime（初次念神歌禱祝著）honggon de solire de.（向神鈴召請時）tungken duinggeri tūme.（打著鼓四次）gisun emtenggeri hiyahambi.（鼓槌交叉一次）carki ilanggeri acabume tūmbi.（扎板和著打三次）

初次誦神歌，向神鈴祈請時，擊鼓四點，又雙槌交擊一次，拍板三鳴，以和之。

sirame（接著）saman honggon i cikten be jafafi.（薩滿拿了神鈴桿）honggon be toksime（敲著神鈴）jarime jalbarire de.（念著神歌禱祝時）tungken sunjanggeri tūme（打著鼓五次）carki ilanggeri acabume tūmbi.（扎板和著打三次）

次司祝執鈴桿，振鈴，誦神歌以禱，鼓擊五點，拍板三鳴，以和之。

saman honggon be sindafi.（薩滿放下神鈴）

司祝置神鈴。

sucungga mudan jarime jalbarime（初次念神歌禱祝著）siša de solire de.（向腰鈴召請時）tungken duinggeri tūfi.（打了鼓四次）gisun emtenggeri hiyahambi.（鼓槌交叉一次）carki acabume ilanggeri tūmbi.（扎板和著打三次）

初次誦神歌，向腰鈴祈請，鼓擊四點，又雙槌交擊一次，拍板三鳴，以和之。

saman siša be debsime（薩滿搖著腰鈴）jarime jalbarire de.（念著神歌禱祝時）siša de acabume（和著腰鈴）【72b】tungken sunjanggeri tūme.（打著鼓五次）carki ilanggeri acabume tūmbi.（扎板和著打三次）

司祝搖腰鈴，誦神歌以禱，鼓擊五點，拍板三鳴，以和腰鈴之聲。

jalbarime wajiha manggi.（禱祝完畢了之後）tungken ilanggeri tūme.（打著鼓三次）carki acabume emgeri tūfi（扎板和著打了一次）nakambi.（停止）

禱畢，鼓擊三點，拍板一鳴而止。

tuibure dalikū be hetembi.（捲起背燈祭的遮掩物）uce be neifi（開了房門）dengjan be dosimbumbi.（使燈進入）

捲起背鐙神幕，開戶，移入鐙火。

yamji wecehe yali be bederebufi tucibufi（使撤出了晚上所跳神的肉）budai boode
benembi.（送給飯房）

撤祭肉，送交膳房。

fucuhi. fusa. juwe hiyan i fila be（將佛、菩薩、二香碟）wargi ergi giyalan ci solime
dosimbufi.（從西邊的房間請進了）an i da soorin de dobombi.（仍供在原位）juwe
【73a】hiyan i fila be an i bade dobombi.（將二香碟仍供在原處）

恭請佛、菩薩像，並二香碟，仍安奉西楹原位，二香碟亦供於原處。

mengse be hetefi.（捲起了幔子）yamji weceku i nirugan be hetefi.（捲起了晚上神主
的畫像）monggo weceku. murigan weceku be（將蒙古神、穆哩罕神）gemu cinuhūn
simenggilehe sithen de tebufi.（都裝在上了銀硃漆的匣裏）

收捲神幔，撤夕祭神畫像，並蒙古神、穆哩罕神，俱恭貯於紅漆匣內，

amargi fajiran de nikebume sindaha（在北牆靠著放了）yacin simenggilehe hacingga bocoi
ilha niruha gocima derei ninggude dobombi.（供在上了黑漆、畫了各種顏色花的抽屜
桌上）

安奉於北牆繪花黑漆抽屜桌上。

sunja hiyan i fila be（將五香碟）gocima derei ninggu i julergi ergi gencehen de【73b】
dobombi.（供在抽屜桌上的南邊邊緣）

供香碟五，於桌之南邊。

agese i jalin wecere inenggi.（為皇子們跳神之日）agese hengkileci.（皇子們叩頭）
saman forobume.（則薩滿祝贊著）agese hengkilembi.（皇子們叩頭）

如為皇子祭祀，皇子叩頭，則司祝禱祝，皇子叩頭。

agese hengkilerakū oci.（若是皇子們不叩頭）saman forobufi（薩滿祝贊了）
hengkilembi.（叩頭）

如皇子不叩頭，則司祝禱祝，叩頭。

agese boo delhere onggolo.（皇子們分家之前）encu boode tebure oci.（若是居住在別
的房屋）meni meni tehe amba boode（在各自所住的大房屋裏）weceku ilibufi.（使立
了神主）

皇子未分府前，居住別室，即於所住之正室內，恭設神位。

erde wecere de.（清晨跳神時）mengse lakiyame.（懸掛著幔子）fucihi i ordo teku nisihai dobome.（供奉著佛的亭連底座）

朝祭，則懸幔，供奉佛亭。

yamji wecere de.（晚上跳神時）【74a】golbon de mengse hūwaitame.（在架子上綁著幔子）nikeku sindame weilehe teku be dobome（供奉著所做放著靠背的底座）wecembi.（跳神）

夕祭，則繫幔於架，供奉神座以祭之。

erde ulgiyan dosimbure onggolo.（清晨使進豬之前）juwe hiyan i fila be tucibufi.（拿出了二香碟）wecere booi tulergi wargi fiyasha i nanggin i fejile sindaha ordo de dobombi.（供奉在跳神房屋外的西山牆廊下所放的亭裏）

朝祭未進豬之前，請出二香碟，供於祭室外之西山牆廊下亭內。

sukū giranggi be tucibuhe manggi.（拿出了皮、骨之後）an i dosimbufi.（仍使進入了）erde weceku dobuho[doboho] fulgiyan gocima dere de dobombi.（供奉在清晨神主所供的紅抽屜桌上）

撤出皮骨後，仍請入，供於安奉朝祭神位之紅漆抽屜桌上。

yamji wecere de.（晚上跳神時）hiyan i fila be tuciburakū ci tulgiyen.（不拿出香碟之外）gūwa gemu【74b】kun ning gung de wecere songkoi wecembi.（其他的都照在坤寧宮跳神的樣跳神）

夕祭，除不請出香碟外，餘俱如坤寧宮祭儀。

geren wang. beile. beise. gung sa（眾王、貝勒、貝子、公等）uksun. gioro.（宗室、覺羅）gioroi halai manjusa（覺羅姓的滿洲們）inu erei songkoi wecembi.（也照此的樣跳神）【75a】【75b】空白

凡諸王、貝勒、貝子、公等，以及宗室、覺羅並伊爾根覺羅、錫林覺羅姓之滿洲等，俱如此儀祭之。

hesei toktobuha manjusai wecere metere kooli bithe.（欽定滿洲祭神祭天典禮）
欽定滿洲祭神祭天典禮

        aniya biyai ice ilan.（正月初三）biyadari ice inenggi.（每月初一日）kun ning
        gung de（在坤寧宮）erde wecere de（清晨跳神時）jarime jalbarime forobure
        gisun.（念著神歌禱祝祝辭）
        正月初三日、每月初一日，坤寧宮朝祭誦神歌禱祝辭

abkai juse.（上天之子）fucihi fusa.（佛、菩薩）ejen sefu.（主子、師傅）coohai
janggin.（軍隊章京）guwan i beise.（關貝子）
上天之子，佛及菩薩，大君先師，三軍之帥，關聖帝君。

tere aniyangga osokon[osohon] beye.（某屬相年小的本人）tere aniyangga osokon[osohon]
beye i（某屬相年小的本人的）wei jalin wececi.（為誰跳神）wei banjiha da aniya be hūlambi.（則呼誰
的本生年）
某年生小子，某年生小子。為某人祭，則呼某人本生年。

julefun gingnembi.（為替獻）uju de ukufi.（在頭上群集了）meiren de fehufi.（在肩上
採榮了）juleri dalime.（前面庇護著）amala alime.（後面承受著）urgun sain i【76a】
acabu.（以喜善相合）
今敬祝者，豐於首，而仔於肩；衛於後，而護於前，畀以嘉祥兮。

uju i funiyehe šarambu.（使頭髮變白）angga i weihe sorombu.（使口齒變黃）aniya
ambula.（年大）se labdu.（歲多）jalgan golmin.（命長）fulehe šumin.（根深）
齒其兒，而髮其黃兮；年其增，而歲其長兮；根其固，而身其康兮。

enduri eršeme.（神明照看著）weceku wehiyeme（神主扶佑著）aniya se be ambula
bahabuki.（請使年歲得大）
神兮覞我，神兮佑我，永我年而壽我兮。

        erde ulgiyan de jungšun suitara de（清晨給豬灌酒水時）jalbarire gisun.（禱辭）
        朝祭灌酒於豬耳禱辭

abkai juse.（上天之子）coohai janggin.（軍隊章京）guwan i beise.（關貝子）
上天之子，三軍之帥，關聖帝君。

tere aniyangga osokon[osohon] beye（某屬相年小的本人）tere aniyangga osokon[osohon]
beye i（某屬相年小的本人的）wei jalin wececi.（為誰跳神）wei banjiha da aniya be hūlambi.（則呼誰的
本生年）
某年生小子，某年生小子。為某人祭，則呼某人本生年。

julefun gingnere šusu be（將為替獻的「犧牲」）【76b】urgun sain i alime gaiki.（請以喜善領受）

敬獻粢盛，嘉悅以享兮。

erde yali doboro de（清晨供肉時）forobure gisun.（祝辭）

朝祭供肉祝辭

abkai juse.（上天之子）coohai janggin.（軍隊章京）guwan i beise.（關貝子）

上天之子，三軍之帥，關聖帝君。

tere aniyangga osokon[osohon] beye.（某屬相年小的本人）tere aniyangga osokon[osohon] beye i（某屬相年小的本人的）wei jalin wececi.（為誰跳神）wei banjiha da aniya be hūlambi.（則呼誰的本生年）

某年生小子，某年生小子。為某人祭，則呼某人本生年。

julefun gingnembi.（為替獻）uju de ukufi.（在頭上群集了）meiren de fehufi.（在肩上採縈了）juleri talime.（前面庇護著）amala alime.（後面承受著）urgun sain i acabu.（以喜善相合）

今敬祝者，豐於首，而仔於肩；衛於後，而護於前，畀以嘉祥兮。

uju i funiyehe šarambu.（使頭髮變白）angga i weihe sorombu.（使口齒變黃）aniya ambula.（年大）se labdu.（歲多）jalgan golmin.（命長）fulehe šumin.（根深）

齒其兒，而髮其黃兮；年其增，而歲其長兮；根其固，而身其康兮。

enduri eršeme.（神明照看著）【77a】weceku wehiyeme.（神主扶佑著）aniya se be ambula bahabuki.（請使年歲得大）

神兮眷我，神兮佑我，永我年而壽我兮。

yamji wecere de（晚上跳神時）mulan de tefi（在杌子上坐了）jarime solire gisun.（念著神歌召請辭）

夕祭坐於杌上誦神歌祈請辭

abka ci wasika ahūn i niyansi.（從天而降阿琿的年錫）šun ci tucike siren i niyansi.（從日分出的年錫）niyansi enduri.（年錫神）

自天而降，阿琿年錫之神，與日分精，年錫之神，年錫惟靈。

ancun ayara.（安春阿雅喇）muri uriha[muriha].（穆哩穆哩哈）nadan daihūn（納丹岱琿）narhūn hiyancu.（納爾琿軒初）enduri senggu.（恩都哩僧固）baiman janggin.（拜滿章京）nadan weihuri.（納丹威瑚哩）endu monggolo.（恩都蒙鄂樂）katun noyan.（喀屯諾延）

安春阿雅喇，穆哩穆哩哈，納丹岱琿，納爾琿軒初，恩都哩僧固，拜滿章京，納丹威瑚哩，恩都蒙鄂樂，喀屯諾延。

tere aniyangga osokon[osohon] beye.（某屬相年小的本人）tere aniyangga osokon[osohon] beyei（某屬相年小的本人的）wei jalin wececi.（為誰跳神）wei banjiha da aniya be hūlambi.（則呼誰的本生年）【77b】

某年生小子，某年生小子。為某人祭，則呼某人本生年。

julefun gingnembi.（為替獻）uju de ukufi（在頭上群集了）meiren de fehufi.（在肩上採縈了）juleri dalime.（前面庇護著）amala alime.（後面承受著）urgun sain i acabu.（以喜善相合）

今敬祝者，豐於首，而仔於肩；衛於後，而護於前，畀以嘉祥分。

uju i funiyehe šarambu.（使頭髮變白）angga i weihe sorombu.（使口齒變黃）aniya ambula.（年大）se labdu.（歲多）jalgan golmin.（命長）fulehe šumin.（根深）

齒其兒，而髮其黃分；年其增，而歲其長分；根其固，而身其康分。

enduri eršeme.（神明照看著）weceku wehiyeme.（神主扶佑著）aniya se be ambula bahabuki.（請使年歲得大）

神兮覬我，神兮佑我，永我年而壽我兮。

ujui mudan（首次）jarime jalbarire gisun.（念著神歌禱辭）
初次誦神歌禱辭

nadan daihūn.（納丹岱琿）narhūn hiyancu.（納爾琿軒初）

納丹岱琿，納爾琿軒初。

tere aniyangga osokon[osohon] beye.（某屬相年小的本人）tere aniyangga osokon[osohon] beye i（某屬相年小的本人的）wei jalin wececi.（為誰跳神）wei banjiha da aniya be hūlambi.（則呼誰的本生年）【78a】

某年生小子，某年生小子。為某人祭，則呼某人本生年。

julefun gingnembi.（為替獻）uju de ukufi.（在頭上群集了）meiren de fehufi.（在肩上採縈了）juleri dalime.（前面庇護著）amala alime.（後面承受著）urgun sain i acabu.（以喜善相合）

今敬祝者，豐於首，而仔於肩；衛於後，而護於前，畀以嘉祥分。

uju i funiyehe šarambu.（使頭髮變白）angga i weihe sorombu.（使口齒變黃）aniya ambula.（年大）se labdu.（歲多）jalgan golmin.（命長）fulehe šumin.（根深）

齒其兒，而髮其黃分；年其增，而歲其長分；根其固，而身其康分。

enduri eršeme.（神明照看著）weceku wehiyeme.（神主扶佑著）aniya se be ambula bahabuki.（請使年歲得大）

神兮睨我，神兮佑我，永我年而壽我兮。

　　　　　　jai mudan（再次）jarime jalbarire gisun.（念著神歌禱辭）
　　　　二次誦神歌禱辭

enduri senggu.（恩都哩僧固）senggu enduri.（僧固恩都哩）

恩都哩僧固，僧固恩都哩。

tere aniyangga osokon[osohon] beye.（某屬相年小的本人）tere aniyangga osokon[osohon] beye i（某屬相年小的本人的）wei jalin wececi.（為誰跳神）wei banjiha da aniya be hūlambi.（則呼誰的本生年）【78b】

某年生小子，某年生小子。為某人祭，則呼某人本生年。

julefun gingnembi.（為替獻）uju de ukufi.（在頭上群集了）meiren de fehufi（在肩上採榮了）juleri dalime.（前面庇護著）amala alime.（後面承受著）urgun sain i acabu.（以喜善相合）

今敬祝者，豐於首，而仔於肩；衛於後，而護於前，昪以嘉祥兮。

uju i funiyehe šarambu.（使頭髮變白）angga i weihe sorombu.（使口齒變黃）aniya ambula.（年大）se labdu.（歲多）jalgan golmin.（命長）fulehe šumin.（根深）

齒其兒，而髮其黃兮；年其增，而歲其長兮；根其固，而身其康兮。

enduri eršeme.（神明照看著）weceku wehiyeme.（神主扶佑著）aniya se be ambula bahabuki.（請使年歲得大）

神兮睨我，神兮佑我，永我年而壽我兮。

　　　　　　wajima mudan（末次）jarime jalbarire gisun.（念著神歌禱辭）
　　　　末次誦神歌禱辭

baiman janggin.（拜滿章京）nadan weihuri.（納丹威瑚哩）endu monggolo.（恩都蒙鄂樂）katun noyan.（喀屯諾延）

拜滿章京，納丹威瑚哩，恩都蒙鄂樂，喀屯諾延。

tere aniyangga osokon[osohon] beye.（某屬相年小的本人）tere aniyangga【79a】osokon[osohon] beye i（某屬相年小的本人的）wei jalin wececi.（為誰跳神）wei banjiha da aniya be hūlambi.（則呼誰的本生年）

某年生小子，某年生小子。為某人祭，則呼某人本生年。

julefun gingnembi.（為替獻）uju de ukufi.（在頭上群集了）meiren de fehufi.（在肩上採榮了）juleri dalime.（前面庇護著）amala alime.（後面承受著）urgun sain i acabu.（以喜善相合）

今敬祝者，豐於首，而仔於肩，衛於後，而護於前，畀以嘉祥分。

uju i funiyehe šarambu.（使頭髮變白）angga i weihe sorombu.（使口齒變黃）aniya ambula.（年大）se labdu.（歲多）jalgan golmin.（命長）fulehe šumin.（根深）

齒其兒，而髮其黃分；年其增，而歲其長分；根其固，而身其康分。

enduri eršeme.（神明照看著）weceku fehiyeme.（神主扶佑著）aniya se be ambula bahabuki.（請使年歲得大）

神分覜我，神分佑我，永我年而壽我分。

> jarime samdaha manggi.（念著神歌跳神了之後）niyakūrafi（跪了）forobure gisun.（祝辭）
> 誦神歌禱祝後跪祝辭

abkai juse.（上天之子）niyansi enduri.（年錫神）ancun ayara.（安春阿雅喇）muri【79b】muriha.（穆哩穆哩哈）nadan daihūn.（納丹岱琿）narhūn hiyancu.（納爾琿軒初）enduri senggu.（恩都哩僧固）baiman janggin.（拜滿章京）nadan weihuri.（納丹威瑚哩）endu monggolo.（恩都蒙鄂樂）katun noyan.（喀屯諾延）

上天之子，年錫之神，安春阿雅喇，穆哩穆哩哈，納丹岱琿，納爾琿軒初，恩都哩僧固，拜滿章京，納丹威瑚哩，恩都蒙鄂樂，喀屯諾延。

tere aniyangga osokon[osohon] beye.（某屬相年小的本人）tere aniyangga osokon[osohon] beye i（某屬相年小的本人的）wei jalin wececi.（為誰跳神）wei banjiha da aniya be hūlambi.（則呼誰的本生年）

某年生小子，某年生小子。為某人祭，則呼某人本生年。

julefun gingnembi.（為替獻）uju de ukufi.（在頭上群集了）meiren de fehufi.（在肩上採榮了）juleri dalime.（前面庇護著）amala alime.（後面承受著）urgun sain i acabu.（以喜善相合）

今敬祝者，豐於首，而仔於肩，衛於後，而護於前，畀以嘉祥分。

uju i funiyehe šarambu.（使頭髮變白）angga i weihe sorombu.（使口齒變黃）aniya ambula.（年大）se labdu.（歲多）jalgan golmin.（命長）fulehe šumin.（根深）

齒其兒，而髮其黃分；年其增，而歲其長分；根其固，而身其康分。

enduri eršeme.（神明照看著）weceku wehiyeme.（神主扶佑著）aniya se be【80a】 ambula bahabuki.（請使年歲得大）

神兮眈我，神兮佑我，永我年而壽我兮。

yamji ulgiyan de jungšun suitara de（晚上給豬灌酒水時）jalbarire gisun.（禱辭）

夕祭灌酒於豬耳禱辭

abkai juse.（上天之子）niyansi enduri.（年錫神）ancun ayara.（安春阿雅喇）muri muriha.（穆哩穆哩哈）nadan daihūn.（納丹岱琿）narhūn hiyancu.（納爾琿軒初）enduri senggu.（恩都哩僧固）baiman janggin.（拜滿章京）nadan weihuri.（納丹威瑚哩）endu monggolo.（恩都蒙鄂樂）katun noyan.（喀屯諾延）

上天之子，年錫之神，安春阿雅喇，穆哩穆哩哈，納丹岱琿，納爾琿軒初，恩都哩僧固，拜滿章京，納丹威瑚哩，恩都蒙鄂樂，喀屯諾延。

tere aniyangga osokon[osohon] beye.（某屬相年小的本人）tere aniyangga osokon[osohon] beye i（某屬相年小的本人的）wei jalin wececi.（為誰跳神）wei banjiha da aniya be hūlambi.（則呼誰的本生年）

某年生小子，某年生小子。為某人祭，則呼某人本生年。

julefun gingnere šusu be（將為替獻的「犧牲」）urgun sain i alime gaiki.（請以喜善領受）【80b】

敬獻粢盛，嘉悅以享兮。

yamji yali doboro de（晚上供肉時）forobure gisun.（祝辭）

夕祭供肉祝辭

abkai juse.（上天之子）niyansi enduri.（年錫神）ancun ayara.（安春阿雅喇）muri muriha.（穆哩穆哩哈）nadan daihūn.（納丹岱琿）narhūn hiyancu.（納爾琿軒初）enduri senggu.（恩都哩僧固）baiman janggin.（拜滿章京）nadan weihuri.（納丹威瑚哩）endu monggolo.（恩都蒙鄂樂）katun noyan.（喀屯諾延）

上天之子，年錫之神，安春阿雅喇，穆哩穆哩哈，納丹岱琿，納爾琿軒初，恩都哩僧固，拜滿章京，納丹威瑚哩，恩都蒙鄂樂，喀屯諾延。

tere aniyangga osokon[osohon] beye.（某屬相年小的本人）tere aniyangga osokon[osohon] beye i（某屬相年小的本人的）wei jalin wececi.（為誰跳神）wei banjiha da aniya be hūlambi.（則呼誰的本生年）

某年生小子，某年生小子。為某人祭，則呼某人本生年。

julefun gingnembi.（為替獻）uju de ukufi.（在頭上群集了）meiren de fehufi.（在肩上採榮了）juleri dalime.（前面庇護著）amala alime.（後面承受著）urgun sain i acabu.

（以喜善相合）

今敬祝者，豐於首，而仔於肩，衛於後，而護於前，畀以嘉祥兮。

uju i funiyehe šarambu.（使頭髮變白）angga i weihe sorombu.（使口齒變黃）【81a】
aniya ambula.（年大）se labdu.（歲多）jalgan golmin.（命長）fulehe šumin.（根深）
齒其兒，而髮其黃兮；年其增，而歲其長兮；根其固，而身其康兮。

enduri eršeme.（神明照看著）weceku wehiyeme.（神主扶佑著）aniya se be ambula
bahabuki.（請使年歲得大）
神兮睨我，神兮佑我，永我年而壽我兮。

> tuibure de（背燈祭時）ujui mudan honggon de（首次向神鈴）jarime
> jalbarime solire gisun.（念著神歌禱祝召請辭）
> 背鐙祭，初次向神鈴誦神歌祈請辭

je.（哲）irehu je narhūn.（伊哷呼哲納爾琿）
哲，伊哷呼，哲，納爾琿。

uce fa be dalifi（掩蓋了門、窗）solimbi（召請）narhūn.（納爾琿）
掩戶、牖，以迓神兮，納爾琿。

mucen i sukdun. jun i tuwa be gidafi（隱匿了鍋的氣、竈的火）solimbi（召請）narhūn.
（納爾琿）
息甑、竈，以迓神兮，納爾琿。

soliha be dahame.（因為召請了）soorin de wasiki（請即寶位）narhūn.（納爾琿）
肅將迎兮，侑坐以俟，納爾琿。

tuibuhe be【81b】dahame（因為背燈了）tusergen[1] de wasiki（請就反坫）narhūn.（納
爾琿）
祕以祀兮，几筵具陳，納爾琿。

nadan daihūn（納丹岱琿）nanggišame wasiki（請柔順著降下）narhūn.（納爾琿）
納丹岱琿，藹然降兮，納爾琿。

jorgon junggi（卓爾歡鍾依）jorime wasiki（請指引著降下）narhūn.（納爾琿）
卓爾歡鍾依，惠然臨兮，納爾琿。

---

[1] 「tusergen」，反坫，即「sarin de（酒宴時）hūntahan taili sindaha den dere be.（杯子、托碟所放的高桌）
tusergen sembi.（稱反坫）」。見清・傅恆等奉敕撰，《御製增訂清文鑑》（收入《景印文淵閣四庫全
書》，冊232），卷6，〈禮部・筵宴類・反坫〉，頁38b。

oron honggon de oksofi（魄在神鈴上邁步了）ebuki（請下來）narhūn.（納爾琿）
感於神鈴兮，來格，納爾琿。

siren honggon de sišafi[2]（蔓在神鈴上蛆拱了）ebuki（請下來）narhūn.（納爾琿）
莅於神鈴兮，來歆，納爾琿。

>jai mudan honggon be toksime（再次敲著神鈴）jarime jalbarire gisun.（念著
>神歌禱辭）
>二次搖神鈴誦神歌禱辭

nadan daihūn.（納丹岱琿）narhūn hiyancu.（納爾琿軒初）jorgon junggi.（卓爾歡鍾
依）juru juktehen.（珠嚕珠克特亨）
納丹岱琿，納爾琿軒初，卓爾歡鍾依，珠嚕珠克特亨。

tere aniyangga osokon[osohon] beye.（某屬相年小的本人）tere aniyangga osokon[osohon]
beye i（某屬相年小的本人的）wei jalin wececi.（為誰跳神）wei banjiha da aniya be hūlambi.（則呼誰的
本生年）
某年生小子，某年生小子。為某人祭，則呼某人本生年。

julefun gingnembi.（為替獻）【82a】uju de ukufi.（在頭上群集了）meiren de fehufi.
（在肩上採縈了）juleri dalime.（前面庇護著）amala alime.（後面承受著）urgun
sain i acabu.（以喜善相合）
今敬祝者，豐於首，而仔於肩；衛於後，而護於前，畀以嘉祥兮。

uju i funiyehe šarambu.（使頭髮變白）angga i weihe sorombu.（使口齒變黃）aniya
ambula.（年大）se labdu.（歲多）jalgan golmin.（命長）fulehe šumin.（根深）
齒其兒，而髮其黃兮；年其增，而歲其長兮；根其固，而身其康兮。

enduri eršeme.（神明照看著）weceku wehiyeme.（神主扶佑著）aniya se be ambula
bahabuki.（請使年歲得大）
神兮眷我，神兮佑我，永我年而壽我兮。

>ilaci mudan siša de（第三次向腰鈴）jarime solire gisun.（念著神歌召請辭）
>三次向腰鈴誦神歌祈請辭

2　「sišafi（sišambi）」，蛆拱，即「yeye i funturšere[funturšare] be.（以蛆蟲只是拱地的）sišambi sembi.（稱
　　蛆拱）」。見清・傅恆等奉敕撰，《御製增訂清文鑑》（收入《景印文淵閣四庫全書》，冊233），
　　卷32，〈蟲部・蟲動類・蛆拱〉，頁74a。又「funturšambi」，只是拱地，此字與「funturambi（豬拱
　　地）」相關，即「aidagan ulgiyan i jergi guru ulha.（野豬、家豬等野獸、家畜）oforo i na be feterere be.（以
　　鼻子挖地）funturambi sembi.（稱豬拱地）」。見同書，卷31，〈獸部・走獸動息類・豬拱地〉，頁
　　28b。

je.（哲）irehu je（伊哷呼哲）gu i šongkon.（古伊雙寬）

哲，伊哷呼，哲，古伊雙寬。

tusergen dere be tukiyefi（擡了反玷桌）solimbi（召請）gu i šongkon.（古伊雙寬）
【82b】

几筵兮，以敬迓，古伊雙寬。

šufangga šusu be sindafi（放了湊數的「犧牲」）solimbi（召請）gu i šongkon.（古伊雙寬）

潔粢盛兮，以恭延，古伊雙寬。

soliha be dahame（因為召請了）soorin de wasiki（請即寶位）gu i šongkon.（古伊雙寬）

肅將迎兮，盡敬，古伊雙寬。

tuibuhe be dahame.（因為背燈了）tusergen de wasiki（請就反玷）gu i šongkon.（古伊雙寬）

祕以祀兮，申虔，古伊雙寬。

asha dethe be acinggiyame（翅膀、翅翎搖動著）wasiki（請降下）gu i šongkon.（古伊雙寬）

乘羽葆兮，陟于位，古伊雙寬。

siren siša de sišame（藤蔓、腰鈴蛆拱著）wasiki（請降下）gu i šongkon.（古伊雙寬）

應鈴響兮，降於壇，古伊雙寬。

　　　duici mudan siša be debsime（第四次搖著腰鈴）jarime jalbarire gisun.（念著
　　　神歌禱辭）
　　　四次搖腰鈴誦神歌禱辭

hūlara enduri.（呼喚的神明）solire fisun.（召請的斐孫）anggangga wecehe.（有口者
跳神了）ambasa【83a】juktehe.（大臣們祀神了）

籲者惟神，迓者斐孫，犧牲既陳，奔走臣隣。

tere aniyangga osokon[osohon] beye.（某屬相年小的本人）tere aniyangga osokon[osohon]
beye i（某屬相年小的本人的）wei jalin wececi.（為誰跳神）wei banjiha da aniya be hūlambi.（則呼誰的
本生年）

某年生小子，某年生小子。為某人祭，則呼某人本生年。

julefun gingnembi.（為替獻）uju de ukufi.（在頭上群集了）meiren de fehufi.（在肩上
採榮了）juleri dalime.（前面庇護著）amala alime.（後面承受著）urgun sain i acabu.

（以喜善相合）

今敬祝者，豐於首，而仔於肩；衛於後，而護於前，畀以嘉祥兮。

uju i funiyehe šarambu.（使頭髮變白）angga i weihe sorombu.（使口齒變黃）aniya
ambula.（年大）se labdu.（歲多）jalgan golmin.（命長）fulehe šumin.（根深）
齒其兒，而髮其黃兮；年其增，而歲其長兮；根其固，而身其康兮。

enduri eršeme.（神明照看著）weceku wehiyeme.（神主扶佑著）aniya se be ambula
bahabuki.（請使年歲得大）【83b】
神兮眖我，神兮佑我，永我年而壽我兮。

hesei toktobuha manjusai wecere metere kooli bithe.（欽定滿洲祭神祭天典禮）
欽定滿洲祭神祭天典禮

> wecehe jai inenggi（跳神次日）metere dorolon i ejehen.（還願的儀注）
> 祭神翌日祭天儀注

wecehe jai inenggi metere de.（跳神次日還願時）doigonde nenehe songkoi（預先照先前的樣）fucihi. fusa be solime tucibufi.（請出了佛、菩薩）
祭神翌日祭天，預期如前儀，恭請佛、菩薩像，

kun ning gung ni wargi giyalan i amba ordo i dolo（坤寧宮西面房間的大亭內）doboho manggi.（供了之後）
供於坤寧宮西楹大亭。

amsun i taigiyasa.（司胙太監們）somo i dergi amargi ergide.（在還願神杆的東北邊）simenggilehe jiramin solho hoošan sektefi.（鋪了上了油的厚高麗紙）
司俎太監等，於神杆東北，鋪油厚高麗紙，

cinuhūn simenggilehe toholon buriha amba dere【84a】emke be（將上了銀硃漆、鞔了錫的大桌一張）wargi baru forome sindambi.（向著西放）
設包錫紅漆大案一，西向。

ilibuha somo be wasimbufi.（降下了所立的還願神杆）somo ilibure tura de（在立還願神杆的柱子上）somo i dube be（將還願神杆的末端）šun dekdere ergi baru ešeme nikebume.（向日升起的方向斜倚著）da ergi be na de sindafi.（將頭邊放在地上）
卸下神杆，以杆端向東，斜仰於倚柱上，杆首挂於地。

fe hafiraha bolgo hoošan. fe uliha ildufun giranggi[1] be gaifi.（取了舊的所夾的淨紙、舊的所穿的頸骨）teišun i nere[2] de sindafi（放在黃銅鍋撐裏）tekdebumbi.（焚化）
撤舊夾淨紙、舊穿頸骨，置銅海內，化之。

somo i wehei juleri（還願神杆石前面）cinuhūn simenggilehe den dere emke be wesihun sindafi.（向上放了上了銀硃漆的高桌一張）menggun i fila ilan【84b】dobombi.（供銀碟三）
杆石前，向上設紅漆高案一，供銀碟三。

---

[1] 「ildufun giranggi」，杆上插的頸骨，即「metere somo i dubede ulime sindara giranggi be.（還願神杆末尾處穿放的骨）ildufun giranggi sembi.（稱杆上插的頸骨）」。見清・傅恆等奉敕撰，《御製增訂清文鑑》（收入《景印文淵閣四庫全書》，冊232），卷6，〈禮部・祭祀器用類・杆上插的頸骨〉，頁52a。

[2] 「nere」，鍋撐，即「mucen sujara bethe noho selei weren（支著鍋腳全鐵的桶箍）jai na be fetefi（以及掘了地）mucen tebure sangga be.（放鍋的窖窿）gemu nere sembi.（都稱鍋撐）」。見清・傅恆等奉敕撰，《御製增訂清文鑑》（收入《景印文淵閣四庫全書》，冊233），卷25，〈器皿部・器用類・鍋撐〉，頁20a-20b。又《大清全書》曰：「三腳鍋撐，甂」。見沈啟亮，《大清全書》，卷3，頁32b，「nere」條。

dulimbai fila de（在中央的碟子裏）soca bele tebumbi（裝還願撒的米）juwe ergi i juwe fila be taka untuhun sindambi.（將兩邊的二碟暫時空的放）

中碟盛所灑米，旁二碟空設。

bolgo hoošan emu afaha be（將淨紙一張）derei ninggude sindambi.（放在桌上）

置淨紙一張於案上。

somo i wehe ci majige aldanggakan wargi amargi ergide（在比還願神杆石略遠的西北邊）cinuhūn simenggilehe golbon emke sindambi.（放上了銀硃漆的架子一座）golbon de fulgiyan jafu emu farsi dasimbi.（在架子上遮蓋紅氈一塊）

離神杆石稍遠西北方，設紅漆架一，架上覆以紅氈。

golbon i julergi de（在架子的南面）ilhangga mooi fan dere emke. cinuhūn simenggilehe fan juwe be（將花梨木方盤桌一張、上了銀硃漆的方盤二）amasi siran siran i sindambi.（向後陸續擺放）

架南設花木方盤桌一、紅漆方盤二，俱向後挨次而設。

fan i dolo fanihiyan ududu sindambi.（方盤內放砧板數個）【85a】

盤內置案板數枚。

giowan i mucen teisun i nere be（將紅銅鍋、黃銅鍋撐）geli fan i amargi ergide.（又在方盤的北邊）jun be dergi baru forobume sindambi.（將竈向著東放）

移紅銅鍋並銅海，設於木盤之北，竈門東向。

erin ome.（屆時）amsun i taigiyasa ulgiyan be dosimbufi（司胙太監們使豬進了）

屆時，司俎太監等進豬，

somo i wehei dergi ergi dalbai amasikan[amasika].（還願神杆石的東邊旁略後些）uju be julergi baru forobume sindambi.（將頭向著南放）

置於神杆石之東旁稍後，首向南。

hūwangdi beye doroloro de.（皇帝親自行禮時）hiyan i hehesi（司香婦人們）kun ning gung ni ucei dolo（坤寧宮門內）bokson i hanci（近門檻）

皇帝親詣行禮，司香婦人於坤寧宮門內近檻處，

hūwangdi doroloro suwayan ilhangga fulgiyan jafu sektembi.（鋪皇帝行禮的黃花紅氈）【85b】

鋪皇帝行禮黃花紅氈。

hūwangdi uce be dosifi（皇帝進了門）mahala gaifi.（摘了冠）somo i ishun wesihun forome niyakūrambi.（面對還願神杆向上跪）

皇帝進門，對神杆向上跪。

amsun i manju ibefi（司胙滿洲就位了）julesi forome ilifi.（向前站立了）soca bele
tebuhe fila be tukiyeme jafafi.（捧起裝了還願撒米的碟子）emgeri some maktame metefi.
（拋撒著一次還願了）

司胙滿洲進，向前立，捧米碟，灑米一次，禱祝祭天畢，

bele be geli juwe mudan some maktafi（又將米拋撒了二次）bederembi.（退回）

又灑米二次，退。

hūwangdi emgeri dorolofi（皇帝行禮了一次）ilifi（起立了）marimbi.（返回）

皇帝行禮，興，退。

hūwangheo sasari doroloci.（若皇后一齊行禮）hūwangdi dulimbade.（皇帝在中央）
【86a】hūwangheo wargi ergide（皇后在西邊）dorolombi.（行禮）

如同皇后行禮，皇帝居中，皇后在西行禮。

amsun i hahasi be gemu tule tucibufi.（使司胙男子們都出去外面）metere amsun i manju
be taigiyasa gaime（太監們帶著還願的司胙滿洲）daniyalame ilibumbi.（使背著站立）

司胙等俱退出於外，太監等率祝禱祭天之司胙滿洲背立。

hūwangdi. hūwangheo beye dorolorakū inenggi.（皇帝、皇后不親自行禮之日）saman
hūwangdi i etuku be tukiyefi（薩滿捧了皇帝的衣服）hengkilembi.（叩頭）

如遇皇帝、皇后不親詣行禮日，司祝捧皇帝御衣叩頭。

hengkilehe manggi.（叩頭了之後）amsun i taigiyasa ulgiyan i uju be wargi baru forobume
（司胙太監們將豬頭向著西）toholon buriha amba dere de sindafi（放在鞔了錫的大
桌上）silgimbi.（「省」）

畢，司胙太監等轉豬首向西，於包錫大案上，省之。

amsun i juwe taigiyan（司胙二太監）menggun【86b】dokomiha oton be tukiyefi（擡了銀
裏整木槽盆）senggi alime gaifi.（接取了血）den dere de dobombi.（供在高桌上）

司胙太監二，舉銀裏木槽盆接血，列於高案上。

ulgiyan tekdeke manggi.（豬「氣息」之後）ulgiyan i uju be julergi baru forobume undu
sindafi.（將豬頭向著南直放了）

豬氣息後，轉豬首向南順放。

amsun i urse uthai hūwa de（眾司胙即在院裏）ulgiyan be sukū fuyefi.（將豬剝了皮）

ildufun giranggi oyo gaifi[3]. (〔取了〕頸骨、祭肉敬天)
司俎等即於院內去豬皮，先以頸骨連精肉取下，

sori yali[4] be isingga be tuwame gaifi. (看著取了足夠的小肉) giowan i mucen de. bujumbi.
(在紅銅鍋裏煮)
並擇取餘肉，煮於紅銅鍋內。

funcehengge be (將剩餘者) an i farsilame meileme delhebufi. (仍割開了卸骨成塊)
eshun i menggun dokomiha mooi oton de faidame (生的陳列在銀裏整木槽盆裏)
餘俱按節解開，擺列於銀裏木槽盆內。

uju be sukū【87a】nisihai gulhun dasifi. (將頭連皮整個遮蓋了) uthai toholon buriha dere
de (即在鞔了錫的桌上) julergi baru forobume undu sindambi. (向著南直放)
置首於前，以皮蒙蓋其上，南向順放於包錫大案上。

duha do be dasaha manggi. (整修了內臟之後) inu oton de sindambi. (也放在整木槽盆裏)
腸臟修整後，亦貯於木槽盆內。

senggi oton be (將〔接〕血整木槽盆) yali oton i juleri hetu sindambi. (橫放在〔裝〕
肉整木槽盆前)
以盛血木槽盆，橫放於盛肉木槽盆之前。

yali ureme (肉變熟) amsun i urse fan i amala (眾司俎方盤的後面) dergi baru forome
tecefi. (向著東同坐了)
肉熟時，司俎等向東列坐於木盤後。

urhe yali be biha obume bilufi (將熟肉切為小片了) furumbi. (切細) oyo gaiha yali.
ildufun giranggi be neneme (先將祭肉敬天的肉、頸骨)
以熟肉細切為絲，先取精肉、頸骨，

den derei wargi ergide sindaha menggun fila de tebufi (裝在高桌西邊所放的銀碟裏)
dobombi. (供奉)
供於高案西邊所設銀碟內。

3   「oyo gaifi（oyo gaimbi）」，祭肉敬天，即「wecefi（跳神了）doboho yali be encere onggolo. (將所供的肉放分
     之前) farsi tome heni faitafi booi ninggude maktara be. (每塊切少許拋於房上) oyo gaimbi sembi. (稱祭肉敬天)
     metere de (還願時) bujure onggolo. (煮肉之前) farsi tome heni gaifi (每塊取了少許) somo hjyase de sindarengge
     be. (放在還願神杆斗上者) inu oyo gaimbi sembi. (也稱祭肉敬天)」。見清・傅恆等奉敕撰，《御製增訂
     清文鑑》（收入《景印文淵閣四庫全書》，冊232），卷6，〈禮部・祭祀類・祭肉敬天〉，頁44b-45a。
4   「sori yali」，小肉，即「metere de (還願時) amsun gaiha yali be. (獻神酒食所取的) sori yali sembi. (稱
     小肉)」。見清・傅恆等奉敕撰，《御製增訂清文鑑》（收入《景印文淵閣四庫全書》，冊232），卷
     6，〈禮部・祭祀類・小肉〉，頁45a。

silhi be dergi ergide sindaha【87b】menggun fila de tebumbi.（將膽裝在東邊所放的銀碟裏）
膽貯於東邊所設銀碟內。

sori yali baha manggi.（得了小肉之後）sori yali juwe moro.（小肉二碗）moro tome
sabka emu juru sindambi.（每個碗放筯一雙）
細絲小肉成後，盛小肉絲二椀，各置筯一雙。

hife[5] belei buda juwe moro.（稗子米飯二碗）moro tome saifi emke sindafi.（每個碗放了
匙一枚）
稗米飯二椀，各置匙一枚，

dergi ergi ci（從東邊）emu moro buda. emu moro yali giyalganjame（一碗飯、一碗肉
間隔著）julesi forome emu ikiri dobombi.（向著前面接連供奉）
從東向西，飯、肉相間以供。

dobome jabduha manggi.（供獻妥當了之後）hūwangdi beye doroloci.（若皇帝親自行禮）
皇帝親詣行禮，

amsun i manju（司胙滿洲）nenehe songkoi（照先前的樣）soca bele i fila be tukiyeme
jafafi.（捧起了還願撒米的碟子）
司俎滿洲仍如前儀，捧米碟，

bele be emgeri some maktame metefi（拋撒著米一次還願了）geli juwe mudan bele be
【88a】some maktafi（又拋撒了米二次）bederembi.（退回）
灑米一次，禱祝祭天畢，又灑米二次，退。

hengkilehe manggi.（叩頭了之後）amsun i janggin. amsun i urse（司胙官、眾司胙）
ildufun giranggi be somo i dubede ulifi.（以頸骨穿在還願神杆末尾處）
叩頭畢，司俎官、司俎等，以頸骨穿於神杆之端。

oyo gaiha yali. silhi. soca bele be（將祭肉敬天的肉、膽、還願撒的米）yooni somo i
hiyase de tebufi（全裝在還願神杆的神杆斗裏）somo be ilibufi.（立起了還願神杆）
精肉及膽，並所灑米，俱貯於神杆斗內，立起。

bolgo hoošan be somo. somo ilibure tura i sidende hafirambi.（將淨紙夾在還願神杆、立
還願神杆的柱子之間）
神杆淨紙夾於神杆與倚柱之間。

5　「hife」，稗子，即「jeku i gebu（穀物名）nuhaliyan bade tarimbi.（種在窪地處）wekji belge sahahūn（米
　　皮、米粒淡黑色）」。見清・傅恆等奉敕撰，《御製增訂清文鑑》（收入《景印文淵閣四庫全書》，
　　冊233），卷28，〈雜糧部・米穀類・稗子〉，頁37b。

dergi ergide doboho sori yali buda be（將東邊所供的小肉、飯）kun ning gung ni dolo dosimbumbi.（收進坤寧宮內）【88b】
東首所供之小肉飯，撤入坤寧宮內。

hūwangdi. hūwangheo angga isici.（若皇帝、皇后先嚐）hūwangdi. hūwangheo de tukiyembi.（捧給皇帝、皇后）
皇帝、皇后受胙，獻於皇帝、皇后。

hūwangdi. hūwangheo hengkilerakū inenggi.（皇帝、皇后不叩頭之日）kun ning gung ni dolo bisire urse de ulebumbi.（給坤寧宮內所有眾人吃）
如遇皇帝、皇后不行禮之日，令在坤寧宮內人等食之。

wargi ergide doboho sori yali buda be（將在西邊所供的小肉、飯）tule bibufi.（留外面了）
西首所供之小肉飯，留於外，

mucen de funcehe sile yali be suwaliyame（連同著鍋內所剩的湯、肉）【89a】amsun i urse. taigiyasa de ulebumbi.（給眾司胙、太監們吃）
同鍋內所餘湯肉，令司俎及太監等食之。

funcehe eshun yali giranggi be（將所剩的生肉、骨）menggun dokomiha oton nisihai.（連銀裏整木槽盆）
其餘生肉並銀裏木槽盆，

jai toholon buriha den dere simenggilehe jiramin solho hoošan be（以及將鞔了錫的高桌、上了油的厚高麗紙）kun ning gung ni dolo dosimbufi.（收進了坤寧宮內）
及包錫高案、油厚高麗紙，俱移入坤寧宮內。

wecere songkoi（照跳神的樣）uju fatha be gaifi（拿了頭、蹄）šolome（燒炙著）duha de senggi tebufi.（灌了血在腸裏）amba mucen de bujumbi.（在大鍋裏煮）
如祭神儀，取頭、蹄燎燖，腸內灌血，煮於大鍋內。

<u>amba yali</u>[6] urehe manggi.（大肉熟了之後）alikūlafi（裝盤了）da bade faidafi.（排列在原處）inu uce ci tuciburakū.（也不從房門拿出去）
大肉熟後，盛於盤內置原處，亦不許出戶，

---

6 「amba yali」，大肉，即「metere de（還願時）amsun gaifi（拿了獻神酒食）funcehe giranggi be boode dosimbufi bujufi（以所剩的骨收進家裏煮了）encere yali be.（放分的肉也）amba yali sembi.（稱大肉）」。清・傳恆等奉敕撰，《御製增訂清文鑑》（收入《景印文淵閣四庫全書》，冊232），卷6，〈禮部・祭祀類・大肉〉，頁45a。

ambasa hiyasa be dosimbufi（使大臣們、侍衛們進入了）【89b】ulebumbi.（給吃）
令大臣、侍衛等進內，食之。

ulebume wajiha manggi.（吃完了之後）amsun i taigiyasa（司胙太監們）simenggilehe hoošan dere be tucibumbi.（拿出上了油的紙、桌）sukū giranggi be tucibufi.（拿出了皮、骨）
食畢，司俎太監撤出油紙、高案，及皮與骨。

sukū nimenggi be budai boode benebumbi.（將皮、油脂送給飯房）giranggi be amsun i janggin tuwame bolgo bade gamafi（司胙官將骨看著拿去潔淨處）deijifi（焚燒了）bira de maktambi.（拋於河）
皮、油送交膳房，骨則司俎官送潔淨處，監視，化而投之於河。

fucihi. fusa be wargi giyalan ci（將佛、菩薩從西面房間）sulime[solime] dosimbufi.（請進了）an i da soorin de dobombi.（仍供在原位）
恭請佛、菩薩像至西楹，安奉於原位。

mucen i nere be da bade sindambi.（鍋的鍋撐放在原處）golbon. fan i jergi jaka be（將架子、方盤等物）meni meni da bade【90a】bargiyambi.（收於各自的原處）
鍋海置於原處，神架、方盤等物，各收於原處。

aika agara. nimarara de teisulebuci.（若遇到下雨、下雪時）
如遇雨、雪，

amsun i urse. amsun i taigiyasa.（眾司胙、司胙太監們）simenggilehe hoošan i amba sara tukiyefi（舉了上了油的紙大傘）metere dere. mucen be dasime ilimbi.（遮著還願的桌、鍋站立）
司俎及司俎太監等，張大油紙繖，遮於祭天桌、鍋之上。

agese i jalin metere de（為皇子們還願時）agese hengkilembi.（皇子們叩頭）
如為皇子祭天，皇子叩頭，

agese hengkilerakū oci.（若是皇子們不叩頭）saman agese i etuku be tukiyefi hengkilembi.
（薩滿捧了皇子們的衣服叩頭）【90b】
如皇子不叩頭，司祝捧皇子衣服叩頭。

hesei toktobuha manjusai wecere metere kooli bithe.（欽定滿洲祭神祭天典禮）
欽定滿洲祭神祭天典禮

wecehe jai inenggi（跳神次日）metere de hūlara gisun.（還願時贊辭）
祭神翌日祭天贊辭

anje.（安哲）amba abka donji.（大天聽）hala gioro.（姓覺羅）
安哲，上天監臨，我覺羅，

tere aniyangga osokon[osohon] beye i（某屬相年小的本人的）wei jalin meteci.（為誰還願）
wei banjiha da aniya be hūlambi.（則呼誰的本生年）
某年生小子，為某人祭天，則呼某人本生年。

jalin de ulin i udafi.（為給用財物買了）basa i baifi.（用工錢求了）baitangga ulgiyan be
bahafi.（有事者得了豬）amba abka de alibuci.（則獻給大天）
蠲精誠，以薦牷兮；執豕孔碩，獻於昊蒼兮。

emu gala alime gaiki.（請一手領受）juwe gala tomsome gaifi.（二手撿取了）
一以嘗兮，二以將兮，

tere aniyangga osokon[osohon] beyebe（將某屬相年小的本人）aniya ambula.（年大）
se labdu.（歲多）jalgan golmin.（命長）fulehe šumin.（根深）
俾我某年生小子，年其增，而歲其長兮；根其固，而身其康兮。

elhe taifin i eršeki.（請以安平照看）urgun sain i wehiyeki.（請以喜善扶佑）【91a】
綏以安吉兮，惠以嘉祥兮。

第二冊

hesei toktobuha manjusai wecere metere kooli bithe.（欽定滿洲祭神祭天典禮）jai debtelin （次卷）

欽定滿洲祭神祭天典禮 卷二

> kun ning gung de（在坤寧宮）an i inenggi（平日）wecere dorolon i ejehen （跳神的儀注）
>
> 坤寧宮常祭儀注

inenngidari.（每日）kun ning gung de（在坤寧宮）erde.（清晨）weceku de wecere de.（給神主跳神時）

每日，坤寧宮祭朝祭神，

neneme suwayan suje de fulgiyan giltasikū kubuhe mengse be（先將鑲了紅片金的黃緞幔子）suwayan bocoi kubun i tonggo siberehe futa de ulifi.（用黃色的棉線搓成的繩穿了）

預將鑲紅片金黃緞神幔，用黃棉線繩穿繫其上，

wargi fiyasha de（在西山牆上）hadaha muduri uju foloho aisin i hoošan【1a】latubuha cinhūn simenggilehe ilan jofohonggo tehe de（在所釘的刻了龍頭、貼了飛金、上了銀硃漆的三角架上）juwe ujan be hūwaitame lakiyambi.（兩頭綁著懸掛）

懸掛西山牆所釘之雕龍頭、鬏金、紅漆三角架

bolgo hoošan juwe afaha be（以淨紙二張）duite jergi bukdafi（各折了四次）duin jiha faitafi.（裁切了四錢）mengse i juwe ujan de tuhebume lakiyambi.（垂著懸掛在幔子的兩頭）

以淨紙二張，各四折，鏤錢四，掛於神幔兩端。

aisin i fucihi doboho aisin i hoošan latubuha ajige ordo be（將供了金佛、貼了飛金的小亭）teku nisihai（連底座）julergi ergide sindafi.（放在南邊）ordo i uce be neimbi.（開亭門）

昇供佛之鬏金小亭連座，奉安於南首，啟亭門。

sirame（接著）mengse de.（在幔子上）fusa i nirugan be lakiyame.（掛著菩薩像）jai sirame.（再接著）【1b】guwan mafa enduri i nirugan be lakiyame.（掛著關老爺神像）gemu amba nagan[nahan] i ninggude（都是在大炕上）dergi baru forome dobombi.（向著東供奉）

次於神幔上懸菩薩像，又次懸關帝神像，均於大炕上東向供奉。

nagan[nahan] de（在炕上）cinuhūn simenggilehe amba fangkala dere juwe sindafi.（放了上了銀硃漆的大矮桌二）hiyan i fila ilan（香碟三）bolgo muke ilan hūntahan.（淨水

三杯）

炕上設紅漆大低桌二，桌上供香碟三，淨水三琖。

fenshen efen be duin durbejen obume（將撒糕做為四角形）juwan fen obufi.（做成十塊）uyun alikū be derei ninggude dobombi.（以九盤供在桌上）emu alikū be derei fejile amargi ergide dobombi.（以一盤供在桌下北邊）

方切灑餻分為十盤，以九盤供於桌上，一供桌下北首。

kuk'an i juleri（炕沿前）suwayan ilhangga fulgiyan jafu sektefi.（鋪了黃花紅氈）saman i hengkilere ajige fangkala dere sindambi.（放薩滿叩頭的小矮桌）

炕沿前鋪黃花紅氈，設司祝叩頭小低桌。

amsun i taigiyasa（司胙太監們）doigonde dulimbai【2a】giyalan i mucen i teisu na de（預先在對著中央房間的鍋的地上）simenggilehe jiramin solho hoošan juwe afaha sektefi.（鋪了上了油的厚高麗紙二張）

司俎太監等，預於中間屋內鍋前地上，設油厚高麗紙二張。

toholon buriha cinuhūn simenggilehe juwe amba dere be dosimbufi.（使鞔了錫、上了銀硃漆的二大桌進入了）wargi baru forome（向著西）juwe jergi obume.（做為二列）meni meni simenggilehe solho hoošan de sindambi.（各自放在上了油的高麗紙上）

進包錫紅漆大桌二，西向分為二行，各置於油高麗紙上。

erin ome（屆時）hiyan i da hiyan dabumbi.（司香長點香）amsun i taigiyasa.（司胙太監們）amsun i urse（眾司胙）juwe ulgiyan be dosimbufi.（使二豬進入了）

屆時，司香點香，司俎太監、司俎等，進豬二，

kun ning gung ni ucei tule.（坤寧宮的房門外）uju be gemu ucei ici（將頭都在房門的右邊）amargi baru forobume（向著北）sindaha manggi.（放了之後）【2b】

於坤寧宮門外之右，首皆北向。

tenggeri. fifan fithere juwe amsun i taigiyan.（彈三絃、琵琶的二司胙太監）amsun i janggin.（司胙官）amsun i niyalma jakūn.（司胙之人八）da taigiyan juwe niyalma（首領太監二人）ibefi.（就位了）

奏三弦琵琶之司俎太監二、司俎官、司俎八、首領太監二，以次進。

tenggeri. fifan julergi.（三絃、琵琶在前）sirame（接著）juwan niyalma juwe jergi faidafi.（十人排成兩列）

三弦、琵琶在前，次十人，分二層排列，

gemu wesihun forome（都向著上）moselame tecefi（盤著腿同坐了）tenggeri fifan fitheme.（彈著三絃、琵琶）carki tūmbi.（打扎板）
均向上盤膝坐，奏三弦、琵琶，鳴拍板。

erei amala（其後）amsun i manjusa（司胙滿洲們）emu bethe bukdame niyakūrafi（彎曲著一腿跪了）falanggū forimbi.（鼓掌）
其後，司俎滿洲等，屈一膝跪，拊掌。

hiyan i da halmari be saman de alibumbi.（司香長呈遞神刀給薩滿）saman halmari jafafi（薩滿拿了神刀）ibeme.（上前著）
司香舉神刀授司祝，司祝執神刀，進。

amsun i urse tenggeri. fifan fitheme（眾司胙彈著三絃、琵琶）carki tūmbi.（打扎板）falanggū forimbi.（鼓掌）
司俎等復奏三弦、琵琶，鳴拍板，拊掌。

saman emgeri hengkilefi（薩滿叩頭了一次）ilime.（站立著）【3a】amsun i urse orolombi.（眾司胙眾呼鄂囉羅）
司祝一叩頭，興，司俎等歌鄂囉羅。

saman halmari be ilanggeri tanjurafi.（薩滿以神刀禱告了三次）emu jergi jarime jalbarifi.（念著神歌禱祝了一次）
司祝擎神刀禱祝三次，誦神歌一次。

halmari be tanjurara de.（以神刀禱告時）amsun i urse geli orolombi.（眾司胙又眾呼鄂囉羅）
擎神刀禱祝時，司俎等復歌鄂囉羅。

erei songkoi（照此的樣）ilan mudan jarime jalbariha.（念著神歌禱祝了三次）uyun mudan tanjuraha manggi.（禱告了九次之後）
誦神歌三次，如前儀，如是九次畢，

saman niyakūrafi.（薩滿跪了）emgeri hengkilefi（叩頭了一次）ilifi（站立了）geli ilanggeri tanjurafi.（又禱告了三次）halmari be hiyan i da de amasi bumbi.（將神刀給在後面的司香長）
司祝跪，一叩頭，興，又禱祝三次，以神刀授於司香。

tenggeri fifan fithere.（彈三絃、琵琶的）carki tūre urse（打扎板的眾人）ilifi（站立了）dalbade jailame ilimbi.（躲避著站在旁邊）
奏三弦、琵琶、鳴拍板人等起立，避於旁。

hūwangdi beye dorororo de.（皇帝親自行禮時）hiyan i da saman i hengkilere ajige【3b】fanggala dere be（司香長將薩滿叩頭的小矮桌）amargi ergide guribumbi.（移到北邊）
皇帝親詣行禮，司香移司祝叩頭小低桌於北首。

hūwangdi mahala gaifi.（皇帝摘了冠）erde weceku i juleri ibefi（清晨神主之前就位了）dulimbade wesihun forome ilime.（在中央向上站立著）
皇帝進於朝祭神位前，正中向上立。

saman neneme niyakūrambi.（薩滿先跪）hūwangdi niyakūrame.（皇帝跪著）
司祝先跪，皇帝跪。

saman forobuha manggi.（薩滿祝贊了之後）hūwangdi emu jergi dorolofi（皇帝行禮了一次）ilifi（站立了）marimbi.（退回）
司祝祝畢，皇帝行禮，興，退。

saman hengkilefi（薩滿叩頭了）ilifi（站立了）giogin arambi.（合掌）
司祝叩頭，興，合掌致敬。

aika.（若是）hūwangheo i sasari doroloci.（皇后一齊行禮）hūwangdi julergi ergide.（皇帝在南邊）hūwangheo amargi ergide（皇后在北邊）dorolombi.（行禮）
如同皇后行禮，皇帝在南、皇后在北行禮。

amsun i janggin. amsun i hahasi be【4a】gemu tule tucibufi.（使司俎官、司俎男子們都出去外面）amsun i hehesi taigiyasa teile bimbi.（只有司俎婦人們、太監們在）
司俎官、司俎等，俱出外，惟留司俎婦人、太監等在內。

hūwangdi. hūwangheo dorolorakū inenggi（皇帝、皇后不行禮之日）saman hengkilembi.（薩滿叩頭）
如遇皇帝、皇后不行禮之日，司祝叩頭。

hengkilehe manggi.（叩頭了之後）hiyan i da fucihi. fusa de doboho juwe huntahan bolgo muke be bederebufi.（司香長將供了佛、菩薩的二杯淨水撤回了）fucihi i ajige ordo i uce be dasifi.（掩閉了佛的小亭門）
畢，司香撤佛、菩薩前供淨水二琖，闔供佛小亭門。

fusa i nirugan be hetefi.（捲起了菩薩像）suwayan bocoi simenggilehe mooi sihan de tebufi.（裝在上了黃色漆的木筒）
撤菩薩像，恭貯於黃漆木筒。

amsun i taigiyasa（司俎太監們）fucihi i ajige ordo i sasa gingguleme tukiyefi.（一齊恭敬

擡了佛的小亭）
司俎太監等，恭舁供佛小亭，

doboho【4b】juwe hiyan i fila be suwaliyame（連同著所供的二香碟）uce ci solime tucibufi.（從房門請出了）kun ning gung ni wargi giyalan i dorgi（坤寧宮的西面房間內）amba ordo i dolo dobofi（大亭中供了）
並所供二香碟，移奉於坤寧宮西楹大亭。

hiyan i fila be juleri dobombi.（將香碟供前面）ajige ordo i teku be amasi guribufi.（將小亭的底座移到了後面）mengse be julergi baru majige tatafi.（略拉了幔子向南）
香碟供於前，小亭座移置於後，復移神幔稍南位。

guwan mafa enduri i nirugan be（將關老爺神像）dulimbade guribume dobofi.（移到中央供了）doboho bolgo muke hiyan i fila be（將所供的淨水、香碟）【5a】gemu dulimbade gurifi dobombi.（都移到了中央供奉）
關帝神像於正中，所供淨水並香碟，皆移正中。

tenggeri fifan fithere（彈三絃、琵琶的）carki tūre urse（打扎板的眾人）ibefi（就位了）da bade tecembi.（同坐在原處）
奏三弦、琵琶、鳴拍板人等進，坐於原處。

hiyan i hehesi（司香婦人們）jafu be ilan jergi bukdame hetefi（將氈捲起了折三次）kuk'an i hanci sektembi.（鋪在炕沿附近）
司香婦人斂氈三折之，鋪於近炕沿處。

hiyan i da saman de hūntahan taili alibumbi.（司香長呈遞杯子、托碟給薩滿）
司香舉臺、琖授司祝。

amsun i taigiyasa（司俎太監們）emu ulgiyan be tukiyeme（擡著一豬）uce ci dosimbufi.（從房門進去了）kuk'an i fejile（炕沿下）uju be wargi baru forobume sindambi.（將頭向著西放）
司俎太監等舁一豬入門，置炕沿下，首西向。

amsun i manju emu niyalma（司俎滿洲一人）emu bethe bukdame niyakūrafi（彎曲著一腿跪了）【5b】ulgiyan be gidambi.（壓倒豬）
司俎滿洲一人，屈一膝跪，按其豬。

amsun i janggin. amsun i niyalma. da taigiyan. taigiyasa（司俎官、司俎之人、首領太監、太監們）tenggeri fifan fitheme.（彈著三絃、琵琶）carki tūme.（打著扎板）falanggū forime.（擊著掌）

司俎官及司俎、首領太監、內監等，奏三弦、琵琶、鳴拍板、拊掌。

saman ku'kan i fejile ilan jergi bukdaha fulgiyan jafu de（薩滿在炕沿下折了三次的紅氈上）wargi julergi baru ešeme niyakūrafi.（斜著向西南跪了）hūntahan taili be tukiyefi（舉了杯子、托碟）

司祝跪於炕沿下三折紅氈上，斜向西南，舉臺、琖，

emu mudan gingnere[1] de.（獻一次時）amsun i urse an i orolombi.（眾司胙照常眾呼鄂囉羅）

獻淨水一次，司俎等照前歌鄂囉羅。

gingnefi（獻了）saman jalbarifi.（薩滿禱祝了）juwe hūntahan bolgo muke be emu hūntahan de tebufi.（將二杯淨水裝在一杯裏）

獻畢，司祝致禱，以二琖淨水合注一琖中。

amsun i manju ulgiyan i šan be tatame（司胙滿洲拉著豬耳）saman【6a】ulgiyan i šan de jungšun[2] suitafi.（薩滿灌了淨水在豬耳裏）

司俎滿洲執豬耳，司祝灌淨水於豬耳內。

hūntahan taili be（將杯子、托碟）hiyan i da de amasi bufi.（給在後面的司香長）emgeri hengkilembi.（叩頭一次）tenggeri fifan carki taka ilimbi.（三絃、琵琶、扎板暫時停止）

以臺、琖授司香，一叩頭，三弦、琵琶拍板暫止。

amsun i manju ulgiyan i uncehen be jafame.（司胙滿洲拿著豬尾）uju be dergi baru šurdeme sindaha manggi.（將頭轉向東放了之後）

司俎滿洲執豬尾，移轉豬首向東，

amsun i taigiyasa ibefi.（司胙太監們上前了）ulgiyan be tukiyefi.（擡了豬）toholon buriha amba dere de taka undu sindambi.（暫時直的放在鞔了錫的大桌上）

司俎太監等進前，舁豬，暫順放于包錫大桌上。

hiyan i da hūntahan taili be saman de alibumbi.（司香長呈遞杯子、托碟給薩滿）saman hūntahan taili be alime gaifi.（薩滿接取了杯子、托碟）

司香舉臺、琖授司祝，司祝接受臺、琖。

---

[1] 「gingnere（gingnembi）」，原意為「獻酒」，坤寧宮平日跳神所獻者，為「bolgo muke（淨水）」，此處「gingnembi」當指「獻」的動作。

[2] 「jungšun」，原意為「灌豬耳的酒水」，坤寧宮平日跳神不用酒，灌豬耳時用的是淨水，此處「jungšun」當指「水」而言，故「jungšun suitafi」繙作「灌了淨水」。

sirame（接著）ulgiyan be【6b】uce ci dosimbufi（使豬從房門進入了）nenehe mudan i songkoi（照前次的樣）gingneme（獻著）carkidame.（打著扎板）tenggeri. fifan fitheme.（彈著三絃、琵琶）orolome（眾呼著鄂囉羅）jungšun suitafi.（灌了淨水）emgeri hengkilefi（叩頭了一次）ilifi（站立了）bederembi.（退回）tenggeri fifan carki nakafi.（三絃、琵琶、扎板停止了）geren ilifi（眾人站立了）bederembi.（退回）
昇第二豬入門，獻淨水、灌淨水，如前儀。

toholon buriha amba dere de（在鞔了錫的大桌上）juwe ulgiyan i uju be gemu wargi baru forobume（將二豬的頭都向著西）hetu sindafi（橫放了）silgimbi.（「省」）
以包錫大桌上二豬，俱令首西向橫放，省之。

dere tome juwe amsun i hehesi（每桌二司胙婦人）menggun dokomiha oton be tukiyefi（擡了銀裏整木槽盆）senggi alime gaimbi.（接取血）
每桌前，令司俎婦人二，舉銀裡木槽盆接血。

hiyan i hehesi jafu be bargiyambi.（司香婦人們收起毯）cinuhūn simenggilehe golmin den dere be【7a】ibebufi（使上了銀硃漆的長高桌上前了）wargi nagan[nahan] i juleri sindambi.（放在西炕前）
司香婦人撤去氈，進紅漆長高桌，設於西炕前。

ulgiyan i senggi aliha oton be ibebufi.（使接了豬血的整木槽盆上前了）den dere de dobombi.（供在高桌上）
以接血木槽盆，列高桌上。

doboho efen be bederebumbi.（撤回所供的餑餑）
撤去所供餑。

ulgiyan tekdeke manggi.（豬「氣息」之後）amsun i urse ulgiyan be derei ici（眾司胙將豬順桌）uju be julergi baru forobume undu sindafi.（將頭向著南直放了）
豬氣息後，司俎等轉豬首順桌，向南直放。

sukū fuyefi.（剝了皮）farsilame meileme delhebufi.（割開了卸骨成塊）amba mucen de bujumbi.（在大鍋裏煮）
去其皮，按節解開，煮於大鍋內。

uju fatha. uncehen be fuyerakū.（頭、蹄、尾不剝皮）funiyehe be fucihiyalafi.（燎了毛）wašafi（「燖」了）šolofi.（燒炙了）inu amba mucen de bujumbi.（也在大鍋裏煮）
其頭、蹄及尾俱不去皮，惟燎毛，燖淨，亦煮於大鍋內。

duha do be toholon dakomiha oton de【7b】tebufi（內臟裝在錫裏整木槽盆）tucibufi.
（拿出了）encu boode bolgo obume dasafi（在別的房屋裏整理了使潔淨）
以臟腑置於錫裏木槽盆，舁出，另室內整理潔淨，

dosimbuha manggi.（進入了之後）senggi oton be（將〔裝〕血整木槽盆）na de
sindafi.（放在地上）
舁進，以盛血木槽盆就地安置。

amsun i manju emu niyalma ibefi.（司俎滿洲一人就位了）den derei juleri（高桌前面）
emu bethe bukdame niyakūrafi（彎曲著一腿跪了）
司俎滿洲一人進，於高桌前，屈一膝跪，

duha de senggi tebufi.（灌了血在腸裏）inu mucen de sindafi bujumbi.（也放在鍋裏煮）
灌血於腸，亦煮鍋內。

amsun i taigiyasa（司俎太監們）sukū be sukū tebure oton de sindafi.（將皮放了在裝
皮的整木槽盆裏）toholon buriha juwe amba dere simenggilehe jiramin solho hoošan be
tucibumbi.（將鞔了錫的二大桌、上了油的厚高麗紙拿出去）
司俎太監等，置皮於盛皮木槽盆內，撤去包錫大桌二，及油厚高麗紙。

silhi. fathai fahan[wahan] be（將膽、蹄甲）cinuhūn simenggilehe ajige mooi fila de【8a】
tebufi.（裝在上了銀硃漆的小木碟裏）nagan[nahan] de sindaha amba fangkala derei
amargi ergi ujan de sindambi.（放在炕上所放的大矮桌北面邊端上）
仍以膽與蹄、甲貯紅漆小木碟內，置於炕上所設之大低桌北首邊上。

yali urehe manggi.（肉熟了之後）amsun i yali emu moro gūwaššafi.（祭神肉切成小塊
一碗）
俟肉熟時，細切胙肉一椀，

sabka emu juru sindafi.（放了筯一雙）amba fangkala derei dulimbade dobombi.（供在大
矮桌的中央）
設筯一雙，供於大低桌正中。

juwe ulgiyan i yali be（將二豬的肉）juwe menggun dokomiha oton de（在二銀裏整木
槽盆裏）ulgiyan i fihe. suksaha be duin hošo de.（豬的前腿、後腿在四角）
以二豬之肉分置二銀裏木槽盆內，前、後腿分設四角，

tunggen be juleri.（以胸骨在前）uca be amala.（以尾骨在後）ebci be juwe dalbade（以肋
骨在兩旁）acabume faidafi.（合併排列了）oilo ulgiyan i uju sindafi.（上面放了豬頭）
胸膛向前，尾椿向後，肋列兩旁，合湊畢，置豬首於上。

kangsiri de delihun be【8b】nimenggi nisihai gulhun sindame.（將脾臟連油脂整個放在鼻樑上）weceku i baru forome（向著神主）golmin den dere de dobombi.（供在長高桌上）
復以臁貼連油，整置於鼻柱上，供於神位前長高桌。

hiyan i da hiyan dabumbi.（司香長點香）hiyan i hehesi suwayan ilhangga fulgiyan jafu sektefi.（司香婦人們鋪了黃花紅氈）saman i hengkilere ajige fangkala dere sindambi.（放薩滿叩頭的小矮桌）
司香點香，司香婦人鋪黃花紅氈，設司祝叩頭小低桌。

emu hiyan i da emu moro bolgo muke tukiyeme.（一司香長捧著一碗淨水）emu hiyan i da emu untuhun moro tukiyeme.（一司香長捧著一空碗）sasa ibefi（一齊就位了）iliha manggi.（站立了之後）
一司香舉淨水椀一，司香舉空椀，齊進，拱立。

saman ibefi（薩滿就位了）niyakūrambi.（跪）
司祝進，跪。

hiyan i da【9a】hūntahan taili be tukiyefi（司香長捧了杯子、托碟）saman de alibumbi.（呈遞給薩滿）saman alime gaifi（薩滿接取了）bolgo muke be ilan mudan gingnembi.（獻淨水三次）
又一司香舉臺、琖授司祝，司祝接受，獻淨水三次。

ere gingnere de.（此獻時）tenggeri. fifan fithere amsun i taigiyan.（彈三絃、琵琶的司胙太監）
是獻也，凡奏三弦、琵琶之司俎太監，

carki tūre amsun i janggin.（打扎板的司胙官）da taigiyan. amsun i niyalma（首領太監、司胙之人）falanggū forire amsun i manjusa（鼓掌的司胙滿洲們）
鳴拍板之司俎官、首領太監、司俎，以及拊掌之司俎滿洲等，

nenehe songkoi（照先前的樣）ibefi（就位了）tecembi.（同坐著）
進前列坐，如前儀。

saman gingnere dari（薩滿每獻）gingnehe bolgo muke be（將所獻的淨水）untuhun moro de doolafi.（倒在空碗裏）
司祝每一獻，即將所獻之淨水，注於空椀內。

dasame bolgo muke tebuhe moro ci（復從裝了淨水的碗）【9b】ice bolgo muke waidame（舀著新的淨水）juwe hūntahan de tebufi（裝在二杯中）gingnembi.（獻）
復自盛淨水椀內，把新淨水，注於二琖中以獻。

gingnere dari.（每獻）amsun i urse orolombi.（眾司胙眾呼鄂囉羅）
每一獻，司俎等歌鄂囉羅。

ilan mudan gingnehe manggi.（獻了三次之後）saman hūntahan taili be（薩滿將杯子、托碟）hiyan i da de amasi bufi（給在後面的司香長）
三獻畢，司祝以臺、瑵授於司香。

emgeri hengkilefi（叩頭了一次）ilifi（站立了）giogin arambi.（合掌）
一叩頭，興，合掌致敬。

tenggeri fifan. carki nakafi（三絃、琵琶、扎板停止了）geren ilifi（眾人站立了）
bederembi.（退回）
三弦、琵琶、拍板止，眾俱起立，退。

saman niyakūrafi（薩滿跪了）forobumbi.（祝贊）
司祝跪，祝之。

hūwangdi. hūwangheo beye doroloci.（若皇帝、皇后親自行禮）nenehe songkoi
dorolombi.（照先前的樣行禮）【10a】
皇帝、皇后親詣行禮，如前儀。

yali de hengkilehe manggi.（給肉叩頭了之後）wecehe yali be bederebufi（撤回了所跳
神的肉）uce ci tuciburakū（不從房門出去）
神肉前叩頭畢，撤下祭肉，不令出戶，

alikūlafi.（裝滿盤子了）golmin derei juleri jergi jergi faidame sindambi.（長桌前按次陳設）
盛於盤內，於長桌前，按次陳列。

eici hūwangdi. hūwangheo be gaifi（或者皇帝帶領了皇后）yali angga isire.（先嚐肉）
eici wang. ambasa be gaifi（或者帶領了王、大臣們）yali angga isire（先嚐肉）babe
hese be tuwambi.（將此遵旨）【10b】
或皇帝率皇后受胙，或率王、大臣等食肉之處，請旨遵行。

hūwangdi yali angga isirakū inenggi.（皇帝不先嚐肉之日）idui ambasa hiyasa be
dosimbufi（使值班大臣們、侍衛們進入了）ulebumbi.（給吃）
如遇皇帝不受胙之日，令值班大臣、侍衛等進內，食之。

ulebuhe manggi.（給吃了之後）amsun i taigiyasa sukū. giranggi be tucibufi.（司胙太監
們拿出了皮、骨）sukū nimenggi be budai boode benembi.（將皮、油脂送給飯房）
食畢，司俎太監等撤出皮、骨，皮、油送交膳房。

giranggi. silhi. fathai wahan be（將骨、膽、蹄甲）amsun i janggin gaifi（司胙官取了）
bolgo bade gamafi（拿去潔淨處）deijifi（焚燒了）bira de maktambi.（拋於河）
其骨、膽、蹄、甲，司俎官送潔淨處，化而投之於河。

mengse be hetefi.（捲起了幔子）lakiyaha hoošan jiha be asarafi（將所掛的紙錢收貯了）
biyai dubede（月終時）solho hoošan i fulhū de iktambume tebufi.（裝貯在高麗紙囊裏）
隨將神幔收卷，其所掛紙錢存，俟月終，貯高麗紙囊內。

fe【11a】inenggi.（除夕）tangse de gamafi（拿去堂子）tangse de lakiyaha hoošan. siltan
mooi sasari tekdebumbi.（與堂子裏所掛的紙、神杆一齊焚化）
除夕，送赴堂子，與堂子內所掛淨紙及神杆，同化之。

guwan mafa enduri i nirugan be inu hetefi（也將關老爺神像捲起了）cinuhūn
simenggelehe mooi sihan de tebufi（裝在上了銀硃漆的木筒）
所有關帝神像，恭貯於紅漆木筒。

fucihi i ajige ordo. fusa i sihan. juwe hiyan i fila be（將佛的小亭、菩薩的筒、二香碟）
wargi【11b】giyalan ci solime dosimbufi.（請進了西面房間）
其供佛小亭、恭貯菩薩像木筒，及二香碟，仍移奉西楹，

fucihi i ajige ordo be（將佛的小亭）an i ordo i teku de dobombi.（仍供在亭的底座上）
以小亭安奉於亭座上。

fusa. guwan mafa enduri i nirugan be sihan nisihai（將菩薩、關老爺神像連筒）wargi fiyasha
de nikebume sindaha（在西山牆靠著放了）cinuhūn simenggilehe hacingga bocoi ilha niruha
gocima derei ninggude dobombi.（供在上了銀硃漆、畫了各種顏色花的抽屜桌上）
菩薩像、關帝神像二筒，安奉於西山牆，繪花紅漆抽屜桌上。

ilan hiyan i fila be（將三香碟）gocima derei ninggu i dergi ergi gencehen de dobombi.（供
在抽屜桌上的東邊邊緣）【12a】
供香碟三，於桌之東邊。

yamji（晚上）weceku de wecere de.（給神主跳神時）neneme yacin bocoi simenggilehe
golbon de.（先在上了黑色漆的架子上）yacin suje de fulgiyan giltasikū kubuhe mengse
hūwaitambi.（綁鑲了紅片金的青緞幔子）
其夕祭神儀，預將鑲紅片金青緞神幔，繫於黑漆架上。

golbon i mulu i wargi ergide.（在架樑的西邊）amba ajige honggon nadan be suwayan ilgin
ulifi（以黃皮穿了大、小神鈴七）šajilan ciktan i dube de hūwaitafi lakiyambi.（綁了懸
掛在樺木桿梢上）

用黃色皮條穿大、小鈴七枚，繫樺木杆梢，懸於架梁之西。

murigan weceku be ici ergide（以穆哩罕神在右邊）siran siran i golbon de【12b】
damjalame hūwaitame.（陸續穿過綁在架子上）
恭請穆哩罕神，自西按序安奉架上。

nirugan weceku be mengse i dulimbade lakiyame.（將畫像神懸掛在幔子的中央）
monggo weceku doboro nikeku sindame weilehe yacin bocoi simenggilehe teku be（將供蒙
古神所做的放著靠背、上了黑色漆的底座）hashū ergide sindame.（放在左邊）
畫像神安奉於神幔正中，設蒙古神座於左，

gemu amargi nagan[nahan] i ninggude（都在北炕上）julergi baru. forome dobombi.（向
著南供奉）
皆於北炕南向。

nagan[nahan] de（在炕上）cinuhūn simenggelehe amba fanggala dere juwe sindafi.（放了
上了銀硃漆的大矮桌二）hiyan i fila sunja.（香碟五）bolgo muke sunja hūntahan.（淨
水五杯）
炕上設紅漆大低桌二，桌上供香碟五，淨水五琖。

feshen efen be kemuni juwan fen obufi.（以撒糕仍做成十塊）uyun alikū be derei
ninggude【13a】dobombi.（將九盤供在桌上）emu alikū be derei fijile wargi ergide
dobombi.（將一盤供在桌下西邊）
以灑餻如前分為十盤，其九盤供於桌上，一供桌下西邊。

ulgiyan dosimbure onggolo.（進豬之前）fucihe. fusa. juwe hiyan i fila be solime tucibufi
（將佛、菩薩、二香碟請出了）wargi giyalan i amba ordo de dobombi.（供在西面房
間的大亭）
未進豬之前，恭請佛、菩薩像，並二香碟，供於西楹大亭。

doigonde（預先）amsun i taigiyasa（司胙太監們）simenggilehe hoošan sektere.（鋪上
了油的紙的）dere sindarangge.（放桌子者）erde wecehe songko.（同清晨跳神的樣）
預令司俎太監等，鋪油紙、設桌，俱如朝祭儀。

erin ome（屆時）ulgiyan be dosimbufi（使豬進去了）an i bade sindambi.（放在平常
之處）
屆時，進豬，置於常放之處。

hiyan i da hiyan dabumbi.（司香長點香）hiyan i hehesi【13b】saman i samdara de tere
yacin bocoi simenggilehe mulan be（司香婦人們將薩滿跳神時坐的上了黑色漆的杌

子）weceku i juleri sindambi.（放在神主前面）

司香點香，司香婦人以司祝祝禱時所坐黑漆杌，置神位前。

amsun i taigiyan.（司胙太監）tungken be tehe nisihai（將鼓連架）mulan i teisu sindambi.（放杌子的對面）

司俎太監以鼓連架，近杌安置。

saman alha hūsihan hūwaitafi.（薩滿綁了閃緞裙）siša umiyelefi.（束了腰鈴）untun. gisun jafafi.（拿了手鼓、鼓槌）weceku i juleri ibeme.（神主之前上前著）

司祝繫閃緞裙，束腰鈴，執手鼓，進於神位前。

amsun i juwe taigiyan ibefi（司胙二太監就位了）wargi baru forome ilifi.（向著西站立了）emu taigiyan tungken tūme.（一太監打著鼓）emu taigiyan carki tūmbi.（一太監打扎板）

司俎太監二人進，西向立，一太監擊鼓，一太監鳴拍板。

saman neneme【14a】weceku i baru forome（薩滿先向著神主）mulan de tefi（在杌子上坐了）untušeme jarime solire de.（打著手鼓、念著神歌召請時）

司祝先向神位坐於杌上，擊手鼓、誦請神歌祈請，

tungken tūre taigiyan（打鼓的太監）emu galai untun de acabume（一手和著手鼓）tungken emtenggeri tūmbi.（打鼓一次）

擊鼓太監一手擊鼓一點，以和手鼓。

saman ilifi（薩滿站立了）sucungga mudan amasi sosorome（初次向後倒退著）midaljame samdara de.（搖擺著跳神時）

司祝拱立，初次向後盤旋，蹲步祝禱，

tungken tūre taigiyan（打鼓的太監）juwe galai untun de acabume.（兩手和著手鼓）tungken ilanggeri tūmbi.（打鼓三次）

擊鼓太監雙手擊鼓三點，以和手鼓。

saman julesi ibeme（薩滿向前上前著）midaljame samdara de.（搖擺著跳神時）

司祝復盤旋，蹲步前進祝禱，

tungken tūre taigiyan（打鼓的太監）juwe galai untun de acabume（兩手和著手鼓）tungken sunjanggeri tūmbi.（打鼓五次）

擊鼓太監雙手擊鼓五點，以和手鼓。

saman ilifi（薩滿站立了）sucungga mudan jarime jalbarire de.（初次念著神歌禱祝時）tungken sunjanggeri tūmbi.（打鼓五次）carki ilanggeri【14b】acabume tūme.（扎板和著

打三次）

司祝拱立，初次誦請神歌，擊鼓五點，拍板三鳴以和之。

jai mudan amasi sosorome（再次向後倒退著）julesi ibeme（向前上前著）midaljame samdara de.（搖擺著跳神時）tungken teile nadanggeri tūmbi.（只有打鼓七次）

二次向後、向前盤旋，蹲步祝禱，惟擊鼓七點。

saman ilifi（薩滿站立了）jarime jalbarire de.（念著神歌禱祝時）tungken an i sunjanggeri. carki ilanggeri tūmbi.（仍打鼓五次、打扎板三次）

司祝拱立，誦神歌以禱，仍擊鼓五點，拍板三鳴。

ilaci mudan samdara de.（第三次跳神時）inu tungken teile juwan emtenggeri tūmbi.（也只有打鼓十一次）

三次祝禱，亦惟擊鼓十一點。

saman ilifi（薩滿站立了）ilaci mudan jarime jalbarire de.（第三次念著神歌禱祝時）tungken duinggeri tūme.（打著鼓四次）

司祝拱立，三次誦神歌以禱，擊鼓四點。

wajima de（末尾時）juwe gisun be emtenggri hiyahambi.（將兩鼓槌交叉一次）carki an i ilanggiri acabume tūmbi.（扎板仍和著打三次）

末以雙槌交擊一次，拍板仍三鳴，以和之。

ilaci mudan jarime jalbarime wajiha manggi.（第三次念著神歌禱祝完畢了之後）【15a】saman samdara de.（薩滿跳神時）tengken teile duinggeri（只有鼓四次）ilan mudan tūfi（打了三遍）nakafi（停止了）bederembi.（退回）

三次誦神歌禱畢，司祝祝禱時，惟擊鼓四點，三鼓而止，退。

saman untun. gisun be（薩滿將手鼓、鼓槌）hiyan i hehesi de amasi bufi（給在後面的司香婦人們）hūsihan. siša be sumbi.（脫裙、腰鈴）

司祝以手鼓授司香婦人，釋閃緞裙、腰鈴。

hiyan i hehesi suwayan ilhangga fulgiyan jafu be sektembi.（司香婦人們鋪黃花紅氈）

司香婦人鋪黃花紅氈。

hūwangdi beye doroloro de.（皇帝親自行禮時）hiyan i hehesi saman i hengkilere ajige fangkala dere be（司香婦人們將薩滿叩頭的小矮桌）wargi ergide sindambi.（放在西邊）

皇帝親詣行禮，司香婦人移置司祝叩頭小低桌於西首。

hūwangdi mahala gaifi.（皇帝摘了冠）yamji【15b】weceku i juleri ibefi（晚上神主之前

就位了）dulimbade wesihun forome ilime.（在中央向上站立著）
皇帝進，於夕祭神位前，正中向上立。

saman neneme niyakūrafi（薩滿先跪了）forobuha manggi.（祝贊了之後）hūwangdi
erde doroloho songkoi（皇帝照清晨所行禮的樣）dorolombi.（行禮）
司祝先跪，祝畢，皇帝行禮如朝祭儀。

hūwangheo i sasari doroloci.（若皇后一齊行禮）hūwangdi deregi ergide（皇帝在東邊）
hūwangheo wargi ergide（皇后在西邊）dorolombi（行禮）
如同皇后行禮，皇帝在東、皇后在西行禮。

hūwangdi. hūwangheo dorolorakū inenggi（皇帝、皇后不行禮之日）saman hengkilembi.
（薩滿叩頭）
如遇皇帝、皇后不行禮之日，司祝叩頭。

hengkilehe manggi（叩頭了之後）hiyan i hehesi jafu be ilan jergi bukdame hetefi.（司香
婦人們將氈捲起了折三次）【16a】kuk'an i hanci sektembi.（鋪在炕沿附近）
畢，司香婦人斂氈三折之，鋪於近炕沿處。

bolgo muke emu moro hūntahan emke be（將淨水一碗、杯子一個）kuk'an de sindambi.
（放在炕沿上）
置淨水一椀、空琖一，於炕沿上。

amsun i taigiyasa ulgiyan be tukiyeme（司胙太監們擡著豬）uce ci dosimbufi.（從房門進入
了）kuk'an i fejile（炕沿下）uju be amargi baru forobume sindambi.（將頭向著北放）
司俎太監等舁豬，入門，置炕沿下，首北向。

amsun i manju emu niyalma（司胙滿洲一人）emu bethe bukdame niyakūrafi（彎曲著一
腿跪了）ulgiyan be gidambi.（壓倒豬）
司俎滿洲一人，屈一膝跪，按其豬。

saman kuk'an i fejile ilan jergi bukdaha fulgiyan jafu de（薩滿在炕沿下折了三次的紅氈
上）dergi amargi baru ešeme niyakūrafi.（斜著向東北跪了）
司祝跪於炕沿下三折紅氈上，斜向東北。

bolgo mukei moro ci（從淨水碗）hūntahan de bolgo muke tebufi（斟淨水在杯裏）
【16b】tukiyeme jalbarifi.（捧著禱祝了）
從盛淨水椀內，挹淨水注於琖中，舉捧禱祝。

amsun i manju ulgiyan i šan be tatame.（司胙滿洲拉著豬耳）saman ulgiyan i šan de

jungšun suitafi.（薩滿灌了淨水在豬耳裏）
司俎滿洲執豬耳，司祝灌淨水於豬耳內。

hūntahan be kuk'an de sindafi（將杯子放在炕沿）emgeri hengkilembi.（叩頭一次）
以琖置炕沿，一叩頭。

amsun i manju ulgiyan i uncehe be jafafi.（司胙滿洲拿了豬尾）uju be julergi baru šurdeme
sindaha manggi.（將頭轉向南放了之後）
司俎滿洲執豬尾，移轉豬首向南。

amsun i taigiyasa ibefi.（司胙太監們上前了）ulgiyan be tukiyefi.（擡了豬）toholon
buriha amba dere de taka undu sindambi.（暫時直的放在鞔了錫的大桌上）
司俎太監等進前，舁豬，暫順放於包錫大桌上。

saman niyakūrafi（薩滿跪了）bolgo mukei moro ci（從淨水碗）hūntahan de bolgo
muke tebumbi.（斟淨水在杯裏）
司祝跪，從淨水椀內，把淨水注於琖中。

sirame（接著）ulgiyan be uce ci【17a】dosimbufi.（使豬從房門進入了）nenehe mudan
i songkoi（照前次的樣）gingnefi（獻了）jalbarifi.（禱祝了）jungšun suitafi.（灌了淨
水）emgeri hengkilefi（叩頭了一次）ilifi（站立了）bederembi.（退回）
舁第二豬入門，如前儀禱祝，灌水畢，一叩頭，興，退。

ulgiyan be toholon buriha amba dere de（將豬在鞔了錫的大桌上）juwe ulgiyan be gemu
wargi baru forobume sindafi（將二豬都向著西放了）silgimbi.（「省」）
置豬於包錫大桌上，二豬俱令首西向，省之。

dere tome juwe amsun i hehesi（每桌二司胙婦人）menggun dokomiha oton be tukiyefi.
（擡了銀裏整木槽盆）senggi alime gaimbi.（接取血）
每桌前，令司俎婦人二舉銀裏木槽盆，接血。

hiyan i hehesi jafu be bargiyambi.（司香婦人們將氈收起）cinuhūn simenggilehe golmin
den dere be ibebufi（使上了銀硃漆的長高桌上前了）amargi nagan[nahan] i juleri
sindambi.（放北炕的前面）
司香婦人撤去氈，進紅漆長高桌，設於北炕前，

menggun dokomiha senggi oton be（將銀裏〔接〕血整木槽盆）golmin【17b】den dere
de dobofi.（供在長高桌上）
以接血銀裏木槽盆列長高桌上。

amba fangkala derei wargi ujan de（在大矮桌的西端）beibun efen emu alikū funcebufi.（供神板上的餑餑留了一盤）gūwa doboho efen be bederebumbi.（使其他所供的餑餑撤回）

撤去大低桌上所供之餻，惟留一盤。

ulgiyan tekdeke manggi.（豬「氣息」之後）amsun i urse ulgiyan be derei ici.（眾司胙將豬順桌）uju be julergi baru forobume undu sindafi.（將頭向著南直的放了）

豬氣息後，司俎等轉豬首順桌，向南直放，

sukū fuyere.（剝皮的）meileme delhebure.（割開卸骨的）duha do de senggi tebure.（內臟灌血的）bujure.（煮的）toholon buriha amba dere simenggilehe hoošan be tukiburengge（將鞔了錫的大桌、上了油的紙拿出者）gemu erde wecehe songko.（都同清晨跳神的樣）

其去皮、節解、灌血腸、煮肉，以及撤出包錫大桌、油紙等件，俱如朝祭儀。

damu silhi. fathai wahan be【18a】jun de maktafi（只將膽、蹄甲丟棄在竈裏）deijimbi.（焚燒）

惟膽與蹄、甲，於灶內化之。

yali urehe manggi.（肉熟了之後）amsun i yali sunja moro gūwaššafi.（祭神肉切成小塊五碗）

俟肉熟時，細切胙肉五椀，

moro tome emu juru sabka sindafi.（每碗放了筯一雙）nagan[nahan] i juwe amba fangkala dere de dobombi.（供在炕上的二大矮桌）

每椀設筯一雙，供於炕上二大低桌之上。

juwe ulgiyan be juwe menggun dokomiha moo oton de（將二豬在二銀裏整木槽盆）erde doboho songkoi（照清晨所供的樣）faidame tebufi.（擺設著裝了）

以二豬之肉分置二銀裡木槽盆內，如朝祭儀。

weceku i baru forome golmin den dere de doboho manggi.（供在向著神主的長高桌上之後）hiyan i da hiyan dabumbi.（司香長點香）hiyan i hehesi suwayan ilhangga fulgiyan jafu sektembi.（司香婦人們鋪黃花紅氈）

供於神位前長高桌，司香點香，司香婦人鋪黃花紅氈。

saman ibefi（薩滿就位了）niyakūrafi.（跪了）【18b】forobume hengkilefi（祝贊著叩頭了）giongin araha manggi.（合掌了之後）

司祝進，跪，祝叩頭，合掌致敬。

hiyan i hehesi jafu be bargiyafi（司香婦人們收了氊）saman tere mulan be（將薩滿坐的
杌子）an i yamji wecere de sindaha bade sindafi.（仍放在晚上跳神時所放之處）
司香婦人收氊，以司祝所坐之杌，置夕祭常放處。

juleri ajige dere sindafi（前面放了小桌）ajige siša be derei ninggude sindambi.（將小腰
鈴放在桌上）
又設小桌，小腰鈴列於桌上。

honggon be derei dergi ergi dalbade nikebume sindafi.（將神鈴放在桌的東邊旁邊靠著）
hiyan i fila i tuwa dengjan be tucibufi.（拿出了香碟的火、燈）
神鈴置於桌之東，撤出香碟內火並鐙。

jun i tuwa be dasifi.（遮蓋了竈的火）tuibure yacin suri i dalikū be sarame（打開背燈祭
的青綢遮掩物）daliha manggi.（遮蔽了之後）
掩竈內火，展背鐙青綢幙，蔽之。

geren tucifi（眾人出去了）uce be dasimbi.（掩閉房門）
眾俱退出，闔戶。

tungken【19a】tūre taigiyan.（打鼓的太監）tungken be dalikū i hacin majige ibebumbi.
（將鼓略推進遮掩物附近）saman mulan de tefi.（薩滿在杌子上坐了）
擊鼓太監以鼓移幙前近處，司祝坐於杌上。

sucungga mudan jarime jalbarime（初次念神歌禱祝著）honggon de solire de.（向神鈴
召請時）tungken duinggeri tūme.（打著鼓四次）gisun emtenggeri hiyahambi.（鼓槌交
叉一次）carki ilanggeri acabume tūmbi.（扎板和著打三次）
初次誦神歌，向神鈴祈請時，擊鼓四點，又雙槌交擊一次，拍板三鳴，以和之。

sirame（接著）saman honggon i cikten be jafafi（薩滿拿了神鈴桿）honggon be
toksome[toksime]（敲著神鈴）jarime jalbarire de.（念著神歌禱祝時）tungken
sunjanggeri tūme.（打著鼓五次）carki ilanggeri acabume tūmbi.（扎板和著打三次）
次司祝執鈴桿，振鈴、誦神歌以禱，鼓擊五點，拍板三鳴，以和之。

saman honggon be sindafi.（薩滿放下了神鈴）
司祝置神鈴。

sucungga mudan jalime jalbarime（初次念神歌禱祝著）siša de solire de.（向腰鈴召請
時）tungken duinggeri tūfi.（打了鼓四次）gisun【19b】emtenggeri hiyahambi.（鼓槌交
叉一次）carki acabume ilanggeri tūmbi.（扎板和著打三次）
初次誦神歌，向腰鈴祈請，鼓擊四點，又雙槌交擊一次，拍板三鳴，以和之。

saman siša be debsime（薩滿搖著腰鈴）jarime jalbarire de.（念著神歌禱祝時）siša de acabume（和著腰鈴）tungken sunjanggeri tūme.（打著鼓五次）carki ilanggeri acabume tūmbi.（扎板和著打三次）

司祝搖腰鈴、誦神歌以禱，鼓擊五點、拍板三鳴，以和腰鈴之聲。

jalbarime wajiha manggi.（禱祝完畢了之後）tungken ilanggeri tūme.（打著鼓三次）carki acabume emgeri tūfi（扎板和著打了一次）nakambi.（停止）

禱畢，鼓擊三點、拍板一鳴而止。

tuibure dalikū be hetembi.（捲起背燈祭的遮掩物）uce be neifi（開了房門）dengjan be dosimbumbi.（使燈進入）

捲起背鐙神幔，開戶，移入鐙火。

yamji wecehe yali be bederebufi tucibufi（使撤出了晚上所跳神的肉）budai boode benembi.（送給飯房）

撤祭肉，送交膳房。

fucihi.【20a】fusa. juwe hiyan i fila be（將佛、菩薩、二香碟）wargi ergi giyalan ci solime dosimbufi（從西邊的房間請進了）an i da soorin de dobombi.（仍供在原位）juwe hiyan i fila be an i bade dobombi.（二香碟供在原處）

恭請佛、菩薩像，並二香碟，仍安奉西楹原位，二香碟亦供於原處。

mengse be hetefi.（捲起了幔子）yamji weceku i nirugan be hetefi.（捲起了晚上神主的畫像）monggo weceku. morigan weceku be（將蒙古神、穆哩罕神）gemu cinuhūn simenggilehe sithen de tebufi.（都裝在上了銀硃漆的匣裏）

收捲神幔，撤夕祭神畫像，並蒙古神、穆哩罕神，俱恭貯紅漆匣內，

amargi fajiran de nikebume sindaha（在北牆靠著放了）yacin simenggilehe hacingga bocoi ilha niruha gocima derei ninggude dobombi.（供在上了黑色漆、畫了各種顏色花的抽屜桌上）

安奉於北牆繪花黑漆抽屜桌上。

sunja hiyan i fila be（將五香碟）gocima derei【20b】ninggu i julergi ergi gencehen de dobombi.（供在抽屜桌上的南邊邊緣）【21a】【21b】空白

供香碟五，於桌之南邊。

hesei toktobuha manjusai wecere metere kooli bithe.（欽定滿洲祭神祭天典禮）
欽定滿洲祭神祭天典禮

> inenggidari（每日）kun ning gung de（在坤寧宮）erde wecere de（清晨跳
> 神時）jarime jalbarime forobure gisun.（念著神歌禱祝祝辭）
> 每日坤寧宮朝祭誦神歌禱祝辭

abkai juse.（上天之子）fucihi fusa.（佛、菩薩）ejen sefu.（主子、師傅）coohai
janggin.（軍隊章京）guwan i beise.（關貝子）
上天之子，佛及菩薩，大君先師，三軍之帥，關聖帝君。

tere aniyangga osokon[osohon] beye.（某屬相年小的本人）tere aniyangga osokon[osohon]
beye i（某屬相年小的本人的）wei jalin wececi.（為誰跳神）wei banjiha da aniya be hūlambi.（則呼誰的
本生年）
某年生小子，某年生小子。為某人祭，則呼某人本生年。

julefun gingnembi.（為替獻）uju de ukufi.（在頭上群集了）meiren de fehufi.（在肩上
採榮了）juleri dalime.（前面庇護著）amala alime.（後面承受著）urgun sain i acabu.
（以喜善相合）
今敬祝者，豐於首，而仔於肩；衛於後，而護於前，畀以嘉祥兮。

uju i funiyehe【22a】šarambu.（使頭髮變白）angga i weihe sorombu.（使口齒變黃）
aniya ambula.（年大）se labdu.（歲多）jalgan gomin（命長）fulehe šumin.（根深）
齒其兒，而髮其黃兮；年其增，而歲其長兮；根其固，而身其康兮。

enduri eršeme.（神明照看著）weceku wehiyeme.（神主扶佑著）aniya se be ambula
bahabuki.（請使年歲得大）
神兮眷我，神兮佑我，永我年而壽我兮。

> erde ulgiyan de jungšun suitara de（清晨給豬灌淨水時）jalbarire gisun.（禱辭）
> 朝祭灌淨水於豬耳禱辭

abkai juse.（上天之子）coohai janggin.（軍隊章京）guwan i beise.（關貝子）
上天之子，三軍之帥，關聖帝君。

tere aniyangga osokon[osohon] beye.（某屬相年小的本人）tere aniyangga osokon[osohon]
beye i（某屬相年小的本人的）wei jalin wececi.（為誰跳神）wei banjiha da aniya be hūlambi.（則呼誰的
本生年）
某年生小子，某年生小子。為某人祭，則呼某人本生年。

julefun gingnere šusu be（將為替獻的「犧牲」）urgun【22b】sain i alime gaiki.（請以喜善領受）
敬獻粢盛，嘉悅以享兮

      erde yali doboro de（清晨供肉時）forobure gisun.（祝辭）
      朝祭供肉祝辭

abkai juse.（上天之子）coohai janggin.（軍隊章京）guwan i beise.（關貝子）
上天之子，三軍之帥，關聖帝君。

tere aniyangga osokon[osohon] beye.（某屬相年小的本人）tere aniyangga osokon[osohon] beye i（某屬相年小的本人的）wei jalin wececi.（為誰跳神）wei banjiha da aniya be hūlambi.（則呼誰的本生年）
某年生小子，某年生小子。為某人祭，則呼某人本生年。

julefun gingnembi.（為替獻）uju de ukufi.（在頭上群集了）meiren de fehufi.（在肩上採榮了）juleri dalime.（前面庇護著）amala alime.（後面承受著）urgun sain i acabu.（以喜善相合）
今敬祝者，豐於首，而仔於肩；衛於後，而護於前，畀以嘉祥兮。

uju i funiyehe šarambu.（使頭髮變白）angga i weihe sorombu.（使口齒變黃）aniya ambula.（年大）se labdu.（歲多）jalgan gomin（命長）fulehe šumin.（根深）
齒其兒，而髮其黃兮；年其增，而歲其長兮；根其固，而身其康兮。

enduri eršeme（神明照看著）【23a】weceku wehiyeme.（神主扶佑著）aniya se be ambula bahabuki.（請使年歲得大）
神兮眷我，神兮佑我，永我年而壽我兮。

      yamji wecere de（晚上跳神時）mulan de tefi（在杌子上坐了）jalime solire gisun.（念著神歌召請辭）
      夕祭坐於杌上誦神歌祈請辭

abka ci wasika ahūn i niyansi.（從天而降阿琿的年錫）šun ci tucike siren i niyansi.（從日分出的年錫）niyansi enduri.（年錫神）
自天而降，阿琿年錫之神；與日分精，年錫之神，年錫惟靈。

ancun ayara.（安春阿雅喇）muri muriha.（穆哩穆哩哈）nadan daihūn.（納丹岱琿）narhūn hiyancu.（納爾琿軒初）enduri senggu.（恩都哩僧固）baiman janggin.（拜滿章京）nadan weihuri.（納丹威瑚哩）endu monggolo.（恩都蒙鄂樂）katun noyan.（喀屯諾延）

安春阿雅喇，穆哩穆哩哈，納丹岱琿，納爾琿軒初，恩都哩僧固，拜滿章京，納丹威瑚哩，恩都蒙鄂樂，喀屯諾延。

tere aniyangga osokon[osohon] beye.（某屬相年小的本人）tere aniyangga osokon[osohon] beye i（某屬相年小的本人的）wei jalin wececi.（為誰跳神）wei banjiha da aniya be hūlambi.（則呼誰的本生年）

某年生小子，某年生小子。為某人祭，則呼某人本生年。

julefun【23b】gingnembi.（為替獻）uju de ukufi.（在頭上群集了）meiren de fehufi.（在肩上採榮了）juleri dalime.（前面庇護著）amala alime.（後面承受著）urgun sain i acabu.（以喜善相合）

今敬祝者，豐於首，而仔於肩；衛於後，而護於前，昇以嘉祥分。

uju i funiyehe šarambu.（使頭髮變白）angga i weihe sorombu.（使口齒變黃）aniya ambula.（年大）se labdu.（歲多）jalgan golmin.（命長）fulehe šumin.（根深）

齒其兒，而髮其黃分；年其增，而歲其長分；根其固，而身其康分。

enduri eršeme.（神明照看著）weceku wehiyeme.（神主扶佑著）aniya se be ambula bahabuki.（請使年歲得大）

神兮覎我，神兮佑我，永我年而壽我分。

> uju i mudan（首次）jarime jalbarire gisun.（念著神歌禱辭）
> 初次誦神歌禱辭

nadan daihūn.（納丹岱琿）narhūn hiyancu.（納爾琿軒初）

納丹岱琿，納爾琿軒初。

tere aniyangga osokon[osohon] beye.（某屬相年小的本人）tere aniyangga osokon[osohon] beye i（某屬相年小的本人的）wei jalin wececi.（為誰跳神）wei banjiha da aniya be hūlambi.（則呼誰的本生年）

某年生小子，某年生小子。為某人祭，則呼某人本生年。

julefun【24a】gingnembi.（為替獻）uju de ukufi.（在頭上群集了）meiren de fehufi.（在肩上採榮了）juleri dalime.（前面庇護著）amala alime.（後面承受著）urgun sain i acabu.（以喜善相合）

今敬祝者，豐於首，而仔於肩；衛於後，而護於前，昇以嘉祥分。

uju i funiyehe šarambu.（使頭髮變白）angga i weihe sorombu.（使口齒變黃）aniya ambula.（年大）se labdu.（歲多）jalgan golmin.（命長）fulehe šumin.（根深）

齒其兒，而髮其黃分；年其增，而歲其長分；根其固，而身其康分。

enduri eršeme.（神明照看著）weceku wehiyeme.（神主扶佑著）aniya se be ambula bahabuki.（請使年歲得大）

神兮眖我，神兮佑我，永我年而壽我兮。

jai mudan（再次）jarime jalbarire gisun.（念著神歌禱辭）
二次誦神歌禱辭

enduri senggu.（恩都哩僧固）senggu enduri.（僧固恩都哩）

恩都哩僧固，僧固恩都哩。

tere aniyangga osokon[osohon] beye.（某屬相年小的本人）tere aniyangga osokon[osohon] beye i（某屬相年小的本人的）wei jalin wececi.（為誰跳神）wei banjiha da aniya be hūlambi.（則呼誰的本生年）

某年生小子，某年生小子。為某人祭，則呼某人本生年。

julefun【24b】gingnembi.（為替獻）uju de ukufi.（在頭上群集了）meiren de fehufi.（在肩上採榮了）juleri dalime.（前面庇護著）amala alime.（後面承受著）urgun sain i acabu.（以喜善相合）

今敬祝者，豐於首，而仔於肩；衛於後，而護於前，畀以嘉祥兮。

uju i funiyehe šarambu.（使頭髮變白）angga i weihe sorombu.（使口齒變黃）aniya ambula.（年大）se labdu.（歲多）jalgan golmin.（命長）fulehe šumin.（根深）

齒其兒，而髮其黃兮；年其增，而歲其長兮；根其固，而身其康兮。

enduri eršeme.（神明照看著）weceku wehiyeme.（神主扶佑著）aniya se be ambula bahabuki.（請使年歲得大）

神兮眖我，神兮佑我，永我年而壽我兮。

wajima mudan（末次）jarime jalbarire gisun.（念著神歌禱辭）
末次誦神歌禱辭

baiman jaggin.（拜滿章京）nadan weihuri（納丹威瑚哩）endu monggolo.（恩都蒙鄂樂）katun noyan.（喀屯諾延）

拜滿章京，納丹威瑚哩，恩都蒙鄂樂，喀屯諾延。

tere aniyangga osokon[osohon] beye.（某屬相年小的本人）tere aniyangga【25a】osokon [osohon] beye i（某屬相年小的本人的）wei jalin wececi.（為誰跳神）wei banjiha da aniya be hūlambi.（則呼誰的本生年）

某年生小子，某年生小子。為某人祭，則呼某人本生年。

julefun gingnembi.（為替獻）uju de ukufi.（在頭上群集了）meiren de fehufi.（在肩上採榮了）juleri dalime.（前面庇護著）amala alime.（後面承受著）urgun sain i acabu.（以喜善相合）

今敬祝者，豐於首，而仔於肩；衛於後，而護於前，昇以嘉祥分。

uju i funiyehe šarambu.（使頭髮變白）angga i weihe sorombu.（使口齒變黃）aniya ambula.（年大）se labdu.（歲多）jalgan golmin.（命長）fulehe šumin.（根深）

齒其兒，而髮其黃分；年其增，而歲其長分；根其固，而身其康分。

enduri eršeme.（神明照看著）weceku wehiyeme.（神主扶佑著）aniya se be ambula bahabuki.（請使年歲得大）

神分毗我，神分佑我，永我年而壽我分。

> jalime samdaha manggi（念著神歌跳神了之後）niyakūrafi（跪了）forobure gisun.（祝辭）
> 誦神歌禱祝後跪祝辭

abkai juse.（上天之子）niyansi enduri.（年錫神）ancun ayara.（安春阿雅喇）muri muriha.（穆哩穆哩哈）nadan daihūn.（納丹岱琿）narhūn hiyancu.（納爾琿軒初）enduri senggu.（恩都哩僧固）【25b】baiman janggin.（拜滿章京）nadan weihuri.（納丹威瑚哩）endu monggolo.（恩都蒙鄂樂）katun noyan.（喀屯諾延）

上天之子，年錫之神，安春阿雅喇，穆哩穆哩哈，納丹岱琿，納爾琿軒初，恩都哩僧固，拜滿章京，納丹威瑚哩，恩都蒙鄂樂，喀屯諾延。

tere aniyangga osokon[osohon] beye.（某屬相年小的本人）tere aniyangga osokon[osohon] beye i（某屬相年小的本人的）wei jalin wececi.（為誰跳神）wei banjiha da aniya be hūlambi.（則呼誰的本生年）

某年生小子，某年生小子。為某人祭，則呼某人本生年。

julefun gingnembi.（為替獻）uju de ukufi.（在頭上群集了）meiren de fehufi.（在肩上採榮了）juleri dalime.（前面庇護著）amala alime.（後面承受著）urgun sain i acabu.（以喜善相合）

今敬祝者，豐於首，而仔於肩；衛於後，而護於前，昇以嘉祥分。

uju i funiyehe šarambu.（使頭髮變白）angga i weihe sorombu.（使口齒變黃）aniya ambula.（年大）se labdu.（歲多）jalgan golmin.（命長）fulehe šumin.（根深）

齒其兒，而髮其黃分；年其增，而歲其長分；根其固，而身其康分。

enduri eršeme.（神明照看著）weceku wehiyeme.（神主扶佑著）aniya se be ambula

bahabuki.（請使年歲得大）【26a】
神兮眖我，神兮佑我，永我年而壽我兮。

yamji ulgiyan de jungšun suitara de（晚上給豬灌淨水時）jalbarire gisun.（禱詞）
夕祭灌淨水於豬耳禱辭

abkai juse.（上天之子）niyansi enduri.（年錫神）ancun ayara.（安春阿雅喇）muri
muriha.（穆哩穆哩哈）nadan daihūn.（納丹岱琿）narhūn hiyancu.（納爾琿軒初）
enduri senggu.（恩都哩僧固）baiman janggin.（拜滿章京）nadan weihuri.（納丹威瑚
哩）endu monggolo.（恩都蒙鄂樂）katun noyan.（喀屯諾延）
上天之子，年錫之神，安春阿雅喇，穆哩穆哩哈，納丹岱琿，納爾琿軒初，恩都
哩僧固，拜滿章京，納丹威瑚哩，恩都蒙鄂樂，喀屯諾延。

tere aniyangga osokon[osohon] beye.（某屬相年小的本人）tere aniyangga osokon[osohon]
beye i（某屬相年小的本人的）wei jalin wececi.（為誰跳神）wei banjiha da aniya be hūlambi.（則呼誰的
本生年）
某年生小子，某年生小子。為某人祭，則呼某人本生年。

julefun gingnere šusu be（將為替獻的「犧牲」）urgun sain i alime gaiki.（請以喜善領受）
敬獻粢盛，嘉悅以享兮。

yamji yali doboro de（晚上供肉時）forobure gisun.（祝辭）【26b】
夕祭供肉祝辭

abkai juse.（上天之子）niyansi enduri.（年錫神）ancun ayara.（安春阿雅喇）muri
muriha.（穆哩穆哩哈）nadan daihūn.（納丹岱琿）narhūn hiyancu.（納爾琿軒初）
enduri senggu.（恩都哩僧固）baiman janggin.（拜滿章京）nadan weihuri.（納丹威瑚
哩）endu monggolo.（恩都蒙鄂樂）katun noyan.（喀屯諾延）
上天之子，年錫之神，安春阿雅喇，穆哩穆哩哈，納丹岱琿，納爾琿軒初，恩都
哩僧固，拜滿章京，納丹威瑚哩，恩都蒙鄂樂，喀屯諾延。

tere aniyangga osokon[osohon] beye.（某屬相年小的本人）tere aniyangga osokon[osohon]
beye i（某屬相年小的本人的）wei jalin wececi.（為誰跳神）wei banjiha da aniya be hūlambi.（則呼誰的
本生年）
某年生小子，某年生小子。為某人祭，則呼某人本生年。

julefun gingnembi.（為替獻）uju de ukufi.（在頭上群集了）meiren de fehufi.（在肩上
採榮了）juleri dalime.（前面庇護著）amala alime.（後面承受著）urgun sain i acabu.
（以喜善相合）

今敬祝者，豐於首，而仔於肩；衛於後，而護於前，畀以嘉祥兮。

uju i funiyehe šarambu.（使頭髮變白）angga i weihe sorombu.（使口齒變黃）aniya ambula.（年大）se labdu.（歲多）jalgan golmin.（命長）fulehe【27a】šumin.（根深）
齒其兒，而髮其黃兮；年其增，而歲其長兮；根其固，而身其康兮。

enduri eršeme.（神明照看著）weceku wehiyeme.（神主扶佑著）aniya se be ambula bahabuki.（請使年歲得大）
神兮覗我，神兮佑我，永我年而壽我兮。

> tuibure de（背燈祭時）ujui mudan honggon de（首次向神鈴）jarime jalbarime solire gisun（念著神歌禱祝召請辭）
> 背燈祭，初次向神鈴誦神歌祈請辭

je.（哲）irehu je narhūn.（伊呼呼哲納爾琿）
哲，伊呼呼，哲，納爾琿。

uce fa be dalifi（掩蓋了門、窗）solimbi（召請）narhūn.（納爾琿）
掩戶、牖，以迓神兮，納爾琿。

mucen i sukdun. jun i tuwa be gidafi（隱匿了鍋的氣、竈的火）solimbi（召請）narhūn.（納爾琿）
息甑、竈，以迓神兮，納爾琿。

soliha be dahame.（因為召請了）soorin de wasiki（請即寶位）narhūn.（納爾琿）
肅將迎兮，侑坐以俟，納爾琿。

tuibuhe be dahame（因為背燈了）tusergen de wasiki（請就反坫）narhūn.（納爾琿）
秘以祀兮，几筵具陳，納爾琿。

nadan daihūn（納丹岱琿）nanggišame wasiki（請柔順著降下）narhūn.（納爾琿）【27b】
納丹岱琿，藹然降兮，納爾琿。

jorgon junggi（卓爾歡鍾依）jorime wasiki（請指引著降下）narhūn.（納爾琿）
卓爾歡鍾依，惠然臨兮，納爾琿。

oron honggon de oksofi（魄在神鈴上邁步了）ebuki（請下來）narhūn.（納爾琿）
感於神鈴兮，來格，納爾琿。

siren honggon de sišafi（蔓在神鈴上蛆拱了）ebuki（請下來）narhūn.（納爾琿）

莅於神鈴兮，來歆，納爾琿。

      jai mudan honggon be toksime（再次敲著神鈴）jarime jalbarire gisun.（念著神歌禱辭）

      二次搖神鈴誦神歌禱辭

nadan daihūn.（納丹岱琿）narhūn hiyancu.（納爾琿軒初）jorgon junggi.（卓爾歡鍾依）juru juktehen.（珠嚕珠克特亨）

納丹岱琿，納爾琿軒初，卓爾歡鍾依，珠嚕珠克特亨。

tere aniyangga osokon[osohon] beye.（某屬相年小的本人）tere aniyangga osokon[osohon] beye i（某屬相年小的本人的）wei jalin wececi.（為誰跳神）wei banjiha da aniya be hūlambi.（則呼誰的本生年）

某年生小子，某年生小子。為某人祭，則呼某人本生年。

julefun gingnembi.（為替獻）uju de ukufi.（在頭上群集了）meiren de fehufi.（在肩上採縈了）juleri dalime.（前面庇護著）【28a】amala alime.（後面承受著）urgun sain i acabu.（以喜善相合）

今敬祝者，豐於首而仔於肩，衛於後而護於前，畀以嘉祥兮。

uju i funiyehe šarambu.（使頭髮變白）angga i weihe sorombu.（使口齒變黃）aniya ambula.（年大）se labdu.（歲多）jalgan golmin.（命長）fulehe šumin.（根深）

齒其兒，而髮其黃兮；年其增，而歲其長兮；根其固，而身其康兮。

enduri eršeme.（神明照看著）weceku wehiyeme.（神主扶佑著）aniya se be ambula bahabuki.（請使年歲得大）

神兮眷我，神兮佑我，永我年而壽我兮。

      ilaci mudan siša de（第三次向腰鈴）jarime solire gisun.（念著神歌召請辭）

      三次向腰鈴誦神歌祈請辭

je.（哲）irehu je（伊呼呼哲）gu i šongkon.（古伊雙寬）

哲，伊呼呼，哲，古伊雙寬。

tusergen dere be tukiyefi（擡了反玷桌）solimbi（召請）gu i šongkon.（古伊雙寬）

列几筵兮，以敬迓，古伊雙寬。

šufangga šusu be sindafi（放了湊數的「犧牲」）solimbi（召請）gu i šongkon.（古伊雙寬）

潔粢盛分，以恭延，古伊雙寬。

soliha be dahame（因為召請了）【28b】soorin de wasiki（請即寶位）gu i šongkon.（古伊雙寬）

肅將迎分，盡敬，古伊雙寬。

tuibuhe be dahame.（因為背燈了）tusergen de wasiki（請就反玷）gu i šongkon.（古伊雙寬）

秘以祀分，申虔，古伊雙寬。

asha dethe be acinggiyame（翅膀、翅翎搖動著）wasiki（請降下）gu i šongkon.（古伊雙寬）

乘羽葆分，陟於位，古伊雙寬。

siren siša de sišame（藤蔓、腰鈴蛆拱著）wasiki（請降下）gu i šongkon.（古伊雙寬）

應鈴響分，降於壇，古伊雙寬。

duici mudan siša be debsime（第四次搖著腰鈴）jarime jalbarire gisun.（念著神歌禱辭）

四次搖腰鈴誦神歌禱辭

hūlara enduri.（呼喚的神明）solire fisun.（召請的斐孫）anggangga wecehe.（有口者跳神了）ambasa juktehe.（大臣們祀神了）

籲者惟神，迓者斐孫，犧牲既陳，奔走臣隣。

tere aniyangga osokon[osohon] beye.（某屬相年小的本人）tere aniyangga osokon[osohon] beye i（某屬相年小的本人的）wei jalin wececi.（為誰跳神）wei banjiha da aniya be hūlambi.（則呼誰的本生年）

某年生小子，某年生小子，為某人祭，則呼某人本生年。

julefun gingnembi.（為替獻）【29a】uju de ukufi.（在頭上群集了）meiren de fehufi.（在肩上採榮了）juleri dalime.（前面庇護著）amala alime.（後面承受著）urgun sain i acabu.（以喜善相合）

今敬祝者，豐於首，而仔於肩，衛於後，而護於前，畀以嘉祥分。

uju i funiyehe šarambu.（使頭髮變白）angga i weihe sorombu.（使口齒變黃）aniya ambula.（年大）se labdu.（歲多）jalgan golmin.（命長）fulehe šumin.（根深）

齒其兒，而髮其黃分；年其增，而歲其長分；根其固，而身其康分。

enduri eršeme.（神明照看著）weceku wehiyeme.（神主扶佑著）aniya se be ambula bahabuki.（請使年歲得大）【29b】

神兮覡我，神兮佑我，永我年而壽我兮。

hesei toktobuha manjusai wecere metere kooli bithe.（欽定滿洲祭神祭天典禮）
欽定滿洲祭神祭天典禮

> aniyadari（每年）niyengniyeri juwari.bolori tuweri. duin forgon i ulin hengkilere
> dorolon i ejehen.（春夏秋冬四季以財物叩拜的儀注）
> 每歲春夏秋冬四季獻神儀注

aniyadari（每年）duin forgon de（在四季）weceku de ulin hengkilere de.（給神主叩拜財物時）
每歲四季獻神，

tere inenggi（那天）neneme an i inenggi wecehe songkoi（先照平常日跳神的樣）erde.
yamji weceku mengse be lakiyafi.（將清晨、晚上神主幔子懸掛了）
是日，先照常祭儀，懸掛朝祭、夕祭神幔。

erde. yamji weceku be（將清晨、晚上神主）yooni an i dobofi.（全照常供了）erde.
yamji hiyan i fila de hiyan dabumbi.（在清晨、晚上香碟裏點香）【30a】
朝祭、夕祭神位，俱照常安奉，朝祭、夕祭香碟內點香。

dergi adun i jurgan[1] i juwe suru morin be（將上駟院的二白馬）adun i hiya kutuleme.（上
駟院侍衛牽著）elgiyan fusembure sy[2] i juwe ihan be（將慶豐司的二牛）ihan guwan i
da kutuleme.（牛廠長牽著）
上駟院以白馬二，侍衛牽之；慶豐司以牛二，廠長牽之。

aisin i šoge[3]. menggun i amba šoge juwete be（以金錠子、銀大錠子各二）ambula asarara
sy[4] i menggun namun i hafasa tukiyeme.（廣儲司銀庫的官員們擡著）
金二鋌、銀二鋌，廣儲司銀庫官員舉之。

---

[1] 「dergi adun i jurgan」，上駟院，即「adun i hiya baitangga be sonjoro.（揀選上駟院侍衛、執事人的）gocika morin ulebure.（銀養御馬的）adun i temen morin be teksileme baicara jergi baita be（將整理查驗牧群的駱駝、馬匹等事）alifi icihiyara ba be.（承辦之處）dergi adun i jurgan sembi.（稱上駟院）」。見清‧傅恆等奉敕撰，《御製增訂清文鑑》（收入《景印文淵閣四庫全書》，冊232），卷20，〈居處部‧部院類‧上駟院〉，頁52a。

[2] 「elgiyan fusembure sy（elgiyan fusembure fiyenten）」，慶豐司，即「booi geren ba i adun i ihan honin be（將內府眾處牧群的牛、羊）fusemebure adulara jergi baita be（孳生、放牧等事）alifi icihiyara ba be.（承辦之處）elgiyan fusembure fiyenten sembi.（稱慶豐司）」。見清‧傅恆等奉敕撰，《御製增訂清文鑑》（收入《景印文淵閣四庫全書》，冊232），卷20，〈居處部‧部院類‧慶豐司〉，頁51b-52a。

[3] 「šoge」，錠，金銀一錠、兩錠之錠。見清‧祥亨主編，志寬、培寬編，《清文總彙》，卷6，頁41b，「šoge」條。又《御製增訂清文鑑》曰：「durun de hungkerehe amba šoge ci ajigesi aisin menggun be.（從小些的金、銀鑄模成大錠）šoge sembi.（稱錁子）ujen weihuken adali akū.（輕重不一）」。見清‧傅恆等奉敕撰，《御製增訂清文鑑》（收入《景印文淵閣四庫全書》，冊232），卷22，〈產業部‧貨財類‧錁子〉，頁63b。

[4] 「ambula asarara sy（ambula asarara fiyenten）」，廣儲司，即「booi ninggun namun i menggun jaka be dosimbure tucibure.（將內府六庫的銀、物品進出的）mahala etuku i jergi hacin be weilere arara jergi baita be（將製作衣帽諸項等事）alifi icihiyara ba be.（承辦之處）ambula asarara fiyenten sembi.（稱廣儲司）」。見清‧傅恆等奉敕撰，《御製增訂清文鑑》（收入《景印文淵閣四庫全書》，冊232），卷20，〈居處部‧部院類‧廣儲司〉，頁50a-50b。又「六庫」，指銀、皮、瓷、緞、衣、茶等庫。

gecuheri⁵. undurakū⁶. giltasikū. cekemu⁷. alha. hacingga suje juwan. mocin samsu⁸ dehi be（將
蟒緞、龍緞、片金、倭緞、閃緞、各種的緞十，毛青布四十）
蟒緞、龍緞、片金、倭緞、閃緞，以及各色緞十，毛青三梭布四十，

cinuhūn simenggilehe fangkala dere de sindafi.（放在上了銀硃漆的矮桌上）sujei namun
i ulin i【30b】niyalma tukiyeme.（緞疋庫的庫使擡著）
置於紅漆低桌上，緞疋庫庫使舁之。

dorolon be kadalara sy i hafasa amsun i janggin yarume.（掌儀司官員們、司俎官前引
著）booi ambasa. deregi adun i jurgan i ambasa gaime.（內務府總管們、上駟院大臣們
帶領著）kiyan cing men dukai wargi ergi duka de yabume.（走乾清門西邊的門）
掌儀司官員、司俎官前引，內務府總管暨上駟院大臣帶領，由乾清右門入。

kiyan cing gung ni wargi ergi giyalan ci（從乾清宮西邊的房間）giyoo tai diyan i julergi ci dulefi.
（經過了交泰殿的前面）kun ning gung ni ucei tule. isinafi.（到達了坤寧宮的門外）
自乾清宮西楹，經交泰殿，至坤寧宮門外。

morin be wargi ergide.（以馬在西邊）ihan be dergi ergide.（以牛在東邊）uju be
wesihun forobume faidambi（將頭向上排列）
陳馬於西，陳牛於東，首俱向上。

aisin i šoge. menggun i【31a】amba šoge. suje. boso sindara dere be amsun i taigiyasa alime
gaifi.（司俎太監們接取了放金錠子、銀大錠子、緞、布的桌）tukiyefi.（擡了）
kun ning gung ni dolo dosimbufi.（進入了坤寧宮內）
司俎太監等，恭捧金錠、銀錠，並舁緞、布桌入。

---

⁵　「gecuheri」，蟒緞，即「hacingga boco i subeliyen acabume（各種顏色的絲合著）sese dosimbume（加入金
　　絲）bolin ten sindame（放著有欄對蟒、蟒欄）jodoho muduri noho suje be.（所織的全是龍的緞）gecuheri
　　sembi.（稱蟒緞）」。見清・傅恆等奉敕撰，《御製增訂清文鑑》（收入《景印文淵閣四庫全書》，
　　冊232），卷23，〈布帛部・布帛類・蟒緞〉，頁15b-16a。又「bolin」，即「蟒緞織的有欄對蟒」；
　　「ten」，蟒欄，即「gecuheri de（蟒緞上）meyen meyen i hetu jodoho muduri be.（一團一團橫織的龍）ten
　　sembi.（稱蟒欄）」。分見清・李延基編，《清文彙書》（收入故宮博物院編，《故宮珍本叢刊》，冊
　　719），卷4，頁2b，「bolin」條；清・傅恆等奉敕撰，《御製增訂清文鑑》（收入《景印文淵閣四庫
　　全書》，冊232），卷23，〈布帛部・布帛類・蟒欄〉，頁16a。
⁶　「undurakū」，龍緞，即「ishun ilhū muduri noho（順向全是龍）ten akū gecuheri be.（無蟒欄的蟒緞）
　　undurakū sembi.（稱龍緞）」。見清・傅恆等奉敕撰，《御製增訂清文鑑》（收入《景印文淵閣四庫全
　　書》，冊232），卷23，〈布帛部・布帛類・龍緞〉，頁15b。
⁷　「cekemu」，倭緞，即「tuku ergi de subeliyen be（在絲的表面邊上）fisin teksin celmen tucibume jodohongge
　　be.（細密、均勻地抽出絨毛而織者）cekem sembi.（稱倭緞）」。見清・傅恆等奉敕撰，《御製增訂清
　　文鑑》（收入《景印文淵閣四庫全書》，冊232），卷23，〈布帛部・布帛類・倭緞〉，頁17b。
⁸　「mocin samsu」，毛青布，即「narhūn gincihiyan yacin boso be.（細緻、華麗的青色）mocin samsu sembi.
　　（稱毛青布）」。見清・傅恆等奉敕撰，《御製增訂清文鑑》（收入《景印文淵閣四庫全書》，冊
　　232），卷23，〈布帛部・布帛類・毛青布〉，頁30b。

hiyan i da alime gaifi.（司香長接取了）erde weceku i juleri（清晨神主的前面）suje
bosoi dere be na de sindambi.（將緞、布的桌放在地上）

坤寧宮司香接受，於朝祭神位前，就地安設。

aisin. menggun be sujei oilo sindaha manggi.（將金、銀在緞的上面放了之後）suwayan
ilhangga fulgiyan jafu sektefi.（鋪了黃花紅氈）

緞布之桌，置金、銀其上，鋪黃花紅氈。

saman ibefi（薩滿就位了）niyakūrafi（跪了）forobume hengkilembi.（祝贊著叩頭）

司祝進，跪，祝，叩頭。

hengkilehe manggi（叩頭了之後）hiyan i dasa dere be tukiyefi.（司香長們擡了桌）
yamji【31b】weceku i juleri na de sindafi.（放在晚上神主前面的地上）fulgiyan jafu be
gurime sektefi.（移鋪了紅氈）

畢，司香等昇桌，於夕祭神位前，就地安設，移鋪紅氈。

saman ibefi（薩滿就位了）niyakūrafi（跪了）an i forobume hengkilembi.（仍祝贊著
叩頭）

司祝進，跪，祝，叩頭。

hengkilehe manggi（叩頭了之後）doboho aisin. menggun. suje. boso be（將所供的金、銀、
緞、布）erde weceku doboho cinuhūn simenggilehe hacingga bocoi ilha niruha gocima derei
dolo bargiyambi.（收在供清晨神主的上了銀硃漆、畫了各種顏色花的抽屜桌內）

畢，將所獻之金、銀、緞、布，收貯於供朝祭神位之繪花紅漆抽屜桌內。

ambasa. hiyasa. hafasa. morin. ihan be. gaifi tucimbi.（大臣們、侍衛們、官員們將馬、
牛帶了出去）

大臣、侍衛、官員以牛、馬出。

ilan inenggi duleke manggi.（過了三天之後）uheri da taigiyasa aisin menggun suje. boso
be tucibufi.（總管太監使金、銀、緞、布出去了）

越三日後，總管太監以金、銀、緞、布出。

menggun ci tulgiyen.（銀之外）【32a】aisin. suje. boso. morin. ihan be suwaliyame acabufi
bodoro syde afabufi.（連同著金、緞、布、馬、牛交給了會計司）

留銀之外，金、緞、布、馬、牛俱交會計司。

emu halai manjusa de uncame burakū ci tulgiyen.（不賣給同姓的滿洲們之外）hūda
salibume uncafi.（估價賣了）baha ulin be ulgiyan udafi wecembi.（以所得的財物買了
豬跳神）

除不售於同姓滿洲外，估價以售，所得價銀，購豬以祭。

hūwangdi doroloci.（若皇帝行禮）an i wecere songkoi（照平常跳神的樣）mahala gaifi
（摘了冠）dorolombi.（行禮）
皇帝親詣行禮，如常祭儀。

wecere inenggi de teisulebuci.（若遇見跳神之日）yali jeme wajifi.（吃肉完畢了）
ulgiyan i sukū. girangge be tucibuhe amala.（將豬的皮、骨拿出了以後）
或適遇祭神之日，俟食肉畢，皮、骨撤出，

fucihi.【32b】fusa be solime dosimbuha manggi.（將佛、菩薩請進了之後）ulin
hengkilembi.（叩拜財物）【33a】【33b】空白
恭請佛、菩薩安奉後，始行祭獻。

hesei toktobuha manjusai wecere metere kooli bithe.（欽定滿洲祭神祭天典禮）
欽定滿洲祭神祭天典禮

> aniyadari（每年）niyengniyeri. juwari. bolori. tuweri. duin forgon i ulin
> hengkilere de（春夏秋冬四季以財物叩拜時）erde weceku i juleri forobure
> gisun.（清晨神主前祝辭）
> 每歲春夏秋冬四季獻神朝祭神前祝辭

abkai juse.（上天之子）fucihi fusa.（佛、菩薩）ejen sefu.（主子、師傅）coohai
janggin.（軍隊章京）guwan i beise.（關貝子）
上天之子，佛及菩薩，大君先師，三軍之帥，關聖帝君。

tere aniyangga osokon[osohon] beye.（某屬相年小的本人）tere aniyangga osokon[osohon]
beye i（某屬相年小的本人的）wei jalin wececi.（為誰跳神）wei banjiha da aniya be hūlambi.（則呼誰的
本生年）
某年生小子，某年生小子。為某人祭，則呼某人本生年。

julefun gingnembi.（為替獻）suwayan aisin. šanggiyan menggun. gecuheri. undurakū.
giltasikū. cekemu. alha. boconggo suje. mocin[1]. samsu[2]. delungge【34a】morin. yarfungga ihan
be tukiyeme（擡著黃金、白銀、蟒緞、龍緞、片金、倭緞、閃緞、彩色的緞、佛
頭青布、翠藍布、有鬃毛的馬、有轡頭的牛）enduri weceku de gingnembi.（獻給神
祇）
今敬祝者，謹以黃金、白銀、蟒緞、龍緞、片金、倭緞、閃緞各色緞、布、良
馬、健牛，獻於神靈。

uju de ukufi.（在頭上群集了）meiren de fehufi.（在肩上採榮了）juleri dalime.（前面
庇護著）amala alime.（後面承受著）urgun sain i acabu.（以喜善相合）
今敬祝者，豐於首，而仔於肩；衛於後，而護於前，畀以嘉祥兮。

uju i funiyehe šarambu.（使頭髮變白）angga i weihe sorombu.（使口齒變黃）aniya
ambula.（年大）se labdu.（歲多）jalgan golmin.（命長）fulehe šumin.（根深）
齒其兒，而髮其黃兮；年其增，而歲其長兮；根其固，而身其康兮。

enduri eršeme.（神明照看著）weceku wehiyeme.（神主扶佑著）aniya se be ambula

---

1 「mocin」，佛頭青布，即「narhūn gincihiyan fulaburu boso be.（細緻、華麗的紅青色布）mocin sembi.
（稱佛頭青布）」。見清‧傅恆等奉敕撰，《御製增訂清文鑑》（收入《景印文淵閣四庫全書》，冊
232），卷23，〈布帛部‧布帛類‧佛頭青布〉，頁30b。

2 「samsu」，翠藍布，即「narhūn gincihiyan lamun boso be.（細緻、華麗的藍布）samsu sembi.（稱翠藍
布）」。見清‧傅恆等奉敕撰，《御製增訂清文鑑》（收入《景印文淵閣四庫全書》，冊232），卷
23，〈布帛部‧布帛類‧翠藍布〉，頁30b。

bahabuki.（請使年歲得大）

神兮眷我，神兮佑我，永我年而壽我兮。

yamji weceku i juleri（晚上神主前）forobure gisun.（祝辭）

夕祭神前祝辭

abkai juse.（上天之子）niyansi enduri.（年錫神）ancun ayara.（安春阿雅喇）muri muriha.（穆哩穆哩哈）【34b】nadan daihūn.（納丹岱琿）narhūn hiyancu.（納爾琿軒初）enduri senggu.（恩都哩僧固）baiman janggin.（拜滿章京）nadan weihuri.（納丹威瑚哩）endu onggolo.（恩都蒙鄂樂）katun noyan.（喀屯諾延）

上天之子，年錫之神，安春阿雅喇，穆哩穆哩哈，納丹岱琿，納爾琿軒初，恩都哩僧固，拜滿章京，納丹威瑚哩，恩都蒙鄂樂，喀屯諾延。

tere aniyangga osokon[osohon] beye.（某屬相年小的本人）tere aniyangga osokon[osohon] beye i（某屬相年小的本人的）wei jalin wececi.（為誰跳神）wei banjiha da aniya be hūlambi.（則呼誰的本生年）

某年生小子，某年生小子。為某人祭，則呼某人本生年。

julefun gingnembi.（為替獻）suwayan aisin. šanggiyan menggun. gecuheri. undurakū. giltasikū. cekemu. alha. boconggo suje. mocin. samsu. delungge morin. yarfungga ihan be tukiyeme（擡著黃金、白銀、蟒緞、龍緞、片金、倭緞、閃緞、彩色的緞、佛頭青布、翠藍布、有鬃毛的馬、有彎頭的牛）enduri weceku de gingnembi.（獻給神祇）

今敬祝者，謹以黃金、白銀、蟒緞、龍緞、片金、倭緞、閃緞各色緞、布、良馬、健牛，獻於神靈。

uju de ukufi.（在頭上群集了）meiren de fehufi.（在肩上採縈了）juleri dalime.（前面庇護著）amala alime.（後面承受著）urgun sain i acabu.（以喜善相合）

今敬祝者，豐於首，而仔於肩；衛於後，而護於前，畀以嘉祥兮。

uju i funiyehe šarambu.（使頭髮變白）angga i weihe【35a】sorombu.（使口齒變黃）aniya ambula.（年大）se labdu.（歲多）jalgan golmin.（命長）fulehe šumin.（根深）

齒其兒，而髮其黃兮；年其增，而歲其長兮；根其固，而身其康兮。

enduri eršeme.（神明照看著）weceku wehiyeme.（神主扶佑著）aniya se be ambula bahabuki.（請使年歲得大）【35b】

神兮眷我，神兮佑我，永我年而壽我兮。

hesei toktobuha manjusai wecere metere kooli bithe.（欽定滿洲祭神祭天典禮）
欽定滿洲祭神祭天典禮

> fucihi oboro dorolon i ejehen.（洗佛的儀注）
> 浴佛儀注

duin biyai ice jakūn de.（四月初八日）fucihi banjiha inenggi（佛誕日）doroi wecere de
（常例跳神時）
四月初八日，佛誕祭祀，

tere inenggi（那天）neneme tangse i dorgi wecere deyen i dulimbai giyalan de（先在堂子
內祭殿的中央房間）mengse lakiyafi（懸掛了幔子）
是日，先於堂子內饗殿中間，懸掛神幔。

erin oho manggi.（時間到了之後）haksan sujei etuku etuhe jakūn taigiyan（穿了金黃色
緞的衣服的八太監）
屆時，衣金黃緞衣內監八人，

weceku i suwayan sujei oyo hašahan i kiyoo be tukiyeme.（擡著神主的黃緞頂蓋、幃子的
轎子）nei dzo men.【36a】gin guwang dzo men. ging ho men be yabume.（走內左門、近
光左門、景和門）kun ning gung ni ucei tule belhembi.（坤寧宮的門外預備）
舁黃緞神輿，進內左門、近光左門、景和門，預備於坤寧宮門外。

amsun i manju juwe niyalma（司胙滿洲二人）suwayan sujei etuku etufi.（穿了黃緞的衣服）
衣黃緞衣司俎滿洲二人，

fucihi i ordo. fusa i nirugan tebuhe suwayan bocoi simenggilehe mooi sihan. guwan mafa
enduri i nirugan tebuhe cinuhūn simenggilehe mooi sihan be solime tucibufi.（請出了佛
亭、裝了菩薩像上了黃色漆的木筒、裝了關老爺神像上銀硃漆的木筒）kiyoo de
dobofi.（供在轎裏）
恭請佛亭，並貯菩薩像木筒、貯關帝神像木筒，安奉輿內。

haksan sujei etuku etuhe jakūn taigiyan tukiyefi.（穿了金黃色緞的衣服的八太監擡了）
【36b】gurung deyen i cin i duka be yabume.（走宮殿的正門）
衣金黃緞衣內監八人舁行，由宮殿正門出。

juleri yarure mukšan juwe juru.（前御杖二對）honin weihei ayan toktokū juwe juru.（羊
角燈籠二對）inu gemu haksan sujei etuku etuhe taigiyasa jafambi.（也都是穿了金黃色
緞的衣服的太監們拿）
前引仗二對、羊角燈二對，亦用衣金黃緞衣內監執之。

amsun i janggin juwe.（司胙官二）amsun i niyalma juwe.（司胙之人二）amsun i manju juwe.（司胙滿洲二）gurung ni dorgici juleri yarume.（從宮內前引著）

司胙官二員、司胙二人、司胙滿洲二人，由宮內前引，

kiyan cing men dukai tulergi ci（從乾清門門外）hiya sunja juru juleri yarumbi.（侍衛五對前引）

至乾清門外，侍衛十員前導。

dorolon be kadalara sy i hafan emke.（掌儀司官員一員）amsun i da taigiyan emke.（司胙首領太監一員）taigiyan jakūn（太監八）【37a】dahalame genembi.（跟著去）

掌儀司官一員、司胙首領太監一員、內監八人扈行。

doboro nunggele mooi abdaha efen. jancuhūn nurei malu. fulgiyan hibsu. kubun be（將所供的椵木葉餑餑、甜酒瓶、紅蜜、棉花）meni meni tehe. jeringgge hoseri[1] de gingguleme tebufi.（恭敬裝在各自的架子、食盒裏）

應供之椵葉餑餑、醴酒罇、紅蜜、棉花，俱置於架上，及食盒之內，

bošokū[2] sula tukiyefi.（領催、閒散擡了）amala dahalame benembi.（後頭跟隨著送去）

領催、蘇拉隨後舁送。

tangse de isinafi.（到了堂子）suwayan sujei etuku etuhe amsun i manjusa.（穿了黃緞衣服的司胙滿洲們）weceku be solime tucibufi.（請出了神主）fucihi ordo be wargi ergide sindaha teku de dobombi.（將佛亭供在西邊所放的底座上）

至堂子時，衣黃緞衣司胙滿洲等，恭請神位，供佛亭於西首之座。

sirame（接著）mengse de（在幔子上）【37b】fusa i nirugan.（菩薩像）jai sirame（再接著）guwan mafa enduri i nirugan be lakiyame（懸掛關老爺神像）

次於神幔上懸菩薩像，又次懸關帝神像。

doboho manggi.（供奉了之後）geren wang ni booci benjihe doboro efen. nure. hibsu. kubun be bargiyafi.（收起了從眾王家送來所供的餑餑、酒、蜜、棉花）

供奉畢，收諸王呈送所供之餑餑、酒、蜜、棉花。

dergi booci belheme gamaha fulgiyan hibsu.（從皇上家所預備拿去的紅蜜）jai geren

---

1 「jeringgge hoseri」，食盒，即「hoseri be ilan duin jergi jibsibume golmishūn arafi.（將盒子做成三、四層長形的重疊著）tehe de sahame sindafi.（堆放在架子上）sibkeleme yabuci ojorongge be.（可以扛著走者）jeringgge hoseri sembi.（稱食盒）」。見清・傅恆等奉敕撰，《御製增訂清文鑑》（收入《景印文淵閣四庫全書》，冊233），卷25，〈器皿部・器用類・食盒〉，頁7a。

2 「bošokū」，領催，即「funde bošokū i sirame（驍騎校之屬）nirui baita icihiyara.（辦理佐領事務）dangse ejerengge be.（記錄檔冊者）bošokū sembi.（稱領催）」。見清・傅恆等奉敕撰，《御製增訂清文鑑》（收入《景印文淵閣四庫全書》，冊232），卷8，〈武功部・兵類・領催〉，頁4a。

wang sai booci benjihe hibsu be（以及從眾王家所送來的蜜）sasa gemu majige gaifi.（一齊都取了少許）

謹將大內備去之紅蜜，及諸王呈送之蜜，各取少許，

suwayan yeherei cara[3] de sindafi（放在黃磁酒海裏）bolgo muke kūthūmbi.（攪拌淨水）

貯于黃磁浴池內，以淨水攪勻。

hiyan i da ordo i uce be neimbi.（司香長開亭門）saman【38a】fucihi be suwayan yeherei cara de solifi（薩滿請了佛在黃磁酒海裏）

司香啟亭門，司祝請佛於黃磁浴池內，

oboho manggi.（洗了之後）dasame ice kubun tebufi.（復裝了新的棉花）an i da soorin de dobombi.（仍供奉在原位）

浴畢，復以新棉墊座，仍安奉原位。

geren wang sai booci benjihe nunggele mooi abdaha efen be（將從眾王家所送來的椴木葉餑餑）gemu juwe suwayan bocoi simenggilehe amba fangkala dere de dobofi.（都供在二上了黃色漆的大矮桌上）

又將諸王呈送之椴葉餑餑，俱供於二大黃漆低桌之上。

dergi booi uyun alikū efen be oilo dobombi.（將皇上家的九盤餑餑供在上面）jancuhūn nure ilan hūntahan. hiyan i fila ilan be（將甜酒三杯、香碟三）an i bade dobombi.（供在原處）

大內之九盤餑餑供於上面，醴酒三琖、香碟三，仍供原處。

hiyan i da hiyan dabumbi.（司香長點香）

司香點香。

kuk'an i fejile ajige dere de（在炕沿下小桌上）juwe amba suwayan yeherei【38b】moro de.（二大黃磁碗裏）dergi booci gajiha nure. jai geren wang sai booci benjihe nure be tebufi sindambi.（放裝了從皇上家拿來的酒，以及從眾王家所送來的酒）

炕沿下小桌上，設大黃磁椀二，盛大內備去之酒，及諸王呈送之酒。

ordo i dolo（亭式殿內）nunggele mooi abdaha efen. geren wang ni booi efen be（將椴木葉餑餑、眾王家的餑餑）menggun i alikū de šufame tebufi dobombi.（湊取裝在銀盤裏供奉）

---

[3] 「cara」，酒海，即「aisin menggun i jergi jaka be（將金、銀等物）bethe sindame（有腳）fengse i adali（像瓦盆一樣）okcin akū（無蓋）tūme arahangge be.（打製者）cara sembi.（稱酒海）」。見清・傅恆等奉敕撰，《御製增訂清文鑑》（收入《景印文淵閣四庫全書》，冊233），卷25，〈器皿部・器用類・酒海〉，頁17b。

其亭式殿內，以椵葉餑餑，及諸王呈送之餑餑，貯於銀盤供之。

šufaha nure be（將所湊取的酒）fangkala dere de sindaha（放在矮桌上）juwe amba lamun
ilhangga yeherei moro de tebumbi.（裝在二大藍花磁碗裏）
呈送之酒，貯於低桌上所設二大藍花磁椀內，供之。

neneme den derei fejile ilibuha wantaha mooi tura de（先在高桌下所立的杉木柱上）
orin nadan afaha hoošan jiha【39a】lakiyafi.（掛了二十七張紙錢）
仍先於高案下所立杉木柱上，掛紙錢二十七張，

geren wang sai booci takūraha niyalma（從眾王家所派遣的人）gemu hoošan jiha
lakiyambi.（都掛紙錢）
諸王遣來之人，俱掛紙錢。

dergi booi tenggeri. fifan fithere juwe taigiyan（皇上家彈三絃、琵琶的二太監）wecere
deyen i tule celehen[4] i wargi ergide.（在祭殿外丹陛的西邊）
大內之奏三絃、琵琶太監二人，在饗殿外丹陛之西首，

geren wang sai booi hiyasa. hafasa（眾王家的護衛們、官員們）celehen i juwe ergide
bakcilame tecefi.（在丹陛的兩邊相對同坐了）carki tūme.（打著扎板）falanggū
forimbi.（鼓掌）
諸王之護衛、官員，在丹陛兩旁對坐，鳴拍板，拊掌。

cuba sijigiyan[5] etuhe juwe saman ibefi（穿了女朝衣的二薩滿就位了）niyakūrambi.（跪）
衣朝服之二司祝進，跪。

juwe hiyan i da juwe ubu hūntahan taili be tukiyefi.（二司香長捧了兩分杯子、托碟）
juwe saman de alibumbi.（呈遞給二薩滿）
司香二人舉臺、琖二分，授於二司祝。

juwe saman hūntahan taili be【39b】alime gaifi.（二薩滿接取了杯子、托碟）sasa uyute
mudan nure gingnembi.（一齊獻酒各九次）
二司祝接受臺、琖，同獻酒九次。

4　「celehen」，丹陛，即「feise wehe sektehe falan be.（鋪了磚、石的場所）celehen sembi.（稱丹陛）」。
　　見清‧傅恆等奉敕撰，《御製增訂清文鑑》（收入《景印文淵閣四庫全書》，冊232），卷20，〈居
　　處部‧宮殿類‧丹陛〉，頁4a。《清文總彙》則曰：「磚石鋪的院子，丹陛乃宮殿前之月台也」。見
　　清‧祥亨主編，志寬、培寬編，《清文總彙》，卷9，頁30b，「celehen」條。
5　「cuba sijigiyan」，女朝衣，即「undurakū de ulhun meiretu adasun sindame yangselame weilehe（放著龍緞在
　　領口、墊肩、衣襟做裝飾）hehe niyalma eture doroi etuku adali ergume be.（像婦人穿的朝服一樣的朝衣）
　　cuba sijigiyan sembi.（稱女朝衣）」。見清‧傅恆等奉敕撰，《御製增訂清文鑑》（收入《景印文淵閣四
　　庫全書》，冊233），卷24，〈衣飾部‧衣服類‧女朝衣〉，頁11b。

emu amsun i janggin wecere deyen i terkin i fejile dergi ergide ilimbi.（一司胙官站在祭殿台階下東邊）carki tū seme hūlara be tuwame.（按照贊禮說著打扎板）

司胙官一員於饗殿階下東首立，贊鳴拍板。

tenggeri. fifan fitheme.（彈著三絃、琵琶）carki tūme.（打著扎板）falanggū forimbi.（鼓掌）

即奏三絃、琵琶，鳴拍板，拊掌。

juwe saman gingnere dari.（二薩滿每獻）gingnehe nure be（將所獻的酒）juwe dalbai fulgiyan ilhangga yeherei anggara de doolafi.（倒入了兩旁的紅花磁缸裏）

二司祝每一獻，將所獻之酒，注於兩旁所設紅花磁缸內。

dasame nure tebuhe moro ci（復從裝了酒的碗）ice nure waidafi.（舀了新的酒）juwete hūntahan de tebufi（各裝在二杯裏）gingnembi.（獻）

復自盛醴酒椀內挹新酒，各注於二琖中，獻之。

gingnere dari.（每獻）amsun i janggin orolo【40a】seme hūlara be tuwame（司胙官按照贊禮說著鄂囉羅）orolombi.（眾呼鄂囉羅）

每一獻，司胙官贊歌鄂囉羅，則歌鄂囉羅。

uyun mudan gingnehe manggi.（獻了九次之後）juwe saman hūntahan taili be hiyan i da sade amasi bufi.（二薩滿將杯子、托碟給在後面的司香長們）

九次獻畢，二司祝以臺、琖授於司香等。

sasa emgeri hengkilefi（一齊叩頭了一次）ilifi（站立了）giogin arambi.（合掌）

同叩頭，興，合掌致敬。

amsun i janggin carki ili seme hūlara be tuwame.（司胙官按照贊禮說著停止扎板）tenggeri fifan carki taka ilimbi.（三絃、琵琶、扎板暫時停止）

司胙官贊停拍板，其三絃、琵琶、拍板暫止。

sirame（接著）juwe saman ordo i dolo ibefi（二薩滿亭式殿內就位了）niyakūrafi.（跪了）hiyan i dasa hūntahan taili be alibufi.（司香長們呈遞了杯子、托碟）

二司祝進亭式殿內，跪，司香等舉授臺、琖。

juwe saman sasari uyute mudan nure gingnere.（二薩滿一齊獻酒各九次）

二司祝同獻酒九次，

tenggeri. fifan fithere.（彈三絃、琵琶的）carki【40b】tūre.（打扎板的）falanggū forire.（鼓掌的）ororoloro.（眾呼鄂囉羅的）ilirengge.（停止者）gemu wecere deyen de gingnehe songko.（都同在祭殿所獻的樣）

奏三絃、琵琶，鳴拍板，拊掌，歌鄂囉羅，均如饗殿獻酒儀。

gingneme wajifi.（獻完畢了）hūntahan taili be hiyan i da sade amasi bufi.（將杯子、托碟給在後面的司香長們）emgeri hengkilefi（叩頭了一次）ilifi（站立了）giogin araha manggi.（合掌了之後）

獻畢，以臺、㯒授於司香等，一叩頭，興，合掌致敬。

emu saman tutafi（一薩滿留下了）ordo de belheme bimbi.（在亭式殿準備著）emu saman wecere deyen de dosifi.（一薩滿進入了祭殿）dulimbade ibefi.（在中央就位了）

一司祝預備於亭式殿，一司祝進饗殿，正中立，

hiyan i da halmari be alibumbi.（司香長呈遞神刀）saman halmari be alime gaifi（薩滿接取了神刀）ibeme.（上前著）

司香舉授神刀，司祝接受神刀，前進。

amsun i janggin carki tū seme【41a】hūlara be tuwame.（司胙官按照贊禮說著打扎板）tenggri fifan fitheme.（彈著三絃、琵琶）carki tūme（打著扎板）falanggū forimbi.（鼓掌）

司俎官贊鳴拍板，即奏三絃、琵琶，鳴拍板，拊掌。

saman emgeri hengkilefi（薩滿叩頭了一次）ilime.（站立著）amsun i janggin orolo seme hūlara be tuwame（司胙官按照贊禮說著鄂囉羅）orolombi.（眾呼鄂囉羅）

司祝一叩頭，興，司俎官贊歌鄂囉羅，即歌鄂囉羅。

saman halmari be ilanggeri tanjurafi.（薩滿以神刀禱告了三次）emu jergi jarime jalbarifi.（念著神歌禱祝了一次）

司祝擎神刀禱祝三次，誦神歌一次，

halmari be tanjurara de（以神刀禱告時）orolombi.（眾呼鄂囉羅）

擎神刀禱祝時，則歌鄂囉羅。

erei songkoi（照此的樣）ilan mudan jarime jalbariha.（念著神歌禱祝了三次）uyun mudan tanjuraha manggi.（禱告了九次之後）

如是誦神歌三次、禱祝九次畢，

tenggeri fifan an i fitheme.（仍彈著三絃、琵琶）carki an i tūme.（仍打著扎板）falanggū an i forime.（仍擊著掌）

仍奏三絃、琵琶，鳴拍板，拊掌。

saman【41b】ordo de ibefi.（薩滿在亭式殿裏就位了）emgeri hengkilefi（叩頭了一

次）ilifi（站立了）

司祝進亭式殿內，一叩頭，興。

jarime jalbarire.（念著神歌禱祝的）halmari be tanjurara.（以神刀禱告的）orolorongge.（眾呼鄂囉羅者）gemu wecere deyen de wecehe songko.（都同在祭殿跳神的樣）

誦神歌、擎神刀禱祝，以及歌鄂囉羅，俱如祭饗殿儀。

tanjurame wajifi.（禱告完畢了）dasame wecere deyen de dosifi.（復進入了祭殿裏）emgeri hengkilefi（叩頭了一次）ilifi.（站立了）

禱祝畢，復進饗殿內，一叩頭，興。

geli ilan mudan tanjurara de.（又禱告三次時）amsun i janggin orolo seme hūlara be tuwame（司胙官按照贊禮說著鄂囉羅）emu mudan orolombi.（眾呼鄂囉羅一次）

又禱祝三次，司俎官贊歌鄂囉羅，則歌鄂囉羅一次。

tanjurame wajifi.（禱告完畢了）halmari be hiyan i da de bumbi.（將神刀給司香長）

禱祝畢，授神刀於司香。

amsun i janggin carki ili seme hūlara be tuwame.（司胙官按照贊禮說著停止扎板）tenggeri. fifan fithere. carki tūre be【42a】nakafi（將彈三絃、琵琶的、打扎板的停止了）ilifi（站立了）bederembi.（退回）

司俎官贊停拍板，其三絃、琵琶、拍板皆止，興，退。

saman dasame niyakūrafi forobume（薩滿復跪了祝贊著）hengkilefi（叩頭了）ilifi（站立了）giogin arafi（合掌了）bederembi.（退回）

司祝復跪祝，叩頭，興，合掌致敬，退。

sirame（接著）ordo de（在亭式殿裏）belheme iliha emu saman（所站立準備著的一薩滿）niyakūrafi.（跪了）forobume（祝贊著）hengkilefi（叩頭了）ilifi（站立了）giogin arafi（合掌了）bederembi.（退回）

其亭式殿內預備之司祝，亦跪祝，叩頭，興，合掌致敬，退。

hiyan i da fucihi i ordo i uce be dasifi.（司香長掩閉了佛亭的門）fusa nirugan. guwan mafa enduri i nirugan be hetefi.（捲起了菩薩像、關老爺神像）meni meni sihan de tebufi.（裝在各自的木筒）

司香闔佛亭門，撤菩薩像、關帝神像，恭貯於木筒內。

an i suwayan sujei etuku etuhe amsun i manjusa（仍是穿了黃緞衣服的司胙滿洲們）solifi（請了）kiyoo de dobofi.（供在轎內）【42b】

仍用衣黃緞衣司俎滿洲等，恭請安奉輿內，

juleri yarure mukšan. ayan toktokū faidame.（前御杖、燈籠排列著）gurung de solime dosimbi.（請進宮）

鐙仗排列前導，恭請入宮。

wecehe nure. efen be（將所跳神的酒、餑餑）genehe hiyasa. hafasa. amsun i urse de enceme⁶ bumbi.（放分給去的侍衛們、官員們、眾司胙）【43a】【43b】空白

所供酒與餑餑，分給隨去之侍衛、官員、司俎等。

6　「enceme（encembi）」，放分，即「yaya jetere omire jaka be sarin de（凡在宴席上將吃的、喝的東西）isaha niyalma de obu banjibufi tukiyere be.（為分派給齊集的人舉獻的）encembi sembi.（稱放分）」。又「tukiyere（tukiyembi）」，舉獻，即「jetere jaka be（將食物）isaha niyalma i jakade benefi sindara be.（送去齊集的人跟前放的）tukiyembi sembi.（稱舉獻）」。分見清・傅恆等奉敕撰，《御製增訂清文鑑》（收入《景印文淵閣四庫全書》，冊232），卷6，〈禮部・筵宴類・放分〉，頁37b-38a；同書，卷6，〈禮部・筵宴類・舉獻〉，頁38a。

hesei toktobuha manjusai wecere metere kooli bithe.（欽定滿洲祭神祭天典禮）
欽定滿洲祭神祭天典禮

> duin biyai ice jakūn de（四月初八日）fucihi oboro de（洗佛時）tangse i wecere deyen i dolo forobure gisun.（堂子祭殿內祝辭）
> 四月初八日，浴佛於堂子饗殿內祝辭

abkai juse.（上天之子）fucihi fusa.（佛、菩薩）ejen sefu.（主子、師傅）coohai janggin.（軍隊章京）guwan i beise.（關貝子）
上天之子，佛及菩薩，大君先師，三軍之帥，關聖帝君。

tere aniyangga osokon[osohon] beyesei.（某屬相年小的本人們的）wei jalin wececi.（為誰跳神）wei banjiha da aniya be hūlambi.（則呼誰的本生年）
某年生小子。為某人祭，則呼某人本生年。

gingnere julefun（為替獻）fucihi i banjiha sain inenggi seme（佛誕吉日等因）geren booci acafi（從眾家會合了）enduri weceku de gingnembi.（獻給神祇）gingnehe be tusa de obufi.（以所獻做為利益）【44a】osokon[osohon] beyesei（小的本人們的）
今敬祝者，遇佛誕辰，偕我諸王，敬獻於神，祈鑒敬獻之心，俾我小子，

uju de ukufi.（在頭上群集了）meiren de fehufi.（在肩上採榮了）juleri dalime.（前面庇護著）amala alime.（後面承受著）urgun sain i acabu.（以喜善相合）
今敬祝者，豐於首，而仔於肩；衛於後，而護於前，昇以嘉祥兮。

uju i funiyehe šarambu.（使頭髮變白）angga i weihe sorombu.（使口齒變黃）aniya ambula.（年大）se labdu.（歲多）jalgan golmin.（命長）fulehe šumin.（根深）
齒其兒，而髮其黃兮；年其增，而歲其長兮；根其固，而身其康兮。

enduri eršeme.（神明照看著）weceku wehiyeme.（神主扶佑著）aniya se be ambula bahabuki.（請使年歲得大）【44b】
神兮貺我，神兮佑我，永我年而壽我兮。

> tangse i ordo de（在堂子亭式殿）forobure gisun.（祝辭）
> 堂子亭式殿內祝辭

abkai juse.（上天之子）niohon taiji.（紐歡台吉）uduben beise.（武篤本貝子）
上天之子，紐歡台吉，武篤本貝子。

tere aniyangga osokon[osohon] beyesei.（某屬相年小的本人們的）wei jalin wececi.（為誰跳神）wei banjiha da aniya be hūlambi.（則呼誰的本生年）

某年生小子。為某人祭，則呼某人本生年。

gingnere julefun（為替獻）fucihi i banjiha sain inenggi seme（佛誕吉日等因）geren
booci acafi（從眾家會合了）enduri weceku de gingnembi.（獻給神祇）gingnehe be
tusa de obufi.（以所獻做為利益）osokon[osohon] beyesei（小的本人們的）
今敬祝者，遇佛誕辰，偕我諸王，敬獻於神，祈鑒敬獻之心，俾我小子，

uju de ukufi.（在頭上群集了）meiren de fehufi.（在肩上採榮了）juleri dalime.（前面
庇護著）amala alime.（後面承受著）urgun sain i acabu.（以喜善相合）
今敬祝者，豐於首，而仔於肩；衛於後，而護於前，畀以嘉祥分。

uju i funiyehe šarambu.（使頭髮變白）angga i weihe sorombu.（使口齒變黃）aniya
ambula.（年大）se labdu.（歲多）jalgan golmin.（命長）fulehe šumin.（根深）
齒其兒，而髮其黃分；年其增，而歲其長分；根其固，而身其康分。

enduri eršeme.（神明照看著）weceku wehiyeme.（神主扶佑著）aniya se be ambula
bahabuki.（請使年歲得大）【45a】【45b】空白
神分眡我，神分佑我，永我年而壽我分。

第三冊

hesei toktobuha manjusai wecere metere kooli bithe. （欽定滿洲祭神祭天典禮）ilaci debtelin. （第三卷）

欽定滿洲祭神祭天典禮卷三

　　　uyun jafame（報祭）wecere dorolon i ejehen.（跳神的儀注）
　　　報祭儀注

niyengniyeri bolori juwe forgon i siltan tukiyeme ambarame wecere onggolo.（春、秋二季舉杆大祭之前）tuktan jai inenggi.（最初的、第二日）
春、秋二季立杆大祭前，期一、二日，

kun ning gung de uyun jafame（在坤寧宮報祭）erde（清晨）weceku de wecere de.（給神主跳神時）
坤寧宮報祭朝祭神，

neneme suwayan suje de fulgiyan giltasikū kubuhe mengse be（先將鑲了紅片金的黃緞幔子）suwayan bocoi kubun i tonggo siberehe futa de ulifi.（用黃色的棉線搓成的繩穿了）
預將鑲紅片金黃緞神幔，用黃綿繩穿繫其上，

wargi fiyasha de（在西山牆上）hadaha muturi uju foloho aisin i hoošan latubuha cinuhūn simenggilehe ilan jofohonggo tehe de（在所釘的刻了龍頭、貼了飛金、上了銀硃漆的三角架上）【1a】juwe ujan be hūwaitame lakiyambi.（兩頭綁著懸掛）
懸掛西山牆所釘之雕龍、鬆金、紅漆三角架。

bolgo hoošan juwe afaha be（以淨紙二張）duite jergi bukdafi.（各折了四次）duin jiha faitafi.（裁切了四錢）mengse i juwe ujan de tuhebume lakiyambi.（垂著懸掛在幔子的兩頭）
以淨紙二張，各四折，鏤錢四，掛於神幔兩端。

aisin i fucihi doboho aisin i hoošan latubuha ajige ordo be（將供了金佛、貼了飛金的小亭）teku nisihai（連底座）julergi ergide sindafi.（放在南邊）ordo i uce be neimbi.（開亭門）
舁供佛之鬆金小亭連座，奉安於南首，啟亭門。

sirame（接著）mengse de（在幔子上）fusa i nirugan be lakiyame.（掛著菩薩像）jai sirame（再接著）guwan mafa enduri i nirugan be lakiyame.（掛著關老爺神像）gemu amba nagan [nahan] i ninggude（都在大炕上）dergi baru forome dobombi.（向著東供奉）
次於神幔上懸掛菩薩像，又次懸關帝神像，均於大炕上，東向供奉。

nagan[nahan] de（在炕上）cinuhūn simenggilehe amba fangkala dere juwe sindafi.（放了上了銀硃漆的大矮桌二）【1b】hiyan i fila ilan.（香碟三）bolgo muke ilan hūntahan.

（淨水三杯）

炕上設紅漆大低桌二桌，上供香碟三、淨水三琖。

feshen efen be duin durbejen obume.（將撒糕做為四角形）juwan fen obufi.（做成十塊）uyun alikū be derei ninggude dobombi.（以九盤供在桌上）emu alikū be derei fejire amargi ergide dobombi.（以一盤供在桌下北邊）

方切灑餻，分為十盤，以九盤供於桌上，一供桌下北首。

kuk'an i juleri（炕沿前）suwayan ilhangga fulgiyan jafu sektefi.（鋪了黃花紅氈）saman i hengkilere ajige fangkala dere sindambi.（放薩滿叩頭的小矮桌）

炕沿前，鋪黃花紅氈，設司祝叩頭小低桌。

amsun i taigiyasa（司胙太監們）doigonde dulimbai giyalan i mucen i teisu na de.（預先在對著中央房間的鍋的地上）simenggilehe jiramin solho hoošan juwe afaha sektefi.（鋪了上了油的厚高麗紙二張）

司俎太監等，預於中間屋內鍋前地上，設油厚高麗紙二張。

toholon buriha cinuhūn simenggilehe juwe amba dere be dosimbufi.（使鞔了錫、上了銀硃漆的二大桌進入了）wargi baru forome（向著西）juwe jergi obume（做為二列）meni meni simenggilehe solho hoošan de 【2a】 sindambi.（各自放在上了油的高麗紙上）

進包錫紅漆大桌二，西向分為二行，各置於油高麗紙上。

erin ome（屆時）hiyan i da hiyan dabumbi.（司香長點香）amsun i taigiyasa.（司胙太監們）amsun i urse（眾司胙）juwe ulgiyan be dosimbufi.（使二豬進入了）

屆時，司香點香，司俎太監、司俎等進豬二。

kun ning gung ni ucei tule.（坤寧宮的房門外）uju be gemu ucei ici（將頭都在房門的右邊）amargi baru forobume（向著北）sindaha manggi.（放了之後）

於坤寧宮門外之右，首皆北向。

tenggeri. fifan fithere juwe amsun i taigiyan.（彈三絃、琵琶的二司胙太監）amsun i janggin.（司胙官）amsun i niyalma jakūn.（司胙之人八）da taigiyan juwe niyalma（首領太監二人）ibefi（就位了）

彈三絃、琵琶之司俎太監二，司俎官、司俎八、首領太監二，以次進。

tenggeri fifan juleri.（三絃、琵琶在前）sirame（接著）juwan niyalma juwe jergi faidafi.（十人排成兩列）

三絃、琵琶在前，次十人分二層排列，

gemu wesihun forome（都向著上）moselame tecefi（盤著腿同坐了）tenggeri. fifan fitheme.（彈著三絃、琵琶）carki tūmbi.（打扎板）

均向上盤膝坐，奏三絃，琵琶，鳴拍板。

erei amala（其後）amsun i【2b】manjusa（司胙滿洲們）emu bethe bukdame niyakūrafi（彎曲著一腿跪了）falanggū forimbi.（鼓掌）

其後，司胙滿洲等，屈一膝跪，拊掌。

hiyan i da halmari be saman de alibumbi.（司香長呈遞神刀給薩滿）saman halmari jafafi（薩滿拿了神刀）ibeme.（上前著）

司香舉神刀授司祝，司祝執神刀，進。

amsun i urse tenggeri. fifan fitheme.（眾司胙彈著三絃、琵琶）carki tūmbi.（打扎板）falanggū forimbi.（鼓掌）

司俎等復奏三絃、琵琶，鳴拍板，拊掌。

saman emgeri hengkilefi（薩滿叩頭了一次）ilime.（站立著）amsun i urse orolombi.（眾司胙眾呼鄂囉羅）

司祝一叩頭，興，司俎等歌鄂囉羅。

saman halmari be ilanggeri tanjurafi（薩滿以神刀禱告了三次）emu jergi jarime jalbarifi（念著神歌禱祝了一次）

司祝擎神刀禱祝三次，誦神歌一次。

halmari be tanjurara de.（以神刀禱告時）amsun i urse geli orolombi.（眾司胙又眾呼鄂囉羅）

擎神刀禱祝時，司俎等復歌鄂囉羅。

erei songkoi（照此的樣）ilan mudan jarime jalbariha.（念著神歌禱祝了三次）uyun mudan tanjuraha manggi.（禱告了九次之後）

誦神歌三次，如前儀，如是九次畢，

saman niyakūrafi（薩滿跪了）emgeri hengkilefi（叩頭了一次）ilifi（站立了）【3a】geli ilanggeri tanjurafi（又禱告了三次）halmari be hiyan i da de amasi bumbi.（將神刀給在後面的司香長）

司祝跪，一叩頭，興，又禱祝三次，以神刀授於司香。

tenggeri. fifan fithere.（彈三絃、琵琶的）carki tūre urse（打扎板的眾人）ilifi（站立了）dalbade jailame ilimbi.（躲避著站在旁邊）

奏三絃、琵琶、鳴拍板人等起立，避於旁。

hūwangdi beye doroloro de.（皇帝親自行禮時）hiyan i da saman i hengkilere ajige fangkala dere be（司香長將薩滿叩頭的小矮桌）amargi ergide guribumbi.（移到北邊）

皇帝親詣行禮，司香移司祝叩頭小低桌於北首。

hūwangdi mahala gaifi（皇帝摘了冠）erde weceku i juleri ibefi（清晨神主之前就位了）dulimbade wesihun forome ilime.（在中央向上站立著）

皇帝進於朝祭神位前，正中向上立。

saman neneme niyakūrame.（薩滿先跪著）hūwangdi niyakūrame.（皇帝跪著）

司祝先跪，皇帝跪。

saman forobuha manggi.（薩滿祝贊了之後）【3b】hūwangdi emu jergi dorolofi（皇帝行禮了一次）ilifi（站立了）marimbi.（退回）

司祝祝畢，皇帝行禮，興，退。

saman hengkilefi（薩滿叩頭了）ilifi（站立了）giogin arambi.（合掌）

司祝叩頭，興，合掌致敬。

aika hūwangheo i sasari doroloci.（若是皇后一齊行禮）hūwangdi julergi ergide.（皇帝在南邊）hūwangheo amargi ergide（皇后在北邊）dorolombi.（行禮）

如同皇后行禮，皇帝在南，皇后在北行禮。

amsun i janggin. amsun i hahasi be gemu tule tucibufi（使司胙官、司胙男子們都出去外面）amsun i hehesi. taigiyasa teile bimbi.（只有司胙婦人們、太監們在）

司胙官、司胙等俱出外，惟留司胙婦人、太監等在內。

hūwangdi. hūwangheo dorolorakū inenggi.（皇帝、皇后不行禮之日）saman hengkilembi.（薩滿叩頭）

如遇皇帝、皇后不行禮之日，司祝叩頭。

hengkilehe manggi.（叩頭了之後）【4a】hiyan i da fucihi. fusa de doboho juwe hūnthan bolgo muke be bederebufi.（司香長將供了佛、菩薩的二杯淨水撤回了）fucihi i ajige ordo i uce be dasifi.（掩閉了佛的小亭門）

畢，司香撤佛、菩薩前供淨水二琖，闔供佛小亭門。

fusa i nirugan be hetefi（捲起了菩薩像）suwayan bocoi simenggilehe mooi sihan de tebufi.（裝在上了黃色漆的木筒）

撤菩薩像，恭貯於黃漆木筒。

amsun i taigiyasa（司胙太監們）fucihi i ajige ordo i sasa gingguleme tukiyefi.（一齊恭敬

擡了佛的小亭）

司俎太監等，恭舁供佛小亭，

doboho juwe hiyan i fila be suwaliyame（連同著所供的二香碟）uce ci solime tucibufi.
（從房門請出了）kun ning gung ni wargi giyalan i dorgi i amba ordo i【4b】dolo dobofi
（坤寧宮的西面房間內的大亭中供了）

並所供二香碟，移奉於坤寧宮西楹大亭。

hiyan i fila be juleri dobombi.（將香碟供前面）ajige ordo i teku be amasi guribufi.（將小
亭的底座移到後面）mengse be julergi baru majige tatafi（拉了幔子略向南）

香碟供於前，小亭座移置於後，復移神幔稍南位。

guwan mafa enduri i nirugan be（將關老爺神像）dulimbade guribume dobofi.（移到中
央供了）doboho bolgo muke. hiyan i fila be（將所供的淨水、香碟）gemu dulimbade
gurifi dobombi.（都移到了中央供奉）

關帝神像於正中，所供淨水並香碟，皆移正中。

tenggeri. fifan fithere.（彈三絃、琵琶的）carki tūre urse（打扎板的眾人）ibefi（就位
了）da bade tecembi.（同坐在原處）

奏三絃、琵琶、鳴拍板人等進，坐於原處。

hiyan i hehesi（司香婦人們）jafu be ilan jergi bukdame hetefi.（將氈捲起了折三次）
kuk'an i hanci sektembi（鋪在炕沿附近）

司香婦人斂氈三折之，鋪於近炕沿處。

hiyan i da hūntahan taili be saman de【5a】alibumbi.（司香長呈遞杯子、托碟給薩滿）
saman hūntahan taili be alime gaifi（薩滿接取了杯子、托碟）

司香舉臺、瑑授於司祝。

amsun i taigiyasa（司俎太監們）emu uligyan be tukiyeme（擡著一豬）uce ci dosimbufi
（從房門進去了）kuk'an i fejile（炕沿下）uju be wargi baru forobume sindambi.（將頭
向著西放）

司俎太監等，舁一豬，入門，置炕沿下，首西向。

amsun i manju emu niyalma（司俎滿洲一人）emu bethe bukdame niyakūrafi（彎曲著一
腿跪了）ulgiyan be gidambi.（壓倒豬）

司俎滿洲一人，屈一膝跪，按其豬。

amsun i janggin. amsun i niyalma. da taigiyan. taigiyasa（司俎官、司俎之人、首領太監、
太監們）tenggeri. fifan fitheme.（彈著三絃、琵琶）carki tūme.（打著扎板）falanggū

forime.（擊著掌）

司俎官及司俎、首領太監、內監等，奏三絃、琵琶，鳴拍板，拊掌。

saman kuk'an i fejile ilan jergi bukdaha fulgiyan jafu de（薩滿在炕沿下折了三次的紅氈上）wargi julergi baru ešeme niyakūrafi.（斜著向西南跪了）hūntahan taili be【5b】tukiyefi.（舉了杯子、托碟）

司祝跪於炕沿下三折紅氈上，斜向西南，舉臺、琖，

emu mudan gingnere[1] de.（獻一次時）amsun i urse an i orolombi.（眾司胙照常眾呼鄂囉囉）

獻淨水一次，司俎等照前歌鄂囉囉。

gingnefi（獻了）saman jalbarifi.（薩滿禱祝了）juwe hūntahan bolgo muke be emu hūntahan de tebufi.（將二杯淨水裝在一杯中）

獻畢，司祝致禱，以二琖淨水合注一琖中。

amsun i manju ulgiyan i šan be tatame.（司胙滿洲拉著豬耳）saman ulgiyan i šan de jungšun[2] suitafi.（薩滿灌了淨水在豬耳裏）

司俎滿洲執豬耳，司祝灌淨水於豬耳內。

hūntahan taili be（將杯子、托碟）hiyan i da de amasi bufi（給了在後面的司香長）emgeri hengkilembi.（叩頭一次）tenggeri fifan. carki taka ilimbi.（二絃、琵琶、扎板暫時停止）

以臺、琖授司香，一叩頭，三絃、琵琶、拍板暫止。

amsun i manju ulgiyan i ucehen be jafame（司胙滿洲拿著豬尾）uju be dergi baru šurdeme sindaha manggi.（將頭轉向東放了之後）

司俎滿洲執豬尾，移轉豬首向東，

amsun i taigiyasa ibefi（司胙太監們上前了）ulgiyan be【6a】tukiyefi.（擡了豬）toholon buriha amba dere de taka undu sindambi.（暫時直的放在鞔了錫的大桌上）

司俎太監等進前，昇豬，暫順放於包錫大桌上。

hiyan i da hūntahan taili be saman de alibumbi.（司香長呈遞杯子、托碟給薩滿）saman hūntahan taili be alime gaifi.（薩滿接取了杯子、托碟）

司香舉臺、琖授司祝，司祝接受臺、琖。

---

[1] 「gingnere（gingnembi）」，原意為「獻酒」，報祭跳神所獻者，為「bolgo muke（淨水）」，此處「gingnembi」當指「獻」的動作。

[2] 「jungšun」，原意為「灌豬耳的酒水」，報祭跳神不用酒，灌豬耳時用的是淨水，此處「jungšun」當指「水」而言，故「jungšun suitafi」繙作「灌了淨水」。

sirame（接著）ulgiyan be uce ci dosimbufi.（使豬從房門進入了）nenehe mudan i songkoi（照前次的樣）gingneme.（獻著）carkidame.（打著扎板）tenggeri. fifan fitheme.（彈著三絃、琵琶）orolome.（眾呼著鄂囉囉羅）jungšun suitafi（灌了淨水）emgeri hengkilefi（叩頭了一次）ilifi（站立了）bederembi.（退回）tenggeri fifan. carki nakafi（三絃、琵琶、扎板停止了）geren ilifi（眾人站立了）bederembi.（退回）

昇第二豬入門，獻淨水、灌淨水，如前儀。

toholon buriha amba dere de（在鞔了錫的大桌上）juwe ulgiyan i uju be gemu wargi baru forobume（將二豬的頭都向著西）hetu sindafi（橫放了）silgimbi.（「省」）

以包錫大桌上二豬，俱令首西向橫放，省之。

dere【6b】tome juwe amsun i hehesi.（每桌二司胙婦人）menggun dokomiha oton be tukiyefi（擡了銀裏整木槽盆）senggi alime gaimbi.（接取血）

每桌前，令司胙婦人二，舉銀裏木槽盆接血。

hiyan i hehesi jafu be bargiyambi.（司香婦人們收起氈）cinuhūn simenggilehe golmin den dere be ibebufi（使上了銀硃漆的長高桌上前了）wargi nagan[nahan] i julergi sindambi.（放在西炕前）

司香婦人撤去氈，進紅漆長高桌，設於西炕前。

ulgiyan i senggi aliha oton be ibebufi（使接了豬血的整木槽盆上前了）den dere de dobombi.（供在高桌上）

以接血木槽盆，列高桌上。

doboho efen be bederebumbi.（撤回所供的餑餑）

撤去所供餻。

ulgiyan tekdeke manggi.（豬「氣息」之後）amsun i urse ulgiyan be derei ici（眾司胙將豬順桌）uju be julergi baru forobume undu sindafi.（將頭向著南面直放了）

豬氣息後，司俎等轉豬首順桌，向南直放。

sukū fuyefi.（剝了皮）farsilame meileme delhebufi（割開了卸骨成塊）amba mucen de bujumbi.（在大鍋裏煮）

去其皮，按節解開，煮於大鍋內。

uju. fatha. uncehen be fuyerakū.（頭、蹄、尾不剝皮）【7a】funiyehe be fucihiyalafi（燎了毛）wašafi（「燖」了）šolofi（燒炙了）inu amba mucen de bujumbi.（也在大鍋裏煮）

其頭、蹄及尾俱不去皮，惟燎毛，燖淨，亦煮於大鍋內。

duha do be toholon dokomiha oton de tebufi（將內臟裝在錫裏整木槽盆）tucibufi.（拿

出了）encu boode bolgo obume dasafi（在別的房屋內整理了使潔淨）
以臟腑置於錫裡木槽盆，舁出，另室內整理潔淨。

dosimbuha manggi.（收進了之後）senggi oton be（將〔裝〕血整木槽盆）na de sindafi.
（放在地上）
舁進，以盛血木槽盆就地安置。

amsun i manju emu niyalma ibefi.（司胙滿洲一人上前了）den derei juleri（高桌前面）
emu bethe bukdame niyakūrafi.（彎曲著一腿跪了）
司俎滿洲一人進，於高桌前，屈一膝跪，

duha de senggi tebufi.（在腸裏灌了血）inu mucen de sindafi bujumbi.（也放在鍋裏煮）
灌血於腸，亦煮鍋內。

amsun i taigiyasa（司胙太監們）sukū be sukū tebure oton de sindafi.（將皮放在裝皮
的整木槽盆裏）toholon buriha juwe amba dere. simenggilehe jiramin solho hoošan be
tucibumbi.（使鞔了錫的二大桌、上了油的厚高麗紙拿出）【7b】
司俎太監等，置皮於盛皮木槽盆內，撤去包錫大桌二，及油厚高麗紙。

silhi. fathai wahan be（將膽、蹄甲）cinuhūn simenggilehe ajige mooi fila de tebufi.（裝在
上了了銀硃漆的小木碟裏）nagan[nahan] de sindaha amba fngkala derei amargi ergi ujan de
sindambi.（放在炕上所放的大矮桌北邊端上）
仍以膽與蹄、甲貯紅漆小木碟內，置於炕上所設之大低桌北首邊上。

yali urehe manggi.（肉熟了之後）amsun i yali emu moro gūwaššafi.（祭神肉切成小塊
一碗）
俟肉熟時，細切胙肉一碗，

sabka emu juru sindafi.（放了筯一雙）amba fangkala derei dulimbade dobombi.（供在大
矮桌的中央）
設筯一雙，供於大低桌正中。

juwe ulgiyan i yali be（將二豬的肉）juwe menggun dokomiha oton de.（在二銀裏整木
槽盆裏）ulgiyan i fihe. suksaha be duin hošo de.（豬的前腿、後腿在四角）
以二豬之肉分置二銀裏木槽盆內，前、後腿分設四角，

tunggen be juleri.（以胸骨在前）uca be amala.（以尾骨在後）ebci be juwe dalbade（以
肋骨在兩旁）acabume faidafi（合併排列了）oilo ulgiyan i【8a】uju sindafi.（上面放了
豬頭）
胸膛向前，尾椿向後，肋列兩旁，合湊畢，置豬首於上。

kangsiri de delihun be nimenggi nisihai gulhun sindame.（將脾臟連油脂整個放在鼻樑上）
weceku i baru forome（向著神主）golmin den dere de dobombi.（供在長高桌上）
復以臁貼連油，整置於鼻柱上，供於神位前長高桌。

hiyan i da hiyan dabumbi.（司香長點香）hiyan i hehesi suwayan ilhangga fulgiyan jafu
sektefi.（司香婦人們鋪了黃花紅氈）saman i hengkilere ajige fanggala dere sindambi.
（放薩滿叩頭的小矮桌）
司香點司香，司香婦人鋪黃花紅氈，設司祝叩頭小低桌。

emu hiyan i da emu moro bolgo muke tukiyeme.（一司香長捧著一碗淨水）emu hiyan
i da emu untuhun moro tukiyeme.（一司香長捧著一空碗）sasa ibefi（一齊就位了）
iliha manggi.（站立了之後）saman ibefi（薩滿就位了）niyakūrambi.（跪）
一司香舉淨水椀，一司香舉空椀，齊進拱立，司祝進，跪。

hiyan i da hūntahan taili be tukiyefi（司香長捧了杯子、托碟）saman de【8b】alibumbi.
（呈遞給薩滿）saman alime gaifi（薩滿接取了）bolgo muke be ilan mudan gingnembi.
（獻淨水三次）
又一司香舉臺、琖授司祝，司祝接受，獻淨水三次。

ere gingnere de.（此獻時）tenggeri. fifan fithere amsun i taigiyan.（彈三絃、琵琶的司胙
太監）carki tūre amsun i janggin. da taigiyan. amsun i niyalma.（打扎板的司胙官、首領
太監、司胙之人）
是獻也，凡奏三絃、琵琶之司俎太監，鳴拍板之司俎官、首領太監、司俎，

falanggū forire amsun i manjusa（鼓掌的司胙滿洲們）nenehe songkoi（照先前的樣）
ibefi（就位了）tecembi.（同坐著）
以及拊掌之司俎滿洲等，進前列坐，如前儀。

saman gingnere dari（薩滿每獻）gingnehe bolgo muke be（將所獻的淨水）untuhun
moro de doolafi（倒在空碗裏）
司祝每一獻，將所獻之淨水，注於空椀內。

dasame bolgo muke tebuhe moro ci（復從裝了淨水的碗）ice bolgo muke waidame（舀
著新的淨水）juwe hūntahan de tebufi（裝在二杯裏）gingnembi.（獻）
復自盛淨水椀內，把新淨水，注於二琖中以獻。

gingnere dari（每獻）amsun i urse orolombi.（眾司胙眾呼鄂囉羅）
每一獻，司俎等歌鄂囉羅。

ilan mudan gingnehe manggi.（獻了三次之後）saman【9a】hūntahan taili be（薩滿將杯

子、托碟）hiyan i da de amasi bufi（給在後面的司香長）emgeri hengkilefi（叩頭了一次）ilifi（站立了）giogin arambi.（合掌）

三獻畢，司祝以臺、瑲授於司香，一叩頭，興，合掌致敬。

tenggeri. fifan. carki nakafi.（三絃、琵琶、扎板停止了）geren ilifi（眾人站立了）bederembi.（退回）saman niyakūrafi（薩滿跪了）forobumbi.（祝贊）

三絃、琵琶、拍板止，眾俱起立，退。司祝跪，祝之。

hūwangdi. hūwangheo beye doroloci.（若皇帝、皇后親自行禮）nenehe songkoi dorolombi.（照先前的樣行禮）

皇帝、皇后親詣行禮，如前儀。

yali de hengkilehe manggi.（給肉叩頭了之後）wecehe yali be bederebufi（撤回了跳神的肉）uce ci tuciburakū.（不從房門出去）

神肉前叩頭畢，撤下祭肉，不令出戶，

alikūlafi（裝滿盤子了）golmin derei juleri jergi jergi faidame sindambi.（長桌前按次陳設）

盛於盤內，於長桌前按次陳列。

eici hūwangdi.【9b】hūwangheo be gaifi（或者皇帝帶領了皇后）yali angga isire.（先嚐肉的）eici wang, mbasa be gaifi（或者帶領了王、大臣們）yali angga isire（先嚐肉的）babe hese be tuwambi.（將此遵旨）

或皇帝率皇后受胙，或率王、大臣等食肉之處，請旨遵行。

hūwangdi yali angga isirakū inenggi.（皇帝不先嚐肉之日）idui ambasa hiyasa be dosimbufi（使值班大臣們、侍衛們進入了）ulebumbi.（給吃）

如遇皇帝不受胙之日，令值班大臣、侍衛等進內，食之。

ulebuhe manggi（給吃了之後）amsun i taigiyasa sukū. giranggi be tucibufi.（司胙太監們拿出了皮、骨）sukū. nimenggi be budai boode benembi.（將皮、油脂送給飯房）

食畢，司俎太監等撤出皮、骨，皮、油送交膳房。

girenggi. silhi. fathai wahan be（將骨、膽、蹄甲）amsun i janggin gaifi（司胙官取了）bolgo bade gamafi（拿去潔淨處）deijifi（焚燒了）bira de maktambi.（拋於河）

其骨、膽、蹄、甲，司俎官送潔淨處，化而投之於河。

mengse be hetembi.（將幔子捲起）【10a】guwan mafa enduri i nirugan be inu hetefi（也將關老爺神像捲起了）cinuhūn simenggilehe mooi sihan de tebufi（裝在上了銀硃漆的木筒）

隨將神幔收捲，撤關帝神像，恭貯於紅漆木筒。

fucihi ajige ordo fusa i sihan be（將佛的小亭、菩薩的筒）wargi giyalan ci solime dosimbufi.（從西面房間請進了）

其供佛小亭、恭貯菩薩像木筒，仍移奉西楹，

fucihi i ajige ordo be（將佛的小亭）an i ordo i teku de dobombi.（仍供在亭的底座上）

以小亭安奉於亭座上。

fusa. guwan mafa enduri i nirugan be sihan nisihai（將菩薩、關老爺神像連筒）wargi fiyasha de nikebume sindaha（在西山牆靠著放了）cinuhūn simenggilehe hacingga bocoi ilha niruha gocima derei ninggude dobombi.（供在上了銀硃漆、畫了各種顏色花的抽屜桌上）

【10b】

菩薩像、關帝神像二筒，安奉於西山牆繪花紅漆抽屜桌上。

ilan hiyan i fila be（將三香碟）gocima derei ninggu i dergi ergi gencehen de dobombi.（供在抽屜桌上的東邊邊緣）

供香碟三，於桌之東邊。

yamji（晚上）weceku de wecere de（給神主跳神時）neneme yacin bocoi simenggilehe golbon de（先在上了黑色漆的架子上）yacin suje de. fulgiyan giltasikū kubuhe mengse hūwaitambi.（綁鑲了紅片金的青緞幔子）

其夕祭神儀，預將鑲紅片金青緞神幔，繫於黑色漆架上。

golbon i mulu i wargi ergide（在架樑的西邊）amba ajige honggon nadan be suwayan ilgin ulifi.（以黃皮穿了大、小神鈴七）šajilan cikten i debe de hūwaitafi lakiyambi.（綁了懸掛在樺木桿梢上）

用黃色皮條穿大、小鈴七枚，繫樺木桿梢，懸於架樑之西。

murigan weceku be ici ergide（以穆哩罕神在右邊）siran siran i golbon de damjalame hūwaitame.（陸續穿過綁著在架子上）【11a】

恭請穆哩罕神，自西按序安奉架上。

nirugan weceku be mengse i dulimbade lakiyame.（將畫像神懸掛在幔子的中央）monggo weceku doboro nikeku sindame weilehe yacin bocoi simenggilehe teku be（將供蒙古神所做的放著靠背、上了黑色漆的底座）hashū ergide sindame.（放在左邊）

畫像神安奉於神幔正中，設蒙古神座於左，

gemu amargi nagan[nahan] i ninggude（都在北炕上）julergi baru forome dobombi.（向著南供奉）

皆於北炕南向。

nagan[nahan] de（在炕上）cinuhūn simenggilehe amba fangkala dere juwe sindafi.（放了上了銀硃漆的大矮桌二）hiyan i fila sunja.（香碟五）bolgo muke sunja hūntahan.（淨水五杯）

炕上設紅漆大低桌二，香碟五，淨水五璲。

feshen efen be kemuni juwan fen obufi（以撒糕仍做成十塊）uyun alikū be derei ninggude dobombi.（將九盤供在桌上）emu alikū be derei fejile wargi ergide dobombi.（將一盤供在桌下西邊）

以灑餻如前分為十盤，其九盤供於桌上，一供桌下西邊。

ulgiyan dosimbure onggolo.（進豬之前）【11b】fucihi. fusa. juwe hiyan i fila be solime tucibufi.（將佛、菩薩、二香碟請出了）wargi giyalan i amba ordo de dobombi.（供在西面房間的大亭）

未進豬之前，恭請佛、菩薩像，並二香碟，供於西楹大亭。

doigonde（預先）amsun i taigiyasa（司胙太監們）simenggilehe hoošan sektere.（鋪上了油的紙的）dere sindarangge（放桌子者）erde wecehe songko.（同清晨跳神的樣）

預令司俎太監等，鋪油紙、設桌，俱如朝祭儀。

erin ome.（屆時）ulgiyan de dosimbufi（使豬進去了）an i bade sindambi.（放在平常之處）

屆時，進豬，置於常放之處。

hiyan i da hiyan dabumbi.（司香長點香）hiyan i hehesi saman i samdara de tere yacin bocoi simenggilehe mulan be（司香婦人們將薩滿跳神時坐的上了黑色漆的杌子）weceku i juleri sindambi.（放神主前面）

司香點香，司香婦人以司祝祝禱時所坐黑漆杌，置神位前。

amsun i taigiyan.（司胙太監）tungken be tehe nisihai（將鼓連架）mulan i teisu sindambi.（放杌子的對面）

司俎太監以鼓連架，近杌安置。

saman alha hūsihan【12a】hūwaitafi.（薩滿綁了閃緞裙）siša umiyelefi.（束了腰鈴）untun. gisun jafari.（拿了手鼓、鼓槌）weceku i juleri ibeme（神主之前上前著）

司祝繫閃緞裙、束腰鈴、執手鼓，進於神位前。

amsun i juwe taigiyan ibefi.（司胙二太監就位了）wargi baru forome ilifi.（向著西站立了）emu taigiyan tungken tūme.（一太監打著鼓）emu taigiyan carki tūmbi.（一太監打扎板）

司俎太監二人進，西向立，一太監擊鼓，一太監鳴拍板。

saman neneme weceku i baru forome（薩滿先向著神主）mulan de tefi.（在杌子上坐了）untušeme jarime solire de.（打著手鼓、念著神歌召請時）

司祝先向神位，坐於杌上，擊手鼓、誦請神歌祈請，

tungken tūre taigiyan（打鼓的太監）emu galai untun de acabume（一手和著手鼓）tungken emtenggeri tūmbi.（打鼓一次）

擊鼓太監一手擊鼓一點，以和手鼓。

saman ilifi（薩滿站立了）sucungga mudan amasi sosorome（初次向後倒退著）midaljame samdara de.（搖擺著跳神時）

司祝拱立，初次向後盤旋，蹲步祝禱，

tungken tūre taigiyan（打鼓的太監）juwe galai untun de acabume（兩手和著手鼓）【12b】tungken ilanggeri tūmbi（打鼓三次）

擊鼓太監雙手擊鼓三點，以和手鼓。

saman julesi ibeme（薩滿向前上前著）midaljame samdara de.（搖擺著跳神時）

司祝復盤旋，蹲步前進祝禱，

tungken tūre taigiyan（打鼓的太監）juwe galai untun de acabume（兩手和著手鼓）tungken sunjanggeri tūmbi.（打鼓五次）

擊鼓太監雙手擊鼓五點，以和手鼓。

saman ilifi（薩滿站立了）sucungga mudan jarime jalbarire de.（初次念著神歌禱祝時）tungken sunjanggeri tūmbi.（打鼓五次）carki ilannggeri acabume tūmbi.（扎板和著打三次）

司祝拱立，初次誦請神歌，擊鼓五點，拍板三鳴以和之。

jai mudan amasi sosorome.（再次向後倒退著）julesi ibeme（向前上前著）midaljame samdara de.（搖擺著跳神時）tungken teile nadanggeri tūmbi.（只有打鼓七次）

二次向後、向前盤旋，蹲步祝禱，惟擊鼓七點。

saman ilifi（薩滿站立了）jarime jalbarire de.（念著神歌禱祝時）tungken an i sunjanggeri. carki ilannggeri tūmbi.（仍打鼓五次、扎板三次）

司祝拱立，誦神歌以禱，仍擊鼓五點，拍板三鳴。

ilaci mudan samdara de.（第三次跳神時）inu tungken teile【13a】juwan emtenggeri tūmbi.（也只有打鼓十一次）

三次祝禱，亦惟擊鼓十一點。

saman ilifi（薩滿站立了）ilaci mudan jarime jalbarire de.（第三次念著神歌禱祝時）
tungken duinggeri tūme.（打著鼓四次）
司祝拱立，三次誦神歌以禱，擊鼓四點。

wajima de（末尾時）juwe gisun be emtenggeri hiyahambi.（將兩鼓槌交叉一次）carki
an i ilanggeri acabume tūmbi.（扎板仍和著打三次）
末以雙槌交擊一次，拍板仍三鳴，以和之。

ilaci mudan jarime jalbarime wajiha manggi.（第三次念著神歌禱祝完畢了之後）saman
samdara de.（薩滿跳神時）tungken teile duinggeri（只有鼓四次）ilan mudan tūfi（打
了三遍）nakafi（停止了）bederembi.（退回）
三次誦神歌禱畢，司祝祝禱時，惟擊鼓四點，三鼓而止，退。

saman untun gisun be（薩滿以手鼓、鼓槌）hiyan i hehesi de amasi bufi.（給在後面的
司香婦人們）hūsihan siša be sumbi.（脫裙、腰鈴）
司祝以手鼓授司香婦人，釋閃緞裙、腰鈴。

hiyan i hehesi suwayan ilhangga fulgiyan jafu be【13b】sektembi.（司香婦人們鋪黃花紅氈）
司香婦人鋪黃花紅氈。

hūwangdi. beye dororo de.（皇帝親自行禮時）hiyan i hehesi saman i hengkilere ajige fangkala
dere be（司香婦人們將薩滿叩頭的小矮桌）wargi ergide sindambi.（放在西邊）
皇帝親詣行禮，司香婦人移置司祝叩頭小低桌於西首。

hūwangdi mahala gaifi（皇帝摘了冠）yamji weceku i juleri ibefi（晚上神主之前就位
了）dulimbade wesihun forome ilime.（在中央向上站立著）
皇帝進，於夕祭神位前，正中向上立。

saman neneme niyakūrafi（薩滿先跪了）forobuha manggi.（祝贊了之後）hūwangdi
erde doroloho songkoi（皇帝照清晨所行禮的樣）dorolombi.（行禮）
司祝先跪，祝畢，皇帝行禮如朝祭。

hūwangheo i sasari doroloci.（若皇后一齊行禮）hūwangdi dergi ergide.（皇帝在東邊）
【14a】hūwangheo wargi ergide（皇后在西邊）dorolombi.（行禮）
如同皇后行禮，皇帝在東、皇后在西行禮。

hūwangdi. hūwangheo dorolorakū inenggi.（皇帝、皇后不行禮之日）saman
hengkilembi.（薩滿叩頭）
如遇皇帝、皇后不行禮之日，司祝叩頭。

hengkilehe manggi.（叩頭了之後）hiyan i hehesi jafu be ilan jergi bukdame hetefi.（司香婦人們將氈捲起了折三次）kuk'an i hanci sektembi.（鋪炕沿附近）

畢，司香婦人斂氈三折之，鋪於近炕沿處，

bolgo muke emu moro. hūntahan emke be（將淨水一碗、杯子一個）kuk'an de sindambi.（放在炕沿上）

置淨水一椀、空琖一，於炕沿上。

amsun i taigiyasa ulgiyan be tukiyeme（司胙太監們擡著豬）uce ci dosimbufi.（從房門進入了）kuk'an i fejile（炕沿下）uju be amargi baru forobume sindambi.（將頭向著北放）

司俎太監等舁豬入門，置炕沿下，首北向。

amsun i manju emu niyalma（司胙滿洲一人）emu bethe【14b】bukdame niyakūrafi（彎曲著一腿跪了）ulgiyan be gidambi.（壓倒豬）

司俎滿洲一人，屈一膝跪，按其豬。

saman kuk'an i fejile ilan jergi bukdaha fulgiyan jafu de（薩滿在炕沿下折了三次的紅氈上）dergi amargi baru ešeme niyakūrafi.（斜著向東北跪了）

司祝跪於炕沿下三折紅氈上，斜向東北。

bolgo mukei moro ci（從淨水碗）hūntahan de bolgo muke tebufi.（斟淨水在杯裏）tukiyeme jalbarifi.（捧著禱祝了）

從盛淨水椀內，把淨水注於琖中，舉捧禱祝。

amsun i manju ulgiyan i šan be tatame.（司胙滿洲拉著豬耳）saman ulgiyan i šan de jungšun suitafi.（薩滿灌了淨水在豬耳裏）

司俎滿洲執豬耳，司祝灌淨水於豬耳內。

hūntahan be kuk'an de sindafi（將杯子放在炕沿）emgeri hengkilembi.（叩頭一次）

以琖置炕沿，一叩頭。

amsun i manju ulgiyan i uncehen be jafafi.（司胙滿洲拿了豬尾）uju be julergi baru šurdeme sindaha manggi.（將頭轉向南放了之後）【15a】

司祝滿洲執豬尾移轉，豬首向南，

amsun i taigiyasa ibefi.（司胙太監們上前了）ulgiyan be tukiyefi.（擡了豬）toholon buriha amba dere de taka undu sindambi.（暫時直的放在鞔了錫的大桌上）

司俎太監等進前，舁豬，暫順放於包錫大桌上。

saman niyakūrafi.（薩滿跪了）bolgo mukei moro ci（從淨水碗）hūntahan de bolgo

muke tebumbi.（斟淨水在杯裏）
司祝跪，從淨水椀內，把淨水注於琖中。

sirame（接著）ulgiyan be uce ci dosimbufi（使豬從房門進入了）nenehe mudan i songkoi（照前次的樣）gingnefi.（獻了）jalbarfi（禱祝了）jungšun suitafi.（灌了淨水）emgeri hengkilefi（叩頭了一次）ilifi（站立了）bederembi.（退回）
异第二豬入門，仍如前儀，獻淨水，禱祝，灌淨水畢，一叩頭，興，退。

ulgiyan be toholon buriha amba dere de（將豬在鞔了錫的大桌上）juwe ulgiyan be gemu wargi baru forobume sindafi（將二豬都向著西放了）silgimbi.（「省」）
置豬於包錫大桌上，二豬俱令首西向，省之。

dere tome juwe amsun i hehesi（每桌二司胙婦人）menggun dokomiha oton be【15b】tukiyefi（擡了銀裏整木槽盆）senggi alime gaimbi.（接取血）
每桌前，令司俎婦人二，舉銀裏木槽盆接血。

hiyan i hehesi jafu be bargiyambi.（司香婦人們將氈收起）cinuhūn simenggilehe golmin den dere be ibebufi（使上了銀硃漆的長高桌上前了）amargi nagan[nahan] i juleri sindambi.（放北炕的前面）
司香婦人撤去氈，進紅漆長高桌，設於北炕前。

menggun dokomiha senggi oton be（將銀裏〔接〕血整木槽盆）golmin den dere de dobofi.（供在長高桌上）
以接血木槽盆列長高桌上。

amba fangkala derei wargi ujan de（在大矮桌的西端）beibun efen emu alikū funcebufi.（神板上供的餑餑留了一盤）gūwa doboho efen be bederebumbi.（將其他所供的餑餑撤回）
撤去大低桌上所供之餻，惟留一盤。

ulgiyan tekdeke manggi.（豬「氣息」之後）amsun i urse ulgiyan be derei ice（眾司胙將豬順桌）uju be julergi baru forobume undu sindafi.（將頭向著南直的放了）
豬氣息後，司俎等轉豬首順桌，向南直放。

sukū fuyere.（剝皮的）meileme delhebure.（割開卸骨的）duha【16a】do de senggi tebure.（內臟灌血的）bujure.（煮的）toholon buriha amba dere. simenggilehe hoošan be tuciburengge（將鞔了錫的大桌、上了油的紙拿出者）gemu erde wecehe songko.（都同清晨所跳神的樣）
其去皮、節解、灌血腸、煮肉，以及撤出包錫大桌、油紙等件，俱如朝祭儀。

damu silhi. fathai wahan be jun de maktafi（只將膽、蹄甲丟棄在竈內）deijimbi.（焚燒）

惟膽與蹄、甲，於竈內化之。

yali urehe manggi.（肉熟了之後）amsun i yali sunja moro gūwaššafi.（祭神肉切成小塊
五碗）
俟肉熟時，細切胙肉五椀，

moro tome emu juru sabka sindafi.（每碗放了筯一雙）nagan[nahan] i juwe amba fangkala
dere de dobombi.（供在炕上的二大矮桌）
每椀設筯一雙，供於炕上二大低桌之上。

juwe ulgiyan be juwe menggun dokomiha mooi oton de.（將二豬在二銀裏整木槽盆）
erde doboho songkoi（照清晨所供的樣）faidame tebufi.（擺設著裝了）【16b】
以二豬之肉分置二銀裏木槽盆內，如朝祭儀。

weceku i baru forome golmin den dere de doboho manggi.（供在向著神主的長高桌上
之後）hiyan i da hiyan dabumbi.（司香長點香）hiyan i hehesi suwayan ilhangga fulgiyan
jafu sektembi.（司香婦人們鋪黃花紅氈）
供於神位前長高桌，司香點香，司香婦人鋪黃花紅氈。

saman ibefi（薩滿就位了）niyakūrafi（跪了）forobume（祝贊著）hengkilefi（叩頭
了）giogin araha manggi.（合掌了之後）
司祝進，跪，祝，叩頭，合掌致敬。

hiyan i hehesi jafu be bargiyafi.（司香婦人們收了氈）saman i tere mulan be（將薩滿所坐
的杌子）an i yamji wecere de sindaha bade sindafi.（仍放在晚上跳神時所放之處）
司香婦人收氈，以司祝所坐之杌置夕祭常放處。

juleri ajige dere sindafi.（前面放了小桌）ajige siša be derei ninggude sindambi.（將小腰
鈴放在桌上）
又設小桌，小腰鈴列於桌上。

honggon be derei dergi ergi dalbade nikebume sindafi.（將神鈴放在桌子的東邊旁邊靠
著）hiyan i fila i tuwa.【17a】dengjan be tucibufi.（拿出了香碟的火、燈）
神鈴置於桌之東，撤出香碟內火並鐙。

jun i tuwa be dasifi.（遮蓋了竈的火）tuibure yacin suri i dalikū be sarame（打開背燈祭
的青綢遮掩物）daliha manggi.（掩蔽了之後）
掩竈內火，展背鐙青綢幕，蔽之。

geren tucifi（眾人出去了）uce be dasimbi.（掩閉房門）

眾俱退出，闔戶。

tungken tūre taigiyan.（打鼓的太監）tungken be dalikū i hanci majige ibebumbi.（將鼓略推進遮掩物附近）saman mulan de tefi（薩滿在杌子上坐了）
擊鼓太監以鼓移幕前近處，司祝坐於杌上。

sucungga mudan jarime jalbarime（初次念神歌禱祝著）honggon de solire de.（向神鈴召請時）tungken duinggeri tūme.（打著鼓四次）gisun emtenggeri hiyahambi.（鼓槌交叉一次）carki ilanggeri acabume tūmbi.（扎板和著打三次）
初次誦神歌向神鈴祈請時，擊鼓四點，又雙槌交擊一次，拍板三鳴，以和之。

sirame（接著）saman honggon i cikten be jafafi（薩滿拿了神鈴桿）honggon be toksime（敲著神鈴）jarime jalbarire de.（念著神歌禱祝時）【17b】tungken sunjanggeri tūme.（打著鼓五次）carki ilanggeri acabume tūmbi.（扎板和著打三次）
次司祝執鈴桿，振鈴、誦神歌以禱，鼓擊五點，拍板三鳴，以和之。

saman honggon be sindafi.（薩滿放下了神鈴）
司祝置神鈴。

sucungga mudan jarime jalbarime（初次念神歌禱祝著）siša de solire de.（向腰鈴召請時）tungken duinggeri tūfi.（打了鼓四次）gisun emtenggeri hiyahambi.（鼓槌交叉一次）carki acabume ilanggeri tūmbi.（扎板和著打三次）
初次誦神歌向腰鈴祈請，鼓擊四點，又雙槌交擊一次，拍板三鳴，以和之。

saman siša be debsime（薩滿搖著腰鈴）jarime jalbarime de.（念著神歌禱祝時）siša de acabume（和著腰鈴）tungken sunjanggeri tūme.（打著鼓五次）carki ilanggeri acabume tūmbi.（扎板和著打三次）
司祝搖腰鈴、誦神歌以禱，擊鼓五點，拍板三鳴，以和腰鈴之聲。

jalbarime wajiha manggi.（禱祝完畢了之後）tungken ilanggeri tūme（打著鼓三次）carki acabume emgeri tūfi（扎板和著打了一次）nakambi.（停止）
禱畢，鼓擊三點、拍板一鳴而止。

tuibure dalikū be hetembi（捲起背燈祭的遮掩物）uce be neifi.（開了房門）【18a】dengjan be dosimbumbi.（使燈進入）
捲起背鐙神幕，開戶，移入鐙火，

yamji wecehe yali be bederebufi. tucibufi（使撤出了晚上所跳神的肉）budai boode benembi.（送給飯房）
撤祭肉，送交膳房。

fucihi. fusa. juwe hiyan i fila be（將佛、菩薩、二香碟）wargi ergi giyalan ci solime dosimbufi.（從西邊的房間請進了）an i da soorin de dobombi.（仍供在原位）juwe hiyan i fila be an i bade dobombi.（二香碟供在原處）

恭請佛菩薩像並二香碟，仍安奉西楹原位，二香碟亦供於原處。

mengse be hetefi（捲起了幔子）yamji weceku i nirugan be hetefi.（捲起了晚上神主的畫像）monggo weceku. murigan weceku be（將蒙古神、穆哩罕神）gemu cinuhūn simenggilehe sithen de tebufi.（都裝在上了銀硃漆的匣裏）【18b】

收捲神幔，撤夕祭神畫像，並蒙古神、穆哩罕神，俱恭貯紅漆匣內，

amargi fajiran de nikebume sindaha（在北牆靠著放了）yacin simenggilehe hacingga bocoi ilha niruha gocima derei ninggude dobombi.（供在上了黑漆、畫了各種顏色花的抽屜桌上）

安奉於北牆繪花黑漆抽屜桌上。

sunja hiyan i fila be（將五香碟）gocima derei ninggu i julergi ergi gencehen de dobombi.（供在抽屜桌上南邊邊緣）【19a】【19b】空白頁

供香碟五，於桌之南邊。

hesei toktobuha manjusai wecere metere kooli bithe. （欽定滿洲祭神祭天典禮）

欽定滿洲祭神祭天典禮

> niyengniyeri bolori juwe forgon i siltan tukiyeme ambarame wecere ongolo （春、秋二季舉杆大祭之前）tuktan jai inenggi （最初的、第二日）kun ning gung de uyun jafame. （在坤寧宮報祭）erde wecere de （清晨跳神時）jalime jalbarime forobure gisun. （念著神歌禱祝祝辭）
>
> 春、秋二季，立杆大祭前期一、二日，坤寧宮報祭，朝祭誦神歌禱祝祝辭

abkai juse. （上天之子）fucihi fusa. （佛、菩薩）ejen sefu. （主子、師傅）coohai janggin. （軍隊章京）guwan i beise. （關貝子）

上天之子，佛及菩薩，大君先師，三軍之帥，關聖帝君。

tere aniyangga osokon[osohon] beye. （某屬相年小的本人）tere aniyangga osokon[osohon] beye i （某屬相年小的本人的）wei jalin wececi. （為誰跳神）wei banjiha da aniya be hūlambi. （則呼誰的本生年）

某年生小子，某年生小子。為某人祭，則呼某人本生年。

julefun. （為替）uyun be ulime. （以九貫穿著）jakūn be jalukiyame. （以八充滿著）

今敬祝者，貫九以盈，具八以呈，

uyun i tuktan jai inenggi （報祭的最初的、第二日）【20a】amsun be arafi. （做了祭品）enduri weceku de gingnembi. （獻給神祇）

前期一、二日，虔備粢盛，以祭於神靈。

uju de ukufi. （在頭上群集了）meiren de fehufi. （在肩上採縈了）juleri dalime. （前面庇護著）amala alime. （後面承受著）urgun sain i acabu. （以喜善相合）

豐於首，而仔於肩；衛於後，而護於前，畀以嘉祥兮。

uju i funiyehe šarambu. （使頭髮變白）angga i weihe sorombu. （使口齒變黃）aniya ambula. （年大）se labdu. （歲多）jalgan gomin （命長）fulehe šumin. （根深）

齒其兒，而髮其黃兮；年其增，而歲其長兮；根其固，而身其康兮。

enduri eršeme. （神明照看著）weceku wehiyeme. （神主扶佑著）aniya se be ambula bahabuki. （請使年歲得大）

神兮眡我，神兮佑我，永我年而壽我兮。

> erde ulgiyan de jungšun suitara de （清晨給豬灌淨水時）jalbarire gisun. （禱辭）
>
> 朝祭灌淨水於豬耳禱辭

abkai juse.（上天之子）coohai janggin.（軍隊章京）guwan i beise.（關貝子）

上天之子，三軍之帥，關聖帝君。

tere【20b】aniyangga osokon[osohon] beye.（某屬相年小的本人）tere aniyangga osokon [osohon] beye i（某屬相年小的本人的）wei jalin wececi.（為誰跳神）wei banjiha da aniya be hūlambi.（則呼誰的本生年）

某年生小子，某年生小子。為某人祭，則呼某人本生年。

julefun gingnere šusu be（將為替獻的「犧牲」）urgun sain i alime gaiki.（請以喜善領受）

敬獻粢盛，嘉悅以享兮

> erde yali doboro de（清晨供肉時）forobure gisun.（祝辭）
>
> 朝祭供肉禱辭

abkai juse.（上天之子）coohai janggin.（軍隊章京）guwan i beise.（關貝子）

上天之子，三軍之帥，關聖帝君。

tere aniyangga osokon[osohon] beye.（某屬相年小的本人）tere aniyangga osokon[osohon] beye i（某屬相年小的本人的）wei jalin wececi.（為誰跳神）wei banjiha da aniya be hūlambi.（則呼誰的本生年）

某年生小子，某年生小子。為某人祭，則呼某人本生年。

julefun.（為替）uyun be ulime.（以九貫穿著）jakūn be jalukiyame.（以八充滿著）

今敬祝者，貫九以盈，具八以呈，

uyun i tuktan jai inenggi（報祭的最初的、第二日）amsun be arafi.（做了祭品）enduri weceku de gingnembi.（獻給神祇）

前期一、二日，虔備粢盛，以祭於神靈。

uju de ukufi.（在頭上群集了）meiren de fehufi（在肩上採榮了）juleri【21a】dalime.（前面庇護著）amala alime.（後面承受著）urgun sain i acabu.（以喜善相合）

豐於首，而仔於肩；衛於後，而護於前，畀以嘉祥兮。

uju i funiyehe šarambu.（使頭髮變白）angga i weihe sorombu.（使口齒變黃）aniya ambula.（年大）se labdu.（歲多）jalgan gomin（命長）fulehe šumin.（根深）

齒其兒，而髮其黃兮；年其增，而歲其長兮；根其固，而身其康兮。

enduri eršeme.（神明照看著）weceku wehiyeme.（神主扶佑著）aniya se be ambula bahabuki.（請使年歲得大）

神兮眷我，神兮佑我，永我年而壽我兮。

yamji wecere de（晚上跳神時）mulan de tefi（在机子上坐了）jarime solire gisun.（念著神歌召請辭）

夕祭坐於机上誦神歌祈請辭

abka ci wasika ahūn i niyansi（從天而降的阿琿年錫）šun ci tucike siren i niyansi.（從日分出的年錫）niyansi enduri.（年錫神）

自天而降，阿琿年錫之神；與日分精，年錫之神，年錫惟靈。

ancun【21b】ayara.（安春阿雅喇）muri muriha.（穆哩穆哩哈）nadan daihūn.（納丹岱琿）narhūn hiyancu.（納爾琿軒初）enduri senggu.（恩都哩僧固）baiman janggin.（拜滿章京）nadan weihuri.（納丹威瑚哩）endu monggolo.（恩都蒙鄂樂）katun noyan.（喀屯諾延）

安春阿雅喇，穆哩穆哩哈，納丹岱琿，納爾琿軒初，恩都哩僧固，拜滿章京，納丹威瑚哩，恩都蒙鄂樂，喀屯諾延。

tere aniyangga osokon[osohon] beye.（某屬相年小的本人）tere aniyangga osokon[osohon] beye i（某屬相年小的本人的）wei jalin wececi.（為誰跳神）wei banjiha da aniya be hūlambi.（則呼誰的本生年）

某年生小子，某年生小子。為某人祭，則呼某人本生年。

julefun.（為替）uyun be ulime.（以九貫穿著）jakūn be jalukiyame.（以八充滿著）

今敬祝者，貫九以盈，具八以呈，

uyun i tuktan jai inenggi（報祭的最初的、第二日）amsun be arafi.（做了祭品）enduri weceku de gingnembi.（獻給神祇）

前期一、二日，虔備粢盛，以祭於神靈。

uju de ukufi.（在頭上群集了）meiren de fehufi（在肩上採縈了）juleri dalime.（前面庇護著）amala alime.（後面承受著）urgun sain i acabu.（以喜善相合）

豐於首，而仔於肩；衛於後，而護於前，畀以嘉祥兮。

uju i funiyehe šarambu.（使頭髮變白）angga i weihe sorombu.（使口齒變黃）【22a】aniya ambula.（年大）se labdu.（歲多）jalgan gomin（命長）fulehe šumin.（根深）

齒其兒，而髮其黃兮；年其增，而歲其長兮；根其固，而身其康兮。

enduri eršeme.（神明照看著）weceku wehiyeme.（神主扶佑著）aniya se be ambula bahabuki.（請使年歲得大）

神兮覘我，神兮佑我，永我年而壽我兮。

ujui mudan（首次）jarime jalbarire gisun.（念著神歌禱辭）
初次誦神歌禱辭

nadan daihūn.（納丹岱琿）narhūn hiyancu.（納爾琿軒初）
納丹岱琿，納爾琿軒初。

tere aniyangga osokon[osohon] beye.（某屬相年小的本人）tere aniyangga osokon[osohon]
beye i（某屬相年小的本人的）wei jalin wececi.（為誰跳神）wei banjiha da aniya be hūlambi.（則呼誰的
本生年）
某年生小子，某年生小子。為某人祭，則呼某人本生年。

julefun.（為替）uyun be ulime.（以九貫穿著）jakūn be jalukiyame.（以八充滿著）
今敬祝者，貫九以盈，具八以呈，

uyun i tuktan jai inenggi（報祭的最初的、第二日）amsun be arafi.（做了祭品）enduri
weceku de gingnembi.（獻給神祇）
前期一、二日，虔備粢盛，以祭於神靈。

uju de ukufi.（在頭上群集了）meiren de【22b】fehufi（在肩上採榮了）juleri dalime.
（前面庇護著）amala alime.（後面承受著）urgun sain i acabu.（以喜善相合）
豐於首，而仔於肩；衛於後，而護於前，畀以嘉祥兮。

uju i funiyehe šarambu.（使頭髮變白）angga i weihe sorombu.（使口齒變黃）aniya
ambula.（年大）se labdu.（歲多）jalgan gomin（命長）fulehe šumin.（根深）
齒其兒，而髮其黃兮；年其增，而歲其長兮；根其固，而身其康兮。

enduri eršeme.（神明照看著）weceku wehiyeme.（神主扶佑著）aniya se be ambula
bahabuki.（請使年歲得大）
神兮眷我，神兮佑我，永我年而壽我兮。

jai mudan.（再次）jarime jalbarire gisun.（念著神歌禱辭）
二次誦神歌禱辭

enduri senggu.（恩都哩僧固）senggu enduri（僧固恩都哩）
恩都哩僧固，僧固恩都哩。

tere aniyangga osokon[osohon] beye.（某屬相年小的本人）tere aniyangga osokon[osohon]
beye i（某屬相年小的本人的）wei jalin wececi.（為誰跳神）wei banjiha da aniya be hūlambi.（則呼誰的
本生年）
某年生小子，某年生小子。為某人祭，則呼某人本生年。

julefun.（為替）uyun be ulime.（以九貫穿著）jakūn be jalukiyame.（以八充滿著）

【23a】

今敬祝者，貫九以盈，具八以呈，

uyun i tuktan jai inenggi（報祭的最初的、第二日）amsun be arafi.（做了祭品）enduri weceku de gingnembi.（獻給神祇）

前期一、二日，虔備粢盛，以祭於神靈。

uju de ukufi.（在頭上群集了）meiren de fehufi（在肩上採榮了）juleri dalime.（前面庇護著）amala alime.（後面承受著）urgun sain i acabu.（以喜善相合）

豐於首，而仔於肩；衛於後，而護於前，畀以嘉祥分。

uju i funiyehe šarambu.（使頭髮變白）angga i weihe sorombu.（使口齒變黃）aniya ambula.（年大）se labdu.（歲多）jalgan gomin（命長）fulehe šumin.（根深）

齒其兒，而髮其黃分；年其增，而歲其長分；根其固，而身其康分。

enduri eršeme.（神明照看著）weceku wehiyeme.（神主扶佑著）aniya se be ambula bahabuki.（請使年歲得大）

神分睨我，神分佑我，永我年而壽我分。

　　　　wajima mudan（末次）jarime jalbarire gisun.（念著神歌禱辭）
　　　末次誦神歌禱辭

baiman janggin.（拜滿章京）nadan weihuri.（納丹威瑚哩）endu monggolo.（恩都蒙鄂樂）katun【23b】noyan.（喀屯諾延）

拜滿章京，納丹威瑚哩，恩都蒙鄂樂，喀屯諾延。

tere aniyangga osokon[osohon] beye.（某屬相年小的本人）tere aniyangga osokon[osohon] beye i（某屬相年小的本人的）wei jalin wececi.（為誰跳神）wei banjiha da aniya be hūlambi.（則呼誰的本生年）

某年生小子，某年生小子。為某人祭，則呼某人本生年。

julefun.（為替）uyun be ulime.（以九貫穿著）jakūn be jalukiyame.（以八充滿著）

今敬祝者，貫九以盈，具八以呈，

uyun i tuktan jai inenggi（報祭的最初的、第二日）amsun be arafi.（做了祭品）enduri weceku de gingnembi.（獻給神祇）

前期一、二日，虔備粢盛，以祭於神靈。

uju de ukufi.（在頭上群集了）meiren de fehufi（在肩上採榮了）juleri dalime.（前面

庇護著）amala alime.（後面承受著）urgun sain i acabu.（以喜善相合）

豐於首，而仔於肩；衛於後，而護於前，畀以嘉祥兮。

uju i funiyehe šarambu.（使頭髮變白）angga i weihe sorombu.（使口齒變黃）aniya
ambula.（年大）se labdu.（歲多）jalgan gomin（命長）fulehe šumin.（根深）

齒其兒，而髮其黃兮；年其增，而歲其長兮；根其固，而身其康兮。

enduri eršeme.（神明照看著）weceku wehiyeme.（神主扶佑著）aniya【24a】se be
ambula bahabuki.（請使年歲得大）

神兮覲我，神兮佑我，永我年而壽我兮。

> jarime samdaha manggi.（念著神歌跳神了之後）niyakūrafi（跪了）forobure
> gisun.（祝辭）
> 誦神歌禱祝後跪祝辭

abkai juse.（上天之子）niyansi enduri.（年錫神）ancun ayara.（安春阿雅喇）muri
muriha.（穆哩穆哩哈）nadan daihūn.（納丹岱琿）narhūn hiyancu.（納爾琿軒初）
enduri senggu.（恩都哩僧固）baiman janggin.（拜滿章京）nadan weihuri.（納丹威瑚
哩）endu monggolo.（恩都蒙鄂樂）katun noyan.（喀屯諾延）

上天之子，年錫之神，安春阿雅喇，穆哩穆哩哈，納丹岱琿，納爾琿軒初，恩都
哩僧固，拜滿章京，納丹威瑚哩，恩都蒙鄂樂，喀屯諾延。

tere aniyangga osokon[osohon] beye.（某屬相年小的本人）tere aniyangga osokon[osohon]
beye i（某屬相年小的本人的）wei jalin wececi.（為誰跳神）wei banjiha da aniya be hūlambi.（則呼誰的
本生年）

某年生小子，某年生小子。為某人祭，則呼某人本生年。

julefun.（為替）uyun be ulime.（以九貫穿著）jakūn be jalukiyame.（以八充滿著）

今敬祝者，貫九以盈，具八以呈，

uyun i tuktan jai inenggi（報祭的最初的、第二日）amsun be arafi.（做了祭品）enduri
【24b】weceku de gingnembi.（獻給神祇）

前期一、二日，虔備粢盛，以祭於神靈。

uju de ukufi.（在頭上群集了）meiren de fehufi（在肩上採榮了）juleri dalime.（前面
庇護著）amala alime.（後面承受著）urgun sain i acabu.（以喜善相合）

豐於首，而仔於肩；衛於後，而護於前，畀以嘉祥兮。

uju i funiyehe šarambu.（使頭髮變白）angga i weihe sorombu.（使口齒變黃）aniya
ambula.（年大）se labdu.（歲多）jalgan gomin（命長）fulehe šumin.（根深）

齒其兒，而髮其黃兮；年其增，而歲其長兮；根其固，而身其康兮。

enduri eršeme.（神明照看著）weceku wehiyeme.（神主扶佑著）aniya se be ambula bahabuki.（請使年歲得大）

神兮眤我，神兮佑我，永我年而壽我兮。

　　　　yamji ulgiyan de jungšun suitara de（晚上給豬灌淨水時）jalbarire gisun.（禱詞）
　　　夕祭灌淨水於猪耳禱辭

abkai juse.（上天之子）niyansi enduri.（年錫神）ancun ayara.（安春阿雅喇）muri 【25a】 muriha.（穆哩穆哩哈）nadan daihūn.（納丹岱琿）narhūn hiyancu.（納爾琿軒初）enduri senggu.（恩都哩僧固）baiman janggin.（拜滿章京）nadan weihuri.（納丹威瑚哩）endu monggolo.（恩都蒙鄂樂）katun noyan.（喀屯諾延）

上天之子，年錫之神，安春阿雅喇，穆哩穆哩哈，納丹岱琿，納爾琿軒初，恩都哩僧固，拜滿章京，納丹威瑚哩，恩都蒙鄂樂，喀屯諾延。

tere aniyangga osokon[osohon] beye.（某屬相年小的本人）tere aniyangga osokon[osohon] beye i（某屬相年小的本人的）wei jalin wececi.（為誰跳神）wei banjiha da aniya be hūlambi.（則呼誰的本生年）

某年生小子，某年生小子。為某人祭，則呼某人本生年。

julefun gingnere šusu be（將為替獻的「犧牲」）urgun sain i alime gaiki.（請以喜善領受）
敬獻粢盛，嘉悦以享兮。

　　　　yamji yali doboro de（晚上供肉時）forobure gisun.（祝辭）
　　　夕祭供肉祝辭

abkai juse.（上天之子）niyansi enduri.（年錫神）ancun ayara.（安春阿雅喇）muri muriha.（穆哩穆哩哈）nadan daihūn.（納丹岱琿）narhūn hiyancu.（納爾琿軒初）enduri senggu.（恩都哩僧固）baiman janggin.（拜滿章京）nadan weihuri.（納丹威瑚哩）endu monggolo.（恩都蒙鄂樂）katun 【25b】 noyan.（喀屯諾延）

上天之子，年錫之神，安春阿雅喇，穆哩穆哩哈，納丹岱琿，納爾琿軒初，恩都哩僧固，拜滿章京，納丹威瑚哩，恩都蒙鄂樂，喀屯諾延。

tere aniyangga osokon[osohon] beye.（某屬相年小的本人）tere aniyangga osokon[osohon] beye i（某屬相年小的本人的）wei jalin wececi.（為誰跳神）wei banjiha da aniya be hūlambi.（則呼誰的本生年）

某年生小子，某年生小子。為某人祭，則呼某人本生年。

julefun.（為替）uyun be ulime.（以九貫穿著）jakūn be jalukiyame.（以八充滿著）

今敬祝者，貫九以盈，具八以呈，

uyun i tuktan jai inenggi（報祭的最初的、第二日）amsun be arafi.（做了祭品）enduri weceku de gingnembi.（獻給神祇）

前期一、二日，虔備粢盛，以祭於神靈。

uju de ukufi.（在頭上群集了）meiren de fehufi（在肩上採榮了）juleri dalime.（前面庇護著）amala alime.（後面承受著）urgun sain i acabu.（以喜善相合）

豐於首，而仔於肩；衛於後，而護於前，畀以嘉祥兮。

uju i funiyehe šarambu.（使頭髮變白）angga i weihe sorombu.（使口齒變黃）aniya ambula.（年大）se labdu.（歲多）jalgan gomin（命長）fulehe šumin.（根深）

齒其兒，而髮其黃兮；年其增，而歲其長兮；根其固，而身其康兮。

enduri eršeme.（神明照看著）weceku wehiyeme.（神主扶佑著）aniya【26a】se be ambula bahabuki.（請使年歲得大）

神兮眷我，神兮佑我，永我年而壽我兮。

> tuibure de（背燈祭時）ujui mudan honggon de（首次向神鈴）jarime jalbarire（solire）gisun.（念著神歌禱祝〔召請〕辭）
> 背鐙祭初次向神鈴誦神歌祈請辭

je.（哲）irehu je narhūn.（伊呼呼哲納爾琿）

哲，伊呼呼，哲，納爾琿。

uce fa be dalifi（掩蓋了門、窗）solimbi（召請）narhūn.（納爾琿）

掩戶、牖，以迓神兮，納爾琿。

mucen i sukdun. jun i tuwa be gidafi（隱匿了鍋的氣、竈的火）solimbi（召請）narhūn.（納爾琿）

息甑、竈，以迓神兮，納爾琿。

soliha be dahame.（因為召請了）soorin de wasiki（請即寶位）narhūn.（納爾琿）

肅將迎兮，侑坐以俟，納爾琿。

tuibuhe be dahame（因為背燈了）tusergen de wasiki（請就反坫）narhūn.（納爾琿）

秘以祀兮，几筵具陳，納爾琿。

nadan daihūn（納丹岱琿）nanggišame wasiki（請柔順著降下）narhūn.（納爾琿）

納丹岱琿，藹然降兮，納爾琿。

jorgon junggi（卓爾歡鍾依）jorime【26b】wasiki（請指引著降下）narhūn.（納爾琿）
卓爾歡鍾依，惠然臨兮，納爾琿。

oron honggon de oksofi（魄在神鈴上邁步了）ebuki（請下來）narhūn.（納爾琿）
感於神鈴兮，來格，納爾琿。

siren honggon de sišafi（蔓在神鈴上蛆拱了）ebuki（請下來）narhūn.（納爾琿）
莅於神鈴兮，來歆，納爾琿。

jai mudan honggon be toksime（再次敲著神鈴）jarime jalbarire gisun.（念著
神歌禱辭）
二次搖神鈴誦神歌禱辭

nadan daihūn.（納丹岱琿）narhūn hiyancu.（納爾琿軒初）jorgon junggi.（卓爾歡鍾
依）juru juktehen.（珠嚕珠克特亨）
納丹岱琿，納爾琿軒初，卓爾歡鍾依，珠嚕珠克特亨。

tere aniyangga osokon[osohon] beye.（某屬相年小的本人）tere aniyangga osokon[osohon]
beye i（某屬相年小的本人的）wei jalin wececi.（為誰跳神）wei banjiha da aniya be hūlambi.（則呼誰的
本生年）
某年生小子，某年生小子。為某人祭，則呼某人本生年。

julefun.（為替）uyun be ulime.（以九貫穿著）jakūn be jalukiyame.（以八充滿著）
今敬祝者，貫九以盈，具八以呈，

uyun i tuktan jai inenggi（報祭的最初的、第二日）amsun be arafi.（做了祭品）enduri
weceku de gingnembi.（獻給神祇）【27a】
前期一、二日，虔備粢盛，以祭於神靈。

uju de ukufi.（在頭上群集了）meiren de fehufi（在肩上採榮了）juleri dalime.（前面
庇護著）amala alime.（後面承受著）urgun sain i acabu.（以喜善相合）
豐於首，而仔於肩；衛於後，而護於前，畀以嘉祥兮。

uju i funiyehe šarambu.（使頭髮變白）angga i weihe sorombu.（使口齒變黃）aniya
ambula.（年大）se labdu.（歲多）jalgan gomin（命長）fulehe šumin.（根深）
齒其兒，而髮其黃兮；年其增，而歲其長兮；根其固，而身其康兮。

enduri eršeme.（神明照看著）weceku wehiyeme.（神主扶佑著）aniya se be ambula
bahabuki.（請使年歲得大）
神兮貺我，神兮佑我，永我年而壽我兮。

ilaci mudan siša de（第三次向腰鈴）jarime solire gisun.（念著神歌召請辭）
三次向腰鈴誦神歌祈請辭

je.（哲）irehu je gu i šongkon.（伊呀呼哲古伊雙寬）
哲，伊呀呼，哲，古伊雙寬。

tusergen dere be tukiyefi（擡了反玷桌）solimbi（召請）gu i šongkon.（古伊雙寬）
列几筵兮，以敬迓，古伊雙寬。

šufangga šusu be【27b】sindafi（放了湊數的「犧牲」）solimbi（召請）gu i šongkon.
（古伊雙寬）
潔粢盛兮，以恭延，古伊雙寬。

soliha be dahame（因為召請了）soorin de wasiki（請即寶位）gu i šongkon.（古伊雙寬）
肅將迎兮，盡敬，古伊雙寬。

tuibuhe be dahame.（因為背燈了）tusergen de wasiki（請就反玷）gu i šongkon.（古伊
雙寬）
秘以祀兮，申虔，古伊雙寬。

asha dethe be acinggiyame（翅膀、翅翎搖動著）wasiki（請降下）gu i šongkon.（古
伊雙寬）
乘羽葆兮，陟於位，古伊雙寬。

siren siša de sišame（蔓藤、腰鈴蛆拱著）wasiki（請降下）gu i šongkon.（古伊雙寬）
應鈴響兮，降於壇，古伊雙寬。

duici mudan siša be debsime（第四次搖著腰鈴）jarime jalbarire gisun.（念著
神歌禱辭）
四次搖腰鈴誦神歌禱辭

hūlara enduri.（呼喚的神明）solire fisun.（召請的斐孫）anggangga wecehe.（有口者
跳神了）【28a】ambasa juktehe.（大臣們祀神了）
籲者惟神，迓者斐孫，犧牲既陳，奔走臣隣。

tere aniyangga osokon[osohon] beye.（某屬相年小的本人）tere aniyangga osokon[osohon]
beye i（某屬相年小的本人的）wei jalin wececi.（為誰跳神）wei banjiha da aniya be hūlambi.（則呼誰的
本生年）
某年生小子，某年生小子。為某人祭，則呼某人本生年。

julefun.（為替）uyun be ulime.（以九貫穿著）jakūn be jalukiyame.（以八充滿著）

今敬祝者，貫九以盈，具八以呈，

uyun i tuktan jai inenggi（報祭的最初的、第二日）amsun be arafi.（做了祭品）enduri weceku de gingnembi.（獻給神祇）

前期一、二日，虔備粢盛，以祭於神靈。

uju de ukufi.（在頭上群集了）meiren de fehufi（在肩上採縈了）juleri dalime.（前面庇護著）amala alime.（後面承受著）urgun sain i acabu.（以喜善相合）

豐於首，而仔於肩；衛於後，而護於前，畀以嘉祥兮。

uju i funiyehe šarambu.（使頭髮變白）angga i weihe sorombu.（使口齒變黃）aniya ambula.（年大）se labdu.（歲多）jalgan gomin（命長）fulehe šumin.（根深）

齒其兒，而髮其黃兮；年其增，而歲其長兮；根其固，而身其康兮。

enduri eršeme.（神明照看著）weceku wehiyeme.（神主扶佑著）【28b】aniya se be ambula bahabuki.（請使年歲得大）【29a】【29b】空白

神兮眖我，神兮佑我，永我年而壽我兮。

hesei toktobuha manjusai wecere metere kooli bithe.（欽定滿洲祭神祭天典禮）
欽定滿洲祭神祭天典禮

> tangse de siltan tukiyeme（在堂子舉杆）ambarame wecere dorolon i ejehen.
> （大祭儀注）
> 堂子立杆大祭儀注

aniyadari niyengniyeri. bolori juwe forgon de.（每年在春、秋二季）tangse de siltan
tukiyeme（在堂子舉杆）ambarame wecere de.（大祭時）
每歲春、秋二季，堂子立杆大祭。

baitalara jakdan mooi siltan be（將所用的松木杆）onggolo biyade（在一個月前）ilhi
booi da emke tucibufi.（派了副管領一員）
所用之松木神杆，前期一月，派副管領一員，

bošokū ilan. uksin[1] orin be gaifi.（帶了領催三、馬甲二十）jyli i harangga yan king jeo i
bade genefi.（去了直隸管轄下的延慶州地方）
帶領領催三人、披甲二十人，前往直隸延慶州。

ba na i hafasai emgi acafi.（會同了地方的官員們）sasa bolgo alin de（一齊在潔淨的山
裏）golmin【30a】ici juwe juda. muwa ici sunja jurhun i jakdan mooi siltan emu da sacifi.（砍
了長二丈、粗五寸的松樹杆一棵）
會同地方官，於潔淨山內，砍取松樹一株，長二丈、圍徑五寸。

dube ci fusihūn（從末梢往下）gargan abdaha be uyun jergi funcebufi.（留了九節枝葉）
gūwa gargan be gemu argiyame siltan obufi.（將其他的枝都削去做成杆）
樹梢留枝葉九節，餘俱削去製為神杆。

suwayan bosoi wadan uhume gaifi.（取了黃布的布單裏著）tangse i dolo julergi ergi fu
i hanci tebuhe（安置在堂子內南邊牆的附近）fulgiyan bocoi simenggilehe mooi tehe i
dulimbai.（上了紅色漆的木架的中央）tehe de taka ešeme nikebume sindambi.（暫時
斜著倚放在架子上）
用黃布袱包裹，賫至堂子內，暫於近南牆所設之紅漆木架中間，斜倚安置。

---

[1] 「uksin」，馬甲，即「nirui urse ci sonjofi（從佐領的眾人中揀選了）cooha dain de yabure.（在軍隊、戰爭行
走的）hoton tuwakiyara.（守城的）juce terengge be.（守望者）uksin sembi.（稱馬甲）」。見清・傅恆等奉敕
撰，《御製增訂清文鑑》（收入《景印文淵閣四庫全書》，冊232），卷8，〈武功部・兵類・馬甲〉，
頁4b。另據《清文總彙》，「juce」，堆子，即「兵丁支更之處」，「juce tembi」，即「坐堆子」；
「jucelembi」為「juce tembi」的同義詞，有守望、兵丁坐堆子、傳籌坐更探哨、伏路等意。見清・祥亨主
編，志寬、培寬編，《清文總彙》，卷10，頁26a，「juce」、「juce tembi」、「jucelembi」等條。

siltan tukiyeme ambarame wecere onggolo inenggi.（舉杆大祭前日）siltan moo be【30b】ordo i julergi dulimbade sindaha（將神杆在亭式殿前的中央放了）wehe de tukiyeme ilibumbi.（使舉著立在石上）

立杆大祭前期一日，立杆於亭式殿前中間石上。

wecere inenggi.（跳神之日）doigonde wecere deyen i dolo dulimbai giyalan de.（預先在祭殿內中央的房間）

祭期，預於饗殿中間，

suwayan suju de fulgiyan giltasikū kubuhe mengse be（將鑲了紅片金的黃緞幔子）suwayan bocoi kubun i tonggo siberehe futa de ulifi.（用黃色的棉線搓成的繩穿了）

將鑲紅片金黃緞神幔，用黃棉線繩穿繫其上，

dergi wargi fiyasha de hadaha selei muheren de（在東、西山牆上所釘的鐵環上）juwe ujan be hūwaitame lakiyambi.（兩頭綁著懸掛）

懸掛東、西山牆所釘之鐵環。

amargi nagan[nahan] i dulimbai wargi ergide（在北炕中央的西邊）fucihi i ordo doboro teku sindambi.（放供佛亭的底座）

北炕中間西首，設供佛亭之座。

nagan[nahan] de（在炕上）suwayan【31a】bocoi simenggilehe amba fangkala dere juwe sindambi.（放上了黃色漆的大矮桌二）dere de hiyan i fila ilan sindambi.（桌上放香碟三）

炕上設黃漆大低桌二，桌上供香碟三。

kuk'an i fejile sindaha anahūn mooi fangkala dere de（在炕沿下所放的楠木矮桌上）lamun ilhangga amba yeherei moro juwe sindambi.（放藍花大磁碗二）

炕沿下設楠木低桌，桌上列藍花大磁椀二。

derei juwe dalbade（在桌的兩旁）juwe fulgiyan ilhangga ajige yeherei anggara be（將二紅花小磁缸）na de sindambi.（放在地上）derei juleri suwayan ilhangga fulgiyan jafu emu farsi sektembi.（桌前鋪黃花紅氈一塊）

桌之兩旁地上，設紅花小瓷缸二，桌前鋪黃花紅氈一方。

ordo i dolo sindaha anahūn mooi den dere de（在亭式殿內所放的楠木高桌上）【31b】teišun i hiyan i dabukū dobombi.（供黃銅香爐）

亭式殿內楠木高桌上，供銅香爐。

den derei juleri sindaha anahūn mooi fangkala dere de（在高桌前所放的楠木矮桌上）lamun ilhangga amba yeherei moro juwe sindambi.（放藍花大磁碗二）

高桌前楠木低桌上，列藍花大磁椀二

derei juwe dalbade（在桌的兩旁）butu muduri noho niohun[2] yeherei juwe ajige anggara be（將暗龍全豆綠色磁的二小缸）na de sindambi.（放在地上）
桌之兩旁地上，設暗龍碧磁小缸二。

wecere deyen i dolo（祭殿內）suwayan cece hūbalaha hiyabulakū[3] juwe julu.（黃紗所糊的糠燈架子二對）ordo i dolo（亭式殿內）suwayan cece hūbalaha hiyabulakū juwe juru.（黃紗所糊的糠燈架子二對）
饗殿內設黃紗矗鐙二對，亭式殿內設黃紗矗鐙二對。

yabure dulimbai jugūn. celehe jugūn de（在走的中央道路、甬路上）gemu【32a】jijiri sektefi.（都鋪了涼席）fulgiyan hoošan hūbalaha hiyabulakū gūsin juwe faidambi.（陳列紅紙所糊的糠燈架子三十二）
中道甬路，皆設涼席，並設紅紙矗鐙三十有二。

erin oho manggi.（時間到了之後）haksan sujei etuku etuhe jakūn taigiyan（穿了金黃色緞的衣服的八太監）
屆時，衣金黃緞衣內監八人，

weceku i suwayan sujei oyo hašhan i kiyoo be tukiyeme.（擡著神主的黃緞頂蓋、幃子的轎子）nei dzo men. gin guong dzo men ging ho men be yabume.（走內左門、近光左門、景和門）kun ning gung ni ucei tule belhembi.（坤寧宮的門外預備）
舁黃緞神輿，進內左門、近光左門、景和門，預備於坤寧宮門外。

amsun i manju juwe niyalma（司胙滿洲二人）suwayan sujei etuku【32b】etufi（穿了黃緞的衣服）
衣黃緞衣司俎滿洲二人，

2　「niohun」，豆綠，即「niowanggiyan de sahahūn elden bisire be.（綠色中淡黑有光的）niohun boco sembi.（稱豆綠色）」。見清・傅恆等奉敕撰，《御製增訂清文鑑》（收入《景印文淵閣四庫全書》，冊232），卷23，〈布帛部・采色類・豆綠〉，頁41a。

3　「hiyabulakū」，糠燈架子，即「ilan gargangga fasilan moo be ilibume arafi.（將三枝的叉木做成立起著）dergide sangga tūfi（在上面打了洞）hiyabun sisirengge be.（插糠燈者）hiyabulakū sembi.（稱糠燈架子）」。又「hiyabun」，糠燈，即「hiyalhūwa de ara imenggi masan be latubufi（以麻秸做油渣點燃了）dengjan i adali daburengge be.（像燈一樣的點者）hiyabun sembi.（稱糠燈）」。分見清・傅恆等奉敕撰，《御製增訂清文鑑》（收入《景印文淵閣四庫全書》，冊232），卷23，〈烟火部・烟火類・糠燈架子〉，頁7b；同書，卷23，〈烟火部・烟火類・糠燈〉，頁7b。乾隆皇帝（1711-1799，1735-1795在位）〈御製詩〉多次提到「糠燈」，並解釋曰：「霞繡，蓬梗為榦，摶穀糠和膏傳之，以代燭。燃之，青光熒熒，烟結如雲，俗呼糠燈」。見清・清高宗御製，蔣溥等奉敕編，《御製詩集・二集》（收入《景印文淵閣四庫全書》，冊1304，臺北：臺灣商務印書館，1983年），卷52，〈古今體・吉林土風雜詠・霞繡〉，頁16a。

fucihi i ordo. fusa i nirugan tebuhe suwayan bocoi simenggilehe mooi sihan. guwan mafa
enduri i nirugan tebuhe cinuhūn simenggilehe mooi sihan be（將佛亭、裝菩薩像上了黃
色漆的木筒、裝關老爺神像上了銀硃漆的木筒）solime tucibufi（請出了）kiyoo de
dobofi.（在轎裏供奉了）
恭請佛亭，並貯菩薩像黃漆木筒、貯關帝神像紅漆木筒，安奉輿內。

haksan sujei etuku etuhe jakūn taigiyan tukiyefi.（穿了金黃色緞的衣服的八太監擡了）
gurung. deyen i cin i duka be yabume.（走宮殿的正門）
衣金黃緞衣內監八人舁行，由宮殿正門出。

juleri yarure mukšan juwe juru.（前御杖二對）honin weihei ayan【33a】toktokū juwe juru.
（羊角燈籠二對）inu gemu haksan sujei etuku etuhe taigiyasa jafambi.（也都是穿了金
黃色緞的衣服的太監們拿）
前引仗二對、羊角鐙二對，亦用衣金黃緞衣內監執之。

amsun i janggin juwe.（司胙官二）amsun i niyalma juwe.（司胙之人二）amsun i manju
juwe.（司胙滿洲二）gurung ni dorgi ci juleri yarume.（從宮內前引著）
司俎官二員、司俎二人、司俎滿洲二人，由宮內前引。

kiyan cing men dukai tulergi ci（從乾清門外）hiya sunja juru juleri yarumbi.（侍衛五對
前引）
至乾清門外，侍衛十員前導。

dorolon be kadalara sy i hafan emke.（掌儀司官員一員）amsun i da taigiyan emke.（司胙
首領太監一員）taigiyan jakūn（太監八）dahalame genembi.（跟著去）
掌儀司官一員、司俎首領太監一員、內監八人扈行。

wecere gocima nurei【33b】malu. tūme efen. siren futa[4]. hoošan. halbaha moo[5] be（將跳神
的黃酒的酒瓶、打糕、換索繩、紙、神杆頂）meni meni tehe. jergingge hoseri de
gingguleme tebufi.（恭敬裝在各自的架子、食盒裏）
祭祀所用之清酒樽、打餻、索繩、淨紙、神杆頂，俱置於架上，及盛於食盒之內，

---

[4] 「siren futa」，換索繩，即「fodo wecere de（樹柳枝祭祀時）hacingga boco i girdan be fodo de ulifi.（以各
　種顏色的布條穿在柳枝上）emu ujan be fodo de（以一頭在柳枝上）emu ujan be weceku i sendehen i hacin
　hūwaitarangge be.（以一頭綁在供神板附近者）siren futa sembi.（稱換索繩）」。見清・傅恆等奉敕撰，
　《御製增訂清文鑑》（收入《景印文淵閣四庫全書》，冊232），卷6，〈禮部・祭祀器用類・換索
　繩〉，頁52a-52b。
[5] 「halbaha moo」，即「木板二尺來長，上有三眼，堂子祭祀有『siren futa（換索繩）』三根，由殿內
　從橫窗上一總引出，至甬路中間紅架子前，將繩分為三股，由此板三眼中穿過，以便分開掛紙」。見
　清・祥亨主編，志寬、培寬編，《清文總彙》，卷3，頁55b，「halbaha moo」條。

bošokū sula tukiyefi（領催、閒散擡了）amala dahalame benembi.（後頭跟隨著送去）

領催、蘇拉昇之隨後。

tangse de isinaha manggi（到了堂子之後）suwayan sujei etuku etuhe amsun i manjusa.

（穿了黃緞衣服的司胙滿洲們）weceku be solime tucibufi.（請出了神主）fucihi i

ordo be wargi ergide sindaha teku de dobombi.（將佛亭供在西邊所放的底座上）

而行至堂子時，衣黃緞衣司俎滿洲等，恭請神位，供佛亭於西首之座。

sirame（接著）mengse de（在幔子上）【34a】fusa i nirugan.（菩薩像）jai sirame（再

接著）guwan mafa enduri i nirugan be lakiyame（懸掛關老爺神像）doboho manggi.

（供奉了之後）

次於神幔上懸掛菩薩像，又次懸關帝神像後，

ilan da siren futa i da ergi be emu bade obufi.（將三條換索繩的頭端做為一處）amargi

fajiran⁶ fu i dulimbade hadaha muheren de hūwaitafi.（綁在北簷牆的牆中央所釘的環上）

將索繩三條一端合而為一，繫於北山牆中間所釘環上。

emu ergi be（將一邊）wecere deyen i yasahangga ucei⁷ ninggu hetu fa i sangga i dulimbai

sangga ci（從祭殿槅扇上橫窗的中央孔）ulime tucibufi.（穿出了）

一端由饗殿槅扇頂窗中孔內穿出，

celehe jugūn de ilibuha cinuhūn simenggilehe juwe siren futa alire mooi tehe i dulimbade

isinafi.（到達了在甬路所立上了銀硃漆的二承接換索繩木架的中央）halbaha mooi

ilan【34b】sangga de（在神杆頂的三孔裏）dendeme ulifi（分穿了）

牽至甬路所立繫索繩紅漆二木架中間，分穿於神杆頂之三孔內。

suwayan niowanggiyan šanggiyan ilan bocoi solho hoošan i faitaha jiha orin nadan afaha be（將

黃、綠、白三色高麗紙所裁切的錢二十七張）uyute afaha obume.（做為九張）

將黃、綠、白三色高麗紙所鏤錢二十七張，合為九張，

halbaha mooi ilan sangga i teisu ilan siren futa de lakiyambi.（懸掛在神杆頂三孔相應的三

換索繩上）geli emu bade obufi（又做成一處）

6　「fajiran」，簷牆，即「booi sihin i ye i fejile sahaha fu be,（房簷檁子下所砌的牆）fajiran sembi.（稱簷
　　牆）」。又「ye」，檁子，即「dulimbai jurgan i mulu ci tulegiyen（中央行的中樑〔正樑〕之外）gūwa
　　mulu be.（其他的樑）gemu ye sembi.（都稱檁子）」。分見清・傅恆等奉敕撰，《御製增訂清文鑑》
　　（收入《景印文淵閣四庫全書》，冊232），卷21，〈居處部・家室類・簷牆〉，頁14a；同書，卷21，
　　〈居處部・家室類・檁子〉，頁7b。。

7　「yasahangga ucei（yasahangga uce）」，槅扇，即「dergi hontoho fa i dethe[duthe]（上半部窗櫺）sindame
　　yashalame araha uce be.（做成有栓槅子眼的門）yasahangga uce sembi.（稱槅扇）」。見清・傅恆等奉敕
　　撰，《御製增訂清文鑑》（收入《景印文淵閣四庫全書》，冊232），卷20，〈居處部・壇廟類・槅
　　扇〉，頁8b。

掛於神杆頂三孔所繫三條索繩之上，又合而為一。

tuba ergi be（將彼處邊）ordo i amargi yasahangga uce. julergi yasahangga uce i ninggu hetu fa i sangga i dulimba ci（從亭式殿的北槅扇、南槅扇上橫窗的中央孔）šuwe ulime tucibufi（直接穿出了）siltan moo de hūwaitambi.（綁在神杆上）
由亭式殿之南、北槅扇頂之橫窗孔中穿出，繫於神杆。

suwayan mušuri[8] enduri girdan[9] be（將黃高麗夏布神旛）siltan moo de lakiyambi.（懸掛在神杆上）【35a】
將黃高麗布神旛懸於神杆之上。

ordo i dolo den derei fejile ilibuha wantaha mooi tura de（在亭式殿內高桌下所立的杉木柱上）suwayan niowanggiyan šanggiyan ilan bocoi solho hoošan i faitaha jiha orin nadan afaha lakiyambi.（懸掛黃、綠、白三色高麗紙所裁切的錢二十七張）
其亭式殿內高案下所立杉木柱上，掛黃、綠、白三色高麗紙所鏤錢二十七張。

wecere deyen i dolo（祭殿內）tūme efen mudan uyun alikū. gocima nure ilan hūntahan be（以打糕、搓條餑餑九盤、黃酒三杯）gemu nagan[nahan] de sindaha juwe amba fangkala dere de dobombi.（都供在炕上所放的二大矮桌上）
饗殿內，供打餻、搓條餑餑九盤、清酒三琖，於炕沿上所設二大低桌上。

hiyan i da ordo i uce be neimbi.（司香長開亭門）hiyan dabumbi.（點香）
司香啟亭門，點香。

gingnere gocima nure be（將獻的黃酒）kuk'an i fejile sindaha fangkala dere de sindaha juwe amba lamun ilhangga yeherei moro de tebumbi.（斟在炕沿下所放的矮桌上所放的二大藍花磁碗裏）【35b】
注清酒於炕沿下所設低桌上，二藍花大磁椀中。

ordo i dolo（亭式殿內）tūme efen mudan ilan alikū. gocima nure emu hūntahan be（以打糕、搓條餑餑三盤、黃酒一杯）den dere de dobombi.（供在高桌上）
亭式殿內，供打餻、搓條餑餑三盤、清酒一琖，於高桌上。

fangkala dere de（在矮桌上）sindaha juwe amba lamun ilhangga yeherei moro de（在所

---

[8] 「mušuri」，高麗夏布，即「solho ci tucire boso i gebu.（從朝鮮出的布名）hiyaban i adali.（像麻布一樣）」。見清‧傅恆等奉敕撰，《御製增訂清文鑑》（收入《景印文淵閣四庫全書》，冊232），卷23，〈布帛部‧布帛類‧高麗夏布〉，頁29b。

[9] 「enduri girdan」，神旛，即「fucihi enduri juleri faidame lakiyara fangse be.（佛、神前掛設的旛）enduri girdan sembi.（稱神旛）」。見清‧傅恆等奉敕撰，《御製增訂清文鑑》（收入《景印文淵閣四庫全書》，冊232），卷19，〈僧道部‧佛類‧神旛〉，頁6a。

放的二大藍花磁碗裏）inu gocima nure tebumbi.（也斟黃酒）
其低桌上所設二藍花大磁椀內，亦注清酒。

tenggeri. fifan fithere juwe taigiyan（彈三絃、琵琶的二太監）wecere deyen i tule celehen
i wargi ergide.（在祭殿外丹陛的西邊）
奏三絃、琵琶之太監二人，在饗殿外，丹陛之西。

carki tūre orin hiya（打扎板的二十侍衛）celehen i juwe ergide bakcilame tecefi.（在丹
陛的兩邊相對同坐了）carki tūme.（打著扎板）falangga forimbi.（鼓掌）
鳴拍板之侍衛二十員，在丹陛兩旁對坐，鳴拍板，拊掌。

cuba sijigiyan etuhe juwe saman ibefi（穿了女朝衣的二薩滿就位了）niyakūrambi.（跪）
衣朝服之二司祝進，跪。

juwe【36a】hiyan i da juwe ubu hūntahan taili be tukiyefi.（二司香長捧了兩份杯子、托
碟）juwe saman de alibumbi.（呈遞給二薩滿）
司香二人舉臺、琖，分授於二司祝。

juwe saman hūntahan taili be alime gaifi.（二薩滿接取了杯子、托碟）sasa uyute mudan
nure gingnembi.（一齊獻酒各九次）
二司祝接受臺、琖，同獻酒九次。

emu amsun i janggin（一司胙官）wecere deyen i terkin i fejile dergi ergide ilimbi.（站在
祭殿台階下東邊）carki tū seme hūlara be tuwame.（按照贊禮說著打扎板）
司俎官一員，於饗殿階下東首立，贊鳴拍板，

tenggeri. fifan fitheme.（彈著三絃、琵琶）carki tūme.（打著扎板）falanggū forimbi.
（鼓掌）
即奏三絃、琵琶，鳴拍板，拊掌。

juwe saman gingnere dari.（二薩滿每獻）gingnehe nure be（將所獻的酒）juwe dalbai
fulgiyan ilhangga yeherei anggara de doolafi（倒入了兩旁的紅花磁缸裏）【36b】
二司祝每一獻，將所獻之酒，注於兩旁所設紅花磁缸內。

dasame gocima nure tebuhe moro ci（復從裝了黃酒的碗）ice nure waitame（舀著新的
酒）juwete hūntahan de tebufi（各斟在二杯裏）gingnembi.（獻）
復自盛清酒椀內把新酒，各注於二琖中，獻之。

nure gingnere dari.（每獻酒）amsun i janggin i orolo seme hūlara be tuwame（司胙官按
照贊禮說著鄂囉羅）hiyasa orolombi.（侍衛們眾呼鄂囉羅）

每一獻，司俎官贊歌鄂囉羅，侍衛等歌鄂囉羅。

uyun mudan gingnehe manggi.（獻了九次之後）juwe saman hūntahan taili be hiyan i dasa de amasi bufi.（二薩滿將杯子、托碟給在後面的司香長們）
九次獻畢，二司祝以臺、瑲授於司香等。

sasa emgeri hengkilefi（一齊叩頭了一次）ilifi（站立了）giogin arambi.（合掌）
同叩頭，興，合掌致敬。

amsun i janggin carki ili seme hūlara be tuwame.（司胙官按照贊禮說著停止扎板）tenggeri. fifan carki taka ilimbi.（三絃、琵琶、扎板暫時停止）
司俎官贊停拍板，其三絃、琵琶、拍板暫止。

sirame（接著）juwe saman【37a】ordo i dolo ibefi（二薩滿亭式殿內就位了）niyakūrafi.（跪了）hiyan i dasa hūntahan taili be alibufi.（司香長們呈遞了酒杯、托碟）
二司祝進亭式殿內，跪，司香等舉授臺、瑲。

juwe saman sasa uyute mudan nure gingnere.（二薩滿一齊獻酒各九次）
二司祝同獻酒九次。

tenggeri. fifan fithere.（彈三絃、琵琶的）carki tūre.（打扎板的）falanggū forire.（鼓掌的）ororolo.（眾呼鄂囉羅的）ilirengge.（停止者）gemu wecere deyen de gingnehe songko（都同在祭殿所獻的樣）
奏三絃、琵琶，鳴拍板，拊掌，歌鄂囉羅，均如饗殿獻酒儀。

gingneme wajifi（獻完畢了）hūntahan taili be hiyan i dasa de amasi bufi.（將杯子、托碟給在後面的司香長們）emgeri hengkilefi.（叩頭了一次）ilifi（站立了）giogin araha manggi.（合掌了之後）
獻畢，以臺、瑲授於司香等，一叩頭，興，合掌致敬。

emu saman tutafi（一薩滿留下了）ordo de belheme bimbi.（於亭式殿在準備著）emu saman【37b】wecere deyen de dosifi.（一薩滿進入了祭殿）dulimbade ibefi.（在中央就位了）
一司祝預備於亭式殿內，一司祝進饗殿正中立。

hiyan i da halmari be alibumbi.（司香長呈遞神刀）saman halmari be alime gaifi（薩滿接取了神刀）ibeme.（上前著）
司香舉授神刀，司祝接受神刀，前進。

amsun i janggin carki tū seme hūlara be tuwame.（司胙官按照贊禮說著打扎板）tenggeri fifan fitheme.（彈著三絃、琵琶）carki tūme.（打著扎板）falanggū forimbi.（鼓掌）

司俎官贊鳴拍板，即奏三絃、琵琶，鳴拍板，拊掌。

saman emgeri hengkilefi（薩滿叩頭了一次）alime.（站立著）amsun i janggin orolo seme
hūlara be tuwame（司胙官按照贊禮說著鄂囉羅）hiyasa orolombi.（侍衛們眾呼鄂囉羅）
司祝一叩頭，興，司俎官贊歌鄂囉羅，侍衛等歌鄂囉羅。

saman halmari be ilanggeri tanjurafi.（薩滿以神刀禱告了三次）emu jergi jarime jalbarifi.
（念著神歌禱祝了一次）
司祝擎神刀禱祝三次，誦神歌一次，

halmari be tanjurara de（以神刀禱告時）hiyasa orolombi.（侍衛們眾呼鄂囉羅）
擎神刀禱祝時，侍衛等歌鄂囉羅。

erei songkoi（照此的樣）ilan【38a】mudan jarime jalbariha.（念著神歌禱祝了三次）
uyun mudan tanjuraha manggi.（禱告了九次之後）
如是誦神歌三次、禱祝九次畢，

tenggeri. fifan an i fitheme.（仍彈著三絃、琵琶）carki an i tūme.（仍打著扎板）falanggū
an i forime.（仍擊著掌）
仍奏三絃、琵琶，鳴拍板，拊掌。

saman ordo de ibefi（薩滿在亭式殿裏就位了）emgeri hengkilefi（叩頭了一次）ilifi
（站立了）
司祝進亭式殿內，一叩頭，興。

jarime jalbarire.（念著神歌禱祝的）halmari be tanjurara.（以神刀禱告的）hiyasa
orolorongge（侍衛們眾呼鄂囉羅者）gemu wecere deyen de wecehe songko.（都同在祭
殿所跳神的樣）
誦神歌、擎神刀禱祝，以及侍衛等歌鄂囉羅，俱如祭饗殿儀。

tanjurame wajifi.（禱告完畢了）dasame wecere deyen de dosifi.（復進入了祭殿內）
emgeri hengkilefi（叩頭了一次）ilifi.（站立了）
禱祝畢，復進饗殿內，一叩頭，興。

geli ilan mudan tanjurara de.（又禱告三次時）amsun i janggin orolo seme hūlara be
tuwame（司胙官按照贊禮說著鄂囉羅）hiyasa emu mudan【38b】orolombi.（侍衛們
眾呼鄂囉羅一次）
又祝禱三次，司俎官贊歌鄂囉羅，侍衛等歌鄂囉羅一次。

tanjurame wajifi（禱告完畢了）halmari be hiyan i da de bumbi.（將神刀給司香長）

禱祝畢，授神刀於司香。

amsun i janggin carki ili seme hūlara be tuwame.（司俎官按照贊禮說著停止扎板）
tenggeri. fifan fithere. carki tūre be nakafi（將彈三絃、琵琶的、打扎板的停止了）ilifi
（站立了）bederembi.（退回）
司俎官先贊停拍板，其三絃、琵琶、拍板皆止，興，退。

saman dasame niyakūrafi（薩滿復跪了）forobume（祝贊著）hengkilefi（叩頭了）ilifi
（站立了）giogin arafi（合掌了）bederembi.（退回）
司祝復跪，祝，叩頭，興，合掌致敬，退。

sirame（接著）ordo de belheme iliha emu saman（在亭式殿裏站了準備著的一薩滿）
niyakūrafi（跪了）forobume（祝贊著）hengkilefi（叩頭了）ilifi（站立了）giogin
arafi（合掌了）bederembi.（退回）
其亭式殿內預備之司祝，亦跪，祝，叩頭，興，合掌致敬，退。

hiyan i da【39a】fucihi i ordo i uce be dasifi.（司香長掩閉了佛亭的門）fusa i nirugan.
guwan mafa enduri i nirugan be hetefi.（捲起了菩薩像、關老爺神像）meni meni sihan
de tebufi.（裝在各自的筒裏）
司香闔佛亭門，撤菩薩像、關帝神像，恭貯於木筒內。

an i suwayan sujei etuku etuhe amsun i manjusa（仍是穿了黃緞衣服的司俎滿洲們）
solime kiyoo de dobofi.（請著供在轎裏）juleri yarure mukšan. ayan toktokū faidame.（前
御杖、燈籠排列著）gurung de solime dosimbi.（請進宮）
仍用衣黃緞衣司俎滿洲等，恭請安奉輿內，燈仗排列前導，請入宮中。

hūwangdi beye genefi doroloci（若皇帝親自去行禮）dorolon de kadalara sy i【39b】hafasa.
（掌儀司官員們）hūwangdi i doroloro sektefun be（將皇帝的坐褥）wecere deyen.
ordo de emte sektembi.（鋪在祭殿、亭式殿各一）
如遇皇帝親詣行禮，掌儀司官員鋪皇帝拜褥於饗殿及亭式殿內。

faksi jurgan i aliha hafan.（武備院卿）hūwangdi i tere sektefun be（將皇帝坐的坐褥）neneme
wecere deyen i yashangga ucei tule wargi ergide sektembi.（先鋪在祭殿的槅扇外的西邊）
武備院卿，先鋪皇帝坐褥於饗殿槅扇外西首。

hūwangdi【40a】wecere deyen i sihin i fejile wargi giyalan i sektehe sektefun de.（皇帝在祭
殿屋簷下的西面房間所鋪的坐褥上）dergi baru forome tehe manggi.（向著東坐了之
後）booi amban carki alibumbi.（內務府總管呈進扎板）
皇帝東向坐於饗殿簷下西間所設之褥，內務府大臣恭進拍板。

tenggeri. fifan fithere juwe amsun i taigiyan ibefi.（彈三絃、琵琶的二司胙太監就位了）celehen i ninggu i wargi ergide.（在丹陛上的西邊）

奏三絃、琵琶之司俎太監二人前進，在丹陛上西首。

carki tūre amsun i janggin.（打扎板的司胙官）amsun i urse juwan niyalma.（眾司胙十人）celehen i juwe ergide.（在丹陛的兩邊）

鳴拍板之司俎官、司俎十人，在丹陛兩旁。

sirame（接著）wang. beile celehen i ninggude（王、貝勒在丹陛上）beise. gung. celehen i fejile.（貝子、公在丹陛下）gala[10] galai bakcilame tecehe manggi.（翼、翼的相對同坐了之後）

次王、貝勒在丹陛之上，貝子、公在丹陛之下，按左、右翼對坐，

dorolon be kadalara sy i【40b】hafasa.（掌儀司官員們）wang. beile sede carki alibumbi.（呈送扎板給王、貝勒們）

掌儀司官員，以拍板授王、貝勒等。

amsun i janggin emu naiyalma wecere deyen i terkin i fejile.（司胙官一人在祭殿台階下）dergi ergide ilifi（在東邊站了）saman nure gingnere.（薩滿獻酒的）halmari tanjurara be tuwame.（按照神刀禱告的）

一司俎官立於饗殿階下東首，司祝獻酒、擎神刀禱祝，

carki tū.（打扎板）orolo seme hūlara be tuwame.（按照贊禮說著鄂囉羅）tenggeri fifan fithembi.（彈三絃、琵琶）carki tūmbi.（打扎板）falangga forimbi.（鼓掌）orolombi.（眾呼鄂囉羅）

贊鳴拍板、歌鄂囉羅，則奏三絃、琵琶，鳴拍板，拊掌，歌鄂囉羅。

hūwangdi. wecere deyen i dolo ibefi（皇帝祭殿內就位了）mahala gaifi.（摘了冠）dorolofi.（行禮了）【41a】ordo de ibefi（在亭式殿裏就位了）inu mahala gaifi（也摘了冠）dorolombi.（行禮）

皇帝進饗殿內，行禮。又進亭式殿內，行禮。

doroloho manggi.（行禮了之後）faksi jurgan i aliha hafan.（武備院卿）hūwangdi i tehe sektefun be（將皇帝所坐的坐褥）wargi giyalan i dulimbade sektembi.（鋪在西面房間的中央）

行禮畢，武備院卿，鋪皇帝坐褥於西間正中。

---

[10] 「gala」，翼，指八旗的左、右兩翼。八旗分為兩翼，左翼則鑲黃、正白、鑲白、正藍，右翼則正黃、正紅、鑲紅、鑲藍。見清·鄂爾泰等修，《八旗通志·初集》（長春：東北師範大學出版社，1985年），卷2，〈旗分志·八旗方位〉，頁17。

hūwangdi julergi baru forome tehe manggi. （皇帝向著南坐了之後）budai da[11].（尚膳總領）amsun i janggin（司胙官）wecehe efen be ajige dere de tukiyeme.（將跳神的餑餑捧著在小桌上）cai da[12]（尚茶正）wecehe nurei hūntahan be tukiyefi（捧了跳神的酒杯）alibumbi.（進呈）

皇帝南向坐，尚膳正、司俎官以小桌列胙餕恭進，尚茶正捧獻福酒。

hūwangdi angga isifi.（皇帝先嚐了）geren wang. gung de kesi【41b】encembi.（分賜給眾王、公）

皇帝受胙畢，分賜各王、公。

dorolon šanggaha manggi.（禮成之後）hūwangdi gurung de wesimbi.（皇帝回宮）wecehe efen. nure be（以跳神的餑餑、酒）genehe hiyasa. hafasa. amsun i urse de enceme bumbi.（放分給所去的侍衛們、官員們、眾司胙）【42a】【42b】空白

禮成，皇帝還宮，所餘餕、酒，分賜扈從之侍衛、官員、司俎等，

---

[11] 「budai da」，尚膳總領，盛京三陵官名，五品。見清・祥亨主編，志寬、培寬編，《清文總彙》，卷5，頁9b，「budai da」條。

[12] 「cai da（cai i da）」，尚茶正，即「ejen i angga isire cai be tuwame dagilara hafan be.（監辦主上品茶的官）cai i da sembi.（稱尚茶正）」。見清・傅恆等奉敕撰，《御製增訂清文鑑》（收入《景印文淵閣四庫全書》，冊232），卷4，〈設官部・臣宰類・尚茶正〉，頁19b。

hesei toktobuha manjusai wecere metere kooli bithe.（欽定滿洲祭神祭天典禮）
欽定滿洲祭神祭天典禮

aniyadari（每年）niyengniyeri. bolori juwe forgon de（在春、秋二季）tangse de siltan tukiyeme ambalame wecere de（在堂子舉杆大祭時）wecere deyen i dolo forobure gisun.（祭殿內祝辭）
每歲春、秋二季堂子立杆大祭饗殿內祝辭

abkai juse.（上天之子）fucihi fusa.（佛、菩薩）ejen sefu.（主子、師傅）coohai janggin.（軍隊章京）guwan i beise.（關貝子）
上天之子，佛及菩薩，大君先師，三軍之帥，關聖帝君。

tere aniyangga osokon[osohon] beye.（某屬相年小的本人）tere aniyangga osokon[osohon] beye i（某屬相年小的本人的）wei jalin wececi.（為誰跳神）wei banjiha da aniya be hūlambi.（則呼誰的本生年）
某年生小子，某年生小子。為某人祭，則呼某人本生年。

julefun.（為替）uyun be ulime.（以九貫穿著）jakūn be jalukiyame.（以八充滿著）
今敬祝者，貫九以盈，具八以呈，

uyun i jaluha inenggi.（滿九之日）siltan tukiyeme.（舉著杆）siren【43a】futa gocime.（抽著換索繩）amba giyan i amsun be arafi.（做了允稱大的祭品）enduri weceku de gingnembi.（獻給神祇）
九期屆滿，立杆禮行，爰繫索繩，爰備粢盛，以祭於神靈。

uju de ukufi.（在頭上群集了）meiren de fehufi（在肩上採榮了）juleri dalime.（前面庇護著）amala alime.（後面承受著）urgun sain i acabu.（以喜善相合）
豐於首，而仔於肩；衛於後，而護於前，昇以嘉祥兮。

uju i funiyehe šarambu.（使頭髮變白）angga i weihe sorombu.（使口齒變黃）aniya ambula.（年大）se labdu.（歲多）jalgan gomin（命長）fulehe šumin.（根深）
齒其兒，而髮其黃兮；年其增，而歲其長兮；根其固，而身其康兮。

enduri eršeme.（神明照看著）weceku wehiyeme.（神主扶佑著）aniya se be ambula bahabuki.（請使年歲得大）
神兮貺我，神兮佑我，永我年而壽我兮。

tangse i ordo de（在堂子亭式殿裏）forobure gisun.（祝辭）【43b】
堂子亭式殿內祝辭

abkai juse.（上天之子）niohon taiji.（紐歡台吉）uduben beise.（武篤本貝子）

上天之子，紐歡台吉，武篤本貝子。

tere aniyangga osokon[osohon] beye.（某屬相年小的本人）tere aniyangga osokon[osohon] beye i（某屬相年小的本人的）wei jalin wececi.（為誰跳神）wei banjiha da aniya be hūlambi.（則呼誰的本生年）

某年生小子，某年生小子。為某人祭，則呼某人本生年。

julefun.（為替）uyun be ulime.（以九貫穿著）jakūn be jalukiyame.（以八充滿著）

今敬祝者，貫九以盈，具八以呈，

uyun i jaluha inenggi.（滿九之日）siltan tukiyeme.（舉著杆）siren futa gocime.（抽著換索繩）amba giyan i amsun be arafi.（做了允稱大的祭品）enduri weceku de gingnembi.（獻給神祇）

九期屆滿，立杆禮行，爰繫索繩，爰備粢盛，以祭於神靈。

uju de ukufi.（在頭上群集了）meiren de fehufi（在肩上採榮了）juleri dalime.（前面庇護著）amala alime.（後面承受著）urgun sain i acabu.（以喜善相合）

豐於首，而仔於肩；衛於後，而護於前，畀以嘉祥兮。

uju i funiyehe šarambu.（使頭髮變白）angga i weihe sorombu.（使口齒變黃）aniya ambula.（年大）se【44a】labdu.（歲多）jalgan gomin（命長）fulehe šumin.（根深）

齒其兒，而髮其黃兮；年其增，而歲其長兮；根其固，而身其康兮。

enduri eršeme.（神明照看著）weceku wehiyeme.（神主扶佑著）aniya se be ambula bahabuki.（請使年歲得大）【44b】

神兮睨我，神兮佑我，永我年而壽我兮。

hesei toktobuha manjusai wecere metere kooli bithe.（欽定滿洲祭神祭天典禮）
欽定滿洲祭神祭天典禮

> kun ning kung de（在坤寧宮裏）ambarame wecere dorolon i ejehen.（大祭的
> 儀注）
> 坤寧宮大祭儀注

aniyadari（每年）niyngniyeri. bolori juwe forgon de（在春、秋二季）tangse de siltan
tukiyeme ambarame wecere de.（在堂子舉杆大祭時）
每歲春、秋二季，堂子內立杆大祭，

kun ning kung de（在坤寧宮）ambarame wecere dehi inenggi onggolo（大祭四十日之
前）kun ning gung ni dolo wargi nagan[nahan] i ninggu weceku i soorin i julergi ergide（在
坤寧宮內西炕上神位的前邊）anggara sindafi.（放了缸）
坤寧宮於大祭前四十日，在坤寧宮內西炕上神位前，置缸一口，

gocima nure tebufi（裝了黃酒）uyun jafara onggolo nure gocimbi.（報祭之前榨酒）
以盛清酒，於報祭前釀之。

hiyan i dasa.（司香長們）šanggiyan bolgo mušuri be（以白淨高麗夏布）singgeri šan
mooi【45a】use[1] feifuha mukei icefi.（染了槐子所煮的水）enduri girdan weileme.（製
作神旛）
司香等，用槐子煎水，染白淨高麗布，裁為敬神布條。

suwayan niowanggiyan icehe kubun i tonggo be（用染了黃、綠的棉線）siren futa siberefi.
（搓成換索繩）hacingga bocoi suri i girdan be（以各種顏色的綢布條）justan justan i
hafirambi.（一條條的夾）
用黃、綠色棉線，搓成敬神索繩，以各色綢條夾於其內。

hoošan icefi（染了紙）jiha faitambi.（裁切為錢）
又染紙，鏤成錢文。

uyun jafara inenggi.（報祭之日）amsun i hehesi mudan weilefi（司胙婦人做了搓條餑
餑）carumbi.（烹炸）
於報祭之日，司俎婦人煠做搓條餑餑。

ambarame wecere inenggi.（大祭之日）erde weceku be solime tangse de wecefi. amasi（清晨

---

[1] 「singgeri šan mooi use」，槐子，《御製增訂清文鑑》曰：「hohonggo mooi use」，即「fekšun sindafi（放
了明礬）ebeniyeme fuifufi（泡水煮沸了）suwayan icembi.（染黃）」。見清・傅恆等奉敕撰，《御製增訂
清文鑑》（收入《景印文淵閣四庫全書》，冊232），卷22，〈產業部・貨財類・槐子〉，頁72b-73a。

請神主在堂子跳神了以後）gurung de solime isinjiha manggi（請到了宮裏之後）【45b】
大祭之日，恭請朝祭神位於堂子內祭畢，復請入宮。

kun ning gung ni dolo doigonde（預先在坤寧宮內）suwayan suje de fulgiyan giltasikū
kubuhe mengse be（將鑲了紅片金的黃緞幔子）suwayan bocoi kubun i tonggo siberehe
futa de ulifi.（用黃色的棉線搓成的繩穿了）
預於坤寧宮內，將鑲紅片金黃緞神幔，用黃棉線繩穿繫其上。

wargi fiyasha de（在西山牆上）hadaha muduri uju foloho aisin i hooŝan latubuha cinuhūn
simenggilehe ilan jofohonggo tehe de（在所釘的刻了龍頭、貼了飛金、上了銀硃漆的
三角架上）juwe ujan be hūwaitame lakiyambi.（兩頭綁著懸掛）
懸掛西山牆所釘之雕龍、鈜金、紅漆三角架。

bolgo hooŝan juwe afaha be（以淨紙二張）an i mengse i juwe ujan de tuhebume lakiyambi.
（照常垂著懸掛在幔子的兩頭）
以淨紙二張，掛於神幔兩端。

aisin i【46a】fucihi doboho aisin i hooŝan latubuha ajige ordo be（將供了金佛、貼了飛金
的小亭）teku nisihai（連底座）julergi ergide sindafi（放在南邊）ordo i uce be neimbi.
（開亭門）
另供佛之金小亭連座，奉安於南首，啟亭門。

sirame（接著）mengse de（在幔子上）fusa i nirugan be lakiyame.（掛著菩薩像）jai sirame
（再接著）guwan mafa enduri i nirugan be lakiyame.（掛著關老爺神像）gemu amba nagan
[nahan] i ninggude（都在大炕上）dergi baru forome dobombi.（向著東供奉）
次於神幔上懸掛菩薩像，又次懸關帝神像，均於大炕上，東向供奉。

nagan[nahan] de（在炕上）cinuhūn simenggilehe amba fangkala dere juwe sindafi（放了
上了銀硃漆的大矮桌二）
炕上設紅漆大低桌二，

hiyan i fila ilan. gocima nure ilan hūntahan. erin i tubihe uyun fila. tūme efen mudan uyun【46b】
alikū be（以香碟三、黃酒三杯、應時果子九碟，打糕、搓條餑餑九盤）derei ninggude
dobombi.（供在桌上）
桌上供香碟三、清酒三琖、時果九碟，打餻、搓條餑餑九盤。

kuk'an i fejile（炕沿下）gocima nure ilan malu dobombi.（供黃酒三瓶）malu i juleri
suwayan ilhangga fulgiyan jafu sektefi.（酒瓶前面鋪了黃花紅氈）
炕沿下供清酒三樽，樽前鋪黃花紅氈，

nure gingnere golmin fangkala dere be sindafi.（放了獻酒的長矮桌）derei ninggude ilan suwayan yeherei amba moro sindafi（桌上放了三黃磁大碗）

設獻酒長低桌，桌上列黃磁大椀三，

emu moro de gocima nure tebume.（一碗裝著黃酒）juwe moro be untuhun sindambi.（將二碗空的放）

一盛清酒，二空設。

amsun i taigiyasa（司胙太監們）doigonde dulimbai giyalan i mucen i teisu na de（預先在對著中央房間的鍋的地上）juwe farsi simenggilehe jiramin solho hoošan. sektefi.（鋪了二塊上了油的厚高麗紙）

司胙太監等，預於中間屋內鍋前地上，設油厚高麗紙二張。

toholon buliha cinuhūn simenggilehe juwe amba【47a】dere be dosimbufi.（使鞔了錫、上了銀硃漆的二大桌進入了）wargi baru forome（向著西）juwe jergi obume.（做為二列）meni meni simenggilehe hoošan de sindambi.（各自放在上了油的紙上）

進包錫紅漆大桌二，西向分為二行，各置於油高麗紙上。

erin ome（屆時）hiyan i da hiyan dabumbi.（司香長點香）amsun i taigiyan.（司胙太監）amsun i urse.（眾司胙）juwe ulgiyan be dosimbufi.（使二豬進入了）

屆時，司香點香，司胙太監、司胙等，進豬二，

kun ning gung ni ucei tule（坤寧宮的房門外）uju be gemu ucei ici（將頭都在房門的右邊）amargi baru forobume（向著北）sindaha manggi.（放了之後）

於坤寧宮門外之右，首皆北向。

tenggeri. fifan fithere juwe amsun i taigiyan（彈三絃、琵琶的二司胙太監）amsun i janggin.（司胙官）amsun i niyalma jakūn.（司胙之人八）da taigiyan juwe niyalma（首領太監二人）ibefi.（就位了）

奏三絃、琵琶之司胙太監二，司胙官、司胙八、首領太監二，以次進。

tenggeri fifan juleri.（三絃、琵琶在前）sirame（接著）juwan niyalma juwe【47b】jergi faidafi.（十人排成兩列）

三絃、琵琶在前，次十人，分二層排列，

gemu wesihun forome（都向著上）moselame tecefi.（盤著腿同坐了）tenggeri fifan fitheme.（彈著三絃、琵琶）carki tūmbi.（打扎板）

均向上盤膝坐，奏三絃、琵琶，鳴拍板。

erei amala（其後）amsun i manjusa（司胙滿洲們）emu bethe bukdame niyakūrafi.（彎

曲著一腿跪了）falanggū forimbi（鼓掌）
其後，司俎滿洲等，屈一膝跪，拊掌。

juwe saman sasari nure gingnere derei juleri ibefi（二薩滿一齊在獻酒的桌前就位了）
niyakūrambi.（跪）
二司祝進於獻酒桌前，跪。

juwe hiyan i da juwe ubu hūntahan taili be tukiyefi（二司香長捧了兩份杯子、托碟）
saman de alibumbi.（呈遞給薩滿）
二司香舉臺、琖二，分授司祝。

juwe saman hūntahan taili be alime gaifi.（二薩滿接取了杯子、托碟）sasa uyute mudan
nure gingnembi.（一齊獻酒各九次）
二司祝接受臺、琖，同獻酒九次。

gingnere dari.（每獻）gingnehe nure be（將所獻的酒）untuhun moro de doolafi.（倒
在空碗裏）
每一獻，將所獻之酒注於空椀內。

dasame gocima nure tebuhe moro ci（復從裝了黃酒的碗）【48a】ice nure waidame（舀
著新的酒）juwete hūntahan de tebufi（各斟在二杯裏）gingnembi.（獻酒）
復自盛清酒椀內，把新酒注於二琖中，以獻。

nure gingnere dari（每獻酒）amsun i urse orolombi.（眾司胙眾呼鄂囉羅）
每一獻，司俎等歌鄂囉羅。

uyun mudan gingnehe manggi.（獻了九次之後）juwe saman hūntahan taili be（二薩滿
將杯子、托碟）hiyan i dasa de amasi bufi.（給在後的司香長們）
九次獻畢，二司祝以臺、琖授司香等。

sasari emgeri hengkilefi（一齊叩頭了一次）ilifi（站立了）giogin arambi.（合掌）
tenggeri. fifan. carki taka ilimbi.（三絃、琵琶、扎板暫時停止）
同叩頭，興，合掌致敬，三絃、琵琶、拍板暫止。

hiyan i da. hiyan i hehesi（司香長、司香婦人們）nure tebuhe ilan moro. nure gingnere
dere be bederebufi.（撤回了裝了酒的三碗、獻酒的桌）
司香及司香婦人，撤盛酒之三椀，並獻酒之桌。

amba fangkala dere de doboho ilan hūntahan nure be（將大矮桌上所供的三杯酒）nure
doolara moro de doolafi.（倒入了倒酒的碗裏）【48b】

將大低桌上所供酒三琖，傾於注酒椀內。

dasame nure tebuhe moro ci（復從裝酒的碗）ice nure tebufi.（斟了新的酒）meni meni da bade dobombi.（各自供在原處）

復自盛酒椀內，把新酒注之，供於原處。

saman i hengkilere ajige fangkala dere sindambi.（放薩滿叩頭的小矮桌）hiyan i da halmari be saman de alibumbi.（司香長呈遞神刀給薩滿）

設司祝叩頭小低桌，司香舉神刀授司祝。

emu saman halmari jafafi ibeme.（一薩滿拿了神刀上前著）amsun i urse geli tenggeri. fifan fitheme.（眾司胙又彈著三絃、琵琶）carki tūmbi.（打扎板）falanggū forimbi.（鼓掌）

一司祝執神刀進，司俎等復奏三絃、琵琶，鳴拍板，拊掌。

saman emgeri hengkilefi（薩滿叩頭了一次）ilime.（站立著）amsun i urse geli orolombi.（眾司胙又眾呼鄂囉羅）

司祝一叩頭，興，司俎等復歌鄂囉羅。

saman halmari be ilanggeri tanjurafi（薩滿以神刀禱告了三次）emu jergi jarime jalbarifi.（念著神歌祝禱了一次）

司祝擎神刀禱祝三次，誦神歌一次。

halmari be tanjurara de.（以神刀禱告時）amsun i urse orolombi.（眾司胙眾呼鄂囉羅）

擎神刀禱祝時，司俎等歌鄂囉羅。

erei songkoi（照此的樣）【49a】ilan mudan jarime jalbariha.（念著神歌祝禱了三次）uyun mudan tanjuraha manggi.（禱告了九次之後）

誦神歌三次，如前儀，如是九次畢。

saman niyakūrafi.（薩滿跪了）emgeri hengkilefi（叩頭了一次）ilifi.（站立了）geli ilanggeri tanjurafi.（又禱告了三次）halmari be hiyan i da de amasi bumbi.（將神刀給在後面的司香長）

司祝跪，一叩頭，興，又禱祝三次，以神刀授於司香。

tenggeri. fifan fithere.（彈三絃、琵琶的）carki tūre urse（打扎板的眾人）ilifi（站立了）dalbade jailame ilimbi.（躲避著站在旁邊）

奏三絃、琵琶，鳴拍板人等起立，避於旁。

hiyan i da. hiyan i hehesi（司香長、司香婦人們）nenehe songkoi（照先前的樣）ilan hūntahan ice nure halame tebufi（換裝了三杯新酒）dobombi.（供奉）

司香及司香婦人，照換新酒三琖，供之。

hūwangdi beye doroloro de.（皇帝親自行禮時）hiyan i da saman i hengkilere ajige
fangkala dere be（司香長將薩滿叩頭的小矮桌）amargi ergide guribumbi.（移到北
邊）【49b】

皇帝親詣行禮，司香移司祝叩頭小低桌於北首。

hūwangdi mahala gaifi.（皇帝摘了冠）erde weceku i juleri ibefi.（清晨神主之前就位
了）dulimbade wesihun forome ilime.（在中央向上站立著）

皇帝進，於朝祭神位前，正中向上立。

saman neneme niyakūrambi.（薩滿先跪）hūwangdi niyakūrame.（皇帝跪著）

司祝先跪，皇帝跪。

saman forobuha manggi.（薩滿祝贊了之後）hūwangdi emu jergi dorolofi（皇帝行禮了
一次）ilifi（站立了）marimbi.（返回）

司祝祝畢，皇帝行禮，興，退。

saman hengkilefi（薩滿叩頭了）ilifi（站立了）giogin arambi.（合掌）

司祝叩頭，興，合掌致敬。

aika hūwangheo i sasari doroloci.（若是皇后一齊行禮）hūwangdi julergi ergide（皇帝在
南邊）hūwangheo amargi ergide（皇后在北邊）dorolombi.（行禮）

如同皇后行禮，皇帝在南、皇后在北行禮。

amsun i janggin. amsun i【50a】hahasi be gemu tule tucibufi.（使司胙官、司胙男子們都
出去外面）amsun i hehesi. taigiyasa teile bimbi.（只有司胙婦人們、太監們在）

司俎官、司俎等俱出外，惟留司俎婦人、司俎太監在內。

hūwangdi. hūwangheo dorolorakū inenggi（皇帝、皇后不行禮之日）saman hengkilembi.
（薩滿叩頭）

如遇皇帝、皇后不行禮之日，司祝叩頭。

hengkilehe manggi.（叩頭了之後）hiyan i da fucihi. fusa de doboho juwe huntahan nure
be bederebufi.（司香長將供了佛、菩薩的二杯酒撤回了））fucihi i ajige ordo i uce be
dasifi.（掩閉了佛的小亭門）

畢，司香撤佛菩薩前供酒二琖，闔供佛小亭門。

fusa i nirugan be hetefi.（捲起了菩薩像）suwayan bocoi simenggilehe mooi sihan de【50b】 tebufi.（裝了在上了黃色漆的木筒）

撤菩薩像，恭貯於黃漆木筒。

amsun i taigiyasa（司胙太監們）fucihi i ajige ordo i sasa gingguleme tukiyefi.（一齊恭敬
擡了佛的小亭）

司俎太監等，恭舁供佛小亭，

doboho juwe hiyan i fila be suwaliyame（連同著所供的二香碟）uce ci solime tucibufi.
.（從房門請出了）kun ning gung ni wargi giyalan i dorgi（坤寧宮西面房間內）amba
ordo i dolo dobofi.（大亭中供了）

並所供二香碟，移奉於坤寧宮西楹大亭。

hiyan i fila be juleri dobombi.（將香碟供前面）ajige ordo i teku be amasi guribufi.（將小
亭的底座移到了後面）mengse be julergi baru majige tatafi.（拉了幔子略向南）

香碟供於前，小亭座移置於後，復移神幔稍南。

julergi ujan de tuhebume lakiyaha【51a】hoošan be gaifi.（拿了在南端垂著懸掛的紙）
cinuhūn simenggilehe hacingga bocoi ilha niruha gocima derei ninggude sindambi.（放在上
了銀硃漆、畫了各種顏色花的抽屜桌上）

摘取神幔南端懸掛之淨紙，置於繪花紅漆抽屜桌上。

guwan mafa enduri i nirugan be dulimbade guribume dobofi.（將關老爺神像移到中央供
了）doboho nure hiyan i fila be（將所供的酒、香碟）gemu dulimbade guribufi（都移
到了中央）dobombi.（供奉）

位關帝神像於正中，所供之酒並香碟，皆移正中。

nurei malu be bolgo wadan dasimbi.（酒瓶以潔淨的蓋布遮蓋）

酒樽以淨袱冪之。

tenggeri. fifan fithere.（彈三絃、琵琶的）carki tūre urse（打扎板的眾人）ibefi（就位
了）da bade tecembi.（同坐在原處）

奏三絃、琵琶，鳴拍板人等進，坐於原處。

hiyan i hehesi（司香婦人們）jafu be ilan jergi bukdame hetefi（將氈捲起了折三次）
kuk'an i hanci sektembi.（鋪在炕沿附近）

司香婦人斂氈，三折之，鋪於近炕沿處。

hiyan i da saman de hūntahan taili alibumbi.（司香長呈遞杯子、托碟給薩滿）

司香舉臺、琖，授於司祝。

amsun i taugiyasa（司俎太監們）emu【51b】ulgiyan be tukiyeme（擡著一豬）uce ci dosimbufi.（從房門進去了）kuk'an i fejile（炕沿下）uju be wargi baru forobume sindambi.（將頭向著西放）

司俎太監等，舁一豬，入門，置炕沿下，首西向。

amsun i manju emu niyalma（司俎滿洲一人）emu bethe bukdame niyakūrafi（彎曲著一腿跪了）ulgiyan be gidambi.（壓倒豬）

司俎滿洲一人，屈一膝跪，按其豬。

amsun i janggin. amsun i niyalma. da taigiyan. taigiyasa（司俎官、司俎之人、首領太監、太監們）tenggeri. fifan fitheme.（彈著三絃、琵琶）carki tūme.（打著扎板）falanggū forime.（擊著掌）

司俎官及司俎、首領太監、內監等，奏三絃、琵琶，鳴拍板，拊掌。

saman kuk'an i fejile ilan jergi bukdaha fulgiyan jafu de（薩滿在炕沿下折了三次的紅氈上）wargi julergi baru ešeme niyakūrafi.（斜著向西南跪了）hūntahan taili be tukiyefi（舉了杯子、托碟）

司祝跪於炕沿下三折紅氈上，斜向西南，舉臺、琖。

emu mudan gingnere de.（獻一次時）amsun i urse an i orolombi.（眾司俎照常眾呼鄂囉囉）【52a】

獻酒一次，司俎等照前歌鄂囉囉。

gingnefi（獻了）saman jalbarifi.（薩滿禱祝了）juwe hūntahan nure be emu hūntahan de tebufi.（將二杯酒裝在一杯裏）

獻畢，司祝致禱，以二琖酒合注一琖中。

amsun i manju ulgiyan i šan be tatame.（司俎滿洲拉著豬耳）saman ulgiyan i šan de jungšun suitafi.（薩滿灌了酒水在豬耳裏）

司俎滿洲執豬耳，司祝灌酒於豬耳內。

hūntahan taili be（將杯子、托碟）hiyan i da de amasi bufi（給在後面的司香長）emgeri hengkilembi.（叩頭一次）tenggeri. fifan. carki taka ilimbi.（三絃、琵琶、扎板暫時停止）

以臺、琖授司香，一叩頭，三絃、琵琶、拍板暫止。

amsun i manju ulgiyan i uncehen be jafame（司俎滿洲拿著豬尾）uju be dergi baru šurdeme sindaha manggi.（將頭轉向東放了之後）

司俎滿洲執豬尾，移轉豬首向東，

amsun i taigiyasa ibefi.（司胙太監們上前了）ulgiyan be tukiyefi.（擡了豬）toholon buriha amba dere de taka undu sindambi.（暫時直的放在鞔了錫的大桌上）

司俎太監等進前，舁豬，暫順放於包錫大桌上。

hiyan i【52b】da hūntahan taili be saman de alibumbi.（司香長呈遞杯子、托碟給薩滿）saman hūntahan taili be alime gaifi.（薩滿接取了杯子、托碟）

司香舉臺、琖授司祝，司祝接受臺、琖。

sirame（接著）ulgiyan be uce ci dosimbufi（使豬從房門進入了）nenehe mudan i songkoi（照前次的樣）gingneme（獻著）arkidame（打著扎板）tenggeri. fifan fitheme.（彈著三絃、琵琶）orolome（眾呼著鄂囉羅）jungšun suitafi.（灌了酒水）emgeri hengkilefi（叩頭了一次）ilifi（站立了）bederembi.（退回）tenggeri. fifan. carki nakafi.（三絃、琵琶、扎板停止了）geren ilifi（眾人站立了）bederembi.（退回）

舁第二豬，入門，獻酒、灌酒如前儀。

toholon buriha amba dere de（在鞔了錫的大桌上）juwe ulgiyan i uju be gemu wargi baru forobume（將二豬的頭都向著西）hetu sindafi（橫放了）silgimbi.（「省」）

以包錫大桌上二豬，俱令首西向橫放，省之。

dere tome juwe amsun i hehesi（每桌二司胙婦人）menggun dokomiha oton be【53a】tukiyefi（擡了銀裏整木槽盆）senggi alime gaimbi.（接取血）

每桌前，令司俎婦人二，舉銀裏木槽盆接血。

hiyan i hehesi jafu be bargiyambi.（司香婦人們收起毯）cinuhūn simenggilehe golmin den dere be ibebufi.（使上了銀硃漆的長高桌上前了）wargi nagan[nahan] i juleri sindambi（放在西炕前）

司香婦人撤去氈，進紅漆長高桌，設於西炕前。

ulgiyan i senggi aliha oton be ibebufi（使接了豬血的整木槽盆上前了）den dere de dobombi.（供在高桌上）

以接血木槽盆，列高桌上。

doboho efen. nure tubihe be bederebumbi.（撤回所供的餑餑、酒、果子）

撤去所供餑、酒與果。

ulgiyan tekdeke manggi.（豬「氣息」之後）amsun i urse ulgiyan be derei ici（眾司胙將豬順桌）uju be julergi baru forobume undu sindafi.（將頭向著南直放了）

豬氣息後，司俎等轉豬首順桌向南直放。

sukū fuyefi.（剝了皮）farsilame meileme delhebufi.（割開了卸骨成塊）amba mucen de bujumbi.（在大鍋裏煮）

去其皮，按節解開，煮於大鍋內。

uju fatha uncehen be fuyerakū.（頭、蹄、尾不剝皮）funiyehe be【53b】fucihiyalafi.（燎
了毛）wašafi（「燖」了）šolofi（燒炙了）inu amba mucen de bujumbi.（也在大鍋
裏煮）

其頭、蹄及尾，俱不去皮，惟燎毛，燖淨，亦煮於大鍋內。

duha do be toholon dokomiha oton de tebufi.（將內臟裝在錫裏整木槽盆）tucibufi.（拿
出了）encu boode bolgo obume dasafi（在別的房屋內整理了使潔淨）

以臟腑置於錫裏木槽盆，舁出，另室內整理潔淨。

dosimbuha manggi.（收進了之後）senggi oton be（將〔裝〕血整木槽盆）na de
sindafi.（放在地上）

舁進，以盛血木槽盆就地安置。

amsun i manju emu niyalma ibefi.（司俎滿洲一人就位了）den derei juleri（高桌前面）
emu bethe bukdame niyakūrafi.（彎曲著一腿跪了）

司俎滿洲一人進，於高桌前屈一膝跪，

duha de senggi tebufi（灌了血在腸裏）inu mucen de sindafi bujumbi.（也放在鍋裏煮）

灌血於腸，煮鍋內。

amsun i taigiyasa（司俎太監們）sukū be sukū tebure oton de sindafi.（將皮放在裝皮的
整木槽盆裡）toholon buriha juwe amba dere. simenggilehe hoošan be【54a】tucibumbi.
（將鞔了錫的大桌二、上了油的紙拿出去）

司俎太監等，置皮於盛皮木槽盆內，撤去包錫大桌二，及油紙。

silhi. fathai wahan be（將膽、蹄甲）cinuhūn simenggilehe ajige mooi fila de tebufi.（裝在
上了銀硃漆的小木碟裏）nagan[nahan] de sindaha amba fangkala derei amargi ergi ujan
de sindambi.（放在炕上所放的大矮桌北邊端上）

仍以膽與蹄、甲貯紅漆小木碟內，置於炕上所設之大低桌北首邊上。

yali urehe manggi.（肉熟了之後）amsun i yali emu moro gūwaššafi.（祭神肉切成小塊
一碗）

俟肉熟時，細切胙肉一椀，

sabka emu juru sindafi.（放了筯一雙）amba fangkala derei dulimbade dobombi.（供在大
矮桌中央）

設筯一雙，供於大低桌正中。

juwe ulgiyan i yali be（將二豬的肉）juwe menggun dokomiha oton de.（在二銀裏整木槽盆裏）ulgiyan i fihe. suksaha be duin hošo de.（豬的前腿、後腿在四角）

以二豬之肉分置二銀裏木槽盆內，前、後腿分設四角，

tunggen be juleri.（以胸骨在前）uca be amala.（以尾骨在後）ebci be juwe dalbade（以肋骨在兩旁）acabume faitafi.（合併排列了）oilo【54b】ulgiyan i uju sindafi.（上面放了豬頭）

胸膛向前，尾椿向後，肋列兩旁，合湊畢，置豬首於上。

kangsiri de delihun be nimenggi nisihai gulhun sindame.（將脾臟連油脂整個放在鼻樑上）weceku i baru forome（向著神主）golmin den dere de dobombi.（供在長高桌上）

復以臁貼連油，整置於鼻柱上，供於神位前長高桌。

hiyan i da hiyan dabumbi.（司香長點香）hiyan i hehesi suwayan ilhangga fulgiyan jafu sektefi（司香婦人們鋪了黃花紅氈）

司香點香，司香婦人鋪黃花紅氈。

hiyan i da nure gingnere golmin fangkala dere be sindafi.（司香長放了獻酒的長矮桌）an i nure tebuhe moro. untuhun moro sindambi.（仍放裝酒的碗、空碗）

司香設獻酒長低桌，仍列盛酒之椀並空椀。

saman ibefi（薩滿上前了）iliha manggi.（站立了之後）hiyan i da hūntahan taili be saman de alibumbi.（司香長呈遞杯子、托碟給薩滿）

司祝進前，立，司香舉臺、琖授司祝。

saman ibefi（薩滿就位了）niyakūrafi.（跪了）ninggun mudan nure gingnembi.（獻酒六次）【55a】

司祝進，跪，獻酒六次。

ere gingnere de.（此獻時）nure gingnere.（酒獻的）halara（換的）tebure.（斟的）

是獻也，凡獻酒、換琖注酒，

jai amsun i taigiyasa tenggeri. fifan fithere.（以及司胙太監們彈三絃、琵琶的）amsun i urse carki tūre.（眾司胙打扎板的）

及司俎太監等奏三絃、琵琶，司俎等鳴拍板，

amsun i manju falanggū forire.（司俎滿洲鼓掌的）ninggun mudan orolorongge（六次眾呼鄂囉羅者）gemu nenehe songko.（都同先前的樣）

司俎滿洲拊掌，歌鄂囉羅六次，俱如前儀。

ninggun mudan gingnehe manggi.（獻了六次之後）hūntahan taili be hiyan i da de bufi
（將杯子、托碟給了司香長）emgeri hengkilefi（叩頭了一次）ilifi（站立了）giogin
arambi.（合掌）

六獻畢，以臺、瑴授於司香，叩頭，興，合掌致敬。

hūwangdi. hūwangheo beye doroloci.（若皇帝、皇后親自行禮）nenehe songkoi
dorolombi.（照先前的樣行禮）

皇帝、皇后親詣行禮，如前儀。

yali de【55b】hengkilehe manggi.（給肉叩頭了之後）wecehe yali be bederebufi.（撤回了
所跳神的肉）uce ci tuciburakū（不從房門出去）

神肉前叩頭畢，撤下祭肉，不令出戶，

alikūlafi.（盛滿盤子了）golmin den derei juleri jergi jergi faidame sindafi.（長高桌前按
次陳設了）

盛於盤內，於長高桌前按次陳列。

eici hūwangdi. hūwangheo be gaifi（或者皇帝帶領了皇后）yali angga isire.（先嚐肉）
eici wang. ambasa be gaifi（或者帶領了王、大臣們）yali angga isire（先嚐肉）babe
hese be tuwambi.（將此遵旨）

或皇帝率皇后受胙，或率王、大臣等食肉之處，請旨遵行。

hūwangdi yali angga isirakū inenggi.（皇帝不先嚐肉之日）idui ambasa hiyasa be dosimbufi
（使值班大臣們、侍衛們進入了）ulebumbi.（給吃）

如遇皇帝不受胙之日，令值班大臣、侍衛等進內，食之。

ulebuhe manggi.（給吃了之後）saman【56a】weceku i juleri ibefi.（薩滿神主之前就位
了）emgeri hengkilefi.（叩頭了一次）ilifi（站立了）giogin arambi.（合掌）

食畢，司祝進於神位前，一叩頭，興，合掌致敬。

amsun i taigiyasa sukū. giranggi be tucibure de.（司俎太監們將皮、骨拿出時）erde gaifi
gocima dere de sindaha julergi ergide tuhebume lakiyaha hoošan be（取了清晨放在抽屜桌
上南邊垂著懸掛的紙）sasari tucibufi.（使一齊出去）

司俎太監等撤去皮、骨，並將清晨在抽屜桌上南首懸掛之淨紙，一並撤出。

sukū. nimenggi be budai boode benebumbi.（將皮、油脂使送給飯房）giranggi. silhi.
fathai wahan be（將骨、膽、蹄甲）amsun i janggin gaifi.（司俎官取了）bolgo
bade gamafi（拿去了潔淨處）hoošan i sasari tekdebufi（用紙一齊焚化了）bira de
maktambi.（拋於河）

皮、油送交膳房，其骨、膽、蹄、甲，司俎官送潔淨處，化而投之於河。

mengse be hetefi.（捲起了幔子）amargi ergide tuhebume lakiyaha hoošan jiha be asarafi.
（將在北邊垂著懸掛的紙錢收貯了）biyai dubede（月終時）【56b】solho hoošan i
fulhū de iktambume tebufi.（裝貯在高麗紙囊裏）
隨將神幔收捲，其所掛紙錢存，俟月終，貯高麗紙囊內。

fe inenggi（除夕）tangse de gamafi.（拿去堂子）tangse de lakiyaha hoošan. siltan mooi
sasari tekdebumbi.（與堂子裏所懸掛的紙、神杆一齊焚化）
除夕，送赴堂子，與堂子內所掛淨紙及神杆，同化之。

guwan mafa enduri i nirugan be inu hetefi.（也將關老爺神像捲起了）cinuhūn
simenggilehe mooi sihan de tebufi.（裝在上了銀硃漆的木筒）
所有關帝神像，恭貯於紅漆木筒。

fucihi i ajige ordo. fusa i sihan. juwe hiyan i fila be（將佛的小亭、菩薩的筒、二香碟）
wargi giyalan ci solime dosimbufi（請進了西面房間）
其供佛小亭、恭貯菩薩像木筒及二香碟，仍移奉西楹，

fucihi i ajige ordo be（將佛的小亭）an i ordo i teku de【57a】dobombi.（仍供在亭的底
座上）
以小亭安奉於亭座上。

fusa. guwan mafa enduri i nirugan be sihan nisihai（將菩薩、關老爺神像連筒）wargi fiyasha
de nikebume sindaha（在西山牆靠著放了）cinuhūn simenggilehe hacingga bocoi ilha niruha
gocima derei ninggude dobombi.（供在上了銀硃漆、畫了各種顏色花的抽屜桌上）
菩薩像、關帝神像二筒，安奉於西山牆繪花紅漆抽屜桌上。

ilan hiyan i fila be（將三香碟）gocima derei ninggu i dergi ergi gencehen de dobombi.（供
在抽屜桌上的東邊邊緣）
供香碟三，於桌之東邊。

yamji（晚上）weceku de wecere de.（給神主跳神時）neneme yacin bocoi simenggilehe
golbon de（先在上了黑色漆的架子上）yacin suje de fulgiyan giltasikū kubuhe mengse
【57b】hūwaitambi（綁鑲了紅片金的青緞幔子）
其夕祭神儀，預將鑲紅片金青緞神幔，繫於黑漆架上。

golbon i mulu i wargi ergide（在架樑的西邊）amba ajige honggon nadan be suwayan ilgin
ulifi.（用黃皮穿了大、小神鈴七）šajilan cikten i dube de hūwaitafi lakiyambi.（綁了懸
掛在樺木幹梢上）

用黃色皮條穿大、小鈴七枚，繫樺木桿梢，懸於架梁之西。

murigan weceku be ici ergide（以穆哩罕神在右邊）siran siran i golbon de damjalame
hūwaitame.（陸續穿過綁著在架子上）
恭請穆哩罕神，自西按序安奉架上。

nirugan weceku be mengse i dulimbade lakiyame.（將畫像神懸掛在幔子的中央）
monggo weceku doboro nikeku sindame weilehe yacin bocoi simenggilehe teku be（將供蒙
古神所做的放著靠背、上了黑色漆的底座）hashū ergide sindame.（放在左邊）
畫像神安奉於神幔正中，設蒙古神座於左，

gemu amargi nagan[nahan] i ninggude（都在北炕上）julergi baru forome dobombi（向
著南供奉）【58a】
皆於北炕南向。

nagan[nahan] de（在炕上）cinuhūn simenggilehe amba fangkala dere juwe sindafi.（放了
上了銀硃漆的大矮桌二）
炕上設紅漆大低桌二，

hiyan i fila sunja. gocima nure sunja hūntahan. erin i tubihe uyun fila. tūme efen mudan uyun alikū
be（以香碟五、黃酒五杯、應時果子九碟，打糕、搓條餑餑九盤）derei ninggude
dobombi.（供在桌上）
桌上供香碟五、清酒三琖、時果九碟，打餻、搓條餑餑九盤。

kuk'an i fejile（炕沿下）gocima nure. ilan malu dobombi.（供黃酒三瓶）
炕沿下供清酒三樽。

ulgiyan dosimbure onggolo.（進豬之前）fucihi. fusa. juwe hiyan i fila be solime tucibufi.
（將佛、菩薩、二香碟請出了）wargi giyalan i amba ordo de dobombi.（供在西面房
間的大亭）
未進豬之前，恭請佛、菩薩像，並二香碟，供於西楹大亭。

doigonde（預先）amsun i taigiyasa（司胙太監們）【58b】simenggilehe hoošan sektere.（鋪
上了油的紙的）dere sindarangge.（放桌子者）erde wecehe songko.（同清晨跳神的樣）
預令司俎太監等鋪油紙、設桌，俱如朝祭儀。

erin ome（屆時）ulgiyan be dosimbufi（使豬進去了）an i bade sindambi.（放在平常
之處）
屆時，進豬，置於常放之處。

hiyan i da hiyan dabumbi.（司香長點香）hiyan i hehesi saman i samdara de tere yacin bocoi simenggilehe mulan be（司香婦人們將薩滿跳神時坐的上了黑色漆的杌子）weceku i juleri sindambi（放在神主前面）

司香點香，司香婦人以司祝祝禱時所坐黑漆杌，置神位前。

amsun i taigiyan.（司俎太監）tungken be tehe nisihai（將鼓連架）mulan i teisu sindambi.（放杌子的對面）

司俎太監以鼓連架，近杌安置。

saman alha hūsihan hūwaitafi.（薩滿綁了閃緞裙）siša umiyelefi（束了腰鈴）untun gisun jafafi.（拿了手鼓、鼓槌）weceku i juleri ibeme.（神主之前上前著）

司祝繫閃緞裙，束腰鈴，執手鼓，進於神位前。

amsun i juwe taigiyan ibefi.（司胙二太監就位了）wargi【59a】baru forome ilifi.（向著西站立了）emu taigiyan tungken tūme.（一太監打著鼓）emu taigiyan carki tūmbi.（一太監打扎板）

司俎太監二人進，西向立，一太監擊鼓，一太監鳴拍板。

saman neneme weceku i baru forome（薩滿先向著神主）mulan de tefi（在杌子上坐了）untušeme jarime solire de.（打著手鼓、念著神歌召請時）

司祝先向神位坐於杌上，擊手鼓、誦請神歌祈請。

tungken tūre taigiyan.（打鼓的太監）emu galai untun de acabume（一手和著手鼓）tungken emtenggeri tūmbi.（打鼓一次）

擊鼓太監一手擊鼓一點，以和手鼓。

saman ilifi（薩滿站立了）sucungga mudan amasi sosorome（初次向後倒退著）midaljame samdara de.（搖擺著跳神時）

司祝拱立，初次向後盤旋，蹲步祝禱，

tungken tūre taigiyan（打鼓的太監）juwe galai untun de acabume（兩手和著手鼓）tungken ilanggeri tūmbi.（打鼓三次）

擊鼓太監雙手擊鼓三點，以和手鼓。

saman julesi ibeme（薩滿向前上前著）midaljame samdara de.（搖擺著跳神時）

司祝復盤旋，蹲步前進祝禱，

tungken tūre taigiyan（打鼓的太監）juwe galai【59b】untun de acabume（兩手和著手鼓）tungken sunjanggeri tūmbi.（打鼓五次）

擊鼓太監雙手擊鼓五點，以和手鼓。

saman ilifi（薩滿站立了）sucungga mudan jarime jalbarire de.（初次念著神歌禱祝時）tungken sunjanggeri tūmbi.（打鼓五次）carki ilanggeri acabume tūmbi.（扎板和著打三次）
司祝拱立，初次誦請神歌，擊鼓五點，拍板三鳴以和之。

jai mudan amasi sosorome（再次向後倒退著）julesi ibeme（向前上前著）midaljame samdara de.（搖擺著跳神時）tungken teile nadanggeri tūmbi.（只有打鼓七次）
二次向後、向前盤旋，蹣步祝禱，惟擊鼓七點。

saman ilifi（薩滿站立了）jarime jalbarire de.（念著神歌禱祝時）tungken an i sunjanggeri. carki ilanggeri tūmbi.（仍打鼓五次、扎板三次）
司祝拱立，誦神歌以禱，仍擊鼓五點，拍板三鳴。

ilaci mudan samdara de.（第三次跳神時）inu tungken teile juwan emtenggeri tūmbi.（也只有打鼓十一次）
三次祝禱，亦惟擊鼓十一點。

saman ilifi（薩滿站立了）ilaci mudan jarime jalbarire de.（第三次念著神歌禱祝時）tungken duinggeri tūme（打著鼓四次）【60a】
司祝拱立，三次誦神歌以禱，擊鼓四點。

wajima de（末尾時）juwe gisun be emtenggeri hiyahambi.（將兩鼓槌交叉一次）carki an i ilanggeri acabume tūmbi.（扎板仍和著打三次）
末以雙槌交擊一次，拍板仍三鳴以和之。

ilaci mudan jarime jalbarime wajiha manggi.（第三次念著神歌禱祝完畢了之後）saman samdara de.（薩滿跳神時）tungken teile duinggeri（只有鼓四次）ilan mudan tūfi（打了三遍）nakafi（停止了）bederembi.（退回）
三次誦神歌禱畢，司祝祝禱時，惟擊鼓四點，三鼓而止，退。

saman untun gisun be（薩滿將手鼓、鼓槌）hiyan i hehesi de amasi bufi.（給在後面的司香婦人們）hūsihan. siša be sumbi.（脫裙、腰鈴）
司祝以手鼓授司香婦人，釋閃緞裙、腰鈴。

hiyan i da. hiyan i hehesi（司香長、司香婦人們）doboho sunja hūntahan nure be（以所供的五杯酒）erde wecehe songkoi halafi.（照清晨跳神的樣更換了）ice nure dobombi.（供新的酒）
司香及司香婦人，以所供酒五琖，如朝祭儀，換新酒供之。

hiyan i hehesi.（司香婦人們）suwayan ilhangga fulgiyan jafu be【60b】sektembi.（鋪黃花紅氈）

司香婦人鋪黃花紅氈。

hūwangdi beye doroloro de.（皇帝親自行禮時）hiyan i hehesi saman i hengkilere ajige fangkala dere be（司香婦人們將薩滿叩頭的小矮桌）wargi ergide sindambi.（放在西邊）
皇帝親詣行禮，司香婦人移置司祝叩頭小低桌於西首。

hūwangdi mahala gaifi.（皇帝摘了冠）yamji weceku i juleri ibefi.（晚上神主之前就位了）dulimbade wesihun forome ilime（在中央向上站立著）
皇帝進於夕祭神位前，正中向上立。

saman neneme niyakūrafi（薩滿先跪了）forobuha manggi.（祝贊了之後）hūwangdi erde doroloho songkoi（皇帝照清晨所行禮的樣）dorolombi.（行禮）
司祝先跪，祝畢，皇帝行禮如朝祭儀。

hūwangheo i sasari doroloci.（若皇后一齊行禮）【61a】hūwangdi dergi ergide.（皇帝在東邊）hūwangheo wargi ergide（皇后在西邊）dorolombi.（行禮）
如同皇后行禮，皇帝在東、皇后在西行禮。

hūwangdi. hūwangheo dorolorakū inenggi（皇帝、皇后不行禮之日）saman hengkilembi.（薩滿叩頭）
如遇皇帝、皇后不行禮之日，司祝叩頭。

hengkilehe manggi（叩頭了之後）hiyan i da. hiyan i hehesi nenehe songkoi（司香長、司香婦人們照先前的樣）nure hūntahan de ice nure halame tebume dobofi（換裝新的酒在酒杯供了）nurei malu be bolgo wadan dasimbi.（酒瓶以潔淨的蓋布遮蓋）
畢，司香及司香婦人如前儀，換注新酒於琖中供之，酒樽以淨袱羃之。

hiyan i hehesi（司香婦人們）jafu be ilan jergi bukdame hetefi.（將氈捲起了折三次）kuk'an i hanci sektembi.（鋪在炕沿附近）
司香婦人斂氈，三折之，鋪於近炕沿處。

gocima nure emu moro.【61b】hūntahan emke be（將黃酒一碗、杯子一個）kuk'an de sindambi.（放在炕沿上）
置清酒一椀、空琖一，於炕沿上。

amsun i taigiyasa（司胙太監們）ulgiyan be tukiyeme（擡著豬）uce ci dosimbufi.（從房門進入了）kuk'an i fejile（炕沿下）uju be amargi baru forobume sindambi.（將頭向著北放）
司俎太監等，舁豬入門，置炕沿下，首北向。

amsun i manju emu niyalma（司俎滿洲一人）emu bethe bukdame niyakūrafi.（彎曲著一腿跪了）ulgiyan be gidambi.（壓倒豬）

司俎滿洲一人屈一膝跪，按其豬。

saman kuk'an i fejile ilan jergi bukdaha fulgiyan jafu de（薩滿在炕沿下折了三次的紅氈上）dergi amargi baru ešeme niyakūrafi.（斜著向東北跪了）

司祝跪於炕沿下三折紅氈上，斜向東北。

nurei moro ci（從酒碗）hūntahan de nure tebufi（斟了酒在杯裏）tukiyefi（捧了）jalbarifi.（禱祝了）

從盛酒碗內，把酒注於琖中，舉捧禱祝。

amsun i manju ulgiyan i šan be tatame.（司俎滿洲拉著豬耳）saman ulgiyan i【62a】šan de jungšun suitafi.（薩滿灌了酒水在豬耳裏）

司俎滿洲執豬耳，司祝灌酒於豬耳內。

hūntahan be kuk'an de sindafi（將杯子放在炕沿）emgeri hengkilembi.（叩頭一次）

以琖置炕沿，一叩頭。

amsun i manju ulgiyan i uncehen be jafafi.（司俎滿洲拿了豬尾）uju be julergi baru šurdeme sindaha manggi.（將頭轉向南放了之後）

司俎滿洲執豬尾，移轉豬首向南，

amsun i taigiyasa ibefi（司俎太監們上前了）ulgiyan be tukiyefi.（擡了豬）toholon buriha amba dere de taka undu sindambi.（暫時直的放在鞔了錫的大桌上）

司俎太監等進前，舁豬，暫順放於包錫大桌上。

saman niyakūrahai（薩滿只管跪）nurei moro ci（從酒碗）hūntahan de nure tebumbi.（斟酒在杯裏）

司祝跪，從酒椀內把酒注於琖中。

sirame（接著）ulgiyan be uce ci dosimbufi.（使豬從房門進入了）nenehe mudan i songkoi（照前次的樣）gingnefi.（獻了）jalbarifi（禱祝了）jungšun suitafi.（灌了水酒）emgeri hengkilefi（叩頭了一次）ilifi（站立了）bederembi.（退回）

舁第二豬入門，仍如前儀獻酒，禱祝，灌酒畢，一叩頭，興，退。

ulgiyan be toholon【62b】buriha amba dere de（將豬在鞔了錫的大桌上）juwe ulgiyan be gemu wargi baru forobume sindafi（將二豬都向著西放了）silgimbi.（「省」）

置豬於包錫大桌上，二豬俱令首西向，省之。

dere tome juwe amsun i hehesi（每桌二司胙婦人）menggun dokomiha oton be tukiyefi（擡了銀裏整木槽盆）senggi alime gaimbi.（接取血）

每桌前，令司俎婦人二，舉銀裏木槽盆接血。

hiyan i hehesi jafu be bargiyambi.（司香婦人們將氈收起）cinuhūn simenggilehe golmin den dere be ibebufi.（使上了銀硃漆的長高桌上前了）amargi nagan[nahan] i juleri sindambi.（放北炕的前面）

司香婦人撤去氈，進紅漆長高桌，設於北炕前。

menggun dokomiha senggi oton be（將銀裏〔接〕血整木槽盆）golmin den dere de dobofi.（供在長高桌上）

以接血銀裏木槽盆列長高桌上。

amba fangkala derei wargi ujan de（在大矮桌的西端）beibun efen emu alikū funcebufi.（神板上供的餑餑留了一盤）

撤去大低桌上所供之餻，惟留一盤，

gūwa doboho efen. nure.【63a】tubihe be bederebumbi.（將其他所供的餑餑、酒、果子撤回）

其餘餻、酒與果，亦俱撤去。

ulgiyan tekdeke manggi.（豬「氣息」之後）amsun i urse ulgiyan be derei ici（眾司胙將豬順桌）uju be julergi baru forobume undu sindafi.（將頭向著南直的放了）

豬氣息後，司俎等轉豬首順桌，向南直放。

sukū fuyere（剝皮的）meileme delhebure.（割開卸骨的）duha do de senggi tebure.（內臟灌血的）bujure.（煮的）toholon buriha amba dere simenggilehe hoošan be tuciburengge（將鞔了錫的大桌、上了油的紙拿出者）gemu erde wecehe songko.（都同清晨跳神的樣）

其去皮、節解、灌血腸、煮肉，以及撤出包錫大桌油紙等件，俱如朝祭儀。

damu silhi. fathai wahan be jun de maktafi（只將膽、蹄甲丟棄在竈內）deijimbi.（焚燒）

惟膽與蹄、甲，於竈內化之。

yali urehe manggi.（肉熟了之後）amsun i yali sunja moro gūwaššafi.（祭神肉切成小塊五碗）

俟肉熟時，細切胙肉五椀，

moro tome emu juru sabka sindafi.（每碗放了筋一雙）nagan[nahan] i juwe【63b】amba fangkala dere de dobombi.（供在炕上的二大矮桌上）

每椀設筯一雙，供於炕上二大低桌之上。

juwe ulgiyan be juwe menggun dokomiha mooi oton de（將二豬在二銀裏整木槽盆）
erde doboho songkoi（照清晨所供的樣）faidame tebufi.（擺設著裝了）
以二豬之肉，置二銀裏木槽盆內，如朝祭儀。

weceku i baru forome golmin den dere de doboho manggi.（供在向著神主的長高桌上之
後）hiyan i da hiyan dabumbi.（司香長點香）
供於神位前長高桌，司香點香。

hiyan i hehesi suwayan ilhangga fulgiyan jafu sektefi.（司香婦人們鋪了黃花紅氈）saman
i hengkilere dere be sindambi.（放薩滿叩頭的桌子）
司香婦人鋪黃花紅氈，設司祝叩頭桌。

hūwangdi. hūwangheo beye doroloci.（若皇帝、皇后親自行禮）yamji doroloho songkoi
（照晚上所行禮的樣）dorolombi.（行禮）【64a】
皇帝、皇后親詣行禮，如夕祭儀。

hūwangdi. hūwangheo dorolorakū inenggi.（皇帝、皇后不行禮之日）saman ibefi（薩
滿就位了）niyakūrafi（跪了）forobufi（祝贊了）hengkilefi（叩頭了）giogin araha
manggi.（合掌了之後）
如遇皇帝、皇后不行禮之日，司祝進，跪，禱祝，叩頭，合掌致敬。

hiyan i hehesi jafu be bargiyambi.（司香婦人收起毯）saman i tere mulan be（將薩滿坐
的杌子）an i yamji wecere de sindaha bade sindafi.（仍放了在晚上跳神時所放處）
司香婦人收毯，以司祝所坐之杌，置夕祭常放處。

juleri ajige dere sindafi（前面放了小桌）ajige siša be derei ninggude sindambi.（將小腰
鈴放在桌上）
又設小桌，小腰鈴列於桌上。

honggon be derei dergi ergi dalbade nikebume sindafi.（將神鈴放在桌子的東邊旁邊靠
著）hiyan i fila i tuwa. dengjan be tucibufi（拿出了香碟的火、燈）
神鈴置於桌之東，撤出香碟內火並鐙，

jun i tuwa be dasifi.（遮蓋了竈的火）tuibure yacin【64b】suri i dalikū be sarame（打開背
燈祭的青綢遮掩物）daliha manggi.（遮蔽了之後）
掩竈內火，展背鐙青綢幕蔽之。

geren tucifi（眾人出去了）uce be dasimbi.（掩閉房門）

眾俱退出，闔戶。

tungken tūre taigiyan（打鼓的太監）tungken be dalikū i hanci majige ibebumbi.（將鼓略推進遮掩物附近）saman mulan de tefi（薩滿在机子上坐了）
擊鼓太監以鼓移幕前近處，司祝坐於机上。

sucungga mudan jarime（初次念著神歌）honggon de solire de（向神鈴召請時）tungken duinggeri tūme.（打著鼓四次）gisun emtenggeri hiyahambi.（鼓槌交叉一次）carki ilanggeri acabume tūmbi.（扎板和著打三次）
初次誦神歌，向神鈴祈請時，擊鼓四點，又雙槌交擊一次，拍板三鳴，以和之。

sirame（接著）saman honggon i cikten be jafafi.（薩滿拿了神鈴桿）honggon be toksime（敲著神鈴）jarime jalbarire de.（念著神歌禱祝時）tungken sunjanggeri tūme.（打著鼓五次）carki ilanggeri acabume tūmbi.（扎板和著打三次）
次司祝執鈴桿，振鈴、誦神歌以禱，鼓擊五點，拍板三鳴，以和之。

saman honggon be sindafi（薩滿放下神鈴）
司祝置神鈴。

sucungga mudan jarime jalbarime（初次念神歌禱祝著）【65a】siša de solire de.（向腰鈴召請時）tungken duinggeri tūfi.（打了鼓四次）gisun emtenggeri hiyahambi.（鼓槌交叉一次）carki ilanggeri acabume tūmbi.（扎板和著打三次）
初次誦神歌，向腰鈴祈請，鼓擊四點，又雙槌交擊一次，拍板三鳴，以和之。

saman siša be debsime（薩滿搖著腰鈴）jarime jalbarire de.（念著神歌禱祝時）siša de acabume（和著腰鈴）tungken sunjanggeri tūme.（打著鼓五次）carki ilanggeri acabume tūmbi.（扎板和著打三次）
司祝搖腰鈴，誦神歌以禱，鼓擊五點，拍板三鳴，以和腰鈴之聲。

jalbarime wajiha manggi.（禱祝完畢了之後）tungken ilanggeri tūme.（打著鼓三次）carki acabume emgeri tūfi（扎板和著打了一次）nakambi.（停止）
禱畢，鼓擊三點，拍板一鳴而止。

tuibure dalikū be hetembi.（捲起背燈祭的遮掩物）uce be neifi（開了房門）dengjan be dasimbumbi.（使燈進入）
捲起背鐙神幕，開戶，移入燈火。

yamji wecehe yali be bederembufi. tucibufi（使撤出了晚上所跳神的肉）budai boode benembi.（送給飯房）
撤祭肉，送交膳房。

fucihi.【65b】fusa. juwe hiyan i fila be（將佛、菩薩、二香碟）wargi ergi giyalan ci solime dosimbufi（從西邊的房間請進了）an i da soorin de dobombi.（仍供在原位）juwe hiyan i fila be an i bade dobombi.（二香碟供在原處）

恭請佛、菩薩像並二香碟，仍安奉西楹原位，二香碟亦供於原處。

mengse be hetefi.（捲起了幔子）yamji weceku i nirugan be hetefi.（捲起了晚上神主的畫像）monggo weceku. murigan weceku be（將蒙古神、穆哩罕神）gemu cinuhūn simenggilehe sithen de tebufi.（都裝在上了銀硃漆的匣裏）

收捲神幔，撤夕祭神畫像並蒙古神、穆哩罕神，俱恭貯紅漆匣內，

amargi fajiran de nikebume sindaha（在北牆靠著放了）yacin simenggilehe hacingga bocoi ilha niruha gocima derei ninggude dobombi.（供在上了黑漆、畫了各種顏色花的抽屜桌上）

安奉於北牆繪花黑漆抽屜桌上。

sunja hiyan i fila be（將五香碟）gocima derei【66a】ninggu i julergi ergi gencehen de dobombi.（供在抽屜桌上南邊邊緣）【66b】

供香碟五於桌之南邊。

hesei toktobuha manjusai wecere metere kooli bithe.（欽定滿洲祭神祭天典禮）
欽定滿洲祭神祭天典禮

> kun ning gung de ambarame wecere de.（在坤寧宮大祭時）erde wecere de（清晨跳神時）jarime jalbarime forobure gisun.（念著神歌禱祝祝辭）
> 坤寧宮大祭朝祭誦神歌禱祝辭

abkai juse.（上天之子）fucihi fusa.（佛、菩薩）ejen sefu.（主子、師傅）coohai janggin.（軍隊章京）guwan i beise.（關貝子）
上天之子，佛及菩薩，大君先師，三軍之帥，關聖帝君。

tere aniyangga osokon[osohon] beye.（某屬相年小的本人）tere aniyangga osokon[osohon] beye i（某屬相年小的本人的）wei jalin wececi.（為誰跳神）wei banjiha da aniya be hūlambi.（則呼誰的本生年）
某年生小子，某年生小子。為某人祭，則呼某人本生年。

julefun.（為替）uyun be ulime.（以九貫穿著）jakūn be jalukiyame.（以八充滿著）
今敬祝者，貫九以盈，具八以呈，

uyun i jaluha inenggi.（滿九之日）siltan tukiyeme.（舉著杆）siren futa gocime.（抽著換索繩）amba giyan i amsun be arafi.（做了允稱大的祭品）【67a】enduri weceku de gingnembi.（獻給神祇）
九期屆滿，立杆禮行，爰繫索繩，爰備粢盛，以祭於神靈。

uju de ukufi.（在頭上群集了）meiren de fehufi（在肩上採縈了）juleri dalime.（前面庇護著）amala alime.（後面承受著）urgun sain i acabu.（以喜善相合）
豐於首，而仔於肩；衛於後，而護於前，昇以嘉祥兮。

uju i funiyehe šarambu.（使頭髮變白）angga i weihe sorombu.（使口齒變黃）aniya ambula.（年大）se labdu.（歲多）jalgan gomin（命長）fulehe šumin.（根深）
齒其兒，而髮其黃兮；年其增，而歲其長兮；根其固，而身其康兮。

enduri eršeme.（神明照看著）weceku wehiyeme.（神主扶佑著）aniya se be ambula bahabuki.（請使年歲得大）
神兮眷我，神兮佑我，永我年而壽我兮。

> erde ulgiyan de jungšun suitara de（清晨給豬灌酒水時）jalbarire gisun.（禱辭）
> 朝祭灌酒於豬耳禱辭

abkai juse.（上天之子）coohai janggin.（軍隊章京）guwan i beise.（關貝子）

上天之子，三軍之帥，關聖帝君。

tere【67b】aniyangga osokon[osohon] beye.（某屬相年小的本人）tere aniyangga osokon [osohon] beye i（某屬相年小的本人的）wei jalin wececi.（為誰跳神）wei banjiha da aniya be hūlambi. （則呼誰的本生年）

某年生小子，某年生小子。為某人祭，則呼某人本生年。

julefun gingnere šusu be（將為替獻的「犧牲」）urgun sain i alime gaiki.（請以喜善領受）
敬獻粢盛，嘉悅以享兮

> erde yali doboro de（清晨供肉時）forobure gisun.（祝辭）
> 朝祭供肉祝辭

abkai juse.（上天之子）coohai janggin.（軍隊章京）guwan i beise.（關貝子）
上天之子，三軍之帥，關聖帝君。

tere aniyangga osokon[osohon] beye.（某屬相年小的本人）tere aniyangga osokon[osohon] beye i（某屬相年小的本人的）wei jalin wececi.（為誰跳神）wei banjiha da aniya be hūlambi.（則呼誰的本生年）

某年生小子，某年生小子。為某人祭，則呼某人本生年。

julefun.（為替）uyun be ulime.（以九貫穿著）jakūn be jalukiyame.（以八充滿著）
今敬祝者，貫九以盈，具八以呈，

uyun i jaluha inenggi.（滿九之日）siltan tukiyeme.（舉著杆）siren futa gocime.（抽著換索繩）amba giyan i amsun be【68a】arafi.（做了允稱大的祭品）enduri weceku de gingnembi.（獻給神祇）

九期屆滿，立杆禮行，爰繫索繩，爰備粢盛，以祭於神靈。

uju de ukufi.（在頭上群集了）meiren de fehufi（在肩上採榮了）juleri dalime.（前面庇護著）amala alime.（後面承受著）urgun sain i acabu.（以喜善相合）
豐於首，而仔於肩；衛於後，而護於前，畀以嘉祥兮。

uju i funiyehe šarambu.（使頭髮變白）angga i weihe sorombu.（使口齒變黃）aniya ambula.（年大）se labdu.（歲多）jalgan gomin（命長）fulehe šumin.（根深）
齒其兒，而髮其黃兮；年其增，而歲其長兮；根其固，而身其康兮。

enduri eršeme.（神明照看著）weceku wehiyeme.（神主扶佑著）aniya se be ambula bahabuki.（請使年歲得大）
神兮眷我，神兮佑我，永我年而壽我兮。

yamji wecere de（晚上跳神時）mulan de tefi（在杌子上坐了）jarime jalbarire gisun[1].（念著神歌禱辭）

夕祭坐於杌上誦神歌祈請辭

abka ci wasika ahūn i niyansi.（從天而降阿琿的年錫）šun ci【68b】tucike siren i niyansi.（從日分出的年錫）niyansi enduri.（年錫神）

自天而降，阿琿年錫之神，與日分精，年錫之神，年錫惟靈。

ancun ayara.（安春阿雅喇）muri muriha.（穆哩穆哩哈）nadan daihūn.（納丹岱琿）narhūn hiyancu.（納爾琿軒初）enduri senggu.（恩都哩僧固）baiman janggin.（拜滿章京）nadan weihuri.（納丹威瑚哩）endu monggolo.（恩都蒙鄂樂）katun noyan.（喀屯諾延）

安春阿雅喇，穆哩穆哩哈，納丹岱琿，納爾琿軒初，恩都哩僧固，拜滿章京，納丹威瑚哩，恩都蒙鄂樂，喀屯諾延。

tere aniyangga osokon[osohon] beye.（某屬相年小的本人）tere aniyangga osokon[osohon] beye i（某屬相年小的本人的）wei jalin wececi.（為誰跳神）wei banjiha da aniya be hūlambi.（則呼誰的本生年）

某年生小子，某年生小子。為某人祭，則呼某人本生年。

julefun.（為替）uyun be ulime.（以九貫穿著）jakūn be jalukiyame.（以八充滿著）

今敬祝者，貫九以盈，具八以呈，

uyun i jaluha inenggi.（滿九之日）siltan tukiyeme.（舉著杆）siren futa gocime.（抽著換索繩）amba giyan i amsun be arafi.（做了允稱大的祭品）enduri weceku de gingnembi.（獻給神祇）

九期屆滿，立杆禮行，爰繫索繩，爰備粢盛，以祭於神靈。

uju de ukufi.（在頭上群集了）meiren de fehufi（在肩上採榮了）juleri【69a】dalime.（前面庇護著）amala alime.（後面承受著）urgun sain i acabu.（以喜善相合）

豐於首，而仔於肩；衛於後，而護於前，畀以嘉祥分。

uju i funiyehe šarambu.（使頭髮變白）angga i weihe sorombu.（使口齒變黃）aniya ambula.（年大）se labdu.（歲多）jalgan gomin（命長）fulehe šumin.（根深）

齒其兒，而髮其黃分；年其增，而歲其長分；根其固，而身其康分。

enduri eršeme.（神明照看著）weceku wehiyeme.（神主扶佑著）aniya se be ambula

---

1　「jarime jalbarire gisun（念著神歌禱辭）」，從祝辭的內容看，當為「jarime solire gisun（念著神歌召請辭）」。

│ 262　滿文《欽定滿洲祭神祭天典禮》譯註

bahabuki.（請使年歲得大）

神分貺我，神分佑我，永我年而壽我分。

ujui mudan（首次）jarime jalbarire gisun.（念著神歌禱辭）
初次誦神歌禱辭

nadan daihūn.（納丹岱琿）narhūn hiyancu.（納爾琿軒初）

納丹岱琿，納爾琿軒初。

tere aniyangga osokon[osohon] beye.（某屬相年小的本人）tere aniyangga osokon[osohon]
beye i（某屬相年小的本人的）wei jalin wececi.（為誰跳神）wei banjiha da aniya be hūlambi.（則呼誰的
本生年）

某年生小子，某年生小子。為某人祭，則呼某人本生年。

julefun.（為替）uyun be ulime.（以九貫穿著）jakūn be jalukiyame.（以八充滿著）
【69b】

今敬祝者，貫九以盈，具八以呈，

uyun i jaluha inenggi.（滿九之日）siltan tukiyeme.（舉著杆）siren futa gocime.（抽著換
索繩）amba giyan i amsun be arafi.（做了允稱大的祭品）enduri weceku de gingnembi.
（獻給神祇）

九期屆滿，立杆禮行，爰繫索繩，爰備粢盛，以祭於神靈。

uju de ukufi.（在頭上群集了）meiren de fehufi（在肩上採榮了）juleri dalime.（前面
庇護著）amala alime.（後面承受著）urgun sain i acabu.（以喜善相合）

豐於首，而仔於肩；衛於後，而護於前，畀以嘉祥分。

uju i funiyehe šarambu.（使頭髮變白）angga i weihe sorombu.（使口齒變黃）aniya
ambula.（年大）se labdu.（歲多）jalgan gomin（命長）fulehe šumin.（根深）

齒其兒，而髮其黃分；年其增，而歲其長分；根其固，而身其康分。

enduri eršeme.（神明照看著）weceku wehiyeme.（神主扶佑著）aniya se be ambula
bahabuki.（請使年歲得大）

神分貺我，神分佑我，永我年而壽我分。

jai mudan（再次）jarime jalbarire gisun.（念著神歌禱辭）【70a】
二次誦神歌禱辭

enduri senggu.（恩都哩僧固）senggu enduri.（僧固恩都哩）
恩都哩僧固，僧固恩都哩。

tere aniyangga osokon[osohon] beye.（某屬相年小的本人）tere aniyangga osokon[osohon] beye i（某屬相年小的本人的）wei jalin wececi.（為誰跳神）wei banjiha da aniya be hūlambi.（則呼誰的本生年）

某年生小子，某年生小子。為某人祭，則呼某人本生年。

julefun.（為替）uyun be ulime.（以九貫穿著）jakūn be jalukiyame.（以八充滿著）

今敬祝者，貫九以盈，具八以呈，

uyun i jaluha inenggi.（滿九之日）siltan tukiyeme.（舉著杆）siren futa gocime.（抽著換索繩）amba giyan i amsun be arafi.（做了允稱大的祭品）enduri weceku de gingnembi.（獻給神祇）

九期屆滿，立杆禮行，爰繫索繩，爰備粢盛，以祭於神靈。

uju de ukufi.（在頭上群集了）meiren de fehufi（在肩上採榮了）juleri dalime.（前面庇護著）amala alime.（後面承受著）urgun sain i acabu.（以喜善相合）

豐於首，而仔於肩；衛於後，而護於前，畀以嘉祥兮。

uju i funiyehe šarambu.（使頭髮變白）angga i weihe sorombu.（使口齒變黃）aniya ambula.（年大）se labdu.（歲多）jalgan gomin（命長）fulehe šumin.（根深）

齒其兒，而髮其黃兮；年其增，而歲其長兮；根其固，而身其康兮。

enduri【70b】eršeme.（神明照看著）weceku wehiyeme.（神主扶佑著）aniya se be ambula bahabuki.（請使年歲得大）

神兮眖我，神兮佑我，永我年而壽我兮。

　　　　wajima mudan（末次）jarime jalbarire gisun.（念著神歌禱辭）
　　末次誦神歌禱辭

baiman jaggin.（拜滿章京）nadan weihuri（納丹威瑚哩）endu monggolo.（恩都蒙鄂樂）katun noyan.（喀屯諾延）

拜滿章京，納丹威瑚哩，恩都蒙鄂樂，喀屯諾延。

tere aniyangga osokon[osohon] beye.（某屬相年小的本人）tere aniyangga osokon[osohon] beye i（某屬相年小的本人的）wei jalin wececi.（為誰跳神）wei banjiha da aniya be hūlambi.（則呼誰的本生年）

某年生小子，某年生小子。為某人祭，則呼某人本生年。

julefun.（為替）uyun be ulime.（以九貫穿著）jakūn be jalukiyame.（以八充滿著）

今敬祝者，貫九以盈，具八以呈，

uyun i jaluha inenggi.（滿九之日）siltan tukiyeme.（舉著杆）siren futa gocime.（抽著換索繩）amba giyan i amsun be arafi.（做了允稱大的祭品）enduri weceku de gingnembi.（獻給神祇）【71a】

九期屆滿，立杆禮行，爰繫索繩，爰備粢盛，以祭於神靈。

uju de ukufi.（在頭上群集了）meiren de fehufi（在肩上採榮了）juleri dalime.（前面庇護著）amala alime.（後面承受著）urgun sain i acabu.（以喜善相合）

豐於首，而仔於肩；衛於後，而護於前，畀以嘉祥兮。

uju i funiyehe šarambu.（使頭髮變白）angga i weihe sorombu.（使口齒變黃）aniya ambula.（年大）se labdu.（歲多）jalgan gomin（命長）fulehe šumin.（根深）

齒其兒，而髮其黃兮；年其增，而歲其長兮；根其固，而身其康兮。

endure eršeme.（神明照看著）weceku wehiyeme.（神主扶佑著）aniya se be ambula bahabuki.（請使年歲得大）

神兮眂我，神兮佑我，永我年而壽我兮。

jarime samdaha manggi.（念著神歌跳神了之後）niyakūrafi（跪了）forobure gisun.（祝辭）

誦神歌禱祝後跪祝辭

abkai juse.（上天之子）niyansi enduri.（年錫神）ancun ayara.（安春阿雅喇）muri muriha.（穆哩穆哩哈）nadan daihūn.（納丹岱琿）narhūn hiyancu.（納爾琿軒初）enduri senggu.（恩都哩僧固）【71b】baiman janggin.（拜滿章京）nadan weihuri.（納丹威瑚哩）endu monggolo.（恩都蒙鄂樂）katun noyan.（喀屯諾延）

上天之子，年錫之神，安春阿雅喇，穆哩穆哩哈，納丹岱琿，納爾琿軒初，恩都哩僧固，拜滿章京，納丹威瑚哩，恩都蒙鄂樂，喀屯諾延。

tere aniyangga osokon[osohon] beye.（某屬相年小的本人）tere aniyangga osokon[osohon] beye i（某屬相年小的本人的）wei jalin wececi.（為誰跳神）wei banjiha da aniya be hūlambi.（則呼誰的本生年）

某年生小子，某年生小子。為某人祭，則呼某人本生年。

julefun.（為替）uyun be ulime.（以九貫穿著）jakūn be jalukiyame.（以八充滿著）

今敬祝者，貫九以盈，具八以呈，

uyun i jaluha inenggi.（滿九之日）siltan tukiyeme.（舉著杆）siren futa gocime.（抽著換索繩）amba giyan i amsun be arafi.（做了允稱大的祭品）enduri weceku de gingnembi.（獻給神祇）

九期屆滿，立杆禮行，爰繫索繩，爰備粢盛，以祭於神靈。

uju de ukufi.（在頭上群集了）meiren de fehufi（在肩上採榮了）juleri dalime.（前面庇護著）amala alime.（後面承受著）urgun sain i acabu.（以喜善相合）
豐於首，而仔於肩；衛於後，而護於前，畁以嘉祥分。

uju i funiyehe šarambu.（使頭髮變白）angga i weihe sorombu.（使口齒變黃）aniya【72a】ambula.（年大）se labdu.（歲多）jalgan gomin（命長）fulehe šumin.（根深）
齒其兒，而髮其黃分；年其增，而歲其長分；根其固，而身其康分。

endure eršeme.（神明照看著）weceku wehiyeme.（神主扶佑著）aniya se be ambula bahabuki.（請使年歲得大）
神分眷我，神分佑我，永我年而壽我分。

      yamji ulgiyan de jungšun suitara de（晚上給豬灌酒水時）jalbarire gisun.（禱辭）
      夕祭灌酒於豬耳禱辭

abkai juse.（上天之子）niyansi enduri.（年錫神）ancun ayara.（安春阿雅喇）muri muriha.（穆哩穆哩哈）nadan daihūn.（納丹岱琿）narhūn hiyancu.（納爾琿軒初）enduri senggu.（恩都哩僧固）baiman janggin.（拜滿章京）nadan weihuri.（納丹威瑚哩）endu monggolo.（恩都蒙鄂樂）katun noyan.（喀屯諾延）
上天之子，年錫之神，安春阿雅喇，穆哩穆哩哈，納丹岱琿，納爾琿軒初，恩都哩僧固，拜滿章京，納丹威瑚哩，恩都蒙鄂樂，喀屯諾延。

tere aniyangga osokon[osohon] beye.（某屬相年小的本人）tere aniyangga【72b】osokon [osohon] beye i（某屬相年小的本人的）wei jalin wececi.（為誰跳神）wei banjiha da aniya be hūlambi.（則呼誰的本生年）
某年生小子，某年生小子。為某人祭，則呼某人本生年。

julefun gingnere šusu be（將為替獻的「犧牲」）urgun sain i alime gaiki.（請以喜善領受）
敬獻粢盛，嘉悅以享分。

      yamji yali doboro de（晚上供肉時）forobure gisun.（祝辭）
      夕祭供肉祝辭

abkai juse.（上天之子）niyansi enduri.（年錫神）ancun ayara.（安春阿雅喇）muri muriha.（穆哩穆哩哈）nadan daihūn.（納丹岱琿）narhūn hiyancu.（納爾琿軒初）enduri senggu.（恩都哩僧固）baiman janggin.（拜滿章京）nadan weihuri.（納丹威瑚哩）endu monggolo.（恩都蒙鄂樂）katun noyan.（喀屯諾延）
上天之子，年錫之神，安春阿雅喇，穆哩穆哩哈，納丹岱琿，納爾琿軒初，恩都

哩僧固，拜滿章京，納丹威瑚哩，恩都蒙鄂樂，喀屯諾延。

tere aniyangga osokon[osohon] beye.（某屬相年小的本人）tere aniyangga osokon[osohon]
beye i（某屬相年小的本人的）wei jalin wececi.（為誰跳神）wei banjiha da aniya be hūlambi.（則呼誰的
本生年）

某年生小子，某年生小子。為某人祭，則呼某人本生年。

julefun.（為替）uyun be ulime.（以九貫穿著）jakūn be jalukiyame.（以八充滿著）

今敬祝者，貫九以盈，具八以呈，

uyun i jaluha inenggi.（滿九之日）【73a】siltan tukiyeme.（舉著杆）siren futa gocime.
（抽著換索繩）amba giyan i amsun be arafi.（做了允稱大的祭品）enduri weceku de
gingnembi.（獻給神祇）

九期屆滿，立杆禮行，爰繫索繩，爰備粢盛，以祭於神靈。

uju de ukufi.（在頭上群集了）meiren de fehufi（在肩上採榮了）juleri dalime.（前面
庇護著）amala alime.（後面承受著）urgun sain i acabu.（以喜善相合）

豐於首，而仔於肩；衛於後，而護於前，畀以嘉祥分。

uju i funiyehe šarambu.（使頭髮變白）angga i weihe sorombu.（使口齒變黃）aniya
ambula.（年大）se labdu.（歲多）jalgan gomin（命長）fulehe šumin.（根深）

齒其兒，而髮其黃分；年其增，而歲其長分；根其固，而身其康分。

endure eršeme.（神明照看著）weceku wehiyeme.（神主扶佑著）aniya se be ambula
bahabuki.（請使年歲得大）

神分眖我，神分佑我，永我年而壽我分。

> tuibure de（背燈祭時）ujui mudan honggon de（首次向神鈴）jarime【73b】
> jalbarime solire gisun.（念著神歌禱祝召請辭）
> 背鐙祭，初次向神鈴誦神歌祈請辭

je.（哲）irehu je narhūn.（伊哷呼呼哲納爾琿）

哲，伊哷呼呼，哲，納爾琿。

uce fa be dalifi（掩蓋了門、窗）solimbi（召請）narhūn.（納爾琿）

掩戶、牖，以迓神分，納爾琿。

mucen i sukdun. jun i tuwa be gidafi（隱匿了鍋的氣、竈的火）solimbi（召請）narhūn.
（納爾琿）

息甑、竈，以迓神分，納爾琿。

soliha be dahame.（因為召請了）soorin de wasiki（請即寶位）narhūn.（納爾琿）

肅將迎兮，侑坐以俟，納爾琿。

tuibuhe be dahame（因為背燈了）tusergen de wasiki（請就反玷）narhūn.（納爾琿）

秘以祀兮，几筵具陳，納爾琿。

nadan daihūn（納丹岱琿）nanggišame wasiki（請柔順著降下）narhūn.（納爾琿）

納丹岱琿，藹然降兮，納爾琿。

jorgon junggi（卓爾歡鍾依）jorime wasiki（請指引著降下）narhūn.（納爾琿）

卓爾歡鍾依，惠然臨兮，納爾琿。

oron honggon de oksofi（魄在神鈴上邁步了）ebuki（請下來）narhūn.（納爾琿）

感於神鈴兮，來格，納爾琿。

siren honggon de sišafi（蔓在神鈴上蛆拱了）ebuki（請下來）narhūn.（納爾琿）

【74a】

莅於神鈴兮，來歆，納爾琿。

> jai mudan honggon be toksime（再次敲著神鈴）jarime jalbarire gisun.（念著神歌禱辭）
> 二次搖神鈴誦神歌禱辭

nadan daihūn.（納丹岱琿）narhūn hiyancu.（納爾琿軒初）jorgon junggi.（卓爾歡鍾依）juru juktehen.（珠嚕珠克特亨）

納丹岱琿，納爾琿軒初，卓爾歡鍾依，珠嚕珠克特亨。

tere aniyangga osokon[osohon] beye.（某屬相年小的本人）tere aniyangga osokon[osohon] beye i（某屬相年小的本人的）wei jalin wececi.（為誰跳神）wei banjiha da aniya be hūlambi.（則呼誰的本生年）

某年生小子，某年生小子，為某人祭，則呼某人本生年。

julefun.（為替）uyun be ulime.（以九貫穿著）jakūn be jalukiyame.（以八充滿著）

今敬祝者，貫九以盈，具八以呈，

uyun i jaluha inenggi.（滿九之日）siltan tukiyeme.（舉著杆）siren futa gocime.（抽著換索繩）amba giyan i amsun be arafi.（做了允稱大的祭品）enduri weceku de gingnembi.（獻給神祇）

九期屆滿，立杆禮行，爰繫索繩，爰備粢盛，以祭於神靈。

uju de ukufi.（在頭上群集了）meiren de fehufi（在肩上採榮了）juleri【74b】dalime.
（前面庇護著）amala alime.（後面承受著）urgun sain i acabu.（以喜善相合）

豐於首，而仔於肩；衛於後，而護於前，畀以嘉祥兮。

uju i funiyehe šarambu.（使頭髮變白）angga i weihe sorombu.（使口齒變黃）aniya
ambula.（年大）se labdu.（歲多）jalgan gomin（命長）fulehe šumin.（根深）

齒其兒，而髮其黃兮；年其增，而歲其長兮；根其固，而身其康兮。

endure eršeme.（神明照看著）weceku wehiyeme.（神主扶佑著）aniya se be ambula
bahabuki.（請使年歲得大）

神兮覘我，神兮佑我，永我年而壽我兮。

　　　　　ilaci mudan siša de（第三次向腰鈴）jarime solire gisun.（念著神歌召請辭）
　　　　　三次向腰鈴誦神歌祈請辭

je.（哲）irehu je（伊呼呼哲）gu i šongkon.（古伊雙寬）

哲，伊呼呼，哲，古伊雙寬。

tusergen dere be tukiyefi（擡了反玷桌）solimbi（召請）gu i šongkon.（古伊雙寬）

列几筵兮，以敬迓，古伊雙寬。

šufangga šusu be sindafi（放了湊數的「犧牲」）solimbi（召請）gu i šongkon.（古伊
雙寬）

潔粢盛兮，以恭延，古伊雙寬。

soliha be dahame（因為召請了）【75a】soorin de wasiki（請即寶位）gu i šongkon.（古
伊雙寬）

肅將迎兮，盡敬，古伊雙寬。

tuibuhe be dahame.（因為背燈了）tusergen de wasiki（請就反玷）gu i šongkon.（古
伊雙寬）

秘以祀兮，申虔，古伊雙寬。

asha dethe be acinggiyame（翅膀、翅翎搖動著）wasiki（請降下）gu i šongkon.（古
伊雙寬）

乘羽葆兮，陟於位，古伊雙寬。

siren siša de sišame（蔓藤、腰鈴蛆拱著）wasiki（請降下）gu i šongkon.（古伊雙寬）

應鈴響兮，降於壇，古伊雙寬。

duici mudan siša be debsime（第四次搖著腰鈴）jarime jalbarire gisun.（念著神歌禱辭）

四次搖腰鈴誦神歌禱辭

hūlara enduri.（呼喚的神明）solire fisun.（召請的斐孫）anggangga wecehe.（有口者跳神了）ambasa juktehe.（大臣們祀神了）

籲者惟神，迓者斐孫，犧牲既陳，奔走臣隣。

tere aniyangga osokon[osohon] beye.（某屬相年小的本人）tere aniyangga osokon[osohon] beye i（某屬相年小的本人的）wei jalin wececi.（為誰跳神）wei banjiha da aniya be hūlambi.（則呼誰的本生年）

某年生小子，某年生小子，為某人祭，則呼某人本生年。

julefun.（為替）uyun be【75b】ulime.（以九貫穿著）jakūn be jalukiyame.（以八充滿著）

今敬祝者，貫九以盈，具八以呈，

uyun i jaluha inenggi.（滿九之日）siltan tukiyeme.（舉著杆）siren futa gocime.（抽著換索繩）amba giyan i amsun be arafi.（做了允稱大的祭品）enduri weceku de gingnembi.（獻給神祇）

九期屆滿，立杆禮行，爰繫索繩，爰備粢盛，以祭於神靈。

uju de ukufi.（在頭上群集了）meiren de fehufi（在肩上採縈了）juleri dalime.（前面庇護著）amala alime.（後面承受著）urgun sain i acabu.（以喜善相合）

豐於首，而仔於肩；衛於後，而護於前，昇以嘉祥兮。

uju i funiyehe šarambu.（使頭髮變白）angga i weihe sorombu.（使口齒變黃）aniya ambula.（年大）se labdu.（歲多）jalgan gomin（命長）fulehe šumin.（根深）

齒其兒，而髮其黃兮；年其增，而歲其長兮；根其固，而身其康兮。

endure eršeme.（神明照看著）weceku wehiyeme.（神主扶佑著）aniya se be ambula bahabuki.（請使年歲得大）【76a】【76a】空白

神兮眄我，神兮佑我，永我年而壽我兮。

hesei toktobuha manjusai wecere metere kooli bithe.（欽定滿洲祭神祭天典禮）
欽定滿洲祭神祭天典禮

      ambarame wecehe jai inenggi（大祭次日）metere dorolon i ejehen.（還願儀注）
      大祭翌日祭天儀注

ambarame wecehe jai inenggi metere de.（大祭次日還願時）doigonde nenehe songkoi
（預先照先前的樣）fucihi. fusa be solime tucibufi.（請出了佛、菩薩）
大祭翌日祭天，預期如前儀，恭請佛、菩薩像，

kun ning gung ni wargi giyalan i amba ordo i dolo doboho manggi.（坤寧宮西面房間的大
亭內供了之後）
供於坤寧宮西楹大亭。

amsun i taigiyasa（司胙太監們）somo i dergi amargi ergide.（在還願神杆的東北邊）
simenggilehe jiramin solho【77a】hoošan sektefi.（鋪了上了油的厚高麗紙）
司俎太監等，於神杆東北，鋪油厚高麗紙，

cinuhūn simenggilehe toholon buriha amba dere emke be（將上了銀硃漆的、鞔了錫的
大桌一張）wargi baru forome sindambi.（向著西放）
設包錫紅漆大案一，西向。

ilibuha somo be wasimbufi.（降下了所立的還願神杆）somo ilibure tura de（在立還
願神杆的柱子上）somo i dube be（將還願神杆的末端）šun dekdere ergi baru ešeme
nikebume.（向日升起的方向斜倚著）da ergi be na de sindafi.（頭邊放在地上）
卸下神杆，以杆端向東，斜仰於倚柱上，桿首挂於地。

fe hafiraha bolgo hoošan. fe uliha ildufun giranggi be gaifi.（取了舊的所夾的淨紙、舊的所
穿的頸骨）teišun i nere de【77b】sindafi（放在黃銅鍋撐裏）tekdebumbi.（焚化）
撤舊夾淨紙、舊穿頸骨，置銅海內，化之。

somo i wehe i juleri（還願神杆石前面）cinuhūn simenggilehe den dere emke be wesihun
sindafi.（向上放了上了銀硃漆的高桌一張）menggun i fila ilan dobombi（供銀碟三）
神杆石前，向上設紅漆高案一，供銀碟三，

dulimbai fila de（在中央的碟子裏）soca bele tebumbi.（裝還願撒的米）juwe ergi i
juwe fila be taka untuhun sindambi（將兩邊的二碟暫時空的放）
中碟盛所灑米，旁二碟空設。

bolgo hoošan emu afaha be（將淨紙一張）derei ninggude sindambi.（放在桌上）

置淨紙一張於案上。

somo i wehe ci majige aldanggakan wargi amargi ergide（在比還願神杆石略遠的西北邊）cinuhūn simenggilehe golbon emke sindambi.（放上了銀硃漆的架子一座）golbon de【78a】fulgiyan jafu emu farsi dasimbi.（在架子上遮蓋紅氈一塊）
離神杆石稍遠西北方，設紅漆架一，架上覆以紅氈。

golbon i julergi de（在架子的南面）ilhangga mooi fan dere emke. cinuhūn simenggilehe fan juwe be（將花梨木方盤桌一張、上了銀硃漆的方盤二）amasi siran siran i sindambi.（向後陸續擺放）
架南設花木方盤桌一、紅漆方盤二，俱向後挨次而設。

fan i dolo fanihiyan ududu sindambi.（方盤內放砧板數個）
盤內置案板數枚。

giowan i mucen. teišun i nere be（將紅銅鍋、黃銅鍋撐）geli fan i amargi ergide（又在方盤的北邊）jun be dergi baru forobume sindambi（將竈向著東放）
移紅銅鍋並銅海，設於木盤之北，竈門東向。

erin ome.（屆時）amsun i taigiyasa ulgiyan be dosimbufi.（司胙太監們使豬進了）
屆時，司俎太監等進豬，

somo i wehei dergi ergi dalbai amasikan[amasika]（還願神杆石的東邊旁略後些）uju be【78b】julergi baru forobume sindambi.（將頭向著南放）
置於神杆石之東旁稍後，首向南。

hūwangdi beye doroloro de（皇帝親自行禮時）hiyan i hehesi（司香婦人們）kun ning gung ni ucei dolo（坤寧宮門內）bokson i hanci（近門檻）
皇帝親詣行禮，司香婦人於坤寧宮門內近檻處，

hūwangdi doroloro suwayan ilhangga fulgiyan jafu sektembi.（鋪皇帝行禮的黃花紅氈）
鋪皇帝行禮黃花紅氈。

hūwangdi uce be dosifi.（皇帝進了門）mahala gaifi.（摘了冠）somo i ishun wesihun forome niyakūrambi.（面對還願神杆向上跪）
皇帝進門，對神杆向上跪。

amsun i manju ibefi（司胙滿洲就位了）julesi forome ilifi.（向前站立了）soca bele tebuhe fila be tukiyeme jafafi.（捧起裝了還願撒米的碟子）emgeri some【79a】maktame metefi（拋撒著一次還願了）

司俎滿洲進，向前立，捧米碟灑米一次，禱祝。

bele be geli juwe mudan some maktafi（將米又拋撒了二次）bederembi.（退回）
祭天畢，又灑米二次，退。

hūwangdi emgeri dorolofi.（皇帝行禮了一次）ilifi（起立了）marimbi.（返回）
皇帝行禮，興，退。

hūwangheo i sasari doroloci.（若皇后一齊行禮）hūwangdi dulimbade.（皇帝在中央）
hūwangheo wargi ergide（皇后在西邊）dorolombi.（行禮）
如同皇后行禮，皇帝居中、皇后在西行禮。

amsun i hahasi be gemu tule tucibufi.（使司胙男子們都出去外面）metere amsun i manju
be taigiyasa gaime（太監們帶著還願的司胙滿洲）daniyalame ilibumbi.（使背著站立）
司俎等俱退出於外，太監等率祝禱祭天之司俎滿洲背立。

hūwangdi.【79b】hūwangheo beye dorolorakū inenggi.（皇帝、皇后不親自行禮之日）
saman hūwangdi i etuku be tukiyefi（薩滿捧了皇帝的衣服）hengkilembi.（叩頭）
如遇皇帝、皇后不親詣行禮日，司祝捧皇帝御衣，叩頭。

hengkilehe manggi.（叩頭了之後）amsun i taigiyasa ulgiyan i uju be wargi baru forobume
（司胙太監們將豬頭向著西）toholon burilha amba dere de sindafi.（放在鞔了錫的大
桌上）silgimbi.（「省」）
畢，司俎太監等轉豬首向西，置於包錫大案上，省之。

amsun i juwe taigiyan（司胙二太監）menggun dokomiha oton be tukiyefi（擡了銀裏整
木槽盆）senggi alime gaifi.（接取了血）den dere de dobombi.（供在高桌上）
司俎太監二，舉銀裏木槽盆接血，列於高案上。

ulgiyan tekdeke manggi.（豬「氣息」之後）ulgiyan i uju be julergi baru forobume undu
sindafi.（將豬頭向著南直放了）
豬氣息後，轉豬首向南順放。

amsun i urse uthai hūwa de（眾司胙即在院裏）【80a】ulgiyan be sukū fuyefi.（將豬剝了
皮）ildufun giranggi. oyo gaifi.（〔取了〕頸骨、祭肉敬天）
司俎等即於院內去豬皮，先以頸骨連精肉取下，

sori yali be isingga be tuwame gaifi.（看著取了足夠的小肉）giowan i mucen de bujumbi.
（在紅銅鍋裏煮）
並擇取餘肉，煮於紅銅鍋內

funcehengge be（將剩餘者）an i farsilame meileme delhebufi.（仍割開了卸骨成塊）
eshun i menggun dokomiha mooi oton de faidame（生的陳列在銀裏整木槽盆裏）
餘俱按節解開，擺列於銀裏木槽盆內。

uju be sukū nisihai gulhun dasifi.（將頭連皮整個遮蓋了）uthai toholon buriha dere de
（即在鞔了錫的桌上）julergi baru forobume undu sindambi.（向著南直放）
置首於前，以皮蒙蓋其上，南向順放於包錫大案上。

duha do be dasaha manggi.（整修了內臟之後）inu oton de sindambi.（也放在整木槽
盆裏）
腸臟修整後，亦貯於木槽盆內。

senggi oton be（將〔接〕血整木槽盆）yali oton i【80b】juleri hetu sindambi.（橫放在
〔裝〕肉整木槽盆前）
以盛血木槽盆，橫放於盛肉木槽盆之前。

yali ureme.（肉變熟）amsun i urse fan i amala（眾司胙方盤的後面）dergi baru forome
tecefi（向著東同坐了）
肉熟時，司俎等向東列坐於木盤後。

urehe yali be biha obume bilufi（將熟肉切成小片）furumbi.（切細）oyo gaiha yali.
ildufun giranggi be neneme（先將祭肉敬天的肉、頸骨）
以熟肉細切為絲，先取精肉，頸骨，

den derei wargi ergide sindaha menggun fila de tebufi（裝在高桌西邊所放的銀碟裏）
dobombi.（供奉）
供於高案西邊所設銀碟內。

silhi be dergi ergide sindaha menggun fila de tebumbi.（膽裝在東邊所放的銀碟裏）
膽貯於東邊所設銀碟內。

sori yali baha manggi.（得了小肉之後）sori yali juwe moro.（小肉二碗）moro tome
sabka emu juru sindambi.（每個碗放筯一雙）
細絲小肉成後，盛小肉絲二椀，各置筯一雙。

hife belei buda juwe【81a】moro.（稗子米飯二碗）moro tome saifi emke sindafi.（每個碗
放了匙一枝）
稗米飯二椀，各置匙一枚，

dergi ergi ci（從東邊）emu moro buda. emu moro yali giyalagajame（一碗飯、一碗肉間

隔著）julesi forome emu ikiri dobombi.（向著前面接連供奉）
從東向西，飯肉相間以供。

dobome jabduha manggi.（供獻妥當了之後）hūwangdi beye doroloci.（若皇帝親自行禮）
皇帝親詣行禮，

amsun i manju（司胙滿洲）nenehe songkoi（照先前的樣）soca bele i fila be tukiyeme
jafafi（捧起了還願撒米的碟子）
司俎滿洲仍如前儀，捧米碟，

bele be emgeri some maktame metefi（拋撒著米一次還願了）geli juwe mudan bele be
some maktafi（又拋撒了米二次）bederembi.（退回）
灑米一次，禱祝祭天畢，又灑米二次，退。

hengkilehe manggi.（叩頭了之後）amsun i janggin amsun i urse（司胙官、眾司胙）
ildufun giranggi be【81b】somo i dubede ulifi.（以頸骨穿了在還願神杆末尾處）
叩頭畢，司俎官、司俎等，以頸骨穿於神杆之端。

oyo gaiha yali silhi. soca bele be（將祭肉敬天的肉、膽、還願撒的米）yooni somo i hiyase
de tebufi（全裝在還願神杆的神杆斗裏）somo be ilibufi.（立起了還願神杆）
精肉及膽，並所灑米，俱貯於神杆斗內立起。

bolgo hoošan be.（將淨紙）somo. somo ilibure tura i sidende hafirambi.（夾在還願神
杆、立還願神杆的柱子之間）
神杆淨紙夾於神杆與倚柱之間。

dergi ergide doboho sori yali. buda be（將東邊所供的小肉、飯）kun ning gung ni dolo
dosimbumbi.（收進坤寧宮內）
東首所供之小肉、飯，撤入坤寧宮內。

hūwangdi. hūwangheo angga isici.（若皇帝、皇后先嚐）【82a】hūwangdi. hūwangheo de
tukiyembi.（捧給皇帝、皇后）
皇帝、皇后受胙，獻於皇帝、皇后。

hūwangdi. hūwangheo hengkilerakū inenggi.（皇帝、皇后不叩頭之日）kun ning gung ni
dolo bisire urse de ulebumbi.（給坤寧宮內所有眾人吃）
如遇皇帝、皇后不行禮之日，令在坤寧宮內人等食之。

wargi ergide doboho sori yali. buda be（將在西邊所供的小肉、飯）tule bibufi.（留外面）
西首所供之小肉、飯留於外，

mucen de funcehe sile. yali be suwaliyame（連同著鍋內所剩湯、肉）amsun i urse. taigiyasa de ulebumbi.（給眾司俎、太監們吃）

同鍋內所餘湯、肉，令司俎及太監等食之。

juncehe eshun yali giranggi be（將所剩的生肉、骨）menggun dokomiha【82b】oton nisihai.（連銀裏整木槽盆）

其餘生肉並銀裏木槽盆，

jai toholon buriha den dere. simenggilehe jiramin solho hoošan be（以及將鞔了錫的高桌、上了油的厚高麗紙）kun ning gung ni dolo dosimbufi.（收進了坤寧宮內）

及包錫高案、油厚高麗紙，俱移入坤寧宮內，

wecere songkoi（照跳神的樣）uju fatha be gaifi（拿了頭、蹄）šolome.（燒炙著）duha de senggi tebufi.（灌了血在腸裏）amba mucen de bujumbi.（在大鍋裏煮）

如祭神儀，取頭、蹄燎燀，腸內灌血，煮於大鍋內。

amba yali urehe manggi.（大肉熟了之後）alikūlafi（裝盤了）da bade faidafi.（排列在原處）inu uce ci tuciburakū.（也不從房門拿出去）

大肉熟後，盛於盤內，置原處，亦不許出戶，

ambasa. hiyasa be dosimbufi（使大臣們、侍衛們進入了）ulebumbi（給吃）

令大臣、侍衛等，進內食之。

ulebume wajiha manggi.（吃完了之後）amsun i taigiyasa（司俎太監們）simenggilehe hoošan. dere be tucibumbi.（拿出上了油的紙、桌）sukū.【83a】giranggi be tucibufi.（拿出了皮、骨）

食畢，司俎太監撤出油紙、高案，及皮與骨。

sukū. nimenggi be budai boode benebumbi（將皮、油脂送給飯房）giranggi be amsun i janggin tuwame bolgo bade gamafi.（司俎官將骨看著拿去潔淨處）deicifi（焚燒了）bira de makdambi.（拋於河）

皮、油送交膳房，骨則司俎官送潔淨處，監視，化而投之於河。

fucihi. fusa be wargi giyalan ci（將佛、菩薩從西面房間）solime dosimbufi.（請進了）an i da soorin de dobombi.（仍供在原位）

恭請佛、菩薩像至西楹，安奉於原位。

mucen i nere be da bade sindambi.（鍋的鍋撐放在原處）golbon. fan i jergi jaka be（將架子、方盤等物）meni meni da bade bargiyambi.（收於各自的原處）【83b】

鍋海置於原處，神架、方盤等物，各收於原處。

aika agara. nimarara de teisuleci.（若遇到下雨、下雪時）
如遇雨、雪，

amsun i urse. amsun i taigiyasa.（眾司俎、司俎太監們）simenggilehe hoošan i amba sara.
tukiyefi.（舉了上了油的紙大傘）metere dere. mucen be dasime ilimbi.（遮著還願的
桌、鍋站立）【84a】【84b】空白
司俎及司俎太監等，張大油紙繖，遮於祭天桌、鍋之上。

hesei toktobuha manjusai wecere metere kooli bithe.（欽定滿洲祭神祭天典禮）
欽定滿洲祭神祭天典禮

ambarame wecehe jai inenggi（大祭次日）metere de hūlara gisun.（還願時贊辭）
大祭翌日祭天贊辭

anje.（安哲）amba abka donji.（大天聽）hala gioro.（覺羅姓）
安哲，上天監臨，我覺羅，

tere aniyangga osokon[osohon] beye i（某屬相年小的本人的）wei jalin meteci.（為誰還願）wei banjiha da aniya be hūlambi.（則呼誰的本生年）
某年生小子，為某人祭天，則呼某人本生年。

jalin de ulin i udafi.（為給用財貨買了）basa i baifi.（用工錢求了）baitangga ulgiyan be bahafi.（有事者得了豬）amba abka de alibuci.（則獻給大天）
蠲精誠，以薦蘇兮；執豕孔碩，獻於昊蒼兮。

emu gala alime gaiki.（請一手領受）juwe gala tomsome gaifi.（兩手撿取了）
一以嘗兮，二以將兮，

tere aniyangga osokon[osohon] beyebe（將某屬相年小的本人）aniya ambula.（年大）se labdu.（歲多）jalgan【85a】golmin.（命長）fulehe šumin.（根深）
俾我某年生小子，年其增，而歲其長兮；根其固，而身其康兮。

elhe taifin i eršeki.（請以安平照看）urgun sain i wehiyeki.（請以喜善扶佑）【85b】
綏以安吉兮，惠以嘉祥兮。

第四冊

hesei toktobuha manjusai wecere metere kooli bithe.（欽定滿洲祭神祭天典禮）duici debtelin.（第四卷）

欽定滿洲祭神祭天典禮卷四

hūturi baire（求福的）dorolon i ejehen.（儀注）
求福儀注

hūturi baime wecere de.（求福跳神時）ududu inenggi onggolo（數日前）
求福祭祀，前期數日，

amsun i janggin.（司胙官）amsun i niyalma.（司胙之人）hiyan i dasa（司香長們）baita turgun akū manju halangga niyalma uyun booci（從無事故滿洲姓氏的人九家）
司胙官、司胙、司香等，向無事故滿洲九家內，

sorokū futa[1] siberere kubun i tonggo. niyecen[2] be šufame gajifi.（湊取了搓線索的棉線、補丁）gingguleme juwe sorokū futa sibereme arafi.（恭敬搓製了二線索）ilata farsi targa[3] hadame ufimbi.（釘縫肩上的方綢片各三片）
攢取棉線並綢片，敬捻線索二條，紉以小方戒綢各三片。

jancuhūn nure tebumbi.（釀造甜酒）
釀醴酒。

onggolo inenggi（前一日）amsun i【1a】janggin juwe.（司胙官二）amsun i niyalma juwe. amsun i manju juwe be gaifi.（帶領了司胙之人二、司胙滿洲二）ingtai de genefi.（去了瀛臺）
前期一日，司胙官二員，帶領司胙二人、司胙滿洲二人，前往瀛臺。

dorgi belhere yamun[4] i hafasai emgi uhei tuwame.（奉宸院官員們共同看著）den ici uyun

---

1　「sorokū futa」，線索，即「hūturi baime wecere de（求福跳神時）hacingga bocoi tonggo be（以各種顏色的線）sibereme arafi（搓製了）juse de monggoliburengge be.（戴在孩子們的頸上者）sorokū futa sembi.（稱線索）」。見清・傳恆等奉敕撰，《御製增訂清文鑑》（收入《景印文淵閣四庫全書》，冊232），卷6，〈禮部・祭祀器用類・線索〉，頁52b。

2　「niyecen」，補丁，即「suje boso i buya farsi be.（碎小的緞布塊）niyecen sembi.（稱補丁）」。見清・傳恆等奉敕撰，《御製增訂清文鑑》（收入《景印文淵閣四庫全書》，冊232），卷23，〈布帛部・布帛類・補丁〉，頁33a。

3　「targa」，肩上頂的方綢片，即「wecere de（跳神時）buya jusei etuku i fisa ergi de（小孩們衣服的背邊上）hadara durbejengge ajige niyecen be.（釘有角的小補丁）targa sembi.（稱肩上頂的方綢片）」。見清・傳恆等奉敕撰，《御製增訂清文鑑》（收入《景印文淵閣四庫全書》，冊232），卷6，〈禮部・祭祀器用類・肩上頂的方綢片〉，頁52b。

4　「dorgi belhere yamun」，奉宸院，即「dorgi geren bade tetun jaka faidame sindara.（在大內眾處陳設器物的）dele enggelenere bade jaka hacin belhere.（在皇上臨御處準備備用品的）handu usin tarire jergi baita be（將耕種稻田等事）alifi icihiyara ba be.（承辦之處）dorgi belhere yamun sembi.（稱奉宸院）」。見清・傳恆等奉敕撰，《御製增訂清文鑑》（收入《景印文淵閣四庫全書》，冊232），卷20，〈居處部・部院類・奉宸院〉，頁52a-52b。

jušuru. muwa ici ilan jurhun. gulhun muyahūn i fodoho moo be emu da sacifi.（砍了高九尺、粗三寸，完整的柳樹一棵）

會同奉宸院官員監看，砍取高九尺、圍徑三寸，完整柳樹一株，

suwayan bosoi wadan uhufi.（包裹了黃色的布單）gingguleme gajifi.（恭敬拿來了）taka bolgo bade sindambi.（暫時放在潔淨處）

以黃布袱包裹賚至，暫置於潔淨處。

hūturi baire inenggi（求福之日）fodo moo ilibume tebure wehe be（將立置求福柳枝的石）【1b】kun ning gung ni ucei tule nanggin i fejile dulimbade sindambi.（放在坤寧宮房門外廊下中央）

屆期，安設樹柳枝石，於坤寧宮戶外廊下正中。

fodo moo be wehe de ilibume tebumbi.（以求福柳枝立置在石上）fodo moo de（在求福柳枝上）bolgo hoošan jiha ilgari⁵ emu afaha. ilan hacin i targa girdan ilan justan lakiyambi.（懸掛淨紙錢紙條一張、三種方綱片布條三條）

樹柳枝於石，柳枝上懸掛鏤錢淨紙條一張、三色戒綢三片。

weceku be an i erde wecere songkoi（神主仍照清晨跳神的樣）mengse lakiyafi（懸掛了幔子）yooni doboho manggi.（全供了之後）

神位仍如朝祭儀，懸掛神幔，供畢。

amba fangkala dere de（在大矮桌上）hiyan i fila ilan. jancuhūn nure ilan hūntahan. dubise efen⁶ uyun fila. caruha efen【2a】uyun fila. tūme efen uyun alikū dobombi.（供香碟三、甜酒三杯、豆擦糕九碟、油炸餑餑九碟、打餻九盤）

大低桌上，供香碟三、醴酒三琖、豆擦餻九碟、煠餻九碟、打餻九盤。

kuk'an i fejile（炕沿下）jancuhūn nure emu malu dobombi.（供甜酒一瓶）

炕沿下，供醴酒一罇。

wargi nagan[nahan] i julergi ergide（在西炕的南邊）cinuhūn simenggilehe hūturi baire den dere emke sindambi.（放上了銀硃漆的求福高桌一張）dere de jancuhūn nure uyun hūntahan.（桌上甜酒九杯）

西炕南首，設求福紅漆高桌一，桌上供醴酒九琖，

---

5 「ilgari」，柳枝上紙條，即「fodo de（在求福柳枝上）hūwaitara hoošan i justan be.（綁的紙條）ilgari sembi.（稱柳枝上紙條）」。見清・傅恆等奉敕撰，《御製增訂清文鑑》（收入《景印文淵閣四庫全書》，冊232），卷6，〈禮部・祭祀器用・柳枝上紙條〉，頁52a。

6 「dubise（dubise efen）」，豆擦糕，即「sisa latubume muheliyen arahangge be.（小豆黏做成圓者）dubise efen sembi.（稱豆擦糕）」。見清・傅恆等奉敕撰，《御製增訂清文鑑》（收入《景印文淵閣四庫全書》冊233），卷27，〈食物部・餑餑類・豆擦糕〉，頁45b-46a。

bujuha mujuhu nimaha juwe amba moro.（所煮的鯉魚二大碗）hife belei buda juwe moro.
（稗子米飯二碗）sisa kūthūha <u>toholiyo efen</u>[7] juwe moro（小豆所攪拌的水糰子二碗）
煮鯉魚二大碗、稗米飯二碗，水糰子二碗。

caruha efen dubise efen. tūme efen be（將油炸餑餑、豆擦糕、打糕）dere de（在桌
上）uyun uyun i【2b】jibsime（九、九的層疊著）<u>sori sahambi</u>[8].（求福九九供擺）
其煤餑、豆擦餑、打餑，皆於桌上，各以九數層纍擺列。

den derei amala wargi nagan[nahan] de（在高桌後的西炕上）sektefun juwe sektembi.
（鋪坐褥二）
高桌後西炕上，設褥二。

<u>debse</u>[9] de（在神箭上）<u>yehe</u>[10] emu jilkin hūwaitafi.（綁了練麻一縷）
以練麻一縷，繫於神箭之上。

uyun booci šufaha hacingga bocoi kubun i tonggo（從九家所攢湊的各種顏色的棉線）siberehe
juwe sorokū futa be（以所搓的二線索）debse de taka lakiyambi.（暫時懸掛在神箭上）
以九家內攢取之各色棉線，捻就線索二條，暫懸掛於神箭上。

debse be（將神箭）wargi nagan[nahan] i fejile sindaha nurei malu i amargi ergi dalbade
ilibumbi.（立在西炕下所放的酒瓶的北邊旁）
神箭立於西炕下，所設酒罇之北。

suwayan niowanggiyan bocoi kubun i tonggo siberehe siren futa de.（在黃、綠色的棉線
所搓的換索繩上）hacingga bocoi suri i girdan be（以各種顏色的綢布條）【3a】justan
justan hafirafi.（一條條夾了）
其捻就黃、綠色棉線索繩上，以各色綢片夾繫之。

da ergi be wargi fiyasha de（以頭邊在西山牆上）hadaha selei muheren de hūwaitafi.（綁

---

[7] 「toholiyo（toholiyo efen）」，水糰子，即「ufa be suifi（和了麵粉）jiha i gese muheliyen halfiyan arahangge
be.（做的如同錢圓扁形者）toholiyo efen sembi.（稱水糰子）」。見清‧傅恆等奉敕撰，《御製增訂清文
鑑》（收入《景印文淵閣四庫全書》冊233），卷27，〈食物部‧餑餑類‧水糰子〉，頁45a。

[8] 「sori sahambi」，求福九九供擺，即「hūturi baire de（求福時）toholiyo efen be dere de（以水糰子在桌
上）uyun uyun i jibsime sahara be.（九、九的層疊堆積的）sori sahambi sembi.（稱求福九九供擺）」。見
清‧傅恆等奉敕撰，《御製增訂清文鑑》（收入《景印文淵閣四庫全書》，冊232），卷6，〈禮部‧
祭祀類‧求福九九供擺〉，頁43a-43b。

[9] 「debse」，神箭，即「hūturi baime wecere de baitlara（求福跳神時用的）yehe hūwaitaha niru be.（綁了練麻
的箭）debse sembi.（稱神箭）」。見清‧傅恆等奉敕撰，《御製增訂清文鑑》（收入《景印文淵閣四
庫全書》，冊232），卷6，〈禮部‧祭祀器用類‧神箭〉，頁52b。

[10] 「yehe」，練麻，即「olo be fulenggi muke de ebeniyefi（將麻線在灰水裡泡了）urebuci der seme šanyan
ohongge be.（則練成雪白者）yehe sembi.（稱練麻）」。清‧傅恆等奉敕撰，《御製增訂清文鑑》（收
入《景印文淵閣四庫全書》，冊232），卷23，〈布帛部‧絨棉類‧練麻〉，頁35a。

在所釘的鐵環上）ujan i ergi be uce ci tucibufi（以末邊從房門出去了）fodo moo de hūwaitambi.（綁在求福柳枝上）

其本則繫於西山牆所釘鐵環，末則穿出戶外繫於柳枝。

hiyan i hehesi（司香婦人們）hengkilere suwayan ilhangga fulgiyan jafu be sektembi.（鋪叩頭的黃花紅氈）belheme jabdufi（預備妥當了）donjibume wesimbuhe manggi.（奏聞了之後）

司香婦人等，鋪叩頭黃花紅氈。

hūwangdi. hūwangheo【3b】kun ning gung de dosifi（皇帝、皇后進入了坤寧宮）julergi ergide ilimbi.（站在南邊）

皇帝、皇后親詣行禮，入坤寧宮立於南首。

amsun i da taigiyan.（司胙首領太監）amsun i taigiyasa（司胙太監們）erde wecere songkoi（照清晨跳神的樣）

司俎首領太監、司俎太監等，如朝祭儀，

na de faidame tecefi（在地上排列同坐了）tenggeri. fifan fitheme.（彈著三絃、琵琶）carki tūmbi.（打扎板）

席地列坐，奏三絃、琵琶，鳴拍板。

ede（於是）saman ibefi（薩滿就位了）halmari be jafafi.（拿了神刀）ilan mudan tanjurame（禱告著三次）jarime jalbarimbi.（念著神歌禱祝）

司祝進，擎神刀，誦神歌，禱祝三次。

tanjurara dari.（每次禱告）taigiyasa orolombi.（太監們眾呼鄂囉羅）

每次禱祝，則太監等歌鄂囉羅。

jalbariha manggi.（禱祝了之後）hiyan i da sorokū futa yehe debse be（司香長將線索、練麻、神箭）saman de alibuha manggi.（呈遞給薩滿之後）

禱畢，司香舉線索、練麻、神箭，授於司祝。

hiyan i da hiyan i hehesi（司香長、司香婦人們）wargi ergide sindaha【4a】hūturi baire den dere be tukiyefi.（擡了在西邊所放的求福高桌）

司香及司香婦人，舁西首所設求福高桌，

uce ci tucifi.（從房門出去了）fodo mooi juleri doboho manggi.（柳枝前供了之後）

出於戶外，供於柳枝前。

saman hashū ergi gala de halmari. ici ergi gala de debse be（薩滿以神刀在左手、神箭在

右手）jafafi（拿了）tucifi.（出去了）derei juleri ibefi（桌前就位了）ilimbi.（站立）
司祝左手擎神刀，右手持神箭，出，進於桌前，立。

hiyan i hehesi（司香婦人們）bokson i dolo suwayan ilhangga fulgiyan jafu sektembi.（門檻內鋪黃花紅氈）
司香婦人於檻內鋪黃花紅氈。

hūwangdi mahala gaifi（皇帝摘了冠）dulimbade.（在中央）hūwangheo dergi ergide bokson i dolo niyakūrambi.（皇后在東邊門檻內跪）
皇帝居中，皇后在檻內東首跪。

saman derei ici ergide（薩滿在桌的右邊）fodo mooi ishun debse be【4b】debsime（以神箭向柳枝扇動著）yehe be fodo moo de lasihime.（以練麻在柳枝上擺動著）
司祝於桌之右首，對柳枝舉揚神箭，以練麻拂拭柳枝。

sucungga mudan jarime jalbariha manggi.（初次念著神歌禱祝了之後）saman dergi baru forome dara mehufi.（薩滿向著東彎了腰）debse be tukiyeme（舉著神箭）
初次誦神歌禱畢，司祝東向鞠躬，舉神箭，

yehe be hūwangdi de alibumbi.（將練麻呈進給皇帝）hūwangdi ilanggeri sibifi[11]（皇帝捋箭桿了三次）hefeliyembi.（揣著）
奉練麻於皇帝，皇帝三捋而懷之。

ede（於是）carki tūre taigiyasa（打扎板的太監們）orolombi.（眾呼鄂囉羅）
鳴拍板之太監等，歌鄂囉羅。

saman jai mudan debsime（薩滿再次扇動著）jarime jalbariha manggi.（念著神歌禱祝了之後）
司祝二次舉揚神箭，誦神歌禱畢，

yehe be an i hūwangdi de alibumbi.（仍將練麻呈進給皇帝）【5a】hūwangdi an i ilanggeri sibifi（皇帝仍捋箭桿了三次）hefeliyembi.（揣著）
仍奉練麻於皇帝，皇帝仍三捋而懷之。

taigiyasa（太監們）orolombi.（眾呼鄂囉羅）
太監等，歌鄂囉羅。

---

[11] 「sibifi（sibimbi）」，捋箭桿，即「ciktan[cikten] i jergi jaka be galai seferefi gocire be.（以手握抽箭桿等物的）sibimbi sembi.（稱捋箭桿）」。見清‧傅恆等奉敕撰，《御製增訂清文鑑》（收入《景印文淵閣四庫全書》，冊232），卷9，〈武功部‧製造軍器類‧捋箭桿〉，頁58a。

saman ilaci mudan debsime（薩滿第三次扇動著）jarime jalbariha manggi（念著神歌禱祝了之後）

司祝三次舉揚神箭，誦神歌禱畢，

yehe be hūwangheo de alibumbi.（將練麻呈進給皇后）hūwangheo inu ilanggeri sibifi（皇后也捋箭桿了三次）hefeliyembi.（揣著）

奉練麻於皇后，亦三捋而懷之。

taigiyasa（太監們）orolombi.（眾呼鄂囉羅）

太監等，歌鄂囉羅。

hūwangdi. hūwangheo emgeri hengkilefi（皇帝、皇后叩頭了一次）ilifi.（站立了）wargi nagan[nahan] de sektehe sektefun de tembi.（坐在西炕所鋪的坐褥上）

皇帝、皇后一叩頭，興，坐於西炕所鋪褥上。

dere de doboho nure be（將在桌上所供的酒）fodo mooi ninggude cacumbi[12].（在柳枝上灑酒祭神）

舉桌上所供之酒，灑於柳枝上。

dere de doboho【5b】efen be（將桌上所供的餑餑）fodo mooi fasilan faju i babade hafirambi.（夾在柳枝分枝、椏杈各處）

以桌上所供之餻，夾於柳枝所有枝杈之間。

hūturi baire den dere be（將求福的高桌）tukiyeme dosimbufi（使擡進了）da bade sindambi.（放在原處）

進求福高桌，置於原處。

saman dosifi（薩滿進去了）weceku i juleri ibefi.（神主的前面就位了）debse be debsime（扇動著神箭）jarime jalbariha manggi.（念著神歌禱祝了之後）

司祝入進於神位前，舉揚神箭，誦神歌禱畢，

yehe be hūwangdi de alibumbi.（將練麻呈進給皇帝）hūwangdi nenehe songkoi（皇帝照先前的樣）ilanggeri sibifi（捋箭桿了三次）hefeliyembi.（揣著）

奉練麻於皇帝，皇帝三捋而懷之，如前儀。

12　「cacumbi」，灑酒祭神，即「enduri weceku de arki nure hithere be.（用筯撩燒酒、黃酒給神祇的）cacumbi sembi.（稱灑酒祭神）」。其中「hithere（hithembi）」，用筯撩酒祭，即「wecere juktere de.（跳神、祀神時）arki nure be sabka i heni heni cacure be.（將燒酒、黃酒用筯一點、一點的潑灑）hithembi sembi.（稱用筯撩酒祭）」。分見清‧傅恆等奉敕撰，《御製增訂清文鑑》（收入《景印文淵閣四庫全書》，冊232），卷6，〈禮部‧祭祀類‧灑酒祭神〉，頁45b；同書，卷6，〈禮部‧祭祀類‧用筯撩酒祭〉，頁45b。

saman jai mudan debsime（薩滿再次扇動著）jarime jalbariha manggi.（念著神歌禱祝
了之後）

司祝二次舉揚神箭，誦神歌禱畢，

yehe be an i【6a】hūwangdi de alibumbi.（仍將練麻呈進給皇帝）hūwangdi an i ilanggeri
sibifi（皇帝仍捋箭桿了三次）hefeliyembi.（揣著）

仍奉練麻於皇帝，皇帝仍三捋而懷之。

saman ilaci mudan debsime（薩滿第三次扇動著）jarime jalbariha manggi.（念著神歌
禱祝了之後）

司祝三次舉揚神箭，誦神歌禱畢，

yehe be hūwangheo de alibumbi.（將練麻呈進給皇后）hūwangheo nenehe songkoi（皇
后照先前的樣）ilanggeri sibifi（捋箭桿了三次）hefeliyembi.（揣著）

奉練麻於皇后，皇后三捋而懷之，如前儀。

sibire dari（每捋箭桿）taigiyas an i orolombi.（太監們照常眾呼鄂囉羅）

每一捋，太監等仍歌鄂囉羅。

saman halmari be hiyan i da de bufi.（薩滿將神刀給了司香長）debse de lakiyaha juwe
sorokū futa be gaifi.（取了神箭上所懸掛的二線索）

司祝以神刀授於司香，取神箭上所繫之線索二條，

debse be【6b】inu hiyan i da de amasi bufi（也將神箭給在後面的司香長）hiyan i da
debse be da bade ilibumbi.（司香長將神箭立在原處）

其神箭亦授於司香，司香以神箭置於原處。

hūwangdi. hūwangheo ilifi.（皇帝、皇后站立了）hūwangdi mahala gaifi.（皇帝摘了
冠）weceku i juleri ibefi（神主的前面就位了）an i wecere de doroloro bade niyakūraha
manggi.（跪在平常跳神行禮處之後）

皇帝、皇后興，皇帝進於神位前，跪於常祭行禮處。

emu saman emu sorokū futa be（一薩滿將一線索）hūwangdi de monggolibume.（給
皇帝戴著）emu saman emu sorokū【7a】futa be（一薩滿將一線索）hūwangheo de
monggolibuha manggi.（給皇后戴了之後）

一司祝奉線索一條，於皇帝繫掛，一司祝奉線索一條，於皇后繫掛。

emu saman wargi ergide niyakūrafi（一薩滿在西邊跪了）forobumbi.（祝贊）

一司祝於西首跪，祝。

forobuha manggi.（祝贊了之後）emgeri hengkilefi（叩頭了一次）ilifi（站立了）
giogin arambi.（合掌）

祝畢，一叩頭，興，合掌致敬。

hūwangdi. hūwangheo sasa emgeri hengkilefi（皇帝、皇后一齊叩頭了一次）iliha
manggi.（站立了之後）hūwangdi. hūwangheo an i wargi nagan[nahan] i sektefun de tefi.
（皇帝、皇后仍坐在西炕的坐褥上）

皇帝、皇后同一叩頭，興，皇帝、皇后仍坐於西炕所鋪褥上。

saman. hiyan i dasa.（薩滿、司香長們）doboho【7b】kesi amsun be（將所供的福胙）
fila de šufafi.（攢湊在碟子裏）hūwangdi. hūwangheo de angga isibumbi.（給皇帝、皇
后先嚐）

司祝及司香等，以所供福胙盛於碟內，請皇帝、皇后受福。

angga isika manggi.（先嚐了之後）hūwangdi. hūwangheo ilifi（皇帝、皇后站立了）
marimbi.（返回）

受福畢，皇帝、皇后興，還宮。

funcehe kesi amsun be（將所剩餘的福胙）uce ci heni tuciburakū.（一點兒不使從房門
出去）

所餘福胙，均不令出戶，

gemu amsun i urse. gurung ni taigiyasa de enceme（都放分給眾司胙、宮中太監們）
funceburakū（不使剩餘）

俱分給司俎及宮中太監等食之，不使稍有餘剩。

ulebuhe manggi.（給吃了之後）nimaha i haga esihe be（將魚的刺、鱗）amsun i
janggisa gaime tucibufi（使司胙官們拿出去了）bolgo bira de【8a】maktambi.（拋在潔
淨的河裏）

魚之鱗、刺，司俎官等持出，投於潔淨河內。

fodo moo de hafiraha efen be（將柳枝上所夾的餑餑）inu funceburakū（也不使剩餘）
geren de ulebumbi.（給眾人吃）

柳枝上所夾之餻，亦令眾人食之，不使稍有餘剩。

yamji hūturi baime wecere de.（晚上求福跳神時）an i yamji wecere songkoi（仍照晚
上跳神的樣）golbon de mengse hūwaitafi.（在架子上綁了幔子）weceku be doboho
manggi.（將神主供了之後）

其夕祭求福，如夕祭儀，繫幔於架上，安奉神位。

nagan[nahan] i juwe amba fangkala dere de（在炕上的二大矮桌）hiyan i fila sunja. jancuhūn nure sunja hūntahan. dubise efen uyun fila. caruha efen uyun fila. tūme efen uyun alikū dobombi.（供香碟五、甜酒五杯、豆擦糕九碟、油炸餑餑九碟、打糕九盤）

炕上設二大低桌，桌上供香碟五，醴酒五琖，豆擦餻九碟，煠餻九碟，打餻九盤。

ede（於是）saman hūsihan etufi.（薩滿穿了裙）siša umiyelefi（束了腰鈴）【8b】 untun gisun jafame.（拿著手鼓、鼓槌）an i wecere adali（像平常跳神一樣）samdame jarimbi.（跳神念神歌）

司祝繫裙，束腰鈴，執手鼓，如常祭儀，誦神歌禱祝。

taigiyasa an i tungken carki tūmbi.（太監們照常打鼓、扎板）

太監等仍擊鼓、鳴拍板。

samdame wajiha manggi.（跳神完畢了之後）saman hūsihan siša be sufi（薩滿脫了裙、腰鈴）forobume hengkilembi.（祝贊著叩頭）

禱祝畢，司祝釋裙與腰鈴，祝禱叩頭。

hūwangdi. hūwangheo doroloci.（若皇帝、皇后行禮）an i yamji wecere de doroloro songkoi dorolombi.（仍照晚上跳神時行禮的樣行禮）

皇帝、皇后行禮，如夕祭儀。

hengkilehe manggi（叩頭了之後）doboho kesi amsun i jaka be（將所供福胙的物品）inu uce ci heni tuciburakū.（也一點兒不使從房門出去）

叩頭畢，所供之福胙，亦不令出戶。

funcehe nure da[13] ci aname.（即至所剩餘的酒糟）yooni【9a】hū arafi.（全做了粥）amsun i urse. gurung ni taigiyasa de enceme（放分給眾司胙、宮中太監們）ulebumbi.（給吃）

即釀酒所餘糟粕，俱做為糜粥，分給司俎及宮中太監等，食之。

ulebuhe manggi.（給吃了之後）fodo moo de hūwaitaha siren futa be bargiyafi.（收了柳枝上所綁的線索）an i fulhū de tebufi.（仍裝在囊裏）wargi fiyasha de lakiyambi.（懸掛在西山牆）

食畢，取柳枝所繫線索，收貯囊內，仍懸掛於西山牆。

fodo moo be amsun i janggin. amsun i niyalma. amsun i manjusa gaifi（司胙官、司胙之人、司胙滿洲們拿了柳枝）tangse de benefi.（送給堂子）

13　「nure da」，漢譯本作「釀酒糟粕」，直譯則為「酒本」。「酒糟」滿文轉寫羅馬拼音作「ekšun」或「baju」，「ekšun」，乃米造之各種黃酒糟，「baju」係燒酒燒完了剩下的酒糟。分見清‧祥亨主編，志寬、培寬編，《清文總彙》，卷1，頁55a，「ekšun」條；同書，卷4，頁36a，「baju」條。

其柳枝，司俎官、司俎及司俎滿洲等，送赴堂子。

fe inenggi（除夕）siltan moo. hoošan i sasa tekdebumbi.（神杆、紙一齊焚燒）
至除夕，同神杆、淨紙化之。

hūwangdi.【9b】hūwangheo i monggoliha sorokū futa be（將皇帝、皇后所戴的線索）
ilan inenggi duleke manggi.（經過三日之後）sufi（脫了）
皇帝、皇后所掛線索，過三日後，解下，

hūwangheo i beye gajime kun ning gung de dosifi.（皇后親自拿進了坤寧宮）saman de
afabufi.（交給了薩滿）saman alime gaifi.（薩滿接取了）fulhū de tebufi（裝在囊裏）
lakiyaha manggi.（懸掛了之後）
皇后親持入坤寧宮，授於司祝，司祝接受，貯於囊內，懸掛之。

hūwangheo emgeri hengkilefi（皇后叩頭了一次）amasi marimbi.（返回）【10a】【10b】
空白
皇后一叩頭，還宮。

hesei toktobuha manjusai wecere metere kooli bithe.（欽定滿洲祭神祭天典禮）
欽定滿洲祭神祭天典禮

> fodo moo tebufi（栽植了柳枝）hūturi baime wecere de（求福跳神時）saman
> ucei tule fodo mooi ishun（薩滿戶外向柳枝）debse debsime（扇動著神箭）
> jarime jalbarire gisun.（念著神歌禱辭）
> 樹柳枝求福，司祝於戶外對柳枝舉揚神箭、誦神歌禱辭

foli fodo.（佛立佛多）<u>omosi mama</u>[1].（鄂謨錫瑪瑪）enduri weceku de（給神祇）
佛立佛多、鄂謨錫瑪瑪之神位。

tere aniyangga osokon[osohon] beye.（某屬相年小的本人）tere aniyangga osokon[osohon]
beye i（某屬相年小的本人的）_{wei jalin wececi.（為誰跳神）wei banjiha da aniya be hūlambi.（則呼誰的}
本生年）
某年生小子，某年生小子。為某人祭，則呼某人本生年。

julefun.（為替）uyun booi amsun be šufafi（攢湊了九家的祭品）gingnembi.（獻）
今敬祝者，聚九家之綵線，

foli fodo be tebufi.（栽植了佛立柳枝）siren futa be gocifi.（抽出了換索繩）debse
debsime（扇動著神箭）hūturi baimbi.（祈求福分）【11a】hūsun bumbi.（賦予力量）
樹柳枝以牽繩，舉揚神箭以祈福佑，以致敬誠。

tere aniyangga osokon[osohon] beye.（某屬相年小的本人）tere aniyangga osokon[osohon]
beye i（某屬相年小的本人的）_{wei jalin wececi.（為誰跳神）wei banjiha da aniya be hūlambi.（則呼誰的}
本生年）jilame gosime.（憫恤著）
憫我某年生小子，憫我某年生小子。為某人祭，則呼某人本生年。

šufangga hūturi be šulu de buki.（請將湊福給鬢）tumen hūturi be tunggen de buki.（請
將萬福給胸）
綏以多福，承之於首；介以繁祉，服之於膺。

minggan hūturi be iktambuki.（請將千福積累）uyun hūturi be urebuki.（請將九福修
練）jakūn hūturi be jalumbuki.（請將八福填滿）hūturi de hūsiki.（請給福分包圍）
千祥薈集，九敘阜盈，亦既孔皆，福祿來成。

---

[1] 「omosi mama」，福神，即「hūturi baire de（求福時）juktere enduri be.（祀的神）omosi mama sembi.（稱
福神）」。又求福之神，即子孫娘娘。分見清・傳恆等奉敕撰，《御製增訂清文鑑》（收入《景印文
淵閣四庫全書》，冊232），卷19，〈僧道部・神類・福神〉，頁12b-13a；清・祥亨主編，志寬、培寬
編，《清文總彙》，卷2，頁19a，「omosi mama」條。

enduri eršeme.（神明照看著）weceku wehiyeme.（神主扶佑著）

神分眖我，神分佑我。

uju de ukufi.（在頭上群集了）meiren de fehufi.（在肩上採縈了）juleri dalime.（前面庇護著）amala alime.（後面承受著）urgun sain i acabu.（以喜善相合）

豐於首，而仔於肩；衛於後，而護於前，畀以嘉祥分。

sasa sakdambu.（使一齊變老）[juwenofi²] juru banjibu.（使〔兩人〕編派成雙）banjime bayambu.（使營生致富）wehiyeme【11b】wesimbu.（使扶持上升）abdaha de arsumbu.（使葉在發芽）fulehe de fusembu.（使根在孳生）

偕老而成雙分，富厚而豐穰分；如葉之茂分，如本之榮分。

jeke jeku be yali de obu（將所吃的米變為肉）omiha muke be umgan de singgebu.（將所喝的水化為髓）angga i jeku be amtangga ulebu.（以美味的口糧餵養）fulgiyan cira be fulhurembu.（使紅的氣色萌生）

食則體腴分，飲則滋營分；甘旨其獻分，朱顏其鮮分。

jalgan golmin.（命長）fulehe šumin.（根深）aniya se be ambula bahabuki.（請使年歲得大）

歲其增，而根其固分；年其永，而壽其延分。

> erde weceku i juleri（清晨神主的前面）hūturi baime wecere de（求福跳神時）forobure gisun.（祝辭）
> 朝祭神前求福祝辭

abkai juse.（上天之子）fucihi fusa.（佛、菩薩）ejen sefu.（主子、師傅）coohai【12a】janggin.（軍隊章京）guwan i beise.（關貝子）

上天之子，佛及菩薩，大君先師，三軍之帥，關聖帝君。

foli fodo.（佛立佛多）omosi mama.（鄂謨錫瑪瑪）enduri weceku de（給神祇）

佛立佛多、鄂謨錫瑪瑪之神位。

tere aniyangga osokon[osohon] beye.（某屬相年小的本人）tere aniyangga osokon[osohon] beye i（某屬相年小的本人的）wei jalin wececi.（為誰跳神）wei banjiha da aniya be hūlambi.（則呼誰的本生年）

某年生小子，某年生小子。為某人祭，則呼某人本生年。

julefun.（為替）uyun booi amsun be šufafi（攢湊了九家的祭品）gingnembi.（獻）

---

² 「juwenofi（juwe nofi）」，兩人，此字《清文祭祀條例》（No.432）無，只見於《欽定滿洲祭神祭天典例》（No.434）。

今敬祝者，聚九家之綵線，

foli fodo be tebufi.（栽植了佛立柳枝）siren futa be gocifi.（抽出了換索繩）debse debsime（扇動著神箭）hūturi baimbi.（祈求福分）hūsun bumbi.（賦予力量）
樹柳枝以牽繩，舉揚神箭以祈福佑，以致敬誠。

tere aniyangga osokon[osohon] beye.（某屬相年小的本人）tere aniyangga osokon[osohon] beye i（某屬相年小的本人的）wei jalin wececi.（為誰跳神）wei banjiha da aniya be hūlambi.（則呼誰的本生年）jilame gosime.（憫恤著）
憫我某年生小子，憫我某年生小子。為某人祭，則呼某人本生年。

šufangga hūturi be šulu de buki.（請將湊福給鬢）tumen hūturi be【12b】tunggen de buki.（請將萬福給胸）
綏以多福，承之於首；介以繁祉，服之於膺。

minggan hūturi be iktambuki.（請將千福積累）uyun hūturi be urebuki.（請將九福修練）jakūn hūturi be jalumbuki.（請將八福填滿）hūturi de hūsiki.（請給福分包圍）
千祥薈集，九敘阜盈，亦既孔皆，福祿來成。

enduri eršeme.（神明照看著）weceku wehiyeme.（神主扶佑著）
神兮眷我，神兮佑我。

uju de ukufi.（在頭上群集了）meiren de fehufi.（在肩上採縈）juleri dalime.（前面庇護著）amala alime.（後面承受著）urgun sain i acabu.（以喜善相合）
豐於首，而仔於肩；衛於後，而護於前，昇以嘉祥兮。

sasa sakdambu.（使一齊變老）[juwenofi] juru banjibu.（使〔兩人〕編派成雙）banjime bayambu.（使營生致富）wehiyeme wesimbu.（使扶持上升）abdaha de arsumbu.（使葉在發芽）fulehe de fusembu.（使根在孳生）
偕老而成雙兮，富厚而豐穰兮；如葉之茂兮，如本之榮兮。

jeke jeku be yali de obu（將所吃的米變為肉）omiha muke be umgan de singgebu.（將所喝的水化為髓）angga i【13a】jeku be amtangga ulebu.（以美味的口糧餵養）fulgiyan cira be fulhurembu.（使紅的氣色萌生）
食則體腴兮，飲則滋營兮；甘旨其獻兮，朱顏其鮮兮。

jalgan golmin.（命長）fulehe šumin.（根深）aniya se be ambula bahabuki.（請使年歲得大）
歲其增，而根其固兮；年其永，而壽其延兮。

　　　　yamji weceku i juleri（晚上神主的前面）hūturi baime wecere de（求福跳神

時）forobure gisun.（祝辭）
夕祭神前求福祝辭

abkai juse.（上天之子）niyansi enduri.（年錫神）ancun ayara.（安春阿雅喇）muri muriha.（穆哩穆哩哈）nadan daihūn.（納丹岱琿）narhūn hiyancu.（納爾琿軒初）enduri senggu.（恩都哩僧固）baiman janggin.（拜滿章京）nadan weihuri.（納丹威瑚哩）endu monggolo.（恩都蒙鄂樂）katun【13b】noyan.（喀屯諾延）
上天之子，年錫之神，安春阿雅喇，穆哩穆哩哈，納丹岱琿，納爾琿軒初，恩都哩僧固，拜滿章京，納丹威瑚哩，恩都蒙鄂樂，喀屯諾延。

foli fodo.（佛立佛多）omosi mama.（鄂謨錫瑪瑪）enduri weceku de（給神祇）
佛立佛多、鄂謨錫瑪瑪之神位。

tere aniyangga osokon[osohon] beye.（某屬相年小的本人）tere aniyangga osokon[osohon] beye i（某屬相年小的本人的）wei jalin wececi.（為誰跳神）wei banjiha da aniya be hūlambi.（則呼誰的本生年）
某年生小子，某年生小子。為某人祭，則呼某人本生年。

julefun.（為替）uyun booi amsun be šufafi（攢湊了九家的祭品）gingnembi.（獻）
今敬祝者，聚九家之綵線，

foli fodo be tebufi（栽植了佛立柳枝）siren futa be gocifi.（抽出了換索繩）debse debsime（扇動著神箭）hūturi baimbi.（祈求福分）hūsun bumbi.（賦予力量）
樹柳枝以牽繩，舉揚神箭以祈福佑，以致敬誠。

tere aniyangga osokon[osohon] beye.（某屬相年小的本人）tere aniyangga osokon[osohon] beyebe（將某屬相年小的本人）wei jalin wececi.（為誰跳神）wei banjiha da aniya be hūlambi.（則呼誰的本生年）jilame gosime.（憫恤著）
憫我某年生小子，憫我某年生小子。為某人祭，則呼某人本生年。

šufangga hūturi be šulu de buki.（請將湊福給鬢）tumen hūturi be tunggen de buki.（請將萬福給胸）【14a】
綏以多福，承之於首；介以繁祉，服之於膺。

minggan hūturi be iktambuki.（請將千福積累）uyun hūturi be urebuki.（請將九福修練）jakūn hūturi be jalumbuki.（請將八福填滿）hūturi de hūsiki.（請給福分包圍）
千祥薈集，九敘阜盈，亦既孔皆，福祿來成。

enduri eršeme.（神明照看著）weceku wehiyeme.（扶持神著主）
神兮覘我，神兮佑我。

uju de ukufi.（在頭上群集了）meiren de fehufi.（在肩上採榮了）juleri dalime.（前面庇護著）amala alime.（後面承受著）urgun sain i acabu.（以喜善相合）

豐於首，而仔於肩；衛於後，而護於前，畀以嘉祥兮。

sasa sakdambu.（使一齊變老）[juwenofi] juru banjibu.（使〔兩人〕編派成雙）banjime bayambu.（使營生致富）wehiyeme wesimbu.（使扶持上升）abdaha de arsumbu.（使葉在發芽）fulehe de fusembu.（使根在孳生）

偕老而成雙兮，富厚而豐穰兮；如葉之茂兮，如本之榮兮。

jeke jeku be yali de obu（將所吃的米變為肉）omiha muke be umgan de singgebu.（將所喝的水化為髓）angga i jeku be amtangga ulebu.（以美味的口糧餵養）【14b】fulgiyan cira be fulhurembu.（使紅的氣色萌生）

食則體腴兮，飲則滋營兮；甘旨其獻兮，朱顏其鮮兮。

jalgan golmin.（命長）fulehe šumin.（根深）aniya se be ambula bahabuki.（請使年歲得大）【15a】【15b】空白

歲其增，而根其固兮；年其永，而壽其延兮。

hesei toktobuha manjusai wecere metere kooli bithe.（欽定滿洲祭神祭天典禮）
欽定滿洲祭神祭天典禮

> fodo moo tebufi.（栽植了柳枝）huhuri jusei jalin hūturi baime wecere de.（為嬰兒們求福跳神時）saman ucei tule fodo mooi ishun（薩滿戶外向柳枝）debse debsime（扇動著神箭）jarime jalbarire gisun.（念著神歌禱辭）
> 樹柳枝為嬰孩求福祭祀，司祝於戶外對柳枝舉揚神箭、誦神歌禱辭

foli fodo.（佛立佛多）omosi mama.（鄂謨錫瑪瑪）enduri weceku de（給神祇）
佛立佛多、鄂謨錫瑪瑪之神位。

tere aniyangga osokon[osohon] beye i（某屬相年小的本人的）wei jalin wececi.（為誰跳神）wei banjiha da aniya be hūlambi.（則呼誰的本生年）
某年生小子，某年生小子。為某人祭，則呼某人本生年。

julefun.（為替）uyun booi amsun be šufafi（攢湊了九家的祭品）gingnembi.（獻）
今敬祝者，聚九家之綵線，

foli fodo be tebufi.（栽植了佛立柳枝）siren futa be gocifi.（抽出了換索繩）【16a】debse debsime（扇動著神箭）hūturi baimbi.（祈求福分）hūsun bumbi.（賦予力量）
樹柳枝以牽繩，舉揚神箭以祈福佑，以致敬誠。

tere aniyangga osokon[osohon] beyebe（將某屬相年小的本人）wei jalin wececi.（為誰跳神）wei banjiha da aniya be hūlambi.（則呼誰的本生年）jilame gosime.（憫恤著）
憫我某年生小子，憫我某年生小子。為某人祭，則呼某人本生年。

šufangga hūturi be šulu de buki.（請將湊福給鬢）tumen hūturi be tunggen de buki.（請將萬福給胸）
綏以多福，承之於首；介以繁祉，服之於膺。

minggan hūturi be iktambuki.（請將千福積累）uyun hūturi be urebuki.（請將九福修練）jakūn hūturi be jalumbuki.（請將八福填滿）hūturi de hūsiki.（請給福分包圍）
千祥薈集，九敘阜盈，亦既孔皆，福祿來成。

enduri eršeme.（神明照看著）weceku wehiyeme.（神主扶佑著）
神兮眷我，神兮佑我。

uju de ukufi.（在頭上群集了）meiren de fehufi.（在肩上採榮了）juleri dalime.（前面庇護著）amala alime.（後面承受著）urgun sain i acabu.（以喜善相合）
豐於首，而仔於肩；衛於後，而護於前，畀以嘉祥兮。

šuru[1] i šutubu.（使體重漸長）meiren i【16b】mutubu.（使肩膀增大）abdaha de arsumbu.（使葉在發芽）fulehe de fusembu.（使根在孳生）

體其暢，而身其康兮；如葉之茂兮，如本之榮兮。

jeke jeku be yali de obu（將所吃的米變為肉）omiha muke be umgan de singgebu.（將所喝的水化為髓）angga i jeku be amtangga ulebu.（以美味的口糧餵養）【16b】fulgiyan cira be fulhurembu.（使紅的氣色萌生）

食則體腴兮，飲則滋營兮；甘旨其獻兮，朱顏其鮮兮。

jalgan golmin.（命長）fulehe šumin.（根深）aniya se be ambula bahabuki.（請使年歲得大）

歲其增，而根其固兮；年其永，而壽其延兮。

erde weceku i juleri（清晨神主的前面）hūturi baime wecere de（求福跳神時）forobure gisun.（祝辭）

朝祭神前求福祝辭

abkai juse.（上天之子）fucihi fusa.（佛、菩薩）ejen sefu.（主子、師傅）coohai【17a】janggin.（軍隊章京）guwan i beise.（關貝子）

上天之子，佛及菩薩，大君先師，三軍之帥，關聖帝君。

foli fodo.（佛立佛多）omosi mama.（鄂謨錫瑪瑪）enduri weceku de（給神祇）

佛立佛多、鄂謨錫瑪瑪之神位。

tere aniyangga osokon[osohon] beye i（某屬相年小的本人的）wei jalin wececi.（為誰跳神）wei banjiha da aniya be hūlambi.（則呼誰的本生年）

某年生小子，某年生小子。為某人祭，則呼某人本生年。

julefun.（為替）uyun booi amsun be šufafi（攢湊了九家的祭品）gingnembi.（獻）

今敬祝者，聚九家之綵線，

foli fodo be tebufi.（栽植了佛立柳枝）siren futa be gocifi.（抽出了換索繩）debse debsime（扇動著神箭）hūturi baimbi.（祈求福分）hūsun bumbi.（賦予力量）

樹柳枝，以牽繩；舉揚神箭，以祈福佑，以致敬誠。

tere aniyangga osokon[osohon] beyebe（將某屬相年小的本人）wei jalin wececi.（為誰跳神）wei banjiha da aniya be hūlambi.（則呼誰的本生年）jilame gosime.（憫恤著）

憫我某年生小子，憫我某年生小子。為某人祭，則呼某人本生年。

1　「šuru」，體重，即「buya juse etuhun.（小孩們強壯）tebeliyen de（抱時）gala gidaburengge be.（手被壓者）šuru sembi.（稱體重）」。見清‧傅恆等奉敕撰，《御製增訂清文鑑》（收入《景印文淵閣四庫全書》，冊232），卷10，〈人部‧老少類‧體重〉，頁35b。

šufangga hūturi be šulu de buki.（請將湊福給鬢）tumen hūturi be tunggen de buki.（請將萬福給胸）

綏以多福，承之於首；介以繁祉，服之於膺。

minggan hūturi be iktambuki.（請將千福積累）【17b】uyun hūturi be urebuki.（請將九福修練）jakūn hūturi be jalumbuki.（請將八福填滿）hūturi de hūsiki.（請給福分包圍）

千祥薈集，九敘阜盈，亦既孔皆，福祿來成。

enduri eršeme.（神明照看著）weceku wehiyeme.（神主扶佑著）

神兮眡我，神兮佑我。

uju de ukufi.（在頭上群集了）meiren de fehufi.（在肩上採縈了）juleri dalime.（前面庇護著）amala alime.（後面承受著）urgun sain i acabu.（以喜善相合）

豐於首，而仔於肩；衛於後，而護於前，昇以嘉祥兮。

šuru i šutubu.（使體重漸長）meiren i mutubu.（使肩膀增大）abdaha de arsumbu.（使葉在發芽）fulehe de fusembu.（使根在孳生）

體其暢，而身其康兮；如葉之茂兮，如本之榮兮。

jeke jeku be yali de obu（將所吃的米變為肉）omiha muke be umgan de singgebu.（將所喝的水化為髓）angga i jeku be amtangga ulebu.（以美味的口糧餵養）fulgiyan cira be fulhurembu.（使紅的氣色萌生）

食則體腴兮，飲則滋營兮；甘旨其獻兮，朱顏其鮮兮。

jalgan【18a】golmin.（命長）fulehe šumin.（根深）aniya se be ambula bahabuki.（請使年歲得大）

歲其增，而根其固兮；年其永，而壽其延兮。

> yamji weceku i juleri（晚上神主的前面）hūturi baime wecere de（求福跳神時）forobure gisun.（祝辭）
> 夕祭神前求福祝辭

abkai juse.（上天之子）niyansi enduri.（年錫神）ancun ayara.（安春阿雅喇）muri muriha.（穆哩穆哩哈）nadan daihūn.（納丹岱琿）narhūn hiyancu.（納爾琿軒初）enduri senggu.（恩都哩僧固）baiman janggin.（拜滿章京）nadan weihuri.（納丹威瑚哩）endu monggolo.（恩都蒙鄂樂）katun noyan.（喀屯諾延）

上天之子，年錫之神，安春阿雅喇，穆哩穆哩哈，納丹岱琿，納爾琿軒初，恩都哩僧固，拜滿章京，納丹威瑚哩，恩都蒙鄂樂，喀屯諾延。

foli fodo.（佛立佛多）omosi mama.（鄂謨錫瑪瑪）enduri weceku de（給神祇）

佛立佛多、鄂謨錫瑪瑪之神位。

tere aniyangga osokon[osohon] beye i（某屬相年小的本人的）wei jalin wececi.（為誰跳神）
wei banjiha da aniya be hūlambi.（則呼誰的本生年）【18b】
某年生小子，某年生小子。為某人祭，則呼某人本生年。

julefun.（為替）uyun booi amsun be šufafi（攢湊了九家的祭品）gingnembi.（獻）
今敬祝者，聚九家之綵線，

foli fodo be tebufi.（栽植了佛立柳枝）siren futa be gocifi.（抽出了換索繩）debse
debsime（扇動著神箭）hūturi baimbi.（祈求福分）hūsun bumbi.（賦予力量）
樹柳枝以牽繩，舉揚神箭以祈福佑，以致敬誠。

tere aniyangga osokon[osohon] beyebe（將某屬相年小的本人）wei jalin wececi.（為誰跳神）
wei banjiha da aniya be hūlambi.（則呼誰的本生年）jilame gosime.（憫恤著）
憫我某年生小子，憫我某年生小子。為某人祭，則呼某人本生年。

šufangga hūturi be šulu de buki.（請將湊福給鬢）tumen hūturi be tunggen de buki.（請
將萬福給胸）
綏以多福，承之於首；介以繁祉，服之於膺。

minggan hūturi be iktambuki.（請將千福積累）uyun hūturi be urebuki.（請將九福修
練）jakūn hūturi be jalumbuki.（請將八福填滿）hūturi de hūsiki.（請給福分包圍）
千祥薈集，九敘阜盈，亦既孔皆，福祿來成。

enduri eršeme.（神明照看著）weceku wehiyeme.（神主扶佑著）
神兮眷我，神兮佑我。

uju de ukufi.（在頭上群集了）meiren de fehufi.（在肩上採榮了）【19a】juleri dalime.
（前面庇護著）amala alime.（後面承受著）urgun sain i acabu.（以喜善相合）
豐於首，而仔於肩；衛於後，而護於前，畀以嘉祥分。

šuru i šutubu.（使體重漸長）meiren i mutubu.（使肩膀增大）abdaha de arsumbu.（使
葉在發芽）fulehe de fusembu.（使根在孳生）
體其暢，而身其康分；如葉之茂分，如本之榮分。

jeke jeku be yali de obu（將所吃的米變為肉）omiha muke be umgan de singgebu.（將所
喝的水化為髓）angga i jeku be amtangga ulebu.（以美味的口糧餵養）fulgiyan cira be
fulhurembu.（使紅的氣色萌生）
食則體腴分，飲則滋營分；甘旨其獻分，朱顏其鮮分。

jalgan golmin.（命長）fulehe šumin.（根深）aniya se be ambula bahabuki.（請使年歲得大）【19b】

歲其增，而根其固兮；年其永，而壽其延兮。

hesei toktobuha manjusai wecere metere kooli bithe.（欽定滿洲祭神祭天典禮）
欽定滿洲祭神祭天典禮

　　　niyengniyeri forgon de（在春季）šorho dobome（供著雛雞）tuibure de（背燈祭時）forobure gisun.（祝辭）
　　　春季獻雛雞背鐙祭祀祝辭

abkai juse.（上天之子）niyansi enduri.（年錫神）ancun ayara.（安春阿雅喇）muri muriha.（穆哩穆哩哈）nadan daihūn.（納丹岱琿）narhūn hiyancu.（納爾琿軒初）enduri senggu.（恩都哩僧固）baiman janggin.（拜滿章京）nadan weihuri.（納丹威瑚哩）endu monggolo.（恩都蒙鄂樂）katun noyan.（喀屯諾延）
上天之子，年錫之神，安春阿雅喇，穆哩穆哩哈，納丹岱琿，納爾琿軒初，恩都哩僧固，拜滿章京，納丹威瑚哩，恩都蒙鄂樂，喀屯諾延。

tere aniyangga osokon[osohon] beye.（某屬相年小的本人）tere aniyangga osokon[osohon] beye i（某屬相年小的本人的）wei jalin tuibuci.（為誰背燈祭）wei banjiha da aniya be hūlambi.（則呼誰的本生年）
某年生小子，某年生小子。為某人背燈祭，則呼某人本生年。

julefun.（為替）boode ujihe bolgo dethengge šusu.（在家所養的潔淨羽狀的「犧牲」）meifen be murifi（擰了脖子）【20a】asha be tatafi.（拔了翅膀）enduri de gingnembi.（獻給神明）
敬以家畜珍禽，嗌頸落羽，以獻於神。

uju de ukufi.（在頭上群集了）meiren de fehufi.（在肩上採縈了）juleri dalime.（前面庇護著）amala alime.（後面承受著）urgun sain i acabu.（以喜善相合）
豐於首，而仔於肩；衛於後，而護於前，畀以嘉祥兮。

uju i funiyehe šarambu.（使頭髮變白）angga i weihe sorombu.（使口齒變黃）aniya ambula.（年大）se labdu.（歲多）jalgan golmin.（命長）fulehe šumin.（根深）
齒其兒，而髮其黃兮；年其增，而歲其長兮；根其固，而身其康兮。

enduri eršeme.（神明照看著）weceku wehiyeme（神主扶佑著）aniya se be ambula bahabuki.（請使年歲得大）【20b】
神兮眷我，神兮佑我，永我年而壽我兮。

hesei toktobuha manjusai wecere metere kooli bithe.（欽定滿洲祭神祭天典禮）
欽定滿洲祭神祭天典禮

> juwari forgon de（在夏季）šoron niongniyaha dobome（供著雛鵝）tuibure
> de（背燈祭時）forobure gisun.（祝辭）
> 夏季獻子鵝背鐙祭祀祝辭

abkai juse.（上天之子）niyansi enduri.（年錫神）ancun ayara.（安春阿雅喇）muri
muriha.（穆哩穆哩哈）nadan daihūn.（納丹岱琿）narhūn hiyancu.（納爾琿軒初）
enduri senggu.（恩都哩僧固）baiman janggin.（拜滿章京）nadan weihuri.（納丹威瑚
哩）endu monggolo.（恩都蒙鄂樂）katun noyan.（喀屯諾延）
上天之子，年錫之神，安春阿雅喇，穆哩穆哩哈，納丹岱琿，納爾琿軒初，恩都
哩僧固，拜滿章京，納丹威瑚哩，恩都蒙鄂樂，喀屯諾延。

tere aniyangga osokon[osohon] beye.（某屬相年小的本人）tere aniyangga osokon[osohon]
beye i（某屬相年小的本人的）wei jalin tuibuci.（為誰背燈祭）wei banjiha da aniya be hūlambi.（則呼誰
的本生年）
某年生小子，某年生小子。為某人背燈祭，則呼某人本生年。

julefun.（為替）boode ujihe bolgo dethengge šusu.（在家所養的潔淨羽狀的「犧牲」）
meifen be【21a】murifi（擰了脖子）asha be tatafi.（拔了翅膀）enduri de gingnembi.（獻
給神明）
敬以家畜珍禽，嗌頸落羽，以獻於神。

uju de ukufi.（在頭上群集了）meiren de fehufi.（在肩上採縈了）juleri dalime.（前面
庇護著）amala alime.（後面承受著）urgun sain i acabu.（以喜善相合）
豐於首，而仔於肩；衛於後，而護於前，畀以嘉祥兮。

uju i funiyehe šarambu.（使頭髮變白）angga i weihe sorombu.（使口齒變黃）aniya
ambula.（年大）se labdu.（歲多）jalgan golmin.（命長）fulehe šumin.（根深）
齒其兒，而髮其黃兮；年其增，而歲其長兮；根其固，而身其康兮。

enduri eršeme.（神明照看著）weceku wehiyeme（神主扶佑著）aniya se be ambula
bahabuki.（請使年歲得大）【21b】
神兮眷我，神兮佑我，永我年而壽我兮。

hesei toktobuha manjusai wecere metere kooli bithe.（欽定滿洲祭神祭天典禮）
欽定滿洲祭神祭天典禮

> bolori forgon de（在秋季）nimaha dobome（供著魚）tuibure de（背燈祭時）forobure gisun.（祝辭）
> 秋季獻魚背鐙祭祀祝辭

abkai juse.（上天之子）niyansi enduri.（年錫神）ancun ayara.（安春阿雅喇）muri muriha.（穆哩穆哩哈）nadan daihūn.（納丹岱琿）narhūn hiyancu.（納爾琿軒初）enduri senggu.（恩都哩僧固）baiman janggin.（拜滿章京）nadan weihuri.（納丹威瑚哩）endu monggolo.（恩都蒙鄂樂）katun noyan.（喀屯諾延）
上天之子，年錫之神，安春阿雅喇，穆哩穆哩哈，納丹岱琿，納爾琿軒初，恩都哩僧固，拜滿章京，納丹威瑚哩，恩都蒙鄂樂，喀屯諾延。

tere aniyangga osokon[osohon] beye.（某屬相年小的本人）tere aniyangga osokon[osohon] beye i（某屬相年小的本人的）wei jalin tuibuci.（為誰背燈祭）wei banjiha da aniya be hūlambi.（則呼誰的本生年）
某年生小子，某年生小子。為某人背燈祭，則呼某人本生年。

julefun.（為替）birai birga[birgan]¹ ci gajiha bolgo šusu be（將從河、溝所拿來潔淨的「犧牲」）enduri de【22a】gingnembi.（獻給神明）
敬以江河所獲羞珍，以獻於神。

uju de ukufi.（在頭上群集了）meiren de fehufi.（在肩上採榮了）juleri dalime.（前面庇護著）amala alime.（後面承受著）urgun sain i acabu.（以喜善相合）
豐於首，而仔於肩；衛於後，而護於前，昇以嘉祥兮。

uju i funiyehe šarambu.（使頭髮變白）angga i weihe sorombu.（使口齒變黃）aniya ambula.（年大）se labdu.（歲多）jalgan golmin.（命長）fulehe šumin.（根深）
齒其兒，而髮其黃兮；年其增，而歲其長兮；根其固，而身其康兮。

enduri eršeme.（神明照看著）weceku wehiyeme（神主扶佑著）aniya se be ambula bahabuki.（請使年歲得大）【22b】
神兮覘我，神兮佑我，永我年而壽我兮。

---

1   「birgan」，小河溝，即「ajige bira muke（小的河水）yar seme（水細流貌）eyerengge be.（流動者）birgan sembi.（稱小河溝）」。見清・傅恆等奉敕撰，《御製增訂清文鑑》（收入《景印文淵閣四庫全書》，冊232），卷2，〈地部・地輿類・小河溝〉，頁53b。另「birga」、「birgan」、「biraga」，《大清全書》皆曰：「小河」。分見清・沈啟亮，《大清全書》，卷5，頁45b，「biraga」條；同書，卷5，頁47a，「birga」條、「birgan」條。

hesei toktobuha manjusai wecere metere kooli bithe.（欽定滿洲祭神祭天典禮）
欽定滿洲祭神祭天典禮

> tuweri forgon de（在冬季）ulhūma dobome（供著雉）tuibure de（背燈祭時）forobure gisun.（祝辭）
> 冬季獻雉背鐙祭祀祝辭

abkai juse.（上天之子）niyansi enduri.（年錫神）ancun ayara.（安春阿雅喇）muri muriha.（穆哩穆哩哈）nadan daihūn.（納丹岱琿）narhūn hiyancu.（納爾琿軒初）enduri senggu.（恩都哩僧固）baiman janggin.（拜滿章京）nadan weihuri.（納丹威瑚哩）endu monggolo.（恩都蒙鄂樂）katun noyan.（喀屯諾延）
上天之子，年錫之神，安春阿雅喇，穆哩穆哩哈，納丹岱琿，納爾琿軒初，恩都哩僧固，拜滿章京，納丹威瑚哩，恩都蒙鄂樂，喀屯諾延。

tere aniyangga osokon[osohon] beye.（某屬相年小的本人）tere aniyangga osokon[osohon] beye i（某屬相年小的本人的）wei jalin tuibuci.（為誰背燈祭）wei banjiha da aniya be hūlambi.（則呼誰的本生年）
某年生小子，某年生小子。為某人背燈祭，則呼某人本生年。

julefun.（為替）alin hada ci gajiha bolgo šusu be（將從山峰所拿來潔淨的「犧牲」）enduri de 【23a】 gingnembi.（獻給神明）
敬以山林所獲羞珍，以獻於神。

uju de ukufi.（在頭上群集了）meiren de fehufi.（在肩上採縈了）juleri dalime.（前面庇護著）amala alime.（後面承受著）urgun sain i acabu.（以喜善相合）
豐於首，而仔於肩；衛於後，而護於前，昇以嘉祥兮。

uju i funiyehe šarambu.（使頭髮變白）angga i weihe sorombu.（使口齒變黃）aniya ambula.（年大）se labdu.（歲多）jalgan golmin.（命長）fulehe šumin.（根深）
齒其兒，而髮其黃兮；年其增，而歲其長兮；根其固，而身其康兮。

enduri eršeme.（神明照看著）weceku wehiyeme（神主扶佑著）aniya se be ambula bahabuki.（請使年歲得大）【23b】
神兮眖我，神兮佑我，永我年而壽我兮。

hesei toktobuha manjusai wecere metere kooli bithe.（欽定滿洲祭神祭天典禮）
欽定滿洲祭神祭天典禮

yaya ice jaka dobome（凡供著新鮮的物品）tuibure de（背燈祭時）forobure
gisun.（祝辭）
獻鮮，背鐙祭祀祝辭

abkai juse.（上天之子）niyansi enduri.（年錫神）ancun ayara.（安春阿雅喇）muri
muriha.（穆哩穆哩哈）nadan daihūn.（納丹岱琿）narhūn hiyancu.（納爾琿軒初）
enduri senggu.（恩都哩僧固）baiman janggin.（拜滿章京）nadan weihuri.（納丹威瑚
哩）endu monggolo.（恩都蒙鄂樂）katun noyan.（喀屯諾延）
上天之子，年錫之神，安春阿雅喇，穆哩穆哩哈，納丹岱琿，納爾琿軒初，恩都
哩僧固，拜滿章京，納丹威瑚哩，恩都蒙鄂樂，喀屯諾延。

tere aniyangga osokon[osohon] beye.（某屬相年小的本人）tere aniyangga osokon[osohon]
beye i（某屬相年小的本人的）wei jalin tuibuci.（為誰背燈祭）wei banjiha da aniya be hūlambi.（則呼誰
的本生年）
某年生小子，某年生小子。為某人背燈祭，則呼某人本生年。

julefun.（為替）alin hata ci gajiha bolgo šusu be（將從山峰所拿來潔淨「犧牲」）
enduri de【24a】gingnembi.（獻給神明）
敬以山林所獲羞珍，以獻於神。

uju de ukufi.（在頭上群集了）meiren de fehufi.（在肩上採縈了）juleri dalime.（前面
庇護著）amala alime.（後面承受著）urgun sain i acabu.（以喜善相合）
豐於首，而仔於肩；衛於後，而護於前，畀以嘉祥兮。

uju i funiyehe šarambu.（使頭髮變白）angga i weihe sorombu.（使口齒變黃）aniya
ambula.（年多）se labdu.（歲多）jalgan golmin.（命長）fulehe šumin.（根深）
齒其兒，而髮其黃兮；年其增，而歲其長兮；根其固，而身其康兮。

enduri eršeme.（神明照看著）weceku wehiyeme（神主扶佑著）aniya se be ambula
bahabuki.（請使年歲得多）【24b】
神兮眷我，神兮佑我，永我年而壽我兮。

hesei toktobuha manjusai wecere metere kooli bithe.（欽定滿洲祭神祭天典禮）
欽定滿洲祭神祭天典禮

> tangse i ordo de（在堂子亭式殿）morin i jalin wecere（祭馬神）dorolon i
> ejehen.（儀注）
> 堂子亭式殿祭馬神儀注

tuktan inenggi（起初日）morin i jalin.（為馬）tangse i ordo de wecere de.（在堂子亭式
殿跳神時）
正日，祭馬神，於堂子亭式殿。

amsun i janggin emke.（司胙官一員）amsun i niyalma emke.（司胙之人一員）
司俎官一員、司俎一人，

ordo i dolo den derei fejile ilibuha wantaha mooi tura de.（在亭式殿內高桌下所立的杉木
柱上）bolgo hoošan jiha orin nadan afaha lakiyambi.（懸掛淨紙錢二十七張）
於亭式殿內高案下所立杉木柱上，掛紙錢二十七張。

tūme efen emu alikū. jancuhūn nure emu hūntahan be（以打糕一盤、甜酒一杯）den
dere de【25a】dobomobi.（供在高桌上）
案上供打餻一盤，醴酒一琖。

niowanggiyan suri i <u>soriha</u>[1] orin juru justan be（將馬尾上拴的綠綢條二十對）inu den
dere de sindambi.（也放在高桌上）
縛馬綜〔鬃〕尾綠綢條二十對。

na de sindaha fangkala dere de（在地上所放的矮桌上）juwe amba moro sindafi.（放了
二大碗）emu moro de nure tebumbi.（一碗裝酒）emu moro be untuhun sindambi.（一
碗空的放）
又於地上所設低桌上，供大椀二，一盛酒，一空設。

hiyan i da hiyan dabumbi（司香長點香）suru morin sunja juru be adun i da kutuleme（牧
長牽著白馬五對）
司香點香，牧長牽白馬十匹，

ordo i tule celehe jugūn i fejile.（亭式殿外甬路下）dergi ergide wargi baru forome
ilibumbi.（使站在東邊向著西）

---

[1] 「soriha」，馬尾上拴的綢條，即「weceku de ejelebuhe morin de hūwaitara justan niyecen be.（在神馬上綁
的長條補丁）soriha sembi.（稱馬尾上拴的綢條）」見清・傅恆等奉敕撰，《御製增訂清文鑑》（收入
《景印文淵閣四庫全書》，冊232），卷6，〈禮部・祭祀器用類・馬尾上拴的綢條〉，頁54a-54b。

立於亭式殿外甬路下，東面向西。

tenggeri. fifan fithere juwe taigiyan（彈三絃、琵琶的二太監）celehe jugūn i ninggude
（在甬路上）wargi【25b】ergide dergi baru forome.（在西邊向著東）
奏三絃、琵琶之太監二人，於甬路上，西面向東。

carki tūre. falanggū forire tangse tuwakiyara niyalma（打扎板的、鼓掌的看守堂子的人）
dergi ergide wargi baru forome tecefi.（在東邊向著西同坐了）
鳴拍板、拊掌之看守堂子人，東面向西，俱坐。

saman ibefi（薩滿就位了）niyakūrambi（跪）
司祝進，跪。

hiyan i da hūntahan taili be saman de alibumbi.（司香長呈遞杯子、托碟給薩滿）saman
alime gaifi.（薩滿接取了）ninggun mudan nure gingnembi.（獻酒六次）
司香舉臺、琖授司祝，司祝接受，獻酒六次。

emu amsun i janggin（一司俎官）ordo i tule terkin i fejile（亭式殿外臺階下）dergi
ergide ilimbi.（站在東邊）
司俎官一員，於亭式殿外階下東首立。

carki tū seme hūlara be tuwame.（按照贊禮說著打扎板）tenggeri.【26a】fifan fitheme.
（彈著三絃、琵琶）carki tūme.（打著扎板）falanggū forimbi.（鼓掌）
贊鳴拍板，即奏三弦、琵琶，鳴拍板，拊掌。

saman gingnere dari.（薩滿每獻）gingnehe nure be（將所獻的酒）untuhun moro de
doolambi.（倒在空碗裏）
司祝每一獻，將所獻之酒注於空椀內。

dasame jancuhūn nure tebuhe moro ci（復從裝了甜酒的碗）ice nure waitame（舀著新
的酒）juwe hūntahan de tebufi.（斟在二杯裏）gingnembi.（獻）
復自盛醴酒椀內把新酒，注於二琖中，獻之。

nure gingnere dari（每獻酒）amsun i janggin orolo seme hūlara be tuwame（司俎官按照
贊禮說著鄂囉羅）tangse tuwakiyara niyalma orolombi.（看守堂子的人眾呼鄂囉羅）
每一獻，司俎官贊歌鄂囉羅，看守堂子人歌鄂囉羅。

ninggun mudan gingnehe manggi.（獻了六次之後）hūntahan taili be hiyan i da de amasi
bufi.（將杯子、托碟給在後面的司香長）
六次獻畢，以臺、琖授於司香。

saman emgeri hengkilefi（薩滿叩頭了一次）ilifi（站立了）giogin arambi.（合掌）
【26b】
司祝一叩頭，興，合掌致敬。

amsun i janggin carki ili seme hūlara be tuwame.（司胙官按照贊禮說著停止扎板）
tenggeri. fifan. carki taka ilimbi.（三絃、琵琶、扎板暫時停止）
司俎官贊停拍板，其三絃、琵琶、拍板暫止。

hiyan i da halmari be saman de alibumbi.（司香長呈遞神刀給薩滿）saman halmari be
alime gaifi（薩滿接取了神刀）ibeme.（上前著）
司香舉神刀授司祝，司祝接受神刀，進。

amsun i janggin carki tū seme hūlara be tuwame（司胙官按照贊禮說著打扎板）tenggeri.
fifan fitheme.（彈著三絃、琵琶）carki tūme.（打著扎板）falanggu forimbi.（鼓掌）
司俎官贊鳴拍板，即奏三絃、琵琶，鳴拍板，拊掌。

saman emgeri hengkilefi（薩滿叩頭了一次）ilime.（站立著）amsun i janggin. orolo
seme hūlara be tuwame（司胙官按照贊禮說著鄂囉羅）orolombi.（眾呼鄂囉羅）
司祝一叩頭，興，司俎官贊歌鄂囉羅，則歌鄂囉羅。

saman halmari be ilanggeri tanjurafi.（薩滿以神刀禱告了三次）emu jergi jarime【27a】
jalbarifi.（念著神歌禱祝了一次）
司祝擎神刀禱祝三次，誦神歌祝禱一次。

halmari be tanjurara de（以神刀禱告時）orolombi.（眾呼鄂囉羅）
擎神刀禱祝時，則歌鄂囉羅。

erei songkoi（照此的樣）ilan mudan jarime jalbariha.（念著神歌禱祝了三次）uyun
mudan tanjuraha manggi.（禱告了九次之後）
誦神歌祝禱三次，如前儀，如是九次畢。

saman emgeri hengkilefi（薩滿叩頭了一次）ilifi（站立了）geli ilanggeri tanjurafi.（又
禱告了三次）halmari be hiyan i da de amasi bumbi.（將神刀給在後面的司香長）
司祝一叩頭，興，復禱祝三次，以神刀授於司香。

amsun i janggin carki ili seme hūlara be tuwame.（司胙官按照贊禮說著停止扎板）
tenggeri. fifan fithere. carki tūre be nakafi（將彈三絃、琵琶的、打扎板的停止了）ilifi
（站立了）bederembi.（退回）
司俎官贊停拍板，其三絃、琵琶、拍板皆止。

saman niyakūrafi（薩滿跪了）forobufi（祝贊了）emgeri hengkilefi（叩頭了一次）ilifi（站立了）giogin arafi（合掌了）den derei hanci dergi ergide ilifi.（站在近高桌的東邊）
司祝一叩頭，興，合掌致敬，立於近高案東首。

dere de sindaha【27b】soriha be gaifi.（拿了桌上所放的馬尾上拴的綢條）hiyan i dabukū de fangšame jalbarifi.（在香爐上燻著禱祝了）
取案上縛馬鬃尾綢條，於香鑪上薰禱。

soriha be amsun i janggin de bufi（將馬尾上拴的綢條給了司胙官）bederembi.（退回）
以縛馬鬃尾綢條授於司俎官，退。

amsun i janggin soriha be adun i da de afabufi.（司胙官將馬尾上拴的綢條交給了牧長）morin i delun uncehen de hūwaitambi.（綁在馬的鬃、尾上）
司俎官以縛馬鬃尾綢條授於牧長，繫於馬之鬃、尾。

doboho efen nure be（將所供的餑餑、酒）adun i da sade enceme bumbi.（放分給牧長們）【28a】【28b】空白
所供餻、酒，分給牧長等。

hesei toktobuha manjusai wecere metere kooli bithe.（欽定滿洲祭神祭天典禮）
欽定滿洲祭神祭天典禮

tuktan inenggi（起初日）yalure morin i jalin wecere de（為騎乘的馬跳神時）
tangse i ordo de（在堂子亭式殿裏）forobure gisun.（祝辭）
正日為所乘馬祀堂子亭式殿祝辭

abkai juse.（上天之子）niohon taiji.（紐歡台吉）uduben beise.（武篤本貝子）
上天之子，紐歡台吉，武篤本貝子。

tere aniyangga osokon[osohon] beye i（某屬相年小的本人的）wei morin i jalin wececi.（為誰的
馬跳神）wei banjiha da aniya be hūlambi.（則呼誰的本生年）
某年生小子，為某人之馬祭，則呼某人本生年。

yalure morin i julefun gingnembi.（為替騎乘的馬獻）
今為所乘馬敬祝者。

mulu jafafi mukdembu.（抓了背脊使騰起）delun jafafi dekdembu.（抓了脖鬃使飛起）
撫脊以起兮，引鬣以興兮。

edun ukiyeme eibibu[aibibu].（喝著風使腫脹）talman usihiyeme tarhūmbu.（啜著霧使
肥壯）
嘶風以奮兮，噓霧以行兮。

orho jeme aitubu.（吃著草使復原）suiha saime sakdambu.（咬著艾使變老）
食草以壯兮，齧艾以騰兮。

ulan sangga de ume tuhenebure.（不要墮入溝洞）hūlha holo de【29a】ume ucarabure.
（不要遇到盜賊）
溝穴其弗蹈兮，盜賊其無攖兮。

enduri eršeki.（請神明照看）weceku wehiyeki.（請神主扶佑）【29b】
神其眎我，神其佑我。

hesei toktobuha manjusai wecere metere kooli bithe.（欽定滿洲祭神祭天典禮）
欽定滿洲祭神祭天典禮

      tuktan inenggi（起初日）morin i jalin wecere dorolon i ejehen.（祭馬神儀注）
      正日祭馬神儀注

tuktan inenggi（起初日）yalure morin i jalin.（為騎乘的馬）morin i jalin wecere boode
（在祭馬神的房屋裏）erde weceku de wecere de.（清晨給神主跳神時）
正日為所乘馬，於祭馬神室中，祭朝祭神。

neneme suwayan suje de fulgiyan giltasikū kubuhe mengse be（先將鑲了紅片金的黃緞幔
子）suwayan bocoi kubun i tonggo siberehe futa de ulifi.（用黃色的棉線搓成的繩穿了）
預將鑲紅片金黃緞神幔，用黃棉線繩穿繫其上。

wargi fiyasha i taibu i julergi amargi juwe ergide（在西山牆檁上的南、北兩邊）hadaha
【30a】selei muheren de（在所釘的鐵環上）juwe ujan be hūwaitame lakiyambi.（將兩頭
綁著懸掛）
懸掛西山牆梁上南、北所釘之二鐵環。

bolgo hoošan juwe afaha be（以淨紙二張）duite jergi bukdafi.（各折了四次）duin jiha
faitafi.（裁切了四錢）mengse i juwe ujan de tuhebume lakiyambi.（垂著懸掛在幔子的
兩頭）
以淨紙二張，各四折，鏤錢四，掛於神幔兩端。

aisin i hoošan latubuha fucuhi i ordo be（將貼了飛金的佛亭）teku nisihai（連底座）
mengse i julergi ergide dergi baru forome dobofi.（在幔子的前面向著東供了）ordo i uce
be neimbi.（開亭門）
昇供佛之鬏金小亭連坐，奉安於神幔前東向，啟亭門。

amba nagan[nahan] de（在大炕上）cinuhūn simenggilehe amba fangkala dere juwe sindafi.
（放上了銀硃漆的大矮桌二）
大炕上設紅漆大低桌二，

dere de（在桌上）【30b】hiyan i fila ilan. jancuhūn nure ilan hūntahan. tūme efen mudan
uyun alikū be（將香碟三、甜酒三杯，打糕、搓條餑餑九盤）derei ninggude dobombi.
（供在桌上）
桌上供香碟三、醴酒三琖，打餻、搓條餑餑九盤。

kuk'an i fejile（炕沿下）jancuhūn nure emu malu dobombi.（供甜酒一瓶）malu i juleri
fulgiyan jafu sektefi.（酒瓶前鋪了紅氈）

炕沿下供醴酒一罇，罇前鋪紅氈。

nure gingnere golmin fangkala dere sindafi.（放了獻酒的長矮桌）derei ninggude juwe
suwayan yeherei amba moro sindafi.（在桌上放了二黃磁大碗）

設獻酒長低桌，桌上列黃磁大椀二，

emu moro de jancuhūn nure tebume.（一碗裝著甜酒）emu moro be untuhun sindambi.
（一碗空的放）

一盛醴酒，一空設。

amsun i taigiyasa（司胙太監們）doigonde dulimbai giyalan i【31a】mucen i teisu（預先在
對著中央房間的鍋）toholon buriha cinuhūn simenggilehe juwe amba dere be dosimbufi.
（使鞔了錫、上了銀硃漆的二大桌進入了）

司胙太監等，預進包錫紅漆大桌二，設於中間屋內鍋旁，

wargi baru forome（向著西）juwe jergi obume sindambi.（放成兩列）

西向，分為二行擺列。

erin ome（屆時）hiyan i da hiyan dabumbi.（司香長點香）amsun i taigiyasa. amsun i
urse（司胙太監們、眾司胙）juwe ulgiyan be dosimbufi.（使二豬進入了）

屆時，司香點香，司胙太監、司胙等，進豬二，

wecere booi ucei tule（跳神房屋的門外）uju be gemu ucei ici（將頭都門的右邊）
amargi baru forobume（向著北）sindaha manggi.（放了之後）

於祭室門外之右，首皆北向。

tenggeri fifan fithere juwe amsun i taigiyan.（彈三絃、琵琶的二司胙太監）amsun i
【31b】janggin.（司胙官）amsun i niyalma duin.（司胙之人四）da taigiyan emke.（首
領太監一員）ibefi.（就位了）

奏三絃、琵琶之司胙太監二、司胙官、司胙四、首領太監一，以次進。

tenggeri fifan juleri.（三絃、琵琶在前）sirame（接著）sunja niyalma faidafi.（五人排
列了）

三絃、琵琶在前，次五人排列，

gemu wesihun forome（都向著上）moselame tecefi.（盤著腿同坐了）tenggeri fifan
fitheme.（彈著三絃、琵琶）carki tūmbi.（打扎板）

均向上盤膝坐，奏三絃、琵琶，鳴拍板。

erei amala（其後）amsun i manjusa（司胙滿洲們）emu bethe bukdame niyakūrafi.（彎

曲著一腿跪了）falanggū forimbi.（鼓掌）
其後，司俎滿洲等，屈一膝跪，拊掌。

saman nure gingnere derei juleri ibefi（薩滿在獻酒的桌前就位了）niyakūrambi.（跪）
司祝進於獻酒桌前，跪。

hiyan i da hūntahan taili be saman de alibumbi.（司香長呈遞杯子、托碟給薩滿）saman
alime gaifi（薩滿接取了）nure be ninggun mudan gingnembi.（獻酒六次）
司香舉臺、琖授司祝，司祝接受，獻酒六次。

gingnere dari（每獻）gingnehe nure be（將所獻的酒）【32a】untuhun moro de doolafi.
（倒在空碗裏）
每一獻，將所獻之酒注於空椀內，

dasame jancuhūn nure tebuhe moro ci（復從裝了甜酒的碗）ice nure waidame（舀著新
的酒）juwe hūntahan de tebufi（斟在二杯裏）gingnembi.（獻）
復自盛醴酒椀內，把新酒注於二琖中以獻。

gingnere dari（每獻）amsun i urse orolombi.（眾司胙眾呼鄂囉羅）
每一獻，司俎等歌鄂囉羅。

ninggun mudan gingnehe manggi.（獻了六次之後）saman hūntahan taili be hiyan i da de
amasi bufi.（薩滿將杯子、托碟給在後面的司香長）
六次獻畢，司祝以臺、琖授於司香，

emgeri hengkilefi（叩頭了一次）ilifi（站立了）giogin arambi.（合掌）tenggeri fifan
carki taka ilimbi.（三絃、琵琶、扎板暫時停止）
一叩頭，興，合掌致敬，三絃、琵琶、拍板暫止。

hiyan i da hiyan i hehesi（司香長、司香婦人們）nure tebuhe juwe moro nure gingnere
dere be bederebufi.（撤回裝了酒的二碗、獻酒的桌）
司香及司香婦人撤盛酒之二椀，並獻酒之桌。

saman i【32b】hengkilere ajige fangkala dere sindambi.（放薩滿叩頭的小矮桌）hiyan i da
halmari be saman de alibumbi.（司香長呈遞神刀給薩滿）saman halmari jafafi（薩滿拿
了神刀）ibeme.（上前著）
設司祝叩頭小低桌，司香舉神刀授司祝，司祝執神刀，進。

amsun i urse geli tenggeri fifan fitheme.（眾司胙又彈著三絃、琵琶）carki tūme.（打著
扎板）falanggū forimbi.（鼓掌）

司俎等復奏三絃、琵琶，鳴拍板，拊掌。

saman emgeri hengkilefi（薩滿叩頭了一次）ilime.（站立著）amsun i urse orolombi.
（眾司胙眾呼鄂囉羅）
司祝一叩頭，興，司俎等歌鄂囉羅。

saman halmari be ilanggeri tanjurafi.（薩滿以神刀禱告了三次）emu jergi jarime jalbarifi.
（念著神歌禱祝了一次）
司祝擎神刀禱祝三次，誦神歌一次。

halmari be tanjurara de.（以神刀禱告時）amsun i urse geli orolombi.（眾司胙又眾呼鄂
囉羅）
擎神刀禱祝時，司俎等復歌鄂囉羅。

erei songkoi（照此的樣）ilan mudan jarime jalbariha.（念著神歌禱祝了三次）uyun
mudan tanjuraha【33a】manggi.（禱告了九次之後）
誦神歌三次，如前儀，如是九次畢，

saman niyakūrafi（薩滿跪了）emgeri hengkilefi（叩頭了一次）ilifi.（站立了）geli
ilanggeri tanjurafi.（又禱告了三次）halmari be hiyan i da de amasi bumbi.（將神刀給在
後面的司香長）
司祝跪，一叩頭，興，又禱祝三次，以神刀授於司香。

tenggeri. fifan fithere.（彈三絃、琵琶的）carki tūre urse（打扎板的眾人）ilifi（站立
了）dalbade jailame ilimbi.（躲避著站在旁邊）
奏三絃、琵琶，鳴拍板人等起立，避於旁。

saman niyakūrafi.（薩滿跪了）forobufi.（祝贊了）hengkilefi（叩頭了）ilifi（站立
了）giogin arambi.（合掌）
司祝跪，祝，叩頭，興，合掌致敬。

hiyan i hehesi（司香婦人們）fucihi. fusa de doboho juwe hūntahan nure be bederebufi.
（撤了給佛、菩薩所供的二杯酒）
司香婦人撤佛、菩薩前供酒二琖，

ordo be amasikan[amasika] guribume dobofi（將亭略移往後供了）uce be dasimbi（掩
閉房門）【33b】
移亭座稍後，闔其門。

juwe hiyan i fila be uce ci tucibufi.（使二香碟從門出去了）wecere booi sihin i fejile（跳

神房屋的屋簷下）wargi ergi fiyasha i hanci sindaha.（西邊山牆附近放了）ordo i dolo dobombi.（供在亭內）

二香碟擎出戶外，供於祭室簷下傍西山牆所設亭內。

mengse be julergi baru majige tatafi.（略拉了幔子向南）guwan mafa enduri de doboho nure hiyan i fila be（將給關老爺神所供的酒、香碟）gemu dulimbade guribume dobombi.（都移到中央供奉）

移神幔稍南，關帝神像前所供酒並香碟，皆移正中。

nurei malu be bolgo wadan dasimbi.（酒瓶以潔淨的蓋布遮蓋）

酒罇以淨袱冪之。

tenggeri. fifan fithere.（彈三絃、琵琶的）carki【34a】tūre urse ibefi（打扎板的眾人就位了）da bade tecembi.（在原處同坐）

奏三絃、琵琶，鳴拍板人等，進，坐於原處。

hiyan i hehesi（司香婦人們）jafu be ilan jergi bukdame hetefi（將氈捲起了折三次）kuk'an i hanci sektembi.（鋪在炕沿附近）

司香婦人斂氈三折之，鋪於近炕沿處。

hiyan i da saman de hūntahan taili alibumbi.（司香長呈遞杯子、托碟給薩滿）

司香舉臺、瑂授於司祝。

amsun i taigiyasa（司胙太監們）emu ulgiyan be tukiyeme.（擡著一豬）uce ci dosimbufi.（從房門進去了）kuk'an i fejile（炕沿下）uju be wargi baru forobume sindambi.（將頭向著西放）

司俎太監等，舁一豬，入門，置炕沿下，首西向。

amsun i manju emu niyalma（司胙滿洲一人）emu bethe bukdame niyakūrafi.（彎曲著一腿跪了）ulgiyan be gidambi（壓倒豬）

司俎滿洲一人，屈一膝跪，按其豬。

amsun i janggin. amsun i urse【34b】da taigiyan. taigiyasa（司胙官、眾司胙、首領太監、太監們）tenggeri fifan fitheme.（彈著三絃、琵琶）carki tūme.（打著扎板）falanggū forime.（擊著掌）

司俎官及司俎首領太監、內監等，奏三絃、琵琶，鳴拍板，拊掌。

saman kuk'an i fejile ilan jergi bukdaha fulgiyan jafu de（薩滿在炕沿下折了三次的紅氈上）wargi julergi baru ešeme niyakūrafi.（斜著向西南跪了）hūntahan taili be tukiyefi（舉了杯子、托碟）

司祝跪於炕沿下三折紅氈上，斜向西南，舉臺、琖。

emu mudan gingnere de.（獻一次時）amsun i urse an i orolombi.（眾司胙照常眾呼鄂囉羅）
獻酒一次，司俎等照前歌鄂囉羅。

gingnefi（獻了）saman jalbarifi.（薩滿禱祝了）juwe hūntahan i nure be emu hūntahan de tebufi.（將二杯酒裝在一杯裏）
獻畢，司祝致禱，以二琖酒合注一琖中。

amsun i manju ulgiyan i šan be tatame.（司胙滿洲拉著豬耳）saman ulgiyan i šan de jungšun【35a】suitafi.（薩滿灌了酒水在豬耳裏）
司俎滿洲執豬耳，司祝灌酒於豬耳內。

hūntahan taili be（將杯子、托碟）hiyan i da de amasi bufi（給在後面的司香長）emgeri hengkilembi.（叩頭一次）tenggeri fifan carki taka ilimbi.（三絃、琵琶、扎板暫時停止）
以臺、琖授司香，一叩頭，三絃、琵琶、拍板暫止。

amsun i manju ulgiyan i uncehen be jafame.（司胙滿洲拿著豬尾）uju be dergi baru šurdeme sindaha manggi.（將頭轉向東放了之後）
司俎滿洲執豬尾，移轉豬首向東，

amsun i taigiyasa ibefi（司胙太監們上前了）ulgiyan be tukiyefi.（擡了豬）toholon buriha amba dere de taka undu sindambi.（暫時直的放在鞔了錫的大桌上）
司俎太監等進前，舁豬，暫順放於包錫大桌上。

hiyan i da hūntahan taili be saman de alibumbi.（司香長呈遞杯子、托碟給薩滿）saman hūntahan taili be alime gaifi.（薩滿接取了杯子、托碟）
司香舉臺、琖授司祝，司祝接受臺、琖。

sirame（接著）ulgiyan be【35b】uce ci dosimbufi.（使豬從房門進入了）nenehe mudan i songkoi（照前次的樣）gingneme（獻著）carkidame.（打著扎板）tenggeri fifan fitheme.（彈著三絃、琵琶）orolome.（眾呼著鄂囉羅）jungšun suitafi.（灌了酒水）emgeri hengkilefi（跪了一次）ilifi（站立了）bederembi.（退回）tenggeri fifan carki nakafi.（三絃、琵琶、扎板停止了）geren ilifi（眾人站立了）bederembi.（退回）
舁第二豬入門，獻酒、灌酒如前儀。

toholon buriha amba dere de（在鞔了錫的大桌上）juwe ulgiyan i uju be gemu wargi baru forobume（將二豬的頭都向著西）hetu sindafi（橫放了）silgimbi.（「省」）
以包錫大桌上二豬，俱令首西向橫放，省之。

dere tome juwe amsun i hehesi（每桌二司胙婦人）toholon dokomiha oton be tukiyefi（擡了錫裏整木槽盆）senggi alime gaimbi.（接取血）

每桌前，令司俎婦人二，舉錫裏木槽盆接血。

hiyan i hehesi jafu be bargiyambi.（司香婦人們收起氈）cinuhūn【36a】simenggilehe golmin den dere be ibebufi（使上了銀硃漆的長高桌上前了）wargi nagan[nahan] i juleri sindambi.（放西炕前）

司香婦人撤去氈，進紅漆長高桌，設於西炕前。

ulgiyan i senggi aliha oton be ibebufi.（使接了豬血的整木槽盆上前了）den dere de dobombi.（供在高桌上）

以接血木槽盆，列高桌上。

doboho efen nure be bederebumbi.（撤回所供的餑餑、酒）

撤去所供餑、酒。

ulgiyan tekdeke manggi.（豬「氣息」之後）amsun i urse ulgiyan be derei ici（眾司胙將豬順桌）uju be julergi baru forobume undu sindafi.（將頭向著南直放了）

豬氣息後，司俎等轉豬首順桌，向南直放，

sukū fuyefi.（剝了皮）farsilame meileme delhebufi.（割開了卸骨成塊）amba mucen de bujumbi.（在大鍋裏煮）

去其皮，按節解開，煮於大鍋內。

uju. fatha. uncehen be fuyerakū.（頭、蹄、尾不剝皮）funiyehe be fucihiyalafi（燎了毛）wašafi（「燖」了）šolofi（燒炙了）【36b】inu amba mucen de bujumbi.（也在大鍋裏煮）

頭、蹄及尾，俱不去皮，惟燎毛，燖淨，亦煮於大鍋內。

duha do be toholon dokomiha oton de tebufi.（將內臟裝在錫裏整木槽盆）tucibufi（拿出了）hūwa de bolgo obume dasafi（在院裏整理了使潔淨）

以臟腑置於錫裏木槽盆，舁出，院內整理潔淨。

dosimbuha manggi.（收進了之後）senggi oton be（將〔裝〕血整木槽盆）na de sindafi.（放在地上）

舁進，以盛血木槽盆就地安置。

amsun i manju emu niyalma ibefi.（司胙滿洲一人就位了）den derei juleri（高桌前）emu bethe bukdame niyakūrafi.（彎曲著一腿跪了）

司俎滿洲一人進，於高桌前屈一膝跪，

duha de senggi tebufi.（灌了血在腸裏）inu mucen de sindafi bujumbi.（也放在鍋裏煮）
灌血於腸，亦煮鍋內。

amsun i taigiyasa（司胙太監們）sukū be. sukū tebure oton de sindafi.（將皮放在裝皮的
整木槽盆裏）toholon buriha juwe amba dere be【37a】tucibumbi.（將鞔了錫的二大桌
拿出去）
司俎太監等，置皮於盛皮木槽盆內，撤去包錫大桌二。

silhi fathai wahan be（將膽、蹄甲）cinuhūn simenggilehe ajige mooi fila de tebufi.（裝在
上了銀硃漆的小木碟裏）nagan[nahan] de sindaha amba fangkala derei amargi ergi ujan
de sindambi.（放在炕上所放大矮桌的北邊端上）
仍以膽與蹄甲，貯紅漆小木碟內，置於炕上所設之大低桌北首邊上。

yali urehe manggi.（肉熟了之後）amsun i yali emu moro gūwaššafi.（祭神肉切成小塊
一碗）
俟肉熟時，細切胙肉一椀，

sabka emu juru sindafi.（放了筯一雙）amba fangkala derei dulimbade dobombi.（供在大
矮桌的中央）
設筯一雙，供於大低桌正中。

juwe ulgiyan i yali be（將二豬的肉）juwe toholon dokomiha oton de.（在二錫裏整木槽
盆裏）ulgiyan i fihe suksaha be duin hošo de.（豬的前腿、後腿在四角）
以二豬之肉分置二錫裏木槽盆內，前、後腿分設四角，

tunggen be juleri.（以胸骨在前）uca be amala.（以尾骨在後）ebci be【37b】juwe
dalbade（以肋骨在兩旁）acabume faidafi.（合併排列了）oilo ulgiyan i uju sindafi.（上
面放了豬頭）
胸膛向前，尾椿向後，肋列兩旁合湊畢，置豬首於上。

kangsiri de delihun be nimenggi nisihai gulhun sindame.（將脾臟連油脂整個放在鼻樑
上）weceku i baru forome（向著神主）golmin den dere de dobombi（供在長高桌上）
復以臁胋連油，整置於鼻柱上，供於神位前長高桌。

hiyan i da hiyan dabumbi.（司香長點香）fulgiyan suri i soriha be（以紅綢的馬尾上拴的
綢條）nadanju juru jusdan[justan] be（將七十對條子）amba fangkala dere de sindambi.
（放在大矮桌上）
司香點香，取縛馬鬃尾紅綢條七十對，置於大低桌上。

hiyan i hehesi fulgiyan jafu sektefi.（司香婦人們鋪了紅氈）emu hiyan i da emu moro jancuhūn

nure tukiyeme.（一司香長捧著一碗甜酒）emu【38a】hiyan i da emu untuhun moro tukiyeme.
（一司香捧著一空碗）sasa ibefi（一齊就位了）iliha manggi.（站立了之後）
司香婦人鋪紅氈，一司香舉醴酒椀，一司香舉空椀，齊進，立。

hiyan i da hūntahan taili be saman de alibumbi.（司香長呈遞杯子、托碟給薩滿）saman
ibefi（薩滿就位了）niyakūrafi.（跪了）ilan mudan nure gingnembi.（獻酒三次）
又一司香舉臺琖授司祝，司祝進，跪，獻酒三次。

ere gingnere de.（此獻時）nure gingnere.（酒獻的）halara.（換的）tebure.（斟的）
是獻也，凡獻酒、換琖、注酒，

jai amsun i taigiyasa tenggeri fifan fithere.（以及司胙太監們彈三絃、琵琶的）amsun i
urse carki tūre.（眾司胙打扎板的）
及司胙太監等奏三絃、琵琶，司胙等鳴拍板，

amsun i manju falanggū forire.（司胙滿洲鼓掌的）ilan mudan ororlorongge.（三次眾呼
鄂囉羅者）gemu nenehe songko.（都同先前的樣）
司胙滿洲拊掌，歌鄂囉羅三次，俱如前儀。

ilan mudan gingnehe manggi.（獻了三次之後）hūntahan taili be（將杯子、托碟）
【38b】hiyan i da de amasi bufi.（給在後面的司香長）emgeri hengkilefi（叩頭了一次）
ilifi.（站立了）giogin arambi.（合掌）
三獻畢，以臺、琖授於司香，一叩頭，興，合掌致敬。

dasame niyakūrafi（復跪了）forobume hengkilefi（祝贊著叩頭了）ilifi.（站立了）
復跪祝叩頭，興。

dere ci soriha be gaifi.（從桌上拿了馬尾上拴的綢條）hiyan i fila de fangšame jalbarifi
（在香碟上燻著禱祝了）amsun i janggin de bumbi.（給司胙官）
取桌上縛馬鬃尾綢條，於香碟上薰禱，授司胙官。

amsun i janggin. adun i jurgan i hiyasa de afabufi（司胙官交給了上駟院侍衛們）geren
heren de dendeme bumbi.（分給眾馬廄）
司胙官授上駟院侍衛等，分給各廄。

wecehe yali be alikūlafi（將跳神的肉裝盤了）derei juleri jergi jergi faidame sindambi.（桌
前按次陳設）
祭肉皆盛於盤內，桌前挨次擺列，

adun i jurgan i ambasa. hiyasa. hafasa. guwan[1] i da 【39a】 guwan i niyalma be dosimbufi（使上駟院大臣們、侍衛們、官員們、廄長、廄丁進去了）ulebumbi.（給吃）
令上駟院大臣、侍衛、官員、廄長、廄丁等進內，食之。

ulebuhe manggi.（給吃了之後）amsun i taigiyasa sukū giranggi be tucibufi（司胙太監們拿出了皮、骨）sukū nimenggi be adun i jurgan de bumbi.（將皮、油脂給上駟院）
食畢，司俎太監等撤出皮、骨，皮、油給上駟院。

giranggi. silhi fathai wahan. lakiyaha hoošan be（將骨、膽、蹄甲、所掛的紙）amsun i janggin gaifi（司胙官取了）bolgo bade gamafi（拿去潔淨處）tekdebufi（焚化了）bira de maktambi.（拋於河）
骨、膽、蹄甲，並所掛淨紙，司俎官送潔淨處，化而投之於河。

mengse be hetefi.（捲起了幔子）juwe hiyan i fila be dosimbufi.（使二香碟進去了）guwan mafa endurin de doboro hiyan i fila emke be suwaliyame（連同著在關老爺神供的香碟一件）
隨將神幔收捲，其二香碟，並關帝神像前所供香碟一，

cinuhūn simenggilehe hacingga bocoi ilha niruha 【39b】gocima derei ninggu i dergi ergi gencehen de dobombi.（供在上了銀硃漆、畫了各種顏色花的抽屜桌上的東邊邊緣）
皆供於繪花紅漆抽屜桌之東邊。

yamji（晚上）weceku de wecere de.（給神主跳神時）neneme yacin bocoi simenggilehe golbon de（先在上了黑色漆的架子上）yacin suje de fulgiyan. giltasikū kubuhe mengse hūwaitambi.（綁鑲了紅片金的青緞幔子）
其夕祭神儀，預將鑲紅片金青緞神幔，繫於黑漆架上。

golbon i mulu i wargi ergide（在架樑的西邊）amba ajige honggon nadan be suwayan elgin[ilgin] ulifi.（用黃皮穿了大、小神鈴七）šajilan cikten i dube de hūwaitafi lakiyambi.（綁了懸掛在樺木幹梢上）
用黃色皮條穿大、小鈴七枚，繫樺木桿梢，懸於架梁之西。

nikeku sindame weilehe yacin bocoi simenggilehe 【40a】teku be（將所做的放著靠背、上了黑色漆的底座）mengse i dergi ergide dobombi.（供在幔子的東邊）
其黑漆神座，供於神幔之東。

amargi nagan[nahan] de（在北炕上）cinuhūn simenggilehe amba fangkala dere juwe

---

1 「guwan」，意為「柵欄」。見胡增益主編，《新滿漢大詞典》（烏魯木齊：新疆人民出版社，1994年），頁369，「guwan」條。

sindafi（放上了銀硃漆的大矮桌二）

北炕上設紅漆大低桌二，

hiyan i fila sunja. jancuhūn nure sunja hūntahan. tūme efen mudan uyun alikū be（將香碟五、甜酒五杯，打糕、搓條餑餑九盤）derei ninggude dobombi.（供在桌上）kuk'an i fejile jancuhūn nure emu malu dobombi.（炕沿下供甜酒一瓶）

桌上供香碟五，醴酒五琖，打餻、搓條餑餑九盤，炕沿下供醴酒一罇。

doigonde（預先）amsun i taigiyasa（司俎太監們）dere sindarangge（放桌子者）erde【40b】wecehe songko.（同清晨跳神的樣）

司俎太監等設桌，如朝祭儀。

erin ome（屆時）ulgiyan be dosimbufi（使豬進去了）an i bade sindambi.（放在平常之處）

屆時，進豬，置於常放之處。

hiyan i da hiyan dabumbi.（司香長點香）hiyan i hehesi saman i samdara de tere yacin bocoi simenggilehe mulan be（司香婦人們將薩滿跳神時坐的上了黑色漆的杌子）weceku i juleri sindambi.（放在神主前）

司香點香，司香婦人以司祝祝禱時所坐黑漆杌，置神位前。

amsun i taigiyan（司俎太監）tungken be tehe nisihai（將鼓連架）mulan i teisu sindambi.（放杌子的對面）

司俎太監以鼓連架，近杌安置。

saman alha hūsihan hūwaitafi（薩滿綁了閃緞裙）siša umiyelefi.（束了腰鈴）untun gisun jafafi.（拿了手鼓、鼓槌）【41a】weceku i juleri ibeme.（神主之前上前著）

司祝繫閃緞裙、束腰鈴、執手鼓，進於神位前。

amsun i juwe taigiyan ibefi（司俎二太監就位了）wargi baru forome ilifi.（向著西站立了）emu taigiyan tungken tūme.（一太監打著鼓）emu taigiyan carki tūmbi.（一太監打扎板）

司俎太監二人進，西向立，一太監擊鼓，一太監鳴拍板。

saman neneme weceku i baru forome（薩滿先向著神主）mulan de tefi（在杌子上坐了）untušeme jarime solire de.（打著手鼓、念著神歌召請時）

司祝先向神位，坐於杌上，擊手鼓、誦請神歌祈請，

tungken tūre taigiyan（打鼓的太監）emu galai untun de acabume（一手和著手鼓）

tungken emtenggeri tūmbi.（打鼓一次）
擊鼓太監一手擊鼓一點，以和手鼓。

saman ilifi（薩滿站立了）sucungga mudan amasi sosorome（初次向後倒退著）
midaljame samdara de.（搖擺著跳神時）
司祝拱立，初次向後盤旋，蹲步祝禱，

tungken tūre taigiyan（打鼓的太監）juwe galai untun de【41b】acabume（兩手和著手
鼓）tungken ilanggeri tūmbi（打鼓三次）
擊鼓太監雙手擊鼓三點，以和手鼓。

saman julesi ibeme（薩滿向前上前著）midaljame samdara de.（搖擺著跳神時）
司祝復盤旋，蹲步前進祝禱，

tungken tūre taigiyan（打鼓的太監）juwe galai untun de acabume（兩手和著手鼓）
tungken sunjanggeri tūmbi.（打鼓五次）
擊鼓太監雙手擊鼓五點，以和手鼓。

saman ilifi.（薩滿站立了）sucungga mudan jarime jalbarire de.（初次念著神歌禱祝
時）tungken sunjaggeri tūmbi.（打鼓五次）carki ilanggeri acabume tūmbi.（扎板和著
打三次）
司祝拱立，初次誦請神歌，擊鼓五點，拍板三鳴以和之。

jai mudan amasi sosorome（再次向後倒退著）julesi ibeme（向前上前著）midaljame
samdara de.（搖擺著跳神時）tungken teile nadanggeri tūmbi.（只有打鼓七次）
二次向後、向前盤旋，蹲步祝禱，惟擊鼓七點。

saman ilifi（薩滿站立了）jarime jalbarire de.（念著神歌禱祝時）tungken an i
sunjanggeri. carki ilanggeri tūmbi（仍打鼓五次、扎板三次）
司祝拱立，誦神歌以禱，仍擊鼓五點，拍板三鳴。

ilaci mudan【42a】samdara de.（第三次跳神時）inu tungken teile juwan emtenggeri tūmbi
（也只有打鼓十一次）
三次祝禱，亦惟擊鼓十一點。

saman ilifi.（薩滿站立了）ilaci mudan jarime jalbarire de.（第三次念著神歌禱祝時）
tungken duinggeri tūme.（打著鼓四次）
司祝拱立，三次誦神歌以禱，鼓擊四點。

wajime de（末尾時）juwe gisun be emtenggeri hiyahambi.（將兩鼓槌交叉一次）carki an i ilanggeri acabume tūmbi.（扎板仍和著打三次）

末以雙槌交擊一次，拍板仍三鳴，以和之。

ilaci mudan jarime jalbarime wajiha manggi.（第三次念著神歌禱祝完畢了之後）saman samdara de.（薩滿跳神時）tungken teile duinggeri（只有鼓四次）ilan mudan tūfi（打了三遍）nakafi（停止了）bederembi.（退回）

三次誦神歌禱畢，司祝祝禱時，惟擊鼓四點，三鼓而止，退。

saman untun gisun be（薩滿將手鼓、鼓槌）hiyan i hehesi de amasi bufi.（給在後面的司香婦人們）hūsihan siša be sumbi.（脫裙、腰鈴）

司祝以手鼓授司香婦人，釋閃緞裙、腰鈴。

hiyan i hehesi fulgiyan【42b】jafu be sektembi.（司香婦人們鋪紅氈）

司香婦人鋪紅氈。

hiyan i hehesi saman i hengkilere ajige fangkala dere be sindambi.（司香婦人們放薩滿叩頭的小矮桌）saman forobume hengkilembi.（薩滿祝贊著叩頭）

司香婦人復設司祝叩頭小低桌，司祝禱祝叩頭。

hengkilehe manggi（叩頭了之後）nure malu be bolgo wadan dasimbi.（酒瓶以潔淨的蓋布遮蓋）

畢，酒罇以淨袱羃之。

hiyan i hehesi jafu be ilan jergi bukdame hetefi.（司香婦人們將氈捲起了折三次）kuk'an i hanci sektembi.（鋪在炕沿附近）

司香婦人斂氈三折之，鋪於近炕沿處。

jancuhūn nure emu moro hūntahan emke be（將甜酒一碗、杯子一個）kuk'an de sindambi.（放在炕沿上）

置醴酒一椀、空琖一，於炕沿上。

amsun i taigiyasa ulgiyan be tukiyeme（司胙太監們擡著豬）uce ci dosimbufi.（從房門進入了）kuk'an i fejile（炕沿下）uju be amargi baru forobume sindambi.（將頭向著北放）

司俎太監等，舁豬入門，置炕沿下，首北向。

amsun i【43a】manju emu niyalma（司胙滿洲一人）emu bethe bukdame niyakūrafi（彎曲著一腿跪了）ulgiyan be gidambi.（壓倒豬）

司俎滿洲一人，屈一膝跪，按其豬。

saman kuk'an i fejile ilan jergi bukdaha fulgiyan jafu de（薩滿在炕沿下折了三次的紅氈

上）dergi amargi baru ešeme niyakūrafi.（斜著向東北跪了）
司祝跪於炕沿下三折紅氈上，斜向東北。

nurei moro ci（從酒碗）hūntahan de nure tebufi.（斟了酒在杯裏）tukiyefi（捧了）
jalbarifi（禱祝了）
從盛酒椀內，把酒注於琖中，舉捧禱祝。

amsun i manju ulgiyan i šan be tatame（司胙滿洲拉著豬耳）saman ulgiyan i šan de
jungšun suitafi.（薩滿灌了酒水在豬耳裏）
司俎滿洲執猪耳，司祝灌酒於豬耳內。

hūntahan be kuk'an de sindafi（將杯子放在炕沿）emgeri hengkilembi.（叩頭一次）
以琖置炕沿，一叩頭。

amsun i manju ulgiyan i uncehen be jafafi.（司胙滿洲拿了豬尾）uju be【43b】julergi baru
šurdeme sindaha manggi.（將頭轉向南放了之後）
司俎滿洲執猪尾，移轉豬首向南，

amsun i taigiyasa ibefi.（司胙太監們上前了）ulgiyan be tukiyefi.（擡了豬）toholon
buriha amba dere de taka undu sindambi.（暫時直的放在鞔了錫的大桌上）
司俎太監等進前，舁豬，暫順放於包錫大桌上。

saman niyakūrahai（薩滿只管跪）nurei moro ci（從酒碗）hūntahan de nure tebumbi.
（斟酒在杯裏）
司祝跪，從盛酒椀內，把酒注於琖中。

sirame（接著）ulgiyan be uce ci dosimbufi.（使豬從房門進入了）nenehe mudan i
songkoi（照前次的樣）gingnefi（獻了）jalbarifi.（禱祝了）jungšun suitafi.（灌了酒
水）emgeri hengkilefi.（叩頭了一次）ilifi（站立了）bederembi（退回）
舁第二豬入門，仍如前儀獻酒，禱祝，灌酒畢，一叩頭，興，退。

juwe ulgiyan be toholon buriha amba dere de（將二豬在鞔了錫的大桌上）gemu wargi
baru forobume sindafi（都向著西放了）silgimbi.（「省」）
置豬於包錫大桌上二豬，俱令首西向，省之。

dere tome juwe【44a】amsun i hehesi（每桌二司胙婦人）toholon dokomiha oton be
tukiyefi（擡了錫裏整木槽盆）senggi alime gaimbi.（接取血）
每桌前，令司俎婦人二，舉錫裏木槽盆接血。

hiyan i hehesi jafu be bargiyambi.（司香婦人等將氈收起）cinuhūn simenggilehe golmin den dere be ibebufi.（使上了銀硃漆的長高桌上前了）amargi nagan[nahan] i juleri sindambi.（放北炕的前面）

司香婦人撤去甑，進紅漆長高桌，設於北炕前。

toholon dokomiha senggi oton be（將錫裏〔接〕血整木槽盆）golmin den dere de dobofi.（在長高桌上供了）

以接血木槽盆列長高桌上。

amba fangkala derei wargi ujan de.（在大矮桌的西端）beibun efen emu alikū funcebufi.（神板上供的餑餑留了一盤）gūwa doboho efen nure be bederebumbi.（使其他所供的餑餑、酒撤回）

撤去大低桌上所供之餻，惟留一盤。

ulgiyan tekdeke manggi.（豬「氣息」之後）amsun i urse ulgiyan be【44b】derei ici（眾司胙將豬順桌）uju be julergi baru forobume undu sindafi（將頭向著南直放了）

豬氣息後，司俎等轉豬首順桌，向南直放。

sukū fuyere.（剝皮的）meileme delhebure.（割開卸骨的）duha do de senggi tebure.（內臟灌血的）bujure.（煮的）toholon buriha amba dere be tuciburengge.（將鞔了錫的大桌拿出者）gemu erde wecehe songko.（都同清晨跳神的樣）

其去皮、節解、灌血腸、煮肉，以及撤出包錫大桌，俱如朝祭儀。

damu silhi fathai wahan be jun de maktafi（只將膽、蹄甲丟棄在竈裏）deijimbi.（焚燒）

惟膽與蹄、甲，於竈內化之。

yali urehe manggi.（肉熟了之後）amsun i yali sunja moro gūwaššafi.（祭神肉切成小塊五碗）

俟肉熟時，細切胙肉五椀，

moro tome emu juru sabka sindafi.（每碗放了筯一雙）nagan[nahan] i juwe amba fangkala dere de dobombi（供在炕上的二大矮桌上）

每椀設筯一雙，供於炕上二大低桌之上。

juwe ulgiyan be【45a】juwe toholon dokomiha mooi oton de（將二豬在二錫裏木槽盆中）erde doboho songkoi（照清晨所供的樣）faidame tebufi.（擺設著裝了）

以二豬之肉，分置二錫裏木槽盆內，如朝祭儀。

weceku i baru forome golmin den dere de（在向著神主的長高桌上）doboho manggi.（供了之後）hiyan i da hiyan dabumbi.（司香長點香）

供於神位前長高桌，司香點香。

yacin suri i soriha gūsin juru justan be（將青綢的馬尾上拴的綢條三十對條子）amba fangkala dere de sindambi.（放在大矮桌上）

取縛馬鬃尾青綢條三十對，置於大低桌上。

hiyan i hehesi fulgiyan jafu sektembi.（司香婦人們鋪紅氈）saman ibefi（薩滿就位了）niyakūrafi（跪了）forobume（祝贊著）hengkilefi（叩頭了）giogin araha manggi.（合掌了之後）

司香婦人鋪紅氈，司祝進，跪，祝，叩頭，合掌致敬。

hiyan i hehesi jafu be bargiyafi.（司香婦人們收了毯）saman i tere mulan be（將薩滿坐的杌子）【45b】an i yamji wecere de sindaha bade sindafi.（仍放在晚上跳神時所放之處）

司香婦人收毯，以司祝所坐之杌，置夕祭常放處。

juleri ajige dere sindafi.（前面放了小桌）ajige siša be derei ninggude sindambi.（將小腰鈴放在桌上）

又設小桌，小腰鈴列於桌上。

honggon be derei dergi ergi dalbade nikebume sindafi.（將神鈴在桌的東邊旁邊靠著放了）hiyan i fila i tuwa. dengjan be tucibufi.（拿出了香碟的火、燈）

神鈴置於桌之東，撤出香碟內火並鐙。

jun i tuwa be dasifi.（遮蓋了竈的火）tuibure lamun bosoi dalikū be sarame（打開背燈祭的藍布遮掩物）daliha manggi.（遮蔽了之後）

掩竈內火，展背鐙藍布幕，蔽之。

geren tucifi（眾人出去了）uce be dasimbi.（掩閉房門）

眾俱退出，闔戶。

tungken tūre taigiyan（打鼓的太監）tungken be dalikū i hanci majige ibebumbi.（將鼓略推進遮掩物附近）saman mulan de tefi.（薩滿在杌子上坐了）【46a】

擊鼓太監移鼓於幕前近處，司祝坐於杌上。

sucungga mudan jarime（初次念著神歌）honggon de solire de.（向神鈴召請時）tungken duinggeri tūme.（打著鼓四次）gisun emtenggeri hiyahambi.（鼓槌交叉各一次）carki ilanggeri acabume tūmbi.（扎板和著打三次）

初次誦神歌向神鈴祈請時，擊鼓四點，又雙槌交擊一次，拍板三鳴以和之。

sirame（接著）saman honggon i cikten be jafafi.（薩滿拿了神鈴桿）honggon be toksime（敲著神鈴）jarime jalbarire de.（念著神歌禱祝時）tungken sunjanggeri tūme（打著鼓五次）carki ilanggeri acabume tūmbi.（扎板和著打三次）

次司祝執鈴桿，振鈴誦神歌以禱，擊鼓五點，拍板三鳴以和之。

saman honggon be sindafi.（薩滿放了神鈴）
司祝置神鈴。

sucungga mudan jarime jalbarime（初次念神歌禱祝著）siša de solire de.（向腰鈴召請
時）tungken duinggeri tūfi.（打了鼓四次）gisun emtenggeri hiyahambi（鼓槌交叉一
次）carki acabume ilanggeri tūmbi.（扎板和著打三次）
初次誦神歌向腰鈴祈請，擊鼓四點，又雙槌交擊一次，拍板三鳴，以和之。

saman siša be debsime（薩滿搖著腰鈴）jarime jalbarire de.（念著神歌禱祝時）【46b】
siša de acabume（和著腰鈴）tungken sunjanggeri tūme.（打著鼓五次）carki ilanggeri
acabume tūmbi.（扎板和著打三次）
司祝搖腰鈴、誦神歌以禱，鼓擊五點，拍板三鳴，以和腰鈴之聲。

jalbarime wajiha manggi.（禱祝完畢了之後）tungken ilanggeri tūme.（打著鼓三次）
carki acabume emgeri tūfi（扎板和著打了一次）nakambi.（停止）
禱畢，鼓擊三點，拍板一鳴而止。

tuibure dalikū be hetembi.（捲起背燈祭的遮掩物）uce be neifi.（開了房門）dengjan
be dosimbumbi（使燈進入）
捲起背鐙神幕，開戶，移入鐙火。

yamji wecehe yali be bederebufi.（撤出了晚上跳神的肉）yacin soriha be（將青色馬尾
上拴的綢條）hiyan i fila de fangšame jalbarifi.（在香碟上燻著禱祝了）
撤祭肉，取縛馬鬃尾青綢條，於香碟上薰禱，

adun i jurgan i hiya sade afabufi.（交給了上駟院侍衛們）geren heren de dendeme bumbi.
（分給眾馬廄）
授於上駟院侍衛等，分給各廄。

wecehe yali. sukū. nimenggi efen be suwaliyame（連同著所跳神的肉、皮、油脂、餑
餑）【47a】adun i jurgan i geren urse de enceme bumbi.（放分給上駟院的眾人）
祭肉、皮、油及餻，分給上駟院人等。

mengse be hetembi.（捲起幔子）yamji sunja hiyan i fila be（將晚上五香碟）yacin
simenggilehe hacingga bocoi ilha niruha gocima derei ninggu i julergi ergi gencehen de
dobombi.（供在上了黑漆、畫了各種顏色花的抽屜桌上的南邊邊緣）【47b】
收捲神幔，夕祭香碟五，供於繪花黑漆抽屜桌之南邊。

hesei toktobuha manjusai wecere metere kooli bithe（欽定滿洲祭神祭天典禮）
欽定滿洲祭神祭天典禮

> tuktan ineggi（起初日）yalure morin i jalin.（為騎乘的馬）morin i jalin wecere boode.（在祭馬神的房屋裏）erde wecere de（清晨跳神時）jarime jalbarime forobure gisun.（念著神歌禱祝祝辭）
> 正日，為所乘馬，於祭馬神室中，朝祭誦神歌禱祝辭

abkai juse.（上天之子）fucihi fusa.（佛、菩薩）ejen sefu.（主子、師傅）coohai janggin.（軍隊章京）guwan i beise.（關貝子）
上天之子，佛及菩薩，大君先師，三軍之帥，關聖帝君。

tere aniyangga osokon[osohon] beye i（某屬相年小的本人的）wei morin i jalin wececi.（為誰的馬跳神）wei banjiha da aniya be hūlambi.（則呼誰的本生年）
某年生小子，為某人之馬祭，則呼某人本生年。

yalure morin i julefun gingnembi.（為替騎乘的馬獻）
今為所乘馬敬祝者。

mulu jafafi mukdembu.（抓了背脊使騰起）delun jafafi dekdembu.（抓了脖鬃使飛起）
撫脊以起兮，引鬣以興兮。

edun ukiyeme eibibu[aibibu].（喝著風使腫脹）talman usihiyeme tarhūmbu.（啜著霧使肥壯）【48a】
嘶風以奮兮，噓霧以行兮。

orho jeme aitubu.（吃著草使復原）suiha saime sakdambu.（咬著艾使變老）
食草以壯兮，齧艾以騰兮。

ulan sangga de ume tuhenebure.（不要墮入溝洞）hūlha holo de ume ucarabure.（不要遇到盜賊）
溝穴其弗蹈兮，盜賊其無攖兮。

enduri eršeki.（請神明照看）weceku wehiyeki.（請神主扶佑）
神其眷我，神其佑我。

> erde ulgiyan de jungšun suitara de（清晨給豬灌酒水時）jalbarire gisun.（禱辭）
> 朝祭灌酒於豬耳禱辭

abkai juse.（上天之子）coohai janggin.（軍隊章京）guwan i beise.（關貝子）
上天之子，三軍之帥，關聖帝君。

tere aniyangga osokon[osohon] beye i（某屬相年小的本人的）wei morin i jalin wececi.（為誰的馬跳神）wei banjiha da aniya be hūlambi.（則呼誰的本生年）

某年生小子，為某人之馬祭，則呼某人本生年。

yalure morin i julefun（為替騎乘的馬）gingnere šusu be（以獻的「犧牲」）urgun sain i alime gaiki.（請以喜善領受）【48b】

今為所乘馬，敬獻粢盛，嘉悅以享兮。

> erde yali doboro de（清晨供肉時）forobure gisun.（祝辭）
> 朝祭供肉祝辭

abkai juse.（上天之子）coohai janggin.（軍隊章京）guwan i beise.（關貝子）

上天之子，三軍之帥，關聖帝君。

tere aniyangga osokon[osohon] beye i（某屬相年小的本人的）wei morin i jalin wececi.（為誰的馬跳神）wei banjiha da aniya be hūlambi.（則呼誰的本生年）

某年生小子，為某人之馬祭，則呼某人本生年。

yalure morin i julefun gingnembi.（為替騎乘的馬獻）

今為所乘馬敬祝者。

mulu jafafi mukdembu.（抓了背脊使騰起）delun jafafi dekdembu.（抓了脖鬃使飛起）

撫脊以起兮，引鬣以興兮。

edun ukiyeme eibibu[aibibu].（喝著風使腫脹）talman usihiyeme tarhūmbu.（啜著霧使肥壯）

嘶風以奮兮，噓霧以行兮。

orho jeme aitubu.（吃著草使復原）suiha saime sakdambu.（咬著艾使變老）

食草以壯兮，齧艾以騰兮。

ulan sangga de ume tuhenebure.（不要墮入溝洞）hūlha holo de ume ucarabure.（不要遇到盜賊）

溝穴其弗蹈兮，盜賊其無攖兮。

enduri eršeki.（請神明照看）weceku wehiyeki.（請神主扶佑）【49a】

神其眷我，神其佑我。

> yamji wecere de（晚上跳神時）mulan de tefi（在杌子上坐了）jarime solire gisun.（念著神歌召請辭）
> 夕祭坐於杌上，誦神歌祈請辭

abka ci wasika ahūn i niyansi（從天而降阿琿的年錫）šun ci tucike siren i niyansi.（從日分出的年錫）niyansi enduri.（年錫神）

自天而降，阿琿年錫之神；與日分精，年錫之神，年錫惟靈。

ancun ayara.（安春阿雅喇）muri muriha.（穆哩穆哩哈）nadan daihūn.（納丹岱琿）narhūn hiyancu.（納爾琿軒初）enduri senggu.（恩都哩僧固）baiman janggin.（拜滿章京）nadan weihuri.（納丹威瑚哩）endu monggolo.（恩都蒙鄂樂）katun noyan.（喀屯諾延）

安春阿雅喇，穆哩穆哩哈，納丹岱琿，納爾琿軒初，恩都哩僧固，拜滿章京，納丹威瑚哩，恩都蒙鄂樂，喀屯諾延。

tere aniyangga osokon[osohon] beye i（某屬相年小的本人的）wei morin i jalin wececi.（為誰的馬跳神）wei banjiha da aniya be hūlambi.（則呼誰的本生年）

某年生小子，為某人之馬祭，則呼某人本生年。

yalure morin i julefun gingnembi.（為替騎乘的馬獻）

今為所乘馬敬祝者。

mulu jafafi mukdembu.（抓了背脊使騰起）delun jafafi dekdembu.（抓了脖鬃使飛起）【49b】

撫脊以起兮，引鬣以興兮。

edun ukiyeme eibibu[aibibu].（喝著風使腫脹）talman usihiyeme tarhūmbu.（啜著霧使肥壯）

嘶風以奮兮，噓霧以行兮。

orho jeme aitubu.（吃著草使復原）suiha saime sakdambu.（咬著艾使變老）

食草以壯兮，齧艾以騰兮。

ulan sangga de ume tuhenebure.（不要墮入溝洞）hūlha holo de ume ucarabure.（不要遇到盜賊）

溝穴其弗蹈兮，盜賊其無攖兮。

enduri eršeki.（請神明照看）weceku wehiyeki.（請神主扶佑）

神其眤我，神其佑我。

　　　　ujui mudan（首次）jarime jalbarire gisun.（念著神歌禱辭）
　　　　初次誦神歌禱辭

nadan daihūn.（納丹岱琿）narhūn hiyancu.（納爾琿軒初）

納丹岱琿，納爾琿軒初。

tere aniyangga osokon[osohon] beye i（某屬相年小的本人的）wei morin i jalin wececi.（為誰的馬跳神）wei banjiha da aniya be hūlambi.（則呼誰的本生年）

某年生小子，為某人之馬祭，則呼某人本生年。

yalure morin i julefun gingnembi.（為替騎乘的馬獻）

今為所乘馬敬祝者。

mulu jafafi mukdembu.（抓了背脊使騰起）delun jafafi dekdembu.（抓了脖鬃使飛起）

撫脊以起兮，引鬐以興兮。

edun ukiyeme eibibu[aibibu].（喝著風使腫脹）talman usihiyeme tarhūmbu.（啜著霧使肥壯）【50a】

嘶風以奮兮，噓霧以行兮。

orho jeme aitubu.（吃著草使復原）suiha saime sakdambu.（咬著艾使變老）

食草以壯兮，齧艾以騰兮。

ulan sangga de ume tuhenebure.（不要墮入溝洞）hūlha holo de ume ucarabure.（不要遇到盜賊）

溝穴其弗蹈兮，盜賊其無攖兮。

enduri eršeki.（請神明照看）weceku wehiyeki.（請神主扶佑）

神其眖我，神其佑我。

jai mudan（再次）jarime jalbarire gisun.（念著神歌禱辭）

二次誦神歌禱辭

enduri senggu.（恩都哩僧固）senggu enduri.（僧固恩都哩）

恩都哩僧固，僧固恩都哩。

tere aniyangga osokon[osohon] beye i（某屬相年小的本人的）wei morin i jalin wececi.（為誰的馬跳神）wei banjiha da aniya be hūlambi.（則呼誰的本生年）

某年生小子，為某人之馬祭，則呼某人本生年。

yalure morin i julefun gingnembi.（為替騎乘的馬獻）

今為所乘馬敬祝者。

mulu jafafi mukdembu.（抓了背脊使騰起）delun jafafi dekdembu.（抓了脖鬃使飛起）

撫脊以起兮，引鬐以興兮。

edun ukiyeme eibibu[aibibu].（喝著風使腫脹）talman usihiyeme tarhūmbu.（啜著霧使肥壯）

嘶風以奮兮，噓霧以行兮。

orho jeme aitubu.（吃著草使復原）suiha saime sakdambu.（咬著艾使變老）

食草以壯兮，齧艾以騰兮。

ulan sangga de【50b】ume tuhenebure.（不要墮入溝洞）hūlha holo de ume ucarabure.（不要遇到盜賊）

溝穴其弗蹈兮，盜賊其無攖兮。

enduri eršeki.（請神明照看）weceku wehiyeki.（請神主扶佑）

神其覗我，神其佑我。

> wajime mudan（末次）jarime jalbarire gisun.（念著神歌禱辭）
> 末次誦神歌禱辭

baiman janggin.（拜滿章京）nadan weihuri.（納丹威瑚哩）endu monggolo.（恩都蒙鄂樂）katun noyan.（喀屯諾延）

拜滿章京，納丹威瑚哩，恩都蒙鄂樂，喀屯諾延。

tere aniyangga osokon[osohon] beye i（某屬相年小的本人的）wei morin i jalin wececi.（為誰的馬跳神）wei banjiha da aniya be hūlambi.（則呼誰的本生年）

某年生小子，為某人之馬祭，則呼某人本生年。

yalure morin i julefun gingnembi.（為替騎乘的馬獻）

今為所乘馬敬祝者。

mulu jafafi mukdembu.（抓了背脊使騰起）delun jafafi dekdembu.（抓了脖鬃使飛起）

撫脊以起兮，引鬣以興兮。

edun ukiyeme eibibu[aibibu].（喝著風使腫脹）talman usihiyeme tarhūmbu.（啜著霧使肥壯）

嘶風以奮兮，噓霧以行兮。

orho jeme aitubu.（吃著草使復原）suiha saime sakdambu.（咬著艾使變老）

食草以壯兮，齧艾以騰兮。

ulan sangga de ume【51a】tuhenebure.（不要墮入溝洞）hūlha holo de ume ucarabure.（不要遇到盜賊）

溝穴其弗蹈兮，盜賊其無攖兮。

enduri eršeki.（請神明照看）weceku wehiyeki.（請神主扶佑）
神其貺我，神其佑我。

jarime samdaha manggi（念著神歌跳神了之後）niyakūrafi（跪了）forobure gisun.（祝辭）
誦神歌禱祝後，跪祝辭

abkai juse.（上天之子）niyansi enduri.（年錫神）ancun ayara.（安春阿雅喇）muri muriha.（穆哩穆哩哈）nadan daihūn.（納丹岱琿）narhūn hiyancu.（納爾琿軒初）enduri senggu.（恩都哩僧固）baiman janggin.（拜滿章京）nadan weihuri.（納丹威瑚哩）endu monggolo.（恩都蒙鄂樂）katun noyan.（喀屯諾延）
上天之子，年錫之神，安春阿雅喇，穆哩穆哩哈，納丹岱琿，納爾琿軒初，恩都哩僧固，拜滿章京，納丹威瑚哩，恩都蒙鄂樂，喀屯諾延。

tere aniyangga osokon[osohon] beye i（某屬相年小的本人的）wei morin i jalin wececi.（為誰的馬跳神）wei banjiha da aniya be hūlambi.（則呼誰的本生年）
某年生小子，為某人之馬祭，則呼某人本生年。

yalure morin i julefun gingnembi.（為替騎乘的馬獻）
今為所乘馬敬祝者。

mulu jafafi mukdembu.（抓了背脊使騰起）delun jafafi dekdembu.（抓了脖鬃使飛起）
撫脊以起兮，引鬣以興兮。

edun ukiyeme【51b】eibibu[aibibu].（喝著風使腫脹）talman usihiyeme tarhūmbu.（啜著霧使肥壯）
嘶風以奮兮，噓霧以行兮。

orho jeme aitubu.（吃著草使復原）suiha saime sakdambu.（咬著艾使變老）
食草以壯兮，齧艾以騰兮。

ulan sangga de ume tuhenebure.（不要墮入溝洞）hūlha holo de ume ucarabure.（不要遇到盜賊）
溝穴其弗蹈兮，盜賊其無攖兮。

enduri eršeki.（請神明照看）weceku wehiyeki.（請神主扶佑）
神其貺我，神其佑我。

yamji ulgiyan de jungšun suitara de（晚上給豬灌酒水時）jalbarire gisun.（禱辭）
夕祭灌酒於豬耳禱辭

abkai juse.（上天之子）niyansi enduri.（年錫神）ancun ayara.（安春阿雅喇）muri muriha.（穆哩穆哩哈）nadan daihūn.（納丹岱琿）narhūn hiyancu.（納爾琿軒初）enduri senggu.（恩都哩僧固）baiman janggin.（拜滿章京）nadan weihuri.（納丹威瑚哩）endu monggolo.（恩都蒙鄂樂）katun【52a】noyan.（喀屯諾延）

上天之子，年錫之神，安春阿雅喇，穆哩穆哩哈，納丹岱琿，納爾琿軒初，恩都哩僧固，拜滿章京，納丹威瑚哩，恩都蒙鄂樂，喀屯諾延。

tere aniyangga osokon[osohon] beye i（某屬相年小的本人的）wei morin i jalin wececi.（為誰的馬跳神）wei banjiha da aniya be hūlambi.（則呼誰的本生年）

某年生小子，為某人之馬祭，則呼某人本生年。

yalure morin i julefun（為替騎乘的馬）gingnere šusu be（以獻的「犧牲」）urgun sain i alime gaiki.（請以喜善領受）

今為所乘馬，敬獻粢盛，嘉悅以享兮。

yamji yali doboro de（晚上供肉時）forobure gisun.（祝辭）

夕祭供肉祝辭

abkai juse.（上天之子）niyansi enduri.（年錫神）ancun ayara.（安春阿雅喇）muri muriha.（穆哩穆哩哈）nadan daihūn.（納丹岱琿）narhūn hiyancu.（納爾琿軒初）enduri senggu.（恩都哩僧固）baiman janggin.（拜滿章京）nadan weihuri.（納丹威瑚哩）endu monggolo.（恩都蒙鄂樂）katun noyan.（喀屯諾延）

上天之子，年錫之神，安春阿雅喇，穆哩穆哩哈，納丹岱琿，納爾琿軒初，恩都哩僧固，拜滿章京，納丹威瑚哩，恩都蒙鄂樂，喀屯諾延。

tere aniyangga osokon[osohon] beye i（某屬相年小的本人的）wei morin i jalin wececi.（為誰的馬跳神）wei banjiha da aniya be hūlambi.（則呼誰的本生年）

某年生小子，為某人之馬祭，則呼某人本生年。

yalure morin i julefun gingnembi.（為替騎乘的馬獻）【52b】

今為所乘馬敬祝者。

mulu jafafi mukdembu.（抓了背脊使騰起）delun jafafi dekdembu.（抓了脖鬃使飛起）

撫脊以起兮，引鬣以興兮。

edun ukiyeme eibibu[aibibu].（喝著風使腫脹）talman usihiyeme tarhūmbu.（啜著霧使肥壯）

嘶風以奮兮，噓霧以行兮。

orho jeme aitubu.（吃著草使復原）suiha saime sakdambu.（咬著艾使變老）

食草以壯兮，齧艾以騰兮。

ulan sangga de ume tuhenebure.（不要墮入溝洞）hūlha holo de ume ucarabure.（不要遇到盜賊）
溝穴其弗蹈兮，盜賊其無攖兮。

enduri eršeki.（請神明照看）weceku wehiyeki.（請神主扶佑）
神其眖我，神其佑我。

> tuibure de（背燈祭時）ujui mudan honggon de（首次向神鈴）jarime jalbarire
> gisun.（念著神歌禱辭）
> 背鐙祭，初次向神鈴誦神歌祈請辭

je.（哲）irehu je narhūn.（伊呼呼哲納爾琿）
哲，伊呼呼，哲，納爾琿。

uce fa be dalifi（掩蓋了門、窗）solimbi（召請）narhūn.（納爾琿）
掩戶、牖，以迓神兮，納爾琿。

mucen i sukdun. jun i tuwa be【53a】gidafi（隱匿了鍋的氣、竈的火）solimbi（召請）
narhūn.（納爾琿）
息甑、竈，以迓神兮，納爾琿。

soliha be dahame.（因為召請了）soorin de wasiki（請即寶位）narhūn.（納爾琿）
蕭將迎兮，侑坐以俟，納爾琿。

tuibuhe be dahame（因為背燈了）tusergen de wasiki（請就反玷）narhūn.（納爾琿）
祕以祀兮，几筵具陳，納爾琿。

nadan daihūn（納丹岱琿）nanggišame wasiki（請柔順著降下）narhūn.（納爾琿）
納丹岱琿，藹然降兮，納爾琿。

jorgon junggi（卓爾歡鍾依）jorime wasiki（請指示著降下）narhūn.（納爾琿）
卓爾歡鍾依，惠然臨兮，納爾琿。

oron honggon de oksofi（魄在神鈴上邁步了）ebuki（請下來）narhūn.（納爾琿）
感於神鈴兮，來格，納爾琿。

siren honggon de sišafi（蔓在神鈴上蛆拱了）ebuki（請下來）narhūn.（納爾琿）
莅於神鈴兮，來歆，納爾琿。

jai mudan honggon be toksime（再次敲著神鈴）jarime jalbarire gisun.（念著神歌禱辭）

二次搖神鈴誦神歌禱辭

nadan daihūn.（納丹岱琿）narhūn hiyancu.（納爾琿軒初）jorgon junggi.（卓爾歡鍾依）juru【53b】juktehen.（珠嚕珠克特亨）

納丹岱琿，納爾琿軒初，卓爾歡鍾依，珠嚕珠克特亨。

tere aniyangga osokon[osohon] beye i（某屬相年小的本人的）wei morin i jalin wececi.（為誰的馬跳神）wei banjiha da aniya be hūlambi.（則呼誰的本生年）

某年生小子，為某人之馬祭，則呼某人本生年。

yalure morin i julefun gingnembi.（為替騎乘的馬獻）

今為所乘馬敬祝者。

mulu jafafi mukdembu.（抓了背脊使騰起）delun jafafi dekdembu.（抓了脖鬃使飛起）

撫脊以起兮，引鬃以興兮。

edun ukiyeme eibibu[aibibu].（喝著風使腫脹）talman usihiyeme tarhūmbu.（啜著霧使肥壯）

嘶風以奮兮，噓霧以行兮。

orho jeme aitubu.（吃著草使復原）suiha saime sakdambu.（咬著艾使變老）

食草以壯兮，齧艾以騰兮。

ulan sangga de ume tuhenebure.（不要墮入溝洞）hūlha holo de ume ucarabure.（不要遇到盜賊）

溝穴其弗蹈兮，盜賊其無攖兮。

enduri eršeki.（請神明照看）weceku wehiyeki.（請神主扶佑）

神其眖我，神其佑我。

ilaci mudan siša de（第三次向腰鈴）jarime solire gisun.（念著神歌召請辭）

三次向腰鈴誦神歌祈請辭

je.（哲）irehu je gu i šongkon.（伊呼呼哲古伊雙寬）

哲，伊呼呼，哲，古伊雙寬。

tusergen dere be【54a】tukiyefi（擡了反玷桌）solimbi（召請）gu i šongkon.（古伊雙寬）

列几筵兮，以敬迓，古伊雙寬。

šufangga šusu be sindafi（放了湊數的「犧牲」）solimbi（召請）gu i šongkon.（古伊雙寬）

潔粢盛兮，以恭延，古伊雙寬。

soliha be dahame（因為召請了）soorin de wasiki（請即寶位）gu i šongkon.（古伊雙寬）

肅將迎兮，盡敬，古伊雙寬。

tuibuhe be dahame.（因為背燈了）tusergen de wasiki（請就反坫）gu i šongkon.（古伊雙寬）

秘以祀兮，申虔，古伊雙寬。

asha dethe be acinggiyame（翅膀、翅翎搖動著）wasiki（請降下）gu i šongkon.（古伊雙寬）

乘羽葆兮，陟於位，古伊雙寬。

siren siša de sišame（蔓藤、腰鈴蛆拱著）wasiki（請降下）gu i šongkon.（古伊雙寬）

應鈴響兮，降於壇，古伊雙寬。

> duici mudan siša be debsime（第四次搖著腰鈴）jarime jalbarire gisun.（念著神歌禱辭）【54b】
> 四次搖腰鈴誦神歌禱辭

hūlara enduri.（呼喚的神明）solire fisun.（召請的斐孫）anggangga wecehe.（有口者跳神了）ambasa juktehe.（大臣們祀神了）

籲者惟神，迓者斐孫，犧牲既陳，奔走臣隣。

tere aniyangga osokon[osohon] beye i（某屬相年小的本人的）wei morin i jalin wececi.（為誰的馬跳神）wei banjiha da aniya be hūlambi.（則呼誰的本生年）

某年生小子，為某人之馬祭，則呼某人本生年。

yalure morin i julefun gingnembi.（為替騎乘的馬獻）

今為所乘馬敬祝者。

mulu jafafi mukdembu.（抓了背脊使騰起）delun jafafi dekdembu.（抓了脖鬃使飛起）

撫脊以起兮，引鬣以興兮。

edun ukiyeme eibibu[aibibu].（喝著風使腫脹）talman usihiyeme tarhūmbu.（啜著霧使肥壯）

嘶風以奮兮，噓霧以行兮。

orho jeme aitubu.（吃著草使復原）suiha saime sakdambu.（咬著艾使變老）
食草以壯兮，齧艾以騰兮。

ulan sangga de ume tuhenebure.（不要墮入溝洞）hūlha holo de ume ucarabure.（不要遇到盜賊）
溝穴其弗蹈兮，盜賊其無攖兮。

enduri eršeki.（請神明照看）weceku wehiyeki.（請神主扶佑）
神其覗我，神其佑我。【55a】【55b】空白

hesei toktobuha manjusai wecere metere kooli bithe（欽定滿洲祭神祭天典禮）
欽定滿洲祭神祭天典禮

jai inenggi（次日）morin i jalin wecere dorolon i ejehen.（祭馬神儀注）
次日祭馬神儀注

jai inenggi（次日）fusembure adun i jalin.（為使牧群孳生）morin i jalin wecere boode.
（在祭馬神的房屋裏）erde weceku de wecere de.（清晨給神主跳神時）
次日，為牧羣繁息，於祭馬神室中，祭朝祭神。

neneme suwayan suje de fulgiyan giltasikū kubuhe mengse be（先將鑲了紅片金的黃緞幔
子）suwayan bocoi kubon[kubun] i tonggo siberehe futa de ulifi.（用黃色的棉線搓成的
繩穿了）
預將鑲紅片金黃緞神幔，用黃棉線繩穿繫其上，

wargi fiyasha i taibu i julergi amargi juwe ergide（在西山牆樑上的南、北兩邊）hadaha
【56a】selei muheren de（在所釘的鐵環上）juwe ujan be hūwaitame lakiyambi.（將兩頭
綁著懸掛）
懸掛西山牆梁上南、北所釘之二鐵環。

bolgo hoošan juwe afaha be（以淨紙二張）duite jergi bukdafi.（各折了四次）duin jiha
faitafi.（裁切了四錢）mengse i juwe ujan de tuhebume lakiyambi.（垂著懸掛在幔子的
兩頭）
以淨紙二張，各四折，鏤錢四，掛於神幔兩端。

aisin i hoošan latubuha. fucihi i ordo be（將貼了飛金的佛亭）teku nisuhai（連底座）
mengse i julergi ergide dergi baru forome dobofi.（供在幔子的前面向著東）ordo i uce be
neimbi.（開亭門）
舁供佛之鏐金小亭連座，奉安於神幔前東向，啟亭門。

amba nagan[nahan] de（在大炕上）cinuhūn simenggilehe amba fangkala dere juwe sindafi.
（放上了銀硃漆的大矮桌二）
大炕上設紅漆大低桌二，

dere de（在桌上）【56b】hiyan i fila ilan. jancuhūn nure ilan hūntahan tūme efen mudan
uyun alikū be（將香碟三、甜酒三杯，打糕、搓條餑餑九盤）derei ninggude
dobombi.（供在桌上）
桌上供香碟三、醴酒三琖，打餻、搓條餑餑九盤。

kuk'an i fejele（炕沿下）jancuhūn nure emu malu dobombi.（供甜酒一瓶）

炕沿下供醴酒一罇。

malu i juleri fulgiyan jafu sektefi.（酒瓶前鋪了紅氈）nure gingnere golmin fangkala dere sindafi.（放了獻酒的長矮桌）

罇前鋪紅氈，設獻酒長低桌，

derei ninggude juwe suwayan yeherei amba moro sindafi.（桌上放了二黃磁大碗）emu moro de jancuhūn nure tebume.（一碗裝著甜酒）emu moro be untunhun sindambi.（一碗空的放）

桌上列黃磁大碗二，一盛醴酒，一空設。

amsun i taigiyasa（司胙太監們）doigonde dulimbai giyalan i【57a】mucen i teisu（預先在對著中央房間的鍋）toholon buriha cinuhūn simenggilehe juwe amba dere be dosimbufi.（使鞔了錫、上了銀硃漆的二大桌進入了）wargi baru forome.（向著西）juwe jergi obume sindambi.（放成兩列）

司俎太監等，預進包錫紅漆大桌二，設於中間屋內鍋旁，西向，分為二行擺列。

erin ome.（屆時）hiyan i da hiyan dabumbi.（司香長點香）amsun i taigiyasa. amsun i urse（司胙太監們、眾司胙）juwe ulgiyan be dosimbufi.（使二豬進入了）

屆時，司香點香，司俎太監、司俎等，進豬二，

wecere booi ucei tule（跳神房屋的門外）uju be gemu ucei ici（將頭都在房門的右邊）amargi baru forobume（向著北）sindaha manggi.（放了之後）

於祭室門外之右，首皆北向。

tenggeri. fifan fithere juwe amsun i taigiyan.（彈三絃、琵琶的二司胙太監）amsun i【57b】janggin.（司胙官）amsun i niyalma duin.（司胙之人四）da taigiyan emke（首領太監一員）ibefi.（就位了）

奏三絃、琵琶之司俎太監二，司俎官、司俎四、首領太監一，以次進。

tenggeri. fifan juleri.（三絃、琵琶在前）sirame（接著）sunja niyalma faidafi.（五人排列了）

三絃、琵琶在前，次五人排列，

gemu wesihun forome（都向著上）moselame tecefi.（盤著腿同坐了）tenggeri. fifan fitheme.（彈著三絃、琵琶）carki tūmbi.（打扎板）

均向上盤膝坐，奏三絃、琵琶，鳴拍板。

erei amala（其後）amsun i manjusa（司胙滿洲們）emu bethe bukdame niyakūrafi.（彎曲著一腿跪了）falanggū forimbi.（鼓掌）

其後，司俎滿洲等，屈一膝跪，拊掌。

saman nure gingnere derei juleri ibefi（薩滿在獻酒的桌前就位了）niyakūrambi.（跪）
司祝進於獻酒桌前，跪。

hiyan i da hūntahan taili be saman de alibumbi.（司香長呈遞杯子、托碟給薩滿）saman
alime gaifi（薩滿接取了）nure be ninggun mudan gingnembi.（獻酒六次）
司香舉臺、琖授司祝，司祝接受，獻酒六次。

gingnere dari（每獻）gingnehe nure be（將所獻的酒）【58a】untuhun moro de doolafi.
（倒在空碗裏）
每一獻，將所獻之酒注於空椀內，

dasame jancuhūn nure tebuhe moro ci（復從裝了甜酒的碗）ice nure waitame（舀著新
的酒）juwe hūntahan de tebufi（斟在二杯裏）gingnembi.（獻）
復自盛醴酒椀內，把新酒注於二琖中以獻。

gingnere dari（每獻）amsun i urse orolombi.（眾司胙眾呼鄂囉羅）
每一獻，司俎等歌鄂囉羅。

ninggun mudan gingnehe manggi.（獻了六次之後）saman hūntahan taili be（薩滿將杯
子、托碟）hiyan i da de amasi bufi（給在後面的司香長）
六次獻畢，以臺、琖授於司香。

emgeri hengkilefi（叩頭了一次）ilifi（站立了）giogin arambi.（合掌）tenggeri. fifan
carki taka ilimbi.（三絃、琵琶、扎板暫時停止）
一叩頭，興，合掌致敬，三絃、琵琶、拍板暫止。

hiyan i da hiyan i hehesi（司香長、司香婦人們）nure tebuhe juwe moro. nure gingnere
dere be bederebufi.（撤回了裝了酒的二碗、獻酒的桌）saman i【58b】hengkilere ajige
fangkala dere sindambi.（放薩滿叩頭的小矮桌）
司香及司香婦人撤盛酒之二椀，並獻酒之桌，設司祝叩頭小低桌。

hiyan i da halmari be saman de alibumbi.（司香長呈遞神刀給薩滿）saman halmari jafafi
（薩滿拿了神刀）ibeme.（上前著）
司香舉神刀授司祝，司祝執神刀進。

amsun i urse geli tenggeri. fifan fitheme.（眾司胙又彈著三絃、琵琶）carki tūme.（打著
扎板）falanggū forimbi.（鼓掌）
司俎等復奏三絃、琵琶，鳴拍板，拊掌。

saman emgeri hengkilefi（薩滿叩頭了一次）ilime.（站立著）amsun i urse orolombi.（眾司胙眾呼鄂囉羅）

司祝一叩頭，興，司俎等歌鄂囉羅。

saman halmari be ilanggeri tanjurafi.（薩滿以神刀禱告了三次）emu jergi jalbarifi.（禱祝了一次）

司祝擎神刀禱祝三次，誦神歌一次。

halmari be tanjurara de（以神刀禱告時）amsun i urse geli orolombi.（眾司胙又眾呼鄂囉羅）

擎神刀禱祝時，司俎等復歌鄂囉羅。

erei songkoi（照此的樣）ilan mudan jarime jalbariha.（念著神歌禱祝了三次）uyun mudan tanjuraha manggi.（禱告了九次之後）

誦神歌三次，如前儀，如是九次畢。

saman【59a】niyakūrafi（薩滿跪了）emgeri hengkilefi（叩頭了一次）ilifi.（站立了）geli ilanggeri tanjurafi（又禱告了三次）halmari be hiyan i da de amasi bumbi.（將神刀給在後面的司香長）

司祝跪，一叩頭，興，又禱祝三次，以神刀授於司香。

tenggeri. fifan fithere.（彈三絃、琵琶的）carki tūre urse（打扎板的眾人）ilifi（站立了）dalbade jailame ilimbi.（躲避著站在旁邊）

奏三絃、琵琶、鳴拍板人等起立，避於旁。

saman niyakūrafi（薩滿跪了）forobufi（祝贊了）hengkilefi（叩頭了）ilifi（站立了）giogin arambi.（鼓掌）

司祝跪，祝，叩頭，興，合掌致敬。

hiyan i hehesi.（司香婦人們）fucihi. fusa de doboho juwe hūntahan nure be bederebufi.（撤回了給佛、菩薩所供的二杯酒）

司香婦人撤佛、菩薩前供酒二琖，

ordo be amasikan[amasika] guribume dobofi（將亭略移往後供了）uce be dasimbi.（掩閉房門）

移亭座稍後，闔其門。

juwe hiyan i fila be uce ci tucibufi.（使二香碟從門出去了）【59b】wecere booi sihin i fejile（在跳神房屋的屋簷下）wargi ergi fiyasha i hanci sindaha.（西山牆附近放了）ordo i dolo dobombi.（供在亭內）

二香碟擎出戶外，供於祭室簷下傍西山牆所設亭內。

mengse be julergi baru majige tatafi.（略拉了幔子向南）guwan mafa enduri de doboho
nure hiyan i fila be（將給關老爺神所供的酒、香碟）gemu dulimbade guribume
dobombi.（都移到中央供奉）

移神幔稍南，關帝神像前所供酒並香碟，皆移正中，

nurei malu be bolgo wadan dasimbi.（酒瓶以潔淨的蓋布遮蓋）

酒罇以淨袱羃之。

tenggeri. fifan fithere.（彈三絃、琵琶的）carki tūre urse（打扎板的眾人）ibefi（就位
了）da bade tecembi.（同坐在原處）

奏三絃、琵琶，鳴拍板人等，進，坐於原處。

hiyan i hehesi（司香婦人們）jafu be ilan jergi bukdame hetefi（將氈捲起了折三次）
【60a】kuk'an i hanci sektembi.（鋪在炕沿附近）

司香婦人斂氈三折之，鋪於近炕沿處。

hiyan i da saman de hūntahan taili alibumbi.（司香長呈遞杯子、托碟給薩滿）

司香舉臺、琖授於司祝。

amsun i taigiyasa（司胙太監們）emu ulgiyan be tukiyeme.（擡著一豬）uce ci dosimbufi.
（從房門進去了）kuk'an i fejile（炕沿下）uju be wargi baru forobume sindambi.（將頭
向著西放）

司胙太監等，舁一豬，入門，置炕沿下，首西向。

amsun i manju emu niyalma（司胙滿洲一人）emu bethe bukdame niyakūrafi.（彎曲著
一腿跪了）ulgiyan be gidambi（壓倒豬）

司胙滿洲一人，屈一膝跪，按其豬。

amsun i janggin. amsun i urse da taigiyan. taigiyasa（司胙官、眾司胙、首領太監、太
監們）tenggeri fifan fitheme.（彈著三絃、琵琶）carki tūme.（打著扎板）falanggū
forime.（擊著掌）

司胙官及司胙首領太監、內監等，奏三絃、琵琶，鳴拍板，拊掌。

saman kuk'an i fejile ilan jergi bukdaha【60b】fulgiyan jafu de（薩滿在炕沿下折了三次
的紅氈上）wargi julergi baru ešeme niyakūrafi.（斜著向西南跪了）hūntahan taili be
tukiyefi（舉了杯子、托碟）

司祝跪於炕沿下三折紅氈上，斜向西南，舉臺、琖。

emu mudan gingnere de.（獻一次時）amsun i urse an i orolombi.（眾司胙照常眾呼鄂囉羅）

獻酒一次，司俎等照前歌鄂囉羅。

gingnefi（獻了）saman jalbarifi.（薩滿禱祝了）juwe hūntahan i nure be emu hūntahan de tebufi.（將二杯酒裝在一杯裏）

獻畢，司祝致禱，以二琖酒合注一琖中。

amsun i manju ulgiyan i šan be tatame.（司胙滿洲拉著豬耳）saman ulgiyan i šan de jungšun suitafi.（薩滿灌了酒水在豬耳裏）

司俎滿洲執豬耳，司祝灌酒於豬耳內。

hūntahan taili be（將杯子、托碟）hiyan i da de amasi bufi（給在後面的司香長）emgeri hengkilembi.（叩頭一次）tenggeri. fifan carki taka ilimbi.（三絃、琵琶、扎板暫時停止）

以臺、琖授司香，一叩頭，三絃、琵琶、拍板暫止。

amsun i【61a】manju ulgiyan i uncehen be jafame.（司胙滿洲拿著豬尾）uju be dergi baru šurdeme sindaha manggi.（將頭轉向東放了之後）

司俎滿洲執豬尾，移轉豬首向東，

amsun i taigiyasa ibefi（司胙太監們上前了）ulgiyan be tukiyefi.（擡了豬）toholon buriha amba dere de taka undu sindambi.（暫時直的放在鞔了錫的大桌上）

司俎太監等進前，舁豬，暫順放於包錫大桌上。

hiyan i da hūntahan taili be saman de alibumbi（司香長呈遞杯子、托碟給薩滿）saman hūntahan taili be alime gaifi.（薩滿接取了杯子、托碟）

司香舉臺、琖授司祝，司祝接受臺、琖。

sirame（接著）ulgiyan be uce ci dosimbufi.（使豬從房門進入了）nenehe mudan i songkoi（照前次的樣）gingneme.（獻著）carkidame.（打著扎板）tenggeri. fifan fitheme.（彈著三絃、琵琶）ororlome.（眾呼著鄂囉羅）jungšun suitafi.（灌了酒水）emgeri hengkilefi（叩頭了一次）ilifi（站立了）bederembi.（退回）tenggeri.【61b】fifan. carki nakafi（三絃、琵琶、扎板停止了）geren ilifi（眾人站立了）bederembi.（退回）

舁第二豬入門，獻酒、灌酒如前儀。

toholon buriha amba dere de（在鞔了錫的大桌上）juwe ulgiyan i uju be gemu wargi baru forobume（將二豬的頭都向著西）hetu sindafi（橫放了）silgimbi.（「省」）

以包錫大桌上二豬，俱令首西向橫放，省之。

dere tome juwe amsun i hehesi（每桌二司胙婦人）toholon dokomiha oton be tukiyefi
（擡了錫裏整木槽盆）senggi alime gaimbi.（接取血）

每桌前，令司俎婦人二，舉錫裏木槽盆接血。

hiyan i hehesi jafu be bargiyambi.（司香婦人們收起氈）cinuhūn simenggilehe golmin den
dere be ibebufi（使上了銀硃漆的長高桌上前了）wargi nagan[nahan] i juleri sindambi.
（放在西炕前）

司香婦人撤去氈，進紅漆長高桌，設於西炕前。

ulgiyan i senggi aliha oton be ibebufi.（使接了豬血的整木槽盆上前了）den dere de
【62a】dobombi.（供在高桌上）

以接血木槽盆，列高桌上。

doboho efen nure be bederebumbi.（撤回所供的餑餑、酒）

撤去所供饎、酒。

ulgiyan tekdeke manggi.（豬「氣息」之後）amsun i urse ulgiyan be derei ici（眾司胙將
豬順桌）uju be julergi baru forobume undu sindafi.（將頭向著南直放了）

豬氣息後，司俎等轉豬首順桌，向南直放，

sukū fuyefi.（剝了皮）farsilame meileme delhebufi.（割開了卸骨成塊）amba mucen de
bujumbi.（在大鍋裏煮）

去其皮，按節解開，煮於大鍋內。

uju. fatha. uncehen be fuyerakū.（頭、蹄、尾不剝皮）funiyehe be fucihiyalafi（燎了毛）
wašafi（「燖」了）šolofi（燒炙了）inu amba mucen de bujumbi.（也在大鍋裏煮）

頭、蹄及尾，俱不去皮，惟燎毛，燖淨，亦煮於大鍋內。

duha do be toholon dokomiha oton de tebufi.（將內臟裝在錫裏整木槽盆）tucibufi（拿
出了）hūwa de bolgo obume dasafi（在院裏整理了使潔淨）

以臟腑置於錫裏木槽盆，舁出，院內整理潔淨。

dosimbuha manggi.（收進了之後）【62b】senggi oton be（將〔裝〕血整木槽盆）na
de sindafi.（放在地上）

舁進，以盛血木槽盆就地安置。

amsun i manju emu niyalma ibefi.（司胙滿洲一人就位了）den derei juleri（高桌前面）
emu bethe bukdame niyakūrafi.（彎曲著一腿跪了）

司俎滿洲一人進，於高桌前屈一膝跪，

duha de senggi tebufi.（灌了血在腸裏）inu mucen de sindafi bujumbi.（也放在鍋裏煮）
灌血於腸，亦煮鍋內。

amsun i taigiyasa（司胙太監們）sukū be. sukū tebure oton de sindafi.（將皮放在裝皮的
整木槽盆裏）toholon buriha juwe amba dere be tucibumbi.（將鞔了錫的二大桌拿出
去）
司俎太監等，置皮於盛皮木槽盆內，撤去包錫大桌二。

silhi. fathai wahan be（將膽、蹄甲）cinuhūn simenggilehe ajige mooi fila de tebufi.（裝在
上了銀硃漆的小木碟裏）nagan[nahan] de sindaha amba fangkala derei amargi ergi ujan
de【63a】sindambi.（放在炕上所放的大矮桌北邊端上）
仍以膽與蹄、甲，貯紅漆小木碟內，置於炕上所設之大低桌北首邊上。

yali urehe manggi.（肉熟了之後）amsun i yali emu moro gūwaššafi.（祭神肉切成小塊
一碗）
俟肉熟時，細切胙肉一椀，

sabka emu juru sindafi.（放了筯一雙）amba fangkala derei dulimbade dobombi.（供在大
矮桌中央）
設筯一雙，供於大低桌正中。

juwe ulgiyan i yali be（將二豬的肉）juwe toholon dokomiha oton de.（在二錫裏整木槽
盆裏）ulgiyan i fihe suksaha be duin hošo de.（豬的前腿、後腿在四角）
以二豬之肉分置二錫裏木槽盆內，前、後腿分設四角，

tunggen be juleri.（以胸骨在前）uca be amala.（以尾骨在後）ebci be juwe dalbade（以肋
骨在兩旁）acabume faidafi.（合併排列了）oilo ulgiyan i uju sindafi.（上面放了豬頭）
胸膛向前，尾樁向後，肋列兩旁合湊畢，置豬首於上。

kangsiri de delihun be nimenggi nisihai gulhun sindame.（將脾臟連油脂整個放在鼻樑上）
【63b】weceku i baru forome（向著神主）golmin den dere de dobombi（供在長高桌上）
復以臁胝連油，整置於鼻柱上，供於神位前長高桌。

hiyan i da hiayn dabumbi.（司香長點香）yacin suri i soriha juwe tanggū jakūnju juru justan
be（將青綢的馬尾上拴的綢條二百八十對條子）amba fangkala dere de sindambi.（放
在大矮桌上）
司香點香，取縛馬鬃尾青綢條二百八十對，置於大低桌上。

hiyan i hehesi fulgiyan jafu sektefi.（司香婦人們鋪了紅氈）emu hiyan i da emu moro jancuhūn
nure tukiyeme.（一司香長捧著一碗甜酒）emu hiyan i da emu untuhun moro tukiyeme.

（一司香長捧著一空碗）sasa ibefi（一齊就位了）iliha manggi.（站立了之後）
司香婦人鋪紅氈，一司香舉醴酒椀，一司香舉空椀，齊進，立。

hiyan i da hūntahan taili be saman de alibumbi.（司香長呈遞杯子、托碟給薩滿）saman
【64a】ibefi（薩滿就位了）niyakūrafi.（跪了）ilan mudan nure gingnembi.（獻酒三次）
又一司香舉臺、琖授司祝，司祝進，跪，獻酒三次。

ere gingnere de.（此獻時）nure gingnere.（獻酒的）halara.（換的）tebure.（斟的）
是獻也，凡獻酒、換琖、注酒，

jai amsun i taigiyasa tenggeri fifan fithere.（以及司胙太監們彈三絃、琵琶的）amsun i
urse carki tūre.（眾司胙打扎板的）
及司俎太監等奏三絃、琵琶，司俎等鳴拍板，

amsun i manju falanggū forire.（司俎滿洲鼓掌的）ilan mudan ororlorongge.（三次眾呼
鄂囉囉者）gemu nenehe songko.（都同先前的樣）
司俎滿洲拊掌，歌鄂囉囉三次，俱如前儀。

ilan mudan gingnehe manggi.（獻了三次之後）hūntahan taili be（將杯子、托碟）
hiyan i da de amasi bufi.（給了在後面的司香長）emgeri hengkilefi（叩頭了一次）ilifi.
（站立了）giogin arambi.（合掌）
三獻畢，以臺、琖授於司香，一叩頭，興，合掌致敬。

dasame niyakūrafi（復跪了）forobume hengkilefi（祝贊著叩頭了）ilifi.（站立了）
復跪祝叩頭，興。

dere ci soriha be gaifi.（從桌上拿了馬尾上拴的綢條）hiyan i【64b】fila de fangšame
jalbarifi（在香碟上燻著禱祝了）amsun i janggin de bumbi.（給司胙官）
取桌上縛馬鬃尾綢條，於香碟上薰禱，授司俎官。

amsun i janggin adun i jurgan i hiyasa de afabufi（司胙官交給了上駟院侍衛們）geren
fusembure adun de dendeme bumbi.（分給眾孳生的牧群）
司俎官授上駟院侍衛等，侍衛等分給各廠。

wecehe yali be alikūlafi（將所跳神的肉裝盤了）derei juleri jergi jergi faidame sindambi.
（桌前按次陳設）
祭肉皆盛於盤內，桌前挨次擺列，

adun i jurgan i ambasa. hiyasa. hafasa. guwan i da guwan i niyalma be dosimbufi（使上駟院
大臣們、侍衛們、官員們、廠長、廠丁進去了）ulebumbi.（給吃）

令上駟院大臣、侍衛、官員、牧長、廄丁等進內，食之。

ulebuhe manggi.（給吃了之後）amsun i taigiyasa sukū giranggi be tucibufi（司俎太監們拿出了皮、骨）sukū nimenggi be adun i jurgan de【65a】bumbi.（將皮、油脂給上駟院）
食畢，司俎太監等撤出皮、骨，皮、油給上駟院。

giranggi. silhi fathai wahan. lakiyaha hoošan be（將骨、膽、蹄甲、所掛的紙）amsun i janggin gaifi（司俎官取了）bolgo bade gamafi（拿去潔淨處）tekdebufi（焚化了）bira de maktambi.（拋於河）
骨、膽、蹄甲，並所掛淨紙，司俎官送潔淨處，化而投之於河。

mengse be hetefi.（捲起了幔子）juwe hiyan i fila be dosimbufi.（使二香碟進去了）guwan mafa endurin de doboro hiyan i fila emke be suwaliyame（連同著給關老爺神所供的香碟一件）
隨將神幔收捲，其二香碟，並關帝神像前所供香碟一，

cinuhūn simenggilehe hacingga bocoi ilha niruha gocima derei ninggu i dergi igi[ergi] gencehen de dobombi.（供在上了銀硃漆、畫了各種顏色花的抽屜桌上的東邊邊緣）
皆供於繪花紅漆抽屜桌之東邊。

yamji（晚上）weceku de wecere de.（給神主跳神時）neneme yacin bocoi simenggilehe golbon de（先在上了黑色漆的架子上）【65b】yacin suje de fulgiyan. giltasikū kubuhe mengse hūwaitambi.（綁鑲了紅片金的青緞幔子）
其夕祭神儀，預將鑲紅片金青緞神幔，繫於黑漆架上。

golbon i mulu i wargi ergide（在架樑的西邊）amba ajige honggon nadan be suwayan ilgin ulifi.（用黃皮穿了大、小神鈴七）šajilan cikten i dube de hūwaitafi lakiyambi.（綁了懸掛在樺木幹梢上）
用黃色皮條穿大、小鈴七枚，繫樺木桿梢，懸於架梁之西。

nikeku sindame weilehe yacin bocoi simenggilehe teku be（將所做的放著靠背、上了黑色漆的底座）mengse i dergi ergide dobombi.（供在幔子的東邊）
其黑漆神座，供於神幔之東。

amargi nagan[nahan] de（在北炕上）cinuhūn simenggilehe amba fangkala dere juwe sindafi（放了上了銀硃漆的大矮桌二）
北炕上設紅漆大低桌二，

hiyan i fila sunja.【66a】jancuhūn nure sunja hūntahan. tūme efen mudan uyun alikū be（將香碟五、甜酒五杯，打糕、搓條餑餑九盤）derei ninggude dobombi.（供在桌上）

桌上供香碟五、醴酒五琖，打餻、搓條餑餑九盤。

kuk'an i fejile（炕沿下）jancuhūn nure emu malu dobombi.（供甜酒一瓶）
炕沿下，供醴酒一罇。

doigonde（預先）amsun i taigiyasa（司胙太監們）dere sindarangge（放桌子者）erde
wecehe songko.（同清晨跳神的樣）
司俎太監等設桌，如朝祭儀。

erin ome（屆時）ulgiyan be dosimbufi（使豬進去了）an i bade sindambi.（放在平常
之處）
屆時，進豬，置於常放之處。

hiyan i da hiyan dabumbi.（司香長點香）hiyan i hehesi saman i samdara de tere yacin bocoi
simenggilehe mulan be（司香婦人們將薩滿跳神時坐的上了黑色漆的杌子）【66b】
weceku i juleri sindambi.（放在神主前面）
司香點香，司香婦人以司祝祝禱時所坐黑漆杌，置神位前。

amsun i taigiyan（司胙太監）tungken be tehe nisihai（將鼓連架）mulan i teisu
sindambi.（放杌子的對面）
司俎太監以鼓連架，近杌安置。

saman alha hūsihan hūwaitafi（薩滿綁了閃緞裙）siša umiyelefi.（束了腰鈴）untun.
gisun jafafi.（拿了手鼓、鼓槌）weceku i juleri ibeme.（神主之前上前著）
司祝繫閃緞裙、束腰鈴、執手鼓，進於神位前。

amsun i juwe taigiyan ibefi（司胙二太監就位了）wargi baru forome ilifi.（向著西站立
了）emu taigiyan tungken tūme.（一太監打著鼓）emu taigiyan carki tūmbi.（一太監打
扎板）
司俎太監二人進，西向立，一太監擊鼓，一太監鳴拍板。

saman neneme weceku i baru forome（薩滿先向著神主）mulan de tefi（在杌子上坐
了）untušeme【67a】jarime solire de.（打著手鼓、念著神歌召請時）
祝先向神位，坐於杌上，擊手鼓、誦請神歌祈請，

tungken tūre taigiyan（打鼓的太監）emu galai untun de acabume（一手和著手鼓）
tungken emtenggeri tūmbi.（打鼓一次）
擊鼓太監一手擊鼓三點，以和手鼓。

saman ilifi（薩滿站立了）sucungga mudan amasi sosorome（初次向後倒退著）

midaljame samdara de.（搖擺著跳神時）

司祝拱立，初次向後盤旋，蹲步祝禱，

tungken tūre taigiyan（打鼓的太監）juwe galai untun de【41b】acabume（兩手和著手鼓）tungken ilanggeri tūmbi（打鼓三次）

擊鼓太監雙手擊鼓三點，以和手鼓。

saman julesi ibeme（薩滿向前上前著）midaljame samdara de.（搖擺著跳神時）

司祝復盤旋，蹲步前進祝禱，

tungken tūre taigiyan（打鼓的太監）juwe galai untun de acabume（兩手和著手鼓）tungken【67b】sunjanggeri tūmbi.（打鼓五次）

擊鼓太監雙手擊鼓五點，以和手鼓。

saman ilifi.（薩滿站立了）sucungga mudan jarime jalbarire de.（初次念著神歌禱祝時）tungken sunjaggeri tūmbi.（打鼓五次）carki ilanggeri acabume tūmbi.（扎板和著打三次）

司祝拱立，初次誦請神歌，擊鼓五點，拍板三鳴以和之。

jai mudan amasi sosorome（再次向後倒退著）julesi ibeme（向前上前著）midaljame samdara de.（搖擺著跳神時）tungken teile nadanggeri tūmbi.（只有打鼓七次）

二次向後、向前盤旋，蹲步祝禱，惟擊鼓七點。

saman ilifi（薩滿站立了）jarime jalbarire de.（念著神歌禱祝時）tungken an i sunjanggeri. carki ilanggeri tūmbi（仍打鼓五次、扎板三次）

司祝拱立，誦神歌以禱，仍擊鼓五點，拍板三鳴。

ilaci mudan samdara de.（第三次跳神時）inu tungken teile juwan emtenggeri tūmbi（也只有打鼓十一次）

三次祝禱，亦惟擊鼓十一點。

saman ilifi.（薩滿站立了）ilaci mudan jarime jalbarire de.（第三次念著神歌禱祝時）tungken duinggeri tūme.（打著鼓四次）

司祝拱立，三次誦神歌以禱，鼓擊四點。

wajime de（末尾時）【68a】juwe gisun be emtenggeri hiyahambi.（將兩鼓槌交叉一次）carki an i ilanggeri acabume tūmbi（扎板仍和著打三次）

末以雙槌交擊一次，拍板仍三鳴，以和之。

ilaci mudan jarime jalbarime wajiha manggi.（第三次念著神歌禱祝完畢了之後）saman samdara de.（薩滿跳神時）tungken teile duinggeri（只有鼓四次）ilan mudan tūfi（打了三遍）nakafi（停止了）bederembi.（退回）

三次誦神歌禱畢，司祝祝禱時，惟擊鼓四點，三鼓而止，退。

saman untun gisun be（薩滿將手鼓、鼓槌）hiyan i hehesi de amasi bufi.（給在後面的司香婦人們）hūsihan siša be sumbi.（脫裙、腰鈴）

司祝以手鼓授司香婦人，釋閃緞裙、腰鈴。

hiyan i hehesi fulgiyan jafu be sektembi.（司香婦人們鋪紅氈）

司香婦人鋪紅氈。

hiyan i hehesi saman i hengkilere ajige fangkala dere be sindambi.（司香婦人們放薩滿叩頭的小矮桌）saman forobume hengkilembi.（薩滿祝贊著叩頭）

司香婦人復設司祝叩頭小低桌，司祝禱祝叩頭。

hengkilehe manggi（叩頭了之後）nurei【68b】malu be bolgo wadan dasimbi.（酒瓶以潔淨的蓋布遮蓋）

畢，酒罇以淨袱冪之。

hiyan i hehesi jafu be ilan jergi bukdame hetefi.（司香婦人們將氈捲起了折三次）kuk'an i hanci sektembi.（鋪在炕沿附近）

司香婦人斂氈三折之，鋪於近炕沿處。

jancuhūn nure emu moro hūntahan emke be（將甜酒一碗、杯子一個）kuk'an de sindambi.（放在炕沿上）

置醴酒一椀、空琖一，於炕沿上。

amsun i taigiyasa ulgiyan be tukiyeme（司胙太監們擡著豬）uce ci dosimbufi（從房門進入了）kuk'an i fejile（炕沿下）uju be amargi baru forobume sindambi.（將頭向著北放）

司俎太監等，昇豬入門，置炕沿下，首北向。

amsun i manju emu niyalma（司胙滿洲一人）emu bethe bukdame niyakūrafi（彎曲著一腿跪了）ulgiyan be gidambi.（壓倒豬）

司俎滿洲一人，屈一膝跪，按其豬。

saman kuk'an i fejile ilan jergi【69a】bukdaha fulgiyan jafu de（薩滿在炕沿下折了三次的紅氈上）dergi amargi baru ešeme niyakūrafi.（斜著向東北跪了）

司祝跪於炕沿下三折紅氈上，斜向東北。

nurei moro ci（從酒碗）hūntahan de nure tebufi.（斟了酒在杯裏）tukiyefi（捧了）

jalbarifi（禱祝了）

從盛酒椀內，把酒注於琖中，舉捧禱祝。

amsun i manju ulgiyan i šan be tatame（司胙滿洲拉著豬耳）saman ulgiyan i šan de jungšun suitafi.（薩滿灌了酒水在豬耳裏）

司俎滿洲執猪耳，司祝灌酒於猪耳內，

hūntahan be kuk'an de sindafi（將杯子放在炕沿）emgeri hengkilembi.（叩頭一次）

以琖置炕沿，一叩頭。

amsun i manju ulgiyan i uncehen be jafafi.（司胙滿洲拿了豬尾）uju be julergi baru šurdeme sindaha manggi.（將頭轉向南放了之後）

司俎滿洲執猪尾，移轉猪首向南，

amsun i taigiyasa ibefi.（司胙太監們上前了）ulgiyan be tukiyefi.（擡了豬）toholon buriha amba【69b】dere de taka undu sindambi.（暫時直的放在鞔了錫的大桌上）

司俎太監等進前，舁豬，暫順放於包錫大桌上。

saman niyakūrahai（薩滿只管跪）nurei moro ci（從酒碗）hūntahan de nure tebumbi.（斟酒在杯裏）

司祝跪，從盛酒椀內，把酒注於琖中。

sirame（接著）ulgiyan be uce ci dosimbufi.（使豬從房門進入了）nenehe mudan i songkoi（照前次的樣）gingnefi（獻了）jalbarifi.（禱祝了）jungšun suitafi.（灌了酒水）emgeri hengkilefi.（叩頭了一次）ilifi（站立了）bederembi（退回）

舁第二猪入門，仍如前儀，獻酒，禱祝，灌酒畢，一叩頭，興，退。

juwe ulgiyan be toholon buriha amba dere de（將二豬在鞔了錫的大桌上）gemu wargi baru forobume sindafi（都向著西放了）silgimbi.（「省」）

置豬於包錫大桌上二豬，俱令首西向，省之。

dere tome juwe amsun i hehesi（每桌二司胙婦人）toholon dokomiha oton be tukiyefi（擡了錫裏整木槽盆）senggi alime gaimbi.（接取血）

每桌前，令司俎婦人二，舉錫裏木槽盆接血。

hiyan i hehesi【70a】jafu be bargiyambi.（司香婦人們將氈收起）cinuhūn simenggilehe golmin den dere be ibebufi.（使上了銀硃漆的長高桌上前了）amargi nagan[nahan] i juleri sindambi.（放在北炕的前面）

司香婦人撤去氈，進紅漆長高桌，設於北炕前。

toholon dokomiha senggi oton be（將錫裏〔接〕血整木槽盆）golmin den dere de dobofi.（供在長高桌上）

以接血木槽盆列長高桌上。

amba fangkala derei wargi ujan de.（在大矮桌的西端）beibun efen emu alikū funcebufi.（神板上供的餑餑留了一盤）gūwa doboho efen. nure be bederebumbi.（使其他所供的餑餑、酒撤回）

撤去大低桌上所供之饈，惟留一盤。

ulgiyan tekdeke manggi.（豬「氣息」之後）amsun i urse ulgiyan be derei ici（眾司胙將豬順桌）uju be julergi baru forobume undu sindafi.（將頭向著南直的放了）

豬氣息後，司俎等轉豬首順桌，向南直放。

sukū fuyere.（剝皮的）meileme delhebure.（割開卸骨的）【70b】duha do de senggi tebure.（內臟灌血的）bujure.（煮的）toholon buriha amba dere be tuciburengge.（將鞔了錫的大桌拿出者）gemu erde wecehe songko.（都同清晨跳神的樣）

其去皮、節解、灌血腸、煮肉，以及撤出包錫大桌，俱如朝祭儀。

damu silhi. fathai wahan be jun de maktafi（只將膽、蹄甲丟棄在竈裏）deijimbi.（焚燒）

惟膽與蹄、甲，於竈內化之。

yali urehe manggi.（肉熟了之後）amsun i yali sunja moro gūwaššafi.（祭神肉切成小塊五碗）

俟肉熟時，細切胙肉五椀，

moro tome emu juru sabka sindafi.（每碗放了筯一雙）nagan[nahan] i juwe amba fangkala dere de dobombi（供在炕上的二大矮桌上）

每椀設筯一雙，供於炕上二大低桌之上。

juwe ulgiyan be juwe toholon dokomiha mooi oton de（將二豬在二錫裏木槽盆裏）erde doboho songkoi（照清晨所供的樣）faidame tebufi.（擺設著裝了）【71a】

以二豬之肉，分置二錫裏木槽盆內，如朝祭儀。

weceku i baru forome golmin den dere de（在向著神主的長高桌）doboho manggi.（供了之後）hiyan i da hiyan dabumbi.（司香長點香）

供於神位前長高桌，司香點香。

yacin suri i soriha gūsin juru justan be（將青綢的馬尾上拴的綢條三十對條子）amba fangkala dere de sindambi.（放在大矮桌上）

取縛馬鬃尾青綢條三十對，置於大低桌上。

hiyan i hehesi fulgiyan jafu sektembi.（司香婦人們鋪紅氈）saman ibefi（薩滿就位了）
niyakūrafi（跪了）forobume（祝贊著）hengkilefi（叩頭了）giogin araha manggi.（合
掌了之後）

司香婦人鋪紅氈，司祝進，跪，祝，叩頭，合掌致敬。

hiyan i hehesi jafu be bargiyafi.（司香婦人們收了毯）saman i tere mulan be（將薩滿坐
的杌子）an i yamji wecere de sindaha bade sindafi.（仍放在晚上跳神時所放之處）

司香婦人收毯，以司祝所坐之杌，置夕祭常放處。

juleri ajige dere sindafi.（前面放了小桌）【71b】ajige siša be derei ninggude sindambi.（將
小腰鈴放在桌上）

又設小桌，小腰鈴列於桌上。

honggon be derei dergi ergi dalbade nikebume sindafi.（將神鈴靠著放在桌的東邊的旁
邊）hiyan i fila i tuwa. dengjan be tucibufi.（拿出了香碟的火、燈）

神鈴置於桌之東，撤出香碟內火並鐙。

jun i tuwa be dasifi.（遮蓋了竈的火）tuibure lamun bosoi dalikū be sarame（打開背燈祭
的藍布遮掩物）daliha manggi.（遮蔽了之後）

掩竈內火，展背鐙藍布幕，蔽之。

geren tucifi（眾人出去了）uce be dasimbi.（掩閉房門）

眾俱退出，闔戶。

tungken tūre taigiyan（打鼓的太監）tungken be dalikū i hanci majige ibebumbi.（將鼓略
推進遮掩物附近）saman mulan de tefi.（薩滿在杌子上坐了）

擊鼓太監移鼓於幕前近處，司祝坐於杌上。

sucungga mudan jarime（初次念著神歌）honggon de solire de.（向神鈴召請時）
tungken duinggeri tūme.（打著鼓四次）gisun emtenggeri hiyahambi.（鼓槌交叉一次）
carki【72a】ilanggeri acabume tūmbi.（扎板和著打三次）

初次誦神歌向神鈴祈請時，擊鼓四點，又雙槌交擊一次，拍板三鳴以和之。

sirame（接著）saman honggon i cikten be jafafi.（薩滿拿了神鈴桿）honggon be toksime
（敲著神鈴）jarime jalbarire de.（念著神歌禱祝時）tungken sunjanggeri tūme（打著
鼓五次）carki ilanggeri acabume tūmbi.（扎板和著打三次）

次司祝執鈴桿，振鈴誦神歌以禱，擊鼓五點，拍板三鳴以和之。

saman honggon be sindafi（薩滿放下了神鈴）

司祝置神鈴。

sucungga mudan jarime jalbarime（初次念神歌禱祝著）siša de solire de.（向腰鈴召請時）tungken duinggeri tūfi.（打了鼓四次）gisun emtenggeri hiyahambi（鼓槌交叉一次）carki acabume ilanggeri tūmbi.（扎板和著打三次）

初次誦神歌，向腰鈴祈請，擊鼓四點，又雙槌交擊一次，拍板三鳴以和之。

saman siša be debsime（薩滿搖著腰鈴）jarime jalbarire de.（念著神歌禱祝時）siša de acabume（和著腰鈴）tungken sunjanggeri tūme.（打著鼓五次）carki ilanggeri acabume tūmbi.（扎板和著打三次）

司祝搖腰鈴、誦神歌以禱，鼓擊五點，拍板三鳴，以和腰鈴之聲。

jalbarime【72b】wajiha manggi.（禱祝完畢了之後）tungken ilanggeri tūme.（打著鼓三次）carki acabume emgeri tūfi（扎板和著打了一次）nakambi.（停止）

禱畢，鼓擊三點，拍板一鳴而止。

tuibure dalikū be hetembi.（捲起背燈祭的遮掩物）uce be neifi.（開了房門）dengjan be dosimbumbi（使燈進入）

捲起背鐙神幕，開戶，移入鐙火。

yamji wecehe yali be bederebufi.（使撤出了晚上跳神的肉）yacin soriha be（將青色馬尾上拴的綢條）hiyan i fila de fangšame jalbarifi.（在香碟上燻著禱祝了）

撤祭肉，取縛馬鬃尾青綢條於香碟上薰禱，

adun i jurgan i hiya sade afabufi.（交給了上駟院侍衛們）geren fusembure adun de dendeme bumbi.（分給眾孳生的牧群）

授於上駟院侍衛等，分給各廄。

wecehe yali. sukū. nimenggi. efen be suwaliyame（連同著跳神的肉、皮、油脂、餑餑）adun i jurgan i geren urse de enceme bumbi.（放分給上駟院的眾人）

祭肉、皮、油及餑，分給上駟院人等。

mengse be hetembi.（捲起幔子）【73a】yamji sunja hiyan i fila be（將晚上五香碟）yacin simenggilehe hacingga bocoi ilha niruha gocima derei ninggu i julergi ergi gencehen de dobombi.（供在上了黑色漆、畫了各種顏色花的抽屜桌上的南邊邊緣）【73b】

收捲神幔，夕祭香碟五，供於繪花黑漆抽屜桌之南邊。

hesei toktobuha manjusai wecere metere kooli bithe.（欽定滿洲祭神祭天典禮）
欽定滿洲祭神祭天典禮

> jai inenggi（次日）fusembure adun i jalin.（為使牧群孳生）morin i jalin
> wecere boode（在祭馬神的房屋裏）erde wecere de（清晨跳神時）jarime
> jalbarime forobure gisun.（念著神歌禱祝辭）
> 次日，為牧羣繁息，於祭馬神室中，朝祭誦神歌禱祝辭。

abkai juse.（上天之子）fucihi fusa.（佛、菩薩）ejen sefu.（主子、師傅）coohai janggin.
（軍隊章京）guwan i beise.（關貝子）
上天之子，佛及菩薩，大君先師，三軍之帥，關聖帝君。

tere aniyangga osokon[osohon] beye i（某屬相年小的本人的）wei morin i jalin wececi.（為誰的
馬跳神）wei banjiha da aniya be hūlambi.（則呼誰的本生年）
某年生小子，為某人之馬祭，則呼某人本生年。

fusembure adun i morin i julefun gingnembi.（為替使牧群孳生的馬獻）
今為牧羣繁息敬祝者。

mulu jafafi mukdembu.（抓了背脊使騰起）delun jafafi dekdembu.（抓了脖鬃使飛起）
撫脊以起兮，引鬣以興兮。

edun ukiyeme eibibu[aibibu].（喝著風使腫脹）talman usihiyeme【74a】tarhūmbu.（啜
著霧使肥壯）
嘶風以奮兮，噓霧以行兮。

orho jeme aitubu.（吃著草使復原）suiha saime sakdambu.（咬著艾使變老）
食草以壯兮，齧艾以騰兮。

abdaha de ambula arsumbu.（使樹葉大發芽）fulehe de fulu fusembu.（使根本多孳生）
如萌芽之發育兮，如根本之滋榮兮。

enduri eršeki.（請神明照看）weceku wehiyeki.（請神主扶佑）
神其眷我，神其佑我。

> erde ulgiyan de jungšun suitara de（清晨給豬灌酒水時）jalbarire gisun.（禱辭）
> 朝祭灌酒於豬耳禱辭

abkai juse.（上天之子）coohai janggin.（軍隊章京）guwan i beise.（關貝子）
上天之子，三軍之帥，關聖帝君。

tere aniyangga osokon[osohon] beye i（某屬相年小的本人的）wei morin i jalin wececi.（為誰的馬跳神）wei banjiha da aniya be hūlambi.（則呼誰的本生年）

某年生小子，為某人之馬祭，則呼某人本生年。

fusembure adun i morin i julefun（為替使牧群孳生的馬）gingnere šusu be（以獻的「犧牲」）urgun sain i alime gaiki.（請以喜善領受）【74b】

今為牧羣繁息，敬獻粢盛，嘉悅以享分。

erde yali doboro de（清晨供肉時）forobure gisun.（祝辭）

朝祭供肉祝辭

abkai juse.（上天之子）coohai janggin.（軍隊章京）guwan i beise.（關貝子）

上天之子，三軍之帥，關聖帝君。

tere aniyangga osokon[osohon] beye i（某屬相年小的本人的）wei morin i jalin wececi.（為誰的馬跳神）wei banjiha da aniya be hūlambi.（則呼誰的本生年）

某年生小子，為某人之馬祭，則呼某人本生年。

fusembure adun i morin i julefun gingnembi.（為替使牧群孳生的馬獻）

今為牧羣繁息敬祝者。

mulu jafafi mukdembu.（抓了背脊使騰起）delun jafafi dekdembu.（抓了脖鬃使飛起）

撫脊以起分，引鬣以興分。

edun ukiyeme eibibu[aibibu].（喝著風使腫脹）talman usihiyeme tarhūmbu.（啜著霧使肥壯）

嘶風以奮分，噓霧以行分。

orho jeme aitubu.（吃著草使復原）suiha saime sakdambu.（咬著艾使變老）

食草以壯分，齧艾以騰分。

abdaha de ambula arsumbu.（使樹葉大發芽）fulehe de fulu fusembu.（使根本多孳生）

如萌芽之發育分，如根本之滋榮分。

enduri eršeki.（請神明照看）weceku wehiyeki.（請神主扶佑）【75a】

神其眷我，神其佑我。

yamji wecere de（晚上跳神時）mulan de tefi（在杌子上坐了）jarime solire gisun.（念著神歌召請辭）

夕祭坐於杌上誦神歌祈請辭

abka ci wasika ahūn i niyansi（從天而降阿琿的年錫）šun ci tucike siren i niyansi.（從日分出的年錫）niyansi enduri.（年錫神）

自天而降，阿琿年錫之神；與日分精，年錫之神，年錫惟靈。

ancun ayara.（安春阿雅喇）muri muriha.（穆哩穆哩哈）nadan daihūn.（納丹岱琿）narhūn hiyancu.（納爾琿軒初）enduri senggu.（恩都哩僧固）baiman janggin.（拜滿章京）nadan weihuri.（納丹威瑚哩）endu monggolo.（恩都蒙鄂樂）katun noyan.（喀屯諾延）

安春阿雅喇，穆哩穆哩哈，納丹岱琿，納爾琿軒初，恩都哩僧固，拜滿章京，納丹威瑚哩，恩都蒙鄂樂，喀屯諾延。

tere aniyangga osokon[osohon] beye i（某屬相年小的本人的）wei morin i jalin wececi.（為誰的馬跳神）wei banjiha da aniya be hūlambi.（則呼誰的本生年）

某年生小子，為某人之馬祭，則呼某人本生年。

fusembure adun i morin i julefun gingnembi.（為替使牧群孳生的馬獻）

今為牧羣繁息敬祝者。

mulu jafafi mukdembu.（抓了背脊使騰起）delun jafafi【75b】dekdembu.（抓了脖鬃使飛起）

撫脊以起兮，引鬣以興兮。

edun ukiyeme eibibu[aibibu].（喝著風使腫脹）talman usihiyeme tarhūmbu.（啜著霧使肥壯）

嘶風以奮兮，噓霧以行兮。

orho jeme aitubu.（吃著草使復原）suiha saime sakdambu.（咬著艾使變老）

食草以壯兮，齧艾以騰兮。

abdaha de ambula arsumbu.（使樹葉大發芽）fulehe de fulu fusembu.（使根本多孳生）

如萌芽之發育兮，如根本之滋榮兮。

enduri eršeki.（請神明照看）weceku wehiyeki.（請神主扶佑）

神其眷我，神其佑我。

> ujui mudan（首次）jarime jalbarire gisun.（念著神歌禱辭）
>
> 初次誦神歌禱辭

nadan daihūn.（納丹岱琿）narhūn hiyancu.（納爾琿軒初）

納丹岱琿，納爾琿軒初。

tere aniyangga osokon[osohon] beye i（某屬相年小的本人的）wei morin i jalin wececi.（為誰的馬跳神）wei banjiha da aniya be hūlambi.（則呼誰的本生年）

某年生小子，為某人之馬祭，則呼某人本生年。

fusembure adun i morin i julefun gingnembi.（為替使牧群孳生的馬獻）
今為牧羣繁息敬祝者。

mulu jafafi mukdembu.（抓了背脊使騰起）delun jafafi dekdembu.（抓了脖鬃使飛起）
撫脊以起兮，引鬐以興兮。

edun ukiyeme eibibu[aibibu].（喝著風使腫脹）talman【76a】usihiyeme tarhūmbu.（啜著霧使肥壯）
嘶風以奮兮，噓霧以行兮。

orho jeme aitubu.（吃著草使復原）suiha saime sakdambu.（咬著艾使變老）
食草以壯兮，嚙艾以騰兮。

abdaha de ambula arsumbu.（使樹葉大發芽）fulehe de fulu fusembu.（使根本多孳生）
如萌芽之發育兮，如根本之滋榮兮。

enduri eršeki.（請神明照看）weceku wehiyeki.（請神主扶佑）
神其眝我，神其佑我。

　　　　　jai mudan（再次）jarime jalbarire gisun.（念著神歌禱辭）
　　　　二次誦神歌禱辭

enduri senggu.（恩都哩僧固）senggu enduri.（僧固恩都哩）
恩都哩僧固，僧固恩都哩。

tere aniyangga osokon[osohon] beye i（某屬相年小的本人的）wei morin i jalin wececi.（為誰的馬跳神）wei banjiha da aniya be hūlambi.（則呼誰的本生年）

某年生小子，為某人之馬祭，則呼某人本生年。

fusembure adun i morin i julefun gingnembi.（為替使牧群孳生的馬獻）
今為牧羣繁息敬祝者。

mulu jafafi mukdembu.（抓了背脊使騰起）delun jafafi dekdembu.（抓了脖鬃使飛起）
撫脊以起兮，引鬐以興兮。

edun ukiyeme eibibu[aibibu].（喝著風使腫脹）talman usihiyeme tarhūmbu.（啜著霧使肥壯）
嘶風以奮兮，

嘶風以奮兮，噓霧以行兮。

orho jeme aitubu.（吃著草使復原）suiha saime【76b】sakdambu.（咬著艾使變老）
食草以壯兮，齧艾以騰兮。

abdaha de ambula arsumbu.（使樹葉大發芽）fulehe de fulu fusembu.（使根本多孳生）
如萌芽之發育兮，如根本之滋榮兮。

enduri eršeki.（請神明照看）weceku wehiyeki.（請神主扶佑）
神其貺我，神其佑我。

　　　　　wajima mudan（末次）jarime jalbarire gisun.（念著神歌禱辭）
　　　　末次誦神歌禱辭

baiman janggin.（拜滿章京）nadan weihuri.（納丹威瑚哩）endu monggolo.（恩都蒙鄂樂）katun noyan.（喀屯諾延）
拜滿章京，納丹威瑚哩，恩都蒙鄂樂，喀屯諾延。

tere aniyangga osokon[osohon] beye i（某屬相年小的本人的）wei morin i jalin wececi.（為誰的馬跳神）wei banjiha da aniya be hūlambi.（則呼誰的本生年）
某年生小子，為某人之馬祭，則呼某人本生年。

fusembure adun i morin i julefun gingnembi.（為替使牧群孳生的馬獻）
今為牧羣繁息敬祝者。

mulu jafafi mukdembu.（抓了背脊使騰起）delun jafafi dekdembu.（抓了脖鬃使飛起）
撫脊以起兮，引鬣以興兮。

edun ukiyeme eibibu[aibibu].（喝著風使腫脹）talman usihiyeme tarhūmbu.（啜著霧使肥壯）
嘶風以奮兮，噓霧以行兮。

orho jeme aitubu.（吃著草使復原）suiha saime sakdambu.（咬著艾使變老）
食草以壯兮，齧艾以騰兮。

abdaha de【77a】ambula arsumbu.（使樹葉大發芽）fulehe de fulu fusembu.（使根本多孳生）
如萌芽之發育兮，如根本之滋榮兮。

enduri eršeki.（請神明照看）weceku wehiyeki.（請神主扶佑）
神其貺我，神其佑我。

jalime samdaha manggi.（念著神歌跳神了之後）niyakūrafi（跪了）forobure gisun.（祝辭）

誦神歌禱祝後，跪祝禱辭

abkai juse.（上天之子）niyansi enduri.（年錫神）ancun ayara.（安春阿雅喇）muri muriha.（穆哩穆哩哈）nadan daihūn.（納丹岱琿）narhūn hiyancu.（納爾琿軒初）enduri senggu.（恩都哩僧固）baiman janggin.（拜滿章京）nadan weihuri.（納丹威瑚哩）endu monggolo.（恩都蒙鄂樂）katun noyan.（喀屯諾延）

上天之子，年錫之神，安春阿雅喇，穆哩穆哩哈，納丹岱琿，納爾琿軒初，恩都哩僧固，拜滿章京，納丹威瑚哩，恩都蒙鄂樂，喀屯諾延。

tere aniyangga osokon[osohon] beye i（某屬相年小的本人的）wei morin i jalin wececi.（為誰的馬跳神）wei banjiha da aniya be hūlambi.（則呼誰的本生年）

某年生小子，為某人之馬祭，則呼某人本生年。

fusembure adun i morin i julefun gingnembi.（為替使牧群孳生的馬獻）

今為牧羣繁息敬祝者。

mulu jafafi mukdembu.（抓了背脊使騰起）delun jafafi dekdembu.（抓了脖鬃使飛起）
【77b】

撫脊以起兮，引鬣以興兮。

edun ukiyeme eibibu[aibibu].（喝著風使腫脹）talman usihiyeme tarhūmbu.（喝著霧使肥壯）

嘶風以奮兮，噓霧以行兮。

orho jeme aitubu.（吃著草使復原）suiha saime sakdambu.（咬著艾使變老）

食草以壯兮，齧艾以騰兮。

abdaha de ambula arsumbu.（使樹葉大發芽）fulehe de fulu fusembu.（使根本多孳生）

如萌芽之發育兮，如根本之滋榮兮。

enduri eršeki.（請神明照看）weceku wehiyeki.（請神主扶佑）

神其貺我，神其佑我。

yamji ulgiyan de jungšun suitara de（晚上給豬灌酒水時）jalbarire gisun.（禱辭）
夕祭灌酒於豬耳禱辭

abkai juse.（上天之子）niyansi enduri.（年錫神）ancun ayara.（安春阿雅喇）muri muriha.（穆哩穆哩哈）nadan daihūn.（納丹岱琿）narhūn hiyancu.（納爾琿軒初）

enduri senggu.（恩都哩僧固）baiman janggin.（拜滿章京）nadan weihuri.（納丹威瑚哩）endu monggolo.（恩都蒙鄂樂）katun【78a】noyan.（喀屯諾延）

上天之子，年錫之神，安春阿雅喇，穆哩穆哩哈，納丹岱琿，納爾琿軒初，恩都哩僧固，拜滿章京，納丹威瑚哩，恩都蒙鄂樂，喀屯諾延。

tere aniyangga osokon[osohon] beye i（某屬相年小的本人的）wei morin i jalin wececi.（為誰的馬跳神）wei banjiha da aniya be hūlambi.（則呼誰的本生年）

某年生小子，為某人之馬祭，則呼某人本生年。

fusembure adun i morin i julefun（為替使牧群孳生的馬）gingnere šusu be（以獻的「犧牲」）urgun sain i alime gaiki.（請以喜善領受）

今為牧羣繁息，敬獻粢盛，嘉悅以享分。

　　　　　yamji yali doboro de（晚上供肉時）forobure gisun.（祝辭）
　　　　　夕祭供肉祝辭

abkai juse.（上天之子）niyansi enduri.（年錫神）ancun ayara.（安春阿雅喇）muri muriha.（穆哩穆哩哈）nadan daihūn.（納丹岱琿）narhūn hiyancu.（納爾琿軒初）enduri senggu.（恩都哩僧固）baiman janggin.（拜滿章京）nadan weihuri.（納丹威瑚哩）endu monggolo.（恩都蒙鄂樂）katun noyan.（喀屯諾延）

上天之子，年錫之神，安春阿雅喇，穆哩穆哩哈，納丹岱琿，納爾琿軒初，恩都哩僧固，拜滿章京，納丹威瑚哩，恩都蒙鄂樂，喀屯諾延。

tere aniyangga osokon[osohon] beye i（某屬相年小的本人的）wei morin i jalin wececi.（為誰的馬跳神）wei banjiha da aniya be hūlambi.（則呼誰的本生年）

某年生小子，為某人之馬祭，則呼某人本生年。

fusembure adun i morin i julefun【78b】gingnembi.（為替使牧群孳生的馬獻）

今為牧羣繁息敬祝者。

mulu jafafi mukdembu.（抓了背脊使騰起）delun jafafi dekdembu.（抓了脖鬃使飛起）

撫脊以起分，引鬐以興分。

edun ukiyeme eibibu[aibibu].（喝著風使腫脹）talman usihiyeme tarhūmbu.（啜著霧使肥壯）

嘶風以奮分，噓霧以行分。

orho jeme aitubu.（吃著草使復原）suiha saime sakdambu.（咬著艾使變老）

食草以壯分，齧艾以騰分。

abdaha de ambula arsumbu.（使樹葉大發芽）fulehe de fulu fusembu.（使根本多孳生）
如萌芽之發育兮，如根本之滋榮兮。

enduri eršeki.（請神明照看）weceku wehiyeki.（請神主扶佑）
神其眷我，神其佑我。

tuibure de（背燈祭時）ujui mudan honggon de（首次向神鈴）jarime
jalbarire gisun.（念著神歌禱辭）
背鐙祭，初次向神鈴誦神歌祈請辭

je.（哲）irehu je narhūn.（伊呼呼哲納爾琿）
哲，伊呼呼，哲，納爾琿。

uce fa be dalifi（掩蓋了門、窗）solimbi（召請）narhūn.（納爾琿）
掩戶、牖，以迓神兮，納爾琿。

mucen i sukdun. jun i tuwa be【79a】gidafi（隱匿了鍋的氣、竈的火）solimbi（召請）
narhūn.（納爾琿）
息甑、竈，以迓神兮，納爾琿。

soliha be dahame.（因為召請了）soorin de wasiki（請即寶位）narhūn.（納爾琿）
肅將迎兮，侑坐以俟，納爾琿。

tuibuhe be dahame（因為背燈了）tusergen de wasiki（請就反玷）narhūn.（納爾琿）
祕以祀兮，几筵具陳，納爾琿。

nadan daihūn（納丹岱琿）nanggišame wasiki（請柔順著降下）narhūn.（納爾琿）
納丹岱琿，藹然降兮，納爾琿。

jorgon junggi（卓爾歡鍾依）jorime wasiki（請指示著降下）narhūn.（納爾琿）
卓爾歡鍾依，惠然臨兮，納爾琿。

oron honggon de oksofi（魄在神鈴上邁步了）ebuki（請下來）narhūn.（納爾琿）
感於神鈴兮，來格，納爾琿。

siren honggon de sišafi（蔓在神鈴上蛆拱了）ebuki（請下來）narhūn.（納爾琿）
莅於神鈴兮，來歆，納爾琿。

jai mudan honggon be toksime（再次敲著神鈴）jarime jalbarire gisun.（念著
神歌禱辭）
二次搖神鈴誦神歌禱辭

nadan daihūn.（納丹岱琿）narhūn hiyancu.（納爾琿軒初）jorgon junggi.（卓爾歡鍾依）juru【79b】juktehen.（珠嚕珠克特亨）

納丹岱琿，納爾琿軒初，卓爾歡鍾依，珠嚕珠克特亨。

tere aniyangga osokon[osohon] beye i（某屬相年小的本人的）wei morin i jalin wececi.（為誰的馬跳神）wei banjiha da aniya be hūlambi.（則呼誰的本生年）

某年生小子，為某人之馬祭，則呼某人本生年。

fusembure adun i morin i julefun gingnembi.（為替使牧群孳生的馬獻）

今為牧羣繁息敬祝者。

mulu jafafi mukdembu.（抓了背脊使騰起）delun jafafi dekdembu.（抓了脖鬃使飛起）

撫脊以起兮，引鬣以興兮，

edun ukiyeme eibibu[aibibu].（喝著風使腫脹）talman usihiyeme tarhūmbu.（啜著霧使肥壯）

嘶風以奮兮，噓霧以行兮。

orho jeme aitubu.（吃著草使復原）suiha saime sakdambu.（咬著艾使變老）

食草以壯兮，齧艾以騰兮。

abdaha de ambula arsumbu.（使樹葉大發芽）fulehe de fulu fusembu.（使根本多孳生）

如萌芽之發育兮，如根本之滋榮兮。

enduri eršeki.（請神明照看）weceku wehiyeki.（請神主扶佑）

神其眡我，神其佑我。

　　　　　ilaci mudan siša de（第三次向腰鈴）jarime solire gisun.（念著神歌召請辭）
　　　　　三次向腰鈴誦神歌祈請辭

je.（哲）irehu je gu i šongkon.（伊哷呼哲古伊雙寬）

哲，伊哷呼，哲，古伊雙寬。

tusergen dere be【80a】tukiyefi（擡了反玷桌）solimbi（召請）gu i šongkon.（古伊雙寬）

列几筵兮，以敬迓，古伊雙寬。

šufangga šusu be sindafi（放了湊數的「犧牲」）solimbi（召請）gu i šongkon.（古伊雙寬）

潔粢盛兮，以恭延，古伊雙寬。

soliha be dahame（因為召請了）soorin de wasiki（請即寶位）gu i šongkon.（古伊雙寬）

肅將迎兮，盡敬，古伊雙寬。

tuibuhe be dahame.（因為背燈了）tusergen de wasiki（請就反玷）gu i šongkon.（古伊雙寬）

秘以祀兮，申虔，古伊雙寬。

asha dethe be acinggiyame（翅膀、翅翎搖動著）wasiki（請降下）gu i šongkon.（古伊雙寬）

乘羽葆兮，陟於位，古伊雙寬。

siren siša de sišame（蔓藤、腰鈴岨拱著）wasiki（請降下）gu i šongkon.（古伊雙寬）

應鈴響兮，降於壇，古伊雙寬。

> duici mudan siša be debsime（第四次搖著腰鈴）jarime jalbarire gisun.（念著神歌禱辭）
>
> 四次搖腰鈴誦神歌禱辭

hūlara enduri.（呼喚的神明）solire fisun.（召請的斐孫）anggangga wecehe.（有口者跳神了）ambasa【80b】juktehe.（大臣們祀神了）

籲者惟神，迓者斐孫，犧牲既陳，奔走臣隣。

tere aniyangga osokon[osohon] beye i（某屬相年小的本人的）wei morin i jalin wececi.（為誰的馬跳神）wei banjiha da aniya be hūlambi.（則呼誰的本生年）

某年生小子，為某人之馬祭，則呼某人本生年。

fusembure adun i morin i julefun gingnembi.（為替使牧群孳生的馬獻）

今為牧羣繁息敬祝者。

mulu jafafi mukdembu.（抓了背脊使騰起）delun jafafi dekdembu.（抓了脖鬃使飛起）

撫脊以起兮，引鬣以興兮，

edun ukiyeme eibibu[aibibu].（喝著風使腫脹）talman usihiyeme tarhūmbu.（啜著霧使肥壯）

嘶風以奮兮，噓霧以行兮。

orho jeme aitubu.（吃著草使復原）suiha saime sakdambu.（咬著艾使變老）

食草以壯兮，齧艾以騰兮。

abdaha de ambula arsumbu.（使樹葉大發芽）fulehe de fulu fusembu.（使根本多孳生）

如萌芽之發育兮，如根本之滋榮兮。

enduri eršeki.（請神明照看）weceku wehiyeki.（請神主扶佑）【81a】【81b】空白
神其眄我，神其佑我。

gingguleme tuwaci.（謹案）hesei toktobuha manjusai wecere metere kooli emu bithe.
（《欽定滿洲祭神祭天典禮》一書）fe kooli be kimcime baicafi.（詳查了舊例）
謹案，《欽定滿洲祭神祭天典禮》一書，稽考舊章，

adali encu be tuwancihiyame dasahangge.（將異同更正者）yargiyan i akdabume tutabufi.
（使留存了信實）goro goidatala ulaci ombi.（則得傳久遠）
釐正同異，允足昭信而傳遠。

te amban be.（今臣等）hesei nikarame ubaliyabufi.（諭旨譯成漢語）duin namun i yooni
bithe de dosimbukini（令入《四庫全書》）sehebe gingguleme dahafi.（欽此欽遵）
茲復仰承諭旨，令臣等譯漢，纂入《四庫全書》。

manju bithe be tuwame（根據著滿文）narhūšame sibkime ubaliyambuha.（詳細研究繙
譯了）
臣等依據清文，詳加推繹。

baicaci.（若查）kun ning kung de erde wecerengge.（在坤寧宮清晨跳神者）【1a】
šig'amuni fucuhi.（釋迦牟尼佛）jilan i bulekušere fusa.（觀世音菩薩）guwan i beise.
（關貝子）
伏考坤寧宮所朝祭者，為釋迦牟尼佛、觀世音菩薩、關聖帝君。

yamji wecerengge（晚上跳神者）murigan weceku.（穆哩罕神）nirugan weceku.（畫像
神）monggo weceku.（蒙古神）
所夕祭者，為穆哩罕、畫像神、蒙古神。

geli biyadari wecere.（又每月跳神的）ambarame wecere jai inenggi.（大祭次日）
gingguleme abkai enduri de karulame metembi.（恭敬著給天神報答還願）
其月祭、大祭翌日，則敬申報祀於天神。

tere forobure gisun i dorgi（其祝辭之內）ahūn i niyansi. ancun ayara. muri muriha.
【1b】nadan daihūn. narhūn hiyancu. enduri senggu. baiman janggin. nadan weihuri. endu
monggolo. katun noyan sere jergi colo bi.（有說是阿琿的年錫、安春阿雅喇、穆哩穆
哩哈、納丹岱琿、納爾琿軒初、恩都哩僧固、拜滿章京、納丹威瑚哩、恩都蒙鄂
樂、喀屯諾延等稱號）
而祝辭所稱，乃有阿琿年錫、安春阿雅喇、穆哩穆哩哈、納丹岱琿、納爾琿軒
初、恩都哩僧固、拜滿章京、納丹威瑚哩、恩都蒙鄂樂、喀屯諾延諸號中，

erei dorgi nadan daihūn serengge.（其中所說納丹岱琿者）uthai nadan usiha be.（即七星也）
惟納丹岱琿，即七星之祀；

katun noyan serengge.（所說喀屯諾延者）uthai monggo weceku.（即蒙古神）

其喀屯諾延，即蒙古神。

nenehe jalan de baili bi seme wecerengge.（然在先世有恩而跳神者）gūwa gemu baicaci ojoro ba akū.（其他的則都不可考查）

以先世有德而祀，其餘則均無可考。

geli fodo moo tebufi（又種植了求福柳枝）hūturi baime wecere weceku be.（將求福跳神的神）foli fodo omosi mama seme tukiyembi.（舉稱佛立佛多鄂謨錫瑪瑪）ere juse be eršekini sere【2a】jalin wecerengge.（此說是為令照顧孩子們而跳神者）

又樹柳枝求福之神，稱為佛立佛多鄂謨錫瑪瑪者，知為保嬰而祀。

tangse i dolo doboro_šangsi enduri oci.（若是堂子內供的尚錫神）usin jeku i jalin wecerengge.（為田穀而跳神者）

堂子內尚錫之神，知為田苗而祀。

damu forobure gisun de henduhe.（只是祝辭裏說了）niohon taiji. uduben beise sehengge.（所說紐歡台吉、武篤本貝子者）inu terei da deribun be bahafi sarkū.（其起源也不得而知）

而祝辭所稱，紐歡台吉、武篤本貝子者，則亦不得其緣起。

ainci julgei fonde.（想是古時候）ba tome gurun tome.（每地、每國）meimeni weceku bifi.（各自有神祇）

蓋古者一方一國，各有專祀，

embici ferguwecuke acabun iletulehe turgunde（或者神奇的應驗顯示的緣故）karulame wecerengge bi.（有報答而跳神者）

或因靈應所著而報以馨香，

embici gungge erdemu niyalma de tutabuha turgunde（或者功德留存於人的緣故）sukjibume wecerengge bi.（有使受享而跳神者）

或因功德在人而申其薦饗，

tuttu ishunde fe kooli be【2b】ulandume.（所以彼此相傳著舊例）hing seme iletuleme（顯示著誠心）wecehei jihebi.（已只管跳神來了）

故相沿舊俗，昭事惟虔。

wecere doroi fiyelen de henduhe.（祭禮篇章裏說了）emgeri deribuhengge be.（一旦開始者）gelhun akū waliyarakū（不敢拋棄）sehengge.（已說的）

祭法所謂，有其舉之，莫敢廢也。

erebe kai.（將此也）musei gurun.（我們的國家）amba doro be aliha ci.（自承擔大政以來）tumen ferguwecun uhei aisime ofi.（因為萬靈一齊保佑）

洎寶祚延膺，萬靈申佑，

ele wesihun kooli obufi.（益加作為了曠典）ereni enduri kesi de karulahabi.（以此已報答了神恩）

益著為令典，用答神麻。

udu jalan sampi aniya goidafi.（若干世代相距年久了）terei da dube be emke emken i getukeleme muterakū bicibe.（雖然其本末不能逐一查明）

雖世遠年湮，不能盡詳其始末。

dorolon i nomun de baicaci.（若查《禮記》）wen wang šidz bihe fiyelen de henduhe.（〈文王世子〉篇裏說了）nenehe sefu de【3a】dobome wecembi（奠祭於先師）sehe be.（說了）

然考《禮記》，〈文王世子〉稱：「釋奠於先師。」

jeng yuwan suhe hergen sindara de.（在鄭元〔玄〕加進去的解釋文字裏）umai nenehe sefu weci bihe be tucibume mutehekū.（則全然不能指出先師是誰來著）

鄭元〔玄〕(127-200)所注，不能舉先師為誰，

damu jeo gurun i dorolon i <u>kumun i da</u>[1]. jai han gurun i nomun i baksi be（只有將《周禮》的大司樂，以及漢朝的經典學者）jorime duibulehebi.（已指示同樣看待了）

但以《周禮》瞽宗，及漢代經師為例。

erebe tuwahade.（將此來看）julgei niyalma ishunde ulanduha wecere kooli.（古人彼此所相傳的祭祀條例）terei fuhali da sekiyen be bahame muterakūngge oci.（若是不能盡得其本源者）

知古人於相傳祀典，無從溯其本源者，

gemu tere tere seme（都因為某某）balai yarume gajifi.（拿來妄引）tašarara calabure de isibuhakū bihe be（以未致存有錯誤）saci ombi.（則當作知道）

皆不妄引其人以實之，致涉誣罔。

tuttu ofi.（因此）te inu sarkūngge be【3b】sulabufi（今亦將不知道者保留了）gelhun akū icišame halahakū.（不敢順從著更換）ginggun olhoba be tuwabuhabi.（以表示謹慎）

1　漢文「瞽宗」一詞，係商朝學校名，見《周禮・春官・大司樂》，滿文轉寫羅馬拼音作「kumun i
　　tacikū」；「司樂」，則作「kumuda」，「kumun i da」譯為「大司樂」。見清・祥亨主編，志寬、培寬
　　編，《清文總彙》，卷11，頁45a，「kumun i tacikū」、「kumuda」、「kumun i da」諸條。

故今亦闕所不知，不敢附會其辭，以昭敬慎。

jai forobure gisun i dorgi.（以及祝辭之內）kimcime baici ojoro gūnin jurgan bisirengge be.（若詳查為有意義者）gemu ici gaime nikarame ubaliyabuha.（都要順著譯成漢語）
又祝辭之文，有意義可尋繹者，皆依類譯漢。

tere jorgon junggi. juru juktehen. je. irehu. je. narhūn. je. gu i šongkon. fisun. anje. orolo sere jergi hergen oci.（若是那說的卓爾歡鍾依、珠嚕朱克特亨、哲、伊呼呼、哲、納爾琿、哲、古伊雙寬、斐孫、安哲、鄂囉羅等字）
至於卓爾歡鍾依、珠嚕珠克特亨、哲、咿呼呼、哲、納爾琿、哲、古伊雙寬、斐孫、安哲、鄂囉羅諸字，

mudan bisire gojime.（雖則有聲）umai sume giyangname muterakū.（並不能解釋）
皆但有音聲，莫能訓解。

amba muru aisin gurun i tiyan hing sehe niowanggiyan morin aniyai[2] amala.（大概金朝天興甲午年以後）bithe cagan samsime waliyabufi.（書籍散逸）【4a】temgetu obure bithe ferkingge akū ofi.（因為充當證據的書無多見識者）
蓋自大金天興甲午（1234）以後，典籍散佚，文獻無徵，

fe sakdasa ulandure de.（舊老人們相傳時）damu anggai hūlame tacibuhai.（惟只管教導著念）umesi aniya goidaha turgunde.（非常年久的緣故）uthai getukeleci ojorakū ohobi.（便已不可察明了）
故老流傳，惟憑口授，歷年既遠，遂不甚可明。

kimcici.（若詳察）han gurun i kumun i bithe i dorgi.（漢朝樂書之內）den karan de enggelembi[3] sehe ucun i šeo jung u.（說了〈臨高臺〉歌的收中吾）gūnirengge bi[4] sehe fiyelen i fei hū hi sere gisun.（說了〈有所思〉篇的妃呼豨說的話）gemu mudan bisire gojime（雖則都有聲）jurgan akū.（無義）
考漢代樂府，如〈臨高臺〉之收中吾，〈有所思〉之妃呼豨，皆有其聲而無其義。

---

[2] 「金朝天興甲午年」，即金哀宗（完顏守緒，1198-1234，1224-1234在位）天興三年（1234），蒙古與宋聯軍攻破蔡州，哀宗退位，旋於幽蘭軒上吊自盡，國遂亡。

[3] 〈臨高臺（den karan de enggelembi）〉曰：「臨高臺以軒，下有清水清且寒。江有香草目以蘭，黃鵠高飛離哉翻。關弓射鵠，令我主壽萬年。收中吾（šeo jung u）。」見梁・沈約，《宋書》（臺北：鼎文書局，1975年），卷22，〈樂志・漢鼓吹鐃歌十八曲・臨高臺曲〉，頁643。

[4] 〈有所思（gūnirengge bi）〉曰：「有所思，乃在大海南。何用問遺君，雙珠瑇瑁簪，用玉紹繚之。聞君有它心，拉雜摧燒之。摧燒之，當風揚其灰。從今以往，勿復相思。相思與君絕。雞鳴狗吠，兄嫂當知之。妃呼豨（fei hū hi）。秋風肅肅晨風颸，東方須臾高知之。」見梁・沈約，《宋書》，卷22，〈樂志・漢鼓吹鐃歌十八曲・有所思曲〉，頁642。

jai sung gurun i bithei kumun i ejetun de（以及在《宋書‧樂志》）araha cinggilakū[5]
maksin i ucun. enduringge niyalma dorolon【4b】kumun be toktobuha fiyelen[6].（所寫的〈鐸
舞曲‧聖人制禮樂篇〉）inu daci dubede isitala gemu hergen toodaha[toktoho][7] be.（也
從頭到尾都定了文字）

又《宋書‧樂志》載〈鐸舞曲‧聖人制禮樂篇〉，亦全篇皆取對音。

jalan jalan i ishunde ulandume.（彼此代代相傳著）gemu kenehunjecukengge seme
sulabufi.（都保留了可疑者等語）gelhun akū halahakū.（不敢更換）

歷代相傳，均闕疑而不敢改。

tuttu ofi（因此）te inu fe songkoi gingguleme arafi.（今亦照舊的樣敬書了）gelhun akū
halaha dasaha ba akū.（沒有敢改正之處）daci ulanjiha[ulanduha][8] yargiyan be bibuhebi.
（原來相傳的已經存真了）

今亦恭錄原文，不敢強為竄易，以存其本真焉。

ambarame giyangnara.（經筵）inenggidari giyangnara.（日講）ilire tere be ejere hafan.
（起居注官）taidz taiboo.（太子太保）horonggo yangsangga deyen i【5a】aliha bithei
da.（武英殿大學士）šu tunggu asari i asari i baita be alifi kadalara amban.（文淵閣領閣
事）gocika amban.（御前大臣）hafan i jurgan i baita be kadalame icihiyara.（管理吏部
事務）bithei yamun i baita be kadalara.（掌翰林院事）hiya kadalara dorgi amban.（領
侍衛內大臣）uju jergi unenggi bodohonggo mergen baturu gung.（一等誠謀英勇公）
amban agūi.（臣阿桂）

經筵日講起居注官太子太保武英殿大學士文淵閣領閣事御前大臣管理吏部事務掌
翰林院事領侍衛內大臣一等誠謀英勇公，臣阿桂

5　「cinggilakū」，墜鈴，即「juktehen subarhan de（在廟塔上）lakiyaha ilenggu bisire ajige jungken be.（所掛有舌狀
　　物的小鐘）cinggilakū sembi.（稱墜鈴）」。見清‧傅恆等奉敕撰，《御製增訂清文鑑》（收入《景印文淵
　　閣四庫全書》，冊232），卷19，〈僧道部‧佛類‧墜鈴〉，頁11a。《大清全書》則曰：「搖的鈴鐸，道
　　家呼為『地鐘』，僧家呼為『杅』」。見清‧沈啟亮，《大清全書》，卷10，頁52b，「cinggilakū」條。
6　〈聖人制禮樂篇〉（enduringge niyalma dorolon kumun be toktobuha fiyelen）〉曰：「昔皇文武邪　彌彌舍
　　善　誰吾時吾　行許帝道　銜來治路萬邪　治路萬邪　赫赫意黃運道吾　治路萬邪　善道明邪金邪
　　善道　明邪金邪帝邪　近帝武武邪邪　聖皇八音　偶邪尊來　聖皇八音　及來義邪同邪　烏及來義邪
　　善草供國吾　咄等邪烏　近帝邪武邪　近帝武邪武邪　應節合用　武邪尊邪　應節合用　酒期義邪
　　同邪　酒期義邪　善草供國吾　咄等邪烏　近帝邪武邪　近帝武邪武邪　下音足木　上為鼓義邪　應
　　眾義邪　樂邪邪延否　已邪烏已禮祥　咄等邪烏　素女有絕其聖烏烏武邪」。《樂府詩集》引《古今
　　樂錄》云：「古《鐸舞曲》，有〈聖人制禮樂篇〉，聲辭雜寫，不復可辨，相傳如此。」分見梁‧沈
　　約，《宋書》，卷22，〈鐸舞歌詩二篇‧聖人制禮樂篇〉，頁632-633；宋‧郭茂倩輯，《樂府詩集》
　　（收入《景印文淵閣四庫全書》，冊1347，臺北：臺灣商務印書館，1983年），卷54，〈舞樂歌辭‧
　　雜舞‧鐸舞詩歌〉，頁4b。
7　「toodaha（toodambi）」，意為「賠償」、「還」，與句中文義不合，疑似為「toktoho（toktombi）」
　　之誤；「toktombi」，意為「規定」、「確定」、「構成」。
8　「ulanjiha」，此字不可解，疑似「ulanduha」之誤；「ulanduha」，即「相傳了」。見沈啟亮，《大清
　　全書》，卷3，頁6b，「ulanduha」條。

ambarame giyangnara.（經筵）inenggidari giyangnara.（日講）ilire tere be ejere hafan.
（起居注官）taidz taiboo.（太子太保）šu eldengge deyen i aliha bithei da.（文華殿大
學士）šu tunggu asari i asari i baita be【5b】alifi kadalara amban.（文淵閣領閣事）bithei
yamun i baita be kadalara.（掌翰林院事）boigon i jurgan i baita be kadalame icihiyara.（管
理戶部事務）jalan sirara uju jergi adaha hafan.（世襲一等輕車都尉）amban ioi min
jung.（臣于敏中）【6a】【6b】空白
經筵日講起居注官太子太保文華殿大學士文淵閣領閣事掌翰林院事管理戶部事務
一等輕車都尉，臣于敏中

ambarame giyangnara.（經筵）inenggidari giyangnara.（日講）ilire tere be ejere hafan.
（起居注官）taidz taiboo.（太子太保）horonggo yangsangga deyen i aliha bithei da.（武
英殿大學士）šu tunggu asari i asari i baita be alifi kadalara amban.（文淵閣領閣事）
gocika ambam.（御前大臣）hafan i jurgan i baita be kadalame icihiyara.（管理吏部事
務）bithei yamun i baita be kadalara.（掌翰林院事）hiya kadalara dorgi amban.（領侍衛
內大臣）uju jergi unenggi bodohonggo mergen baturu gung.（一等誠謀英勇公）amban
agūi.（臣阿桂）gingguleme wesimburengge.（謹奏）

經筵日講起居注官太子太保武英殿大學士文淵閣領閣事御前大臣管理吏部事務掌
翰林院事領侍衛內大臣一等誠謀英勇公，臣阿桂謹奏，

baicaci.（若查）manjusai wecere metere bithe.（滿洲祭祀書）uheri ninggun debtelin.
（共六卷）【1a】

查《滿洲祭祀》一書，共六卷，

hese.（諭旨）amban agūi minde afabufi.（交付給臣阿桂我）ioi min jung ni sasa
nikarame ubaliyabufi.（于敏中一齊譯成漢語）duin namun i yooni bithe de dosimbukini
（令入《四庫全書》）sehebe gingguleme dahafi.（欽此欽遵）

欽奉，臣阿桂同于敏中譯漢，編入《四庫全書》。

amban be.（臣等）ujui debtelin ci duici debtelin de isibume.（從首卷至第四卷）gemu
gingguleme nikarame ubaliyambufi.（都恭敬譯成漢語）tuwabume wesimbuhe be.（奏
覽）genggiyen i bulekušehebi.（睿鑒）

臣等業將卷一至卷四，敬謹譯出敬呈，荷蒙睿鑒。

sunjaci debtelin oci.（若是第五卷）baitalara tetun weilere arara kooli.（器用製造的規矩）
ningguci debtelin oci.（若是第六卷）baitalara tetun i durun i nirugan inu.（也是器用式樣
圖）erebe aifinici【1b】nikarame ubaliyabume tucibuhe.（則早已將此譯出了漢語）

其卷五，係器用造作之法；卷六，係器用形式圖，久經譯出。

te geli narhūšame kimcime acabume tuwafi.（今又詳核校對了）nirugan nirufi（畫了
圖）tuwabume wesimbuhe.（奏覽）

今復加詳細校對、繪圖，恭呈御覽。

jai da alime gaiha hesei（再原本奉旨）amban membe kun ning gung de wecere fucihi. fusa.
guwan i beise.（臣將我們在坤寧宮跳神的佛、菩薩、關貝子）

再原奉諭旨，令臣等將坤寧宮所祭之佛、菩薩、關帝，

jai tangse de wecere【2a】enduri.（以及在堂子跳神的神）abka de metere babe.（給天還
願之處）narhūšame ilgame faksalafi.（詳加甄別了）

以及堂子所祭之神，並祭天之處，詳細分別。

da sekiyen be tucibume muterakū.（不能舉出本源）jai forobure gisun i dorgi（以及祝辭之內）ulanduhai jihe fe gisun（只是相傳而來的舊語）
其不能詳溯緣起，及祝辭內，相傳舊語，

mudan bisire gojime.（雖則有聲）jurgan akūngge be.（將無義者）kenehunjecuke be sulabufi.（保留了可疑的）akdabume ulabure（使流傳可信的）
有其聲而無其義者，併以闕疑傳信之意。

gūnin i songkoi tucibun banjibufi.（按照意思作了跋）bithei amala arakini（使寫於書後）sehe bihe.（說了來著）
敬撰跋語，綴於簡末。

uttu ofi.（因此）gingguleme tucibun emu fiyelen banjibufi.（恭敬作了跋一篇）nikan bithei duici debtelin i amala arafi.（充作漢文書的第四卷的後面）suwayan afahari（黃簽）【2b】〔下闕〕
所有敬擬跋語一條，附於漢本卷四之後，〔粘貼〕黃簽〔進呈〕，

統俟欽定發下時，交館編入《四庫全書》，以垂永久。並繕寫二分，一分送懋勤殿陳設，一分交尚書房收貯，為此謹奏。
乾隆四十五年七月初二日
奉旨，知道了。跋語即行繙出清文，欽此。

按：編入《四庫全書》的漢譯本《滿洲祭神祭天典禮》，將乾隆四十五年(1780)大學士阿桂(1717-1797)、于敏中(1714-1779)所撰〈跋語〉以及阿桂所進書成奏摺，附於卷四之後，東洋文庫藏滿文本《欽定滿洲祭神祭天典例》(No.434)卻置於第一冊卷首，惟各頁版心都有「duici debtelin（第四冊）」字樣，故其原貌當一如漢譯本在第四冊之末。

第五冊

hesei toktobuha manjusai wecere metere kooli bithe（欽定滿洲祭神祭天典禮） sunjaci debtelin.（第五卷）

欽定滿洲祭神祭天典禮卷五

wecere metere de（跳神、還願時）doboro baitalara jaka hacin i ton.（所供的用品種類數目）

祭神祭天供獻器用數目

  tangse de（在堂子）faidame doboho hacin.（陳設供奉種類）
  堂子陳設供器類

wecere deyen i dolo.（祭殿內）suwayan suje de（在黃緞上）fulgiyan giltasikū kubuhe mengse emke.（鑲了紅片金的幔子一件）

饗殿內鑲紅片金黃緞神幔一。

teišun i hiyan i fila ilan.（黃銅香碟三）

銅香碟三。

suwayan bocoi simenggilehe（上了黃色漆的）amba fangkala dere juwe.（大矮桌二）

黃漆大低桌二。

tahūra notho[1] i kiyalmame šugilehe（漆了鑲嵌著螺鈿的）ancu hiyan[2] tebure【1a】sithen emke.（裝七里香的匣子一件）

盛七里香鑲嵌螺鈿漆匣一。

yacin bocoi simenggilehe（上了黑色漆的）teton[tetun] agūra tebure horho emke.（裝器皿的豎櫃一件）

盛器皿黑漆豎櫃一。

cinuhūn simenggilehe（上了銀硃漆的）carki lakiyara mooi tehe juwe.（掛扎板的木架二）

掛拍板紅漆木架二。

---

1 「tahūra notho」，螺鈿，即「tahūra i giltari notho be ser seme obufi.（使蛤蚌光亮的外殼成為細小）tetun agūra de latume dambuhangge be.（黏在器具上鑲嵌者）tahūra notho sembi.（稱螺鈿）」。清‧傅恆等奉敕撰，《御製增訂清文鑑》（收入《景印文淵閣四庫全書》，冊232），卷22，〈產業部‧貨財類‧螺鈿〉，頁69a。

2 「ancu hiyan」，七里香，即「cikten abdaha. niyanci hiyan i adali（莖、葉像安春香一樣）bime abdaha jiramin amba.（而葉厚、大）šanyan alin de banjumbi.（生長在長白山）」。又「niyanci hiyan」，安春香，即「alin hada de banjimbi.（生於山崖）abdaha fodoho moo i abdaha adali.（葉像柳葉一樣）bime ajige.（而小）wa sain.（味好）wecere de dabumbi.（跳神時點燃）」。分見清‧傅恆等奉敕撰，《御製增訂清文鑑》（收入《景印文淵閣四庫全書》，冊233），卷29，〈草部‧草類‧七里香〉，頁5a；同書，卷29，〈草部‧草類‧安春香〉，頁5a。

suwayan cece hūbalaha（糊了黃紗的）hiyabulakū duin.（糠燈架子四）

黃紗蠱鐙四。

fulgiyan hoošan hūbalaha（糊了紅紙的）hiyabulakū gūsin juwe.（糠燈架子三十二）

紅紙蠱鐙三十二。

ordo i dolo（亭式殿內）doboho anahūn moo den dere emke.（所供的楠木高桌一件）

亭式殿內供楠木高案一。

teišun i hiyan i dabukū emke.（黃銅香爐一件）

銅香爐一。

derei fejile（桌下）ilibuha hoošan jiha lakiyara wantaha moo tura emu da.（所立掛紙錢的杉木柱一根）【1b】

案下設掛紙錢杉木柱一。

suwayan cece hūbalaha（糊了黃紗的）hiyabulakū duin.（糠燈架子四）

黃紗蠱鐙四。

ordo i juleri dulimbade（在亭式殿前中央）sindaha siltan moo ilibure wehe emu farsi.（所放立神杆的石一塊）

亭式殿前中間設立神杆石一。

juwe ergide sindaha（在兩邊所放的）geren wang. beile. beise. jakūn ubu de dosika gung sai（眾王、貝勒、貝子、入八分公們）siltan moo ilibure wehe emte farsi.（立神杆的石各一塊）

兩邊設王、貝勒、貝子、入八分公等，立神杆石各一。

šangsi enduri ordo i dolo（尚錫神亭內）doboho anahūn mooi den dere emke.（所供的楠木高桌一件）

尚錫神亭內供楠木高案一。

teišun i hiyan i dabukū emke.（黃銅香爐一件）

銅香爐一。

derei fejile（桌下）ilibuha hoošan lakiyara wantaha mooi tura【2a】emu da.（所立掛紙的杉木柱一根）

案下設掛淨紙杉木柱一。

  wecere de（跳神時）baitalara tetun agūrai hacin.（用的器皿種類）

  祭神所用器皿類

wecere deyen i dolo（祭殿內）nure gengnere（獻酒的）anahūn moo fangkala dere emke.
（楠木矮桌一件）

饗殿內獻酒楠木低桌一。

nure tebure（裝酒的）lamun ilhangga amba yeherei moro juwe.（藍花大磁碗二）

盛酒大藍花磁椀二。

nure tebure（裝酒的）fulgiyan ilhangga yeherei anggara juwe.（紅花磁缸二）

盛酒紅花磁缸二。

fucihi oboro（洗佛的）suwayan yeherei amba cara emke.（黃磁大酒海一件）

浴佛黃磁大浴池一。

nure tebure（裝酒的）suwayan yeherei amba moro juwe.（黃磁大碗二）

盛酒大黃磁椀二。

selei halmari emke.（鐵神刀一件）【2b】

鐵神刀一。

tenggeri emke.（三絃一件）suwayan samsu[3] bosoi dobton nisihai.（連黃三梭布套）

三絃一，連黃三梭布套。

fifan emke.（琵琶一件）suwayan samsu bosoi dobton nisihai.（連黃三梭布套）

琵琶一，連黃三梭布套。

ilhangga mooi carki juwan ulcin.（花梨木扎板十串）

花梨木拍板十。

ordo i dolo（亭式殿內）nure gingnere（獻酒的）anahūn mooi fangkala dere emke.（楠木矮桌一件）

亭式殿內獻酒楠木低桌一。

nure tebure（裝酒的）lamun ilhangga yeherei amba moro juwe.（藍花磁大碗二）

盛酒大藍花磁椀二。

nure tebure（裝酒的）butu muduri noho niohun yeherei anggara juwe.（暗龍純豆綠磁缸二）

盛酒暗龍豆綠磁缸二。

šangsi enduri ordo i dolo（尚錫神亭內）nure tebure（裝酒的）lamun ilhangga yeherei amba moro emke.（藍花磁大碗一件）
尚錫亭內盛酒大藍花磁椀一。

wecere deyen i dolo（祭殿內）na de sektere jijiri jakūn farsi.（地上鋪的涼蓆八塊）【3a】
饗殿內鋪地涼席八方。

celehe jugūn de（甬路上）sektere jijiri juwan ninggun farsi.（鋪的涼蓆十六塊）
鋪甬路涼席十六方。

doroloro（行禮的）suwayan sujei sektefun juwe.（黃緞坐褥二）
黃緞拜褥二。

sektefun tebure（裝坐褥的）cinuhūn simenggilehe kobdon[4] emke.（上了銀硃漆的匣一件）
盛拜褥硃漆箱一。

celehe jugūn.（甬路）dulimbai jugūn de（在中央路上）sektere mooi sika i keibisu[5] juwan jakūn farsi.（鋪的棕毯十八塊）
甬路中路鋪棕毯十八方。

　　　　　doboro jaka hacin.（供奉的物品種類）
　　　　　供獻物品類

biyadari ice de.（每月初一日）tangse de doboro efen nure be（將在堂子供的餑餑、酒）gemu kun ning gung de doboro efen nurei songkoi doboro ci【3b】tulgiyen.（都照在坤寧宮所供的餑餑、酒的樣供之外）
每月初一日，堂子供餻、酒，俱照坤寧宮所供餻、酒供獻外，

duin biyai ice jakūn de（四月初八日）fucihi oboro de（洗佛時）nunggele mooi abdaha efen. jancuhūn nure dobombi.（供椵葉餑餑、甜酒）
四月初八日，浴佛供椵葉餑餑、醴酒。

morin i jalin wecere tuktan inenggi（祭馬神當日）tūme efen jancuhūn nure dobombi.（供

4　「kobdon」，原意為「箭匣」，即「niru sirdan i jergi agūra be tebure tetun be.（裝箭矢等器械的容器）kobdon sembi.（稱箭匣）」。見清・傅恆等奉敕撰，《御製增訂清文鑑》（收入《景印文淵閣四庫全書》，冊233），卷25，〈器皿部・器用類・箭匣〉，頁7b。

5　「mooi sika i keibisu（moo sika i keibisu）」，棕毯，即「moo sika be jiramin obume hiyadame jodofi（以木頭粗硬毛編織成厚的）na de sekterengge be.（鋪在地上者）moo sika i keibisu sembi.（稱棕毯）」見清・傅恆等奉敕撰，《御製增訂清文鑑》（收入《景印文淵閣四庫全書》，冊233），卷24，〈衣飾部・鋪蓋類・棕毯〉，頁46b-47a。

打糕、甜酒）

祭馬神正日，供打餻、醴酒。

niyengniyeri bolori juwe forgon（春、秋二季）siltan tukiyeme ambarame wecere de（舉
杆大祭時）siren futa de（在換索繩上）lakiyara suwayan niowanggiyan šanggiyan ilan
bocoi solho hoošan jiha（掛的黃、綠、白三色的高麗紙錢）orin nadata afaha.（各二
十七張）【4a】

春、秋二季，立杆大祭，索繩上掛黃、綠、白三色高麗紙錢各二十七張。

ordo i dolo（亭式殿內）lakiyara suwayan niowanggiyan šanggiyan ilan bocoi solho hoošan i
jiha（掛的黃、綠、白三色的高麗紙錢）orin nadata afaha.（各二十七張）

亭式殿內，掛黃、綠、白三色高麗紙錢各二十七張。

hoošan jiha lakiyara de（掛紙錢時）baibure kubun i tonggo sunjata jiha.（用的棉線各五錢）

掛紙錢，用三色棉線各五錢。

aniya biyai ice ilan.（正月初三）biyadari ice.（每月初一）duin biyai ice jakūn.（四月初
八）morin i jalin tuktan inenggi（祭馬神當日）

正月初三日、每月初一日、四月初八日、每逢祭馬神正日，

wecere dari（每跳神）ordo i dolo（亭式殿內）lakiyara hoošan jiha orin nadata afaha.
（掛的紙錢各二十七張）

亭式殿內掛紙錢各二十七張。

hoošan jiha lakiyara de（掛紙錢時）baibure kubun i tonggo sunjata jiha.（用的棉線各五
錢）【4b】

掛紙錢，用三色棉線各五錢。

biyadari ice de.（每月初一日）šangsi enduri ordo i dolo（尚錫神亭內）lakiyara bolgo
hoošan orin nadata afaha.（掛的淨紙各二十七張）

每月初一日，尚錫神亭內掛淨紙各二十七張，

jiha faitarakū.（錢不裁切）gulhun solho hoošan baitalambi.（用完整的高麗紙）

不鏤錢文，用整高麗紙。

       toktofi baitalara hacin.（必用的種類）

       必用之項

aniya biyai ice de.（正月初一日）ordo i dolo（亭式殿內）dengjan dabure（點燈的）
sunjata yan i suwayan ayan dengjan ilan.（各五兩的黃蠟燭三）

正月初一日，亭式殿內，點鐙用五兩重黃蠟燭三枝。

niyengniyeri bolori juwe forgon de（在春、秋二季）ambarame wecere baitalara siren futa ilata da.（大祭用的換索繩各三條）【5a】
春、秋二季，大祭用索繩各三條。

siren futa de（換索繩上）hafirara uyun hacin i suri i giradan（夾著的九種綢布條）hacin tome uyute jušuru.（每種各九尺）
索繩上夾九色綢條，每色各九尺。

anahūn mooi halbaha moo emte ubu.（楠木神杆木頂各一分）
楠木神杆木頂各一分。

jakdan moo siltan emte.（松木神杆各一）
松木神杆各一。

siltan de（神杆上）lakiyara golmin juwe juda i（掛的長二丈的）suwayan bocoi icehe mušuri enduri girdan emte.（染了黃色的高麗夏布神旛各一）
神杆上懸長二丈染黃色高麗布神旛各一。

siren futa siberehe kubun i tonggo（搓換索繩的棉線）ilata ginggen jakūta yan.（各三斤八兩）
撚索繩棉線三觔八兩。

niyengniyeri bolori juwe forgon de（在春、秋二季）siren futa. hoošan【5b】jiha. mušuri enduri girdan be icere de（染換索繩、紙錢、高麗夏布神旛時）baibure fatkū[fatakū][6] ilha sunjata ginggen.（用的紫花各五斤）
春、秋二季，染索繩、紙錢、高麗布神旛用紫花各五觔。

singgeri šan mooi use sunjata ginggen.（槐子各五斤）
槐子各五觔。

fekšun[7] emte ginggen.（明礬各一斤）
礬各一觔。

sunjata yan i suwayan ayan dengjan nadata.（各五兩的黃蠟燭各七）

---

[6]「fatkū（fatakū）」，紫花。見清・沈啟亮，《大清全書》，卷13，頁49a，「fatkū」條。

[7]「fekšun」，礬，即「dabsun i adali.（像鹽一樣）yacin šanyan juwe hacin.（青、白兩種）amtan fekcuhun（味澀）icere de baitalambi.（染的時候用）」。見清・傅恆等奉敕撰，《御製增訂清文鑑》（收入《景印文淵閣四庫全書》，冊232），卷22，〈產業部・貨財類・礬〉，頁73a。

五兩重黃蠟燭各七枝。

fucihi oboro de（洗佛時）baibure fulgiyan hibsu jakūn yan.（用的紅蜜八兩）
浴佛用紅蜜八兩。

kubun jakūn yan.（棉八兩）
棉八兩。

sunjata yan i suwayan ayan dengjan nadan.（各五兩的黃蠟燭七）
五兩重黃蠟燭七枝。

jorgon biyai orin ninggun de.（十二月二十六日）【6a】weceku be solifi（請了神主）
tangse de doboro.（供在堂子）
十二月二十六日，恭請神位供於堂子。

aniya biyai ice juwe de（正月初二日）tangse ci weceku be solifi（從堂子請了神主）
gurung de dosimbure de（進宮時）ayan toktokū dabure（點燈籠的）sunjata yan i
suwayan ayan dengjan duite.（各五兩的黃蠟燭各四）【6b】
正月初二日，由堂子請神位進宮，點鐙籠用五兩重黃蠟燭各四枝。

    kun ning gung de（在坤寧宮）faidame doboho hacin.（陳設所供的種類）
    坤寧宮陳設供器類

erde weceku doboro（供清晨神主的）cinuhūn simenggilehe hacingga bocoi ilha niruha
gocima dere emke.（上了銀硃漆、畫了各種顏色花的抽屜桌一件）
供朝祭神繪花紅漆抽屜桌一。

fucihi doboro（供佛的）aisin i hoošan labtubuha ajige ordo emke.（貼了飛金的小亭一
件）teku emke.（底座一件）
供佛鬏金小亭一，座一。

sektehe suwayan. yacin. fulgiyan gecuheri sektefun ilan.（鋪了黃、青、紅蟒緞坐褥三）
鋪黃、青、紅三色蟒褥三。

aisin i hoošan latubuha encu ajige ordo emke（貼了飛金的另外的小亭一件）teku nisihai.
（連底座）【7a】
鬏金小亭一，連座。

sektehe suwayan. yacin. fulgiyan gecuheri sektefun ilan.（鋪了黃、青、紅蟒緞坐褥三）
鋪黃、青、紅三色蟒褥三。

fusa i nirugan tebure（裝菩薩像的）suwayan bocoi simenggilehe mooi sihan emke.（上了黃色漆的木筒一件）

恭貯菩薩像黃漆木筒一。

guwan mafa enduri i nirugan tebure（裝關老爺神像的）cinuhūn simenggilehe mooi sihan emke.（上了銀硃漆的木筒一件）

恭貯關帝神像紅漆木筒一。

weceku i juleri（神主前）dalire suwayan sujei wadan emke.（遮蔽的黃緞布單一件）

神位前遮蔽黃綢袱一方。

fuichi i ordo. fusa i nirugan. guwan mafa enduri i nirugan i sihan be uhure（包裹佛亭、菩薩像、關老爺神像木筒的）suwayan sujei wadan duin farsi.（黃緞布單四塊）【7b】

包裹佛亭、菩薩像、關帝神像木筒黃緞袱四方。

weceku solire de（請神主時）amba solho hoošan duin afaha baitalambi.（用大高麗紙四張）

請神位用大高麗紙四張。

muturi uju folofi（刻了龍頭）aisin i hoošan latubuha（貼了飛金）cinuhūn simenggilehe ilan jofohonggo tehe emu jure.（上了銀硃漆的三角架一對）

雕龍頭槑金紅漆三角架一對。

suwayan suje de（在黃緞上）fulgiyan giltasikū kubuhe mengse emke.（鑲了紅片金的幔子一件）

鑲紅片金黃緞神幔一。

mengse ulire suwayan bocoi kubun i tonggo（穿幔子的黃色棉線）siberehe futa emu da.（所搓的繩一條）

穿繫神幔黃棉線繩一。

siren futa tebure（裝換索繩的）solho bosoi[8] fulhū emke.（高麗布囊一件）

盛索繩高麗布囊一。

yehe hūwaitaha debse emu da（綁了練麻的神箭一枝）suwayan bocoi suri dobton nisihai.（連黃色的綢套）【8a】

繫練麻神箭一枝，連黃綢套。

yamji weceku doboro（供晚上神主的）yacin bocoi simenggilehe hacingga bocoi ilha

---

8　「solho bosoi（solho boso）」，高麗布，即「solho gurun i boso be.（朝鮮國的布也）solho boso sembi.（稱高麗布）」。見清・傅恆等奉敕撰，《御製增訂清文鑑》，卷23，〈布帛部・布帛類・高麗布〉，頁29b。

niruha gocima dere emke.（上了黑色漆、畫了各種顏色花的抽屜桌一件）
供夕祭神繪花黑漆抽屜桌一。

weceku tebure（裝神主的）cinuhūn simenggilehe sithen emke.（上了銀硃漆的匣一件）
恭貯神位紅漆匣一。

yacin bocoi simenggilehe golbon emke.（上了黑色漆的衣架一件）
黑漆架一。

yacin suje de（在青緞上）fulgiyan giltasikū kubuhe mengse emke.（鑲了紅片金的幔子
一件）
鑲紅片金青緞神幔一。

mengse hūwaitara suwayan bocoi kubun i tonggo（綁幔子的黃色棉線）siberehe futa emu
da（所搓的繩一條）
繫神幔黃棉線繩一條。

monggo weceku doboro（供蒙古神的）nikeku sindame weilehe（所做的放著靠背）
yacin bocoi simenggilehe teku emke.（上了黑色漆的底座一件）【8b】fulgiyan giltasikū
sishe nisihai.（連紅片金褥）
供蒙古神有靠黑漆座一，連紅片金褥。

sahalca sekei sishe emke.（黑貂皮的皮褥一件）sekterakū sithen de sindambi.（不鋪墊
放在匣裏）
黑貂褥一，不鋪設置於匣內。

yamji weceku be uhure（包裹晚上神主的）suwayan sirgeri[9] i wadan duin farsi.（黃紡絲
布單四塊）
包裹夕祭神位黃紡線袱四方。

amba ajige honggon nada.（大、小神鈴七）uliha suwayan ilgin.（所穿的黃皮）šajilan
cikten nisihai.（連樺木桿）
大、小鈴七枚，穿黃色皮條，連樺木桿。

ajige selei siša emu ubu.（小的鐵腰鈴一分）

9　「sirgeri」，紡絲，即「urebuhe sirge i jodohongge be.（以練了的絲織者）sirgeri sembi.（稱紡絲）etuku i
　　doko. gahari. dorgi etuku de baitalambi.（用在衣服的衣裏、布衫、內衣）」。又「urebuhe（urebumbi）」，
　　練絲，即「sirge be fulenggi muke de ebeniyefi（將絲放在灰水裏浸泡了）halhūn bade（在熱的地方）
　　hūktambume dehefi obure be.（泡練了使發過熱而做的）urebumbi sembi.（稱練絲）」。分見清・傅恆等奉
　　敕撰，《御製增訂清文鑑》（收入《景印文淵閣四庫全書》，冊232），卷23，〈布帛部・布帛類・紡
　　絲〉，頁24a；同書，卷23，〈布帛部・紡織類・練絲〉，頁46a-46b。

小鐵腰鈴一分。

tuibure yacin suri de（在背燈祭的青綢上）šahūn suri dokomiha jursu dalikū juwe farsi.
（淡白綢裏雙層簾二塊）suwayan subeliyen futa selei muheren nisihai.（連黃絨繩、鐵
環）【9a】
背鐙青表裡夾綢幪二，連黃絲繩、鐵環。

siša sindara（放腰鈴的）nikeku sindame weilehe（所做的放著靠背）yacin bocoi
simenggilehe ajige mulan emke.（上了黑色漆的小杌子一件）
置放腰鈴有靠黑漆小杌一。

menggun i tetun tebure（裝銀器的）ilhangga mooi muduri foloho amba horho juwe.（花
梨木刻了龍的大櫃二）
盛銀器花梨木雕龍大櫃二。

ajige horho juwan juwe.（小櫃十二）
小櫃十二。

erde yamji doboro samsulaha[10] ilha de aisin ijuha[11]（在清晨、晚上供的鏨花上鍍了金）
menggun hiyan i fila jakūn.（銀香碟八）
朝祭、夕祭鏤花鍍金銀香碟八。

wargi giyalan de（在西面房間裏）sindaha fucihi.【9b】fusa be doboro amba ordo emke
（所放的供佛、菩薩大亭一件）suwayan giltasikū sishe nisihai.（連黃片金褥）
西楹設供佛、菩薩大亭一，連黃片金褥。

anahūn mooi somo emu da.（楠木還願神杆一枝）anahūn mooi muheliyen hiyase nisihai.
（連楠木圓神杆斗）
楠木祭天神杆一，連楠木圓斗。

somo ilibure（立還願神杆的）anahūn mooi tura emu da.（楠木柱一枝）
立神杆楠木倚柱一。

somo ilibure（立還願神杆的）wehe emu farsi.（石一塊）

---

10 「samsulaha（samsulambi）」，鏨花，即「aisin menggun selei jergi jaka i oilo（金、銀、鐵等物的表面）ilha
    arame sacire be.（切作花樣的）samsulambi sembi.（稱鏨花）」。見清・傅恆等奉敕撰，《御製增訂清文
    鑑》（收入《景印文淵閣四庫全書》，冊233），卷26，〈營造部・雕刻類・鏨花〉，頁25b。

11 「ijuha（ijumbi）」，抹，即「yaya jaka de amdun hū latubure be.（凡物以膠、糊黏貼的）ijumbi sembi.
    （稱抹）」；又《清文總彙》曰：「擦粉、擦鰾、擦糊之擦；鍍金之鍍」。分見清・傅恆等奉敕撰，
    《御製增訂清文鑑》（收入《景印文淵閣四庫全書》，冊233），卷26，〈營造部・膠粘類・抹〉，頁
    27b；清・祥亨主編，志寬、培寬編，《清文總彙》，卷2，頁9a，「ijumbi」條。

立神杆石一。

fodo moo ilibure（立求福柳枝的）wehe emu farsi.（石一塊）
樹柳枝石一。

tahūra notho i kiyalmame šukilehe（漆了鑲嵌著螺鈿的）ancu hiyan tebure sithen emke.
（裝七里香的匣一件）【10a】
盛七里香鑲嵌螺鈿漆匣一。

wecere de（跳神時）baitalara tetun agūrai hanci.（用的器皿種類）
祭神所用器皿類

cinuhūn simenggilehe（上了銀硃漆的）efen nure doboro amba fangkala dere duin.（供餑餑、酒的大矮桌四）
供餻、酒紅漆大低桌四。

cinuhūn simenggilehe（上了銀硃漆的）yali doboro golmin den dere emke.（供肉的長高桌一件）
供肉紅漆長高桌一。

cinuhūn simenggilehe（上了銀硃漆的）nure ginere golmin fangkala dere emke.（獻酒的長矮桌一件）
獻酒紅漆長低桌一。

saman hengkilere（薩滿叩頭的）cinuhūn simenggilehe ajige fangkala dere emke.（上了銀硃漆的小矮桌一件）
司祝叩頭紅漆小低桌一。

ulgiyan silgire（「省」豬的）cinuhūn simenggilehe toholon buriha amba den dere juwe.
（上了銀硃漆、鞔了錫的大高桌二）
省豬包錫紅漆大高桌二。

yali doboro（供肉的）menggun dokomiha anahūn mooi amba oton juwe.（銀裏楠木大整木槽盆二）【10b】
供肉銀裡楠木大槽盆二。

senggi tebure（裝血的）menggun dokomiha anahūn mooi ajige oton juwe.（銀裏楠木小整木槽盆二）
盛血銀裡楠木小槽盆二。

ulin hengkilere de（叩拜財物時）suje sindara（放緞的）cinuhūn simenggilehe fangkala dere emke.（上了銀硃漆的矮桌一件）
獻神擺列緞疋紅漆低桌一。

ulin hengkilere de（叩拜財物時）aisin menggun i šoge tebure（裝金、銀錠的）aisin i muduri niruha（畫了金龍）cinuhūn simenggilehe mooi fila emke.（上了銀硃漆的木碟一件）
獻神盛金、銀錠繪畫金龍紅漆木碟一。

tenggeri emke.（三絃一件）suwayan samsu bosoi dobton nisihai.（連黃三梭布套）
三弦一，連黃三梭布套。

fifan emke.（琵琶一件）suwayan samsu bosoi dobton nisihai.（連黃三梭布套）
琵琶一，連黃三梭布套。

tenggeri fifan i dobton ulire（穿三絃、琵琶套的）šentu[12] emte da.（寬縧子各一條）
繫三弦、琵琶套縧各一條。

ilhangga mooi carki juwan emu ulcin.（花梨木扎板十一串）【11a】
花梨木拍板十一。

selei halmari emke.（鐵神刀一件）
鐵神刀一。

hiyan dabure（點香的）menggun i sabka emu juru.（銀筯一雙）
點香銀筯一雙。

saman samdara de tere（薩滿跳神時坐的）yacin bocoi simenggilehe mulan emke.（上了黑色漆的杌子一件）
司祝祝禱時，所坐黑漆杌一。

hiyan dabure（點香的）menggun i hūwafihiya[13] emke.（銀瓦壠一件）
點香銀瓦壠一。

---

[12] 「šentu」，寬縧子，即「yaya tonggo i jodoho onco yentu be.（凡用線織的寬編繩）šentu sembi.（稱寬縧子）」。見清・傅恆等奉敕撰，《御製增訂清文鑑》（收入《景印文淵閣四庫全書》，冊233），卷24，〈衣飾部・巾帶類・寬縧子〉，頁25a。

[13] 「hūwafihiya」之意有二：一、箭刮子，即「moo be huren wasei adali arafi.（用木頭做成像筒瓦一樣）mulu de sangga arafi（背脊上做了窟窿）kiyokan nikebufi.（靠住了刮箭刀）niru sirdan i cikten be hūwafihiyame gairengge be.（刮取箭矢的桿子者）hūwafihiya sembi.（稱箭刮子）」；二、瓦壠，即「maise ufa de hibsu ucufi（蜂蜜拌了麥粉）malanggū imenggi sindame（放著芝麻油）hūwafihiya be dursuleme arahangge be.（模仿瓦壠〔屋頂以瓦鋪成行列〕所做者）hūwafihiya efen sembi.（稱瓦壠餑餑）」，都是指「半圓筒形」的形狀。分見清・傅恆等奉敕撰，《御製增訂清文鑑》（收入《景印文淵閣四庫全書》，冊232），卷22，〈產業部・工匠器用類・箭刮子〉，頁52b-53a；《御製增訂清文鑑》（收入《景印文淵閣四庫全

hiyan dabure（點香的）menggun i saifi emke.（銀匙一件）
點香銀匙一。

saman umiyelere（薩滿繫的）amba siša emu ubu.（大腰鈴一分）
司祝所繫大腰鈴一分。

alha hūsihan emke.（閃緞裙一件）
閃緞裙一。

selei weren tungken emke.（鐵箍鼓一件）cinuhūn simenggilehe tehe. gisun nisihai.（連上了銀硃漆的架子、鼓槌）
鐵箍鼓一，連紅漆架、鼓槌。

untun emke.（女手鼓一件）tarbahi sukū buriha gisun nisihai.（連包了獺皮的鼓槌）【11b】
手鼓一，連包獺皮鼓槌。

belhere untun emke（預備的女手鼓一件）gisun nisihai.（連鼓槌）
備用手鼓一，連槌。

untun hūsihan uhure（包裹女手鼓、裙的）lamun samsu bosoi wadan emu farsi.（藍三梭布的布單一塊）
包裹手鼓與裙藍三梭布袱一方。

efen doboro（供餑餑的）menggun i alikū juwan emu.（銀盤十一）
供餻銀盤十一。

nure gingnere（獻酒的）menggun i taili juwe.（銀托碟二）
獻酒銀臺二。

nure doboro（供酒的）menggun i hūntahan juwan emu.（銀杯十一）
供酒銀琖十一。

tubihe doboro（供果子的）menggun i fila orin.（銀碟二十）
供獻果品銀碟二十。

nure tebure（裝酒的）menggun i tampin emke.（銀壺一件）
盛酒銀壺一。

amsun i yali doboro（供祭神肉的）menggun i moro sunja.（銀碗五）【12a】

書》，冊233），卷27，〈食物部・餑餑類・瓦壜〉，頁44a。

供胙肉銀椀五。

sahaliyan mooi sabka sunja juru.（烏木筯五雙）
烏木筯五雙。

duha de senggi tebure（灌血腸的）menggun i <u>corho</u>[14] emke.（銀溜子一件）
灌血腸銀溜子一。

efen tebure（裝餑餑的）menggun i arsari alikū juwan ilan.（中等銀盤十三）
盛餑中等銀盤十三。

bolgo muke tebure（裝淨水的）yeherei anggara juwe.（磁缸二）tehe. tuhe nisihai.（連架、蓋）
盛淨水磁缸二，連架、蓋。

efen tūre（打餑餑的）wehe emu farsi.（石一塊）
打餑石一。

efen tūre（打餑餑的）tūku juwan.（木榔頭十）
打餑木榔頭十。

yali encere（放分肉的）teišun i alikū ninju emu.（黃銅盤六十一）
分肉銅盤六十一。

duha de senggi tebure（灌血腸的）teišun i maša emke.（黃銅勺子一件）【12b】
灌血腸銅勺一。

sile unggire（發送肉湯的）teišun i cara emke.（黃銅海一件）
添湯銅海一。

bolgo muke waidara（舀淨水的）giowan i maša emke.（紅銅勺子一件）
挹水紅銅勺一。

hibsu tebure（裝蜂蜜的）giowan i tampin emke.（紅銅壺一件）
盛蜜紅銅壺一。

gocima nure tebure（裝黃酒的）lamun ilhangga yeherei malu juwan.（藍花磁酒瓶十）

---

14 「corho」，原意指「燒酒溜子」，即「arki burare de baitalara（做燒酒時用的）muhi i adali（像木圈一樣）dorgi kumdu moo be.（中空的木具）corho sembi.（稱燒酒溜子）」。又「muhi」，木圈子，指鞦韆上掛兩條繩子的木圈子。分見清・傅恆等奉敕撰，《御製增訂清文鑑》（收入《景印文淵閣四庫全書》，冊233），卷25，〈器皿部・器用類・燒酒溜子〉，頁26b；清・祥亨主編，志寬、培寬編，《清文總彙》，卷9，頁21a，「muhi」條。

盛清酒藍花磁罇十。

yali bujure（煮肉的）angga siraha <u>guwang mucen</u>[15] juwe.（接了口的廣鍋二）
煮肉接口廣鍋二。

toholon buriha tuhe juwe.（鞔了錫的蓋二）
包錫蓋二。

efen teliyere（蒸餑餑的）guwang mucen emke.（廣鍋一件）
蒸餻廣鍋一。

amsun i yali tebure（裝祭神肉的）toholon i <u>hurse</u>[16] juwe.（錫鉆子二）
盛胙肉錫鉆子二。

mengse dasire（遮蓋幔子的）suwayan muwa bosoi wadan juwe.（黃粗布布單二）【13a】
遮蔽神幔黃粗布袱二。

kuk'an dalire tura uhure（遮蔽炕沿的、包裹柱子的）suwayan samsu wadan duin.（黃三梭布單四）
遮蔽炕沿裡柱子黃三梭布袱四。

duha dasara oton be dasire（遮蓋整理腸的整木槽盆的）šanggiyan muwa bosoi wadan juwe.（白粗布布單二）
遮蔽整理腸臟木槽盆白粗布袱二。

ufa tebure yalhū be dasire（遮蓋裝麵粉的有把槽盆的）samsu bosoi wadan uyun.（三梭布布單九）
遮蔽盛麵有柄木槽盆三梭布袱九。

mudan tebure fan be dasire（遮蓋裝搓條餑餑方盤的）samsu bosoi wadan tofohon.（三梭布布單十五）
遮蔽盛搓條餑餑方盤三梭布袱十五。

ali[yali] tebure alikū be dasire（遮蓋裝肉的盤子的）šanggiyan samsu bosoi wadan ninggun.（白三梭布布單六）【13b】

---

15 「guwang mucen」，廣鍋，即「guwangdung ba i araha nekeliyen mucen be.（廣東地方所做的薄鍋）guwang mucen sembi.（稱廣鍋）」見清·傅恆等奉敕撰，《御製增訂清文鑑》（收入《景印文淵閣四庫全書》，冊233），卷25，〈器皿部·器用類·廣鍋〉，頁18a-18b。

16 「hurse」，鉆子，即「yonggan mucen ci jiramikan deijifi（燒了比砂鍋略厚的）yali booha fuifure de baitalarengge be.（熬煮肉饌時所用者）hurse sembi.（稱鉆子）」。見清·傅恆等奉敕撰，《御製增訂清文鑑》（收入《景印文淵閣四庫全書》，冊233），卷25，〈器皿部·器用類·鉆子〉，頁19b。

遮蔽盛肉大盤白三梭布袱六。

efen tebure fan be dasire（遮蓋裝餑餑的方盤的）samsu bosoi wadan ilan.（三梭布布單三）
遮蔽盛餻方盤三梭布袱三。

yali sindara amba dere be dasire（遮蓋放肉的大桌的）suwayan muwa bosoi wadan emke.
（黃粗布布單一件）
遮蔽設祭肉大桌黃粗布袱一。

duha do be dasara halhūn muke be dasire（遮蓋整理內臟的熱水的）samsu bosoi wadan
ninggun.（三梭布布單六）
遮蔽整理腸臟熱水三梭布袱六。

na de sektere（鋪在地上的）simenggilehe jiramin solho hoošan ilan afaha.（上了油的厚
高麗紙三張）
鋪地油厚高麗紙三張。

yali oton be dasire（遮蓋〔裝〕肉整木槽盆的）simenggilehe samsu bosoi wadan【14a】
juwe.（上了油的三梭布布單二）
遮蔽盛肉木槽盆油三梭布袱二。

na de sektere（鋪在地上的）simenggilehe samsu bosoi wadan emke.（上了油的三梭布
布單一件）
鋪地油三梭布袱一。

efen be dasire（遮蓋餑餑的）simenggilehe sirgeri i wadan jakūn.（上了油的紡絲布單八）
遮蔽餻油紡絲袱八。

sile be dasire（遮蓋肉湯的）simenggilehe samsu bosoi wadan ilan.（上了油的三梭布布
單三）
遮蔽肉湯油三梭布袱三。

nurei malu tukiyere（擡酒瓶的）suwayan bocoi simenggilehe tehe juwe.（上了黃色漆的
架子二）
擡酒罈黃漆架二。

cinuhūn simenggilehe cuse mooi sibke moo[17] uyun.（上了銀硃漆的竹槓九）
紅漆竹槓九。

---

[17]　「sibke moo」，即「擡物之槓子」。見清·祥亨主編，志寬、培寬編，《清文總彙》，卷6，頁11a，
「sibke moo」條。

bele oboro ufa tebure yali tukiyere（洗米的、裝麵粉的、擡肉的）amba ajige yalhū
jakūn.（大、小有把槽盆八）

洗米、盛麵、擡肉大、小有柄木槽盆八。

mudan tebure（裝搓條餑餑的）fan orin.（方盤二十）【14b】

盛搓條餑餑方盤二十。

amba ajige oton orin.（大、小整木槽盆二十）

大、小木槽盆二十。

yashangga uce be dalime hūwaitara（綁遮蔽楄扇的）suwayan muwa bosoi wadan juwe.
（黃粗布布單二）

遮蔽隔扇黃粗布袱二。

bolgo hoošan. siren futa uhure（包裹淨紙、換索繩的）suwayan samsu bosoi wadan duin.
（黃三梭布布單四）

包淨紙索繩黃三梭布袱四。

efen tebure jerginsge hoseri dasire（遮蓋裝餑餑的食盒的）muduri niruha suwayan samsu
bosoi wadan juwe.（畫了龍的黃三梭布布單二）

遮蔽盛饌食盒畫龍黃三梭布袱二。

nure. sile. hergere.（過濾酒、肉湯的）solho bosoi niyecen nadanju juwe farsi.（高麗布
補丁七十二塊）【15a】

瀘酒與湯高麗布小方七十二塊。

sile waidara（舀肉湯的）niorombuha selei maša juwe.（磨光的鐵勺子二）

把湯亮鐵勺二。

muke waidara（舀水的）selei maša duin.（鐵勺子四）

把水鐵勺四。

duha be dasara（整理腸子的）toholon dokomiha wantaha mooi oton duin.（錫裏杉木整
木槽盆四）

整理腸臟錫裡杉木槽盆四。

nure tebure（裝酒的）lamun ilhangga yeherei malu duin.（藍花磁酒瓶四）

盛酒藍花磁罇四。

efen tebure（裝餑餑的）suwayan bocoi simenggilehe jerginsge hoseri sunja.（上了黃色

漆的食盒五）
盛饌黃漆食盒五。

hengkilere de（叩頭時）sektere suwayan ilhangga fulgiyan jafu juwe farsi.（鋪的黃花紅氈
二塊）
叩頭所鋪黃花紅氈二方。

suwayan sujei oyo hašahan（黃緞頂蓋、幃子）jakūn tukiyere kiyoo【15b】juwe.（八擡的
轎二）
黃緞圍頂八人輿二。

kiyoo de sektere（鋪在轎子的）suwayan. fulgiyan gecuheri sektefun juwe.（黃、紅蟒緞
坐褥二）
鋪輿黃、紅蟒褥二。

suwayan funggala hadaha jafu mahala.（釘了黃翎的氈帽）haksan sujei faidan etuku[18].
umiyesun（金黃色緞的駕衣、腰帶）dehi jakūn ubu.（四十八分）
黃翎氈帽、黃緞駕衣、帶四十八分。

suwayan sujei etuku. umiyesun duin ubu.（黃緞衣、腰帶四分）
黃緞衣、帶四分。

yarure mukšan duin juru.（御仗四對）suwayan suri i dobton nisihai.（連黃綢套）
引仗四對，連黃綢套。

fulgiyan jafu dasire（遮蓋紅氈的）cinuhūn simenggilehe golbon emke.（上了銀硃漆的
架子一件）
遮蓋紅氈紅漆架一。

belhere golbon emke.（預備的架子一件）
備用架一。

fulgiyan jafu emu farsi.（紅氈一塊）【16a】
紅氈一方。

sori yali. hife belei buda doboro menggun i moro be dasire（遮蓋供小肉、稗米飯的銀碗

18　「faidan etuku（faidan i etuku）」，駕衣，即「faidan jafara niyalmai eture（趕車儀仗的人穿的）jalafun
　　hergen noho genggiyen sujei etuku.（純是壽字素緞衣）jai ilha šeolehe fulgiyan suri etuku be.（以及繡了花的
　　紅綢衣）gemu faidan i etuku sembi.（都稱駕衣）」。見清・傅恆等奉敕撰，《御製增訂清文鑑》（收入
　　《景印文淵閣四庫全書》，冊232），卷6，〈禮部・鹵簿器用類・駕衣〉，頁27b。

的）toholon i okcin duin.（錫蓋四）
遮蔽供小肉、稗米飯銀椀錫蓋四。

menggun i saifi juwe.（銀匙二）
銀匙二。

menggun ilan babe tebeliyehe（以銀嵌了三處的）sahaliyan mooi sabka juwe juru.（烏木筯二雙）
銀三鑲烏木筯二雙。

cinuhūn simenggilehe（上了銀硃漆的）metere den dere emke.（還願高桌一件）
祭天紅漆高桌一。

yali furure（切肉絲的）ilhangga mooi fan dere emke.（花梨木方盤桌一件）
切肉絲花梨木方盤桌一。

cinuhūn simenggilehe（上了銀硃漆的）mooi fan juwe.（木方盤二）
紅漆大方盤二。

yali furure（切肉絲的）fanihiyan juwan.（砧板十）【16b】
切肉絲案板十。

metere yali bujure（煮還願肉的）giowan i mucen emke.（紅銅鍋一件）giowan i tuhe nisihai.（連紅銅蓋）
煮祭天肉紅銅鍋一，連紅銅蓋。

amba teišun i nere emke.（大黃銅鍋撐一件）
大銅海一。

nere tukiyere gohon duin.（擡鍋撐的鉤子四）futa nisihai.（連繩）
抬銅海鉤四，連繩。

mucen tukiyere gohon duin.（擡鍋的鉤子四）jafakū mooi nisihai.（連木柄）
抬鍋鉤四，連木柄。

agara nimarara de dalire（下雨、下雪時遮蔽的）simenggilehe hoošan i amba sara juwe.（上了油的紙大傘二）
遮蔽雨雪油紙大傘二。

selei dengjan juwe.（鐵燈二）
鐵鐙二。

metere de（還願時）dere dasire（遮蓋桌的）šanggiyan samsu bosoi wadan【17a】juwe.（白三梭布布單二）

祭天遮蔽桌張白三梭布袱二。

fan be dasire（遮蓋方盤的）šanggiyan samsu bosoi wadan ilan.（白三梭布布單三）

遮蔽方盤白三梭布袱三。

metere yali senggi duha do be dasire（遮蓋還願的肉、血、內臟的）šanggiyan samsu bosoi wadan duin.（白三梭布布單四）

遮蔽祭天肉、腸、臟白三梭布袱四。

hūturi baire de baitalara（求福時用的）cinuhūn simenggilehe amba den dere emke.（上了銀硃漆的大高桌一件）

求福紅漆大高桌一。

lamun ilhangga amba yeherei moro juwe.（藍花大磁碗二）

大藍花磁椀二。

suwayan yeherei hūntahan uyun.（黃磁杯九）【17b】

黃磁琖九。

na mabulara（擦地的）šanggiyan muwa boso gūsin farsi.（白粗布三十塊）

揩抹地白粗布三十方。

mabu boso emu juda ninggun jušuru.（抹布一丈六尺）

抹布一丈六尺。

　　　　　doboro jaka hacin.（供獻的物品種類）
　　　　　供獻物品類

aniya biyai ice ilan de（正月初三日）caise dobombi.（供饊子）

正月初三日，供饊子。

ilan biya. uyun biya ice de（三月、九月初一日）tūme efen mudan dobombi.（供打糕、搓條餑餑）

三月、九月初一日，供打餻、搓條餑餑。

duin biyai ice jakūn. sunja biyai ice de（四月初八、五月初一日）nunggele mooi abdaha efen dobombi.（供椵葉餑餑）

四月初八日、五月初一日，供椵葉餑餑。

ninggun biyai ice de（六月初一日）malanggū abdaha efen dobombi.（供芝麻葉餑餑）【18a】
六月初一日，供蘇葉餑餑。

nadan biyai ice de（七月初一日）miyegu efen dobombi.（供淋漿糕）
七月初一日，供淋漿餻。

jakūn biyai ice de（八月初一日）caruha giyose dobombi.（供炸餃子）
八月初一日，供煠餃子。

an i inenggi gemu feshen efen dobombi.（平日都供撒糕）
常日俱供灑餻。

hūturi baire de（求福時）tūme efen. caruha efen. dubise efen. toholiyo efen. mujuhu
nimaha. hife belei buda. jancuhūn nure dobombi.（供打糕、炸餑餑、豆擦糕、水糰子
餑餑、鯉魚、稗米飯、甜酒）
求福供打餻、煠餻、豆擦餻、水糰子、鯉魚、稗米飯、醴酒。

ilan biyai ice. uyun biyai ice de（三月初一、九月初一日）gocima nure dobombi.（供黃酒）
三月初一日、九月初一日，供清酒。

biyadari ice de（每月初一日）jancuhūn nure dobombi.（供甜酒）【18b】
每月初一日，供醴酒。

an i inenggi de（在平日）bolgo muke dobombi.（供淨水）
常日供淨水。

aniya biyai ice ilan. biyadari ice de（正月初三、每月初一日）erin i tubihe dobombi.（供
應時的果子）
正月初三日、每月初一日，供時鮮果品。

metere de（還願時）hife belei buda. soca bele dobombi.（供稗米飯、還願撒的米）
祭天供稗米飯，並灑米。

siltan tukiyeme ambarame wecere inenggi.（舉杆大祭之日）jai inenggi metere（次日還
願的）morin i jalin wecere de.（祭馬神時）gemu amba ulgiyan baitalara ci tulgiyen.（都
用大豬之外）
立杆大祭、次日祭天，並祭馬神，俱用大豬外，

inenggidari wecere.（每日跳神的）biyadari metere de（每月還願時）an i ulgiyan baitalambi.
（用普通的豬）

每日祭神、每月祭天，用中等豬。

inenggidari wecere de（每日跳神時）mengse de（在幔子上）lakiyara bolgo duingge
【19a】hoošan[19] juwe afaha.（掛乾淨的連四紙二張）
每日祭神，神幔上掛連四淨紙二張。

ancu hiyan jakūn fila dobombi.（供七里香八碟）
供七里香八碟。

metere dari（每還願）bolgo hoošan emu afaha（淨紙一張）somo de hafirambi.（夾在
還願神杆上）
每次祭天，於神杆上夾淨紙一張。

　　　　weilere arara hacin.（造做的種類）
　　　　造做類

aniya biyade（在正月）caise doboro de（供餷子時）
正月，供餷子。

fulgiyan fishe[fisihe] šanggiyan fishe[fisihe] be（以紅的小黃米、白的小黃米）meni
meni ufafi suifi（各自磨粉了、和麵了）
以紅、白穄米各磨麵，

narhūn obume siberefi（搓成細條狀）halgime murime weilefi.（做成纏繞著）
搓為細條，繞挽做成，

malanggū nimenggi de carufi（在芝麻油裏炸了）alikūlafi（盛滿盤子了）dobombi.
（供獻）【19b】
以蘇油煠熟，盛於盤內供獻。

ilan biyade（在三月）niyengniyeri forgon i doroi（春季之禮）siltan tukiyeme ambarame
wecere de（舉杆大祭時）
三月，春季，立杆大祭。

tūme efen. mudan doboro de.（供打糕、搓條餑餑時）fisihe be feshen de lala teliyefi.（以
小黃米在蒸籠裏蒸了黃米飯）
供打餻、搓條餑餑，以穄米蒸飯，

---

19 「duingge hoošan」，連四紙，即「hoošan i duin afaha gese onco golmin obume（四張紙做成同樣的寬、
　長）hergeme arahangge be.（抄紙而做者）duingge hoošan sembi.（稱連四紙）」。見清・傅恆等奉敕撰，
　《御製增訂清文鑑》（收入《景印文淵閣四庫全書》，冊232），卷7，〈文學部・文學什物類・連四
　紙〉，頁57b。

wehe de（在石上）tūku i tūme lalanji obufi.（用木榔頭打成軟爛）
置於石，用木榔頭打爛。

suwayan turi be tashafi（炒了黃豆）ufaha ufa be suwaliyame（以所磨的麵粉攪合著）
golmikan tatame weilefi.（拉做成略長）
又以炒黃豆磨麵攪合，拉成長條。

encu mere ufa de（另外在蕎麥粉裏）fisihe ufa be suwaliyafi（攪合了小黃米粉）
dedubufi.（使發酵了）golmikan siberefi（搓成略長）mudalime arafi（做成彎曲著）
另於菽麥麵內，攪以稷米麵攪合，搓微長，條繞挽，

malanggū nimenggi de carufi.（在芝麻油裏炸了）tūme efen de（與打糕）giyaljame
[giyalagajame] jibsime.（相間重疊著）
煠以蘇油，與打餻相間層累擺列。

erde doborongge oci（若是清晨供獻者）uyun jergi obume sahafi.（堆成九層）
朝祭，則累以九層。

efen i ninggude（在餻餻的上面）mudan【20a】weilere ufa be（以做搓條餻餻的麵）
buhū. hūri i bahiya[20] adali weilefi（做成像鹿、松塔一樣）
餻之上，以做搓條餻餻之麵，做成鹿與松塔，

oilo sindafi（放在上面）alikūlafi（盛滿盤子了）dobombi.（供獻）
列於其上，盛於盤內供獻。

yamji oci（若是晚上）sunja jergi obume sahafi.（堆成五層）
夕祭則累以五層，

oilo tasgaha turi ufa emte sefere sindafi（上面放了炒豆、麵粉各一勺）alikūlafi（盛滿
盤子了）dobombi.（供獻）
以炒豆、麵各一撮，置於其上，盛於盤內供獻。

sunja biyade（在五月）nunggele mooi abdaha efen doboro de.（供椵葉餻餻時）
五月，供椵葉餻餻。

fisihe ufa be suifi.（以小黃米和了麵）sisa do sindafi（放了豆餡）

20　「bahiya」，松塔（松毬），即「hūri banjiha oho ba.（松子所生成處）bahiya sembi.（稱松塔）」。見
　　清・傅恆等奉敕撰，《御製增訂清文鑑》（收入《景印文淵閣四庫全書》，冊233），卷28，〈雜果
　　部・果品類・松塔〉，頁54b。又「bahiya」亦作「hūri i bahiya」，即「松塔兒」。見清・祥亨主編，志
　　寬、培寬編，《清文總彙》，卷4，頁29b，「hūri i bahiya」條。

以稷米為麵，以小豆為餡，

nunggele mooi abdaha de hafirame uhufi teliyefi（包夾了椵葉蒸了）alikūlafi（盛滿盤子了）dobombi.（供獻）
用椵葉包裹蒸之，盛於盤內供獻。

ninggun biyade（在六月）malanggū abdaha efen doboro de.（供芝麻葉餑餑時）
六月，供蘇葉餑餑。

fisihe【20b】ufa be suifi.（以小黃米和了麵）sisa do sindafi.（放了豆餡）
以稷米為麵，以小豆為餡，

malanggū abadaha de hafirame uhufi teliyefi（包夾了芝麻葉蒸了）alikūlafi（盛滿盤子了）dobombi.（供獻）
用蘇葉包裹蒸之，盛於盤內供獻。

nadan biyade（在七月）miyeku efen doboro de.（供淋漿糕時）
七月，供淋漿餻。

teliyehe ira bele be ufafi.（以所蒸的黍米磨麵了）muke sindame kūthūme hūwaliyambufi（放水攪拌著調合了）bosoi fulhū de tebufi.（裝在布口袋裏）
以蒸稷米為麵，入水攪勻，盛於布袋內。

wadan sektehe feshen（鋪了布單的蒸籠）hida[21] de sirime tucibufi.（在蒸箆子上使擠出了水）
用布袱鋪於蒸籠，箆置於其上澄汁，

fejile arfa[22] sekteme.（下面鋪著鈴鐺麥）tulergi de jafu hūsime teliyefi.（外面以氈裏著蒸了）
下鋪鈴鐺麥，外以氈裏蒸熟。

juwan fen obume（做為十糕塊）duin durbejen farsilame faitafi（切成四角塊狀）alkiūlafi（盛滿盤子了）dobombi.（供獻）
方切四角，分為十分，盛於盤內供獻。

---

[21] 「hida」，蒸箆子，即「šušu orho ocibe.（或者高粱桿）cuse mooi muciha ocibe.（或者竹子的薄條）hūwaitame arafi（綁製了）efen lala teliyere de baitalarangge be.（蒸餑餑、黃米飯時所用者）hida sembi.（稱蒸箆子）」。見清・傅恆等奉敕撰，《御製增訂清文鑑》（收入《景印文淵閣四庫全書》，冊233），卷25，〈器皿部・器用類・蒸箆子〉，頁21a。

[22] 「arfa」，鈴鐺麥，即「jeku i gebu.（穀物名）honggonome banjimbi.（垂掛著生長）maise de adali.（像麥子一樣）ufafi arafi jembi.（磨製了吃）geli tasgafi（又乾炒了）cai obumbi.（做為茶）」。見清・傅恆等奉敕撰，《御製增訂清文鑑》（收入《景印文淵閣四庫全書》，冊233），卷28，〈雜糧部・米穀類・鈴鐺麥〉，頁38a。

jakūn biyade（在八月）giyose doboro de.（供餃子時）

八月，供餃子。

fisihe be lala【21a】teliyefi.（以小黃米蒸了黃米飯）wehe de（在石上）tūku i tūfi.（用木榔頭打了）

以稷米蒸飯，置於石上，以木榔頭打之。

sisa do sindame（放著豆餡）golmikan arafi（做成略長）

以小豆為餡，形式微長，

malanggū nimenggi de carufi（在芝麻油裏炸了）alikūlafi（盛滿盤子了）dobombi.（供獻）

用蘇油煤熟，盛餅盤內供獻。

uyun biyade（在九月）bolori forgon i doroi（秋季之禮）siltan tukiyeme ambarame wecere de.（舉杆大祭時）

九月，秋季，立杆大祭。

tūme efen. mudan doboro de.（供打糕、搓條餑餑時）eiten weilere ararangge（一切造做者）gemu ilan biyai songko.（都同三月的樣）

供打餻、搓條餑餑，一切造做，悉如三月儀。

damu tasgaha turi ufa be baitalarakū.（只有不用炒豆、麵粉）malnggū nimenggi be hūwaliyambume weileme efen（以芝麻油調合著做餑餑）oilo sisa emte sefere sindambi.（上面放小豆各一勺）

惟不用炒豆、麵，仍以蘇油合做餻，上置小豆各一撮。

an i biyade（在平常的月份）gemu feshen efen doboro de.（都供撒糕時）

常月，俱供灑餻。

fisihe【21b】ufa be（以小黃米粉）hida de jergi jergi seshefi.（層層撒在蒸箆子上）fejile sisa sekteme.（下面鋪著小豆）oilo sisa sindafi teliyefi.（上面放小豆蒸了）

以稷米麵，層層撒於蒸箆之上，下鋪小豆，上灑小豆蒸熟。

juwan fen obume（做為十糕塊）duin durbejen farsilame faitafi（切成四角塊狀）alikūlafi（盛滿盤子了）dobombi.（供獻）geli seshe efen[23] sembi.（又稱seshe efen〔撒糕〕）

方切四角，分為十分，盛於盤內供獻，又名蒸餻。

---

[23] 「seshe efen」，即「祭祀供的撒糕，與舊feshen efen同」。見清・祥亨主編，志寬、培寬編，《清文總彙》，卷5，頁40b，「seshe efen」條。

duin biyai ice jakūn de（四月初八日）doboro nunggele mooi abdaha efen.（供的椵葉餑餑）sunja biyai nunggele mooi abdaha efen i songkoi weilembi.（照五月的椵葉餑餑的樣製作）

四月初八日，供椵葉餑餑，成造如五月椵葉餑餑法。

hūturi baire de（求福時）doboro tūme efen.（供的打糕）an i tūku i tūfi tatame weilembi.（仍用木榔頭打了拉製）

求福供打餻，仍以木榔頭打做，

tasgaha turi ufa suwaliyambi.（攪合炒豆、麵粉）jibsime sahara toholiyo.（重疊堆積的水糰子）inu tūme efen i【22a】weilembi.（亦用打糕製做）

攪入炒豆、麵，層累擺列水糰子，亦如打餻法。

dubise.（豆擦糕）fisihe ufa be suifi（以小黃米粉和了麵）toholiyo arafi（做成水糰子）sisa latubufi（黏了小豆）teliyembi.（蒸）

豆擦餻則以稷米為麵，做為水糰子，黏以小豆蒸之。

caruha efen inu fisihe ufa be suifi（炸餑餑也是以小黃米粉和了麵）toholiyo arafi.（做成水糰子）malanggū nimenggi de carumbi.（在芝麻油裏炸）

煠餻亦用稷米為麵做為水糰子，以蘇油煠之。

moro de tebure toholiyo efen.（在碗裏裝的水糰子餑餑）fisihe ufa be suifi.（以小黃米粉和了麵）ajige toholiyo arafi.（做成小水糰子）carufi（炸了）

椀內所盛之水糰子，則以稷米為麵，做為小水糰子，煠熟，

sisa be muke de suifi（以小豆在水裏研磨了）ucufi（攪拌了）dobombi.（供獻）

以水研小豆為末、拌，以供獻。

aniyadari niyengniyeri. bolori juwe forgon de（每年在春、秋二季）siltan tukiyeme ambarame wecere de（舉杆大祭時）baitalara gocima nure tebure de.（釀用的黃酒時）

每歲春、秋二季，立杆大祭，釀所用清酒。

dehi inenggi onggolo（四十日以前）【22b】kun ning gung ni dolo（在坤寧宮內）wargi nagan[nahan] i julergi ergide（西炕前面邊上）gocima nure tebure ulenggu sangga bisire anggara i tehe be sindafi.（放了釀黃酒的有臍眼缸的架子）

於四十日前，在坤寧宮內西炕前，安置釀清酒有臍眼缸之架。

fejile toholon i lifan[24] be sindafi.（下面放了錫接盤）lifan i fejile mooi undehen emu farsi

---

[24]「lifan」，打油、榨酒石接盤，即「nimenggi gaijara nure gocire de（取油、榨酒時）fejile alime sindara

sindafi.（接盤下面放了木板一塊）lifan i ninggude anggara sindambi.（在接盤上面放缸）
下放錫接盤，接盤下放木板一塊，接盤上設缸。

neneme fisihe bele be emdubei surame.（先將小黃米一再淘洗著）majige da funceburakū
（不存留少許根邊）
先將穄米淘洗，不留些微渣滓。

bolgo muke oho manggi（水變成潔淨之後）teni lala teliyembi.（才蒸黃米飯）
šahūrumbufi（變涼了）anggara de doolambi.（倒入缸裏）
純如淨水後，蒸為飯，晾涼，入於缸內。

encu huhu be niyeleme meijebufi.（另外將酒麯碾碎了）fuyehe ioi ciowan šeri muke
hūthūfi.（攪拌了滾沸的玉泉泉水）
另將麯研為細末，以玉泉水沸湯攪勻。

bulukan oho manggi.（變成溫的之後）feshen[25] de【23a】tebufi（裝在籠屜上）
俟稍溫，盛於籠屜上。

suyen sekiyefi.（瀝了麯水）inu anggara de doolambi.（也倒入缸裏）guwafu moo[26] be
jafafi（拿了拐子木）hūwaliyambuha manngi.（調合了之後）
所淋麯水，亦傾入缸內，以拐木攪勻。

anggara i dele（缸之上）giowan i sirge yashalame weilehe tuhe be dasifi.（將紅銅絲結網
所做的蓋遮蓋了）oilo bosoi wadan dasimbi.（上面遮蓋布的布單）
缸之上，以有隔眼紅銅絲蓋蓋之，其上以布袱遮蔽之。

erin šahūrun oci（若是天寒時期）jafu dasimbi.（遮蓋氈）
若遇天寒，以氈遮蔽之。

---

yohoron bisire wehe be.（下面放著的、有溝的石）lifan sembi.（稱打油、榨酒石接盤）moo i weilehengge
inu bi.（也有用木頭做者）」。見清・傅恆等奉敕撰，《御製增訂清文鑑》（收入《景印文淵閣四庫全
書》，冊233），卷25，〈器皿部・器用類・打油、榨酒石接盤〉，頁26b。

[25] 「feshen」一詞，前文漢譯本都譯作「蒸籠」，此處則作「籠屜」，即「nekeliyen undehen be oyome
muheliyeken obume arafi.（以薄的板子彎折做成略圓的）mucen i dolo sindafi（放在鍋內）hida sektefi（鋪
了蒸箄子）efen lala i jergi jaka teliyere de baitarangge be.（蒸餑餑、黃米飯等物時用者）feshen sembi.（稱籠
屜）」。又《增訂清文鑑》的「蒸籠」作「teliyeku」，即「juwe tebeliyen gulhun moo be korime arafi（將
二抱的整個木頭挖做了）efen lala jeku teliyerengge be.（蒸餑餑、黃米飯、穀物者）teliyeku sembi.（稱蒸
籠）」；另據《清文總彙》，曰：「（feshen）舊話與蒸籠通用，今分定蒸籠曰：『teliyeku』」。分見
清・傅恆等奉敕撰，《御製增訂清文鑑》（收入《景印文淵閣四庫全書》，冊233），卷25，〈器皿
部・器用類・籠屜〉，頁21a；同書，卷25，〈器皿部・器用類・蒸籠〉，頁20b；見清・祥亨主編，志
寬、培寬編，《清文總彙》，卷12，頁29a，「feshen」條。

[26] 「guwafu moo」，拐子木，原指「短棍上安橫木，拿手使用的兵器」，此處則指「做酒攪麯等物之拐子
木」。見清・祥亨主編，志寬、培寬編，《清文總彙》，卷12，頁4b，「guwafu moo」條。

nure tebuhe inenggi ci（自釀酒之日）halmari be anggara i ninggude gidame sindambi.（以神刀壓放在缸上）

自釀酒之日起，以神刀壓置缸上。

juwan inenggi oho manngi.（十天了之後）kemuni erei songkoi（仍照此的樣）šahūraka fisihe i lala. huhu i sekiyehe suyen be nonggime sindafi.（添放了冷的小黃米的黃米飯、瀝了麴的麴水）

十日後，仍如前法，添入涼穄米飯、麴水，

an i guwafu moo be jafafi（仍拿了拐子木）hūwaliyambufi（調合了）wadan dasimbi.（遮蓋布單）

用拐木攪勻，以布袱遮蔽之。

geli juwan inenggi oho manngi.（又十天了之後）huhu sekiyehe【23b】suyen sindarakū.（不放瀝了麴的麴水）

又過十日，不入麴水，

fisihe bele teliyehe halhūn lala be（以蒸了小黃米熱的黃米飯）anggara de doolafi.（倒入缸中）

以蒸穄米熱飯，入於缸內，

an i guwafu moo jafafi（仍拿了拐子木）hūwaliyambufi（調合了）wadan dasimbi.（遮蓋布單）

仍用拐木攪勻，以布袱遮蔽之。

nure baha manngi.（得了酒之後）ioi ciowan šeri muke be anggara jalu tebufi.（以玉泉泉水裝滿了缸）

得酒後，以玉泉水滿貯於缸，

an i golmin guwafu moo be jafafi（仍拿了長的拐子木）hūwaliyambufi.（調合了）jai inenggi ci nure gocimbi.（自次日榨酒）

仍用長拐木攪勻，次日榨之。

gocime wajire hamime.（榨酒將近完畢）majige da funcebufi（略了留根本）

榨酒將畢，稍留酒根，

dasame ioi ciowan šeri muke nonggime sindafi.（復添放了玉泉泉水）hūwaliyambufi（調合了）jai mudan gocimbi.（再次榨酒）

復添入玉泉水，攪勻，二次榨之。

nure gocime wajiha manggi.（榨酒完畢了之後）nurei da ekšun be tucibufi.（拿出了黃酒糟）anggara be tucibume.（拿出缸）ekšun be【24a】amsun i boode gamafi.（將黃酒糟拿去神廚）

榨畢，出糟粕於缸，付之神廚。

encu hife bele be moselame meijebufi.（另外將稗子米磨碎了）ekšun i emu bade suwaliyame barambufi（使黃酒糟在一處攪和了）teliyefi.（蒸了）dalgan dalgan i weilefi.（做成一塊塊的）

另將稗米磨為細末，攪入糟粕內，蒸之，各為塊。

eici jeku orho. eici handu orho uhufi.（或者裹了穀草，或者稻草）jafu dasifi.（遮蓋了氈）

或裹以穀草，或裹以稻草，遮以氈塊。

orin emu inenggi dedubufi.（發酵了二十一日）huhu baha manggi.（得了麴之後）

俟發二十一日，成麴後，

dulimba be sangga arafi.（將中央做了孔）futa de ulifi（穿了繩）jun i teisu lakiyafi.（對著竈掛了）

穿其中為眼，以繩貫之，掛於灶前。

inenggidari emu tanggū ginggen moo deijime.（每日燒著一百斤木頭）boco bahakini seme huhu fangšambi.（令得顏色說是燻麴）

每日燒柴百觔，燻麴以得其色，

biyadari wecere de（每月跳神時）baitalara jancuhūn nure.（用的甜酒）amsun i boode tebumbi.（在神廚裏釀）

每月祭神，所用醴酒，於神廚內釀之。

doigon i ilan inenggi onggolo（預先在三天以前）fisihe lala teliyefi.（小黃米蒸了黃米飯）

預於三日前，蒸穄米為飯，

huhu i sekiyehe suyen【24b】suwaliyame（攪著瀝了麴的麴水）uthai malu de sindafi.（即放在酒瓶裏）

攪以麴水，即貯於罈內，

inu ajige guwafu moo be jafafi（也拿了小的拐子木）hūwaliyambufi（調合了）wadan dasimbi.（遮蓋布單）

亦以小拐木攪勻，以布袱遮蔽之。

tuweri erin oci（若是冬天時期）halhūn bade sindambi.（放在熱的地方）

若遇冬令，置於暖處。

weilere arara de baitalara tetun agūrai hacin.（製造用的器皿種類）
成造所用器皿類

lala teliyere（蒸黃米飯的）angga siraha gulhun mooi korime araha feshen juwe.（整木挖做的接口的籠屜二）
蒸稷米飯整木刳做接口籠屜二。

efen teliyere hida alire（蒸餑餑承擔蒸箄子的）nunggele mooi tukda[27] ninggun.（椴木撐六）
蒸餻托蒸箄子椴木撐六。

lala teliyere de（蒸黃米飯時）muke nonggire corho juwe.（添水的溜子二）
蒸稷米飯添水溜子二。

feshen dasire（遮蓋籠屜的）šanggiyan bosoi dobton ilan.（白布套三）【25a】
遮蔽籠屜白布套三。

šeri muke ganara de（提泉水時）hunio be dasire suwayan samsu bosoi wadan ilan.（遮蓋水桶的黃三梭布布單三）
遮蔽汲泉水桶黃三梭布袱三。

bolgo muke tebure hunio be dasire（遮蓋裝淨水水桶的）šanggiyan muwa bosoi wadan juwan juwe.（白粗布布單十二）
遮蔽盛水淨桶白粗布袱十二。

fisihe ufa dasire（遮蓋小黃米粉的）šanggiyan samsu bosoi wadan juwe.（白三梭布布單二）
遮蔽稷米麵白三梭布袱二。

feshen sektere（鋪籠屜的）šanggiyan samsu bosoi wadan juwan juwe.（白三梭布布單十二）
鋪籠屜白三梭布袱十二。

fisihe tebure（裝小黃米的）šanggiyan muwa bosoi jursu fulhū orin.（白粗布雙層口袋二十）
盛稷米白粗布夾袋二十。

miyegu weilere muke sirire（做淋漿糕擠水的）solho bosoi jursu【25b】fulhū duin.（高麗布雙層口袋四）

---

27 「tukda」，托蒸箄子的木撐，即「efen lala teliyere hida be aliha duin moo be.（架蒸餑餑、黃米飯蒸箄子的四木）tukda sembi.（稱托蒸箄子的木撐）」。見清・傅恆等奉敕撰，《御製增訂清文鑑》（收入《景印文淵閣四庫全書》，冊233），卷25，〈器皿部・器用類・托蒸箄子的木撐〉，頁21a。

做淋漿餻擠水高麗布夾袋四。

miyegu weilere de（做淋漿糕時）feshen i okcin dasire（遮蓋籠屜蓋的）simenggilehe samsu bosoi wadan emke.（上了油的三梭布布單一件）
做淋漿餻遮蔽籠屜蓋油三梭布袱一。

miyegu weilere de（做淋漿糕時）feshen dasire（遮蓋籠屜的）šanggiyan jafu emu farsi.（白氈一塊）
做淋漿餻遮蔽籠屜白氈一。

miyegu weilere ufa dasire（遮蓋做淋漿糕麵粉的）šanggiyan mangga cece[28] i wadan ilan.（白硬紗布單三）
遮蔽做淋漿餻之麵白硬紗袱三。

cece i siseku i fere juwan juwe.（紗的篩籮底十二）
紗篩籮底十二。

miyegu dasire（遮蓋淋漿糕的）solho bosoi wadan ninggun.（高麗布布單六）【26a】
遮蔽淋漿餻高麗布袱六。

huhu dasire（遮蓋酒麴的）sahaliyan jafu emu farsi.（黑氈一塊）
遮蔽酒麴黑氈一。

fisihe tebure（裝小黃米的）anggara uyun.（缸九）
盛稷米缸九。

tetun tebure（裝器皿的）yacin bocoi simenggilehe horho juwe.（上了黑色漆的豎櫃二）
收貯器皿黑漆豎櫃二。

bolgo muke tebure（裝淨水的）cinuhūn simenggilehe wantaha mooi hunio orin.（上了銀硃漆的杉木水桶二十）
盛淨水紅漆杉木桶二十。

selei tebeliyehe[29]（抱了鐵的）wantaha mooi hunio juwe.（杉木水桶二）damjan nisihai.

---

[28] 「mangga cece」，硬紗，即「cece ci sarahūn ningge be.（比紗舒展的）mangga cece sembi.（稱硬紗）」。又「sarahūn」，舒展，即「jodon i jergi jakai yasa seriken（葛布等物的網眼略稀）bime niyancanggangge be.（而且硬挣不軟者）sarahūn sembi.（稱舒展）」。分見清·傅恆等奉敕撰，《御製增訂清文鑑》（收入《景印文淵閣四庫全書》，冊232），卷23，〈布帛部·布帛類·硬紗〉，頁26a；同書，卷23，〈布帛部·布帛類·舒展〉，頁32a。

[29] 「tebeliyehe（tebeliyembi）」，抱著，即「yaya jaka be juwe galai oyome（凡將物品彎曲著兩手）tunggen de nikebume jafara be.（使在胸部靠著拿的）tebeliyembi sembi.（稱抱著）」。見清·傅恆等奉敕撰，《御製增訂清文鑑》（收入《景印文淵閣四庫全書》，冊232），卷15，〈人部·拿放類·抱著〉，頁35b。

（連扁擔）

鐵箍杉木水桶二，連扁擔。

furuha yali tamara（盛所切肉絲的）selei sanggatanaha[sanggatanaga][30] maša emke.（有孔鐵勺一件）

盛肉絲鐵漏勺一。

efen teliyere selei hecehen juwe.（蒸餑餑的鐵鑹二）

蒸餑鐵鑹二。

uju. fatha fucihiyalara（燎頭、蹄毛的）selei šolon sunja.（鐵叉五）【26b】

燎頭、蹄鐵叉五。

yali dehelere（鈎肉的）selei dehe duin.（鐵鈎四）

鈎肉鐵鈎四。

jun i tuwa yaha be dalire（遮蔽竈的火、炭的）selei duka ilan ubu.（鐵門三分）

遮蔽灶內火鐵門三分。

giranggi tebure（裝骨頭的）selei weren tura hadame weilehe（釘著鐵桶箍柱所做的）ulgiyaci buriha sihan juwe.（鞔了豬皮的筒二）

盛骨用包豬皮安鐵箍柱筒二。

gocima nure tebure（釀黃酒的）ulenggu sangga bisire amba anggara emke.（有臍眼大缸一件）tehe nisihai.（連架子）

釀清酒有臍眼大缸一，連架。

anggara be dasire（遮蓋缸的）giowan i sirge yashalame weilehe tuhe emke.（紅銅絲結網所做的蓋一件）【27a】

遮蔽缸有隔眼紅銅絲蓋一。

anggara sindara（放缸的）jakdan mooi undehen emu farsi.（松木板一塊）

安放酒缸松木板一。

nure tebure anggara be alire（接釀酒缸的）toholon i lifan emke.（錫接盤一件）

接釀酒缸錫接盤一。

漢譯本將「tebeliyehe」譯作「箍」，書中他處與「箍」有關者，都譯作「weren（桶箍）」。
[30] 「sanggatanaha（sanggatanambi）」，原意為「成窟窿」，即「ba ba sangga tucire be.（處處出窟窿的）sanggatanambi sembi.（稱成窟窿）」；「sanggatanaga」，則為「有孔的」。分見清·傅恆等奉敕撰，《御製增訂清文鑑》（收入《景印文淵閣四庫全書》，冊233），卷25，〈器皿部·孔裂類·成窟窿〉，頁72a；清·祥亨主編，志寬、培寬編，《清文總彙》，卷5，頁31a，「sanggatanaga」條。

hida weilere de（做蒸箆子時）baibure šušu orho ninju baksan.（需用的高粱桿六十束）
做蒸箆用秫秸六十束。

hida weilere de（做蒸箆子時）baitalara hūnta[31] hontoho ginggen.（用的線麻半斤）
做蒸箆用線麻半觔。

huhu dasire muke i weren weilere de（做遮蓋麴水的箍時）baibure handu orho jakūnju
fulmiyen.（需用的稻草八十捆）
做遮麴水箍用稻草八十捆。

yali tamara sanggatanaha[sanggatanaga]（盛肉有孔的）selei joli[32] duin.（鐵笊籬四）【27b】
盛肉鐵漏笊籬四。

huwešeku[33] emke.（烙鐵一件）
烙鐵一。

huwešeku undehen juwe.（烙鐵板二）
烙鐵板二。

hasha[hasaha] sunja.（剪子五）
剪子五。

heliyen i boode（碓房裏）tebuhe niyeleku juwe.（所裝的碾子二）
碓房內安設碾子二。

hujureku emke.（拐磨子一件）
拐磨子一

mooi heliyen emu ubu.（木碓一分）
木碓一分

sin[34] emke.（金斗一件）

31　「hūnta」，線麻，即「olo be sakdabufi gaihangge be.（使線麻變老了取者）hūnta sembi.（稱線麻）tonggo
　　futa arambi.（做線、繩）olo hūnta gebu udu juwe bicibe.（olo、hūnta雖二名）beye uthai emke.（體即一）」。
　　見清・傅恆等奉敕撰，《御製增訂清文鑑》（收入《景印文淵閣四庫全書》，冊232），卷23，〈布帛
　　部・絨棉類・線麻〉，頁35a。
32　「joli」，笊籬，係在水裏撈東西的器具，《清文總彙》曰：「銅、鐵、竹、柳條者俱有」。見清・祥
　　亨主編，志寬、培寬編，《清文總彙》，卷10，頁20b，「joli」條。
33　「huwešeku」，烙鐵，即「selei teišun i araha（用鐵、黃銅所做的）tuwa de deijime halhūn obufi.（燒著火使
　　變熱）suje i jergi jaka be（將緞子等物）fiyanarame necin oburengge be.（熨著使變平者）huwešeku sembi.（稱
　　烙鐵）」。見清・傅恆等奉敕撰，《御製增訂清文鑑》（收入《景印文淵閣四庫全書》，冊232），卷
　　22，〈產業部・工匠器用類・烙鐵〉，頁53b-54a。
34　「sin」，金斗，即「jeku miyalire tetun i gebu.（秤量穀物的容器名）emu hiyase jakūn moro hiyase baktarangge

金斗一

ba i hiyase[35] emke.（關東斗一件）
板斗一

moselakū emke.（磨一件）【28a】
磨一。

moro emke.（碗一件）
椀一。

šeri muke ganara（提泉水的）hunio juwan juwe.（水桶十二）
汲泉水桶十二。

yali dasara（整理肉的）jakdan mooi dere ilan.（松木桌三）
整理肉松木桌二。

efen teliyere de（蒸餑餑時）baitalara nunggele mooi hencehen juwe.（用的椴木鏟二）
蒸饊用椴木鏟二。

mudan siberere（搓搓條餑餑的）jakdan mooi fangkala dere orin.（松木矮桌二十）
做搓條餑餑松木低桌二十。

girdan. kubun i tonggo tebure（裝布條、棉線的）fulgiyan bocoi simenggilehe hoseri duin.
（上了紅色漆的盒子四）
盛綢條、棉線紅漆盒四。

ufa tebure（裝麵粉的）amba polori duin.（大笸籮四）【28b】
盛麵大笸籮四。

to duin.（柳斗四）
柳斗四。

amba ajige burhai[burgai] šoro nadan.（大、小柳條筐七）
大、小柳條筐七。

---

be.（一板斗容納八升者）sin sembi.（稱金斗）hiyase i adali.（和板斗相同）」。見清・傅恆等奉敕撰，《御
製增訂清文鑑》（收入《景印文淵閣四庫全書》，冊232），卷22，〈產業部・衡量類・金斗〉，頁17a。
[35] 「ba i hiyase」，關東斗，係中國東北地區所用的斗。又「hiyase」，板斗，即「miyalire jaka i gebu.（秤量
的物品名）do i adali.（和斗相同）duin undehen de fere sindame arafi.（做成在底放四塊板）jeku miyalirengge
be.（秤量穀物者）hiyase sembi.（稱板斗）juwan moro hiyase be emu hiyase sembi.（稱十升為一板斗）」。
分見胡增益主編，《新滿漢大詞典》，頁58，「ba i hiyase」條；清・傅恆等奉敕撰，《御製增訂清文
鑑》（收入《景印文淵閣四庫全書》，冊232），卷22，〈產業部・衡量類・板斗〉，頁17a-17b。

fiyoo jakūn.（簸箕八）

簸箕八。

fiyoose[36] duin.（瓢四）

瓢四。

efen tūre（打餑餑的）wehe emu farsi.（石一塊）

打餻石一。

amba ajige burhai[burgai]. tatakū[37] jakūn.（大、小柳條的柳罐八）futa nisihai.（連繩）

大、小柳罐八，連繩。

eriku[38] ninggun.（笤箒六）

笤箒六。

lala teliyere（蒸黃米飯的）guwang mucen emke.（廣鍋一件）

蒸稷米飯廣鍋一。

turi tasgara（炒豆的）guwang mucen juwe.（廣鍋二）【29a】

炒豆廣鍋二。

　　　　　　toktofi baitalara jaka hacin.（必用的物品種類）
　　　　　　必用之項

aniya biyai ice ilan de（正月初三日）caise dobome wecere de.（供餑子跳神時）

正月初三日，供餑子祭祀。

caise weilere de.（做餑子時）baitalara šanggiyan fisihe duin sin.（用的白小黃米四金斗）fulgiyan fisihe duin sin.（紅小黃米四金斗）

做餑子，用白稷米四金斗、紅稷米四金斗。

jancuhūn nure tebure de（釀甜酒時）baitalara fisihe emu sin sunja moro.（用的小黃米一

36　「fiyoose」，瓢，即「hoto be fufume juwe hontoho obufi.（將葫蘆鋸成兩半）yaya jaka be waidare de baitalarangge be.（舀一切物品時所用者）fiyoose sembi.（稱瓢）」。見清・傅恆等奉敕撰，《御製增訂清文鑑》（收入《景印文淵閣四庫全書》，冊233），卷25，〈器皿部・器用類・瓢〉，頁21b。

37　「tatakū」，柳罐，即「burga be muheliyen obume hiyadame weilefi.（將柳條編製成圓的）angga de babun sindafi（在口上放了提手）muke tatarangge be.（汲水者）tatakū sembi.（稱柳罐）jai moo i arahangge inu bi.（又木頭做成者也有）」。見清・傅恆等奉敕撰，《御製增訂清文鑑》（收入《景印文淵閣四庫全書》，冊233），卷25，〈器皿部・器用類・柳罐〉，頁27b-28a。

38　「eriku」，笤箒，即「šušu ira i suihe i jergi jaka be（將高粱、黍子的穗子等物）baksalame hūwaitafi（綁束成把）nahan falan erirengge be.（掃炕、地者）eriku sembi.（稱笤箒）」。見清・傅恆等奉敕撰，《御製增訂清文鑑》（收入《景印文淵閣四庫全書》，冊233），卷25，〈器皿部・器用類・笤箒〉，頁14a。

金斗五升）

釀醴酒，用稷米一金斗五升。

caise efen carure nimenggi gaire（取炸饊子、餑餑油的）malanggū nadan sin.（芝麻七金斗）

取煠饊子油，蘇子七金斗。

yali bujure efen teliyere. nure tebure de（煮肉、蒸餑餑、釀酒時）【29b】baitalara deijire moo（用來燒的木頭）emu minggan ilan tanggū ginggen.（一千三百斤）

煮肉、蒸餻、釀醴酒，用柴一千三百觔。

yali bujure. alikū de sindara. duka[duha] do be dasara de.（煮肉、放在盤裏、整理內臟時）baitalara šanggiyan dabsun sunja ginggen.（用的白鹽五斤）

煮肉、盛盤、整理腸臟，用鹽五觔。

erin i tubihe juwan jakūn fila.（應時的果子十八碟）

時鮮果品十八碟。

an i ulgiyan duin.（普通的豬四）

中等豬四。

juwe biyai ice de（二月初一日）feshen efen dobome wecere de.（供撒糕跳神時）

二月初一日，供灑餻祭祀。

feshen efen weilere de（做撒糕時）baitalara fulgiyan fisihe duin sin.（用的紅小黃米四金斗）【30a】

做灑餻，用紅稷米四金斗。

jancuhūn nure tebure de（釀甜酒時）baitalara fisihe emu sin sunja moro.（用的小黃米一金斗五升）

釀醴酒，用稷米一金斗五升。

šanggiyan giyangdu[39]（白豇豆）ba i emu hiyase juwe moro.（關東斗一斗二升）

白豇豆，一板斗二升。

yali bujure. efen teliyere. jancuhūn nure tebure de（煮肉、蒸餑餑、釀甜酒時）baitalara deijire moo（用來燒的木頭）emu minggan ilan tanggū ginggen.（一千三百斤）

---

[39] 「giyangdu」，豇豆，即「turi i duwali.（豆的同類）sisa ci ambkan.（比小豆略大）hoho golmin.（豆莢長）lala buda arara de suwaliyambi.（做黃米飯時攙合）」。見清‧傅恆等奉敕撰，《御製增訂清文鑑》（收入《景印文淵閣四庫全書》，冊233），卷28，〈雜糧部‧米穀類‧豇豆〉，頁38b。

煮肉、蒸餻、釀醴酒，用柴一千三百觔。

yali bujure. alikū de sindara. duha do be dasara de（煮肉、放在盤裏、整理內臟時）
baitalara šanggiyan dabsun sunja ginggen.（用的白鹽五斤）
煮肉、盛盤、整理腸臟，用白鹽五觔。

erin i tubihe juwan jakūn fila.（應時的果子十八碟）【30b】
時鮮果品十八碟。

an i ulgiyan duin.（普通的豬四）
中等豬四。

ilan biyai ice de（三月初一日）tūme efen dobome ambarame wecere de.（供打糕大祭時）
三月初一日，供打餻大祭。

tūme efen weilere de（做打糕時）baitalara fulgiyan fisihe sin i duin <u>hule</u>[40].（用的紅小黃米金斗四倉石）
做打餻，用紅稷米金斗四石。

gocima nure tebure de（釀黃酒時）baitalara fisihe sin i emu hule.（用的小黃米金斗一倉石）
釀清酒，用稷米金斗一石。

mudan weilere de（做搓條餑餑時）baitalara fisihe sin i emu hule ninggun sin.（用的小黃米金斗一倉石六金斗）
做搓條餑餑，用稷米金斗一石六斗。

mere sin i juwe hule.（蕎麥金斗二倉石）【31a】
蕎麥金斗二石。

mudan carure nimenggi gaire de（取炸搓條餑餑的油時）baitalara malanggū sin i juwe hule.（用的芝麻金斗二倉石）
取煠搓條餑餑油，蘇子金斗二石。

suwayan turi duin sin.（黃豆四金斗）
黃豆四金斗。

huhu weilere de（做麴時）baitalara hife sin i emu hule.（用的稗子金斗一倉石）

40　「hule」，倉石，即「juwan ajige hiyase be.（十小板斗）emu hule sembi.（稱一倉石）」。見清・傅恆等奉
　　敕撰，《御製增訂清文鑑》（收入《景印文淵閣四庫全書》，冊233），卷22，〈產業部・衡量類・倉
　　石〉，頁17a。

造麴，用稗子米金斗一石。

yali bujure. efen teliyere. gocima nure tebure. turi tasgara. mudan carure de（煮肉、蒸餑餑、釀黃酒、炒豆、炸搓條餑餑時）baitalara deijire moo（用來燒的木頭）sunja minggan ginggen.（五千斤）
煮肉、蒸餻、釀清酒、炒豆、煠搓條餑餑，用柴五千觔。

yali bujure. alikū de sindara. duha do be【31b】dasara de（煮肉、放在盤裏、整理內臟時）baitalara šanggiyan dabsun sunja ginggen.（用的白鹽五斤）
煮肉、盛盤、整理腸臟，用白鹽五觔。

lala teliyere de（蒸黃米飯時）baitalara sunjata yan i suwayan ayan dengjan uyun.（用的各五兩的黃蠟燭九）
蒸稷米飯，用五兩重黃蠟燭九枝。

emte yan sunjata jiha i suwayan ayan dengjan jakūn.（各一兩五錢的黃蠟燭八）
一兩五錢重黃蠟燭八枝。

suwayan boihon orin šoro.（黃土二十筐）
黃土二十筐。

erin i tubihe juwan jakūn fila.（應時果子十八碟）
時鮮果品十八碟。

amba ulgiyan sunja.（大豬五）
大豬五。

duin biyai ice de（四月初一日）feshen efen dobome【32a】wecere de.（供撒糕跳神時）
四月初一日，供灑餻祭祀。

feshen efen weilere de（做撒糕時）baitalara fulgiyan fisihe duin sin.（用的紅小黃米四金斗）
做灑餻，用紅稷米四金斗。

jancuhūn nure tebure de（釀甜酒時）baitalara fisihe emu sin sunja moro.（用的小黃米一金斗五升）
釀醴酒，用稷米一金斗五升。

šanggiyan giyangdu（白豇豆）ba i emu hiyase juwe moro.（關東斗一斗二升）
白豇豆，一板斗二升。

yali bujure. efen teliyere. jancuhūn nure tebure de（煮肉、蒸餑餑、釀甜酒時）baitalara deijire moo（用來燒的木頭）emu minggan juwe tanggū ginggen.（一千二百斤）

煮肉、蒸餑、釀醴酒，用柴一千二百觔。

yali bujure. alikū de sindara. duha do be dasara de（煮肉、放在盤裏、整理內臟時）baitalara šanggiyan dabsun sunja ginggen.（用的白鹽五斤）【32b】

煮肉、盛盤、整理腸臟，用白鹽五觔。

erin i tubihe juwan jakūn fila.（應時果子十八碟）

時鮮果品十八碟。

an i ulgiyan duin.（普通的豬四）

中等豬四。

sunja biyai ice de（五月初一日）nunggele mooi abdaha efen dobome wecere de.（供椴葉餑餑跳神時）

五月初一日，供椴葉餑餑祭祀。

nunggele mooi abdaha efen weilere de（做椴葉餑餑時）baitalara fulgiyan fisihe duin sin.（用的紅小黃米四金斗）

做椴葉餑餑，用紅稷米四金斗。

jancuhūn nure tebure de（釀甜酒時）baitalara fisihe emu sin sunja moro.（用的小黃米一金斗五升）

釀醴酒，用稷米一金斗五升。

šanggiyan giyangdu（白豇豆）ba i emu hiyase juwe moro.（關東斗一斗二升）

白豇豆，一板斗二升。

nunggele mooi abdaha emu tumen.（椴葉一萬）【33a】

椴葉一萬片。

malanggū nimenggi juwan ginggen.（芝麻油十斤）

蘇油十觔。

yali bujure. efen teliyere. jancuhūn nure tebure de（煮肉、蒸餑餑、釀甜酒時）baitalara deijire moo（用來燒的木頭）emu minggan juwe tanggū ginggen.（一千二百斤）

煮肉、蒸餑、釀醴酒，用柴一千二百觔。

yali bujure. alikū de sindara. duha do be dasara de（煮肉、放在盤裏、整理內臟時）

baitalara šanggiyan dabsun sunja ginggen.（用的白鹽五斤）

煮肉、盛盤、整理腸臟，用白鹽五觔。

erin i tubihe juwan jakūn fila.（應時果子十八碟）

時鮮果品十八碟。

an i ulgiyan duin.（普通的豬四）

中等豬四。

ninggun biyai ice de（六月初一日）malanggū abdaha efen【33b】dobome wecere de（供芝麻葉餑餑跳神時）

六月初一日，供蘇葉餑餑祭祀。

malanggū abdaha efen weilere de（做芝麻葉餑餑時）baitalara fulgiyan fisihe duin sin.（用的紅小黃米四金斗）

做蘇葉餑餑，用紅稷米四金斗。

jancuhūn nure tebure de（釀甜酒時）baitalara fisihe emu sin sunja moro.（用的小黃米一金斗五升）

釀醴酒，用稷米一金斗五升。

šanggiyan giyangdu（白豇豆）ba i emu hiyase juwe moro.（關東斗一斗二升）

白豇豆，一板斗二升。

malanggū abdaha emu tumen.（芝麻葉一萬）

蘇葉一萬片。

malanggū nimenggi juwan ginggen.（芝麻油十斤）

蘇油十觔。

yali bujure efen teliyere jancuhūn nure tebure de.（煮肉、蒸餑餑、釀甜酒時）baitalara deijire moo（用來燒的木頭）emu minggan juwe tanggū【34a】ginggen.（一千二百斤）

煮肉、蒸餻、釀醴，酒，用柴一千二百觔。

yali bujure. alikū de sindara. duha do be dasara de（煮肉、放在盤裏、整理內臟時）baitalara šanggiyan dabsun sunja ginggen.（用的白鹽五斤）

煮肉、盛盤、整理腸臟，用白鹽五觔。

erin i tubihe juwan jakūn fila.（應時的果子十八碟）

時鮮果品十八碟。

an i ulgiyan duin.（普通的豬四）

中等豬四。

nadan biyai ice de（七月初一日）miyegu efen dobome wecere de.（供淋漿糕跳神時）

七月初一日，供淋漿餻祭祀。

miyegu efen weilere de（做淋漿糕時）baitalara ira nadan sin.（用的黍米七金斗）arfa sunja sin.（鈴鐺麥五金斗）

做淋漿餻，用穈子米七金斗、鈴鐺麥五金斗。

jancuhūn nure tebure de（釀甜酒時）baitalara fulgiyan fisihe【34b】emu sin sunja moro.（用的紅小黃米一金斗五升）

釀醴酒，用稷米一金斗五升

yali bujure. miyegu teliyere. jancuhūn nure tebure de（煮肉、蒸淋漿糕、釀甜酒時）baitalara duijire moo（用來燒的木頭）emu minggan duin tanggū ginggen.（一千四百斤）

煮肉、蒸淋漿餻、釀醴酒，用柴一千四百觔。

yali bujure. alikū de sindara. duha do be dasara de（煮肉、放在盤裏、整理內臟時）baitalara šanggiyan dabsun sunja ginggen.（用的白鹽五斤）

煮肉、盛盤、整理腸臟，用白鹽五觔。

erin i tubihe juwan jakūn fila.（應時的果子十八碟）

時鮮果品十八碟。

an i ulgiyan duin.（普通的豬四）

中等豬四。

jakūn biyai ice de（八月初一日）caruha giyose dobome【35a】wecere de.（供炸餃子跳神時）

八月初一日，供煠餃子祭祀。

caruha giyose weilere de（做炸餃子時）baitalara fulgiyan fisihe jakūn sin.（用的紅小黃米八金斗）

做煠餃子，用紅稷米八金斗

jancuhūn nure tebure de（釀甜酒時）baitalara fisihe emu sin sunja moro.（用的小黃米一金斗五升）

釀醴酒，用稷米一金斗五升

šanggiyan giyangdu（白豇豆）ba i emu hiyase juwe moro.（關東斗一斗二升）
白豇豆，一板斗二升

giyose efen carure. nimenggi gaire de（取炸餃子餑餑的油時）baitalara malanggū jakūn sin.（用的芝麻八金斗）
取煤餃子油，用蘇子八金斗。

yali bujure. giyose efen carure. jancuhūn nure tebure de（煮肉、炸餃子餑餑、釀甜酒時）baitalara deijire moo（用來燒的木頭）emu minggan【35b】duin tanggū ginggen.（一千四百斤）
煮肉、煤餃子、釀醴酒，用柴一千四百觔。

yali bujure. alikū de sindara. duha do be dasara de（煮肉、放在盤裏、整理內臟時）baitalara šanggiyan dabsun sunja ginggen.（用的白鹽五斤）
煮肉、盛盤、整理腸臟，用白鹽五觔。

erin i tubihe juwan jakūn fila.（應時的果子十八碟）
時鮮果品十八碟。

an i ulgiyan duin.（普通的豬四）
中等豬四。

uyun biyai ice de（九月初一日）tūme efen dobome ambarame wecere de.（供打糕大祭時）
九月初一日，供打餻大祭。

tūme efen weilere de（做打糕時）baitalara fulgiyan fisihe sin i duin hule.（用的紅小黃米金斗四倉石）
做打餻，用紅稷米金斗四石。

gocima nure tebure de（釀黃酒時）baitalara fisihe sin i emu【36a】hule.（用的小黃米金斗一倉石）
釀清酒，用稷米金斗一石。

mudan weilere de（做搓條餑餑時）baitalara fisihe sin i emu hule ninggun sin.（用的小黃米金斗一倉石六金斗）
做搓條餑餑，用稷米金斗一石六斗。

mere sin i juwe hule.（蕎麥金斗二倉石）
蕎麥金斗二石

mudan carure nimenggi gaire de（取炸搓條餑餑的油時）baitalara malanggū sin i juwe hule.（用的芝麻金斗二倉石）

取爆搓條餑餑油，用蘇子金斗二石。

sisa duin sin.（小豆四金斗）

小豆四金斗。

huhu weilere de（做麴時）baitalara hife sin i emu hule.（用的稗子金斗一倉石）【36b】

造麴，用稗米金斗一石。

yali bujure. efen teliyere. gocima nure tebure. mudan carure de（煮肉、蒸餑餑、釀黃酒、炸搓條餑餑時）baitalara deijire moo（用來燒的木頭）sunja minggan ginggen.（五千斤）

煮肉、蒸餻、釀清酒、爆搓條餑餑，用柴五千觔。

yali bujure. alikū de sindara. duha do be dasara de（煮肉、放在盤裏、整理內臟時）baitalara šanggiyan dabsun sunja ginggen.（用的白鹽五斤）

煮肉、盛盤、整理腸臟，用白鹽五觔。

lala teliyere de（蒸黃米飯時）baitalara sunjata yan i suwayan ayan dengjan uyun.（用的各五兩的黃蠟燭九）

蒸稷米飯，用五兩重黃蠟燭九枝。

emte yan sunjata jiha i suwayan ayan dengjan jakūn.（各一兩五錢的黃蠟燭八）【37a】

一兩五錢重黃蠟燭八枝。

suwayan boihon orin šoro.（黃土二十筐）

黃土二十筐。

erin i tubihe juwan jakūn fila.（應時的果子十八碟）

時鮮果品十八碟。

amba ulgiyan sunja.（大豬五）

大豬五。

juwan biyai ice de（十月初一日）feshen efen dobome wecere de.（供撒糕跳神時）

十月初一日，供灑餻祭祀。

feshen efen weilere de（做撒糕時）baitalara fulgiyan fisihe duin sin.（用的紅小黃米四金斗）

做灑餻，用紅稷米四金斗。

jancuhūn nure tebure de（釀甜酒時）baitalara fisihe emu sin sunja moro.（用的小黃米一金斗五升）

釀醴酒，用稷米一金斗五升。

šanggiyan giyangdu（白豇豆）ba i emu hiyase juwe【37b】moro.（關東斗一斗二升）

白豇豆，一板斗二升。

yali bujure. efen teliyere. jancuhūn nure tebure de（煮肉、蒸餑餑、釀甜酒時）baitalara deijire moo（用來燒的木頭）emu minggan juwe tanggū ginggen.（一千二百斤）

煮肉、蒸餑、釀醴酒，用柴一千二百觔。

yali bujure. alikū de sindara. duha do be dasara de（煮肉、放在盤裏、整理內臟時）baitalara šanggiyan dabsun sunja ginggen.（用的白鹽五斤）

煮肉、盛盤、整理腸臟，用白鹽五觔。

erin i tubihe juwan jakūn fila.（應時果子十八碟）

時鮮果品十八碟。

an i ulgiyan duin.（普通的豬四）

中等豬四。

omšon biyai ice de（十一月初一日）feshen efen dobome【38a】wecere de.（供撒糕跳神時）

十一月初一日，供灑餻祭祀。

feshen efen weilere de（做撒糕時）baitalara fulgiyan fisihe duin sin.（用的紅小黃米四金斗）

做灑餻，用紅稷米四金斗。

jancuhūn nure tebure de（釀甜酒時）baitalara fisihe emu sin sunja moro.（用的小黃米一金斗五升）

釀醴酒，用稷米一金斗五升。

šanggiyan giyangdu（白豇豆）ba i emu hiyase juwe moro.（關東斗一斗二升）

白豇豆，一板斗二升。

yali bujure. efen teliyere. jancuhūn nure tebure de（煮肉、蒸餑餑、釀甜酒時）baitalara deijire moo（用來燒的木頭）emu minggan juwe tanggū ginggen.（一千二百斤）【38b】

煮肉、蒸餻、釀醴酒，用柴一千二百觔。

yali bujure. alikū de sindara. duha do be dasara de（煮肉、放在盤裏、整理內臟時）

baitalara šanggiyan dabsun sunja ginggen.（用的白鹽五斤）
煮肉、盛盤、整理腸臟，用白鹽五觔。

erin i tubihe juwan jakūn fila.（應時的果子十八盤）
時鮮果品十八碟。

an i ulgiyan duin.（普通的豬四）
中等豬四。

jorgon biyai ice de（十二月初一日）feshen efen dobome wecere de.（供撒糕跳神時）
十二月初一日，供灑餻祭祀。

feshen efen weilere de（做撒糕時）baitalara fulgiyan fisihe duin sin.（用的紅小黃米四
金斗）
做灑餻，用紅稷米四金斗。

jancuhūn nure tebure de（釀甜酒時）baitalara fisihe emu sin sunja moro.（用的小黃米一
金斗五升）【39a】
釀醴酒，用稷米一金斗五升。

šanggiyan giyangdu（白豇豆）ba i emu hiyase juwe moro.（關東斗一斗二升）
白豇豆，一板斗二升。

yali bujure. efen teliyere. jancuhūn nure tebure de（煮肉、蒸餑餑、釀甜酒時）baitalara
deijire moo（用來燒的木頭）emu minggan juwe tanggū ginggen.（一千二百斤）
煮肉、蒸餻、釀醴酒，用柴一千二百觔。

yali bujure. alikū de sindara. duha do be dasara de（煮肉、放在盤裏、整理內臟時）
baitalara šanggiyan dabsun sunja ginggen.（用的白鹽五斤）
煮肉、盛盤、整理腸臟，用白鹽五觔。

erin i tubihe juwan jakūn fila.（應時果子十八盤）
時鮮果品十八碟。

an i ulgiyan duin.（普通的豬四）【39b】
中等豬四。

metere de（還願時）baitalara ulgiyan emke.（用的豬一頭）
祭天用豬一。

hife bele（稗子米）ba i emu moro.（關東斗一升）

稗米，板斗一升。

šanggiyan dabsun sunja ginggen.（白鹽五斤）
白鹽五觔

yali buda bujure de（煮肉、飯時）baitalara deijire moo（用來燒的木頭）ilan tanggū
susai ginggen.（三百五十斤）
煮肉與飯，用柴三百五十觔

gulhun bolgo šanggiyan duingge hoošan emu afaha.（完整乾淨的白連四紙一張）
整白連四淨紙一張

hūturi baime wecere de（求福跳神時）efen weilere de（做餑餑時）baitalara fulgiyan
fisihe nadan sin.（用的紅小黃米七金斗）
求福祭祀做餑，用紅稷米七金斗。

nimenggi gaire de（取油時）baitalara malanggū ninggun sin.（用的芝麻六金斗）【40a】
取油用蘇子六金斗。

suwayan turi（黃豆）ba i emu hiyase.（關東斗一斗）
黃豆，一板斗。

šanggiyan sisa（白小豆）ba i emu hiyase.（關東斗一斗）
白小豆，一板斗。

hife bele（稗子米）ba i emu moro.（關東斗一升）
稗米，板斗一升。

je bele（小米）ba i sunja moro.（關東斗五升）
小米板斗五升。

emte ginggen jakūta yan i mujuhu nimaha juwe.（各一斤八兩的鯉魚二）
一觔八兩重鯉二尾。

yehe duin yan.（練麻四兩）
練麻四兩。

sain misun[41] jakūn yan.（好的醬八兩）

---

[41] 「misun」，醬，即「turi be bujufi hujurefi huhu arafi（將豆煮、磨做成麴）dabsun suwaliyame arahangge
be.（攪合著鹽所做者）misun sembi.（稱醬）」。見清・傅恆等奉敕撰，《御製增訂清文鑑》（收入
《景印文淵閣四庫全書》，冊232），卷21，〈食物部・菜餚類・醬〉，頁31b。

高醬八兩。

siren futa weilere de（做換索繩時）baitalara niowanggiyan. suwayan juwe hacin i kubun i tonggo emu ginggen jakūn【40b】yan.（用的綠、黃二種棉線一斤八兩）
做索繩，用黃、綠二色棉線一觔八兩。

siren futa de hafirara girdan de（在換索繩上夾布條時）baitalara uyun hacin i suri.（用的九種綢）hacin tome ilata jušuru.（每種各三尺）
索繩上所夾綢條，用九色綢，每色各三尺。

fulhū weilere de（做囊時）baitalara solho boso emu juda juwe jušuru.（用的高麗布一丈二尺）
做囊，用高麗布一丈二尺。

fodo moo be uhure de（包裹求福柳枝時）baitalara golmin emte juda. onco sunjata defei[42]（用的長各一丈、寬各五幅的）suwayan muwa bosoi wadan juwe.（黃粗布布單二）
【41a】
包裹柳枝，用黃粗布袱二，各長一丈寬五幅。

fodo moo emu da.（求福柳枝一枝）
柳樹一株。

efen weilere. nure tebure. efen carure nimenggi urebure. nimaha teliyere. hife buda bujure. giyangdu dubi[43] teliyere. turi tasgara. tetun agūra oboro de（做餑餑、釀酒、煉炸餑餑的油、蒸魚、煮稗子飯、蒸豇豆餅子、炒豆、洗器皿時）
做饎、釀酒、煠饎、煉油、蒸魚、煮稗米飯、蒸豇豆餅子、炒豆、洗器皿，

baitalara deijire moo（用來燒的木頭）emu minggan sunja tanggū ginggen.（一千五百斤）
用柴，一千五百觔。

duin biyai ice jakūn de.（四月初八日）fucihi oboro doroi wecere de（洗佛禮跳神時）
四月初八日，浴佛祭祀。

nunggele mooi abdaha efen weilere de（做椵葉餑餑時）baitalara fulgiyan fisihe duin【41b】sin.（用的紅小黃米四金斗）

---

[42] 「defei（defe）」，布帛副子，即「suje boso i onco ici be.（緞、布的寬向）defe sembi.（稱布帛副子）」。見清·傅恆等奉敕撰，《御製增訂清文鑑》（收入《景印文淵閣四庫全書》，冊232），卷23，〈布帛部·布帛類·布帛副子〉，頁31b。

[43] 「giyangdu dubi」，漢譯本作「豇豆餅子」，其中「dubi」，豆擦子，即「hujurehe turi be.（磨碎的豆）dubi sembi.（稱豆擦子）」。見清·傅恆等奉敕撰，《御製增訂清文鑑》（收入《景印文淵閣四庫全書》，冊233），卷27，〈食物部·餑餑類·豆擦子〉，頁46b。

做椵葉餑餑，用紅稷米四金斗。

šanggiyan giyangdu（白豇豆）ba i emu hiyase juwe moro.（關東斗一斗二升）
白豇豆一板斗二升。

jancuhūn nure tebure de（釀甜酒時）baitalara fisihe emu sin sunja moro.（用的小黃米一
金斗五升）
釀醴酒，用稷米一金斗五升。

malanggū nimenggi juwan ginggen.（芝麻油十斤）
蘇油十觔。

nunggele mooi abdaha emu minggan.（椵葉一千）
椵葉一千片。

efen teliyere. nure tebure de（蒸餑餑、釀酒時）baitalara deijire moo（用來燒的木頭）
juwe tanggū ginggen.（二百斤）【42a】
蒸餻、釀酒用柴二百觔

an i inenggi doboro feshen efen weilere de（平日做所供的撒糕時）baitalara fulgiyan fisihe
duin sin.（用的紅小黃米四金斗）
常日做所供灑餻，用紅稷米四金斗。

je bele emu moro juwe oholiyo[44].（小米一升二合）
小米一升二合。

šanggiyan giyangdu（白豇豆）ba i emu hiyase.（關東斗一斗）
白豇豆一板斗。

suwayan turi ninggun oholiyo.（黃豆六合）
黃豆六合。

yali bujure. efen teliyere de（煮肉、蒸餑餑時）baitalara deijire moo（用來燒的木頭）
emu minggan emu tanggū ginggen.（一千一百斤）
煮肉、蒸餻，用柴一千一百觔。

yali bujure. alikū de sindara. duha do be dasara de（煮肉、放在盤裏、整理內臟時）
baitalara šanggiyan dabsun sunja ginggen.（用的白鹽五斤）【42b】

---

[44] 「oholiyo」，合，即「emu galai falanggū yodoro[yondoro] ebsihe ufihi be.（一個手掌盡量容納的份額）
oholiyo sembi.（稱合）」。見清・傅恆等奉敕撰，《御製增訂清文鑑》（收入《景印文淵閣四庫全
書》，冊232），卷22，〈產業部・衡量類・合〉，頁17b。

煮肉盛盤、整理腸臟，用白鹽五觔。

an i ulgiyan duin.（普通的豬四）【43a】【43b】空白
中等豬四

> morin i jalin wecere boode（在祭馬神的房屋裏）faidame doboho hacin.（陳
> 設所供的種類）
> 祭馬神室內，陳設供器類

cinuhūn simenggilehe（上了銀硃漆的）hacingga bocoi ilha niruha gocima dere emke.（畫
了各種顏色花的抽屜桌一件）
紅漆繪花抽屜桌一。

fucihi doboro ajige ordo emke.（供佛的小亭一件）teku nisihai.（連底座）
供佛小亭一，連座。

sektehe suwayan. yacin. fulgiyan gecuheri sektefun ilan.（所鋪的黃、青、紅蟒緞坐褥三）
鋪黃青紅三色蟒褥三。

suwayan suje de（在黃緞上）fulgiyan giltasikū kubuhe mengse emke.（鑲了紅片金的幔
子一件）
鑲紅片金黃緞神幔一。

mengse ulire suwayan bocoi kubun i tonggo（穿幔子的黃色棉線）siberehe futa emu
da.（所搓的繩一條）【44a】
繫神幔黃棉線繩一條。

sihin i fejile wargi ergide sindaha（放在屋簷下西邊）cinuhūn simenggilehe amba ordo
emke.（上了銀硃漆的大亭一件）
廊下西首，安設紅漆大亭一。

yamji weceku doboro（供晚上神主的）yacin bocoi simenggilehe（上了黑色漆的）
hacingga bocoi ilha niruha gocima dere emke.（畫了各種顏色花的抽屜桌一件）
供夕祭神黑漆繪花抽屜桌一。

yacin bocoi simenggilehe（上了黑色漆的）golbon emke.（架子一件）
黑漆架一。

yacin suje de（在青緞上）fulgiyan giltasikū kubuhe mengse emke.（鑲了紅片金的幔子
一件）

鑲紅片金青緞神幔一。

mengse hūwaitara suwayan bocoi kubun i tonggo（綁幔子的黃色棉線）siberehe futa emu
da.（所搓的繩一條）【44b】
繫神幔黃棉線繩一條。

monggo weceku doboro（供蒙古神的）nikeku sindame weilehe（所做放著靠背）yacin
bocoi simenggilehe teku emke（上了黑色漆的底座一件）fulgiyan giltasikū sishe nisihai.
（連紅片金褥）
供蒙古神有靠黑漆座一，連紅片金褥。

amba ajige honggon nadan（大、小神鈴七）uliha suwayan ilgin.（所穿的黃皮）šajilan
cikten nisihai.（連樺木桿）
大、小鈴七枚，穿黃色皮條，連樺木杆。

ajige selei siša emu ubu.（小的鐵腰鈴一分）
小鐵腰鈴一分。

tuibure lamun bosoi dalikū juwe farsi.（背燈祭的藍色布簾二塊）
背鐙藍布幔二。

siša sindara（放腰鈴的）nikeku sindame weilehe（所做放著靠背）yacin bocoi
simenggilehe ajige mulan emke.（上了黑色漆的小杌子一件）
安放腰鈴有靠黑漆小杌一。

teišun i hiyan i fila jakūn.（黃銅香碟八）【45a】
銅香碟八。

　　　　wecere de（跳神時）baitalara tetun agūrai hacin.（用的器皿種類）
　　　　祭祀所用器皿類。

cinuhūn simenggilehe（上了銀硃漆的）efen doboro amba fangkala dere duin.（供餑餑
的大矮桌四）
供餻紅漆大低桌四。

cinuhūn simenggilehe（上了銀硃漆的）yali doboro golmin den dere emke.（供肉的長
高桌一件）
供肉紅漆長高桌一。

cinuhūn simenggilehe（上了銀硃漆的）nure gingnere golmin fangkala dere emke.（獻酒

的長矮桌一件）
獻酒紅漆長低桌一。

saman hengkilere（薩滿叩頭的）cinuhūn simenggilehe ajige fangkala dere emke.（上了
銀硃漆的小矮桌一件）
司祝叩頭紅漆小低桌一。

ulgiyan silgire（「省」豬的）cinuhūn simenggilehe toholon buriha den【45b】dere juwe.
（上了銀硃漆、鞔了錫的高桌二）
省豬紅漆包錫高桌二

yali doboro（供肉的）toholon dokomiha amba oton juwe.（錫裏大整木槽盆二）
供肉錫裡大木槽盆二。

senggi alime gaire（接取血的）toholon dokomiha ajige oton juwe.（錫裏小整木槽盆二）
接血錫裡小木槽盆二。

tenggeri emke.（三絃一件）suwayan samsu bosoi dobton nisihai.（連黃三梭布套）
三弦一，黃三梭布套。

fifan emke.（琵琶一件）suwayan samsu bosoi dobton nisihai.（連黃三梭布套）
琵琶一連黃三梭布套。

carki sunja ulcin.（扎板五串）
拍板五。

selei halmari emke.（鐵神刀一件）
鐵神刀一。

saman samdara de（薩滿跳神時）tere yacin bocoi simenggilehe mulan【46a】emke.（坐
的上了黑漆的杌子一件）
司祝祝禱時，所坐黑漆杌一。

hiyan dabure（點香的）teišun i hūwafihiya emke.（黃銅瓦壟一件）
點香銅瓦壟一。

teišun i saifi emke.（黃銅匙一件）
銅匙一。

teišun i sabka emu juru.（黃銅筯一雙）
銅筯一雙。

saman i umiyelere（薩滿繫的）amba siša emu ubu.（大腰鈴一分）
司祝所繫大腰鈴一分。

alha hūsihan emke.（閃緞裙一件）
閃緞裙一。

selei weren tungken emke.（鐵箍鼓一件）cinuhūn simenggilehe tehe gisun nisihai.（連上了銀硃漆的架子、鼓槌）
鐵箍鼓一，連紅漆架、鼓槌。

untun emke.（女手鼓一件）tarbahi sukū buriha gisun nisihai.（連包了獺皮的鼓槌）【46b】
手鼓一，連包獺皮鼓槌。

efen doboro（供餑餑的）lamun ilhangga yeherei amba alikū uyun.（藍花磁大盤九）
供餻大藍花磁盤九。

nure doboro（供酒的）lamun ilhangga yeherei hūntahan sunja.（藍花磁杯五）
供酒藍花磁琖五。

yali doboro（供肉的）lamun ilhagga yeherei moro sunja.（藍花磁碗五）
供肉藍花磁椀五。

sahailyan mooi sabka sunja juru.（烏木筋五雙）
烏木筋五雙。

yali tebure（裝肉的）teišun i alikū susai.（黃銅盤五十）
盛肉銅盤五十。

muke tebure（裝水的）anggara juwe.（缸二）
盛水缸二。

efen tūre（打餑餑的）wehe emu farsi.（石一塊）
打餻石一。

yali bujure（煮肉的）amba mucen juwe.（大鍋二）【47a】
煮肉大鍋二。

efen teliyere（蒸餑餑的）amba mucen emke.（大鍋一件）
蒸餻大鍋一。

fancihiyan duin.（砧板四）

案板四。

saman hengkilere（薩滿叩頭的）fulgiyan jafu emu farsi.（紅氈一塊）
司祝叩頭紅氈一方。

       doboro jaka hacin.（供獻的物品種類）
       供獻物品類

tūme efen uyūte alikū.（打糕各九盤）
打餻各九盤。

jancuhūn nure juwete malu.（甜酒各二瓶）
醴酒各二罇。

amba ulgiyan duite.（大豬各四）
大豬各四。

ancu hiyan jakūta fila.（七里香各八碟）
七里香各八碟。

mengse de lakiyara jiha（幔子上掛的錢）faitaha bolgo duingge hoošan【47b】juwete afaha.
（所裁切的乾淨連四紙各二張）
神幔懸掛鏤錢文、連四淨紙各二張。

ilan hacin i suri i soriha（馬尾上拴的三種綢條）emu minggan nadan tanggū ninjute juru
justan.（各一千七百六十對）
縛馬鬃尾三色綢條，各一千七百六十對。

       toktofi baitalara hacin.（必用的種類）
       必用之項

lala teliyere de（蒸黃米飯時）baitalara fulgiyan fisihe sin i emu hule sunja sin.（用的紅小
黃米金斗一倉石五金斗）
蒸稷米飯，用紅稷米金斗一石五斗。

jancuhūn nure tebure de（釀甜酒時）baitalara fisihe juwe sin.（用的小黃米二金斗）
釀醴酒，用稷米二金斗。

mudan weilere de（做搓條餑餑時）baitalara fisihe nadan sin.（用的小黃米七金斗）
做搓條餑餑，用稷米七金斗。

mere jakūn sin.（蕎麥八金斗）【48a】

菩麥八金斗。

suwayan turi emu sin.（黃豆一金斗）

黃豆一金斗。

mudan carure nimenggi gaire de（取炸搓條餑餑的油時）baitalara malanggū sin i emu hule.（用的芝麻金斗一倉石）

取煤搓條餑餑油，用蘇子金斗一石。

yali bujure. lala teliyere. mudan carure. turi tasgara. nure tebure de（煮肉、蒸黃米飯、炸搓條餑餑、炒豆、釀酒時）baitalara deijire moo（用來燒的木頭）ilan minggan juwe tanggū ginggen.（三千二百斤）

煮肉、蒸稷米飯、煤搓條餑餑、炒豆、釀醴酒，用柴三千二百觔。

emte yan sunjata jiha i suwayan ayan dengjan juwan.（各一兩五錢的黃蠟燭十）

一兩五錢重黃蠟燭十枝。

yali bujure. duha do be dasara de（煮肉、整理內臟時）baitalara【48b】šanggiyan dabsun juwan ginggen.（用的白鹽十斤）

煮肉、整理腸臟，用白鹽十觔。

lala teliyere de（蒸黃米飯時）baitalara suwayan boihon juwan juwe šoro.（用的黃土十二筐）【49a】【49b】空白

蒸稷米飯，用黃土十二筐。

第六冊

hesei toktobuha manjusai wecere metere kooli bithe.（欽定滿洲祭神祭天典禮）ningguci debtelin.（第六卷）

欽定滿洲祭神祭天典禮卷六

wecere metere de（跳神、還願時）dobome faidaha tetun agūrai durun i nirugan.（供獻所陳列器皿的形式圖）【1a】【1b】空白
祭神祭天供獻陳設器皿形式圖

tangse i nirugan.（堂子圖）【2a】【2b】
堂子圖

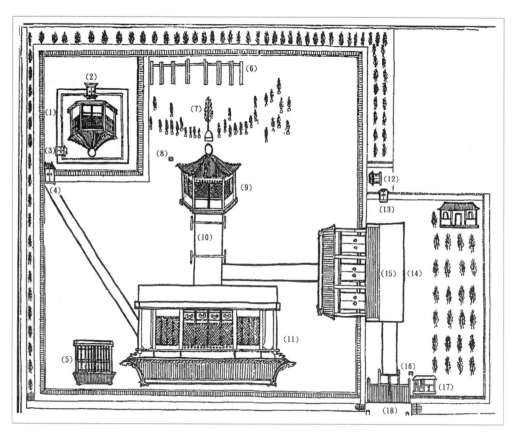

（1）šangsi enduri ordo（尚錫神亭）　尚錫神亭
（2）duka（門）　門
（3）duka（門）　門
（4）duka（門）　門
（5）lakiyaha girdan hoošan jiha be（將所掛的幡、紙錢）asarara boo.（收貯的房屋）

收貯所掛神幡紙錢室

（6）siltan moo be sindara tehe（放神杆的架子）　立神杆架

（7）siltan moo（神杆）　神杆

（8）hūcin（井）　井

（9）ordo（亭式殿）　亭式殿

（10）siren futa alire tehe（擎著換索繩的架子）　安綫索架

（11）wecere deyen（祭殿）　饗殿

（12）horho boo[1]（廁所）　淨室

（13）duka（門）　門

（14）gidaha ulin[2] baita de teisulefi fayabume（使與敬神事務相當耗費）wecere boo.（跳神的房屋）　以財物獻神祭祀室

（15）duka（門）　門

（16）hūcin（井）　井

（17）juce[3] i boo（堆舖的房屋）　堆撥房

（18）hiyatari　柵欄

---

[1] 「horho」，有櫥櫃、豎櫃、豬羊圈、鳥籠、廁等意。見河內良弘編著，《滿洲語辭典》，頁567，「horho」條。「廁」一詞，《大清全書》、《清文總彙》皆作「tule genere horho」，《漢滿詞典》則作「sitere horhon」，《滿洲語辭典》另作「tule genere ba（便所）」。分見清‧沈啟亮，《大清全書》，卷9，頁19a，「tule genere horho」條；清‧祥亨主編，志寬、培寬編，《清文總彙》，卷8，頁10b，「tule genere horho」條；劉厚生主編，《漢滿詞典》（北京：民族出版社，2005年），頁52，「廁所」條；河內良弘編著，《滿洲語辭典》，頁1089，「tule genere ba」條。

[2] 「gidaha ulin」當指「ulin gidambi」，即「敬神」，亦稱「獻神」。

[3] 「juce」，堆舖，即「cooha idurame ging tere ba be.（軍隊輪班坐更處）juce sembi.（稱堆舖）」。見清‧傅恆等奉敕撰，《御製增訂清文鑑》（收入《景印文淵閣四庫全書》，冊232），卷8，〈武功部‧征伐類‧堆舖〉，頁14b。

tangse i wecere deyen.（堂子的祭殿）【3a】【3b】

堂子饗殿

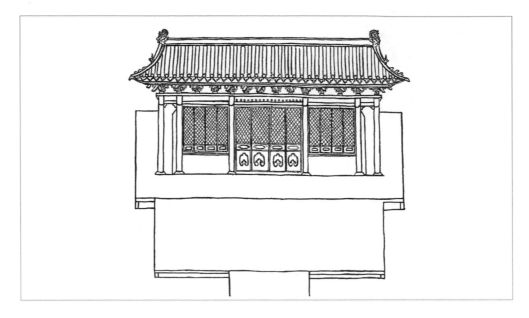

tangse i wecere deyen i dolo（堂子的祭殿內）faidame doboho tetun agūra.（陳列所供的
器皿）【4a】【4b】

堂子饗殿內陳設供器

tangse i ordo.（堂子的亭式殿）【5a】
堂子亭式殿

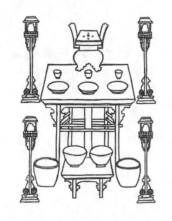

tangse i ordo i dolo（堂子的亭式殿內）faidame doboho tetun
agūra.（陳列所供的器皿）【5b】
堂子亭式殿內陳設供器

šangsi enduri i ordo.（尚錫神亭）【6a】
尚錫神亭

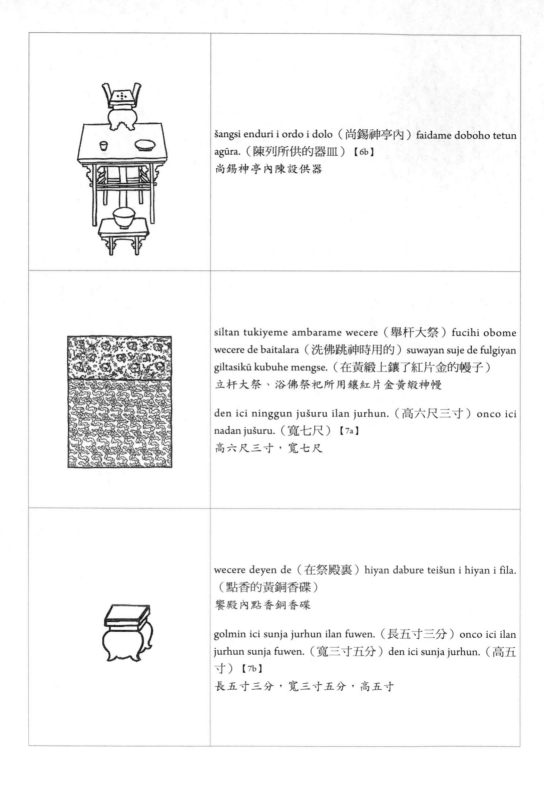

šangsi enduri i ordo i dolo（尚錫神亭內）faidame doboho tetun agūra.（陳列所供的器皿）【6b】
尚錫神亭內陳設供器

siltan tukiyeme ambarame wecere（舉杆大祭）fucihi obome wecere de baitalara（洗佛跳神時用的）suwayan suje de fulgiyan giltasikū kubuhe mengse.（在黃緞上鑲了紅片金的幔子）
立杆大祭、浴佛祭祀所用鑲紅片金黃緞神幔

den ici ninggun jušuru ilan jurhun.（高六尺三寸）onco ici nadan jušuru.（寬七尺）【7a】
高六尺三寸，寬七尺

wecere deyen de（在祭殿裏）hiyan dabure teišun i hiyan i fila.（點香的黃銅香碟）
饗殿內點香銅香碟

golmin ici sunja jurhun ilan fuwen.（長五寸三分）onco ici ilan jurhun sunja fuwen.（寬三寸五分）den ici sunja jurhun.（高五寸）【7b】
長五寸三分，寬三寸五分，高五寸

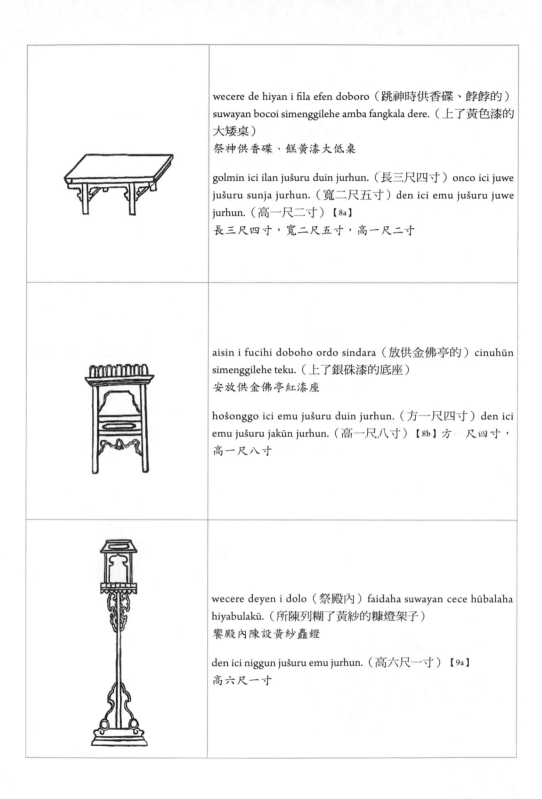

wecere de hiyan i fila efen doboro（跳神時供香碟、餑餑的）
suwayan bocoi simenggilehe amba fangkala dere.（上了黃色漆的
大矮桌）
祭神供香碟、餑餑黃漆大低桌

golmin ici ilan jušuru duin jurhun.（長三尺四寸）onco ici juwe
jušuru sunja jurhun.（寬二尺五寸）den ici emu jušuru juwe
jurhun.（高一尺二寸）【8a】
長三尺四寸，寬二尺五寸，高一尺二寸

aisin i fucihi doboho ordo sindara（放供金佛亭的）cinuhūn
simenggilehe teku.（上了銀硃漆的底座）
安放供金佛亭紅漆座

hošonggo ici emu jušuru duin jurhun.（方一尺四寸）den ici
emu jušuru jakūn jurhun.（高一尺八寸）【8b】方一尺四寸，
高一尺八寸

wecere deyen i dolo（祭殿內）faidaha suwayan cece hūbalaha
hiyabulakū.（所陳列糊了黃紗的糠燈架子）
饗殿內陳設黃紗蠹鐙

den ici niggun jušuru emu jurhun.（高六尺一寸）【9a】
高六尺一寸

	ancu hiyan tebure（裝七里香的）suwayan bocoi simenggilehe sithen.（上了黃漆的匣子） 盛七里香黃漆匣 golmin ici emu jušuru juwe jurhun（長一尺二寸）onco ici nadan jurhun.（寬七寸）den ici nadan jurhun.（高七寸）【9b】 長一尺二寸，寬七寸，高七寸
	erde wecere de（清晨跳神時）saman tanjurara de（薩滿禱告時）baitalara halmari.（用的神刀） 朝祭司祝祝禱所用神刀 golmin ici juwe jušuru ilan jurhun ninggun fuwen.（長二尺三寸六分）onco ici juwe jurhun emu fuwen.（寬二寸一分）【10a】 長二尺三寸六分，寬二寸一分
	tangse wecere de（堂子跳神時）saman nure gingnere（薩滿獻酒的）halmari tanjurame（神刀禱告著）jarime jalbarire de（念著神歌祝禱時）tūre carki.（打的扎板） 祭堂子司祝獻酒、持神刀、誦神歌祝禱所鳴拍板 golmin ici emu jušuru emu jurhun sunja fuwen.（長一尺一寸五分）onco ici juwe jurhun.（寬二寸）【10b】 長一尺一寸五分，寬二寸

tangse wecere de（堂子跳神時）saman nure gingnere（薩滿獻酒的）halmari tanjurame（神刀禱告著）jarime jalbarire de（念著神歌祝禱時）fithere tenggeri.（彈的三絃）

祭堂子司祝獻酒、持神刀、誦神歌祝禱所奏三絃

golmin ici ilan jušuru duin jurhun.（長三尺四寸）【11a】

長三尺四寸

tangse wecere de（堂子跳神時）saman nure gingnere（薩滿獻酒的）halmari tanjurame（神刀禱告著）jarime jalbarire de（念著神歌祝禱時）fithere fifan.（彈的琵琶）

祭堂子司祝獻酒、持神刀、誦神歌祝禱所奏琵琶

golmin ici ilan jušuru duin jurhun.（長三尺四寸）【11b】

長三尺四寸

nure doboro（供酒的）menggun i hūntahan.（銀杯）

供酒銀琖

angga erguwen[4] ilan jurhun.（口徑三寸）den ici juwe jurhun.（高二寸）【12a】

口徑三寸，高二寸

4　「erguwen」，口面，即「yaya jakai angga ergi i amba ajige mutun be.（凡物品口邊的大小尺寸）erguwen sembi.（稱口面）」。見清·傅恆等奉敕撰，《御製增訂清文鑑》（收入《景印文淵閣四庫全書》，冊233），卷25，〈器皿部·諸物形狀類·口面〉，頁77b。

efen doboro（供餑餑的）menggun i alikū.（銀盤）
供饍銀盤

angga erguwen emu jušuru emu jurhun. ilan fuwen.（口徑一尺一寸三分）den ici juwe jurhun.（高二寸）【12b】
口徑一尺一寸三分，高二寸

nure tebure（裝酒的）lamun ilhangga amba yeherei moro.（藍花大磁碗）
盛酒大藍花磁椀

angga erguwen emu jušuru juwe jurhun.（口徑一尺二寸）den ici sunja jurhun.（高五寸）【13a】
口徑一尺二寸，高五寸

nure tebure（裝酒的）fulgiyan ilhangga yeherei anggara.（紅花磁缸）
盛酒紅花磁缸

angga erguwen emu jušuru juwe jurhun.（口徑一尺二寸）den ici jakūn jurhun.（高八寸）【13b】
口徑一尺二寸，高八寸

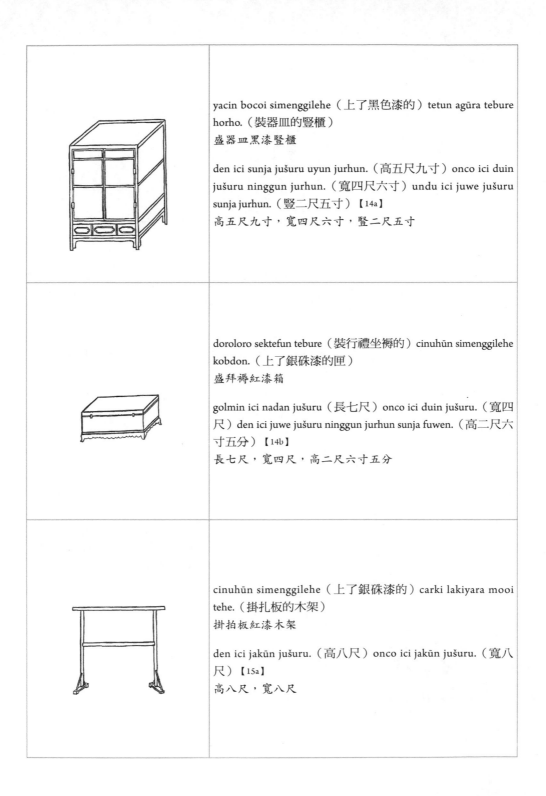

yacin bocoi simenggilehe（上了黑色漆的）tetun agūra tebure horho.（裝器皿的豎櫃）

盛器皿黑漆豎櫃

den ici sunja jušuru uyun jurhun.（高五尺九寸）onco ici duin jušuru ninggun jurhun.（寬四尺六寸）undu ici juwe jušuru sunja jurhun.（豎二尺五寸）【14a】

高五尺九寸，寬四尺六寸，豎二尺五寸

doroloro sektefun tebure（裝行禮坐褥的）cinuhūn simenggilehe kobdon.（上了銀硃漆的匣）

盛拜褥紅漆箱

golmin ici nadan jušuru（長七尺）onco ici duin jušuru.（寬四尺）den ici juwe jušuru ninggun jurhun sunja fuwen.（高二尺六寸五分）【14b】

長七尺，寬四尺，高二尺六寸五分

cinuhūn simenggilehe（上了銀硃漆的）carki lakiyara mooi tehe.（掛扎板的木架）

掛拍板紅漆木架

den ici jakūn jušuru.（高八尺）onco ici jakūn jušuru.（寬八尺）【15a】

高八尺，寬八尺

siltan tukiyeme ambarame wecere inenggi（舉杆大祭之日）
siltan moo ilibure wehe.（立神杆的石）
立杆大祭日立神杆之石

den ici ilan jušuru jakūn jurhun.（高三尺八寸）hošonggo ici ilan
jušuru.（方三尺）【15b】
高三尺八寸，方三尺

nure gingnere（獻酒的）anahūn mooi fangkala dere.（楠木矮桌）
獻酒楠木低桌

golmin ici juwe jušuru jakūn jurhun.（長二尺八寸）onco ici
emu jušuru nadan jurhun.（寬一尺七寸）den ici emu jušuru
emu jurhun.（高一尺一寸）【16a】
長二尺八寸，寬一尺七寸，高一尺一寸

(1) ordo i dolo（亭式殿內）hiyan dabukū efen nure doboro（供
香爐、餑餑、酒的）anahūn mooi den dere.（楠木高桌）
亭式殿內供香鑪、餻、酒楠木高案

golmin ici juwe jušuru ninggun jurhun.（長二尺六寸）onco
ici emu jušuru ninggun jurhun sunja fuwen.（寬一尺六寸五
分）den ici ilan jušuru jakūn jurhun.（高三尺八寸）
長二尺六寸，寬一尺六寸五分，高三尺八寸

(2) hoošan jiha lakiyara（掛紙錢的）wantaha mooi tura.（杉
木柱）
掛紙錢杉木柱

den ici juwe jušuru uyun jurhun.（高二尺九寸）muwa ici
ilan jurhun sunja fuwen.（粗三寸五分）【16b】
高二尺九寸，圍徑三寸五分

ordo i dolo（亭式殿內）hiyan dabure（點香的）teišun i hiyan dabukū.（黃銅香爐）
亭式殿內點香銅香鑪

golmin ici uyun jurhun.（長九寸）onco ici nadan jurhun.（寬七寸）den uyun jurhun sunja fuwen.（高九寸五分）【17a】
長九寸，寬七寸，高九寸五分

celehen de（甬路上）faidara fulgiyan hoošan hūbalaha hiyabulakū.（陳列的糊了紅紙的糠燈架子）
甬路上擺列紅紙蠹鐙

den ici ninggun jušuru emu jurhun.（高六尺一寸）【17b】
高六尺一寸

ordo i dolo（亭式殿內）nure doboro（供酒的）menggun i hūntahan.（銀杯）
亭式殿內供酒銀琖

angga erguwen ilan jurhun（口徑三寸）den ici juwe jurhun.（高二寸）【18a】
口徑三寸，高二寸

	ordo i dolo（亭式殿內）efen doboro（供餑餑的）menggun i alikū.（銀盤） 亭式殿內供饈銀盤 angga erguwen emu jušuru emu jurhun ilan fuwen.（口徑一尺一寸三分）den ici juwe jurhun.（高二寸）【18b】 口徑一尺一寸三分，高二寸
	nure tebure（裝酒的）lamun ilhangga amba yeherei moro.（藍花大磁碗） 盛酒大藍花磁椀 angga erguwen emu jušuru emu jurhun nadan fuwen.（口徑一尺一寸七分）den ici sunja jurhun ilan fuwen.（高五寸三分）【19a】 口徑一尺一寸七分，高五寸三分
	nure tebure（裝酒的）butu muduri noho niohun yeherei anggara.（暗龍純豆綠磁缸） 盛酒暗龍豆綠磁缸 angga erguwen emu jušuru juwe jurhun.（口徑一尺二寸）den ici jakūn jurhun ilan fuwen.（高八寸三分）【19b】 口徑一尺二寸，高八寸三分

nure gingnere（獻酒的）anahūn mooi fangkala dere.（楠木矮桌）
獻酒楠木低桌

golmin ici juwe jušuru jakūn jurhun.（長二尺八寸）onco ici
emu jušuru nadan jurhun.（寬一尺七寸）den ici emu jušuru
emu jurhun.（高一尺一寸）【20a】
長二尺八寸，寬一尺七寸，高一尺一寸

(1)　šangsi enduri ordo i dolo（尚錫神亭內）hiyan dabukū efen
　　 nure doboro（供香爐、餑餑、酒的）anahūn mooi den dere.
　　（楠木高桌）
　　尚錫神亭內供香鑪、餻、酒楠木高案

　　golmin ici duin jušuru nadan jurhun.（長四尺七寸）onco ici
　　ilan jušuru juwe jurhun sunja fuwen.（寬三尺二寸五分）den
　　ici ilan jušuru jakūn jurhun sunja fuwen.（高三尺八寸五分）
　　長四尺七寸，寬三尺二寸五分，高三尺八寸五分

(2)　bolgo hoošan lakiyara（掛淨紙的）wantaha mooi tura.
　　（杉木柱）
　　掛淨紙杉木柱
　　den ici ilan jušuru emu jurhun.（高三尺一寸）muwa ici
　　juwe jurhun nadan fuwen.（粗二寸七分）【20b】
　　高三尺一寸，圍徑二寸七分

šangsi enduri ordo i dolo（尚錫神亭內）hiyan tabure（點香
的）teišun i hiyan dabakū.（黃銅香爐）
尚錫神亭內點香銅香鑪

golmin ici uyun jurhun（長九寸）onco ici nadan jurhun.（寬七
寸）den ici uyun jurhun sunja fuwen.（高九寸五分）【21a】
長九寸，寬七寸，高九寸五分

	šangsi enduri ordo i dolo（尚錫神亭內）nure doboro（供酒的）menggun i hūntahan.（銀杯） 尚錫神亭內供酒銀琖 angga erguwen ilan jurhun.（口徑三寸）den ici juwe jurhun.（高二寸）【21b】 口徑三寸，高二寸
	šangsi enduri ordo i dolo（尚錫神亭內）efen doboro（供餑餑的）menggun i alikū.（銀盤） 尚錫神亭內供餑餑銀盤 angga erguwen emu jušuru emu jurhun ilan fuwen.（口徑一尺一寸三分）den ici juwe jurhun.（高二寸）【22a】 口徑一尺一寸三分，高二寸
	nure tebure（裝酒的）lamun ilhangga amba yeherei moro.（藍花大磁碗） 盛酒大藍花磁椀 angga erguwen emu jušuru emu jurhun nadan fuwen.（口徑一尺一寸七分）den ici sunja jurhun ilan fuwen.（高五寸三分）【22b】 口徑一尺一寸七分，高五寸三分

kun ning gung de（在坤寧宮）faidame doboho erde weceku
doboro（陳列著供所供清晨神主的）cinuhūn simenggilehe
（上了銀硃漆的）hacingga bocoi ilha niruha gocima dere.（畫
了各種顏色花的抽屜桌）

坤寧宮陳設供朝祭神紅漆繪花抽屜桌

golmin ici ilan jušuru nadan jurhun.（長三尺七寸）onco ici juwe
jušuru ilan jurhun.（寬二尺三寸）den ici ilan jušuru.（高三尺）
【23a】

長三尺七寸，寬二尺三寸，高三尺

(1)

(2)

(1) fucihi doboro（供佛的）aisin i hoošan latubuha ajige ordo.
（貼了飛金的小亭）

供佛髹金小亭

ordo（亭）den ici emu jušuru uyun jurhun jakūn fuwen.（高
一尺九寸八分）hošonggo ici emu jušuru.（方一尺）

亭，高一尺九寸八分，方一尺

(2) teku.（底座）

座

teku.（底座）den ici emu jušuru nadan jurhun juwe fuwen.
（高一尺七寸二分）hošonggo ici emu jušuru emu jurhun.
（方一尺一寸）【23b】

座，高一尺七寸二分，方一尺一寸

aniya ineggi（元旦）weceku be tangse de solifi（請了神主
在堂子裏）doboho manggi.（供了之後）oronde ere ordo
be dobombi（在位置上供此亭）yaya wang gung sai boode
dobohongge（凡在王、公們的家裏所供者）gemu ere ordo i
adali.（都像此亭一樣）

元旦恭請神位供於堂子後，原位供此亭，凡王公家所供，
俱照此亭之式

ordo teku be dabume（亭將底座算入）den ici uheri ilan jušuru
sunja jurhun.（高共三尺五寸）hošonggo ici emu jušuru juwe
jurhun.（方一尺二寸）【24a】

亭連座，共高三尺五寸，方一尺二寸

fusa i nirugan tebure（裝菩薩像的）suwayan bocoi simenggilehe mooi sihan.（上了黃色漆的木筒）
恭貯菩薩像黃漆木筒

den ici juwe jušuru juwe jurhun.（高二尺二寸）muwa ici juwe jurhun jakūn fuwen.（粗二寸八分）okcin den ici jakūn fuwen.（蓋高八分）【24b】
高二尺二寸，圍徑二寸八分，蓋高八分

guwan mafa enduri nirugan tebure（裝關老爺神像的）cinuhūn simenggilehe mooi sihan.（上了銀硃漆的木筒）
恭貯關帝神像紅漆木筒

den ici juwe jušuru juwe jurhun.（高二尺二寸）muwa ici juwe jurhun jakūn fuwen.（粗二寸八分）okcin den ici jakūn fuwen.（蓋高八分）【25a】
高二尺二寸，圍徑二寸八分，蓋高八分

erde wecere de baitalara（清晨跳神時用的）suwayan suje de fulgiyan giltasikū kubuhe mengse.（在黃緞上鑲了紅片金的幔子）
朝祭所用鑲紅片金黃緞神幔

den ici ninggun jušuru ilan jurhun.（高六尺三寸）onco ici nadan jušuru.（寬七尺）【25b】
高六尺三寸，寬七尺

	erde mengse lakiyara（掛清晨幔子的）muduri uju foloho（刻了龍頭）aisin i hoošan latubuha（貼了飛金）cinuhūn simenggilehe ilan jofohonggo tehe.（上了銀硃漆的三角架） 掛朝祭神幔雕龍頭鍍金紅漆三角架 den ici sunja jušuru.（高五尺）onco ici duin jušuru.（寬四尺）【26a】 高五尺，寬四尺
	erde mengse lakiyara（掛清晨幔子的）muduri uju foloho（刻了龍頭）aisin i hoošan latubuha（貼了飛金）cinuhūn simenggilehe ilan jofohonggo tehe.（上了銀硃漆的三角架） 掛朝祭神幔雕龍頭鍍金紅漆三角架 den ici sunja jušuru.（高五尺）onco ici duin jušuru.（寬四尺）【26b】 高五尺，寬四尺
	siren futa tebure（裝換索繩的）solho bosoi fulhū.（高麗布囊） 盛索繩高麗布囊 golmin ici juwe jušuru emu jurhun.（長二尺一寸）onco ici emu jušuru duin jurhun.（寬一尺四寸）【27a】 長二尺一寸，寬一尺四寸

	hūturi baire de baitalara（求福時用的）yehe hūwaitaha debse.（綁了練麻的神箭） 求福所用繫練麻神箭 golmin ici juwe jušuru uyun jurhun sunja fuwen.（長二尺九寸五分）【27b】 長二尺九寸五分
	yamji weceku doboro（供晚上神主的）yacin bocoi simenggilehe（上了黑色漆的）hacingga bocoi ilha niruha gocima dere.（畫了各種顏色花的抽屜桌） 供夕祭神黑漆繪花抽屜桌 golmin ici ilan jušuru nadan jurhun.（長三尺七寸）onco ici juwe jušuru ilan jurhun.（寬二尺三寸）den ici ilan jušuru.（高三尺）【28a】 長三尺七寸，寬二尺三寸，高三尺
	yamji mengse lakiyara de baitalara（掛晚上幔子時用的）yacin bocoi simenggilehe golbon.（上了黑色漆的架子） 掛夕祭神幔所用黑漆架 den ici ilan jušuru nadan jurhun.（高三尺七寸）onco ici duin jušuru jakūn jurhun.（寬四尺八寸）【28b】 高三尺七寸，寬四尺八寸

yamji weceku doboro de baitalara（供晚上神主時用的）yacin suje de fulgiyan giltasikū kubuhe mengse.（在青緞上鑲了紅片金的幔子）

供夕祭神所用鑲紅片金青緞神幔

den ici sunja jušuru.（高五尺）onco ici duin jušuru uyun jurhun.（寬四尺九寸）【29a】

高五尺，寬四尺九寸

monggo weceku doboro（供蒙古神的）nikeku sindame weilehe（所做放著靠背的）yacin bocoi simenggilehe teku.（上了黑色漆的底座）

供蒙古神連靠黑漆座

golmin ici juwe jušuru emu jurhun.（長二尺一寸）onco ici uyun jurhun sunja fuwen.（寬九寸五分）den ici emu jušuru jakun jurhun.（高一尺八寸）【29b】

長二尺一寸，寬九寸五分，高一尺八寸

saman tuibure de baitalara（薩滿背燈祭時用的）šajilan cikten de suwayan ilgin i hūwaitaha（在樺木桿上綁了黃皮的）amba ajige honggon nadan.（大、小神鈴七個）

司祝背鐙時所用樺木桿上黃皮條拴大小鈴七枚

golmin ici ilan jušuru ninggun jurhun.（長三尺六寸）muwa ici nadan fuwen.（粗七分）【30a】

長三尺六寸，圍徑七分

	saman tuibure de baitalara（薩滿背燈祭時用的）ajige selei siša.（小的鐵腰鈴） 司祝背鐙時所用小鐵腰鈴 golmin ici sunja jurhun sunja fuwen.（長五寸五分）onco ici juwe jurhun.（寬二寸）【30b】 長五寸五分，寬二寸
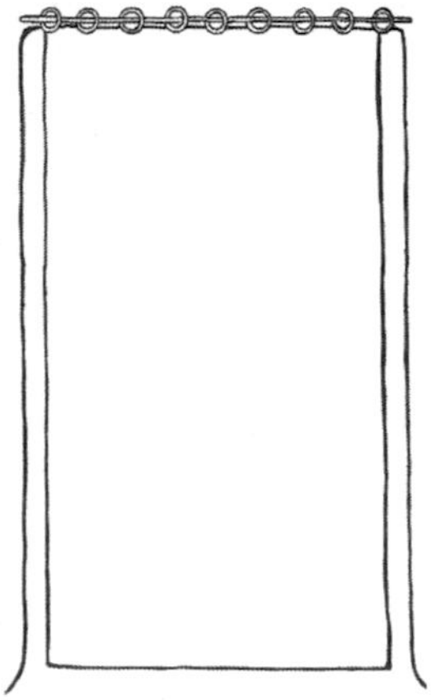	tuibure de（背燈祭時）elden be dalire yacin tuku.[5]（遮蔽光線的青衣面）šahūn doko suri i jursu dalikū.（淡白裏雙層綢簾）suwayan subeliyen futa selei muheren nisihai.（連黃絨繩、鐵環）【31a】 背鐙時遮蔽鐙火青表白裏夾綢幙，連黃絲繩、鐵環 5 「tuku」，衣面，即「yaya etuku i oilorgi be.（凡衣服的表面）tuku sembi.（稱衣面）」，見清・傅恆等奉敕撰，《御製增訂清文鑑》（收入《景印文淵閣四庫全書》，冊233），卷24，〈衣飾部・衣服類・衣面〉，頁16b。
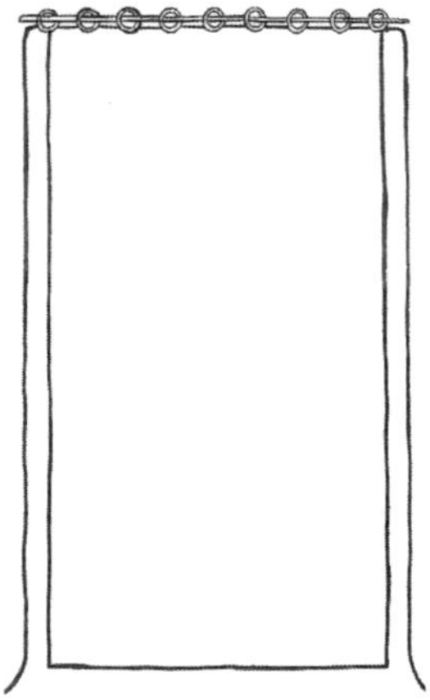	den ici emu juda uyun jušuru.（高一丈九尺）onco ici emu juda juwe jušuru ninggun jurhun.（寬一丈二尺六寸）【31b】 高一丈九尺，寬一丈二尺六寸

honggon siša sindara（放神鈴、腰鈴的）nikeku sindame weilehe（所做放著靠背的）yacin bocoi simenggilehe ajige mulan.（上了黑色漆的小杌子）
安放神鈴腰鈴連靠黑漆小杌

golmin ici juwe jušuru sunja jurhun.（長二尺五寸）onco ici uyun jurhun sunja fuwen.（寬九寸五分）den ici emu jušuru jakūn jurhun.（高一尺八寸）【32a】
長二尺五寸，寬九寸五分，高一尺八寸

hiyan dabure（點香的）samsulaha ilha de aisin ijuha（在所鏨的花上鍍了金的）menggun i hiyan i fila.（銀香碟）
點香鏤花鍍金銀香碟

golmin ici nadan jurhun.（長七寸）onco ici duin jurhun juwe fuwen.（寬四寸二分）den ici duin jurhun.（高四寸）【32b】
長七寸，寬四寸二分，高四寸

kun ning gung ni wargi giyalan i dolo（坤寧宮西面房間內）fucihi fusa doboro amba ordo.（供佛、菩薩的大亭）
坤寧宮西楹供佛、菩薩大亭

ordo teku be dabume（亭將底座算入）uheri den ici emu juda ilan jušuru ilan jurhun.（共高一丈三尺三寸）onco ici ninggun jušuru uyun jurhun.（寬六尺九寸）šumin ici ninggun jušuru duin jurhun.（深六尺四寸）【33a】
亭連座，共高一丈三尺三寸，寬六尺九寸，深六尺四寸

	anahūn mooi somo.（楠木的還願神杆）anahūn mooi muheliyen hiyase（楠木的圓神杆斗）somo ilibure anahūn mooi tura.（立還願神杆的楠木柱）somo ilibure wehe nisihai.（連立還願神杆的石） 楠木神杆，連楠木圓斗、立神杆楠木夾柱、立神杆之石 somo golmin ici emu juda ilan jušuru.（還願神杆長一丈三尺）hiyase muheliyen ici nadan jurhun.（神杆斗圓七寸）den ici ninggun jurhun.（高六寸）tura golmin ici sunja jušuru.（柱長五尺）hošonggo ici sunja jurhun.（方五寸）【33b】 神杆長一丈三尺，斗圍徑七寸、高六寸，柱長五尺、方五寸
	hūturi baire de baitalara（求福時用的）fodo moo ilibure wehe.（立柳枝的石） 求福所用樹柳枝之石 den ici emu jušuru duin jurhun nadan fuwen.（高一尺四寸七分）hošonggo ici emu jušuru ninggun jurhun emu fuwen.（方一尺六寸一分）【34a】 高一尺四寸七分，方一尺六寸一分
	ancu hiyan tebure（裝七里香的）tahūra notho i kiyalmame（用螺鈿鑲嵌著）šugilehe sithen.（上了漆的匣子） 盛七里香鑲嵌螺鈿漆匣 golmin ici emu jušuru.（長一尺）onco ici ninggun jurhun sunja fuwen.（寬六寸五分）den ici ninggun jurhun emu fuwen.（高六寸一分）【34b】 長一尺，寬六寸五分，高六寸一分

cinuhūn simenggilehe（上了銀硃漆的）efen nure doboro amba fangkala dere.（供餑餑、酒的大矮桌）
供餻、酒紅漆大低桌

golmin ici ilan jušuru duin jurhun.（長三尺四寸）onco ici juwe jušuru sunja jurhun.（寬二尺五寸）den ici emu jušuru juwe jurhun.（高一尺二寸）【35a】
長三尺四寸，寬二尺五寸，高一尺二寸

cinuhūn simenggilehe（上了銀硃漆的）yali doboro golmin den dere.（供肉的長高桌）
供肉紅漆長高桌

golmin ici sunja jušuru duin jurhun.（長五尺四寸）onco ici emu jušuru jakūn jurhun.（寬一尺八寸）den ici juwe jušuru nadan jurhun.（高二尺七寸）【35b】
長五尺四寸，寬一尺八寸，高二尺七寸

cinuhūn simenggilehe（上了銀硃漆的）nure gingnere golmin fangkala dere.（獻酒的長矮桌）
獻酒紅漆長低桌

golmin ici ilan jušuru emu jurhun.（長三尺一寸）onco ici emu jušuru.（寬一尺）den ici emu jušuru.（高一尺）【36a】
長三尺一寸，寬一尺，高一尺

saman hengkilere（薩滿叩頭的）cinuhūn simenggilehe ajige fangkala dere.（上了銀硃漆的小矮桌）
司祝叩頭紅漆小低桌

golmin ici emu jušuru ilan jurhun.（長一尺三寸）onco ici emu jušuru.（寬一尺）den ici ninggun jurhun sunja fuwen.（高六寸五分）【36b】
長一尺三寸，寬一尺，高六寸五分

ulgiyan silgire（「省」豬的）cinuhūn simenggilehe toholon buriha amba den dere.（上了銀硃漆、鞔了錫的大高桌）
省豬紅漆包錫大高桌

golmin ici duin jušuru.（長四尺）onco ici juwe jušuru sunja jurhun.（寬二尺五寸）den ici juwe jušuru ilan jurhun sunja fuwen.（高二尺三寸五分）【37a】
長四尺，寬二尺五寸，高二尺三寸五分

yali doboro（供肉的）menggun dokomiha anahūn mooi amba oton.（銀裏楠木大整木槽盆）
供肉銀裏楠木大槽盆

golmin ici ilan jušuru emu jurhun sunja fuwen.（長三尺一寸五分）onco ici emu jušuru jakūn jurhun.（寬一尺八寸）den ici nadan jurhun.（高七寸）【37b】
長三尺一寸五分，寬一尺八寸，高七寸

senggi tebure（裝血的）menggun dokomiha anahūn mooi ajige oton.（銀裏楠木小整木槽盆）

盛血銀裏楠木小槽盆

golmin ici juwe jušuru juwe jurhun sunja fuwen.（長二尺二寸五分）onco ici emu jušuru sunja jurhun.（寬一尺五寸）den ici nadan jurhun.（高七寸）【38a】

長二尺二寸五分，寬一尺五寸，高七寸

erde wecere de（清晨跳神時）saman nure gingnere（薩滿獻酒的）halmari tanjurame（神刀禱告著）jarime jalbarire de（念著神歌祝禱時）fithere tenggeri.（彈的三絃）

朝祭司祝獻酒、持神刀、誦神歌祝禱所奏三絃

golmin ici ilan jušuru duin jurhun.（長三尺四寸）【38b】

長三尺四寸

erde wecere de（清晨跳神時）saman nure gingnere（薩滿獻酒的）halmari tanjurame（神刀禱告著）jarime jalbarire de（念著神歌祝禱時）fithere fifan.（彈的琵琶）

朝祭司祝獻酒、持神刀、誦神歌祝禱所奏琵琶

golmin ici ilan jušuru duin jurhun.（長三尺四寸）【39a】

長三尺四寸

erde wecere de（清晨跳神時）saman nure gingnere（薩滿獻酒的）halmari tanjurame（神刀禱告著）jarime jalbarire de（念著神歌祝禱時）tūre carki.（打的扎板）

朝祭司祝獻酒、持神刀、誦神歌祝禱所鳴拍板

golmin ici emu jušuru emu jurhun sunja fuwen.（長一尺一寸五分）onco ici juwe jurhun.（寬二寸）【39b】

長一尺一寸五分，寬二寸

---

erde wecere de（清晨跳神時）saman tanjurara de（薩滿禱告時）baitalara halmari.（用的神刀）

朝祭司祝祝禱所用神刀

golmin ici juwe jušuru duin jurhun juwe fuwen.（長二尺四寸二分）onco ici juwe jurhun emu fuwen.（寬二寸一分）【40a】

長二尺四寸二分，寬二寸一分

---

yamji wecere de（晚上跳神時）saman tefi（薩滿坐了）jalbarire de baitalara（祝禱時用的）yacin bocoi simenggilehe mulan.（上了黑色漆的杌子）

夕祭司祝坐禱所用黑漆杌

hošonggo ici emu jušuru duin jurhun.（方一尺四寸）den ici emu jušuru jakūn jurhun.（高一尺八寸）【40b】

方一尺四寸，高一尺八寸

ufaha[6] ancu hiyan dabure（點燃七里香粉末的）menggun i
hūwafihiya.（銀瓦壠）
點七里香末銀瓦壠

golmin ici uyun jurhun sunja fuwen.（長九寸五分）onco ici sunja
fuwen.（寬五分）【41a】
長九寸五分，寬五分

---

[6] 「ufaha」，即「磨了麵」，指研磨成粉末狀。見清・祥亨主編，志寬、
培寬編，《清文總彙》，卷2，頁39b，「ufaha」條。

hiyan dabure menggun i saifi.（點香的銀匙）
點香銀匙

golmin ici jakūn jurhun.（長八寸）onco ici juwe jurhun emu
fuwen.（寬二寸一分）【41b】
長八寸，寬二寸一分

hiyan dabure menggun i sabka.（點香的銀筯）
點香銀筯

golmin ici jakūn jurhun.（長八寸）【42a】
長八寸

yamji wecere de（晚上跳神時）saman hūwaitara amba siša.（薩滿綁的大腰鈴）
夕祭司祝所繫大腰鈴

golmin ici ilan jušuru ninggun jurhun.（長三尺六寸）onco ici emu jušuru ninggun jurhun.（寬一尺六寸）den ici jakūn jurhun.（高八寸）【42b】
長三尺六寸，寬一尺六寸，高八寸

yamji wecere de（晚上跳神時）saman hūwaitara alha hūsihan.（薩滿綁的閃緞裙）
夕祭司祝所繫閃緞裙

dergi onco ici duin jušuru.（上寬四尺）fejergi onco ici jakūn jušuru juwe jurhun.（下寬八尺二寸）golmin ici ilan jušuru juwe jurhun.（長三尺二寸）【43a】
上寬四尺，下寬八尺二寸，長三尺二寸

yamji wecere tuibure de baitalara selei weren tungken（晚上跳神背燈祭時用的鐵箍鼓）cinuhūn simenggilehe tehe gisun nisihai.（連上了銀硃漆的架子、鼓槌）
夕祭背鐙所用鐵箍鼓，連紅漆架、鼓槌

tehe den ici ilan jušuru nadan jurhun.（架子高三尺七寸）ilan jofohonggo dendeme（分三角）jofohonggo tome onco ici emu jušuru ilan jurhun.（每個角寬一尺三寸）
架，高三尺七寸，分三角，每角寬一尺三寸

編按：承上圖	tungken muheliyen ici emu jušuru nadan jurhun sunja fuwen.（鼓圓一尺七寸五分）den ici duin jurhun sunja fuwen.（高四寸五分） 鼓，圓徑一尺七寸五分，高四寸五分 gisun golmin ici emu jušuru emu jurhun.（鼓槌長一尺一寸）muwa ici sunja fuwen.（粗五分）【43b】 鼓槌，長一尺一寸，圍徑五分
	yamji wecere duibure de baitalara untun（晚上跳神背燈祭時用的手鼓）tarbahi sukū buriha gisun nisihai.（連包了獺皮的鼓槌） 夕祭背鐙所用手鼓，連包獺皮鼓槌 untun muheliyen ici emu jušuru ninggun jurhun.（手鼓圓一尺六寸） 手鼓，圓徑一尺六寸 gisun golmin ici emu jušuru juwe jurhun.（鼓槌長一尺二寸）【44a】 鼓槌，長一尺二寸
	efen doboro menggun i alikū.（供餑餑的銀盤） 供饈銀盤 angga erguwen emu jušuru emu jurhun ilan fuwen.（口徑一尺一寸三分）den ici juwe jurhun.（高二寸）【44b】 口徑一尺一寸三分，高二寸

	nure gingnere menggun i taili.（獻酒的銀托碟） 獻酒銀臺 golmin ici emu jušuru emu jurhun.（長一尺一寸）onco ici nadan jurhun sunja fuwen.（寬七寸五分）den ici emu jurhun juwe fuwen.（高一寸二分）【45a】 長一尺一寸，寬七寸五分，高一寸二分
	nure gingnere menggun i hūntahan.（獻酒的銀杯） 獻酒銀琖 angga erguwen ilan jurhun.（口徑三寸）den ici juwe jurhun.（高二寸）【45b】 口徑三寸，高二寸
	tubihe doboro menggun i fila.（供果子的銀碟） 供果銀碟 angga erguwen sunja jurhun.（口徑五寸）den ici emu jurhun.（高一寸）【46a】 口徑五寸，高一寸

amsun yali doboro menggun i moro.（供祭神肉的銀碗）
供胙肉銀椀

angga erguwen ninggun jurhun ilan fuwen.（口徑六寸三分）
den ici juwe jurhun sunja fuwen.（高二寸五分）【46b】
口徑六寸三分，高二寸五分

senggi duha tebure de baitalara menggun i corho.（灌血腸時用
的銀溜子）
灌血腸所用銀溜子

angga erguwen ilan jurhun jakūn fuwen.（口徑三寸八分）šumin
ici emu jurhun sunja fuwen.（深一寸五分）sirhan angga golmin
ici juwe jurhun sunja fuwen.（接口長二寸五分）【47a】
口徑三寸八分，深一寸五分，接口長二寸五分

amsun yali doboro sahaliyan mooi sabka.（供祭神肉的烏木箸）
供胙肉烏木箸

golmin ici emu jušuru.（長一尺）【47b】
長一尺

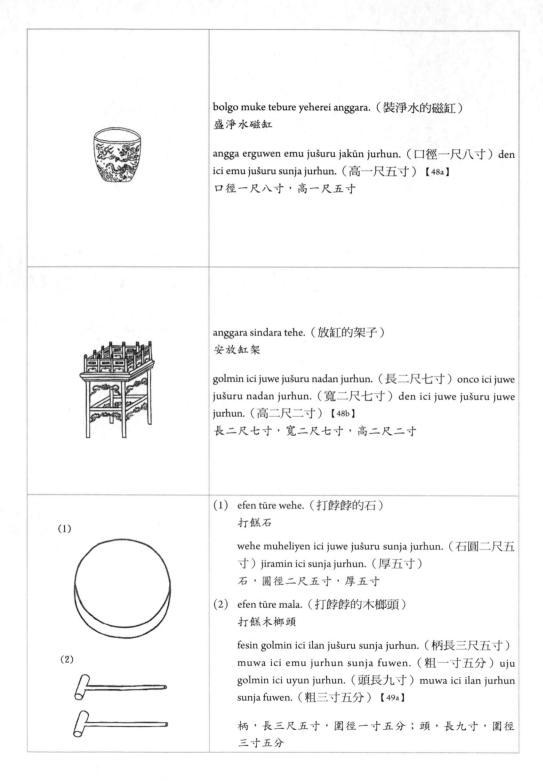

bolgo muke tebure yeherei anggara. （裝淨水的磁缸）
盛淨水磁缸

angga erguwen emu jušuru jakūn jurhun. （口徑一尺八寸）den ici emu jušuru sunja jurhun. （高一尺五寸）【48a】
口徑一尺八寸，高一尺五寸

anggara sindara tehe. （放缸的架子）
安放缸架

golmin ici juwe jušuru nadan jurhun. （長二尺七寸）onco ici juwe jušuru nadan jurhun. （寬二尺七寸）den ici juwe jušuru juwe jurhun. （高二尺二寸）【48b】
長二尺七寸，寬二尺七寸，高二尺二寸

(1) efen tūre wehe. （打餑餑的石）
打餻石

wehe muheliyen ici juwe jušuru sunja jurhun. （石圓二尺五寸）jiramin ici sunja jurhun. （厚五寸）
石，圓徑二尺五寸，厚五寸

(2) efen tūre mala. （打餑餑的木榔頭）
打餻木榔頭

fesin golmin ici ilan jušuru sunja jurhun. （柄長三尺五寸）muwa ici emu jurhun sunja fuwen. （粗一寸五分）uju golmin ici uyun jurhun. （頭長九寸）muwa ici ilan jurhun sunja fuwen. （粗三寸五分）【49a】

柄，長三尺五寸，圍徑一寸五分；頭，長九寸，圍徑三寸五分

sile waidara teišun i maša.（舀湯的黃銅勺）
挹湯銅勺

angga erguwen duin jurhun.（口徑四寸）golmin ici emu jušuru
duin jurhun.（長一尺四寸）【49b】
口徑四寸，長一尺四寸

jancuhūn nure tebure lamun ilhangga yeherei malu.（裝甜酒的藍
花磁酒瓶）
盛醴酒藍花磁罇

den ici emu jušuru ninggun jurhun sunja fuwen.（高一尺六寸五
分）dulimbai muwa ici emu jušuru emu jurhun.（中央粗一尺一
寸）ferei muwa ici nadan jurhun.（底粗七寸）【50a】
高一尺六寸五分，中圍徑一尺一寸，底圍徑七寸

yali bujure efen teliyere（煮肉、蒸餑餑的）jun mucen nisihai.
（竈連鍋）
煮肉、蒸餻竈連鍋

angga erguwen ilan jušuru sunjan jurhun.（口徑三尺五寸）
口徑三尺五寸

angga siraha mucen（接口鍋）angga erguwen duin jušuru emu
jurhun.（口徑四尺一寸）
接口鍋，口徑四尺一寸

onco ici emu juda jakūn jušuru ninggun jurhun.（寬一丈八尺六
寸）šumin ici ninggun jušuru ninggun jurhun.（深六尺六寸）
den ici duin jušuru ninggun jurhun.（高四尺六寸）【50b】
寬一丈八尺六寸，深六尺六寸，高四尺六寸

mucen desire wantaha mooi tuhe.（蓋鍋的杉木蓋）
蓋鍋杉木蓋

muheliyen ici ilan jušuru sunja jurhun.（圓三尺五寸）【51a】
圓徑三尺五寸

bele surara de baitalara（淘米時用的）amba yalhū.（大的有把槽盆）
淘米所用有柄大木槽盆

golmin ici nadan jušuru（長七尺）den ici jakūn jurhun.（高八寸）angga onco ici juwe jušuru.（口寬二尺）【51b】
長七尺，高八寸，口徑寬二尺

ufa tebure（裝麵粉的）ajige oton.（小的整木槽盆）
盛麵小木槽盆

golmin ici ilan jušuru.（長三尺）angga onco ici emu jušuru jakūn jurhun.（口寬一尺八寸）den ici sunja jurhun sunja fuwen.（高五寸五分）【52a】
長三尺，口徑寬一尺八寸，高五寸五分

ulgiyan uju dasara（整理豬頭的）toholon dokomiha wantaha mooi amba oton.（錫裏的杉木大整木槽盆）
整理豬首錫裏杉木大槽盆

golmin ici ilan jušuru emu jurhun sunja fuwen.（長三尺一寸五分）onco ici emu jušuru jakūn jurhun.（寬一尺八寸）den ici nadan jurhun.（高七寸）【52b】
長三尺一寸五分，寬一尺八寸，高七寸

duha dasara（整理腸的）toholon dokomiha wantaha mooi ajige oton.（錫裏的杉木小整木槽盆）
整理腸臟錫裏杉木小槽盆

golmin ici juwe jušuru juwe jurhun sunja fuwen.（長二尺二寸五分）onco ici emu jušuru sunja jurhun.（寬一尺五寸）den ici nadan jurhun.（高七寸）【53a】
長二尺二寸五分，寬一尺五寸，高七寸

metere de baitalara（還願時用的）fulgiyan jafu dasiha（遮蓋了紅氈）cinuhūn simenggilehe golbon.（上了銀硃漆的架子）
祭天所用遮蓋紅氈紅漆架

den ici ilan jušuru nadan jurhun.（高三尺七寸）onco ici duin jušuru jakūn jurhun.（寬四尺八寸）【53b】
高三尺七寸，寬四尺八寸

metere de（還願時）hife belei buda doboro menggun i saifi.（供稗子米飯的銀匙）

祭神供稗米飯銀匙

golmin ici nadan jurhun juwe fuwen.（長七寸二分）onco ici emu jurhun ilan fuwen.（寬一寸三分）【54a】

長七寸二分，寬一寸三分

metere de（還願時）yali buda doboro cinuhūn simenggilehe den dere.（供肉、飯的上了銀硃漆的高桌）

祭天供肉、飯紅漆高案

golmin ici ilan jušuru sunja jurhun.（長三尺五寸）onco ici juwe jušuru sunja jurhun.（寬二尺五寸）den ici juwe jušuru ninggun jurhun.（高二尺六寸）【54b】

長三尺五寸，寬二尺五寸，高二尺六寸

yali furure（切肉絲的）ilhangga mooi fan dere.（花梨木的方盤桌）

切肉絲花梨木方盤桌

golmin ici juwe jušuru uyun jurhun.（長二尺九寸）onco ici emu jušuru jakūn jurhun.（寬一尺八寸）den ici sunja jurhun.（高五寸）【55a】

長二尺九寸，寬一尺八寸，高五寸

	yali furure（切肉絲的）cinuhūn simenggilehe mooi fan.（上了銀硃漆的木方盤） 切肉絲紅漆木方盤 golmin ici juwe jušuru sunja jurhun.（長二尺五寸）onco ici emu jušuru sunja jurhun.（寬一尺五寸）den ici sunja jurhun.（高五寸）【55b】 長二尺五寸，寬一尺五寸，高五寸
	metere（還願的）yali furure（切肉絲的）nunggele mooi fanihiyan.（椴木的砧板） 祭天切肉絲椴木案板 golmin ici emu jušuru.（長一尺）onco ici sunja jurhun.（寬五寸）jiramin ici juwe jurhun.（厚二寸）【56a】 長一尺，寬五寸，厚二寸
(1) (2) (3) 	(1) metere de baitalara（還願時用的）giowan i tuhe.（紅銅鍋蓋） 　　祭天所用紅銅蓋 　　tuhe muheliyen ici juwe jušuru sunja fuwen.（鍋蓋圓二尺五分） 　　蓋，圓徑二尺五分 (2) giowan i mucen.（紅銅鍋） 　　紅銅鍋 　　mucen angga erguwen juwe jušuru.（鍋口徑二尺）den ici ninggun jurhun sunja fuwen.（高六寸五分） 　　鍋，口徑二尺，高六寸五分 (3) amba teišun i nere.（大的黃銅鍋撐） 　　大紅銅海 　　nere den ici emu jušuru nadan jurhun sunja fuwen.（鍋撐高一尺七寸五分）muheliyen ici emu jušuru ninggun jurhun sunja fuwen.（圓一尺六寸五分）【56b】 　　銅海，高一尺七寸五分，圓徑一尺六寸五分

	ulin hengkilere de（叩拜財物時）aisin menggun i šoge tebure（裝金、銀錠的）aisin i muduri noho cinuhūn simenggilehe fila.（金龍全上了銀硃漆的碟子） 獻神盛金、銀鋌金龍紅漆碟 angga erguwen sunja jurhun duin fuwen.（口徑五寸四分）den ici emu jurhun.（高一寸）【57a】 口徑五寸四分，高一寸
	ulin hengkilere de（叩拜財物時）suje sindara（放緞的）cinuhūn simenggilehe golmin fangkala dere.（上了銀硃漆的長矮桌） 獻神擺列緞疋紅漆長低桌 golmin ici ilan jušuru duin jurhun.（長三尺四寸）onco ici juwe jušuru sunja jurhun.（寬二尺五寸）den ici emu jušuru juwe jurhun.（高一尺二寸）【57b】 長三尺四寸，寬二尺五寸，高一尺二寸
	hūturi baire de（求福時）nimaha tebure lamun ilhangga yeherei moro.（裝魚的藍花磁碗） 求福盛魚藍花磁椀 angga erguwen sunja jurhun sunja fuwen.（口徑五寸五分）den ici ilan jurhun nadan fuwen.（高三寸七分）【58a】 口徑五寸五分，高三寸七分

hūturi baire de（求福時）nure doboro suwayan yeherei hūntahan.
（供酒的黃磁杯）
求福供酒黃磁琖

angga erguwen ilan jurhun sunja fuwen.（口徑三寸五分）den
ici juwe jurhun.（高二寸）【58b】
口徑三寸五分，高二寸

siltan tukiyeme amba wecere de（舉杆大祭時）suwayan bocoi
simenggilehe nurei malu tebure tehe.（上了黃色漆的裝酒瓶的
架子）
立杆大祭安放酒罇黃漆架

den ici emu jušuru ilan jurhun sunja fuwen.（高一尺三寸五分）
hošonggo ici emu jušuru emu jurhun nadan fuwen.（方一尺一寸
七分）【59a】
高一尺三寸五分，方一尺一寸七分

efen tebure（裝餑餑的）suwayan bocoi simenggilehe jergingge
hoseri.（上了黃色漆的食盒）
盛餑黃漆食盒

den ici juwe jušuru juwe jurhun sunja fuwen.（高二尺二寸五
分）onco ici juwe jušuru duin jurhun duin fuwen.（寬二尺四寸
四分）hetu ici emu jušuru sunja jurhun ilan fuwen.（橫一尺五
寸三分）【59b】
高二尺二寸五分，寬二尺四寸四分，橫一尺五寸三分

gocime nure tebure（裝黃酒的）suwayan yeherei ajige malu.
（黃磁小酒瓶）
盛清酒小黃磁罇

den ici jakūn jurhun emu fuwen.（高八寸一分）dulimbai muwa ici emu jušuru jakūn jurhun.（中央粗一尺八寸）ferei muwa ici ilan jurhun ninggun fuwen.（底粗三寸六分）【60a】
高八寸一分，中圍徑一尺八寸，底圍徑三寸六分

gocime nure tebure（裝黃酒的）lamun ilhangga amba malu.
（藍花大酒瓶）
盛清酒大藍花磁罇

den ici emu jušuru emu jurhun nadan fuwen.（高一尺一寸七分）dulimbai muwa ici juwe jušuru jakūn jurhun jakūn fuwen.（中央粗二尺八寸八分）ferei muwa ici sunja jurhun duin fuwen.（底粗五寸四分）【60b】
高一尺一寸七分，中圍徑二尺八寸八分，底圍徑五寸四分

(1)　yashalame weilehe（做了網眼的）giowan i sirgei okcin.
　　（紅銅絲蓋）
　　有隔眼紅銅絲蓋

angga erguwen juwe jušuru nadan fuwen.（口徑二尺七分）den ici duin jurhun sunja fuwen.（高四寸五分）
口徑二尺七分，高四寸五分

(2)　ambarame wecere de doboro（大祭時供的）gocime nure tebure（裝黃酒的）ulenggu sangga bisire anggara（有臍眼的缸）tehe nisihai.（連架子）
　　大祭造所供清酒有臍眼缸連架

anggara angga erguwen juwe jušuru sunja fuwen.（缸口徑二尺五分）den ici ilan jušuru emu jurhun.（高三尺一寸）
缸，口徑二尺五分，高三尺一寸

tehe hošonggo ici ilan jušuru ilan jurhun.（架子方三尺三寸）den ici duin jušuru jakūn jurhun.（高四尺八寸）【61a】
架，方三尺三寸，高四尺八寸

erde wecere de（清晨跳神時）silhi fathai wahan tebure（裝膽、蹄甲的）cinuhūn simenggilehe mooi fila.（上了銀硃漆的木碟）
朝祭盛膽蹄甲紅漆木碟

angga erguwen jakūn jurhun.（口徑八寸）den ici uyun fuwen.（高九分）【61b】
口徑八寸，高九分

morin i jalin wecere booi sihin i fejile（祭馬神房屋的簷下）sindaha cinuhūn simenggilehe ordo emke（所放上了銀硃漆的亭一件）teku nisihai.（連底座）yaya wang gung sai boode dobohongge（凡在王、公們的家裏供者）gemu ere ordo i adali.（都像此亭一樣）
祭馬神房簷下，安放紅漆亭一連座，凡王公等家所供，皆照此亭之式

teku be dabume（將底座算入）den ici uheri jakūn jušuru ninggun jurhun.（高共八尺六寸）hošonggo ici juwe jušuru nadan jurhun.（方二尺七寸）【62a】
亭連座，共高八尺六寸，方二尺七寸

geren manjusai boode（在眾滿洲家裏）erde yamji wecere gocima derei oronde（在清晨、晚上跳神的抽屜桌的位置上）sihin i fejile sindaha ordo i oronde（在屋簷下所放亭的位置上）gemu sendehen dobombi.（都供神板）
各姓滿洲於朝祭、夕祭設抽屜桌處、房簷下安神亭處，俱供神板

golmin ici juwe jušuru uyun jurhun.（長二尺九寸）onco ici emu jušuru emu jurhun.（寬一尺一寸）jiramin ici emu jurhun.（厚一寸）【62b】
長二尺九寸，寬一尺一寸，厚一寸

徵引書目

檔案資料

馮明珠主編,《滿文原檔》,臺北:沉香亭企業社,2005年。

中國第一歷史檔案館、中國社會科學院歷史研究所譯註,《滿文老檔》,北京:中華書局,1990年。

遼寧省檔案館編,《黑圖檔・乾隆朝》,北京:線裝書局,2015年。

翁連溪編,《清內府刻書檔案史料彙編》,揚州:廣陵書社,2007年。

中國人民政治協商會議全國委員會文史資料研究委員會編,《晚清宮廷生活見聞》,北京:文史資料出版社,1982年。

官書典籍

梁・沈約,《宋書》,臺北:鼎文書局,1975年。

宋・郭茂倩輯,《樂府詩集》,收入《景印文淵閣四庫全書》,第1347-1348冊,臺北:臺灣商務印書館,1983年。

清・沈啟亮,《大清全書》,瀋陽:遼寧民族出版社,2008年。

清・馬齊等編,《han i araha manju gisun i buleku bithe(御製清文鑑)》,收入阿爾泰語研究所編纂,《阿爾泰與資料集》,第3輯,大邱:曉星女子大學出版部,1978年。

清・清聖祖御製,清世宗纂,《šengdzu gosin hūwangdi i booi tacihiyan i ten i gisun(聖祖仁皇帝庭訓格言)》,清雍正八年(1730)武英殿刊滿文本,臺北:國立故宮博物院藏。

清・清聖祖御製,清世宗纂,《聖祖仁皇帝庭訓格言》,收入《景印文淵閣四庫全書》,第717冊,臺北:臺灣商務印書館,1983年。

清・鄂爾泰等修,《八旗通志・初集》,長春:東北師範大學出版社,1985年。

清・鄂爾泰等奉敕纂,《jakūn gūsai manjusai mukūn hala be uheri ejehe bithe(八旗滿洲氏族通譜)》,清乾隆九年(1744)武英殿刻滿文本,臺北:國立故宮博物院藏。

清・清高宗敕撰,《八旗滿洲氏族通譜》,收入《景印文淵閣四庫全書》,第455-456冊,臺北:臺灣商務印書館,1983年。

清・鄂爾泰修，《滿洲西林覺羅氏祭祀書》，據民國十七年(1928)嚴奉寬鈔本影印，收入北京圖書館編，《北京圖書館藏家譜叢書・民族卷》，第44冊，北京：北京圖書館出版社，2003年。

清・允祿等奉敕撰，《*hesei toktobuha manjusai wecere metere kooli bithe*（清文祭祀條例）》，清刻本，東京：東洋文庫藏。

清・梁詩正、蔣溥等奉敕撰，《欽定叶韻彙輯》，收入《景印文淵閣四庫全書》，第240冊，臺北：臺灣商務印書館，1983年。

清・李延基編，《清文彙書》，收入故宮博物院編，《故宮珍本叢刊》，第719冊，海口：海南出版社，2001年。

清・清高宗御製，蔣溥等奉敕編，《御製詩集・二集》，收入《景印文淵閣四庫全書》，第1303-1304冊，臺北：臺灣商務印書館，1983年。

清・允祹等奉敕撰，《欽定大清會典（乾隆朝）》，收入《景印文淵閣四庫全書》，第619冊，臺北：臺灣商務印書館，1983年。

清・允祹等奉敕撰，《欽定大清會典則例（乾隆朝）》，收入《景印文淵閣四庫全書》，第620-625冊，臺北：臺灣商務印書館，1983年。

清・傅恆等奉敕撰，《御製增訂清文鑑》，收入《景印文淵閣四庫全書》，第232-233冊，臺北：臺灣商務印書館，1983年。

清・允祿等奉敕撰，《*hesei toktobuha manjusai wecere metere kooli bithe*（欽定滿洲祭神祭天典例）》，清刻本，東京：東洋文庫藏。

清・允祿等奉敕撰，阿桂、于敏中等譯漢，《欽定滿洲祭神祭天典禮》，清乾隆十二（四十五）年(1747[1780])內閣寫進呈稿本，臺北：國立故宮博物院藏。

清・允祿等奉敕撰，阿桂、于敏中等譯漢，《欽定滿洲祭神祭天典禮》，收入《景印文淵閣四庫全書》，第657冊，臺北：臺灣商務印書館，1983年。

清・允祿等奉敕撰，阿桂、于敏中等譯漢，《欽定滿洲祭神祭天典禮》，收入《景印文津閣四庫全書》，第657冊，北京：商務印書館，2006年。

清・允祿等奉敕撰，阿桂、于敏中等譯漢，《滿洲祭神祭天典禮》，收入金毓黻主編，《遼海叢書》，第5冊，瀋陽：遼瀋書社，1985年。

清・清高宗敕撰，《欽定宗室王公功績表傳》，收入《景印文淵閣四庫全書》，第454冊，臺北：臺灣商務印書館，1983年。

清・嵇璜等奉敕撰，《欽定皇朝通典》，收入《景印文淵閣四庫全書》，第642-643冊，臺北：臺灣商務印書館，1983年。

清・阿桂、于敏中等奉敕撰，《欽定滿洲源流考》，收入《景印文淵閣四庫全書》，第499冊，臺北：臺灣商務印書館，1983年。

清・于敏中等纂修，《欽定戶部則例・乾隆朝》，收入《清代各部院則例（七）》，香港：蝠池書院出版公司，2004年。

清‧鐵保等奉敕撰，《欽定八旗通志》，收入《景印文淵閣四庫全書》，第664-671冊，臺北：臺灣商務印書館，1983年。

清‧永瑢、紀昀等撰，《欽定四庫全書總目》，收入《景印文淵閣四庫全書》，第1-5冊，臺北：臺灣商務印書館，1983年。

清‧慶桂等修，《清實錄‧高宗純皇帝實錄》，北京：中華書局，1986年。

清‧托津等奉敕撰，《欽定大清會典事例（嘉慶朝）》，收入《近代中國史料叢刊‧三編》，第65-70輯，第641-700冊，臺北：文海出版社，1991年。

清‧普年編，《滿洲跳神還願典例》，收入劉厚生編著，《清代宮廷薩滿祭祀研究》，長春：吉林文史出版社，1992年，頁369-397。

清‧麟慶，《鴻雪因緣圖記》，北京：北京古籍出版社，1984年。

清‧吳振棫，《養吉齋叢錄》，收入《近代中國史料叢刊》，第22輯，第220冊，臺北：文海出版社，1968年。

清‧福格，《聽雨叢談》，北京：中華書局，1984年。

清‧梁章鉅編撰、朱智續撰，《樞垣紀略》，北京：中華書局，1997年。

清‧祥亨主編，志寬、培寬編，《清文總彙》，據清光緒二十三年(1897)荊州駐防繙譯總學藏板，臺北：中國邊疆歷史語文學會。

朝鮮‧金九經，《滿漢合璧滿洲祭神祭天典禮》，排印本，出版項不詳。

朝鮮‧金九經編輯，《重訂滿洲祭神祭天典禮》，收入劉厚生編著，《清代宮廷薩滿祭祀研究》，長春：吉林文史出版社，1992年，頁215-367。

專書著作

宋和平、孟慧英，《薩滿文本研究》，臺北：五南圖書公司，1997年。

烏蘭，《《蒙古源流》研究》，瀋陽：遼寧民族出版社，2000年。

富育光、孟慧英，《滿族薩滿教研究》，北京：北京大學出版社，1991年。

趙志忠，《滿族薩滿神歌研究》，北京：民族出版社，2010年。

Elliott, Mark C., *The Manchu Way: The Eight Banners and Ethnic Identity in Late Imperial China* Stanford, California: Stanford University Press, 2001.

工具書

北京市民族古籍出版規劃小組辦公室滿文編輯部編，《北京地區滿文圖書總目》，瀋陽：遼寧民族出版社，2008年。

安雙成主編，《滿漢大辭典》，瀋陽：遼寧民族出版社，1993年。

河內良弘編著，《滿洲語辭典》，京都：松香堂書店，2014年。

胡增益主編，《新滿漢大詞典》，烏魯木齊：新疆人民出版社，1994年。

國立故宮博物院編，《國立故宮博物院善本舊籍總目》，臺北：國立故宮博物院，1983年。

劉厚生主編，《漢滿詞典》，北京：民族出版社，2005年。

盧秀麗等編，《遼寧省圖書館滿文古籍圖書綜錄》，瀋陽：遼寧民族出版社，2002年。

Poppe, Nicholas, Hurvitz, Leon, Okada, Hidehiro, *Catalogue of the Manchu-Mongol Section of the Toyo Bunko* Tokyo: Toyo Bunko, 1964.

期刊論文

佟永功，〈乾隆皇帝規範滿文〉，收入佟永功，《滿語文與滿文檔案研究》，瀋陽：遼寧民族出版社，2009年，頁40-57。

姜小莉，〈《欽定滿洲祭神祭天典禮》對滿族薩滿教規範作用的考辨〉，《世界宗教文化》，2016年第2期，北京，2016年4月，頁94-99。

郭淑雲，〈《滿洲祭神祭天典禮》論析〉，《社會科學輯刊》，1992年第5期，瀋陽，1992年5月，頁79-85。

劉厚生、陳思玲，〈《欽定滿洲祭神祭天典禮》評析〉，《清史研究》，1994年第1期，北京，1994年2月，頁66-70。

讀歷史69　史地傳記類　PC0696

滿文《欽定滿洲祭神祭天典禮》譯註

譯　　註 / 葉高樹
責任編輯 / 鄭伊庭
圖文排版 / 楊家齊
封面設計 / 葉力安

發 行 人 / 宋政坤
法律顧問 / 毛國樑　律師
出版發行 / 秀威資訊科技股份有限公司
　　　　　114台北市內湖區瑞光路76巷65號1樓
　　　　　電話：+886-2-2796-3638　傳真：+886-2-2796-1377
　　　　　http://www.showwe.com.tw
劃撥帳號 / 19563868　戶名：秀威資訊科技股份有限公司
　　　　　讀者服務信箱：service@showwe.com.tw
展售門市 / 國家書店（松江門市）
　　　　　104台北市中山區松江路209號1樓
　　　　　電話：+886-2-2518-0207　傳真：+886-2-2518-0778
網路訂購 / 秀威網路書店：https://store.showwe.tw
　　　　　國家網路書店：https://www.govbooks.com.tw

2018年3月　BOD一版
定價：720元
版權所有　翻印必究
本書如有缺頁、破損或裝訂錯誤，請寄回更換

國家圖書館出版品預行編目

滿文《欽定滿洲祭神祭天典禮》譯註 / 葉高樹譯註. -- 一
版. -- 臺北市：秀威資訊科技, 2018.3
　　面；　公分. -- (讀歷史 ; 69) (史地傳記類 ; PC0696)
BOD版
ISBN 978-986-326-481-1(平裝)

　1. 祭禮　2. 清代　3. 滿語

533.2   106018218

讀者回函卡

感謝您購買本書，為提升服務品質，請填妥以下資料，將讀者回函卡直接寄回或傳真本公司，收到您的寶貴意見後，我們會收藏記錄及檢討，謝謝！如您需要了解本公司最新出版書目、購書優惠或企劃活動，歡迎您上網查詢或下載相關資料：http:// www.showwe.com.tw

您購買的書名：＿＿＿＿＿＿＿＿＿＿＿＿＿＿＿＿＿＿＿＿＿＿＿＿

出生日期：＿＿＿＿＿年＿＿＿＿＿月＿＿＿＿日

學歷：□高中 (含) 以下　　□大專　　□研究所 (含) 以上

職業：□製造業　□金融業　□資訊業　□軍警　□傳播業　□自由業
　　　□服務業　□公務員　□教職　　□學生　□家管　　□其它＿＿＿＿

購書地點：□網路書店　□實體書店　□書展　□郵購　□贈閱　□其他

您從何得知本書的消息？

　　□網路書店　□實體書店　□網路搜尋　□電子報　□書訊　□雜誌
　　□傳播媒體　□親友推薦　□網站推薦　□部落格　□其他＿＿＿＿＿＿

您對本書的評價：（請填代號　1.非常滿意　2.滿意　3.尚可　4.再改進）

　　封面設計＿＿＿　版面編排＿＿＿　內容＿＿＿　文／譯筆＿＿＿　價格＿＿＿

讀完書後您覺得：

　　□很有收穫　□有收穫　□收穫不多　□沒收穫

對我們的建議：＿＿＿＿＿＿＿＿＿＿＿＿＿＿＿＿＿＿＿＿＿＿＿＿

＿＿＿＿＿＿＿＿＿＿＿＿＿＿＿＿＿＿＿＿＿＿＿＿＿＿＿＿＿＿＿＿

＿＿＿＿＿＿＿＿＿＿＿＿＿＿＿＿＿＿＿＿＿＿＿＿＿＿＿＿＿＿＿＿

＿＿＿＿＿＿＿＿＿＿＿＿＿＿＿＿＿＿＿＿＿＿＿＿＿＿＿＿＿＿＿＿

11466
台北市內湖區瑞光路 76 巷 65 號 1 樓

秀威資訊科技股份有限公司　　　收

BOD 數位出版事業部

⋯⋯⋯⋯⋯⋯⋯⋯⋯⋯⋯⋯⋯⋯⋯⋯⋯⋯⋯⋯⋯⋯⋯⋯⋯⋯⋯⋯⋯⋯

（請沿線對折寄回，謝謝！）

姓　　名：＿＿＿＿＿＿＿＿＿　年齡：＿＿＿＿　性別：□女　□男

郵遞區號：□□□□□

地　　址：＿＿＿＿＿＿＿＿＿＿＿＿＿＿＿＿＿＿＿＿＿＿＿＿

聯絡電話：(日) ＿＿＿＿＿＿＿＿＿＿＿ (夜) ＿＿＿＿＿＿＿＿＿＿＿

E-mail：＿＿＿＿＿＿＿＿＿＿＿＿＿＿＿＿＿＿＿＿＿＿＿＿